现代农业产业技术体系专家

扶贫风采录

农业农村部科技教育司
农业农村部科技发展中心　编著
中国农业科技管理研究会

中国农业科学技术出版社

图书在版编目（CIP）数据

现代农业产业技术体系专家扶贫风采录 / 农业农村部科技教育司，农业农村部科技发展中心，中国农业科技管理研究会编著 . -- 北京：中国农业科学技术出版社，2021.2

ISBN 978-7-5116-5192-1

Ⅰ . ①现… Ⅱ . ①农… ②农… ③中… Ⅲ . ①农业产业—专业技术人员—扶贫—先进事迹—中国—现代 Ⅳ . ① K826.3

中国版本图书馆 CIP 数据核字（2021）第 028084 号

责任编辑　姚　欢　施睿佳
责任校对　马广洋
责任印制　姜义伟　王思文

出 版 者　中国农业科学技术出版社
北京市中关村南大街 12 号　邮编：100081
电　　话　（010）82106631（编辑室）（010）82109702（发行部）
（010）82109709（读者服务部）
传　　真　（010）82106631
网　　址　http://www.castp.cn
经 销 者　各地新华书店
印 刷 者　北京建宏印刷有限公司
开　　本　210mm × 285mm　1/16
印　　张　52.75
字　　数　1600 千字
版　　次　2021 年 2 月第 1 版　2021 年 2 月第 1 次印刷
定　　价　280.00 元

《现代农业产业技术体系专家扶贫风采录》
编 委 会

前 言

打赢脱贫攻坚战，确保到2020年农村贫困人口全部脱贫，全面建成小康社会，是以习近平同志为核心的党中央向全世界作出的庄严承诺。为如期完成脱贫攻坚目标任务，农业农村部认真贯彻落实党中央、国务院关于助力脱贫攻坚的大政方针和工作部署，组织现代农业产业技术体系千余名专家，紧紧围绕选用好品种、推广好技术、引荐好企业、建立好机制、讲述好故事、树立好品牌“六好”目标，积极深入“三区三州”深度贫困区、未脱贫摘帽县、部定点扶贫县以及其他贫困地区，认真开展科技助力产业扶贫工作。体系专家不辞辛劳，充分发扬“钉钉子”精神，帮助地方解决产业发展难题，为贫困县提供了实实在在的技术指导和服务，培育和扶持了一批特色产业、富民产业、支柱产业，为贫困地区脱贫致富奠定了坚实的产业基础。体系科技扶贫工作涌现出大量的先进人物和先进事迹，为进一步总结脱贫攻坚成效，交流经验，更好与乡村振兴进行衔接，为乡村产业发展提供持久的科技动力，我们组织各体系推荐，并最终遴选出300位体系专家扶贫的先进事迹，分成“规划引领”“特色品种引进”“技术升级”“基地示范”“企业带动”“合作社培育”“带头人培育”“培训带动”“品牌培育”9个部分，按现代农业产业技术体系的产业先后顺序排序，汇编成册，供广大农业科技工作者参阅。

编 者

2020年11月

目　录

科技 + 规划引领

科技＋特色品种引进

科技＋技术升级

科技 + 基地示范

科技＋企业带动

科技＋合作社培育

科技＋带头人培育

科技＋培训带动

科技＋品牌培育

科技＋规划引领

循因施策　科技助力泰来水稻产业升级

——记国家水稻产业技术体系综合试验站站长　孙世臣

孙世臣，1979年12月生，黑龙江省农业科学院耕作栽培研究所，研究员。黑龙江省农作物品种审定委员会水稻专业委员会专家，黑龙江省领军人才梯队作物育种学（水稻）学科后备带头人，中国作物学会水稻专业委员会理事。主要扶贫区域为大兴安岭南麓山区泰来县。

泰来县是国家级贫困县，有耕地269万亩（1亩≈667平方米，全书同），全县水稻种植面积120万亩，是齐齐哈尔市水稻生产第一大县。根据泰来水稻产业的现状，孙世臣同志带领哈尔滨综合试验站实施了有针对性的帮扶，用科技助力该县水稻产业提档升级，助力打赢脱贫攻坚战。

精准调研　循因施策

自2016年接到体系产业扶贫任务开始，孙世臣同志带领试验站团队对当地合作社、种田大户、企业等进行走访调研，了解到泰来县水稻生产上存在以下主要问题：一是品种更新换代缓慢，种植的水稻品种多、乱、杂，主栽品种不明确，优质不高产，高产不抗病等，严重影响着农民收益及地方水稻种植合作社稻米品牌的创立和发展；二是水稻育苗及秧田管理粗放，导致苗期病害严重，每年生产上都因此发生损失；三是栽培技术落后，采用传统大水淹灌，造成水资源浪费、水稻倒伏、米质下降等问题。

针对上述问题，与泰来县克利镇创优水稻种植合作社建立了定点帮扶合作关系。该社有水稻面积5000亩，入会社员78名，辐射水稻种植面积2.7万亩，2016年开始建立了规范化水稻科技示范园区一处，园区面积500亩。

体系内紧密合作　推动泰来品种更新换代

2016年至今，孙世臣同志带领试验站团队在交通方便的克利镇创优水稻种植合作社建立了水稻新品种筛选、展示、示范区，与国家水稻产业技术体系内的五常综合试验站站长闫平研究员、牡丹江综合试验站站长柴永山研究员、东北中部稻区粳稻品种改良岗位科学家周广春研究员等体系内专家合作，引进筛选了100余个水稻新品种。其中，获得全国优良食味米品评金奖的龙稻18、松粳22、吉粳816在泰来县备受青睐。实施5年来，通过广泛的宣传示范带动，泰来县圆粒优质米品种种植广泛采用吉粳816、龙稻24，长粒优质米采用龙稻18、松粳22、松粳28，泰来县水稻种植基本实现了优质品种全覆盖，推动了水稻供给侧结构性改革从高产向优质稳产的转变，提高了种植效益。

2016年，建立了优质品种龙稻18百亩示范区，哈尔滨综合试验站提供了龙稻18原种300千克，落实到农户蔡延彬田里，配套了水稻测土配方平衡施肥技术、浅湿干高效灌溉技术、病虫草害综合防控技术等，有24个周边农户跟踪学习了整个生产过程，秋季收获平均亩产达到650千克，每亩较当地平均产量高50千克左右。由于该品种为长粒型国标一级米优质水稻品种，以3.70元/千克的高价卖出，较普通圆粒品种高出1.10元/千克，该农户种植该品种增收8.45万元，增产增收效果显著，带动了周边20余户农户种植该品种。2016年至今，在泰来县累计落实示范田5块，示范面积1850亩，示范区累计增产稻谷10万余千克，累计增收30余万元。辐射带动20余万亩，增产增收效果显著。龙稻18的育成与推广，满足了水稻市场对优质、多抗、高产的品种需求，在全省累计推广种植800余万亩，累计获得经济社会效益近20亿元，获得了2019年度黑龙江省科技进步奖一等奖。

广开渠道培训示范　促水稻栽培技术提档升级

结合泰来县当地水稻生产的实际问题，孙世臣带领哈尔滨综合试验站大力开展培训与技术示范，在培训内容上涵盖了水稻品种的选择，水稻药剂浸种、催芽、播种育苗到田间管理技术；从病虫草害的防治，低温冷害的预防到黑龙江稻米市场发展前景及价格走势分析，从不同的角度、不同的需求开展了方方面面的专家讲座，进一步强化了农民的科技意识，达到科技种田无盲点的状态。结合泰来县科普之冬等系列培训活动，累计组织培训十余场次，培训人数500余人。2020年，新冠肺炎疫情在全国暴发，

■ 孙世臣在黑龙江电视台“科技助农在线帮”做电视专题培训讲座

■ 孙世臣在泰来县克利镇保安村示范基地测产现场接受当地媒体采访

无法面对面进行培训，孙世臣同志带领团队人员通过“快手”“抖音”“一直播”等平台进行直播培训或录制视频培训助农。他通过黑龙江省电视台与黑龙江省农业科学院联合主办的“科技助农在线帮”栏目电视直播2次，累计收看人数10余万人次；通过黑龙江省农业农村厅与新浪网主办的“科技助农大讲堂”栏目在新浪网直播1次，累计收看人数7.2万人次。

在水稻生产的关键时期，孙世臣及团队成员先后多次到农户家或以开展小规模现场会的方式，走进田间地头，对农民进行现场指导和培训，示范区灌溉全部采用了通俗易懂简便易行的浅、湿、干间歇节水灌溉栽培模式，做到浅、湿、干结合，后水不见前水，逐渐改变当地大水漫灌的种植方式，有效减少了水稻倒伏及稻瘟病的发生，提高了水稻出米率和品质。连续多年的培训与示范取得了较好的效果，实现了区域内水稻栽培技术的提档升级，助力了水稻产业的发展。

扶贫感言

产业扶贫必须首先从思想观念上“扶贫”，进而是技术上“扶贫”，最后经济上“脱贫”。实现产业提档升级是系统工程，需要全产业链的共同参与，顺应供给侧结构性改革的产业扶贫永远在路上。科技是第一生产力，广大贫困农村的人民虽然整体文化水平不高，但一样充满着对新技术的渴望。孙世臣同志是农民的儿子，有着农民一样的质朴情怀，不忘初心，服务“三农”是他从事农业的初衷。稻农丰收的微笑，企业增收的喜悦就是对产业扶贫工作最好的奖赏与回报。这个“懂农业、爱农村、爱农民”的水稻体系人致力于水稻优质育种研究与新技术推广，用他质朴的双手，勤奋耕耘求索，为全面打赢脱贫攻坚战，为黑龙江水稻的持续发展挥洒着汗水，奉献着青春。

科技助力精准扶贫　打赢扶脱贫攻坚战

——记国家小麦产业技术体系综合试验站站长　董　剑

董剑，1972年9月生，西北农林科技大学，副研究员。作为农业农村部“三区三州”科技助力产业扶贫专家，董剑带领团队深入西藏林芝市“三区三州”的巴宜区、工布江达县、米林县、墨脱县、波密县、察隅县、朗县，陕西省宝鸡市（六盘山区）的千阳县、陇县、扶风县、麟游县开展科技扶贫服务工作，用科技帮扶助力脱贫攻坚，促进农民增产增收。

为西藏林芝小麦产业发展提供技术支撑

董剑根据体系安排，2019年开始投入到西藏“三区三州”西藏林芝地区脱贫攻坚工作，调研了西藏林芝小麦生长状况，制定出相应的技术管理措施，开展了品种示范、推广、技术培训，并把小麦体系科学家新成果、新技术，在林芝进行中试、熟化与示范，为西藏林芝小麦产业发展，为西藏“三区三州”打赢脱贫攻坚战，贡献了技术力量。在调研和剖析产业发展障碍时，发现林芝地区小麦常年种植面积6.6万公顷，以冬播为主。针对小麦产业发展主要问题：优良品种少、品质差、穗发芽严重、机械化程度低、条锈病较重、管理比较粗放、经济效益较低。制定出了以品种筛选为突破口的实施方案，为林芝地区小麦丰产丰收提供品种支撑。充分利用小麦产业体系的经验与技术优势。①筛选抗条锈病、抗穗发

■ 董剑在西藏林芝市开展小麦生产调研、技术指导

芽、优质小麦新品种（系），与林芝6个县农技中心合作，开展小麦品种试验示范。2019年筛选出15个小麦新品种在巴宜区进行试验示范。②2020年秋播在体系内征集到22份抗条锈病、抗穗发芽、优质小麦品种进行试验。通过试验，2020年收获的兰天26号在林芝巴宜区比当地品种增产20%以上，下半年开始大面积示范推广。③利用新媒体，构建“线上无障碍”技术服务。搭建微信等专家在线交流平台，在小麦生长关键期，及时为当地小麦生产上出现的问题进行技术指导，同时也充分调动体系病虫害岗位专家力量，第一时间解决生产上出现的病虫害问题，为当地小麦丰收丰产提供了强有力的科技支撑。

推动六盘山区种植业结构调整　助力脱贫攻坚

董剑在陕西省陇县进行种植业结构调整，开展小麦新品种技术服务，加强优质小麦生产技术培训，助推今麦郎、老牛面粉、祥和等面粉加工企业，与合作社、种粮大户和重点村组进行优质小麦订单生产，在提高农民收入、助推脱贫攻坚中取得突出成效。2019年，杨凌试验站在宝鸡陇县召开小麦新品种观摩与培训会，病虫害防治、小麦优质高产栽培技术培训4场次，培训贫困户和群众400多人。加深了种植户对小麦新品种的认知度，调动进行种植业结构调整的积极性。为陇县进一步调整优化产业布局、强化试验技术支撑、实现产业转型升级发展，起到了良好的舆论宣传和示范引领作用。在陕西省扶风县积极引进扩大种植郑麦366、西农20、陕麦33、西农979等优质强筋小麦新品种，引导群众逐步压缩小偃22等中筋小麦面积。促成今麦郎、老牛面粉、祥和等面粉加工企业，与合作社、种粮大户和重点村组签订生产协议，以高于市场价8%~10%收购生产的优质小麦。2020年，优质小麦生产面积12万亩，为农民增收600多万元。开展特色小麦产业研发与推广，筛选出了适于扶风县种植的黑麦品种2个，在扶风县午井镇小寨村建立小麦产业示范园1000亩，在提高农民收入，助推脱贫攻坚中取得了突出成效。在陕西省麟游县、千阳县累计建立15个粮食高产创建示范片，示范面积24万亩，项目区水地小麦、旱地小麦、玉米单产分别达到500千克、350千克、600千克，示范带动效果明显。同时，开展绿色模式攻关（小麦玉米一体化、旱地小麦、地膜玉米），三种模式各实施2万亩，降低5%的农药、化肥施用量，提高了土壤水分利用率，达到了增本节效的目的，粮食生产提质增效效果明显。

扶贫感言

科技产业扶贫是促进贫困地区发展、增加贫困农户收入的有效途径。作为一名科技扶贫工作者，要切实加强政治责任感和历史使命感，提高站位，找准切入点，精准施策，将新品种、新技术通过技术引领、示范、培训送到生产者手中并让其掌握，充分发挥出科技是第一生产力的作用，助力农民增产增收，打赢脱贫攻坚战。

乌蒙山中豆干香　体系新人扶贫忙

——记国家大豆产业技术体系综合试验站站长　陈佳琴

陈佳琴，1977年5月生，贵州省农业科学院油料研究所，副研究员。2017年被聘任为国家大豆产业技术体系贵阳综合试验站站长，服务贵州省。贵州省贫困县较多，包括了乌蒙山区10个县、武陵山区15个县及滇桂黔石漠化区40个县。“十三五”是全国打赢脱贫攻坚的决战阶段，陈佳琴接任贵阳大豆试验站站长后，制定“在各贫困地区设立大豆技术示范县，带动大豆产业发展，使大豆体系技术成为各地区脱贫的助力器”的规划，开启了大豆产业助力脱贫的征程。

调研产业问题　提出政策建议

陈佳琴将乌蒙山区的大方与桐梓、滇桂黔石漠化区的关岭、武陵山区的石阡等贫困县设立为试验站的示范县，经常带领团队深入各贫困地区的田间地头，了解各县大豆生产情况，发现当地种植大豆多为抗性差、产量低的地方品种，还存在栽培管理不当等问题；又调研了当地豆制品加工现状，了解到贵州注册豆制品企业300余家，小作坊不计其数，加工用豆量大，大豆生产远不能满足需求。了解到这些问题后，陈佳琴为各示范县撰写了大豆产业发展建议，为使大豆产业能够与各县其他产业协同发展，陈佳琴为各县推荐了“果林套种大豆、大豆与蔬菜复种、玉米大豆带状复合种植”等种植技术模式，并提出了“体系+政府+生产+加工”

陈佳琴在贵州大方县科技局与政府领导一起商讨大豆产业扶贫发展方案

的大豆产业扶贫开发运行模式，即体系提供技术并示范，政府组织技术推广，种植户生产，产品就地加工，延长产业链以提升产值，助力脱贫攻坚。她的大豆产业政策建议受到大方、关岭等县的高度重视，大方县政府同意将大豆产业作为该县的八大扶贫产业之一来发展，关岭县政府也将大豆作为调整农业产业结构的重要产业来发展。

引进体系优良品种　解决产量低下问题

为了解决各贫困区大豆品种产量水平低下的问题，陈佳琴先后与大豆体系多位岗、站专家联系，从其他产区引进了中黄、油春、齐黄、徐豆、南农等系列品种40余个，与她主导选育的黔豆系列品种一起在大方、关岭、石阡等示范县进行多点比较鉴定试验，根据产量、抗逆性、品质等多项性状的综合表现，筛选出中黄76、齐黄34、油春1204、黔豆7号、黔豆10号、黔豆12号等一批适宜乌蒙山区、武陵山区、滇桂黔石漠化区种植的优良品种，大幅提高了大豆产量水平。

创建高产示范　带动产业发展助脱贫

从开始接手体系工作，陈佳琴就意识到贫困村是最需要大豆产业的地方，于是，深度贫困村就成为她设立示范基地的首选，她带领团队先后在大方、桐梓、关岭、石阡等县的20多个贫困村，设立示范基地3000余亩，通过提供大豆新品种、配套技术及精心的指导、培训等服务，各地示范纷纷成功，多点创高产典型，如2020年在黄泥塘镇黄泥村230亩示范田，大豆亩产量达到263千克。示范区的大幅度增产带动了周边县的大豆产业发展，如乌蒙山区的赫章、纳雍、黔西、七星关及武陵山区的沿河、松桃等深度贫困县，在2019年、2020年的农业产业结构调整中，也将大豆列为重点产业来发展，使大豆产业技术在广大贫困地区推广开来，在脱贫攻坚中发挥了显著的助推作用。初步估算，2017—2020年，设在大方、关岭、桐梓、石阡等县的技术示范区，带动各地区发展大豆新品种及技术应用面积达150万亩以上，平均亩产大豆180千克以上，为当地豆制品企业提供大豆超过27000万千克，新技术的应用使示范区大豆比当地常规种植亩增收40千克，累计增收大豆6000万千克，增收经济效益约3.6亿元；覆盖农户20万户以上，其中，贫困户5万户以上。2019—2020年，陈佳琴又到沿河、从江等挂牌督战深度贫困县开展了技术指导与示范，均取得了较好的效果。

技术传导于生产　科技培训多样化

为了提高各贫困区的大豆种植技术水平，陈佳琴带领团队开展了多样化的技术培训：一是在生产关键季节到生产一线手把手指导种植户；二是组织有关行政领导、农技人员、种植户等到示范现场观摩与交流学习；三是邀请体系各领域专家到示范县进行技术讲座；四是为种植户发放技术资料。尤其是2020年3—4月的大豆播种季节到来时，新冠疫情尚未解除，陈佳琴在做好防护的前提下，先后奔波于大方、关岭、桐梓、从江、沿河、盘州、开阳、息烽、瓮安等10多个县的30多个贫困村，开展技术培训与现场指导工作，经过连续60余天的奋战，圆满完成了大豆种植技术的传授，使各贫困县的大豆生产未因疫情而受影响，大灾之年喜获丰收。自 2017 年以来，陈佳琴累计培训 4000 余人次，发放技术资料 1 万余份次。

■ 陈佳琴在贵州省瓮安县平定营镇开展大豆播种技术现场指导

建立产销联盟　解决产品销路

为解决生产大豆产品的销路问题，陈佳琴积极与大方石老祖宗、黔香源、龙缘盛等一批当地的豆制品加工龙头企业联系合作。在她的努力下，各示范区与多家豆制品加工企业建立了大豆的“生产—加工”联盟，企业承诺对农户生产的产品实行保底价格订单，解决了种植户的后顾之忧，大大提高了贫困地区农户种植大豆的积极性。

扶贫感言

贵州由于地理环境等原因，是重度贫困区，脱贫攻坚任务艰巨，扶贫工作是党和国家号召实施的一项重大民生工程。作为体系人，就应当是扶贫行动的践行者、引领者，体系扶贫是一项任务，更是自己领取的光荣使命，要完成这个使命，就要把体系技术作为脱贫攻坚的科技武器，必须要深入贫困区，结合产业实际，制定优化方案，克服一切困难，勤勤恳恳的传授每一项技术，用心浇灌每一片产地，哪怕是小小的黄豆，也能支撑起扶贫产业的一片天空来，发挥了体系真扶贫、科技能扶贫的效果，把“输血式”扶贫变为“造血式”扶贫，带动贫困区农业产业的提升，为当地群众带来实实在在的经济增收效果，解决贫困群众的实际困难，为贵州打赢脱贫攻坚战贡献一份力量。

青稞溯源创新助推产业发展

——记国家大麦青稞产业技术体系岗位科学家 尼玛扎西

尼玛扎西，藏族，1966年4月生，中共党员，西藏自治区农牧科学院，二级研究员。一生致力于青稞育种和生产技术研发，培育的青稞品种近年种植面积超过西藏区青稞总生产面积50%，为提高西藏青稞生产水平和增加农牧民收入做出了重大贡献。

大力开展人才培养和实验条件建设　夯实青稞科研基础

青稞是西藏的主要粮食作物，也是畜牧业发展的重要饲料作物。西藏青稞杂交育种发展较慢，1978年才由系统选育逐步转变为杂交选育。2001年，尼玛扎西博士从国际山地中心回国之后，根据西藏青稞提质增效生产和加工发展需求，积极组织团队从青稞种质资源鉴定筛选研究入手，逐步构建青稞核心种质库；针对青稞育种研究、高产栽培、示范推广、特色产品研发等技术力量薄弱，团队人员短缺等实际，积极通过人才引进与在职人员学历提升与培训等方式，培养了一大批专业技术人员，组建了青稞遗传育种、高产栽培、示范推广与精深加工创新团队；针对西藏青稞遗传育种创新平台暂无的现实，积极组建了省部共建青稞和牦牛种质资源与遗传改良国家重点实验室、云南元谋加代与扩繁基地、西藏作物制种与种业科技创新基地、日喀则市白朗县白雪试验站等科技创新平台。

育成推广藏青2000等青稞新品种　贡献西藏脱贫攻坚

作为西藏自治区青稞育种创新的首席专家和学术带头人，尼玛扎西研究员积极带领创新团队开展种质资源精准鉴定与创新利用研究，在国际上首次完成了青稞全基因组测序与基因图谱绘制，标记和克隆与产量、品质、抗倒伏、耐瘠薄、抗病等优异基因15个，探明了青稞高原适应性生物学机制，创制出具有遗传改良应用价值的新种质47个。先后主持或作为主要完成人培育并审定藏青2000等17个青稞新品种。其中，藏青690成为高寒农区示范推广的唯一良种，藏青2000、冬青18号成为西藏河谷高产

■ 尼玛扎西在西藏日喀则市白朗县巴扎乡开展生产技术指导

■ 尼玛扎西在给县农业技术人员讲解青稞品种和配套栽培技术

青稞产区的主推品种，也是西藏青稞第三代换代品种；藏青 2000 是西藏青稞生产史上唯一单年生产种植超过 150 万亩的品种。编撰《青稞高产栽培技术规程》《无公害农产品春青稞生产技术规程》《无公害农产品冬青稞生产技术规程》《青稞原种生产操作技术规程》等 13 个地方标准。带领团队成员累计培训青稞种植能手与骨干 650 人次，培训农牧民 12 万人次，使农牧民掌握了原良种扩繁技术本领和高产高效青稞种植技术。10 年来年累计示范推广青稞新品种和新技术 1300 余万亩，新增产值 13.7 亿元。示范推广辐射农牧民达到 52 万人，人均年增收 263.50 元。自 2013 年藏青 2000 在全自治区正式大面积示范推广后，2014 年在日喀则市白朗县巴扎乡、嘎东镇组织原良种扩繁 650 万千克，销售收入 3380 万元，人均增收 1040 元，促进了精准扶贫。

扶贫感言

西藏是全国“三区三州”深度贫困区，农牧民收入来源主要依靠种植业和养殖业，因此要大幅度提高农牧民收入，助推精准扶贫，必须充分掌握产业发展的自然生态条件、人文地理、生产状况、文化底蕴等限制因子，才能精准施策、有的放矢。因此需做好以下工作。

（1）科研工作中时刻做到爱农业、爱农村、爱农民，通过深入基层、深入农户、深入农田进行调研，及时掌握限制农牧业生产发展的关键瓶颈，掌握生产实际需求是什么？需要解决什么问题才能对提质增效发挥作用？农牧民生产生活最关心的是什么？等等。结合科技创新研究，将农牧民的生产实际需求一一解决。

（2）充分利用国家和各省市的援藏政策与资金，积极开展种质资源创新与利用研究，培育出适应不同生态区域种植的高产、优质、多抗型青稞新品种，适宜不同加工需求的专用型青稞新品种，解决生产面临的短板问题。通过配套高产高效栽培技术规程研制，在全区最适区域进行集成示范推广，显著提高青稞单产水平，达到增产增效的目标。

（3）加强农牧民生产种植水平与技能的提升，通过农牧民技术培训项目，结合青稞新品种、新技术的示范推广，强化青稞生产过程中的土壤处理、种植密度、施肥水平与方式、田间管理、病虫草害综合防控、收获与贮藏等实用技术培训，不断提高农牧民的文化素质与能力，提升科学种养殖技能与水平。

扶贫路上高粱红

——记国家谷子高粱产业技术体系岗位科学家　邹剑秋

邹剑秋，1965年7月生，辽宁省农业科学院高粱研究所，研究员。多年来，在体系的支持下，在各级党政机关的配合下，带领团队在辽宁省贫困地区，也是高粱主产区的朝阳建平县、葫芦岛南票区和建昌县，利用高粱耐旱、耐瘠薄、耐盐碱的特性，充分发挥体系的科技引领作用，使高粱产业成为贫困群众的“绿色银行”。

解决产业关键问题，变高粱产业为绿色银行

通过对当地自然生态条件深入调研，结合团队自身技术优势，邹剑秋把产业扶贫作为精准扶贫的主攻方向，将高粱谷子产业作为科技扶贫的着力点。利用国家产业体系这个平台，为建平、南票、建昌引进酿造高粱、食用高粱、优质谷子等品种16个，发放高粱种子2500千克；同时与体系栽培岗位合作，推广应用精播免间苗、浅埋滴灌覆膜、肥料减施、病虫草害高效防控、机械化收获等轻简高效栽培新技术11项。改变了当地种植结构单一、种植品种老化的问题。高粱产量由500千克/亩提高到600千克/亩，高粱种植成本由400元/亩下降为300元/亩。充分发挥体系优势，在帮助农民提高种植水平的同时，不断为产业发展搭建销售新平台，使农民增产不愁卖、好粮卖好价，解决了农户的后顾之忧，使农民真正增产又增收。目前，新品种和新技术已累计应用30万亩，每亩可增产100千克，降低投入100元，累计为农民增收近亿元。

培养技术人才，助力脱贫致富

农民观念落后和农村技术人才短缺是脱贫致富和产业发展的主要障碍。为使农民接受新品种和新技术，邹剑秋依托产业体系和单位资源优势，广泛邀请体系内外的专家为农民进行技术培训和现场指导，累计举办各类技术培训和指导46场次，参训人员达到2000余人次。通过下田间开展面对面、手把手的技术指导，使农民充分认识到科技的重要作用，完成了从依靠经验种田到依靠科技种田的转变。在扶贫工作中个人的作用是有限的，只有发挥成千上万科技人才的合力才能浇灌出科技扶贫的常青树。邹剑秋带领团队在建平、南票和建昌为杂粮产业生产培养了30多名生产技术骨干和20余名种田大户，扶持了

■ 邹剑秋在辽宁建昌县大屯村开展高粱田间技术指导

■ 邹剑秋在辽宁南票区大兴乡进行高粱田间指导

3个专业种植合作社。这支留得住、懂技术、扎根家乡的科技队伍，服务农民，推广新品种新技术，大幅提升了当地杂粮生产的科技含量，在打赢脱贫攻坚战中大显身手，在未来巩固脱贫成果、用科技力量推动乡村全面振兴中，还将持续发挥作用。

树立脱贫致富典型，发挥榜样引领作用

贫困户脱贫离不开典型人物的带动。邹剑秋团队在葫芦岛南票区大兴乡就树立了这样一个典型人物——常宝权。常宝权小名常宝锁，村里人都叫他锁哥。他的右手因生产事故失去了3根手指，但他积极乐观，从未放弃。大兴乡紧邻渤海湾，土地贫瘠不说，还常年面对海风，土地盐碱化也十分严重。为了生计，他种过玉米，由于干旱绝收了；种过花生，由于不耐盐碱，失败了。2012得知这一情况后，邹剑秋组织专家为他把脉，建议他种植高粱，并为他提供优质品种和生产技术。当地政府部门又为他争取到了贷款。当年，他就利用贷款承包了100亩地，又赊了些化肥，种上了辽粘3号（产量高、抗性好，是五粮液等名优白酒的优质原料）。生长过程中由邹剑秋及团队为他提供全程技术指导。金秋十月，看着遍地的红高粱，锁哥高兴地打开了话匣子："其实我压力老大了，一开始没人支持我，没有你们体系专家的帮助，我也早就认输了。但是现在一看这高粱，我心里老有底了，这高粱是种对了，大家都说我常宝锁赢了，呵呵……"锁哥的100亩辽粘3号，最终平均亩产566千克，邹剑秋团队帮忙联系销售，价格3.46元/千克，纯收入10万元，存款第一次变成正数，在当地引起巨大轰动。几年来，他种植的高粱面积逐年扩大，已经成为远近闻名的种粮大户，彻底甩掉了贫困的帽子。2019年，邹剑秋团队又支持他成立了高粱生产合作社，吸引了当地村里4户贫困户也加入了进来。2020年，合作社共种植高粱2000余亩，预计收入100万元以上。

扶贫感言

产业扶贫的关键还是科技！大多数贫困地区的群众思想观念落后，文化素质、科技素质和技术水平偏低。在产业扶贫过程中，始终坚持科技帮扶与农民素质教育相结合，把提高农民的科技水平放在首位，才能使扶贫从"输血"变成"造血"，才能使贫困人口彻底脱贫。改变贫困群众的思想观念，除了要加强培训，还要利用身边典型的人、事，充分发挥典型的示范引领作用，让贫困户充分认识到只要相信科技，依靠科技，通过自身不懈努力，脱贫致富一定能够实现！

燕麦产业情怀

——记国家燕麦荞麦产业技术体系综合试验站站长　刘彦明

刘彦明，1964年10月生，定西市农业科学研究院，推广研究员。主要工作在六盘山区的定西市和白银市会宁县等地，是国家划定的深度贫困区，历史上曾有“苦瘠甲于天下”的称谓，是备受中央和社会各界高度关注的地方。刘彦明带领燕麦荞麦团队怀揣着新技术、新成果、新理念，在定西市农业科学研究院帮扶的岷县闾井镇林口村、草地村，岷县禾驮乡安家山村、曙光村，通渭县华家岭镇老站村5个深度贫困村开启了燕麦产业科技助推精准扶贫、精准脱贫攻坚之旅。

助力岷县两镇四村精准扶贫

扶贫伊始，来到海拔2600多米的岷县闾井镇林口村、草地村，禾驮镇安家山村、曙光村半农半牧区时，广大老百姓牛羊猪散养，人畜混住，硬化路不通，科学种田意识几乎空白，面对如此境遇，大家有些茫然与无措。经过多日的入户串巷调研后，刘彦明同志提出了“做给群众看”“教会群众干”的工作思路和方法，刘彦明同志带领燕麦荞麦团队成员深入4村进行现场培训，发放种植技术服务明白纸，耐心细致讲解种植技术。通过三年扶贫，燕麦产业在当地是“芝麻开花节节高”，已成为群众脱贫致富支柱产业。

2016—2017年，给岷县闾井镇林口村、草地村提供燕麦良种白燕7号、定引1号共计6000千克，利用良种良法配套技术示范300亩，亩产量幅度246.5~280千克，鲜草产量达到2500~3000千克/亩以上，较当地品种增产62.23%。

2018—2019年，定西综合试验结合定西市农业科学研究院的精准扶贫工作，在岷县禾驮乡曙光村、安家山村开展扶贫工作，提供定燕2号和白燕7号优质良种6000千克，建立示范基地330亩，涉及农户103户，平均亩产201.82千克，较当地品种亩净增51.15千克，增产33.95%。种子按当地市场价3元/千克计算，平均每亩收入630元，生产燕麦黄干草300千克，干草按当地市场价0.6元/千克计算，平均每亩收入180元，共收入810元。户均增收2430.0元，为农户脱贫致富增加经济收入。截至2020年，在岷县4个贫困村燕麦种植面积达到耕地面积1/3，优良品种实现了全覆盖，成为了当地的主要支柱产业，对发展畜牧养殖业起到了巨大作用。

帮助通渭县华家岭镇老站村形成脱贫致富产业

通渭县华家岭镇老站村由于海拔高，气候冷凉，自古以来是燕麦莜麦种植地，但一家一户的种植模式难以打破，并且形不成规模，农民难以致富。如何做大做强燕麦产业，是多少年来刘彦明最大一块心事。2015 年刘彦明帮助老站村村民杨文毕建立合作社组织，在起名、制定章程、牵线办理营业执照、发展会员、流转土地规划、机械购置等方面，全力以赴、亲力亲为，帮助成立了第一家农民专业合作社，现有入会社员 332 户（其中精准扶贫户 193 户）涉及华家岭镇 13 个行政村，合作社流转土地 3000 亩。主要进行燕麦荞麦试验示范和良种繁育，并且收购当地农户生产种子、燕麦饲草，农户通过种植燕麦荞麦，平均每户年增加收入 2000 元以上，100 户精准扶贫户脱贫。2015—2019 年，合作社组织农户累计给民祥牧草公司提供燕麦鲜草 5 万多吨，收购经销燕麦荞麦良种 2.5 万吨，收入达到 300 多万元，把燕麦小作物，做成了富民强民的大产业，农户杨文毕成为了远近闻名科技能人。

■ 刘彦明在甘肃岷县扶贫村培训会进行现场培训

为定西市"中国西部草都"建设做出了榜样

2015 年定西市委市政府提出了打造"中国西部草都"的发展规划和蓝图，并且于 2018 年出台了《中国西部草都建设规划》方案。在此过程中刘彦明积极参与了各项工作，从"六县一区"的调研，草都方案的撰写、制定等，特别是燕麦饲草种植区域分布规划，都是由刘彦明亲自制定，将"六县一区"分为 11 个片区，涉及 59 个乡镇，皆为贫困乡镇。

6 年来，饲草燕麦产业从品种引进筛选—种植技术集成—病虫草害防控—收获储藏—加工销售等环节，形成了完整的产业链条，为定西饲草产业发展提供了强有力的技术支撑。刘彦明带领定西试验站建立了 10 个试验示范基地，与甘肃民祥牧草有限公司、华岭农业科技有限公司、定西华岭毕昌农产品农民专业合作社联合建立订单式饲草燕麦生产和良种繁育收购合同，实行 5 个统一：统一品种、统一施肥量、统一播种量、统一田间管理、统一收获时期，保障了基地农户产品有出路、企业加工有原料，科研单位成果有效转化，实现了多方共赢的局面。自 2013 年以来，为公司提供燕麦鲜草 10 多万吨，生产燕麦良种 3 万多吨，收益达到 1.5 亿元，1500 多户农户直接受益，并脱贫致富，持续增收。

刘彦明用心、用情、用技术服务"三农"，总结形成了"企业 + 科研 + 合作社 + 基地 + 农户"的模式，为定西"中国西部草都"建设做出了示范引领作用，受到相关政府高度关注和好评。

扶贫感言

一是做给群众看。燕麦荞麦都是贫困边远山区的主要产业，但大部分劳动力都是老弱病残，文化水平低，接受新事物慢，农业科研工作者在起步时一定要实地进行试验示范，亲力亲为，做给群众看，老百姓最信任的是眼见为实。二是教会群众干。群众通过实践证明，技术是最好的，有效益的，积极性调动起来之后，这只是万里长征才迈出了第一步，要想产业植根茁壮，教会群众亲手操作，亲自干才是核心。三是帮助群众销。农户的干劲需要引领，可靠的致富带头人是核心，核心的作用是谋划形成产业，如果产业没有企业的带动，产品就没有市场，所以产业的发展需要一条完整的链，缺了哪一个环节，就没有这个链！没有链，就没产业，更没有效益和增收致富的出路！

凝心聚力攻难关　食用豆变成了农民致富的“金豆豆”

——记国家食用豆产业技术体系首席科学家　程须珍

程须珍，1954年12月生，中国农业科学院作物科学研究所，研究员。河北省张家口市阳原县食用豆产业技术顾问、山西省大同市云州区科技扶贫示范县技术负责人、黑龙江省佳木斯市桦川县科技扶贫食用豆负责人等，组织带领国家食用豆产业技术体系全体成员，重点围绕14个特困连片区地区、“三区三州”、挂牌督战县、部委及单位定点等，通过政科企合作模式开展科技扶贫，助推产业扶贫，促进农业发展农民增收企业增效。

聚焦食用豆产业特色　制定切实可行的扶贫计划

食用豆是我国主要杂粮作物，产区主要集中在生态和经济条件薄弱的丘陵地区，是当地农民脱贫致富的重要经济来源。作为国家食用豆产业技术体系首席科学家，按照农业农村部的统一部署，程须珍带领全体系人员，对14个特困连片区食用豆产业状况进行实地调研，针对贫困地区生态特点和产业需求，制定出切实可行的扶贫工作计划和实施方案，组建起由首席科学家任组长、功能研究室主任为副组长、岗位科学家和站长为技术骨干的科技扶贫工作组，形成体系内联合、体系间合作的工作机制，实行遗传育种、栽培土肥、绿色防控、机械化生产、产后加工利用等多学科全方位技术服务。他们的具体做法：一是集中优势资源和科技力量在14个集中连片地区及“三区三州”开展脱贫攻坚，聚焦国家深度贫困县和革命老区开展科技帮扶、精准帮扶、产业帮扶等。二是在重点帮扶区域建立稳固的试验示范基地、试验站和示范县，长期稳定地为贫困地区提供技术服务。三是责任明确分工合作，每个帮扶县都设立专人负责，签订技术服务合同并作为年度考评的参考依据。四是扶贫先扶智，充分利用微信微博、电视电台、报纸杂志等多种媒体及示范展示、技术培训等手段宣传普及科学知识，培训带领农民脱贫致富的龙头企业和技术人才。仅2017年，国家食用豆产业技术体系直接参与科技扶贫的岗位和试验站就有39个团队，扶贫覆盖面涉及全国21个省份、46个地级市、66个县。新品种新技术示范，一般增产10%以上，亩增收食用豆类约20千克，亩增收200元左右，受益农户数万人。

发挥专业技术优势　做科技扶贫的领路人

程须珍情系“三农”，爱岗敬业，坚持做助力农民脱贫致富的先锋军。她从事食用豆种质资源保护和创新利用研究40余年，长期在贫困地区开展新品种新技术示范推广工作，具有很强的“四个意识”，紧紧围绕“六好”目标，认真贯彻落实党中央及农业农村部关于助力脱贫攻坚的大政方针和工作部署，积极组织全体系人员深入贫困县开展科技帮扶。在科技扶贫工作中，程须珍充分发挥自身专业技术优势，积极开拓科技引领富民产业。2017年为河北省阳原县撰写了《阳原鹦哥绿豆产业发展建议》，得到县政府采纳，并协助有关企业申报了张家口鹦哥绿豆原产地保护。2018年1月，在“三北”地区“建设科技示范大棚助推产业扶贫现场观摩会”上，中国农业科学院作物科学研究所阳原食用豆传统品种改良研究中心正式成立，程须珍、田静、徐东旭研究员被聘为阳原县政府食用豆产业发展技术顾问，科技扶贫试验示范基地建设全面启动。为展示科技扶贫效果，程须珍于2018年8月在阳原县组织召开了“国家食用豆产业技术体系科技扶贫示范观摩会”，2019年8月在张家口市召开了“食用豆产业科技扶贫示范观摩与经验交流会”，2020年9月在阳原县召开了“食用豆科技创新助推产业扶贫示范观摩会”，农业农村部、中国农业科学院和河北省有关政府部门领导、科技人员、企业代表、种植大户及体系专家等近千人出席会议，对食用豆体系在科技扶贫、帮扶农民致富与企业增效等方面取得的成效给予高度赞扬和表彰。会上，阳原县委书记孙海东指出，2018年1月县政府与中国农业科学院作物科学研究所合作，建立政科企合作科技扶贫模式，国家食用豆产业技术体系专家深入生产一线开展传统品种改良及试验示范与技术服务，增产增收效果明显，特别是鹦哥绿豆系列品种示范，亩增产30%以上，仅王府庄一个示范点就直接带动39个贫困户脱贫，户均增收1000元以上。通过“一县一业”基地建设培植的食用豆龙头企业“河北泥河湾农业发展股份有限公司”带动全县近2万个贫困户增收，占贫困户总数的70%。同时，还称赞食用豆是助推科技扶贫的“金豆豆”、首席科学家是农民脱贫致富的“领路人”。

发挥地方区域优势　凝心聚力助推脱贫攻坚

山西大同属燕山—太行山集中连片特困区，也是中国农业科学院作物科学研究所“科技扶贫”示范县，作为技术负责人程须珍按照院党组“脱贫攻坚主战场在哪里，中国农科院的专家团队就在哪里”的指示精神，积极探索科研与产业扶贫相互促进的工作模式。针对当地产业优势和技术需求，合力打造“食用豆产业科技扶贫绿豆有机旱作示范区”。通过新品种新技术试验示范，带动当地农民增产增收，实现了每亩增产150元的科技扶贫目标，起到了产业引领和科技支撑作用。

黑龙江省桦川县是中国农业科学院4个重点科技扶贫示范县之一。作为食用豆科技扶贫技术负责人，程须珍积极组织体系专家认真落实“3+N”帮扶机制，与新胜村结对帮扶，建立食用豆新品种新技术示范基地，在农作物生长的各个关键时节，采用田间现场示范及视频教学等方式开展技术培训，在2020年中国农业科学院“田间课堂”助力桦川脱贫振兴活动中展示的中绿10号、中豇8号、龙云豆5号等，成为当地农民致富的明星品种，为实现作物增产10%~15%、增效15%~20%的目标做出了突出贡献。

同时，程须珍还组织体系专家在甘肃定西市通渭县华家岭示范基地，采取“科研＋企业＋基地＋农户”的模式，示范种植蚕豆豌豆新品种新技术，直接带动周边350个建档户致富，122户实现脱贫。组织毕节试验站积极参加贵州省“万名农业专家服务‘三农’行动”“三区科技特派员”活动等，在织金、威宁、大方等县7个乡镇23个贫困村开展科技扶贫，建立示范基地21个，共1820亩，示范田亩增收628.3元，使23个村316户982人脱贫。通过开办“新时代农民讲习所”“科技课堂”等，组织32户农民示范展示食用豆新品种及高效种植模式，其中5户已成为致富带头人。组织带领云南大理试验站，通过实地调查确立以夏秋播鲜食蚕豆提高农民种植效益为切入点，在宾川县高寒贫困山区带领农民种植风豆6号等良种及配套技术10.95万亩，亩产鲜荚1126.5千克，亩产值3942.7元，为贫困地区脱贫致富提供了有力的科技支撑。

■ 程须珍在河北阳原县组织食用豆产业科技扶贫示范观摩

■ 程须珍在山西大同开展食用豆科技扶贫田间指导

扶贫感言

科技扶贫是针对贫困地区生产技术落后和技术人员缺乏的状况提出来的。一是强调自我发展，二是注重引进成熟、适用的技术，三是注重将治穷与培智相结合。在多年的科技扶贫过程中，我们深刻体会到，农业技术具有强烈的地域性和适应性，科技扶贫应向贫困地区引进成熟的技术，并要适合贫困地区的实际情况。通过政府主管部门、科研单位、龙头企业（合作社）相结合等模式，建立以点带面的科技示范网络，组织开展各种类型的技术培训，弘扬科学精神，提高农民素质。科技人员要深入生产一线做好调查研究，建设好多学科协同服务的扶贫队伍，制定出切实可行的发展目标和实施方案，以市场为导向，以科技为先锋，引导贫困地区合理开发资源，打造“一县一业”品牌建设，培植地方龙头企业和农村经济合作组织，提高贫困农民参与市场竞争的能力，实现自我发展的良性循环。食用豆类作为贫困地区的优势作物，在现阶段科技创新助力产业扶贫中做出了突出贡献，今后在带领农民致富和乡村振兴战略实施中将会发挥更大作用。

让小小“豆”产业扶贫显身手

——记国家食用豆产业技术体系综合试验站站长　王　斌

王斌，1965年2月生，中共党员，陕西省榆林市农业科学研究院，研究员。王斌作为榆林市小杂粮流动专家站站长、榆林市驻绥德县产业扶贫工作队队长、佳县深度贫困村第一书记工作队成员，带领团队以吕梁片区国家级贫困县为中心，紧密结合县域资源优势和产业特点，辐射带动全市其他贫困县区，积极转化体系研发成果，培植壮大优势特色食用豆产业，产业增收扶贫工作成效显著，2018年小杂粮流动专家站被榆林市委市政府授予“扶贫先进集体”称号。

深入调研　摸清底子——“哪里需要我们，我们就去哪里”

农业产业要发展，必须深入到田间地头，只有脚上踩着泥土，心里装着百姓，才最有发言权。为了能让小小“豆”产业在精准扶贫中发挥大作用，王斌同志带领产业扶贫工作队成员踏遍了全市的12个县市区的沟沟壑壑，先后对吕梁片区的佳县、米脂、绥德、清涧、横山等贫困县开展实地走访调研，摸清贫困县特色产业发展的基本情况，掌握宝贵的第一手资料，为产业精准扶贫打下了基础。据调研，这些县区多属丘陵沟壑地带，干旱少雨，农业生产条件差水平低，农民收入微薄。种植作物以小宗粮豆为主，食用豆类虽在当地农业生产中占有重要地位，但均存在品种结构单一、良种覆盖率较低、机械化程度不高、销售渠道不畅、经济效益差、产业化能力低等共性问题，传统优势产业尚未发挥出带动增收的作用。

“哪里需要我们，我们就去哪里”。针对上述贫困县的产业特点及扶贫需要，王斌同志常年奔波于各个贫困县，深入村镇现场调研主导产业发展面临的新问题和新要求，会同工作队成员制定周密的应对措施和解决办法。同时，积极与县区产业扶贫办及农业部门沟通对接，探讨产业扶贫思路、重点措施和实施方案。

示范带动　打造样板——示范新品种33个、实用新技术7项

近几年来，试验站在5个典型贫困县区的13个镇建立起核心示范点16个，主要涵盖传统优势的大

明绿豆、小豆、芸豆、谷子及荞麦等新品种33个，成功示范推广实用新技术7项，极大增强了产业扶贫辐射带动效果，调动了农户的学习积极性和主动性，产业技术体系研发成果转化成效显著，全市食用豆种植面积稳中有升。截至2019年，绿豆、小豆面积分别达40万亩和20万亩，单产水平较十年来提高了28千克，当年全市增产绿豆1.12万吨，增产值1.12亿元以上，豆农人均食用豆纯收入增加350元以上，食用豆现已成为稳定县域农村经济，实施脱贫攻坚和乡村振兴战略最稳定的助力产业和支柱产业。

2017年，位于佳县方塌镇尚寨村的300亩示范绿豆基地喜获丰收，由试验站示范指导的绿豆新品种机械化覆膜播种一体技术平均亩产129.5千克，比大田增产28.7千克，增收310元左右。

2018年，在横山区赵石畔村，示范绿豆机械化节本增效技术500亩，全部采用机械覆膜、播种一体技术，平均亩产为124.5千克，增产24.8%，增收270~300元；在佳县尚寨村、桃园沟村示范绿豆膜际栽培技术760亩，每亩节省人工2~3个，节本增效160~300元。

农企携手　合作共赢——“比去年每亩多收了30~40斤”

在打造示范基地，引领农民增产增收的同时，试验站还与生产一线技术能手、专业合作社和龙头企业联合攻关，积极研发推广绿豆机械覆膜播种一体化技术、膜际栽培技术，引进集中成熟一次性收获等新品种，实现了体系研发新成果的快速集成组装和大面积落地转化，达到了节省人力物力、节本增效的目的，提升了产业可持续发展的能力。

“今年我家种植的7亩绿豆丰收了，总共产出1500多斤，比去年每亩多收了30~40斤！”绿豆收获的季节，佳县兴隆寺老庄峁村的村民马怀兵高兴地合不拢嘴，他说，特别感谢王斌专家的指导培训，今年自己家里种植的地膜绿豆起了斑点，要不是专家实地察看并现场指导喷了农药，今年的绿豆肯定会减产。

同时，为解决农产品流通不畅、销售受阻等问题，王斌同志主动对接榆林东方红食品有限公司、佳县黄土地现代农业综合开发有限公司、横山进出口有限责任公司等龙头企业，深入推进农企合作，以充分发挥企业的强大帮扶作用。同时，积极开展技术合作，帮助企业每年建立大明绿豆核心示范基地3万多亩，推动实施了订单农业、保护价回收产品等有效措施，辐射带动周边10多万亩，帮助上万户贫困户实现了增收。

■ 王斌在陕西横山县横山镇开展绿豆膜际栽培技术示范指导

扶智先行 提升能力——扶贫先扶智，增强内生发展能力

针对山区农民科学种田水平低、商品意识差等问题，王斌同志常年深入主产县区、村镇，通过培训班、观摩会、赶大集、现场指导答疑等多种方式，为近千名农户进行技术培训和现场指导，并编印发放了《产业扶贫系列培训手册》《旱地作物栽培技术》《绿豆生产技术》《榆林旱区豆类双沟覆膜高产栽培技术挂图》等技术资料2万余份，引导农民转变生产经营理念，提高农业种植科技水平，确保产品质量和种植效益。

同时，王斌同志还在积极培育农民专业合作社，壮大村集体经济方面不遗余力。对包抓的佳县深度贫困村刘崖窑村，他坚持每月至少进村入户两次，围绕该村产业状况及技术基础，多次与村委会、村民代表共同研究商讨，成立了黄土地粉条合作社、起武酒业合作社，全村65户建档立卡贫困户全部入社。同样方式协助绥德县王家山村成立了鑫瑞农民专业合作社，入社贫困户22户，年户均增收千元以上。

王斌在陕西佳县朱官寨镇开展产业扶贫技术培训

扶贫感言

在彰显特色上谋思路。充分发挥不同县区各自特色优势，因地制宜、因业施策，从资金、项目、信息、协调等方面想办法，找准产业发展方向，利用体系技术优势、品种优势和人才优势，形成科技扶贫合力，解决特色产业面临的实际困难。

巩固脱贫成果是关键。通过精准扶贫工作的深入推进，乡村面貌有很大改观，产业发展都已起步，农民收入逐年增长。但许多贫困村还是缺少致富产业，农民增收渠道单一。为此，真正提高农民素质，强化勤劳致富意识，解决好农业发展空间有限、后劲不足的问题，拓宽农业收入渠道，巩固脱贫成果，精准扶贫工作才能取得更好成效。

今后，将在继续做好新品种、新技术示范推广的同时，积极主动做好科技服务和产业建设工作，帮助贫困户提升产业持续发展能力，实现稳定增收。

凝心聚力深耕扶贫一线　小土豆撑起农民钱袋子

——记国家马铃薯产业技术体系首席科学家　金黎平

金黎平，1963年4月生，中国农业科学院蔬菜花卉研究所，研究员。常年奔波在乌蒙山区、六盘山区、吕梁山区、武陵山区和燕山—太行山区等集中连片特困地区，带领团队并组织体系人员，通过制定马铃薯产业发展规划、建立研发基地、推广新品种新技术、培养人才等多种途径，使当地农民收入得到了实实在在的提高。科技成果和扶贫成效突出，获得国家科技进步奖二等奖、全国脱贫攻坚创新奖和全国创新争先奖章等及“全国三八红旗手”称号。

金黎平常年奔波于产业扶贫一线，担任康保、围场和岚县等多个深度贫困县的扶贫专家，每年一半以上的时间都在田间地头，率领科研团队在马铃薯主产地每年新品种新技术试验展示3000多亩。作为体系首席科学家，组织和带领体系专家常年深入国家特困连片区开展科技扶贫工作，近三年，开展了420多次调研，累计示范推广新品种新技术600多万亩、技术培训和指导2082次和发放技术资料20万份。据统计，体系成果的应用促使贫困区域马铃薯平均增产22%和增收542元/亩，有效促进了连片特困区马铃薯产业增产增收和全面脱贫。

科技扶贫　忘我奋斗

年复一年，金黎平一直带领团队奔波在科技扶贫第一线，每到马铃薯生长期季节，她都会出现在田间地头，播种、田间调查和收获。曾经有报道说：“在和农民一起劳动时，很难分清谁是农民、谁是博士。”

2012年起，在毕节市政府支持下，她与当地农科所联合建立了马铃薯专家工作站。经过多年努力，培育抗病、高产、优质的优良品系160多份，合作审定了一个新品种，为当地留下了一大批品种选育后备材料，为毕节市马铃薯产业扶贫提供了坚实的科技支撑。2020年与当地合作建立了品种推广和绿色生产技术示范基地200多亩，并克服新冠肺炎疫情带来的困难，召开了新品种展示示范和绿色增产增效集成技术现场会及云上直播观摩会。

金黎平长期担任宁夏回族自治区西吉县和甘肃省定西市的马铃薯技术顾问，开展试验示范和产业科技扶贫，带领国家体系和当地团队合作建立了全产业链绿色发展技术集成模式规模化示范基地2000多亩，提供了150多份次的优良品种（系），举办了一系列活动，推动马铃薯产业转型升级。为助力西吉全面脱贫，2020年与固原试验站开展联合育种，提供了万份育种材料，合作建立了2000亩新品种新技术示范基地，示范了全国新育成的100多个新品种和多项新技术，并在8月底举办了现场观摩和研发成果展览，发布了马铃薯产业技术体系的27项最新成果。2020年还为甘南藏族自治州提供了10多个品种，筛选出3~4个适用优良品种。

■ 金黎平在宁夏西吉指导马铃薯种薯繁育

2017年，她又在内蒙古乌兰察布与当地农科院建立了马铃薯专家工作站，在察右前旗开展了品种选育和绿色种植技术研发，已连续4年共提供了800多个杂交组合的6万多个基因型、130多份新品系，筛选出5000多份各代无性系和20多个优良品系，累计建立了试验示范基地近千亩，2019年和2020年连续两年完成了全国优良马铃薯品种展示及绿色增产增效技术示范，召开了全国性的现场观摩会。

■ 金黎平在甘肃东乡指导马铃薯生产

早在1997年，金黎平和团队就在河北张家口建立马铃薯育种基地，2015年在察北建成1300多亩地的育种和栽培试验示范基地。每年4月末5月初，坝上地区还是春寒料峭，她就带领着团队开始忙碌整理材料和播种。9月收获时北京时值金秋，但坝上已经进入初冬，碰到下雪和冰雹更是司空见惯。2014年秋的一天，大雨倾盆，为防止雨水浸泡育种材料造成损失，她和团队连夜工作，等到回程时天已漆黑。在返回住处的路上发生车祸，金黎平额头受伤缝了10针、鼻骨骨折，但她作为团队的“主心骨”没有离队，依然坚守在坝上。经过多年努力，团队先后选育出了中薯18号等近20个新品种。2010年以来，她协助张家口市政府规划马铃薯产业，连续5年召开一系列马铃薯相关全国性会议，为产业发展出谋划策、推广宣传。

帮学助困　彰显社会责任

金黎平深知“授人以鱼不如授人以渔”的道理，她为贫困地区培训了几千名农技人员，为贵州培养了2个马铃薯博士，培养了20多名“西部之光”学者和推广硕士。

常年在连片特困区工作，看到失学和上学困难的孩子，她就想着要为孩子们做点事。她长期在自然灾区和贫困地区捐书捐款，资助多名学生完成中学学业，其中宁夏西吉县5名中学生中有3名成功考上大学。2017年，金黎平创建了“毕节市慈善总会·金黎平·毕节助学基金”，每年资助150名毕节地区农村贫困学生。

扶贫感言

我国马铃薯70%以上种植在特困连片地，作为众多寒旱贫困地区的优势作物的马铃薯，被当地政府寄予了产业扶贫的厚望。作为首席科学家，带领马铃薯体系科学家们通过产业科技扶贫，为脱贫攻坚做贡献，是责无旁贷的使命。产业扶贫是有效的办法，但必须是长期和持续的，也将是马铃薯体系的主要任务，因此，必须组织和协调全体系人员联合开展扶贫工作，发挥他们大多身处马铃薯主产区且常年工作在扶贫一线的优势，必须深入贫困地区开展科学调研，了解致贫原因，因地制宜地制订脱贫办法，切实做到脱真贫和真脱贫，必须培养贫困地区当地马铃薯科技人才，打造一批永远不走的产业扶贫生力军。

科技成果落地生根　助推西吉脱贫攻坚

——记国家马铃薯产业技术体系综合试验站站长　郭志乾

郭志乾，1965年1月生，中共党员，宁夏农林科学院固原分院，推广研究员。西吉县地处六盘山贫困带核心区域，是国家级贫困县，是固原试验站示范县之一。国家马铃薯产业技术体系自成立以来，郭志乾站长率领团队成员开展调查研究，瞄准制约西吉马铃薯产业发展的短板，完善规划、主推优良品种、提高三级种薯繁育能力、创新抗旱栽培、壮大新型经营组织，强化了科技成果转化，助推西吉县马铃薯产业兴旺，谱写了西吉脱贫攻坚的赞歌。

郭志乾同志原来在西吉县马铃薯生产研究所工作，对西吉县情十分了解，在此基础上，担任国家马铃薯产业体系固原综合试验站站长以来，试验站上联国家马铃薯产业技术体系专家，下结西吉马铃薯产业实际，他率领团队成员搞研究、做规划，转成果、促发展，提升了西吉县马铃薯产业水平、努力打造了“一县一业”样板、助力了西吉脱贫攻坚。

完善马铃薯产业发展规划，提高种植水平

加强同国家马铃薯产业体系合作，聘请首席科学家金黎平为西吉县马铃薯产业首席顾问，进一步制定完善马铃薯产业发展规划、制定马铃薯良种繁育基地建设实施方案，创建“一县一业”发展模式。2020年，全县种植马铃薯80万亩，其中：鲜薯外销商品薯基地35万亩、淀粉加工原料薯基地30万亩、早熟菜用及加工商品薯生产基地4万亩。建设3个马铃薯脱毒繁育中心，生产原原种6000万粒；建设原种繁育基地1万亩，繁育原种1.5万吨以上；建设马铃薯一级种繁育基地10万亩，繁育一级种薯15万吨以上。形成了县有繁育中心、乡有种薯基地、村有扩繁点、组有良种示范户的四级良繁体系，全县马铃薯良种覆盖率达90%以上。“西吉马铃薯”先后荣获中国驰名商标、宁夏著名商标、宁夏名牌产品。

促进技术改造，提升加工质量

聘请体系加工岗位专家指导，对全县1家国家级龙头企业、2家自治区级龙头企业，6家万吨以上

淀粉加工厂进行技术改造，使淀粉汁水合理利用，同时指导个体三粉加工户 2000 多户，年加工转化马铃薯 70 万吨以上，生产淀粉 6 万多吨、三粉 2.8 万吨，西吉“银鸥”“万里”牌淀粉及“向丰”“伊玉”三粉畅销全国，已成为西吉马铃薯特色产品；研发马铃薯方便粉丝、馓子、麻花等 30 多种主食产品和马铃薯百种做法，开发了西吉“土豆宴”，延伸了产业链条，满足主粮多样化需求。

转化科研成果，破解技术瓶颈

针对西吉马铃薯产业发展短板，一是引选新品种 32 个，筛选出高效药剂和绿色肥料 28 个，凝练马铃薯精准施肥和高效施药配方 9 条，总结技术 10 余项，制定地方标准 7 项，申报专利 10 多项。马铃薯优新品种、原原种气雾栽培、早熟拱棚高产高效、水肥一体化和旱作马铃薯地膜集水抗旱等技术大面积推广应用；二是编写《宁夏马铃薯抗旱栽培模式挂历》《马铃薯病虫害绿色防控技术》等培训材料 10 余份，开展产业扶贫农民培训 130 多次，累计培训农民 8500 多人次，发放各类技术材料 5 万余份，培养了本地技术人才；三是开展产业调研和撰写各类调研报告，为农牧部门、龙头企业、专业合作社、种植大户，累计提供种薯繁育、产销形势、基地建设、优质品种、病虫害综合防控、农机采购、高产创建、方案制定、项目申报等技术咨询服务；四是联合示范县，每年重点推广新品种、新技术 20 多项，累计建立标准化示范基地 15000 多亩，平均增产 155 千克 / 亩、增收 130 元，辐射 27.2 万亩，经过 10 年的站县共同合作、共同建设，2019 年与 2010 年相比，单产、总产分别增加了 36%、10.5%，农民在马铃薯产业的收入由 500 元增加到 1650 元，增加 3.3 倍，在农民年人均收入的比例由 15.6% 增加到

■ 郭志乾在宁夏西吉县马莲基地与金黎平首席开展新品种调查

17.7%，马铃薯的科技贡献率提高 15 个百分点。

国家马铃薯产业技术体系成果发布会开启新征程

2020 年 8 月 29 日，国家马铃薯产业技术体系助推西吉县精准扶贫成果发布会在西吉县成功举办，共发布了 27 项体系研发成果，印发了《国家马铃薯产业技术体系重要成果集》，国家马铃薯产业技术体系与西吉县签订了技术帮扶协议，为今后西吉县“一县一业”提供技术攻关、成果转化、人才培养和科技服务支持。正如中国农业科学院蔬菜花卉研究所张圣平副所长在会上表示，西吉是共产党领导中央红军胜利会师之地、是新时代走好新长征的出发地，相信集全体专家大智慧、大联合、大攻关，用新品种、新技术、新机械和新工艺一定能为西吉马铃薯产业高质量发展提供坚强的科技支撑，助力西吉全面脱贫。

扶贫感言

郭志乾同志怀着热爱马铃薯事业、热爱扶贫事业的精神，兢兢业业，务实创新、踏实工作。他认为，扶贫是责任。马铃薯是西海固人世世代代的主粮和蔬菜，蒸炸拌煎炒煮，养活了一代又一代西海固人，作为国家马铃薯产业体系综合试验站站长，就要按照国家马铃薯产业技术体系的总体工作安排，积极参与地方产业扶贫工作，强化对马铃薯产业发展科技支撑，助推乡村振兴战略深入实施是试验站的光荣职责。他认为，扶贫是作为。马铃薯适应性广、丰产性好、营养丰富、经济效益高。发展马铃薯产业，不仅可以解决贫困地区人们的温饱，更有助于增加农民收入。凝聚团队力量，务实创新，突破马铃薯全产业链中一个个技术问题，将新成果传给农民家、论文写在大地上，使产业增效、农民增收是最大的目的。他认为，扶贫是接力。在宁夏广为流传着“马铃薯博士”的马铃薯“情结”，屈冬玉、金黎平、谢开云等“马铃薯博士”的奉献精神和杰出贡献。金黎平博士担任国家马铃薯产业技术体系首席以来，常年带领团队人员奔波在宁夏西海固地区科研和扶贫第一线，她给贫困孩子捐款资助，这些精神将鼓励我们，我们要传承好！作为马铃薯体系人将会守初心、担使命，不断创新技术、不断创造业绩！

守初心　担使命　壮木薯　保脱贫

——记国家木薯产业技术体系首席科学家　李开绵

李开绵，1964 年 12 月生，中国热带农业科学院，二级研究员。被国际薯类作物学会授予“木薯研究终身成就奖”，主要扶贫海南省白沙县等。

加强产业创新，助力脱贫攻坚

海南省白沙县青松乡位于白沙县西南部，地处霸王岭东侧，东连牙叉镇，西与昌江县交界，南至南开乡，北邻七坊镇，距白沙县城 50 千米。全乡土地总面积 276.5 平方千米，大部分属于国家天然林保护土地。虽然全乡重点产业橡胶、益智规模较大，但结构较为单一、成效不高。李开绵首席带领团队成员通过与乡领导交流后，利用当地丰富的橡胶林地资源，探索新的林下经济模式，充分利用青松乡的林下资源优势发展食用菌具有得天独厚的优势。木薯废弃物生产食用菌具有投入少、见效快、经济效益高等特点，是农民增收的“短、平、快”项目。2019—2020 年，从中国热带农业科学院热带作物品种资源研究所引进 1000 袋以木薯茎秆为基质栽培平菇，经市场检验，食用菌非常受欢迎，获得直接经济效益 9000 元，可见市场前景广阔。且生产后的菌袋基质无污染，可进一步用作农作物肥料，达到农业可持续发展目标，对优化农村产业结构、发展地方经济起到促进作用，也是打赢脱贫攻坚战的重要补充。同时，将青松乡特色产品，采用“政府 + 合作社 + 农户”模式进行运作，以合作社为技术研发及推广平台，通过引导社员、农户等 20 人次参与到项目研究中。

农牧结合，种养循环，助力乡村振兴

同时，李开绵研究员带领团队成员，利用木薯具有高生物量和高淀粉含量这一优势，研发鲜木薯和木薯秆系列畜禽生物发酵饲料，通过建设“农牧结合、种养循环、综合利用和生态高效”原料生产基地，为畜牧业发展提供丰富安全饲料来源。在白沙打安与白沙农科所合作开展木薯发酵养猪试验，建立标准化的木薯发酵养猪模式，并在周边进行示范推广。通过全程机械化种植管理使生产成本降低 30%，通过整株综合利用生产生物发酵饲料使种植效益提升 200%。按照“一县一业”实施方案，为深入实施乡村振兴战略，增加种植效益，提高木薯产业价值，服务畜禽养殖产业，主动与企业结对子，与海南盛

■ 李开绵在海南为农技人员开展技术培训

旭生物科技公司合作生产牛羊等木薯生物发酵饲料和建立种养模式；与新希望六合海南昌江公司签订合作协议，为解决商业化规模化大型养猪场饲料原料供应和养殖过程中的粪污消纳处理问题，开展产学研联合攻关，通过建立木薯原料生产基地消纳畜牧养殖粪污，有效解决企业污染源和饲料源的问题，促进产业技术转型升级，形成木薯产业可持续发展的新业态。同时也为国家饲料行业提供新的资源和国家粮食安全提供间接功效。

扶贫感言

扶贫永远在路上，自开展脱贫攻坚以来，就业及产业帮扶的惠农政策，极有效地激励了农民就业创业的信心，但也暴露出了农民在就业创业过程中的局限性。“小农思想”就是其中极为突出的一类。“守好自己的一亩三分地”，不抱团，缺乏创新意识等，使得扶贫产业发展困难重重，规模小、较分散、创新程度低也是目前产业效益不高、可持续性不强、农户收益少的根本原因。如何使产业扶贫强化自身造血功能，已成为当前帮助贫困地区实现脱贫的长久之计。致富带头人的培育是在脱贫攻坚过程中通过农村基层组织建设、产业发展、文化传承等诸多方面探索出来的解决人才缺乏问题的有效方法。如果把贫困问题看作是贫困地区实现乡村振兴问题的主要矛盾，那么人才问题无疑是这个主要矛盾的主要方面。而一旦解决了人才问题，脱贫攻坚将会取得决定性、突破性进展。打赢脱贫攻坚战是实施乡村振兴战略的优先任务。只有脱贫攻坚与乡村振兴有机结合，才能实现相互促进。俗语说得好，“火车快不快，全凭车头带”，用好这些产业扶贫的能人，不仅能够为农民提供有效信息、指引正确方向，更对推动乡村振兴战略的实施具有重大的现实意义。

政产研用密结合　扶贫路上展风采

——记国家花生产业技术体系首席科学家　张新友

张新友，1963年8月生，中共党员，河南省农业科学院，研究员，中国工程院院士。从事花生科研30多年，培育花生新品种40余个，累计推广1.3亿亩，增产花生230万吨，增加社会经济效益120亿元。自20世纪90年代以来，张新友及其团队一直与河南省省级贫困县驻马店市正阳县紧密结合，从品种改良、高产高效生产技术推广、产后加工及副产物综合利用等方面显著提升了正阳县花生产业发展水平，有力推动了农业增效、农民增收。

加强规划指导，助力花生品牌打造

张新友参与制定了正阳国家现代农业产业园、花生特色小镇、花生食品精深加工基地、国家花生区域良种繁育基地等战略发展规划。同时积极组织体系专家，为正阳花生产业发展把脉问诊、提供技术咨询，相继举办了中国花生产业发展论坛、正阳国家现代农业产业园创建规划论证会、正阳花生产业发展推进研讨会等系列活动，并与正阳县联合共建了国家花生产业技术体系正阳成果转移转化中心，助推正阳花生在生产标准化、全程机械化、综合利用等方面走在了全国前列，有力推动了正阳花生向品牌花生的跨越，助力正阳花生区域品牌价值达到98.54亿元。

加强核心技术引领，助力优势产业壮大

针对正阳花生品种老化、产量低、品质差等问题，张新友院士团队先后引进豫花14号、远杂9102等新品种进行试验示范，推动花生品种不断更新，效益和面积持续扩大，全县花生种植面积由21世纪初的不足100万亩发展到目前的170多万亩，单产由250千克提高到350多千克。特别是远杂9102含油量高、抗青枯病、早熟高产，深受农民欢迎，很快成为正阳主导品种，年种植面积占全县花生面积的80%以上，该品种也从正阳走向了全国，成为全国主导品种之一。

2016年以来，结合正阳花生供给侧结构性改革需求，示范推广了最新培育的豫花37号、豫花65

号等高油酸品种，2018 年豫花 37 号在正阳订单生产已迅速扩大到近 20 万亩，高油酸花生收购价高于普通花生 1.0~1.6 元 / 千克，每亩增加收益 300 元以上，成为了正阳农民增收和脱贫攻坚的重要抓手。目前正阳已成为全国最大的高油酸花生种子繁育基地，实现了从普通商品田向优质种子田的跨越。

针对正阳土壤黏重、多雨易涝的生态条件，张新友院士团队积极试验推广麦后起垄种植技术，改变了正阳县花生平播种植的传统习惯，为正阳花生生产带来了革命性变化。2009 年在正阳县袁寨乡建立了第一个起垄种植高产示范田，亩产达到 365 千克，较全县平均亩产 264 千克增产 38.3%，在当地引起很大轰动，起垄种植技术自此开始快速推广，目前全县花生起垄种植面积已达 90% 以上。同时，集成推广了花生“三遍药”轻简化防控管理技术，优化了采后快速减损保质干燥工艺，协助制定花生生产标准 10 多项，推动正阳花生生产实现了标准化、绿色化。统一供种、统一栽培、统一技术、统一供肥、统一管理、统一回收的“正阳模式”，大幅度提高了正阳花生的质量和单产水平，极大地调动了农民种植花生的积极性。

张新友院士组织体系农机、农艺专家与当地企业密切结合，成功研制出了起垄播种、捡拾摘果、脱壳精选等全程生产机械，推动正阳花生机械产业从无到有、从弱到强，在全国率先解决了黏土条件下从种植、管理到收获、初加工的全程机械化问题。目前，全县花生种植机械化水平达到 98% 以上，花生收获期由原来的 45 天左右缩短为 7 天左右。正阳县被农业农村部评为“全国主要农作物生产全程机械化示范县”，花生机械生产企业发展到 30 多家，产品不仅畅销国内市场，而且销售到“一带一路”沿线国家。

■ 张新友在河南正阳高油酸花生种植示范基地开展技术指导

加强产业链条延伸，助力产业融合发展

针对正阳花生精深加工相对薄弱的问题，张新友院士组织体系加工团队与相关部门和企业签订合作协议，建设了花生加工研发中心与花生食品精深加工基地，开发出花生食品 50 多种。协助引进山东鲁花集团，并于 2018 年正式建成投产，有力带动了正阳花生加工业发展。现在的正阳不仅种出了好花生，而且生产出了种类丰富的好产品，附加值大幅提升，实现了由卖“原字号”向精深加工的跨越。

张新友院士团队与正阳县政府紧密结合，把贫困户“嵌”到产业链上，使小花生成为脱贫攻坚的支柱产业。贫困户种植优质花生和高油酸花生，县政府分别给予每亩 100 元和 200 元的补贴，组织体系专家免费提供技术服务，带动全县 85% 的贫困户种植花生，户均年增收 3350 元。花生产业吸纳 10000 多名贫困劳动力就业，实现“一人就业，全家脱贫”。

扶贫感言

2016 年 7 月，习近平总书记在宁夏考察时指出：“要把培育产业作为推动脱贫攻坚的根本出路。”发展产业是实现脱贫的根本之策。

通过这些年的扶贫探索，张新友深刻认识到要搞好产业扶贫要做好以下几点。一是要注重发挥政府的引导作用。通过政府出台相关扶持政策，引导各类新型农业经营主体健康良好发展，同时，积极引进各类龙头企业参与到产业的发展当中，取长补短，互惠双赢。二是要准确把握当地产业发展实际。坚持产业需求导向，制定科学发展规划，既要当好政府的参谋，又要做好科技创新的主体，切实提高产业发展质量和竞争力。三是要大力弘扬团结协作精神。产业扶贫不是一个人、一个团队能够完成的事情，而是需要产业链各个环节的精诚合作。在与正阳的合作中，充分体现了现代农业产业技术体系集中力量办大事的优势，体系专家紧密合作，实现了花生产业链各个环节的协同创新，推动了正阳花生产业的高质量发展。

发展县域芝麻产业　助力平舆脱贫攻坚

——记国家特色油料产业技术体系首席科学家　张海洋

张海洋，1963年12月生，河南省农业科学院芝麻研究中心，研究员。农业农村部油料专家指导组副组长，“八五”以来，一直从事芝麻遗传育种研究工作，创建了芝麻远缘杂交、化学诱变、遗传转化等优异种质创制技术体系，选育出芝麻新品种27个，创造出亩产268.8千克的世界单产最高纪录。“十二五”以来，紧密围绕脱贫攻坚、促县域经济发展要求，为平舆县芝麻产业发展提供全方位的技术支撑。

平舆县是我国芝麻生产第一大县，也是我国芝麻产业建设优势县域。芝麻产业是支撑平舆经济发展的五大支柱产业之一。大力发展芝麻产业是实现平舆脱贫致富的重要途径。长期以来，作为平舆县白芝麻产业发展智库专家，张海洋研究员带领体系专家及团队成员，紧密围绕平舆脱贫攻坚和县域经济发展，在芝麻产业技术研发与示范、农业科技扶贫、农技人员培训、产品宣传等方面给予平舆县持续有力的支持，实现了芝麻新品种、新技术、新产品的成果转化，促进了当地芝麻产业快速发展，为实现平舆脱贫和经济发展提供了坚实的技术支持。

加强技术创新与应用　提升县域芝麻产业发展后劲

近年来，通过实施国家现代农业产业技术体系建设、现代农业科技综合示范县建设，以及“河南省油料倍增计划”“院县共建”“科技特派员”等项目，开展科研合作和科技扶贫，协助平舆县芝麻产业办公室系统规划了全县芝麻产业发展规划和实施方案，建设了芝麻科技创新产业园，创建了国家级芝麻产业科创中心。同时，将已研发的芝麻新品种、配套机械化种植以及精深产品加工技术在平舆进行了试验、示范，建立了万亩方、千亩方、百亩方等芝麻高产示范田120个、大型芝麻产品加工基地2个，持续开展技术培训、技术观摩活动20余次，培训技术人员、种植大户共计5000余人，显著提升了平舆县芝麻生产和加工技术水平，芝麻规范化、标准化生产率达到95%以上。2020年，依托体系建设和“院县共建现代农业科技创新”项目，张海洋研究员组织体系5个岗位团队，围绕平舆县芝麻产业发展科技需求，加大了适宜机械化生产的芝麻新品种研发与示范，为建立平舆白芝麻生产技术标准、促进平舆白芝麻产业高质量发展提供了坚实的基础。

协助完善县域产业政策扶持　促进产业发展机制创新

协助县芝麻产业办公室，在深入研究产业扶植政策的基础上，制定了进一步加快平舆白芝麻产业发展的意见。推广“龙头企业＋专业合作社＋基地＋贫困户”模式，协助建立了“基地连片、特色成带、块状辐射、集群发展”的平舆白芝麻产业发展新模式，采取“以奖代补”方式，结合芝麻种植补贴（连片种植1000亩以上的，每亩补贴160元；2000亩以上的，每亩补贴210元）、贫困户扶贫资金补贴（建档立卡的贫困户每亩补贴300元）、农机具补贴（购置新型白芝麻生产农机具的，按国家补贴标准补贴）等工作，鼓励专业合作社、种植大户和贫困农户开展高效芝麻生产基地、绿色有机芝麻生产基地建设，促进了当地芝麻生产发展。同时，县财政出资投保白芝麻收益险，增强白芝麻产业抵御自然灾害风险的能力。2018年，平舆白芝麻种植面积达到了40万亩；通过配合平舆白芝麻产业发展规划的实施和技术指导，实现了89户贫困户和317人贫困人员彻底脱贫。平均每个贫困户增加收入5000元。

壮大龙头集群　增强市场竞争力

在指导创建“平舆白芝麻省级现代农业产业园”和“国家产业强镇”的过程中，以技术为引领，全力支持康博汇鑫、蓝天农业等省级重点龙头企业，搭建了高标准芝麻种植基地，帮助企业实现了“农户流转土地、统一规模种植、企业保障收购”产业发展模式，逐步建立了“基地连片、特色成带、块状辐射、集群发展”的白芝麻产业新模式。当前平舆芝麻年种植面积提升了50%以上，加工企业发展到50余家，年加工芝麻原料3万吨以上；芝麻制品突破30种，产品销往全国各地并出口日本、韩国及欧美等20多个国家和地区，年产值5亿元以上，被农业农村部认定为“平舆白芝麻中国特色农产品优势区”。近几年来，平舆县借助芝麻产业建设，着力打造了蓝天芝麻小镇，实现了农村“三生”（生产、生活、生态）同步构建，“三产”（第一、第二、第三产业）融合发展，被国家发改委评为“国家首批农村产业融合发展示范园”。

加强国际合作与交流　引领芝麻产业走向世界

2015年以来，张海洋研究员基于团队在国际芝麻产业上优势地位，协助平舆县政府，连续举办了6届世界白芝麻大会，邀请美国、苏丹、印度、日本等24个国家的芝麻科学家及知名企业来访。通过国际会议交流与合作，显著提升了平舆县芝麻在国际上的影响力，进一步壮大了县域经济集群规模，促进芝麻产业“三产”融合发展。“互联网＋”新业态得到了壮大，本土电商品牌“我爱芝麻网”芝麻年交易量突破10万吨，业务量保持全国同类平台第一名。实现了平舆芝麻产业的可持续发展。

■ 张海洋在河南平舆县开展科技助力乡村振兴调研

■ 张海洋在河南平舆县召开的国际芝麻产业大会上做大会报告

扶贫感言

作为一名长期奋斗在科研一线的农业科技工作者，张海洋深知自己的责任和肩负的重担。在长期的产业扶贫工作中，他围绕贫困地区产业发展重大技术需求，积极发挥了自身专业优势，同时实施科技创新、成果转化和技术培训，实现了农民增收、企业增效，为助推县域经济发展、乡村振兴，贡献出了自己的一份力量。同时，也体会到了中共中央关于打赢脱贫攻坚战的英明决策，对解决我国农村发展不平衡问题极其关键。通过产业带动实现脱贫，是从根本上实现农民脱贫的重要途径。

做好苎麻文章　助力农民脱贫

——记国家麻类产业技术体系岗位科学家　喻春明

喻春明，1963年12月生，中共党员，中国农业科学院麻类研究所，研究员。2016年起担任国家麻类产业技术体系苎麻品种改良岗位科学家，负责苎麻新品种选育与多用途产业化研究推广工作。罗霄山区和武陵山区连片特困区分布于湘、赣、黔、渝4省（市），属于亚热带季风湿润气候，生态条件适合苎麻生产，也是喻春明开展“苎麻脱贫”的主战场。

深入调研，摸清农业现状和需求

作为一名坚守在苎麻产业一线的科技工作者，喻春明的各项工作都与农村紧密联系在一起。成为“体系专家”之前，他就积极参与农村扶贫工作。但是相关工作往往是根据零散的科技项目任务要求开展，系统性、持续性都远远不够。成为“体系专家”之时，正值“十三五”打赢脱贫攻坚战的决胜阶段。按照农业农村部的统一部署，国家麻类产业技术体系将产业扶贫作为重点任务，分解到各个团队贯彻落实。这成为他圆梦助力农村脱贫的契机，而第一步就是要掌握帮哪里？帮谁？怎么帮？

2016年年初，喻春明联合苎麻栽培与生理岗位专家唐守伟研究员、产业经济岗位专家杨宏林教授、副产物综合利用岗位专家彭源德研究员、沅江麻类综合试验站朱爱国研究员和宜春苎麻试验站高海军研究员，组成一个集品种、栽培、加工、产业经济和推广“全产业链”专家在内的调研组，深入罗霄山区和武陵山区连片特困区调研。调研组走遍了25个县，与各级政府领导、农业企业、种养大户交流探讨。摸清了这些区域的农业现状和需求。

喻春明清楚地认识到，脱贫攻坚是党和国家的重大战略部署，任何产业都要在“全国一盘棋”中找准自己的定位才符合精准扶贫的道路。个人参与扶贫工作更应该发挥以点带面、精准帮扶、重点突破的作用。在与行业专家、当地政府部门及脱贫带头人的充分协商和分工下，他选择了湖南省茶陵县、攸县及贵州省黎平县作为帮扶区域。

繁育良种，走稳产业扶贫第一步

茶陵县和攸县是罗霄山区连片贫困区相邻的两个县，生态条件和产业结构相近，适宜苎麻生产。这里原本有种植苎麻的传统，但是近些年来种植结构早已变化，少有人懂麻、种麻。2016 年以来，苎麻价格迅速回升，每千克苎麻原麻的价格从 14 元涨到 24 元。苎麻产业良好的发展形势带动了农民种植苎麻的热情。农户和企业对选什么品种、种子种苗从哪里来、怎么种都有迫切的需求。

喻春明带领团队紧抓苎麻产业复苏的机遇，因势利导，指导和协助湖南蓝天种业有限公司迅速在茶陵县虎踞镇建立了 40 多亩苎麻良种原种繁育基地。这个基地每年可生产苎麻种子 1000 千克，原种种苗 100 万株，保障了苎麻良种种子种苗的供给。在该原种基地的辐射和带动下，仅仅一年的时间就在茶陵县、攸县及周边县市发展苎麻 4000 多亩，原麻产量超过每亩 250 千克，不仅成为重要的优质苎麻原料生产基地，也成为湖南省及邻近省（区）苎麻良种的供应基地。

苎麻良种基地的成功建设，源于喻春明对自己团队育成品种的高度自信。他作为主要完成人育成的中苎 1 号、中苎 2 号和中饲苎 1 号等品种，成为各时期全国的主栽苎麻品种，全国占有率最高达到 70% 以上。这些品种也开启了不同时期苎麻育种方向的调整和苎麻产业的变革。中苎 1 号是高产优质苎麻品种的代表，中饲苎 1 号是首个高赖氨酸高蛋白饲料专用品种，中苎 2 号揭开了苎麻多用途产业的序幕，中苎 3 号是苎麻向山坡地转移的先锋品种。乡村振兴，种业先行。几十年如一日的深耕细作培育“精品”品种，是他能做好苎麻产业扶贫的坚实基础。

■ 喻春明在湖南茶陵县虎踞镇苎麻原种基地指导洪涝灾害后苎麻园管理工作

环环相扣，畅通生产链条帮到底

贵州黎平县，位于湘、黔两省交界的武陵山区，属革命老区，交通极不便利。2018 年应当地政府和牵头企业黎平县龙纺麻业有限公司要求，喻春明带队在当地进行苎麻育苗与种植技术服务。这个区域毫无从事苎麻生产的经验。然而苎麻产业虽小，每个产业环节却必不可少。从苎麻种子、育苗、移栽种植、田间管理、病虫草害防控到收获机械选型和收获技术，乃至育苗期间揭开薄膜的时间，一切都要从零开始而且不能稍有疏忽。30 余年在苎麻行业里摸爬滚打获得的经验和技能起了作用，孜孜不倦、精益求精的态度更是能成事的必要。短短两年，黎平种植了 2000 多亩苎麻良种，陡坡山地原麻亩产超过了 150 千克，产业带动扶贫效果显著。

扶贫感言

扶贫工作是一项长期、艰苦细致的工作。贫困地区致贫的原因各有不同，或因交通不便，或因信息闭塞，或因缺少科技，或因劳力不足。只有长期坚守在脱贫一线，挖掘问题，细致施策，才能取得根本性的进展。产业扶贫必须充分结合当地的发展条件、发展意愿、产业前景，要充分统筹科技工作者对全行业的态势把握科技资源，找准定位，迅速落实。把贫困地区人民的生产风险降到最低，把产业效益增速提到最高，增强农民发展产业的信心。产业扶贫离不开政府引导，有担当的企业牵头参与，只有这样，贫困区农民才会积极参与，才能获得相对稳定的收入，扶贫产业也才可持续发展。

推进糖料产业科技进步　强化甜蜜产业在脱贫攻坚和边疆社会稳定的产业作用

——记国家糖料产业技术体系首席科学家　白　晨

白晨，1959年10月生，内蒙古自治区农牧业科学院，研究员。国家和内蒙古自治区甜菜学科带头人，长期从事甜菜科研和成果转化以及技术服务，先后育成各类甜菜新品种14个，获省部科技进步奖一等奖3项、二等奖1项、三等奖3项，农业农村部农牧业丰收奖一等奖2项。先后被评为内蒙古自治区先进工作者、全国"五一"劳动奖章获得者、全国先进工作者。

因地施策　"甜蜜产业"助力科技扶贫

我国糖料种植主要分布在广西、云南、广东湛江、海南、内蒙古、新疆、黑龙江、河北等地区，涉及4000万名贫困糖农。因此，糖料产业的兴衰不仅关系到国家食糖的有效供给，也关系到4000万名贫困糖农的脱贫和边疆稳定。作为国家糖料产业技术体系首席科学家，"十三五"以来，白晨同志积极贯彻落实党中央脱贫攻坚的战略部署和号召，按照农业农村部在我国集中连片特殊贫困地区进行农业扶贫的精神和在农业科技扶贫上的安排，积极带领国家糖料产业技术体系广大科技人员，投身于边疆民族地区的脱贫攻坚工作中。开展了特困连片地区技术需求调研，针对贫困地区存在的具体问题，组织体系岗站专家精心梳理凝练。在南方甘蔗种植区，将滇西南边境山区、滇桂黔石漠化区的甘蔗产业科技扶持作为甘蔗技术扶贫的工作重点，汇集糖料体系技术力量，依托高产高糖新良种和成熟的甘蔗生产技术开展扶贫工作。在滇西南地区大规模开展了甘蔗新品种试验示范、甘蔗节本增效轻简技术示范，甘蔗机械化生产试验示范等工作，举办甘蔗科技培训班，有力地提高了滇西南甘蔗产业发展水平；在滇桂黔结合当地"双高"糖料蔗基地建设任务，积极引进体系的桂糖系列甘蔗新品种，建立示范基地，推广高产高糖甘蔗新品种，提高蔗区良种覆盖率，同时结合农民种蔗中遇到的生产技术问题，开展集中培训和田间培训，提高蔗农种蔗的积极性和科技水平，从而提高生产效率和蔗农收入；在北方甜菜种植区将"大兴安岭南麓山区"甜菜种植区、"燕山—太行山区"甜菜种植区及"南疆四地州"的喀什地区伽师县甜菜种植区作为甜菜技术扶贫工作重点，开展了甜菜全程机械化节本增效综合栽培技术研究、集成与示范，重点进行了滴灌甜菜提质增效栽培技术示范推广、纸筒育苗甜菜提质增效栽培技术示范推广、甜菜移栽机、起收机的示范并举办科技培训班等。

组织体系专家　助力南疆温热区科技扶贫与产业维稳

白晨同志具体联系扶贫的新疆南疆喀什伽师县是国家“三区三州”深度贫困地区。该地区是以维吾尔族为主体的多民族聚居区。2016 年糖料体系针对喀什地区农产品加工产业薄弱，在伽师县与奥都糖业一道积极拓展推广甜菜种植与甜菜制糖产业，为当地农民增加一个新的种植作物，为当地开辟一个新的农产品加工产业，给社会创造一些新的就业岗位，为产地政府创造一个新的税源，从而实现了科技助力脱贫攻坚，产业助力社会稳定。2017 年糖料体系抽调 14 位岗站专家组成南疆工作组，以喀什奥都糖业为切入点，采取“甜菜加工企业 + 贫困户 + 体系科技服务团”的产业订单科技扶贫模式，在喀什伽师县拓展甜菜种植，研发集成推广适宜南疆新糖区的甜菜高产高效综合栽培技术模式，集中开展产前培训和结合农民种甜菜中遇到的生产技术问题开展田间培训，提高农民种甜菜的积极性和科技水平。2018 年在伽师县英买里乡及江巴孜乡 4 个贫困村、2019 年在江巴孜乡 2 个贫困村以及 2020 年在和夏阿瓦提镇 2 个贫困村三年累计打造科技扶贫示范点 20 个，形成 220 个科技示范户，建立示范田 13000 亩。甜菜平均单产 5.5 吨 / 亩，糖企收购价 400 元 / 亩，亩纯收益均在 1000 元以上，高产户达 8.5 吨 / 亩，亩纯收益 2000 元以上。目前喀什糖区甜菜种植面积已从 2018 年的 4 万亩发展到了 2020 年的 11 万亩，直接服务农户数量 2.5 万户，其中建档立卡贫困户 3859 户，同时糖厂还提供产业工人岗位 623 个，围绕甜菜运输、加工和成品糖销售运输还带动了当地物流和相关服务业的发展。有力推动了科技助力脱贫攻坚，产业助力社会稳定。

■ 白晨在新疆伽师县高产高效综合栽培模式示范现场培训

扶贫感言

5 年的脱贫攻坚工作，一是深深地感到自己身上的责任，这份责任激励着白晨同志不辱使命、勇于担当，农民的需要，特别是贫困地区农民的需要就是白晨同志的使命。二是深深地体会到广大农村，特别是贫困地区的农民需要实用对路的农业科技，科技助力脱贫攻坚作用巨大，也是重要措施。三是因地制宜地推进产业助力脱贫攻坚是一条很好的路子。5 年来的甜菜科研和示范推广，见证了甜菜制糖产业在当地脱贫攻坚中的显著作用，成为当地脱贫致富的重要抓手，起到了提高农民收入、增加社会就业、拓展地方税收和促进社会稳定的重要作用。四是作为一名专家，能参与到这项人类最宏大的脱贫攻坚行动中，为我国全面实现小康社会做出自己应有的贡献，是人生的一件幸事。

产业扶贫大有作为

——记国家蚕桑产业技术体系首席科学家　鲁　成

鲁成，1957年12月生，农工党党员，西南大学，教授。长期坚持深入基层第一线，在原中央苏区的永新县、乐安县，秦巴山区的云阳县、仪陇县，武陵山区的黔江区、武隆区，滇桂黔石漠化区的凌云县、荔波县，滇西边境山区的大姚县、鹤庆县，以及挂牌督战县那坡、隆林等多地组织开展蚕桑产业精准扶贫工作，助推当地农民脱贫进程。

协调滇桂黔石漠化区扶贫，推进产业扶贫进程

2016年，鲁成教授作为农业农村部指定的14个特困连片区域之一滇桂黔石漠化区的扶贫工作总协调人，积极联系38个现代农业产业技术体系对该地区的61个县进行了深入调研，并形成《滇桂黔石漠化区扶贫关键技术研发项目报告》上报农业农村部。同时，还深入广西河池市都安瑶族自治县等深度石漠化区进行调研，并对当地蚕农进行蚕桑技术培训，加快推动了当地农村的脱贫致富进程。

调研贫困区域现状，开展蚕桑产业精准扶贫

种桑养蚕属于投资少、见效快、效益高、收效长的，短、平、快、高效脱贫项目。“十三五”以来，多个国家级贫困县把蚕桑产业作为扶贫支柱农业产业之一。为更好地促进蚕桑产业的精准扶贫，鲁成教授长期坚持深入基层第一线，组织体系专家对贫困区域蚕桑发展现状、产业特点和产业发展技术需求进行全方位的调研和了解。从原中央苏区的永新县、乐安县，到秦巴山区的云阳县、仪陇县，武陵山区的黔江区、武隆区，再到滇桂黔石漠化区的凌云县、荔波县，滇西边境山区的大姚县、鹤庆县等地，都深深地留下了他的足迹。结合调研结果，针对贫困村、贫困户所涉及的蚕桑关键技术短缺、蚕桑生产物资匮乏、蚕桑品种退化、省力化机械不足等方面致贫的问题，鲁成教授进行实地规划，并根据贫困地区的实际条件，建立蚕桑试验示范基地。其间，在国家级贫困县推动桑品种及新技术示范达150余万亩，蚕品种示范达140余万张，有效地增加了贫困地区农民收入，贫困户增收约15亿元，解决30余万人就业，充分发挥了蚕桑产业助力精准扶贫的作用。

■ 鲁成在河南鲁山县张店乡开展桑园管理技术现场指导

发挥蚕桑产业特色和优势，助力脱贫攻坚挂牌督战县

2020年是全面打赢脱贫攻坚战收官之年，为深入贯彻落实中共中央关于脱贫攻坚的决策部署，及《农业农村部办公厅关于进一步推动科技助力产业扶贫的通知》精神，切实做好科技助力脱贫攻坚挂牌督战县的产业扶贫工作，鲁成教授牵头组建了国家蚕桑产业技术体系在广西两个挂牌督战县（那坡县和隆林县）的蚕桑产业技术顾问团队。随后，他多次带领体系专家团队深入基层开展实地调研、技术需求座谈、技术培训等，并结合当地蚕区的生产实际情况，为地方政府提出蚕桑产业扶贫指导性意见，实现全产业链各关键环节技术需求全覆盖，为挂牌督战县的脱贫提供强劲支持。

服务县域经济发展，打造"一县一业"样板

为深入贯彻党中央、国务院关于创新驱动发展战略，认真落实农业农村部关于"打造一批'一县一业'示范样板"的精神，在鲁成教授与相关专家多次调研论证后，国家蚕桑产业技术体系将广西壮族自治区河池市宜州区和四川省南充市嘉陵区作为服务重点示范县。克服新冠肺炎疫情带来的种种困难，鲁成教授密集深入宜州区和嘉陵区洽商样板县建设事宜，分别形成了相应的实施方案，并与广西宜州区人民政府签订了《关于开展蚕桑全产业链战略合作的框架协议》。在鲁成教授的组织协调下，宜州区和嘉陵区进一步召开了"一县一业"建设工作交流会，有效地推进了样板县的建设，同时也为蚕桑产业助力脱贫攻坚提供了样板。

扶贫感言

2016年年初，农业农村部召开现代农业产业技术体系首席科学家工作会议部署了体系产业扶贫工作之后，立即组织召开了"国家蚕桑产业技术体系特困地区产业扶贫科技支撑服务工作会议"，会上鲁成教授要求大家提高认识，全力投入，坚决打赢脱贫攻坚战，并部署落实了蚕桑体系产业扶贫任务，强调蚕桑产业在脱贫攻坚中一定要大有作为。他说："让贫困地区和贫困人口脱贫，体现了党的理想信念宗旨和路线方针政策，扶贫工作是民生工程、头等大事，应是当前体系工作的重心。"经几年的努力，蚕桑产业在脱贫攻坚中发挥了极大的作用，得到相关地区政府和蚕农的一致好评，在2019年体系总结会上鲁成教授做总结时感慨道："不忘初心，努力践行，产业扶贫大有作为。"

道地种、生态种　促进贫困地区资源环境永续利用

——记国家中药材产业技术体系首席科学家　黄璐琦

黄璐琦，1968年3月生，中国中医科学院，研究员，中国工程院院士，国家中药材产业扶贫行动技术指导专家组组长，第四次全国中药资源普查技术指导专家组组长。2020年，获得第二届全国创新争先奖，被评为全国抗击新冠肺炎疫情先进个人、全国优秀共产党员。

黄璐琦院士用10年时间，走遍了全国31个省（区、市）500多个中药资源丰富的县乡，带领团队制定了774个贫困县的生态适宜种植中药材目录，参与30余个贫困县的中药产业发展及规划编制，相关技术在贫困地区累计推广60万余亩，致力于破解贫困地区发展中药材产业最迫切需要解决的问题，推动贫困地区“绿水青山”变成“金山银山”。

优化中药材生产布局，解决贫困地区“种什么”的无序难题

贫困地区种植中药材面临的第一个难题就是品种选择，盲目引种非道地品种，不仅降低了药材质量和疗效，还会削弱本地道地药材优势品种的良性发展。黄璐琦带领团队完成100多种道地药材优质产区分布区划，研究发布了774个贫困县的生态适宜种植中药材推荐目录，技术支撑和服务农业农村部、国家中医药管理局、国家药品监督管理局编制实施《全国道地药材生产基地建设规划》。还编制了《中国中药区划》，促进中药材向最佳生产区域集中。

引进高分卫星遥感技术，以陕西省五寨县、河南省洛宁县、安徽省砀山县、内蒙古自治区奈曼旗、陕西省佳县等15个县为示范，开展贫困地区中药材种植面积统计和监测；技术支撑全国832个贫困县中药材产业扶贫情况完成基线调查，遴选出10%优先发展中药材产业扶贫的区域，避免贫困地区盲目种植中药材。相关成果“基于遥感的中药资源调查和区划研究及应用示范”获中国中西医结合学会一等奖。

深入田间地头，解决贫困地区“如何种”的质量难题

发展中药材产业，农民最缺的就是技术。黄璐琦联合中药、农业领域的184位专家，牵头成立了中药材产业扶贫技术指导专家组，针对14个集中连片贫困地区提供技术咨询和支持，通过理论授课、座

谈讨论会、现场答疑、发放技术资料等多种方式，截至 2019 年累计组织各类培训活动 643 场（次）；培训基层技术人员、种养大户、农民共计 64932 人次，推广面积超过 208.7 万亩；发放宣传资料 52182 份，提升了基层人员的技术水平和实践能力。

作为国家中药材产业技术体系首席科学家，国家中药材产业扶贫技术指导中心主任，他还牵头组织编制了涵盖 100 种常用中药材的《中药材生产适宜技术》《十四个集中连片特困地区特困区中药材精准扶贫技术丛书》，服务指导贫困地区开展 225 种常用中药材种植。牵头编研发布 157 种道地药材团体标准、225 种中药材商品规格标准，明确种植活动获得优质药材的具体要求，服务指导中药材的市场流通。针对疫情期间中药材生产，编制《2020 年全国中药材生产技术指南》，指导全国及贫困地区因地制宜做好中药材生产。2019 年在国家贫困地区推广示范生态种植面积达到 60 万余亩。

发挥龙头企业作用，解决贫困地区“如何卖”的市场难题

寻找市场是农民最苦恼的问题。对此，黄璐琦牵头研发全国中药材供应保障平台，提高中药材种植、产地初加工、全过程的信息化水平，为企业、种植户等提供技术服务。目前，该平台已经服务工信部相关项目的 12 家企业，国家中医药管理局相关项目的 200 家企业，为 60 个贫困县提供中药材质量追溯系统。

为改变贫困地区“大资源，小产业”问题，黄璐琦提出一二三产业融合发展的商业模式，积极推进中药企业到贫困地区建立种植基地和生产车间。例如，针对宁陕县猪苓生产，黄璐琦协调当地政府，为当地猪苓产业制定规划，指导当地建设种源基地，推广适宜技术，帮助引进企业建立产地加工一体化公司，围绕猪苓药材打造立体农副产品圈，形成基于猪苓一二三产业融合发展。既保障企业优质原料

■ 黄璐琦带队在云南澜沧县开展中药资源普查

供给，又带动当地经济发展。仅 2018 年，引进的饮片公司在宁陕收购 6 吨猪苓干货，涉及贫困户 70 余户、200 余名贫困人口。

黄璐琦以其担当和责任，带领团队，示范带动整个行业专家，帮助贫困地区发展中药材产业，保护环境，是“绿水青山就是金山银山”的实践者，是把科研论文写在祖国大地上的一面旗帜。

扶贫感言

建议在贫困地区优先扶持和发展中药材产业，各地区首要任务是强化政策引导和规划布局，建立适宜中药材生态种植的保障机制。总结多年来的工作，主要经验和做法是“道地种（子）、生态种（植）”，即选道地药材，开展生态种植。“更重要的是，中药材种植属于劳动密集型产业，可以实现贫困人口足不出村，就地解决就业创业。”

各地区，建议首先强化政策引导和规划布局，建立支持贫困地区发展中药材生态种植的保障机制。其次，做好资源整合和平台搭建，补齐制约贫困地区发展中药材生态种植的短板。最后，做好技术推广和培训，使农民认识到中药材生态种植与大农业生产的不同，提升农民技术水平，促进贫困地区资源环境的永续利用。

情系绿肥产业　助力边疆少数民族脱贫奔小康

——记国家绿肥产业技术体系综合试验站站长　付利波

付利波，1971年10月生，云南省农业科学院农业环境资源研究所，研究员，农业农村部云南产业扶贫顾问。近年来，付利波带领团队成员长期工作在云南省东川区、宣威市、泸西县、马关县、会泽县、凤庆县、景谷县、宁蒗县、梁河县、泸水市、富源县、福贡县、鲁甸县和绥江县等国家级贫困县，不断践行“绿水青山就是金山银山”理念，以科技创新、产业发展、精准扶贫为重要抓手，把论文写在祖国西南边陲贫困地区大地上。

聚焦绿色生产，助力边疆人民脱贫奔小康

云南是集边疆、民族、贫困、山区“四位一体”的省份，产业基础差，农民增收缓慢，脱贫攻坚任重道远。付利波同志来自于国家级贫困县宣威市的一个小山村，深知贫困山区百姓疾苦，工作后一直战斗在土壤肥料科研生产第一线，“如何发挥边疆生态环境优势，坚持绿色发展，带动贫困山区脱贫致富”一直是她努力奋斗的目标。

2017年，加入绿肥体系大家庭后，她不忘初心，带领团队，聚焦边疆产业绿色发展，分别在凤庆县京竹林村、东川区李子沟、泸西县金钟镇、会泽县火红乡三甲村、宣威市杨柳乡和宁蒗县新营盘乡建立“绿肥+”核心示范基地技术1.93万亩，光叶苕子良种轻简化生产技术核心示范1500亩，带动1867户贫困户脱贫；技术辐射云南15个边疆少数民族贫困山区县170余万亩，年生产优质绿肥（干）51万吨；化肥用量减少2710吨（折纯），贫困户增收6000多万元；她推广的技术，提高了农产品产量、改善了品质，老百姓获得了好收成，受到老百姓的欢迎和当地政府的认可。

为做好农业农村部绿肥产业技术顾问工作，她积极对接县乡有关部门，先后3次到宁蒗县贫困乡、贫困村开展绿肥产业发展调研，撰写《宁蒗县绿肥产业发展调研报告》，制定《永宁镇绿肥产业发展规划》，参与撰写《福贡县草果产业发展规划》，助力地方特色品牌打造。付利波团队主动对接体系办，协调岗站专家引进毛叶苕子、箭筈豌豆、光叶苕子、白三叶、红三叶、绛三叶、法色草、香青兰等绿肥品种，争取云南省农业科学院产业扶贫资金3万元，试验站配套2万元，协助大兴聚源经济果木种植专业

合作社在新营盘镇李家村委会方家河村民小组建设新产品、新技术核心示范区500亩，相关技术辐射推广50000亩，年产光叶苕子种子1000吨，年产高蛋白优质饲草10000吨（干），带动贫困村5个，贫困户61户；3次派团队成员到鹿马登乡、上帕、匹河乡开展草果、中药材高效绿色生产技术培训脱贫攻坚专题培训，培训基层党员、致富带头人和种植大户180人次。

科技引领，用心服务，精准扶贫

2019年3月付利波组织东川区、凤庆县、泸西县、宣威市、会泽县和马关县农业技术部门、贫困村扶贫队长、农业技术人员和贫困户到麒麟区进行会议交流，每个县均作了交流发言，会后分别到绿肥体系曲靖东山绿肥良种繁育基地、云南省农业科学院研发基地和泸西金钟乡“绿肥+”种养循环生产基地参观交流；会泽县是绿肥产业大县但非强县，为提升会泽绿肥产业技术水平，报请首席办，在会泽县成功举办全国绿肥产业技术现场会，邀请全体系岗站专家到会泽传经送宝，共商会泽绿肥产业发展大计；为促进宣威绿肥种业发展，2020年5月，在宣威市举办全省绿肥种子测产现场会；为解决泸水银坡春灵产业扶贫模式卡脖子问题，主动对接云南省农业科学院团委书记李进学，陪肖总到老窝村拼多多橘园学习“基层党建+特色农产品+电商平台+合作社+新农人+科技”六位一体新农人电商“老窝模式”；搭建交流平台，做好学习委员、宣传委员，带动更多贫困户脱贫。

2019年由于滇红集团收购出问题，凤庆茶叶严重滞销、优质不优价现象突出，同期国内绿肥种子价格暴涨、严重挫伤了贫困户及村三委、扶贫队长的产业发展信心，付利波不顾腰伤，带着护腰立马驱车赶往凤庆，与扶贫队长甘丽珠一道，找种植大户、茶叶初制所及相关企业、相关人员促膝谈心，找出问题所在，积极引荐电商、种子销售公司，搭建销售桥梁，以“公司+贫困村+基地+农户+专家团队”的发展模式，通过发放专用配方肥、种子和补贴小型农机具，发动村干部自己熬制封园用石硫合剂，开源节流，同时从政策咨询、技术培训、基地建设和品牌打造等方面下功夫，解决产业发展短板，服务县域经济，助力西南边疆山区少数民族精准扶贫。

付利波在云南凤庆县开展“绿肥+”生态茶叶绿色生产技术培训

■ 付利波在云南宁蒗县大兴镇指导苕子种子轻简化高效栽培技术

扶贫感言

产业扶贫必须做好“真心、诚心、信心、耐心、留心”等工作。农业产业扶贫周期长、风险大，产业扶贫专家必须付出真心，了解产业问题、发掘产业潜力，掌握产业技术；基层组织或带头人要有诚心，配合专家，捋清思路，做好顶层设计；熟练市场，评估风险，提振信心；产业扶贫是个系统工程，需要学科融合，资源整合，耐心做事，建好基地，树好样板，赢得收入，带动产业；农业产业扶贫大多以发展高附加值产业为主，易导致化肥农药盲目大量施用，要避免土壤退化、农业环境污染与连作障碍等伤农害农事件发生，需提前合理规划，配套田间养分精准管理和病虫害科学防控技术，做好风险管控。

加速设施园艺科技创新与成果转化 促进设施蔬菜产业的脱贫攻坚

——记国家大宗蔬菜产业技术体系岗位科学家　李天来

李天来，1955年11月生，中共党员，沈阳农业大学，教授，中国工程院院士，辽宁省人才创新创业促进会会长，中国农业工程学会副理事长，中国园艺学会副理事长，农业农村部蔬菜专家指导组成员。主要的扶贫区域包括乌蒙山区、罗霍山区、滇西边境山区和吕梁山区等。

以团队形式，长期开展国家级贫困县宁城县的扶贫工作

内蒙古自治区赤峰市宁城县是国家级贫困县，针对宁城县干旱少雨、光照资源丰富的气候特点，李天来院士率领沈阳农业大学设施园艺团队及大宗蔬菜产业技术体系机械化研究室的专家教授，汇集多学科跨专业的队伍，从日光温室结构与环境、栽培模式与技术等全生产过程，为宁城县日光温室蔬菜产业发展及其扶贫工作提供技术支持和服务。2016年成立沈阳农业大学内蒙古高原设施蔬菜工作站，并于同年12月在宁城县举办首届设施农业（园艺）发展论坛，2017年与中国园艺学会设施园艺分会联合举办中国设施园艺学术年会，召集国内设施园艺专家为宁城县的设施蔬菜产业发展出谋划策。2016—2018年技术支持宁城县建设日光温室扶贫园区15个，人均增收1.6万元，解决了9424人脱贫，占全县脱贫人数80.8%，为2018年宁城县退出国家级贫困县做出巨大贡献。2019年的扶贫工作重点是保持脱贫农户不返贫和继续脱贫，通过建立设施蔬菜绿色双减栽培技术科技示范户、开展现场技术指导、举办技术培训班和发放技术资料等多种方式，大力提高脱贫农户日光温室蔬菜的栽培技术水平，提高产量和效益，增强自身的能力，使得脱贫的9424人收入保持稳定，不返贫。同时，继续技术支持宁城县扶贫设施蔬菜园区的规划和建设，建立了“一肯中扶贫产业园区”“八里罕镇设施农业扶贫产业园区”“三座店润益扶贫科技产业园区二期”3个扶贫日光温室蔬菜园区，占地面积1800余亩，带动200余户贫困户的脱贫致富。

因地制宜，积极开展西部地区的扶贫工作

李天来院士带领团队为甘肃省靖远县绘制完成了日光温室建设规划图纸，指导建设日光温室852座，引进番茄、黄瓜等新品种47个，推广应用农业物联网技术、水肥一体化技术、轻简化栽培技术等12项技术，为助推产业扶贫工作提供了技术保障。2018年7月，在沈阳农业大学举办设施培育提升专题培训班，为甘肃省靖远县设施蔬菜种植有关乡镇分管领导、农业服务中心主任、县农业技术推广中心技术骨干、种植大户和科技示范户，以及北湾镇富坪村、新坪村村干部总计31人进行专题培训，培训内容涵盖设施蔬菜产业发展概况、日光温室结构与环境调控等。

李天来院士多次参加中国工程院澜沧科技扶贫工作，并在科技扶贫培训班上授课。2019年10月9日，在澜沧拉祜族自治县竹塘乡蒿枝坝科技扶贫小院，李天来院士参加中国工程院院士专家技能扶贫班，围绕“番茄栽培技术”等方面对300余名学员们进行了现场培训。采用科技助推带动建档立卡户279户，种植蒲公英250亩，亩产量6000千克，平均10元/千克，亩产值60000元；辣椒3000亩，亩产量3000千克，平均2元/千克，亩产值6000元；香椿50亩，亩产量100千克，30元/千克，亩产值3000元。农户平均收入6000元以上。

集中科研课题技术成果，技术支持其他地区的扶贫工作

李天来院士带领团队集中多个课题科研成果，结合中央财政农业科技推广项目“日光温室蔬菜提质增效安全生产技术示范推广”、国家重点研发计划“东北寒区设施蔬菜化肥农药减施增效技术模式与示范”等课题，采取技术培训、现场技术指导、发放技术资料、发放物化补贴物资等多种形式，在多地开展技术扶贫。在河北省滦平县与平泉市建设了4个试验示范基地，引进番茄、黄瓜等新品种60余个，推广应用病虫害绿色防控技术、减肥减药技术等10多项新技术，带动滦平县、丰宁县、隆化县、平泉市等贫困县300余户农户脱贫增收。指导丰宁县改造日光温室结构，使冬季棚内温度较往年增加了3~5℃，实现增产20%，引进番茄等新品种，增产5%以上，指导设施蔬菜栽培技术，减少了农药、化肥的使用量，提升了产品品质，销售价格提高5%以上，直接带动贫困户56户实现脱贫。帮扶武邑镇等6个乡镇814户贫困户，为这些贫困人口的脱贫提供技术支持。

■ 李天来在河北丰宁县指导日光温室番茄生产

此外，在辽宁省内扶贫工

■ 李天来在辽宁北票市指导日光温室番茄生产

作中，李天来院士带领团队也取得了显著成果。2012—2014 年扶持省级贫困村紫都台乡宝合堂村 53 户 187 人脱贫，2016—2019 年扶持省级贫困村寺镇官营子村 214 户 618 人脱贫，2014—2019 年扶持北票市 32 户、凌源市 12 户，共计 44 户 56 人脱贫，户均增收 2 万元左右。

扶贫感言

李天来是农民的儿子，太知道农民的苦，也太了解农民需要什么了。只有农业科技创新发展，促进农业科技成果转化，才能真正让农民脱贫。当前我国农业科技创新和成果转化仍然不能满足时代需要，因此，建议健全农业科技创新体系，培育农业农村科技创新主体，积极整合科技资源，做好顶层设计，构建层次定位清晰的农业科技创新与成果转化体系；改革和完善农业科技服务组织，设立乡村振兴科技服务专项，引导科技资源向脱贫攻坚和乡村振兴前沿聚集。与此同时，稳定农业一线高水平科技人才队伍，强化农业科技推广服务人才培训，提供人才支撑，建立一支稳定的直接面向乡村的科技工作队伍，逐步解决乡村振兴人才短板的难题。

一畦韭苗绿　半生反哺情

——记国家特色蔬菜产业技术体系岗位科学家　尹守恒

尹守恒，1963年8月生，平顶山市农业科学院，研究员。主要从事韭菜育种及栽培技术研究与推广工作，2017年6月至今被聘为国家特色蔬菜产业技术体系韭菜品种改良岗位科学家，主要在河南省叶县和贵州省普定县等地开展扶贫工作。

因地制宜定良策，全村摘掉贫困帽

自1984年7月至今，尹守恒一直在平顶山市农业科学院从事农业科研工作。作为第一批从农村走出来的大学生，他对土地、庄稼和农民始终怀着别样的情感。无论何时何地，只要农民朋友有需求，他就尽其所能地帮助他们解决生产中遇到的各种难题。

作为院科技服务团团长，他常常带领团队去扶贫基地和贫困户家中走访，收集问题。河南省叶县常村镇大娄庄村村民唐明昌种植的满山果树因病虫害而枯黄一片，经济损失惨重。尹守恒团队便住到村里，手把手地教他和其他村民们果树整枝和病虫害防治技术，并引进适合该村的果树品种。目前那里的桃、李、樱桃、软籽石榴等果树种植面积共700余亩，而且挂果喜人。另外，该村坡地多，种植了300多亩的艾草，但苦于缺乏技术，一直效益平平。尹守恒听闻此事后，实地考察并查阅资料，发现问题根源在于种植密度大，于是他通过降密度、巧施肥，帮助农户增产20%。

在走访中，他还了解到，大娄庄与同乡的葛河村都存在耕地灌溉条件差的问题，但两者成因不同，需要因地制宜。大娄庄村具备粮食种植的耕地基础，且有相关经济作物作为拉动产业。于是他协调当地一家种植合作社，为该村引进旱地优良麦种平麦189，在灌溉不足的情况下亩产仍能达450千克以上，示范效果佳，进而使平麦189成为当地旱地小麦主推品种。而葛河村虽依临孤石滩水库，但坐落于丘陵河坡地上，守着水却难加利用，粮食产量低且缺乏拉动产业。于是他与村干部协商，决定另辟蹊径，引进芦笋、韭菜等15个经济产值高的蔬菜品种，建立芦笋、韭菜等示范基地200余亩，以及石榴、蓝莓、梨等果树示范田50亩，并选择适宜坡地种植的新品种甘薯。这种“造血式”的帮扶，有效带动了当地产业发展，使一潭死水的贫困村转变为生机勃勃的上进村，2019年全村实现脱贫摘帽。

不忘科研，小小韭菜引领致富之路

自2017年以来，尹守恒率领韭菜团队为贵州省普定县韭黄产业扶贫项目提供全面技术指导，通过集中授课、产业调研等方式，有效解决了当地韭黄生产中出现的技术难题，实现了韭黄种植标准化，提高了产品质量和产业效益。目前，普定县韭黄总面积已达8万亩，成为当地支柱产业。2019年6月，当地出现连续性强降水，导致低洼地受淹，多个乡镇出现大面积韭菜黄叶烂根现象，菌核病、疫病蔓延。他带队深入受灾乡镇调研，并制定灾后管理方案，使当地的韭黄生产得以快速恢复。

■ 尹守恒在贵州普定县进行韭黄绿色高效栽培技术指导

宁夏灵武市上滩村有60多户贫困户参与当地韭菜大棚越冬生产。尹守恒得知此事后，率领团队前往该村，提供新品种和新技术，开展新品种示范和轻简化栽培技术培训，现场演示育苗、定植等规范化操作，通过韭菜产业实现了农业增效、农民增收。目前全村204名贫困人口实现了脱贫。

普定、灵武只是韭菜产业扶贫亮点之一，自他主持韭菜创新团队的那天起，就把产业扶贫作为重要抓手，坚持科研与产业并重，良种与良法配套。近年来，先后培育韭菜新品种14个，推广到全国31个省、自治区、直辖市，推广面积达30余万亩，使一批又一批农户走上了韭菜脱贫致富之路。

2020年疫情刚过，他便带领团队先后到贵州省毕节市、内蒙古自治区包头市、山东省德州市、河北省定州市、河南省西华县等地开展韭菜产业技术指导，助力当地复工复产。

扶贫感言

回望四年来的岗位经历以及科技扶贫之路，尹守恒倍感责任之重。在他内心深处，农村是生他养他之摇篮，天广地阔，大有可为；农民是他的祖辈父辈手足同胞，血脉同源，休戚与共。作为国家扶贫队伍中的渺小一员，他怀着一颗感恩的心，倾其所学，希望农村变得更美，农民变得更富，农业变得更强。多年的心血和汗水、走访与帮扶，为的就是引导农民踏上科技致富的小康路。

全产业链精准扶贫　成就甜蜜产业

——记国家西甜瓜产业技术体系首席科学家　许　勇

许勇，1965年7月生，北京市农林科学院，研究员。带领西甜瓜体系成员建立了覆盖全国8个贫困连片区、65个贫困县的西甜瓜产业扶贫技术服务体系，精准指导贫困地区优化产业布局，科学实施产业扶贫项目，为打赢脱贫攻坚战提供有力支撑。组织体系专家在秦巴山区等其他扶贫地区，全面推进西甜瓜体系技术成果落地，因地制宜，在河北省丰宁县、广西北海市、宁夏中卫市、陕西省城固县、四川省平昌县、安徽省徽县等地走出了一条科技助力扶贫的特色之路。近年来，在全国西甜瓜行业内大力推广西甜瓜产业扶贫，提出以新品种推广为牵引，标准化基地建设与绿色简约化技术示范为保证，新型业态与品牌建设为龙头，促融合、强保障，在贫困地区构建了“优良品种＋标准化基地＋优势品牌”的产业发展新格局。

推广西瓜种植，带动就业与增收

在河北省丰宁县组织试验站专家，提供新育种小型西瓜与抗病耐裂哈密瓜品种，积极与当地的产业化龙头企业与新型合作社，协助打造丰宁县高端高效设施农业示范区，在蔚县通过引入瓜菜繁种产业，带动当地农民就业与增收。大面积示范推广了京美2K、京彩1号等小果型西瓜50亩，冷棚立架栽培，有效商品瓜率亩产量为2900千克；筛选、引进、示范推广了都蜜5号、都蜜101等哈密瓜与网纹甜瓜品种50亩，亩产量2000千克，采摘15元/千克。同时引入电商、园区门店、超市（包括华联、城乡、卓展等超市）销售，平均售价11元/千克。为提高品质与产品安全，还大力推广了土壤深耕与土壤消毒技术、不断根挂接育苗技术、春早熟多层覆盖技术、设施病虫害绿色防控等体系新技术，扶贫示范区西瓜、甜瓜亩增收超过2万元以上。

发挥技术优势，提高种植水平，成就致富的“甜蜜产业”

在宁夏中卫地区，针对压砂瓜病虫害日益严重的产业问题，积极对接当地农业管理部门，开展了新品种的引进和筛选、压砂地专用品种的选育、压砂地水肥关键技术的研究和示范、压砂地病虫害防治技术研究、压砂地配套农用机械的研制和应用等相关技术的研究，积极推广了勇砧1号砧木品种以及相关BFB防治技术，使得该地区压砂西瓜和甜瓜的种植技术水平不断提高。

■ 许勇在宁夏中卫压砂西瓜产区开展品种示范与技术指导

在广西壮族自治区北海市银海区福成镇大坎村、大水江村、山梓村和平阳镇东星村，南宁市上林县三里镇云姚村、澄泰乡漫桥村，崇左市宁明县明江镇利江村7个广西“十三五”贫困村示范推广京玲-3、8K02西瓜，北甜5号、都蜜5号等甜瓜新品种，以及蜜蜂授粉、抗逆调控、水肥一体化、轻简化栽培和病虫害绿色防控等先进适用技术，通过生态高效栽培技术开展联合攻关以及集成示范，解决化肥农药减施、节本提质增效和抗逆减灾调控关键技术，建立了南方优势特色西瓜甜瓜区域化、专业化、标准化优质高效生产技术体系和示范基地。2017—2020年指导建设西瓜、甜瓜等瓜菜产业示范基地5个，累计示范面积9462亩，新品种新技术辐射带动累计面积43732亩；开展瓜菜技术培训1867人次，直接服务贫困村企业、协会、合作社、种养大户和贫困户共109个（户），受益人数870人。其中对由北海市银海区福成镇政府已建设完善的山梓村80亩银海区现代果蔬扶贫产业园基地，通过引进示范北甜5号甜瓜、京玲-3西瓜等新品种，并开展专题技术培训和帮扶指导，初步建成北海市银海区当地具有较好示范带动效果的样板扶贫示范基地，2018年年底，山梓村集体经济收入7.5万元，33户贫困户实现精准脱贫，整村成功脱贫摘帽。

通过开展产业精准扶贫工作，为瓜农提供了稳定而可靠的收入保障，辐射带动了贫困村瓜菜产业发展，西甜瓜产业正在成为贫困地区瓜农实实在在致富的“甜蜜产业”。

扶贫感言

需要根据贫困村产业科技需求，加强顶层设计和机制创新，充分发挥集中力量办大事的制度优势，精准推动项目、人才、成果、平台等优势资源向贫困区集聚，精准实现科技成果转化，通过精准科技帮扶实现贫困地区从“输血”到“造血”转变，不断增强贫困群众内生动力和自我发展能力。实现这一目标的途径，不仅仅是提供一个优良的品种或者普及一个先进的技术，需要将一个产业链扶持起来，从优良品种到标准化种植，再到品牌销售，全链条来展开，仅从单项来操作，都很难做到可持续。在全产业链扶贫上，重点是找到短板，对症下药，品种与技术要过硬，否则难以达到群众满意。

让技术研发在产业扶贫中落地开花

——记国家柑橘产业技术体系团队成员　彭抒昂

彭抒昂，1957 年 9 月生，华中农业大学，教授。主要扶贫区域为湖北省武陵山区的秭归、宣恩、长阳等县，江西省赣南革命老区的信丰、安远、寻乌、兴国等县，福建省革命老区的平和、永春、顺昌等县，云南省滇西边境地区龙陵县等贫困县。作为国家柑橘产业技术体系岗位科学家（2007—2015 年）和农业农村部种植业管理司老果园茶园改造的特聘专家，彭抒昂长期致力于针对我国柑橘产区，特别是贫困山区生产上存在的突出问题进行技术研发和技术推广，建立了相应的技术体系，取得了较好的经济和社会效益。

老果园改造和提质增效关键技术研发与示范推广

我国大多贫困地区的柑橘产区，大都存在着果园老化、树体郁闭、病虫滋生、管理困难，从而导致品质退化和效益低下等问题。各贫困地区老果园品质退化和效益低下的成因是不同的，因此彭抒昂带领团队进行了有针对性的技术研发：一是老果园树体改造技术。针对果园郁闭所造成的果园管理困难导致品质效益低下问题，主持或参与研发了间伐和缩冠等老果园改造技术，在湖北（秭归、宣恩、长阳）、江西赣南（安远、寻乌）、福建（平和）等贫困县得到推广。受农业农村部种植业管理司委托编写了《柑橘老果园改造技术规程》的国家标准及参与编写了湖北省地方标准《柑橘果园改造技术规程》，效益显著；二是营养诊断与矫正施肥技术。效益低下老果园普遍存在着土壤酸化、盲目施肥等情况，以赣南脐橙产区为例，赣南脐橙产区是贫困县较集中的区域，但因其酸性土壤所导致硼、镁、钙等矿质营养元素严重缺乏。团队经过近 10 年持续的基础研究和技术研发，在改良土壤的基础上形成以优质硼镁微肥根施为主（常规为喷施）的矫正施肥技术，在赣南脐橙产区推广使得土壤缺硼等状况得到显著改善，土壤施硼已成为赣南脐橙产业三管部门的五大推广技术之一。此外，在其他贫困县产区（福建平和，湖北秭归、宣恩、长阳，云南龙陵等）也都推广了由本团队研发的柑橘专用肥，效果十分明显。三是品质提升技术：在湖北温州宽皮柑橘产区（长阳、宣恩），推广了覆膜增糖技术和温州蜜柑隔年交替结果技术，使得长期困扰温州蜜柑产区的粗皮大果、不化渣等问题得到显著改善；在湖北秭归等晚熟或晚采柑橘产区，研发推广了柑橘留树保鲜延迟采收技术、晚熟脐橙越冬落果和枯水防控等技术，完成了湖北省地方标准《宽皮柑橘高品质栽培技术规程》《温州蜜柑隔年交替结果技术规程》，果实品质和效益显著提升。

以上针对贫困县柑橘产区的问题所研发相应的提质增效栽培技术，不仅适应性强，而且技术简单适用，同时各技术之间又可以互相组合，形成提质栽培集成技术，提质增效明显。其中的柑橘缩冠改造技术、覆膜增糖技术和延迟采收留树保鲜技术等被农业农村部选为全国的主推实用技术。由以上研发技术总结的“柑橘提质增效关键技术研究与示范”项目获湖北省科技进步奖一等奖，“赣南脐橙高效安全生产关键技术进行研发与推广应用”项目获江西省科技进步奖一等奖。

黄龙病疫区柑橘种植新模式的技术研发与示范推广

黄龙病是柑橘的毁灭性病害，目前还没有有效的防治方法。我国南方许多柑橘优势产区因黄龙病肆虐而损失惨重，黄龙病成为许多贫困地区脱贫致富的头号杀手和由富返贫的主要成因。彭抒昂及其团队联合当地技术员，在黄龙病为害最为严重的福建闽南（永春、平和）、江西赣南（安远、寻乌、信丰等）、广东德庆等产区被毁柑橘园上复种，进行针对黄龙病防控的技术研发，建立示范园，并在此基础上进行推广和技术辐射。针对原有黄龙病防控技术“三板斧”（挖病株、栽脱毒苗、防治木虱）存在的操作难等问题，在“三板斧”的基础上，对黄龙病防控技术进行了必要的扩展和完善，形成了“生态隔离建园、无毒大苗定植、病树动态更新、全园快速灭杀木虱和矮密早丰栽培”等“五措并举”的防控黄龙病的有效经验和技术，彰显了“绿水青山就是金山银山”的理念，在技术研发的基础上，主持并完成了福建省地方标准《黄龙病发生区

■ 彭抒昂在湖北宣恩县开展贡水白柚树冠管理技术指导

■ 彭抒昂在江西赣南脐橙产区调研黄龙病防控情况

永春芦柑栽培技术规程》，取得了较好的社会、生态和经济效益。国家柑橘产业技术体系、全国农业技术推广服务中心等单位多次召开现场会，将“五措并举”的黄龙病疫区永春芦柑种植新模式作为防控黄龙病的成功模式向全国推广，起到了极大的示范和引领作用。在全国柑橘产区，特别是黄龙病多发的福建、江西、广东、广西、浙江等省（区）的柑橘主产区示范推广，建设防控黄龙病柑橘栽培示范基地60万亩以上，技术辐射300万亩以上，有效遏制住柑橘黄龙病的发生与蔓延。

扶贫感言

产业扶贫是通过发展产业来带动一个贫困地区的脱贫致富，又用配套的实用技术来支撑产业的健康发展。我国的贫困县大都分布于老、少、边、穷地区，但这些地区有的并非没有好的农业资源禀赋和致富的潜力，更多的是因为技术跟不上而制约了产业的发展。

因此，针对生产上不断出现的问题进行技术研发并示范，就起到了“四两拨千斤”的作用，这应该就是产业技术体系岗位科学家的工作。找准制约产业的问题所在，与相关试验站对接，埋头苦干，针对性地进行技术研发并建立试验示范点，通过具有显著效果的示范点来获得职能部门的支持，带动周边产区，从而促进了产业发展和农民的脱贫致富。所谓“授人以鱼，不如授人以渔”，这正是作为体系岗位科学家的成就感所在。

以情怀待果农　用科技助脱贫

——记国家苹果产业技术体系岗位科学家　韩振海

韩振海，1963年4月生，中国农业大学，教授。近年来在陕西省延安市宜川县、铜川市印台区、咸阳市淳化县和甘肃省平凉市崆峒区等国家级贫困县（区）开展产业扶贫工作。

陕西、甘肃区域内适宜发展苹果产业的市县多为我国深度贫困地区，由于信息闭塞、技术落后，当地苹果产业发展及果农脱贫进展缓慢。出生于陕北贫困山沟里的韩振海教授，从小就看到、感受到农民的辛劳与贫穷。5年来，韩振海教授及其团队下沉农村，自带干粮、应需而至，在陕西省延安市宜川县建立“专家大院”、咸阳市淳化县建立“院士专家扶贫工作站”、铜川市印台区建立“果树专家大院”、甘肃省平凉市崆峒区建立“果树试验站”。以这4个国家级贫困县（区）为点，延安市、平凉市整个苹果产业为面，协调组织产业体系内的资源，发挥专家优势和技术手段，以点带面服务区域苹果产业、助力扶贫工作，取得了良好的效果。

整合体系资源，为当地苹果产业发展出谋划策

作为陕西省果业顾问、延安市“圣地英才”人选、甘肃省平凉市专家顾问，作为产业体系岗位科学家，借鉴国内其他贫困地区产业扶贫成功与失败的经验，利用充分调研和实地工作获得的认知，韩振海教授将自己对产业扶贫的建议整合到参加的陕西省“十二五”“十三五”果业发展规划中，在更大的产业系统内影响和落地产业扶贫措施。他紧密联系所负责的区域，对延安市、平凉市的苹果产业发展在规划、发展过程、技术对策、问题解决等方面提供长期且具体的指导，并向市委市政府、果业管理部门有针对性地建言献策。

精准培训，知识扶贫

为解决产业扶贫和技术推广“最后一公里”的“瓶颈”问题，韩振海教授及其团队在上述4个国家级贫困县（区）分别建立了专家大院、果树试验站和扶贫工作站，实现了群众与农业专家靶向性的技术对接。除自己和团队一年多次在生产季节的关键节点到这些县（区）进行扶贫技术指导外，充分利用国

家苹果产业技术体系的全产业链专家齐全的优势，5年来邀请了43人次的体系岗位科学家和试验站站长在这些贫困县（区）召开产业扶贫技术培训会、技术培训大讲堂等培训会议或现场进行讲解示范指导，对当地果农进行实用技术培训，培训有知识、懂技术、能致富的新型农民，提高果农管理技术水平，以知识扶贫。对果农，尤其是贫困果农，韩振海教授更是亲力亲为，手把手传授苹果管理的实操技术。至今，培训果业技术人员和果农，特别是种果贫困户，人员已达3000多人次。

品种更新、技术加持，助力果业扶贫

利用信息发达、智力资源丰富的优势，韩振海教授团队积极为当地引进新品种、新技术，既为区域产业结构调整服务，也提高了当地果业管理水平，同时，用“新”增加效益，帮扶农民脱贫。5年来，他们为陕西延安、甘肃平凉引进“维纳斯黄金”等果树新品种10余个，同时引进节水、促花等新技术。

更新理念，扶贫需扶智

更新观念，通过科技推广，传授全产业链相关知识，使农民具备产业新知识和新理念，促进和提高扶贫工作的成效。韩振海教授通过践行“艺精济民生”的院训，带领团队成员到陕西、甘肃多地布置自育苹果（矮化）砧木、施用生物活性素试验。通过新品种、新技术的推广，助力当地苹果产业发展；通过苹果产前、产中、产后全产业链知识和理念的传授以及培训，助推精准扶贫脱贫，这方面的效果目前已开始突显，果园亩增效益提高了30%以上。

2017年年底，韩振海教授所服务的甘肃省平凉市崆峒区已实现整体脱贫；2019年年底，陕西省延安市宜川县、咸阳市淳化县、铜川市印台区也已整体脱贫。延安、平凉已成为我国著名的优质苹果生产区域，苹果已经成为延安市、平凉市支柱产业和农民脱贫致富的主要产业。在这些区域的产业扶贫工作中，韩振海教授与果农同吃同住同劳动，做了大量具体工作，被当地果农亲切地称为“一碗面教授”；因扎实培训果农、以技助力脱贫、积极宣介果品、服务区域产业，而荣获陕西苹果品牌建设“十大先进个人”称号。

■ 韩振海在陕西宜川县开展果业技术骨干培训

■ 韩振海在陕西铜川市印台区开展贫困果农实地培训

扶贫感言

我国苹果种植面积和总产量分别占全球的48%和56%，稳居世界第一。果业的“经济效益高”，地方政府和农民种植果树的积极性高；但扩展规模容易，栽好果树、提高效益较难。其中，品种/砧木对路、适地适栽，是政府/企业发展果树规划中易忽视，却又是产业可持续高效的关键；向果农传授易学易管低成本的技术，是产业扶贫中需直面的主要问题。几年来的产业扶贫工作，使韩振海教授真正感受到脱贫攻坚是一项空前的伟大事业，产业扶贫是有效益、可持续、留得住农民、稳得住脱贫成果的有效且根本的扶贫方式。他坚信身为产业体系岗位科学家更应具有回馈父老乡亲和社会、将所学知识应用到国家建设中的情怀，更应具有将论文写在践行果业强、果农富、果乡美的实践中的担当。

谱写梨产业扶贫新篇章

——记国家梨产业技术体系首席科学家　张绍铃

张绍铃，1961年12月生，南京农业大学，教授。统筹制定梨产业扶贫工作方案并落实分工，组织、指导梨体系全体人员深入“三区三州”等9个贫困片区开展产业扶贫工作，成效显著；同时，积极对接河南宁陵、山西隰县等多个“国家级贫困县”和江苏睢宁等帮扶县，围绕产业发展规划、技术成果引进、标准示范园建设指导、产业交流研讨会举办、技术创新研发和培训等方面开展了大量工作，为脱贫攻坚、乡村振兴做出了重要贡献。

身先士卒，引领梨体系脱贫攻坚

“解决农村贫困人口的脱贫问题，是我国决胜全面建成小康社会最难啃的‘硬骨头’，也是包括我们梨在内的农业产业技术体系义不容辞的责任。”国家梨产业技术体系首席科学家张绍铃在2017年4月10日写给梨体系全体人员的公开信《关于梨体系“十三五”扶贫工作的几点思考》中这样说。

因为这份“义不容辞的责任”，2016年以来，张绍铃组织、指导梨体系专家深入“三区三州”、秦巴山区、武陵山区、乌蒙山区、滇桂黔石漠化区、燕山—太行山区、原中央苏区等9个梨产业相关的贫困片区开展了广泛的产业调研和科技扶贫工作。截止到2019年年底，梨体系累计在9个片区100多个县（市、区）有针对性地制定科技扶贫方案及决策咨询报告30多份，示范、推广梨新优品种60多个（次），省力化栽培新树形12个，新技术80多项（次），协助贫困县区新建示范园98个，示范面积逾5万亩，辐射推广面积约13.5万亩，累计培训技术骨干及梨农约3万人次，发放技术资料和农资4万多份，跟踪和技术服务的贮藏企业或农民专业合作社30多家，对接帮扶贫困户100余户，协助贫困县创建特色梨果品牌“宁陵酥梨”“隰县玉露香梨”“泸西红梨”“宣恩黄金梨”“威宁大黄梨”等，对贫困地区梨产业健康发展，农民脱贫致富提供了有力的技术支撑。

作为首席科学家，张绍铃身先士卒，率领团队常年工作在脱贫攻坚第一线。他重视科技创新在产业扶贫中的作用，带领的团队研究水平稳居世界梨研究前列，研发出的梨树液体授粉、幼果脱萼、疏花疏果等多项技术已在全国梨产区示范应用，有效缓解了贫困地区普遍存在的青壮年劳动力缺乏、生产效率低下等突出问题，为梨产业精准扶贫注入了鲜活的能量。他积极对接河南宁陵、山西隰县等多个国家级贫困县，围绕产业发展规划论证、新技术引进、标准示范园建设指导、扶贫专家团队组建、技术培训等方面开展了大量工作；此外，他就近帮扶江苏睢宁县等省级帮扶县，积极为县里提供产业发展决策咨询，和当地农业农村局合作建设梨产业研究院和研究生工作站，协助制定全县梨园生产管理方案，并多次开展现场培训指导；为加速体系成果转化应用，实现脱贫攻坚、乡村振兴做出了重要贡献。

■ 张绍铃在江苏睢宁开展梨树疏花疏果技术指导

对症施策，助力贫困县脱贫致富

河南省宁陵县是张绍铃对接指导的贫困县之一，也是在梨体系帮扶下实现脱贫摘帽的贫困县之一。2016 年以来，张绍铃多次与宁陵县委县政府、科技局等主管部门领导及农技推广技术骨干、种植大户座谈交流，为宁陵梨产业把脉问诊、出谋划策，针对产业发展的瓶颈重点提出打造当地特色梨果品牌，加强梨果品质提升、梨园“减肥减药”和采后保鲜加工，拓展电商销售渠道，同时构建以酥梨为主体，集采摘、观光于一体的发展模式，促进产业链延伸与增值，加速一二三产业融合发展。

张绍铃代表梨体系与宁陵县人民政府签署了“一县一业”战略合作协议，牵头建立了宁陵县梨体系成果转移转化中心。他组织体系专家制定并细化梨产业“一县一业”工作方案，带领了一支涵盖育种、栽培、土壤肥料管理、花果管理、病虫害防控、机械化、贮藏保鲜、果品加工、果品营销及品牌创建等各领域的梨产业扶贫专家团队入驻宁陵。一大批体系育成的新优品种及研发的新模式、新技术在宁陵落地生根。5 年来，张绍铃奔走在宁陵扶贫的第一线，在宁陵主办全国梨产业发展研讨会、产业发展咨询论证会以及各类不同专题的技术研讨会、培训会等 10 余次，并通过电话、微信技术指导百余次，培训及指导技术人员与果农 1000 人次以上。

在梨体系的技术支持下，宁陵梨产业焕发了新的生机。一个个标准示范园拔地而起，梨果品质大幅提升，梨膏、梨醋等加工产品琳琅满目，从事梨种植、贮藏、加工、销售的企业逐渐壮大。地理标志产品“宁陵金顶谢花酥梨”享誉全国，线上线下销售火爆，显著提升了经济效益。宁陵万顷梨园、梨文化博览馆独具特色，游人如织。梨产业旺了，梨农的钱袋子也鼓了。截止到 2019 年，宁陵县梨树种植面积达 22 万亩，总产量 65 万吨；梨农人均收入达 1.2 万元，成功摘掉了国家级贫困县的帽子。

■ 张绍铃与河南宁陵县领导、专家等讨论梨品质提升方案

脱贫不是终点，而是新起点。全国梨产业扶贫工作捷报频传，张绍铃不但没有松懈，反而变得更加忙碌。他持续关注着贫困地区产业现状和发展瓶颈，不断深入开展技术创新；他积极探索梨产业精准扶贫的新思路，继续带领体系专家在祖国的大江南北书写着梨产业扶贫的新篇章。

扶贫感言

我国梨产业相关的贫困片区涵盖地域广，地形地貌复杂，生态类型多样，不同区域的特点各不相同。与主产区、发达地区相比，这些贫困地区大多在偏远山区，普遍存在农业生产条件欠佳，青壮年劳动力缺乏，信息、交通闭塞，种植的梨品种老化、结构不合理，栽培粗放、技术落后等问题。张绍铃意识到，要实现产业“精准扶贫”，首先，要明确梨产业发展的适宜区域，因地制宜促进发展；其次，要摸清当地的产业技术需求，精准发力“补短板”；再次，要推动果品增长方式由数量型向质量效益型转变，生产优质特色梨果，加强区域品牌创建，拓展销售渠道，实现优质优价；最后，还要统筹兼顾发展和环保、硬技术和软政策，并将扶贫任务和体系重点研发、示范园建设、应急性技术服务等其他任务有机融合，扎实推进贫困片区梨产业健康、绿色发展。

葡萄产业助力芒康县脱贫

——记国家葡萄产业技术体系岗位科学家 刘崇怀

刘崇怀，1965 年 7 月生，中国农业科学院郑州果树研究所，研究员。长期从事葡萄种质资源与遗传育种研究，主要扶贫区域为西藏自治区昌都地区。“三区三州”是我国的深度贫困地区，2018 年中共中央提出了向深度贫困地区发展的号令，作为担负重大葡萄研究任务的产业体系专家决定对准西藏开展精准扶贫。

六个因地制宜的工作方案，入选西藏自治区的“十四五”产业规划

接到西藏的扶贫任务，刘崇怀研究员带领团队发挥在葡萄种质资源、品种和栽培技术上的优势并结合西藏地区在干热河谷地区葡萄种植的优势，确立了以昌都市为重点，以芒康县为抓手，以新品种新技术新理念为支撑，以示范园建设为引领的具体扶贫工作的方案。主要包括以下内容：一是充分发挥产业体系的团队优势，调动科技力量和资源向帮扶县倾斜；二是共建高标准葡萄种植示范园，以新品种新技术新理念促进产业升级；三是开展技术培训，鼓励当地技术带头人中长期跟随研究所团队到实践中学习果树管理技术；四是发挥团队具

■ 刘崇怀在西藏左贡开展葡萄栽培管理技术指导

刘崇怀在西藏芒康开展葡萄关键栽培技术指导

备的种质资源丰富的优势，推动“果树+旅游/文化/康养/智能”等新业态的发展；五是制定昌都市和芒康县的产业规划；六是加强与农牧局推广部门的协同，共同做好芒康果品产业。

工作方案制定以后，刘崇怀研究员开始紧锣密鼓地实施工作了，他带领团队六下西藏，忍受了3月西藏寒冷缺氧的高原反应，克服了翻越崎岖山路带来的晕车，走遍了芒康县、察雅县、左贡县、八宿县葡萄种植的每一个乡镇，形成了调研方案，制定了《昌都市葡萄产业发展规划》，并通过了西藏农牧农村厅的答辩，入选西藏自治区“十四五”产业规划。

新技术和新品种，共同助力脱贫

对口帮扶芒康县以来，刘崇怀作为帮扶团队牵头人瞄准芒康县葡萄酿酒产业的历史和基础优势，依托当地龙头企业，以新品种、新技术、新工艺示范推广为总抓手，大力推动当地葡萄产业现代化发展。

重点引进和推广了3个鲜食葡萄新品种、2个酿酒葡萄新品种，改变了芒康县葡萄品种单一的现状，丰富和满足了多元化需求，同时还延长了鲜果供应周期。

重点推广了葡萄果穗整形和花果调控技术体系、葡萄保护地栽培技术体系。与传统管理技术相比，新种植技术体系在当年就可实现葡萄减工20%，优质果率达80%以上，平均亩产增收800元以上。

扶贫感言

作为一名常年工作在产业一线的科研工作者，刘崇怀深知农村尤其是贫困地区老百姓对科技的渴求。西藏芒康属于“三区三州”深度贫困地区，摆脱贫困靠的精准科学，更需要因地制宜，“一把钥匙开一把锁”，所以，刘崇怀结合芒康县葡萄酿酒产业的历史和基础优势，以建设新品种、新技术种植示范园为总抓手，依托当地龙头企业，大力推动当地葡萄产业现代化发展，以先进技术助力芒康脱贫，在2020年的脱贫攻坚战中彻底攻克“贫困的最后堡垒”。

科技助力产业发展　脱贫攻坚荔园飘香

——记国家荔枝龙眼产业技术体系首席科学家　陈厚彬

陈厚彬，1963 年 1 月生，华南农业大学，研究员。作为农业农村部指派的屏边县产业技术专家顾问组组长，主要扶贫区域为地处石漠化地区的云南省红河哈尼族彝族自治州屏边苗族自治县。屏边是毗邻越南的国家脱贫攻坚挂牌督战县。

历时多年研究，荔枝园建设未雨绸缪

屏边县大围山区是“褐毛荔”荔枝起源地，具有悠久的荔枝种植历史及立体生产、高原特色的产期和品质优势。2010 年县委县政府提出把荔枝打造成为农业特色和支柱产业。2013 年 8 月陈厚彬开始关注屏边荔枝发展，至 2020 年 9 月共 15 次到访屏边，其间云南省人社厅于 2016 年在屏边县设立了“陈厚彬专家工作站”，体系将屏边县列为产业精准扶贫示范县。

初到屏边时了解到，屏边县各处分布了不少“褐毛荔”荔枝（通称“本地荔枝”）古树，而引种妃子笑荔枝始于 1996 年，在当地专家杨国安研究员努力下获得成功。团队在 2014 年起连续三年对屏边不同海拔的妃子笑投产荔枝树进行生物学调查，发现其生物量与全国其他地区并无大异，主要是采后重回缩修剪加上重肥水管理形成的。这意味着，贫困区的果农如达不到一定的经济投入水平就很难获得高产和优质目标。一般农户要减少采后修剪造成的健康枝叶损失，以降低肥料投入成本，加快幼树投产。

水是荔枝树的生命之源。尽管当地人说“山有多高水有多高”，但荔枝在冬春旱季需要灌水以促进花诱导和花穗发育，大面积建园之后需水量不是小数，团队给出的建议是要未雨绸缪，通过工程设施和协调机制实现集约和节约用水。

屏边境内海拔 154~2590 米，立体气候明显。屏边仅有妃子笑一个主栽品种，且基本布局在 800 米以下区域，产期最长 43 天。截至 2019 年年底，屏边县已在白河、湾塘、玉屏等乡镇引进和试种荔枝新品种 15 个，包括桂味、仙进奉、无核荔等。2020 年 9 月陈厚彬带领的专家团队已着手在玉屏镇嘎不底村 1100 米地带建立一个占地 60 亩的荔枝龙眼示范基地，顺带引进和示范枇杷和柰李新品种，成功之后将大大拓展 800~1200 米的荔枝适生地，屏边荔枝产期将可再延后拓展 60 天以上。

授人以渔，培养技能型人才

■ 陈厚彬在云南屏边县湾塘乡调研并现场指导荔枝枝梢管理

■ 陈厚彬在屏边县白河镇新建荔枝基地调查

为充分发挥体系技术优势，陈厚彬召集栽培与植保研究室专家于2015年3月在屏边召开工作会议，8个岗位和4名站长共26人参加。之后岗站科学家纷纷走进屏边，对当地荔枝产业的发展提出科学化合理化建议，提供技术指导和培训。5年来，体系专家在屏边累计举办培训27期，培训2680人次，通过推广妃子笑控梢促花、花穗处理、保花保果、采后处理与保鲜和病虫害防控等技术，培养了荔枝技术能手3名、乡土人才166人。

根据农业农村部部署，2020年体系把服务屏边县域经济发展列入重点任务，陈厚彬领衔屏边县技术专家顾问组。在疫情防控开始进入常态化期间，他于3月23日即亲临屏边县指导花期管理，之后7月和9月密集到屏边开展对接工作，为产业扶贫树立强大信心。

小小荔枝树为脱贫致富保驾护航

陈厚彬带领体系专家推动屏边荔枝从小做大，从大做特、做强，取得明显的经济效益和社会效益。2013—2019年间，屏边荔枝种植面积从0.8万亩发展到6.7万亩，扩大7.3倍，投产面积1.4万亩；产量从1600吨提高到8403吨，增加4.2倍；产值从2400万元提升至12612万元，增加4.2倍。截至2019年年底，屏边县共有荔枝种植户2907户，其中1500户贫困户，户均年增收4.33万元。随着投产面积增加，大部分树进入投产期，屏边荔枝的产量和效益必将大幅度提升。

扶贫感言

脱贫攻坚的核心是产业兴旺，荔枝没有一定的种植面积和产量规模，就谈不上“产业链”，就谈不上“农文”“农旅”融合发展。其他地区荔枝助力致富奔康的经验同样适合贫困地区，目标是把产业由小做大、做特、做优、做出效益。

一要用心做。屏边荔枝在全国有优势、特色和地位，要做好调研，要有落地的生物学研究、技术试验，要梳理总结形成各种技术模式，总之要投入时间和精力，要对贫困区荔枝有牵挂。二要用心去做，用情做。“精诚所至，金石为开”。人是感情动物，贫困区果农同样有信心不足、资金缺口、科技盲目等问题，专家须晓之以理，动之以情，必要和可能时送种苗、工具、技术上门，往往可解燃眉之急，果农始尝丰产丰收甜头之后，工作就好做了。荔枝树也一样，施以精心呵护，它才会用丰硕的花果来报答。三要耐心做。荔枝树历经幼树期、成长期，逐步达到盛产期；成年树以一年为周期，历经枝梢生长、成花、开花、结果，前后相继，一环扣一环。荔枝生产技术相对较复杂，有的环节培训要年复一年地重复进行，耐心和恒心是不能缺少的。

精心编织“绿地毯” 铺就牧民锦绣路

——记国家牧草产业技术体系首席科学家 张英俊

张英俊，1971年8月生，中国农业大学，教授。长江学者奖励计划特聘教授，全国农业科研杰出人才，科技部中青年科技创新领军人才。主要的扶贫区域为内蒙古、宁夏、新疆等地。

悠悠牧民心，萋萋草原情。草退沙进，沙进畜退，没有好的牧草，祖祖辈辈生活在大草原上的放牧人就“失了根、丢了魂”。为了保护好国家生态屏障，让牧民重新拥有美丽的草原、美丽的家，真正实现脱贫致富不返贫，国家牧草产业技术体系首席科学家张英俊教授始终心怀牧民，带领团队扎根广袤草原，从呼伦贝尔大草原西至宁夏山区、新疆、青海与青藏高原，致力于用科学恢复草场，托起牧民的幸福生活。

潜心琢磨，只为“草畜平衡，牧民致富”

“草畜平衡，牧民致富”是张英俊常常挂在嘴边的话，也是他带领团队的口号。为了这一目标，他带领国家牧草产业技术体系科研工作者一起将根深扎大草原，积极帮扶服务区域发展，加快科技创新，推动草原生态产业提质增效，在有效解决“人—草—畜”矛盾和草原生态问题、实现草原资源利用最大化的路上脚步不停歇。

在追求“草畜平衡，牧民致富”的路上，张英俊与团队看到了很多令人揪心的问题、发现了很多值得钻研的研究点，他们以实际问题为导向，希望通过技术创新促进区域发展，以脱贫攻坚实效助力乡村振兴。

看到内蒙古自治区呼伦贝尔大草原天然植被退化严重，张英俊带领团队扎根呼伦贝尔大草原近10年，利用免耕补播技术开展了优质高产人工草地牧草生产技术、TMR饲草料调制加工技术、天然草地可持续放牧利用技术、羔羊全舍饲育肥技术以及设施设备智能化管理技术等9项技术的集成、研发与示范，有效提高了草地生产力和牧草品质，并实现了合理控制牧畜数量、提高家畜生产性能的目标。

看到宁夏山区以种粮为主的农业生产模式效益下降、农民收入降低，脱贫攻坚面临巨大的挑战，张英俊带领团队多次赴宁夏固原开展实地调研，经过“专家论证、企业支持、学生驻扎”等形式，与宁夏农林科学院联合开展“固原山区梯田人工草地的建植及肉牛放牧技术研究”，在固原山区梯田上建立鸭

■ 张英俊在内蒙古呼伦贝尔开展扶贫讲解工作

茅、高羊茅和无芒雀麦与苜蓿混播的人工草地，利用草食家畜作为高效的“生物割草机”和“生物转化器”的特点进行放牧利用，将采食到的牧草转化成绿色、优质的畜产品。试验区300亩地生产的优质牧草以及畜产品，一年直接增收约20万元，不仅大大减少了劳动力需求、降低农业生产对机械的依赖程度，也解决了当地传统农业面临的困难，实现了山区人民的脱贫致富，让宁夏固原的荒山梯田变成了万亩“金山”。

看到我国近4亿公顷草原中90%以上已发生不同程度的退化，用农业科技改善农业生态环境、促进草食畜牧业提质增效刻不容缓，张英俊及其团队在数十个不同地域特点的草原上深入调研、试验，以解决“人—草—畜”矛盾为出发点，从草地管理、饲草料生产加工、家畜饲养、牧民生活等方面提出“十项技术”，并因地制宜不断改进完善，以实用技术推进了“粮改饲”项目和“草牧业”发展模式。

牧草体系“一盘棋”，要让脱贫牧民不返贫

决胜脱贫攻坚战后，要啃的下一个“硬骨头”就是防止牧民返贫。张英俊认为，如果牧区科技产业没有支撑保障，牧民就不懂利用科技带动自身进步，牧区生态文明、生产生活就无法良性循环，返贫的概率会非常大，因此牧区科技发展绝对是我国农业高质量发展的重点之一。为防止牧民返贫，张英俊带领团队做了许多努力，在潜心做精、做深、做细科研之余，不仅呼吁各方继续加强对牧草科技领域的关心支持以及投入，还构建了“扶贫与扶智”创富增收的创新模式，坚持开展“草堂行”系列牧民培训活动。如在呼伦贝尔农垦学院举行呼伦贝尔草牧业发展技术培训会，为基层草牧业从业者进行草地管理、

■ 在宁夏固原市召开脱贫攻坚启动会

饲草种植加工、圈舍建设、牧草机械及家畜饲养管理等相关技术的培训，并定期赴各试验站所在地对牧民进行技术服务，通过入村培训、冬季大培训、田间学校、科技长廊等方式培训牧民。

扶贫感言

在帮助牧民致富的道路上，应以实际问题为导向，通过技术创新促进区域发展，以脱贫攻坚实效助力乡村振兴，丰硕的成果才是牧民脱贫致富的强大支撑。但目前的研究成果推广应用的草原面积与全国草原面积相比仍有很大差距，懂科技的现代牧民数量也太少太少了。经年累月的草原退化并不是一朝一夕能够完全恢复的，“风吹草低见牛羊”的美景仍然不多见，在给牧民建设致富牧场、生态农场的路上，仍然任重而道远，要做的事情还有太多太多。

助力凉山州深度贫困县布拖县脱贫

——记国家牧草产业技术体系综合试验站站长　白史且

白史且，1964 年 6 月生，四川省草原科学研究院，研究员。主要负责体系科技助力四川省凉山州布拖县、昭觉县、金阳县、美姑县和木里县的产业扶贫。

制定发展规划，为布拖县发展谋求科技支撑

四川省凉山彝族自治州（以下简称凉山州）布拖县是国家扶贫的重点县，传统畜牧业养殖模式致使经济效益低下，如何利用本土资源加速现代畜牧业高效发展一直是当地主管部门工作难点之一。针对该问题，白史且认为当地应该立足于凉山州不同生态区域的自然资源禀赋和生产条件，充分认识草牧业在凉山彝族聚居区的重要性，制定草牧业发展规划，构建以布拖、昭觉等东五县为核心的凉山现代草牧业经济示范区；围绕“草畜配套、种养结合”思想，合理利用林下草地；开展高产优质人工草地改良建设，推行草田轮作；挖掘利用好地方特色畜种，走特色发展之路，发挥草牧业在脱贫攻坚中的作用。同时他还提出应该出台优惠政策，积极争取与省内外高校、科研院所、牧草产业技术体系、草产业科技创新联盟、草学会、龙头企业等合作，共建科研平台，在优良品种选育、高效种养技术研发、生产加工机械研制等方面开展科技攻关，整体提升凉山草牧业科技水平，为凉山草牧产业扶贫提供科技支撑。

在国家牧草产业技术体系支持下，白史且带领团队，在布拖县进行紫花苜蓿、虉草、鸭茅、燕麦等新品种的引种和筛选试验，选育出适合布拖县的优质燕麦品种 2 个、扁穗雀麦品种 2 个，为凉山州中高山区域牧草品种选择提供依据。白史且还联合中国农业科学院作物科学研究所、四川农业大学、西南民族大学等科研单位和高校在基地进行品种引进、筛选和示范，促进了布拖县科技扶贫合力形成。

探索种草养羊的新型运作模式，为村民脱贫谋出路

2020 年 3 月，白史且应西昌学院副院长曲木伍各教授邀请，到西昌学院对口扶贫的布拖县合洛村进行科技扶贫工作。通过与布拖县委常委柳子色、合洛村支书及驻村工作队同志的交流，白史且了解了该村现有的农业产业发展状况及土地和人口状况。在实地考察的基础上，他与各位专家就合洛村的扶贫

产业发展进行了深入交流　认为该村发展种草养羊是实现脱贫奔康的重要途径，同时他们还结合布拖县在该村开展的扶贫工作探讨了种草养羊的运作模式。白史且站长指出，该村土地资源丰富，种草养羊前景广阔，通过整合土地资源、项目资源和政策资源，进行燕麦等高产牧草种植与白三叶—黑麦草放牧草地建植，可推动该村的种草养畜，释放巨大的发展动能，促进贫困村的脱贫。为支持合洛村的发展，白史且站长为该村提供100亩的燕麦种植种子及种草养畜技术支持，为该村的扶贫产业发展提供了物力和智力支撑。

白史且站长在凉山半细毛羊原种场建立200余亩的示范基地1个，并开展了燕麦、青贮玉米和光叶紫花苕高产栽培模式研发工作，为贫困户提供牧草栽培、草产品加工、科学种养等方面的科技示范。他曾带领养羊研究所所长杨平贵研究员、驻村农技员张建波博士及成启明博士一行，在县农牧局局长黑哈比子、副局长且沙此咪及凉山州半细毛羊原种场场长的陪同下，到布拖县乌科乡乌科村进行产业扶贫工作。扶贫期间，白史且一行与乌科乡乡长、乌科村支书、村委会主任等人进行了座谈交流，针对该村的自然条件和发展现状，决定建立10亩高产饲草梦龙燕麦试验区和10亩天然草地改良试验区，为该村种草养畜提供样板示范。

白史且站长与布拖县签订了5年院地合作协议，重点在布拖黑绵羊产业和草产业领域开展深度合作，主要方向：黑绵羊产业链及草产业重点问题联合攻关、黑绵羊核心繁殖场园区打造、草牧业科技成果转让转化、科技服务、人才培养与科学技术交流、重大科研项目联合申报等。白站长组织协调了多个科技项目在布拖县实施，其中包括四川省科技厅扶贫专项2项，经费100万元。他还联系贫困村2个，发展科技示范户10户，服务农村专业合作社1个，集中对贫困户技术培训5次、培训人数230余人次。

白史且在四川布拖县开展牧草种植试验和技术交流

扶贫感言

结合地处高寒牧区和少数民族地区实际，有针对性地开展适合当地牧区种植的主栽品种筛选、培育及生产加工利用等配套技术研究，总结出一些牧民愿意学、学得会、用得上的精简实用技术，并借助体系平台举办一系列参与式培训，使体系的成果尽可能快速有效地转化成生产力。

俯首甘为孺子牛　科技扶贫促发展

——记国家奶牛产业技术体系首席科学家　李胜利

李胜利，1965年12月生，中国农业大学，教授。动物营养学国家重点实验室副主任，中国畜牧兽医协会养牛学分会理事长，中国奶业协会副会长。长期致力于反刍动物营养、中国奶牛饲料数据库和饲养标准、奶牛场饲养管理等方面的研究和产业推广工作。作为国家奶牛产业技术体系首席科学家，充分发挥模范带头作用，在服务产业和扶贫工作中潜移默化形成了与牛一样“脚踏实地、勤劳奉献、开拓进取”的务实精神，认真贯彻落实党中央关于精准扶贫重要指示精神，多年来在河北丰宁满族自治县和西藏拉萨城关区深入一线开展奶业技术扶贫，取得显著效果。

牵头体系协同合作，助力丰宁奶业转型升级

河北省丰宁满族自治县（以下简称丰宁县）是国家级重点扶贫县，具有发展奶业得天独厚的地理和市场优势，但是也面临着养殖基础薄弱、规模化程度低、养殖水平低等突出问题。李胜利教授团队在深入走访和调研了丰宁县全部47个奶牛养殖场（户）后，就下决心一定要通过先进的理念和技术改变当地落后的养殖现状，自2012年起开始带领团队对丰宁县实施科技扶贫。

（1）制定产业规划：与加工研究室岗位科学家协同合作，深入调研丰宁奶牛养殖和乳品加工发展现状，制定了《丰宁县有机奶业发展中长期规划》，从战略高度为丰宁奶业发展指明了方向。

（2）科技成果进行产业转化：将国家科技进步奖二等奖“奶牛饲料高效利用及精准饲养技术创建与应用”成果在丰宁县转化实施，全程指导丰宁缘天然乳业有限公司有机奶生产，提升“缘天然”有机奶品牌影响力，推动公司2012—2014年新增产值11990.4万元。

（3）开展技术服务：制定《奶源标准化生产技术规范》《养殖小区升级改造规范》，每年开展奶牛养殖和牛奶加工技术服务和示范推广，实施分群管理、TMR和青贮饲喂。通过示范辐射带动，规模牧场的比例由2012年的5.4%提高到2019年的91.3%，脏、乱、差的散户养殖逐渐由规整统一的标准化养殖场取而代之，散户和养殖小区实现转型升级，避免了低奶价、低效益情况下散户和养殖小区的被动淘汰，转型升级的牧场单产大幅提升，由2012年的4.3吨/（头·年）提高到2019年的8吨/（头·年），生鲜乳质量明显提升，生鲜乳价格由2.8元/千克提高到3.4元/千克，提高21%，2017—2019年新增效益3371万元，新增利润371万元，实现了奶源转型升级，拉动了当地产业脱贫。

■ 李胜利在河北丰宁县开展技术培训

与综合试验站联动，突破高原奶牛养殖瓶颈

西藏为我国深度贫困地区，特有的高原环境导致引进的荷斯坦奶牛因缺氧而大量死亡。为深入贯彻“三区三州”精准扶贫的重要精神，以及时任国务院副总理汪洋同志 2015 年 8 月 14 日在拉萨城关区高标准奶牛繁育中心视察时提出“各相关部门要大力支持西藏拉萨发展农牧业产业”的重要指示，2015 年下半年起李胜利首席科学家团队和“金钥匙”团队开始对西藏奶牛养殖进行持续性项目支撑、技术指导与扶贫帮扶。

虽然在藏区进行扶贫和技术服务需要面对高原缺氧、生活及试验条件艰苦等情况，但是李胜利教授带领专家团队们还是一次次克服困难，坚持每年多次入藏进行科研攻关以及现场诊断和指导。

（1）项目带动：通过现代农业产业技术体系项目支撑，自 2017 年起为拉萨综合试验站每年拨付 18 万 ~50 万元的研究经费，支持拉萨市奶牛产业的科技研发和技术推广；2020 年获批农业农村部“高海拔地区奶牛适应性生产技术试验示范”项目 600 万元经费资助，专门用于西藏地区奶牛养殖研究。

（2）高原病科研攻关：安排团队成员长期驻藏在拉萨开展荷斯坦奶牛在高原缺氧环境下的适应性饲养管理研究以及高原病综合防控技术开发。通过营养调控措施提高了引进奶牛的成活率和适应能力，使奶牛高原病年死亡率由 32%~37% 降低至 10% 以下，开发出“奶牛抗高反一号”饲料添加剂，有效降低了奶牛高原病发病率和死亡率，已经在西藏大部分奶牛场推广应用；通过制氧机模拟环境供氧，实现了荷斯坦犊牛出生后通过三级过渡逐步适应拉萨当地氧分压（60% 的氧舱）的过程，犊牛成活率由低于 50% 提高到 86%。该两项技术的突破解决了制约高原地区奶牛饲养的关键技术难题，显著降低了奶牛因高原病死亡带来的经济损失。

（3）制定产业规划：技术支持拉萨市城关区规模养殖发展到了 2000 头，新建一座现代化的乳品加工厂，带动西藏乳品加工产业发展壮大。

（4）开展技术服务：在西藏拉萨举办5期奶牛“金钥匙”技术示范活动，通过技术指导和现场把脉诊断，取得了良好的经济效益和社会效益。技术成果已经在西藏及青海部分地区广泛推广应用，带动了贫困户脱贫致富，拉萨城关区繁育中心直接解决就业51人，其中当地农民49人，包括贫困户17人，现已脱贫15人，惠及建档立卡贫困户394户，1184人，户均增收1.67万元，人均增收5549元。

■ 李胜利在西藏拉萨开展技术服务

2019年1月国家奶牛产业技术体系提交给农业农村部《关于国家奶牛产业技术体系在拉萨开展工作情况的汇报》，受到了时任国务院副总理汪洋同志的高度评价，特别是在提高奶牛高原适应性方面的工作，汪洋同志评价道：“用科学技术解决了奶牛高原病问题，是援藏新成果，可贺！”

扶贫感言

科技扶贫是通过“授之以渔”的方式助力贫困区脱贫致富。实现科技脱贫需要具备几个关键点。第一，科技扶贫要一把钥匙开一把锁。贫困地区普遍产业基础比较薄弱，各种问题层出不穷。扶贫中需要在深入调研的基础上，针对不同地区的特点，找出关键，对症下药，靶向治疗。第二，科技扶贫需要长期造血。贫困不是一朝一夕形成，要想根治，也不可能毕其功于一役。科技扶贫中专家需要面对面、手把手把技术传授给当地技术人员，再通过培训和传帮带的方式完成人才和技术的长期造血。第三，科技扶贫需要当地政府全力配合。科技是产业腾飞的翅膀，更需要有政府支持作为腾飞的坚实基础。只有依靠政府支持和配合，科技才能带动产业脱贫，带领农牧民致富。

依托科学技术　助力肉羊产业扶贫

——记国家肉羊产业技术体系岗位科学家　王建国

王建国，1963年12月生，内蒙古大学，研究员。十余年来，除围绕岗位任务完成相应研发及推广工作外，在首席及体系办的支持下，岗站专家密切合作，2020年度重点针对甘肃省临夏州东乡族自治县，依托科学技术开展产业扶贫工作。

制定2020年东乡县扶贫工作主思路

王建国研究员承担着甘肃省临夏州东乡族自治县扶贫工作，2019年度数次前往东乡县进行扶贫调研与考察，得知东乡族自治县是少数民族自治县，常住人口26万，羊只数量约为130万只，但50只规模以上数量较少；自然环境较差，年降水量100~500毫米，基本上靠天吃饭；饲草料资源匮乏，主要以农民自产的秸秆等农副产品为主；羊的品种参差不齐，以杂交寒羊后代为主，家家户户养羊历史久远。对相邻的红谷、永靖、临夏等周边毗邻县域的肉羊养殖与羊肉加工企业、专业合作社及肉羊养殖户走访、交流，对其产业现状、技术需求、技术实施方案可行性等展开具体而深入的交流，认为养羊是使大部分农民脱贫致富的较好途径。东乡县肉羊产业具有以下4个特点：一是东乡县域范围内的肉羊长期小群体繁殖，近交导致品种退化严重；二是东乡县肉羊产业呈现“小群体，大规模”的特点；三是东乡县自然资源禀赋非常有限，贫困户扩大养殖规模较难；四是进县道路崎岖，饲草料运输成本高。

基于上述情况，王建国研究员与体系首席及岗位专家及甘肃省畜牧站负责人共同商讨，制定了2020年东乡县扶贫工作主思路，以“种”为核心，以引进、示范推广肉羊综合繁育技术为切入点，指导构建符合东乡县生态条件的肉羊良种繁育和“东乡贡羊”标准化生产体系。搭建政、产、学、研联合及推进科技研发、成果转化推广平台，凝心聚力攻克东乡县肉羊产业精准扶贫和乡村产业振兴的短板、弱项。

■ 王建国在甘肃东乡族自治县开展产业扶贫调研工作

同时制定了具体的工作措施，即以地方畜牧主管部门为抓手，以当地大型企业为技术示范核心区，以“肉羊良种快速扩繁技术”为切入点，以村干部、合作社为对接人，扩大东乡县肉羊良种覆盖率。将企业生产出的种羊放在合作社养殖场内，为周边贫困户免费配种开展肉羊经济杂交利用，免去贫困户在有限的资源空间内养殖种公羊的成本，辐射改良当地母羊，使之在保持较高繁殖率的基础上，加快生长速度、提高产肉性能和肉品质，充分发挥种畜对畜牧业贡献率最大的特点，提高贫困区肉羊养殖收益，支撑本地区肉羊产业的持续、健康、稳定发展。

以点带面，为肉羊标准化生产奠定技术基础

第一，围绕母羊集中发情、集中配种、集中产羔、集中育肥、集中上市为目标，以“同期发情+人工授精技术”为切入点，在肉羊养殖合作社、部分肉羊养殖户及大型牵头企业的不同类型养羊模式实施，以点带面，为肉羊标准化生产奠定技术基础。上半年克服了工作环境艰苦、生活不习惯等种种困难，不忘初心使命，与团队成员齐心协力，初步取得了非繁殖季节母羊同期发情率97.5%、腹腔镜输精母羊B超妊检受胎率85.3%、常规输精母羊B超妊检受胎率75.1%。第二，紧紧围绕“种”是产业发展的后劲和基础这一理念，快速扩繁并选育良种，支撑产业持续、健康、稳定发展，以胚胎移植技术为切入点，带领团队成员重点在牵头的种羊养殖企业实施，尽管遇到种种困难，依然取得鲜胚移植受体B超妊检受胎率75%。第三，扶贫先扶智，授人以鱼不如授人以渔，在实施具体方案的同时，与体系岗站专家紧密合作，就肉羊养殖繁殖、疫病防控、饲养营养等相关内容，灵活地采取不同形式的技术培训，以提高技术人员理念及专业技术水平和提升“造血能力”。

■ 王建国在甘肃张家川回族自治县开展技术培训工作

2020年是精准扶贫、精准脱贫的关键年，脱贫是目标，但这只是美好生活的开始，在勤劳致富奔小康的路上，以王建国为代表的肉羊体系人，立足于以科技进步促产业发展，以产业发展保障经济繁荣，进而实现总书记提出的“两不愁”“三保障”奋斗目标。

扶贫感言

最初对扶贫的理解是通过送钱送物解决贫困人口的暂时困难，但授人以鱼不如授人以渔。对于总书记提出的精准脱贫，则需要针对不同地区，不同环境条件、不同资源、不同习俗特点等综合因素，精准施策。一是鼓励贫困地区人民要勤劳奋斗，有勤劳致富奔小康的目标及愿望；二是针对地区特点，找出特色产业，以产业带动地区经济持续、健康、稳定发展，从而长期摆脱贫困面貌；三是帮助贫困地区人民转变传统观念、提高科技意识，真正认识到科技是第一生产力，以科技提升产业。扶贫是一项深入、细致、艰苦、但又快乐的工作，从科技入手，以点带面，带动产业向好、向上发展将是我们的奋斗目标。

精准施策、科学养殖奔小康

——记国家绒毛用羊产业技术体系首席科学家　田可川

田可川，1963年11月生，新疆畜牧科学院，研究员。主要扶贫区域为甘肃省临夏回族自治州东乡族自治县、宁夏回族自治区固原市西吉县、西藏自治区阿里地区札达县、青海省海北藏族自治州门源回族自治县。目前担任新疆维吾尔自治区南疆四地州科技服务团总牵头人、甘肃省东乡族自治县产业技术顾问专家组组长。

作为新疆维吾尔自治区南疆四地州科技服务团总牵头人、甘肃省东乡族自治县产业技术顾问专家组组长，田可川严格落实党和国家对“三区三州”和未脱贫县的扶贫任务，积极推动贫困地区尤其是未脱贫县科技助力产业扶贫工作。针对各贫困县的实际生产和生活情况。一是组建农业农村部南疆四地州科技服务团和甘肃东乡县专家顾问团微信群，集结各产业技术体系相关专家共同商讨和落实科技扶贫工作。二是统一脱贫攻坚总思想，秉承“授人以鱼”利在当下，“授人以渔”则功在长远的原则。三是组织带领专家深入基层一线开展各贫困区县域产业技术需求的摸底调研，逐县制定针对性帮扶方案，扎实推进科技服务工作。四是因地制宜，转变农牧民传统饲养观念和生产方式，组建会少数民族语言和懂专业技术的科技服务团队，入圈舍进田埂，解决农牧民生产技术难题。五是加强国家体系与地方创新团队的协作，针对各县特色乡土产业着重打造一批科技服务队伍。充分发挥体系专家的专业优势和技术特长，努力实现科技助力产业扶贫解困。

脱贫攻坚贵在精准，一户一策帮扶到位

多年来，田可川研究员深入新疆、甘肃、西藏、青海、宁夏、四川、云南、贵州等贫困地区，紧扣区域产业技术需求充分发挥专业技术优势，精准助力贫困区农牧民脱贫解困。

通过调研，他发现农牧民的养羊技术还不够科学：很多农牧民秉承父辈传下来的“靠天养畜、靠天吃饭”观念，被动管理、粗放投入，效益低。于是，田可川研究员带领团队走进羊圈牧场，统一培训，重视“对症下药”。对家庭养殖密度过大的就指导合理分圈；遇见羊传染病高发的就组织防疫技术培训，加强应急处置；发现玉米饲料未粉碎、育肥料配比随意的就及时引导改进。此外，有的贫困户学东西慢，听完培训就忘。田可川研究员没有一丝不耐烦，组织当地绒毛用羊体系科学家和站长们手把手地教

农牧民怎么配料、如何剪毛、怎么驱虫。田可川研究员认为脱贫攻坚贵在精准、重在精准，成败也在于精准。工作思路就是争取一户一策，逐个击破。

树立科学养殖观念，转变生产方式

进村入户，说起来容易，办起来难。尤其是在少数民族地区，语言沟通是第一道难题。有些科学养殖专业术语繁杂，懂汉语的村民没有经验，很难深入浅出地传达给其他村民。为了解决这个难题，绒毛用羊体系“语言通”的专家积极加入到扶贫工作中当翻译。在体系专家团结互助过程中，语言这道难关不攻自破。

但遇到的第二个难题却没有那么容易解决。田可川研究员发现很多农牧民传统观念扭转不过来，对科学技术没有信心。调整养殖方式时，前期经常需要增加投入，有些贫困户舍不得投钱，田可川研究员就掰着手指头给他算预期收益。一次入户不行，就两次、三次，动之以情、晓之以理、循序渐进，慢慢农牧民们就接受了科学养殖的方式。

■ 田可川在新疆喀什地区莎车县进行技术培训

培养“技术明白人”，拉近农牧民和科技的距离

田可川研究员还总结出农技骨干的培养需要格外重视。很多农技人员就是原来的乡镇防疫员、兽医等基层工作人员。他们在农牧民中颇有威信，了解贫困户的实际困难，说话有分量，是拉近农牧民和科技间距离的桥梁和纽带。另外，农技人员都有技术基础，培训起来上手快，还能把书本技术和土方法

■ 田可川在青海门源县进行技术示范

相结合，更接近生产实际，推广效果好。目前，新疆、西藏、青海、宁夏、甘肃已建立起完整、成熟的绒毛用羊产业扶贫模式。科研团队提供技术指导、人员培训；当地政府制定计划、组织实施，提供生产条件；农牧民紧跟落实，及时反馈。多方齐心协力，为早日实现产业发展和农牧民脱贫致富而努力奋斗。

在农业农村部脱贫攻坚工作部署下，扶贫工作硕果累累。在2018年年底田可川研究员对口帮扶的西藏阿里地区札达县成功脱贫摘帽，该县16个贫困村（居）累计脱贫436户1375人，贫困发生率由25.6%下降为0.45%。2019年对口帮扶的青海省门源县也正式公示按期完成了脱贫攻坚目标任务，全面达到了贫困县脱贫摘帽标准。2020年是脱贫攻坚收官之年，田可川研究员作为新疆南疆四地州科技扶贫总牵头人，甘肃省东乡族自治县产业技术顾问专家组组长不忘初心，积极组织并配合相关科技服务团专家在未脱贫县继续开展扶贫工作。

多年来，田可川研究员时刻心系贫困区农牧民的生活和生产状况，将70%的时间都用在基层一线搞生产技术培训和进村入户结对帮扶上，和农牧民面对面讲授、手把手示范、一对一帮扶，不仅推动了产业科技成果的转化和落地生根，也体现了一个科研工作者把论文写在大地上、把青春献给祖国需要的地方的初心和使命，更重要的是很好地把国家精准扶贫政策和各省区对口帮扶措施落实到实处，科技助力各地贫困县转变产业生产方式，踏上科学养殖脱贫解困小康路，有效推动了产业扶贫模式的辐射和带动效能。

扶贫感言

扶贫工作是一项解决民生实际问题，联系群众最直接、最根本的工作。实现贫困地区脱贫，离不开党的关心和支持。当下脱贫攻坚工作已经进入到关键决胜阶段，我们要明确产业扶贫总目标，继续开展科技服务，提高示范带动作用；根据未脱贫县资源禀赋和产业技术需求，充分发挥专家组成员的专业优势，找准问题、选准产业、瞄准目标、精准施策，帮助贫困县打造各县特色产业，树立特色品牌；联合区域龙头企业，建立稳定的产销链条，实现产业脱贫。依托贫困县科技示范基地，建成一支稳定的高素质农技推广队伍，结合基层产业实际需求，建立“专家组＋试验示范基地＋农技人员＋科技示范户＋辐射带动户”的多元推广模式，有效推动科技成果进村入户，实现农牧民脱贫致富。

以科技创新和成果转化为支撑
开创养鸡产业扶贫新模式

——记国家蛋鸡产业技术体系首席科学家　杨　宁

杨宁，1964 年 10 月生，中国农业大学，教授。畜禽育种国家工程实验室主任，兼任世界家禽学会主席、中国畜牧兽医学会动物遗传育种分会理事长。杨宁教授从事动物遗传育种研究 30 余年，为我国家禽育种和产业发展做出了突出的贡献，先后获得国家科技进步奖二等奖 3 项、国家技术发明奖二等奖 1 项，并在国际家禽科技界发挥重要作用。2019 年荣获全国脱贫攻坚奖创新奖。

首席科学家杨宁教授带领国家蛋鸡产业技术体系岗位专家和站长积极投身扶贫工作第一线，以科技创新和成果转化为支撑，以"精准扶贫、品种先导、技术集成、体系支撑"为核心，开创养鸡产业扶贫新模式，为我国脱贫攻坚的伟大事业做出重要贡献。

优秀国产品种的"培育推广者"

杨宁教授针对我国广大贫困地区饲料资源不足的特点，培育农大 3 号节粮小型蛋鸡新品种，饲料转化率达到 1.99∶1，达到世界领先水平，获得 2015 年度国家科技进步奖二等奖。2016 年又参与培育了农大 5 号节粮型蛋鸡，获得国家新品种证书。节粮型蛋鸡在全国各地得到了广泛推广，非常适合广大贫困地区的气候和饲料资源特点。通过在贫困地区引导推广特色养殖，帮助养殖户走差异化养殖的路子，取得了显著的社会经济效益。据统计，节粮型蛋鸡新品种推广覆盖了 12 个省区的 68 个国家级贫困县，重点在河南省、安徽省和河北省。2016 年以来在贫困县已推广了农大节粮型蛋鸡 501.35 万只，每只鸡比普通蛋鸡节约 15% 以上饲料，增加 9~15 元的纯收入，3 年共帮助 1000 余户农民家庭增收 6016.2 万元。在河南省固始县（139.65 万只）、伊川县（44.22 万只）、虞城县（42.1 万只），农大系列节粮型蛋鸡已在当地由点到面，成为了当地的农业支柱产业，培养了致富脱贫的产业带头人，为乡村振兴培育了可持续的现代农业产业项目。

刘瑞华是国家级贫困县河南固始县汪棚镇人。他从 1996 年开始养鸡，但发展缓慢。自 2015 年下

■ 杨宁与农大 3 号养殖户交谈

半年开始饲养农大节粮型蛋鸡，从 4000 只起步，至今规模已扩大为 12000 只，2018 年获利 30 多万元，成为了富足的小康之家。在他的影响带动下，农大节粮型蛋鸡在该镇的饲养量由原来的几千只发展到现在的 35 万只。许多人与刘瑞华相同，通过养鸡不但脱贫脱困了，还发家致富，充分体现了农大节粮型特色品种的显著优势：鸡小利不小。

地方品种资源的“开发利用者”

杨宁教授积极参与北京市援藏项目，曾多次赴西藏尼木、拉萨、林芝等地实地考察。虽有强烈的高原反应，仍兢兢业业，以扶贫攻关为己任，确立藏鸡和拉萨白鸡在西藏地区产业扶贫中的重要作用。组织相关专家制定藏鸡遗传资源开发与利用方案，提高开发效率和产品附加值。根据专家意见，尼木县制定了《尼木藏鸡产业扶贫三年行动计划（2018—2021 年）》，采取“企业＋养殖小区＋贫困户”的产业扶贫模式，以西藏德青源农业科技有限公司为龙头，以养殖小区为载体，按照政府、财政、金融、企业、贫困户“五位一体”扶贫联动的原则实施的精准扶贫模式。项目实施过

■ 杨宁在西藏尼木推广蛋鸡立体养殖模式

程中，以杨宁教授为首的国家蛋鸡产业技术体系专家、站长多次解决了其产业发展中遇到的问题和困难，为藏鸡产业创新发展、升级转型、巩固提升脱贫成果提供强有力的支撑。西藏自治区尼木县党委为此向蛋鸡产业技术体系发来感谢信，致谢杨宁首席及体系专家在藏鸡产业发展中做出的贡献！

产业扶贫的“带领者”

蛋鸡体系以龙头企业为主体，以贫困户的资源为生产基地，群智群策共创建蛋鸡产业扶贫新模式，提高农民收入的同时促进产业转型升级。在龙头企业产业扶贫过程，杨宁教授发挥蛋鸡体系技术的优势，带领团队分析研究贫困地区的特点和资源禀赋，设计适合的饲养工艺，集成整合规模化养殖技术体系，使产业扶贫基地达到了国内先进的技术水平。

2016 年以来，杨宁教授和体系专家、站长深入贫困山区和养殖一线，开展技术讲座和培训 300 余次，内容覆盖蛋鸡育种和繁殖、蛋鸡常见疾病防控、蛋鸡饲料配制技术、蛋鸡舍选择与生产环境控制、鸡蛋品质与营养等方面，累计培训养殖企业技术员、养殖工人、养殖户超过 20000 人。

新一代扶贫力量的“引路人”

作为大学教师，杨宁教授始终把“教书、育人、社会责任”作为自己的工作准则。30 年教书育人，他指导过 80 多名研究生，其中博士 40 人。毕业生中不少人也积极投身到脱贫攻坚事业中，成为一线实践的新生代力量。

扶贫感言

“雄关漫道真如铁，而今迈步从头越。”脱贫攻坚是一项伟大的政治任务、民生工程，也是最大的发展机遇。一路走来，杨宁教授始终牢记在脱贫攻坚这项任务中的责任与使命。脱贫，不仅是经济的脱贫，产业的脱贫，更是人才的脱贫，教育的脱贫。有像杨宁教授这样的优秀科学家不断技术创新和集成推广，我国脱贫攻坚和乡村振兴事业必将蓬勃发展，早日实现预定目标！

大力整合资源　创新扶贫长效机制

——记国家肉鸡产业技术体系岗位科学家　蒋小松

蒋小松，1962 年 7 月生，四川省畜牧科学研究院，研究员。2016 年以来，在四川省甘孜藏族自治州、乐山市、南充市、绵阳市、阿坝藏族羌族自治州等贫困地区开展了卓有成效的产业扶贫工作。

建立以大恒优质肉鸡标准化扶贫模式为基础的扶贫长效机制

协助贫困村引进龙头企业，引导贫困户与龙头企业共建专业合作社，合作社每年向村集体缴纳保底分红，贫困户入股合作社不仅可以获得工资，还可以获得分红，每户仅需饲养大恒优质肉鸡 500 只即可实现脱贫。由此构建了脱贫攻坚长效机制，保证了产业扶贫项目的稳定持续运行。大恒优质肉鸡标准化扶贫模式的五大核心：①贫困户每户饲养大恒优质肉鸡 500 只；②贫困户以成本价购买肉鸡商品苗，特困户免费赠送；③免费为贫困户提供技术资料、技术指导和咨询；④协助贫困户与市场的有效对接；⑤为贫困地区饲养大恒优质肉鸡的合作社免费申报并实施产业扶贫项目。2016 年以来，大恒优质肉鸡标准化扶贫模式已在雅江县、蓬安县、三台县、峨边县、沐川县、黑水县等地成功推广，加入合作社的贫困

■ 蒋小松在四川阿坝州黑水县畜牧站开展养殖技术培训

户均已脱贫并通过验收，惠及贫困户 2000 余户。

整合资源培育新型经营主体，延长产业链助农脱贫致富

湾地沟村位于四川省甘孜州雅江县呷拉镇，是一个只有 300 多人的藏区小山村，村民世代靠种植玉米、马铃薯为生，经济条件差，2015 年人均收入不足 3000 元，全村 86 户中特困户就有 16 户。如何在藏村养殖肉鸡、让藏民脱贫致富？蒋小松及其团队将肉鸡养殖与雅江县良好生态和特色资源充分结合，在保障大恒肉鸡种源提供基础上，引入龙头企业，并组建生态鸡养殖合作社，16 户贫困户全部入股；指派团队成员夏波作为驻湾地沟村技术员；在雅江县城步行街开设松茸土鸡体验馆，利用本地土鸡（大恒肉鸡）与当地松茸（野生），开发独具特色的美味食品——松茸鸡汤，体验馆服务人员均来自湾地沟村贫困家庭或低收入群体。

目前，松茸鸡汤已成为当地旅游部门向游客推荐的一大特色，游客凡来雅江必去松茸土鸡体验馆品尝，深受好评，松茸土鸡体验馆的名气更是在微信朋友圈、大众点评网上口口相传，俨然成了雅江的一张网红小名片。松茸土鸡体验馆延长了肉鸡产业链，实现了产业扶贫中一、三产业有效融合，既解决了土鸡的销量问题，又提高了产品附加值，增加了养鸡收入。2016 年以来湾地沟村年均饲养大恒肉鸡 5000 只，销售收入 35 万元，经济效益 12 万元，贫困户人均年增收近 2000 元；2017 年年底通过四川省级脱贫验收；2019 年全村人均收入已超过 5200 元，并被评为省级“四好”村。

以小养殖助力产业扶贫，形成肉鸡产业扶贫的峨边经验

峨边县位于四川西南小凉山区，彝族人口占 36.6%，是四川省 88 个重点扶贫县之一，更是 45 个深度贫困县之一。为实现高质量脱贫摘帽，峨边县委县政府结合地无三尺平的当地实际，提出发展小养殖、小种植等“五小”经济，并与蒋小松岗位的依托单位四川省畜牧科学研究院签订合作协议，借助国家体系的强劲技术力量发展肉鸡产业，推进千家万户的“小”形成“一村一业，一户一品”的“大”。经过几年的发展，峨边肉鸡小养殖势头良好，近 7000 户贫困户通过肉鸡养殖实现了脱贫致富，2019 年全县出栏肉鸡超过 48 万只。由此形成了以政府、国家体系、龙头企业和贫困户合力打造的肉鸡产业扶贫“峨边经验”。

第一，政策引导有政府。自 2015 年以来，峨边县通过“养殖物化补贴、劳动奋进奖励、劳动增收奖励、科技项目推动”等方式，加大肉鸡产业奖补力度。2015 年发放鸡苗 9.2 万多只，2016—2018 年对建档立卡贫困户庭院小养殖进行补助，2019 年对养殖肉鸡 50 只以上的农户按购鸡成本的 20% 奖励。

第二，科技支撑有体系。2012 年 3 月，蒋小松岗位依托单位与峨边县签订合作协议，设立国家肉鸡产业技术体系大恒肉鸡产业扶贫示范基地，以赠送、优惠、补贴等方式为贫困户提供大恒肉鸡，免费提供技术资料和技术培训。为进一步提升贫困户大恒肉鸡的养殖水平，肉鸡体系结合峨边区域特色对相关技术不断进行创新与集成，帮助合作社取得的成果“峨边大恒肉鸡山区生态养殖技术集成与示范”荣获 2016 年度乐山市科技进步奖二等奖。2013—2018 年，大恒肉鸡已在峨边县 19 个乡镇及周边推广 80 多万只，发展示范户 12 户。

■ 蒋小松在四川乐山市峨边县新场乡羊子岩村开展肉鸡产业扶贫经验介绍

第三，产业带动有龙头。如何养得活、养得好、卖得掉，是肉鸡养殖户最为关心的事，而处于产业链中间环节的龙头企业显得非常关键。为保证养得活，合作社为农户专业提供育雏至40~45日龄并做好基础免疫的脱温鸡；为保证养得好，合作社与四川省畜牧科学研究院签订科技帮扶协议，通过体系专家对养殖技术的轻简化处理，养殖户能一看就懂、一学就会。针对彝族百姓听不懂汉语的实际，合作社通过“小手牵大手”方式，将技术培训放在周末，让孩子陪同家长参加，再由孩子转教、转述给家长；为保证卖得掉，合作社与养殖户签订保底价成鸡回收协议，线上线下同时销售，养殖户也可自行销售。

第四，养殖主体有农户。有了政策引导、技术支撑、龙头带动，以及示范户示范，贫困户、留守妇女以及普通农户积极投身肉鸡养殖，很多在外务工农民也纷纷返乡养鸡。他们利用房前屋后空地、林下、废弃场地及猪圈，养殖20只、50只、100只或更多的肉鸡，饲喂家中的玉米，补饲青菜及野草，利润为60~80元/只。羊子岩村2019年出栏大恒肉鸡2万余只，年增收可达200万元。

扶贫感言

产业扶贫要做到与科技研发、科技培训、成果转化及人才培养相结合，有效整合资金、技术、人才等资源，产业扶贫才能出实绩、持长效。产业扶贫必须因地制宜，唯有选择最适合当地环境、资源和市场的产业和发展模式，才能有效带动贫困地区脱贫致富。授人以鱼不如授人以渔，产业扶贫注重提高扶贫对象的水平、提高其技术能力，因此，培养有文化、懂技术、会经营的新型职业农民，对提升贫困地区的“造血”能力至关重要。

做“东兔西移”搬运工

——记国家兔产业技术体系综合试验站站长　麻剑雄

麻剑雄，1969年10月生，中共党员，浙江白中王绒业股份有限公司，正高级畜牧师。从事长毛兔饲养管理、育种、技术服务和推广工作近30年，获浙江省科学技术奖一等奖、浙江省农业科技成果转化推广奖和绍兴市科学技术奖一等奖各1项，是浙江省劳动模范、绍兴市高级专家。2015年起负责兔体系在滇黔桂石漠化片区的兔业扶贫工作，荣获“贵州省黔西南州扶贫先进工作者”称号。

“东兔西移”绘宏图

我国东部兔业发展早，但成本日益攀升，而西部地区虽起步晚，养殖分散，技术相对落后，但土地辽阔，人口密度小，无工业污染，气候条件非常适宜养兔，产业后发优势明显。贵州省黔西南州普安县是国家级贫困县，布依族、苗族集聚之地，由于山多地少、人多路遥，导致农业产业单调落后，壮劳力外流，留守农民无一技之长。“东兔西移”是大势所趋。

长毛兔养殖项目是浙江省宁波市对口帮扶贵州黔西南州普安县的引进项目。养兔仅4个月，26岁的贫困户蒋加琴就获得了第一笔收益。“政府资助我100只种兔和5000元饲料，国家兔体系的技术人员手把手教我养。兔子73天可剪毛，一年能剪5次，繁殖也特别快，现在我已经有300只小兔子。”在“家门口”就业，并有较为稳定的收入，文化程度不高的蒋加琴此前从未有此奢望。如今，她住在养殖基地宿舍，一边养兔，一边照顾两个孩子。蒋加琴说，优质兔毛约180元/千克，企业会主动上门收购，预计一年可增收3万多元。

而东兔西移普安，离不开“浙系长毛兔”的培育人和国家兔体系综合试验站站长麻剑雄，他亲自带领普安干部群众参与项目考察、论证。在普安县那蜿蜒曲折的半山腰上，蓝顶白墙的兔舍十分显眼。麻剑雄的扶贫基地距离普安县城2千米，站在办公室窗前，绵延群山望不到尽头。他说要让这些兔舍从大山里生长出来，拔掉人们世代的穷根。

凝心聚力克难关

项目之初由于“水土不服”，尤其缺乏技术支持，其间历经波折，例如，普安属于高湿山区，长毛兔比其他兔饲养周期长，呼吸道疾病成为长毛兔的常见病、多发病，且多数以慢性为主，发病率较高，严重的养兔户鼻炎发生率超过50%，同时腹泻和球虫病也比较普遍，兔子时有腹泻和拉稀、兔群球虫卵检出率有的农户高达90%，农户养兔死亡率较高，严重挫伤农户养殖积极性和影响农户养殖效益。

2015年年初，麻剑雄作为国家兔产业技术体系执行专家组成员和试验站站长，带领技术团队帮扶贵州贫困地区发展长毛兔产业，担任贵州省普安县长毛兔产业扶贫的技术负责人，国家兔产业技术体系相关岗站通力合作，通过派遣技术服务小分队，蹲点开展技术指导和服务，通过查找长毛兔呼吸道、消化道疾病和球虫病的病因和发病规律，探索出预防与治疗方法，制订了长毛兔消化道疾病控制技术方案、规模兔场疾病控制程序，开展针对性的预防和治疗，并通过技术培训，在农户中推广应用，大幅度降低了发病率和死亡率，使全县长毛兔发病率、死亡率比过去降低85%以上，大大增强了农户的养殖积极性。

近年来，麻剑雄更是前后60多次亲自蹲点普安开展技术指导，协同兔体系岗位相关专家共同帮助普安县建立了长毛兔良繁体系和长毛兔科技扶贫养殖示范园区，建立和完善了“公司+养殖小区+精准贫困户”“公司+合作社+贫困户”等多种发展模式和“投资托管、保底分红、订单养殖”等利益连接机制，推广优良长毛兔10多万只，培训农户1500多人次。

■ 麻剑雄在贵州普安县养殖场开展现场指导

科技扶贫结硕果

至今，普安县当地已有2005户贫困户共7452人，通过养长毛兔摘帽脱贫。普安县红星村贫困户肖广田，腿有残疾，家有四口人，妻子有病，子女上学拿不出钱，他从2017年下半年开始自己养殖长毛兔，现在数量达到900多只，月均收入5000元左右。“一只兔，油盐醋；十只兔，新衣裤；百只兔，娶媳妇；千只兔，进城住。”这是普安县流传的一段顺口溜。眼下，“浙系长毛兔”作为普安县重点发展的产业之一，正在快速成长。普安长毛兔扶贫也成为浙江省和贵州省东西部扶贫协作的典范。

2019年2月19日，央视新闻频道新闻直播间特别节目《决胜贫困——来自扶贫一线的报道》，报道了贵州省普安县在国家兔产业技术体系技术支持下，通过东西部扶贫协作发展长毛兔产业，实现脱贫的做法和经验，受到广泛关注。

扶贫感言

产业扶贫是稳定脱贫的根本之策和长久之计，是全面打赢脱贫攻坚战的关键一招，现代农业产业技术体系建设，使科研与生产紧密连接，服务国家战略目标，能投身到脱贫攻坚的一线为农服务，是体系人的职责和光荣使命。麻剑雄从事体系扶贫工作以来，不仅在当地培育了一个产业，更重要的是为产业可持续发展培育了一支当地技术服务队伍，确保产业真正落地生根，持续发展。这些工作，加深了他对“三农”的了解，更加坚定了他服务“三农”的信心和决心。

情系小蜜蜂　养蜂扶贫路上的追梦人

——记国家蜂产业技术体系综合试验站站长　朱　黎

朱黎，1965年10月生，武汉市葆春蜂王浆有限责任公司。主要对口的扶贫区域为大别山片区黄冈市团风县，担任武陵山片区恩施土家族苗族自治州咸丰县扶贫专家组成员、湖南省龙山县扶贫专家组组长。协助岗位科学家李熠扶贫秦巴山区十堰市竹山县，应咸宁市委扶贫负责人要求承担省级贫困县咸宁市通山县石门村中蜂扶贫。

朱黎同志身为蜂产品企业的负责人，有着多年的蜂产品生产加工销售经验，对蜂产业有着深厚的感情，深知蜂农的疾苦。自承担扶贫工作以来，不断强化帮扶意识、健全工作机制、拓展帮扶思路、落实帮扶政策、解决蜂农的实际困难，在推动精准扶贫精准脱贫任务落实中发挥了积极的作用，做出了突出贡献。

蜂业扶贫技术难点

咸丰县和来凤县的养蜂者，采用传统土法的养殖方式及原始采蜜方式，对蜂群管理意识不强，蜂农只把养蜂当做副业，进行粗放式管理，将蜂箱或蜂桶放在特定位置，蜜蜂愿意来就来，愿意走就走，任其自生自灭，因此不能产生很高的经济效益。

标准化、组织化程度低。缺乏专业的蜂业技术人员，养蜂行业组织化发展还比较滞后，技术推广、维权服务、产销衔接等职能还没有充分发挥，养蜂者的合法权益难以保障。加上蜂场规模小，蜜蜂良种化程度不高，抵御自然灾害和市场风险能力较弱。

政府主导与推动不够。政府部门对当地养蜂产业的扶持力度还不够，没有深度挖掘蜂产业的巨大潜力，没有出台真正有含金量的政策和措施，也没有一个较好的发展规划，对产业发展的促进和引导作用不够。

优化产业结构　拓展增收渠道

体系工作刚进入“一三五”，朱黎带领武汉试验站成员对团风县养蜂情况进行大量的座谈调研，为该县制定了“增收不增产，提质能提价”的扶贫模式，当时跟蜂农提出这种模式时没有一个人相信，因

■ 朱黎在湖北团风县党校主持科技支撑扶贫培训工作

为过去养蜂人的销售方式几十年来都是沿用传统的统购统销，现在转为自产自销模式，固定思维的转变有难度和阻力。通过多次与蜂农交流，朱黎把自己将近30年做销售的经验并结合养蜂人如何借势销售的办法，通过培训和一对一的指导，并做成PPT发给大家。

2016年1月下旬开始，朱黎同武汉试验站团队成员等多次到团风县调研，同年12月特邀蜂体系特困片区牵头科学家余林生教授和对接的岗位科学家及试验站站长到团风县进行指导，同当地政府共同制定产业科技支撑扶贫实施方案并进行了培训，蜂农在培训中学习了很多实用新型技术。

通过2年的调研和培训实施，同时对团风县蜂农进行了蜂场自售营销培训和现场指导，2017年蜂农都能根据武汉试验站提出的蜂场自售营销策略实现自售，该县蜂农初步实现了“增收不增产”的目标。

深入调研，扶贫工作一步一脚印

2017年武汉综合试验站朱黎与咸宁市委精准扶贫责任人确定在通山县石门村进行中蜂精准扶贫，通过前期调查最后确定6户为帮扶对象，6户均为从没有接触蜜蜂又不怕蜜蜂者，结合具体情况，朱黎带领团队成员制定了一套远、中、近推进技术指导的实施方案，制定目标：第一年养活蜂，第二年有收入，第三年出师脱贫。

武汉站技术团队深入贫困户以不定期面对面的指导和电话指导相结合，2017年朱黎及团队成员7次到石门村现场指导。聘请了相邻崇阳县有20多年养蜂经验的胡伟师傅不定期进行现场指导，发现问题及时纠正，每月必须进村检查指导1~2次。武汉站为每户无偿发放蜂箱，中蜂蜂群5箱，花粉、饲

■ 朱黎向贫困户阮建华免费赠送养蜂机具

料糖等其他蜂机具，资助贫困户养蜂起步。

通过近3年来的科技帮扶工作。2019年3月和5月，朱黎两次到通山县楠林桥镇石门村指导贫困户，了解近期蜜蜂养殖情况，蜂农吴凤安师傅2018年卖蜜卖蜂收入近2万余元，实现了脱贫致富，也带动了该村其他村民养蜂的积极性。石门村的中蜂产业扶贫得到市委办副主任徐志鹏的充分肯定，2020年吴师傅还接受了中央电视台记者的采访。

扶贫感言

养蜂产业扶贫必须做好前期调研工作，有调查才有发言权，只有做好调查才能制定详细的帮扶方案，方案得到政府重视就很容易推进。养蜂不同于其他养殖和种植，需要三分靠人七分靠天，三分靠人很重要，这三分就是养蜂技术非常关键，不同于养猪、养鸡，谁都可以干，技术培训也不像养猪那么简单，特别是没有养蜂经验者，必须从“1+1=2”开始。养蜂扶贫离不开体系强大的专家团队和实战专家的支持现场指导，同时需要有当地养蜂师傅的传帮带，才能使养蜂产业扶贫真正落地。

统筹体系力量　科技助力产业扶贫

——记国家大宗淡水鱼产业技术体系首席科学家　戈贤平

戈贤平，1963年6月生，中国水产科学研究院淡水渔业研究中心，研究员。作为首席科学家，他负责统筹规划体系在大别山区、六盘山区、秦巴山区、武陵山区、乌蒙山区、滇桂黔石漠化区、滇西边境山区、燕山—太行山区、罗霄山区、原中央苏区等10个特困连片区的80个国家级贫困县开展产业扶贫工作；作为饲料原料开发与质量安全岗位科学家主要负责大别山区金寨县、颍上县、太湖县脱贫工作。

奔赴各地贫困县，实地调研技术需求

按照农业农村部14个特困连片地区产业规划布局，国家大宗淡水鱼产业技术体系首席科学家戈贤平研究员会同执行专家组经讨论确定西藏及四省藏区（四川、甘肃）、秦巴山区（河南、湖北、重庆、陕西）、武陵山区（湖北、湖南）、乌蒙山区（四川）、滇桂黔石漠化区（广西、贵州）、滇西边境山区（云南）、燕山—太行山区（内蒙古）、大别山区（安徽）、罗霄山区（湖南）、原中央苏区（江西、福建、广东）等10个相关区域15个省（自治区、直辖市）作为体系进行特困连片地区调研实施区域，戈贤平研究员根据各个具体片区的情况制订了详细的调研计划，安排相应的综合试验站联系当地主管部门，联合岗位专家及其团队成员进行调研。在戈贤平研究员的统筹安排下，体系共有18个调研组奔赴15个省59个贫困县区开展调研，获得六大类技术用户调查表190余份，在此基础上完成了特困连片地区技术需求调研报告。

工作专班定点对接，渔业科技助力精准脱贫

在充分调研的基础上，首席科学家戈贤平研究员组织大宗淡水鱼产业技术体系岗位专家和综合试验站在10个特困连片地区80个贫困县开展精准脱贫工作，按照“岗　站　贫困县”定点对接的原则，制定了“十三五”扶贫工作方案，组建扶贫工作专班。一是开展大宗淡水鱼新品种的引进与示范工作，为体系新品种在贫困县示范推广打下基础，同时配合有条件的苗种繁育基地引进新品种亲本，尽快实现大宗淡水鱼新品种本地化繁育；二是在条件允许的贫困县开展稻渔综合种养帮扶工作，通过技术培训、印

■ 戈贤平在安徽太湖县开展扶贫工作

发资料、考察观摩、技术咨询、示范操作、现场指导等方式传授知识、做好服务，助力稻渔综合种养产业扶贫工作；三是加强体系专家与贫困县对接，组织岗位专家到贫困县开展技术培训及现场指导，加快推进体系技术成果在贫困县有效转化；四是在贫困县建立大宗淡水鱼健康养殖新模式，为贫困地区渔民转产转业、渔业提质增效提供技术支撑。

深入扶贫一线，助力 73 个贫困县脱贫

自开展扶贫工作以来，为充分发挥科技创新对精准扶贫、精准脱贫的支撑引领作用，戈贤平研究员奔走在产业扶贫的第一线，带领体系专家进村入户到金寨县、元阳县、红河县、曲靖市、河口瑶族自治县、弥勒市等贫困户塘头，开展一对一精准帮扶技术指导百余次；通过开办培训班、召开研讨会和送科技下乡的方式，将体系的最新成果、技术、产品第一时间推介给扶贫区域的养殖户，开展贫困户养殖技术培训 207 期，培训人次 1475 余人。到 2019 年通过体系精准扶贫工作，体系对接扶贫的 80 个国家级贫困县，已有 73 个贫困县脱贫，其中包括“三区三州”贫困县“永靖县”，并在元阳县建立大宗淡水鱼产业技术体系“哈尼梯田”渔稻综合种养模式核心示范点，多年来共在对接扶贫县建立了 43 个养殖示范区，因地制宜示范丘陵山坳池塘节水养殖技术、稻田综合种养（莲、鱼、龙虾、甲鱼等）技术、池塘大宗淡水鱼环境友好型养殖模式、池塘循环流水养殖技术等 60 余项技术，建立示范户约 550 户，带动贫困户约 3000 户，其中脱贫 250 户。直接从事渔业生产的贫困户水产养殖技术水平得到有效提升，接受新品种、新技术、新模式能力不断增强，从事水产养殖生产的贫困户平均每户增效增收均超 2000 元。另外，示范基地通过公司、合作社及家庭农场的形式，解决了当地群众进合作社务工，户均增收达到 4000 元以上，有力地助推了脱贫攻坚工作。

■ 戈贤平在云南元阳县开展产业助推精准扶贫赠送鱼种工作

扶贫感言

现代农业产业技术体系岗位专家、综合试验站要和地方政府、相关单位多方结合，使技术需求、技术成果双向流通，合力开展渔业扶贫；积极发挥跨体系专家的力量，推动贫困地区渔业品牌建设和宣传，提高贫困地区渔民渔业生产效益；根据地区特点因地制宜地发展鱼菜共生、稻渔综合种养等绿色渔业生产方式。体系也必须以富裕渔民为目标，采取产业引导、科技扶贫、生态扶贫、人才培养等多种方式实实在在、坚定不移地推进渔业扶贫。同时还要做好脱贫摘帽与乡村振兴有序衔接。脱贫摘帽不是终点，而是新起点。习近平总书记讲摘帽不摘帮扶，摘帽不摘责任，体系专家仍要在乡村振兴中发挥科技支撑作用。

统筹体系技术力量　因地制宜组织产业扶贫工作

——记国家特色淡水鱼产业技术体系首席科学家　杨　弘

杨弘，1966 年 10 月生，中国水产科学研究院淡水渔业研究中心，研究员。作为首席科学家，带领体系专家在广西融水、三江和贵州晴隆等地开展产业扶贫工作。

统筹组织体系专家实地调研，制定详细的扶贫实施方案

为尽早落实体系扶贫工作，春节前后，克服疫情影响，杨弘首席积极组织体系人员对广西融水县、三江县和贵州晴隆县 3 个扶贫工作点开展前期调研，了解当地需求。同时，通过视频会议等多种形式，向全体系传达农业农村部科教司“未脱贫县及部定点扶贫县科技助力产业扶贫工作视频会议”精神，统一了全体系对农业农村部关于产业体系参与扶贫工作要求的认识，并组织制定融水县、三江县和晴隆县扶贫工作具体实施方案，设立 3 个体系专家扶贫工作组，有针对性地整合体系力量开展技术和智力帮扶。

积极联系扶贫地区政府和主管部门，建立有效的产业扶贫对接机制

在落实扶贫方案的同时，杨弘首席积极做好政府和主管部门的对接和服务工作。通过亲自带队或组织体系专家组等方式，分别前往融水县和三江县，与当地政府、农业农村局和水产推广站等开展工作交流与合作协商，就依托产业体系在当地开展技术培训指导、发挥本地资源优势、推进产业扶贫和新农村建设等方面进行深入交流，并向主管部门汇报体系扶贫工作的成果及未来可配合当地政府开展的工作；同时，通过积极与广西壮族自治区农业农村厅的协调联系，获得省厅对体系扶贫工作的大力支持。在贵州晴隆县，杨弘首席带领专家组与当地政府、主管部门开展交流，针对晴隆县生态渔业所存在的问题，提出了发挥体系智力、

■ 杨弘与广西融水县政府签约，助力体系与融水长期合作

平台和人脉优势，围绕当地大水面养殖特色协助重点开展渔业设施设备优化及培训、土著鱼类繁育技术帮扶和苗种生产技术培训、大水面捕捞技术培训等工作，着力提升晴隆县生态渔业竞争力。

组织引进优质苗种，为产业扶贫提供基础物质保障

通过梳理融水、三江等地调研得到的反馈，杨弘首席组织育种、养殖、营养岗位科学家和相关试验站站长前往当地进行引种支持、技术培训和模式推广服务。通过建立“公司＋合作社＋贫困户”的形式，多渠道、多频次地为融水、三江等贫困县引进优良特色鱼苗种和高效养殖技术，并向部分养殖户赠送优质黄颡鱼、罗非鱼、金边鲤等苗种，为推进当地稻渔综合种养模式的升级提供有力保障。此外，在融水县实地扶贫调研中发现，当地滚贝乡滚贝村有丰富的冷水资源，扶贫点合作社有对高附加值冷水鱼的养殖需求，对此，通过协调体系鲟鱼营养岗位专家陈细华团队，定向赠送了良种鲟鱼种和专用饲料，并传授鲟鱼流水养殖技术，为脱贫攻坚提供科技支撑和示范样板。

组织开展形式多样的技术培训，为产业发展提供科技支撑

融水、三江、晴隆三地位置不同，地理环境和农业特色也差异明显，对此，杨弘首席组织体系专家开展了形式多样的培训活动。针对晴隆县水面广阔、捕捞渔业比重大的实际，协调大水面养殖岗位专家杨德国等为当地技术人员开展“大水面捕捞装备与技术”远程授课及现场讲解；针对三江、融水等地稻渔综合种养的传统，组织举办多场体系科技助力产业扶贫活动，通过开班讲课、实地指导和微信交流等多种方式，围绕当地的迫切需求开展稻鳅共作、黄颡鱼和鳜鱼特色养殖等技术培训和推广服务，参加的基层农技推广、企业和合作社技术骨干、贫困户等有 500 多人次。

■ 杨弘在广西三江县高迈村归座屯稻渔综合种养示范基地开展工作

扶贫感言

产业扶贫是复杂度高、差异化大的工作，要充分发挥整个体系的技术力量，调动一切积极因素，针对当地需求来开展工作；也需要因地制宜、对症下药，能适合当地发展、能落到实地才是真正好技术、好模式的标准。要真正做好产业扶贫工作，单凭体系力量单打独斗影响力有限，需充分争取各级党委政府、主管部门、推广系统、企业、合作社和养殖户的支持，这样才能发挥事半功倍的效果。产业扶贫是一项长期性工作，贫困县普遍存在整体基础设施水平低、交通不便、农业受灾频率高等客观因素，因此贫困户也极易返贫，这需要多方面、持续性地对当地农业产业发展、新农村建设和乡村振兴等给予资金、技术和政策支持。

战斗在海洋农业一线　助推藻类产业健康发展

——记国家藻类产业技术体系首席科学家　逄少军

逄少军，1965年4月生，中国科学院海洋研究所，研究员。他率领中国科学院海藻种质库团队在我国经济海藻主产区（辽宁、山东）长期开展大型经济褐藻海带、裙带菜种质资源收集、活体种质长期保存、优质抗逆新品种培育工作，与大型龙头海藻生产企业合作建立育繁推一体产业化生产新模式。团队服务的主要区域为辽东半岛、山东半岛沿海经济海藻栽培产区。

解决海藻产业瓶颈技术问题，提升海藻产业良种化水平

农业上，优良品种的培育离不开丰富多样的种质资源。逄少军带领团队详细制定了海藻种质资源采集方案，足迹踏遍海带、裙带菜全球自然分布区，持续提升海藻种质库活体种质资源保有量。以保存的海藻种质为基础，重点开展海带和裙带菜的遗传育种工作，他带领团队历时10年，培育了我国目前仅有的2个裙带菜国家新品种海宝1号、海宝2号，结束了我国裙带菜产业定期从日本引种的历史。同时期，针对海带主产区山东荣成缺乏优质海带品种的生产现状，采取杂交结合定向选育培育了适合干晒的国家海带新品种205，连续8年成为这个地区主力生产品种，一举改变了该地区缺乏适合“矮”区栽培的海带品种。该品种的使用为渔民增收做出了重要贡献。

■ 逄少军在辽宁旅顺口区出海检查海带生长情况

为解决辽东半岛缺乏适宜烫菜加工的海带品种，他带领团队和当地龙头生产企业合作，历时12年，培育出优质高产杂交海带新品种E25，2017—2019年，经过连续攻关，又成功突破杂交海带适时不育技术瓶颈，实现了杂交海带性成熟人工诱导并得到大规模产业化应用。2014年以来，

团队培育的多个海带、裙带菜新品种（系）在我国北方经济海藻产区获得大面积推广和利用，海带新品种 205、E25、B013 等累计示范推广 20 余万亩，裙带菜海宝 1 号、海宝 2 号、J28、J56 等，累计示范推广 10 余万亩，各类杂交海带种苗的年生产量突破 20 亿株，裙带菜良种种苗年生产量突破 3 万帘。他带领团队和海带、裙带菜生产龙头企业密切合作，建立了育繁推一体产业化生产体系，有力支撑了我国北方地区经济海藻良种产业化发展。

带领藻类产业体系团队，解决产业问题

中国有世界上最庞大的藻类栽培产业，年产量超过 1000 万吨，藻类栽培遍布我国沿海各省，为上百万人提供工作机会，产品支撑着海洋食品、海水动物养殖、藻胶和海洋药物等多个产业。同陆地作物一样，藻类栽培产业包括了种质资源收集、新种质创制、种苗培育、海上栽培（池塘养殖）、产品收获、加工等多个环节。产业的健康、良性发展离不开任何一个环节，需要科研和产业部门在新种质创制、使用、产品收获、加工技术等诸多方面做到无缝衔接。在整个产业链条中，大型海藻机械化收割设备的长期缺乏，制约着这个产业的健康、持续发展。自 2017 年藻类产业技术体系建成以来，他十分关注这个领域进展，和体系内相关岗位科学家在综合试验站生产一线开展多种形式生产测试，走访我国海带养殖南方产区，汲取民间先进技术方法和成功经验，积极同国外水产养殖发达国家建立国际合作，尝试引进国外先进的机械化收割方法。大型经济褐藻海带、裙带菜初级产品加工尾水处理曾经一度严重影响了产业发展，他亲临生产一线，了解相关问题，和体系相关岗位科学家一道，积极研发新技术，开展生产测试，取得了良好实际效果。体系建成以来，他组织体系相关岗位科学家和综合试验站站长，先后撰写了数十份各类发展报告和建议，为国家藻类产业的健康发展献计献策。2020 年 5 月，组织藻类产业技术体系 9 个团队 40 余名科学家和综合试验站开展服务荣成的“一县一业”活动，和荣成地方政府管理部门、企业生产者进行了服务交流。通过这些科技下乡活动，有力推动了藻类产业的产学研合作，带动了地方藻类产业技术的进步。

逄少军在山东荣成市组织“一县一业”科技服务团，为企业排忧解难

扶贫感言

发展实用技术，精准服务百姓。作为藻类产业技术体系的一名农业科技工作者，要时刻铭记服务产业、服务农民（渔民）的使命，积极主动地研发各种形式的实用技术、设备、品种，手把手的为农民提供技术服务，做到技术、设备落地开花，形成真正的生产力，让百姓增加收入，摆脱贫困。扎根田间、水边，做到服务到门。要走出实验室，走进田间、水边，了解百姓生产需求和准确的技术诉求，将有限的资源用在解决这些问题上。要通过自身努力，真正做到将论文写在大海上，让自己的成果进入百姓家，让被服务的农民变得更加富有。这样才能实现自身价值，帮助我们的社会健康发展。

科技＋特色品种引进

深扎稳打促产业兴旺　传经送宝决胜脱贫攻坚

——记国家水稻产业技术体系岗位科学家　黎用朝

黎用朝，1964年9月生，湖南省农业科学院水稻研究所，二级研究员。担任长江中游（湖南省、湖北省和江西省）稻区协调人，长期帮扶罗霄山脉（安仁县、茶陵县）、湘西州（永顺县）等贫困地区发展优质水稻产业。致力于水稻高产、多抗、优质新品种选育及水稻大面积高产、高效技术示范推广。

永顺县是湘西州水稻生产大县，稻田面积47.5万亩，种植优质稻25万亩以上，现有粮食加工龙头企业5个，加工能力5000吨左右。在接到产业技术体系安排的扶贫任务后，黎用朝就思考着怎样把永顺的水稻产业做强，并助力当地脱贫。他多次带队赴永顺县调研、座谈。长沙到永顺的单边车程6个多小时，他每次到永顺都是一下车就直奔田间地头，调研察看，因事务较多，常须当晚赶回长沙。他配合湘西州扶贫技术负责专家戴雄泽研究员，组织水稻体系参与该县扶贫工作的唐启源专家、王建龙站长共同商讨水稻助力扶贫的实施方案。经多次走访调研和讨论，确定以高档优质稻及其高质高效综合栽培技术与优质稻米精加工技术为扶贫突破口。

■ 黎用朝在湖南颗砂乡与永顺管理部门负责人、企业（合作社）代表座谈

优质品种为做大稻米品牌助力

黎用朝同志组建了以优质常规稻品种改良岗位专家、水稻高产栽培与秸秆综合利用岗位专家、常德综合试验站和依托单位为主的技术团队，联合县农技骨干、企业和村级组织，以松柏镇、颗砂乡为重点，以石堤、高坪等乡镇优质稻种植基地和农户为主要依托，打造精品稻谷山地特色农业综合体，示范

带动全县 23 个乡镇。重点推广玉针香、农香 42、川香优 2 号等优质稻新品种 12 个；创办 T98 A/300 高产栽培、川香优 2 号订单生产等示范样板 13 个，辐射带动优质稻生产 20 多万亩。建立水稻新品种展示基地，展示水稻新品种 68 个，根据品种田间表现，筛选出适宜当地推广种植的后续新品种，加速科技成果转化；与永顺县农业农村局合作建设中高档优质稻订单生产基地 6.5 万亩，总产量预计可达 2.6 万吨，为年加工能力 5000 吨的粮食加工企业（湘西盛世御品农业发展有限公司、永顺县松柏米业有限责任公司、永顺县良友粮油有限公司）提供优质原粮；将优质稻产业打造成为该县精准脱贫和农民增收的重要产业；协助创建松柏大米、颗砂贡米等品牌。

深扎稳打，创新永顺水稻产业发展新模式

扶贫小组针对当前部分地区水稻优质不优价、农村劳动力成本高等问题，结合永顺的实际情况和产业优势，提出以颗砂贡米等为主培育和发展水稻产业新模式。在永顺县颗砂乡、万坪乡实地指导实施“三一”育秧技术及机插秧技术示范、“稻鸭共作”“稻鱼共作”绿色生态种养技术示范、高档优质稻“蜂—蛙—灯”病虫害有机防治示范和水稻三维立体强化栽培技术示范等。积极推广应用旱育保姆育秧、测土配方施肥、病虫无害化综合防治等先进实用技术。永顺县水稻产业提质增效取得显著成效。

■ 黎用朝在湖南颗砂乡指导种植大户示范新技术

精准施策，脱贫攻坚获实效

面对永顺山区耕地分散，加工单位“厂家多、规模小”“品牌多、名牌少”的现状，扶贫小组精准施策，先后对口指导 50 亩以上的优质稻种植大户、家庭农场和种植专业合作社 10 余家，带动种植户增收致富。

2017 年以来，永顺县旭东村向成仟作为黎用朝扶贫联系户，上有年迈的父母，且母亲腿脚不方便，生活难自理，他本人曾生病并有间歇性复发，但全家还指望着他养家糊口。以往他只能是断断续续外出打工，一年下来也剩不了几许，是村里扶贫的重点户之一。与向成仟对接后，黎用朝特别关心其家庭生产生活状况，经常交心交流和引导，每年至少两次看望和鼓励。在扶贫小组和当地合作社的悉心帮扶下，颗砂贡米加工企业稳步发展，一些贫困村民实现了在家门口脱贫甚至小康；向成仟还拜师学会了粮

食酿酒技艺，利用碎米和高粱等帮助颗砂贡米厂酿酒，实现了家门口就业和照顾父母两不误，且收入比在外务工还要多些。现在老向脸上常存的笑容替代了往日时有的愁苦。

扶贫感言

决胜脱贫攻坚战，是全面建成小康社会和建设“美丽家园”的必由之路。中国共产党作为先锋队，党员就要不辱使命，敢于担当。经过参与扶贫工作，我们发现当前贫困地区存在劳动力资源不足、农田基础设施薄弱、新技术新品种落地难等问题。“思者虑远，远虑者安”，脱贫攻坚既要胜在“当下”，更要赢在“未来”，要与乡村振兴有机衔接，制定长远发展机制。首先要依靠党和政府，做好顶层设计，制定切实目标，为乡村振兴打下扎实基础；其次抓实产业，完善产业发展规划，充分发挥现代农业产业技术的支撑作用；加强农业适用人才培养，培育一批懂技术、会经营的致富带头人；科技扶贫一定找到相关企业（合作社）作为发力点，充分发挥其示范引领作用，才会较好显现效果。

初心不改为梦想　科技扶贫奔小康

——记国家玉米产业技术体系综合试验站站长　梁晓玲

梁晓玲，1963 年 10 月生，新疆农业科学院粮食作物研究所，二级研究员。多年来，梁晓玲带领团队成员长期奔波在南疆四地州，在喀什地区疏勒、疏附、莎车、泽普、麦盖提、伽师、叶城、英吉沙、巴楚、岳普湖、喀什，和田地区墨玉、洛浦、于田、和田，阿克苏地区乌什，克孜勒苏柯尔克孜自治州阿克陶、乌恰等 18 个县市开展科技扶贫服务工作，为南疆贫困区少数民族农民脱贫做出了较大贡献。

不忘初心为梦想，科技扶贫奔小康

新疆南疆四地州是集边境、少数民族、荒漠、贫困于一体的集中连片特困区。由于地少人多，水资源匮乏，优良品种缺乏，生产水平较低，农民增收缓慢。

青年时期的梁晓玲有个梦想，让她培育的玉米品种种遍天山南北。1987 年她第一次来到南疆，看到贫困的农民，心痛了，她暗下决心，一定要为南疆老乡培育出更多更好的品种，让农民早日脱贫致富。

35 年来，她坚守在科研生产一线，带领团队培育出 30 个玉米新品种，其中新玉 29、新玉 41、新玉 54、新玉 80 等品种已成为南疆玉米主栽品种。近几年在科技扶贫、脱贫攻坚路上，她秉承初心，牢记使命，积极服务南疆，为南疆老乡筛选品种，示范增产技术。每年与企业合作在喀什、和田、阿克苏和克州等四地州的主要县市建立复播玉米高产示范田 200 亩 / 县，集成高产高效栽培技术，示范区产量 550 千克 / 亩，比大田增产 10% 以上。优良品种年辐射推广 160 万亩，平均产量 500 千克 / 亩，比南疆四地州平均增产 40 千克 / 亩，新增玉米 6400 万千克，按 2 元 / 千克计算，亩均增收 80 元，年均增收 12800 万元。体系新品种新玉 29、新玉 41、新玉 54、新玉 80 等及配套栽培技术，覆盖南疆四地州复播和套播玉米近 50%，在重点服务的疏勒县覆盖面积达 90% 以上，助力该县于 2019 年脱贫，为产业扶贫做出了重要贡献。

以科技培训为抓手，助力脱贫攻坚

每到播种季节，梁晓玲总是惦记着为南疆贫困区农民选择品种，让他们通过科学种植，尽快脱贫致富。在生产关键时期，她都要来到田间地头指导农民，以现场讲解、多媒体讲座等形式开展科技培训，让农民从对科学技术的茫然，到对新品种新技术的渴望。近年来，梁晓玲带领团队在南疆四地州 18 个县市开展 136 场科技培训服务，培训农民 24252 人次，技术人员 280 人次，发放资料 25800 份次。通过培训和现场指导，农民科学种田意识增强了，种植水平提高了。

为了搞好科技培训，梁晓玲积极参加“访惠聚”科技巡回服务队，努力学习维语，以增进与农民的感情交流和沟通。由于南疆贫困区覆盖面广，往返一趟近 5000 千米。梁晓玲常常加班加点工作。2017 年的一次科技服务中，她带着维吾尔语翻译从早上 9 点到半夜 12 点，从田间到农民夜校，一天跑了两个县 3 个乡 6 个村开展了 6 场培训，嗓子哑了，但她毫无怨言。看到农民们认真学习的劲头，能将科学技术及时送到田间地头，帮助农民增收致富就是她最大的快乐。2018 年、2019 年的国庆节她都在南疆玉米地与老乡们一起度过。她为老乡们选育的新品种获得了好收成，受到了老乡们欢迎和当地政府认可。

2020 年春夏季节，梁晓玲多次来到未脱贫的墨玉、洛浦、于田、莎车和叶城等县进行科技扶贫巡回服务。一次在赶往洛浦县农民地里，翻越沟渠时她头部碰伤，为了不影响洛浦和墨玉两县的几场培训，暂时冰敷处理后，忍痛坚持在田间给老乡讲解、示范，老乡们说他们从来没有听到过这么专业的讲解，知道了自己玉米产量低的原因，对今后高产高效种植更有信心了。国庆长假，她又来到莎车、墨玉、疏勒等县，帮助老乡们收获青贮玉米，指导制作青贮饲料，为推动畜牧业发展、促进脱贫攻坚再添新动力。

■ 梁晓玲在新疆和田墨玉县喀瓦克乡团结村开展正播玉米高产栽培技术培训

梁晓玲在新疆和田墨玉县喀尔赛镇车木博依村开展复播玉米高产栽培技术培训

结合民族团结一家亲活动，开展一帮一、结对子精准扶贫

梁晓玲与团队成员按照自治区民族团结一家亲活动要求，与疏勒县库木西力克乡7村的维吾尔族贫困农民结成亲戚，一对一精准帮扶。梁晓玲将瘫痪在床的维吾尔族亲戚库尔班·谢日普一家视为自己的亲人，给予了无微不至的关怀，为其提供住院费、医药费、安居房厕所、厨房改造、孩子学习用品、衣物、生产用种子、化肥等，共计15000余元。同时重视扶贫与扶志和扶智结合，教育孩子们好好学习国语，学习科学技术，掌握脱贫致富的本领。

2018年、2019年春节她跟同事们舍弃与家人团聚的机会，乘火车来到村里，与维吾尔族亲戚一同过年，将中华民族的喜庆带给他们，让他们感受到党和政府的关怀和温暖，亲戚们很感动。这项活动不仅增进了感情，加强了民族团结，还帮助他们增加收入，助力脱贫。

扶贫感言

心系农民的初心使命，专家24小时响应、48小时到位的服务精神，攻坚克难的勇气，脚踏实地的干法，是助力脱贫攻坚的原动力。扶贫先扶志、扶智，让农民从思想深处认识贫困的根源，了解科学技术在脱贫中的作用。贫困区农民对新品种和新技术的渴望与技术渠道不畅通、信息不对等的矛盾及基层农技人员缺乏，导致技术不到位、不匹配，存在“最后一公里”缺失问题，急需补充农业技术推广服务环节。民族团结一家亲活动，增进了民族感情，增强了信任，利于技术的普及，在科技扶贫中让农民享受到贴心服务，让他们亲眼看到科技成果帮他们致富的成效。在科技扶贫服务中一定要得到县乡村各级领导的支持与帮助，共同扶贫，达到最终脱贫目标。

扎根六盘山区服务玉米产业发展

——记国家玉米产业技术体系综合试验站站长　王永宏

王永宏，1967年12月生，宁夏农林科学院农作物研究所，研究员。扎根宁夏六盘山区，围绕区域优势产业——肉牛产业发展中存在的优质饲草料短缺瓶颈，政产学研用结合，建立多点试验和生产示范，引进、培育早熟耐旱优质高产新品种，创新区域青贮玉米品质提升综合技术，建立种养一体化生产示范，支撑六盘山区科技扶贫。

宁夏六盘山区是全国少有的贫困地区，玉米是当地第一大作物。王永宏就出生在六盘山区固原市。作为国家玉米产业技术体系银川综合试验站站长，他每年深入山区10多次，服务产业发展。“再上六盘，漫山红叶欢颜，愿化深情满腔，滋养黄土千年”表达了热爱六盘、期盼发展的愿望，他用自己的专业知识和辛勤工作，谱写着脱贫经，编织着锦绣地，播种着致富花……

选育适宜不同生态区玉米品种，解决区域青贮玉米生产优质品种短缺问题

六盘山区无霜期短、春旱严重、秋雨多，生态类型复杂，依靠产业技术体系引进不同类型玉米品种78个，鉴定组合307个，筛选出了适宜六盘山阴湿区种植的青贮玉米品种中夏玉4号，适宜≥10℃积温2400℃左右旱作雨养区种植的粮饲兼用型玉米品种宁单40号，适宜≥10℃积温2500℃以上宁南山区晚熟区种植的青贮玉米品种银玉238，以及抗旱早熟籽粒玉米品种宁单51号，满足了区域玉米结构调整对不同类型玉米品种的需求。

与技术部门协同攻关，构建青贮玉米品质提升技术模式

针对六盘山区干旱胁迫、玉米高产不稳产等问题，建立了以国家玉米产业技术体系为核心、地方科技部门协同创新团队，开展了抗旱保墒一播全苗、青贮玉米品质提升、最佳收获期等试验研究，构建了以“耐旱中早熟品种+全膜双垄沟侧播+一次性机械集中侧深施肥+适期早播+合理密植+适期晚收”为核心的六盘山区旱作保墒丰产增效技术模式；针对青贮玉米品种生育期偏晚、种植密度过大，

■ 王永宏在宁夏“三农”呼叫中心开展科技培训

导致全株干物质和淀粉含量低、品质不高，难以支撑肉牛产业发展需求，研究分区域提出了以“提早熟期强品质，合理密植补产量，适期收获做青贮”为核心的青贮玉米提质增效关键技术，2019 年在六盘山区泾源、西吉等县区建立的 1080 亩生产示范平均亩产 5.50 吨，较当地常规技术平均增产 12.06%；改变了六盘山区把青贮玉米当“玉米草”来种植的观念，通过品质提升关键技术推广应用，为青贮玉米—肉牛产业种养一体化发展提供了技术模式。

政产学研用相结合，加大综合技术推广应用

在国家玉米产业技术体系植保、栽培、育种等岗位专家的支持下，与各级农技、畜牧站协同配合，在原州区和同心县建立了稳定的示范基地，在西吉、彭阳、隆德、泾源、海原等县建立了多个试验示范点，从病虫草害防控到丰产增效技术，从玉米结构调整到生产方式转变，每年开展科技培训 10 余次，现场技术指导 10 余次，加大了新品种新技术的示范推广应用，使六盘山区青贮玉米种植面积由 2016 年前不足 6%，优化调整到 2019 年的 31%，全株干物质、淀粉含量由不足 15% 提高到 25%，有力支撑了区域草畜产业健康发展。

科技服务区域优势产业，助力肉牛养殖合作社提质增效

2020 年新冠肺炎疫情期间，编写《抗疫稳粮保供技术手册》，参与自治区草畜产业发展规划编写；组建“岗、站 + 农技、畜牧站 + 新型合作组织”科技合作新模式；与畜牧站、农技站联合在六盘山区建立青贮玉米生产示范基地（点）14 个，示范面积 1695 亩，指导六盘山区同心县韦州镇旧庄村荣振养殖专业合作社、海原县七营镇北咀村富康养殖专业合作社、原州区头营镇富民农业科技发展有限公司、西吉县什字乡马沟村清俊养殖专业合作社等 4 个县肉牛养殖大户，开展青贮玉米种养一体化优质高效生产。

截至 2020 年 10 月，西吉县仍是尚未脱贫摘帽的国家级贫困县，王永宏带领团队在西吉县马莲乡建立了新品种、新技术展示示范基地，开展技术培训，指导肉牛养殖专业合作社建立青贮玉米品质提升生

产示范，为脱贫致富提供了可持续发展的新模式。

王永宏站长带领的银川综合试验站建立的试验示范基地点多面广规范先进，支撑产业成效显著，他先后荣获“全国农业先进工作者”“宁夏最美科技人”等称号。

■ 王永宏在宁夏西吉县马莲乡开展青贮玉米品质提升技术培训

扶贫感言

脱贫只是第一步，稳得住、不返贫才是关键。要瞄准区域优势产业，政产学研用一体化，跨体系跨部门科技协同，增强产业可持续发展能力，建立核心技术生产示范，加大科技成果落地、生根、开花。

肉牛产业是六盘山区的区域优势产业，而青贮玉米是最适宜六盘山区生态特点的优势作物，针对种养结合不紧密，青贮玉米全产业链从品种、种植、青贮加工、养殖到牛肉产品等处于“断链”状态，建立了科研、产业技术推广、新型合作组织或种养殖大户规模化生产的产学研用一体化科技创新示范推广应用模式，种子、农艺、农机、植保、土肥、加工、养殖种养一体化创新模式，粮饲兼用品种推广应用模式，攻克瓶颈，构建技术模式，多点生产示范，加大推广应用。

依靠科技 筑牢脱贫攻坚粮食安全基本盘

——记国家小麦产业技术体系岗位科学家 汤永禄

汤永禄，1966 年 5 月生，四川省农业科学院作物研究所，二级研究员。四川省学术和技术带头人，农业农村部小麦专家指导组成员。长期坚持生产一线开展小麦产业技术研发和咨询服务工作，“十三五”期间积极投身四川、云南深度贫困区的脱贫攻坚工作，重点开展小麦新品种新技术示范推广，提升粮食生产能力，为筑牢脱贫攻坚的粮食安全基本盘做出了积极贡献。

深入调研，寻求脱贫之策

习近平总书记讲，“完成非凡之事，要有非凡之精神和行动”。偏远贫困地区纵有千难万险，汤永禄也依然勇敢前行，只争朝夕，充分利用节假日深入一线调研，了解贫困地区实际需求，特别是小麦、玉米等粮食作物在脱贫攻坚和贫困百姓生活中的地位作用。据此制订四川省苍溪县东青镇、凉山州木里藏族自治县依吉乡、云南省南华县兔街镇的科技扶贫方案。先后组织 7 个科技项目，涉及国家小麦产业技术体系、国家玉米产业技术体系、农业农村部农业科研杰出人才技术创新团队、农业农村部行业科研专项、四川省科技扶贫项目“十万亩小麦川麦 104 新品种技术集成示范与推广”等；组织跨学科、跨单位人员，包括小麦、玉米、大麦、马铃薯、油菜等科技人员 100 余人次，科研单位、种子企业、加工企业、合作社等协同参与；针对具体需求，开展产业规划调查、技术培训、新品种新技术展示，以及支部共建、以购代捐等活动。

依靠科技，促进增粮增收

苍溪县东青镇依托科技扶贫项目，连续 3 年开展新品种和机械化播种技术示范，取得良好效果。平均亩增产 50~60 千克，增幅达 15% 以上，收获后全部以种子形式出售，户均增收 1000 元以上，15 户贫困户顺利按期脱贫，四川省科技厅在官方网站给予了报道。

木里县依吉乡成功引种小麦新品种 5 个，较原有老品种增产 30%~100%，深受农户欢迎，尚未收获即被农户订购一空，经 3 年努力全乡基本实现了更新换代；合作建设“高原绿色油脂压榨及精炼生产线”，日加工能力可达3吨，服务周边多个乡镇；助力202户贫困户脱贫；前所乡示范小麦最高亩产达到787千克，种植效益显著提升，当地技术部门计划大面积展开，以取代效益较差的玉米。

■ 汤永禄在四川凉山州木里藏族自治县依吉乡指导小麦生产

南华县兔街镇重点推动小麦、玉米品种更新换代和节肥节药绿色技术模式示范推广，建立核心片200亩，在法乌村、兔街村建立示范片2000多亩。实产验收结果，核心区小麦平均增产5.6%，肥料投入减少33.0%，农药施用减少1次；玉米平均增产11.4%，肥料投入减少17.6%，农药施用减少1次。参与项目的45户顺利脱贫。

■ 汤永禄在云南楚雄州南华县兔街镇调研指导小麦生产

扶贫感言

扶贫不仅需要先进的技术，更需要不怕艰苦、不怕牺牲之勇气。前往大凉山深度贫困区需要跋山涉水，道路险要，瞅一眼脚下的万丈深渊也会让人战栗和后怕；在云南省南华县兔街镇从谷底爬到山巅察看小麦示范现场，吓得有些人不敢前往，汤永禄却笑言，“因为扶贫，即便牺牲了也是光荣的”。很多人认为，粮食作物在脱贫攻坚中难有作为，只会越种越穷。扶贫实践却证明，从事粮食作物研究的科技人员在脱贫攻坚中也可大有作为，因为粮食在贫困百姓心中占有重要地位，他们渴望新品种新技术，他们深知“手中有粮，心中不慌”，粮仓充盈才能踏实奔向小康。

推青稞品种　促产业扶贫

——记国家大麦青稞产业技术体系岗位科学家　迟德钊

迟德钊，1960年12月生，中共党员，青海省农林科学院，研究员。自精准扶贫工作开展以来，在青海省海北藏族自治州（简称海北州）和海南藏族自治州（简称海南州）青稞主产区脱贫攻坚工作中积极作为，用自己的实际行动奔忙在科技扶贫一线，为打赢脱贫攻坚贡献了自己的力量。

青稞产业作为深度贫困藏区的两大扶贫产业之一，对于精准扶贫起着关键作用。精准扶贫工作开展之前，青海省青稞品种多为育成多年的老品种，如柴青1号育成已10年，北青8号育成15年以上，北青6号更是育成20年以上的品种。青稞品种老化是青海省青稞产业发展的主要短板之一。

以科技成果推广促进脱贫致富

作为国家大麦青稞产业技术体系的青稞育种岗位科学家，迟德钊研究员带领团队人员育成的青稞品种成为青海省青稞生产主导品种，年实现产值4.56亿元，青稞种植户新增收入3995万元。昆仑14号、昆仑15号是2013年育成的青稞新品种，目前青海省年种植面积57万亩，占全省青稞播种面积的57%。两品种的育成使青海省青稞亩产突破千斤大关，在推广过程中表现大幅增产，仅通过更换品种就实现了青稞产量的提高，对于特色产业在精准扶贫中支撑农牧民增收起到了促进作用。昆仑14号、昆仑15号种植地区中有60%以上在青海省各县贫困村，为贫困地区的脱贫发挥了积极作用。

2015年海北州门源县农兴土地联营合作社307亩昆仑14号示范田亩产达378千克，远高于该县240千克/亩的平均产量，引起了青稞种植户的极大关注。2016年该合作社昆仑14号种植面积达3645亩，扩大了10倍。两品种在推广过程中创造多个高产典型：昆仑15号2015年海南州共和县示范田亩产531.5千克，2019年海南州贵南县示范田亩产501.5千克，创三江源区青稞高产典型；昆仑14号2016年海北州门源县示范日亩产405.0千克，2016年海北州海晏县示范田亩产487.6千克，创环湖高寒区青稞高产典型。

以构建科技扶贫工作模式促进科技成果应用水平提高

在多年来的扶贫过程中，迟德钊研究员带领团队人员以基地种植大户为核心，建立了“串联技术研发单位—基地种植大户—贫困户”的科技扶贫工作模式。利用专业合作社、种植大户等新型农业生产经营主体在青稞生产上的规模化、集约化、专业化特点，充分发挥其在青稞产业发展中具有的强力引领和带动作用，通过新品种和新技术快速和大规模的运用，带动贫困户增收脱贫。作为技术研发单位，他们以种植大户为核心，负责技术方案制定、开展技术服务，与加工企业联系协调青稞原料订单生产与订单销售，依托在海北州、海南州建立的青稞科技成果示范推广基地，由农民专业合作社、家庭农牧场等牵头进行技术的实施。合作社和家庭农场负责生产资料和贫困户劳动力雇佣费用等。保障了青稞种植的衔接顺畅，沟通流畅，既推广了科技成果，又促进了贫困户的脱贫。

迟德钊研究员还以品种为核心，带领团队人员通过与青稞生产企业和加工企业开展科技合作，贯通青稞生产和加工的产业链条，以产业发展带动贫困户增收。他们与青海省贵南草业开发有限责任公司合作建立“青海高寒区青稞育种试验示范基地”，促进了该青稞种植企业由原来的单一传统商品青稞生产转向种子繁殖、商品粮、加工原料等多元化生产转变，通过青稞种植生产企业的增效带动周边农牧民的增收。他们还与青海互助青稞酒股份有限公司合作开展“天佑德”系列酿酒青稞品种选育，向该企业转让青稞品种 1 个，定名天佑德 1 号，通过加工原料生产的优质优价带动青稞种植户的增收。

■ 迟德钊在青海贵南县开展青稞新品种示范推广工作

扶贫感言

多年的扶贫经验证明，产业是脱贫之基、致富之源，产业扶贫是贫困地区全面建成小康社会的根本路径。青稞产业作为藏区最具代表性与发展潜力的农业产业和深度贫困藏区的扶贫主导产业之一，是青藏高原各省区实施乡村振兴战略、巩固脱贫成果、推动区域经济发展和确保藏区社会繁荣稳定的支柱。青稞精深加工产品开发特色不突出、附加值低等问题是制约青稞产业发展的主要瓶颈。科技支撑是青稞产业高质量发展的重要手段，下一步继续强化以青稞品种选育、绿色高效栽培和精深加工为核心的全产业链支撑技术的科研力度和强度，以科技创新引领青稞产业水平取得突破性进展，巩固藏区农牧民脱贫成果是青稞科技创新的主要方向。

张杂谷助力脱贫攻坚　小谷子变成金疙瘩

——记国家谷子高粱产业技术体系岗位科学家　赵治海

赵治海，1958年6月生，张家口市农业科学院，二级研究员。在我国北方14个省区230多个县区（其中70%是贫困县区），累计推广张杂谷3000多万亩，增粮30亿千克，增饲300万吨，增收近百亿元，带动40万贫困人口增收。农民编的顺口溜说，“种植张杂谷，5亩可脱贫，10亩可致富，百亩盖房娶媳妇”。

潜心钻研张杂谷　“五送一保”助脱贫

赵治海研究员，潜心研究、自主创新、艰苦创业，成功实现了谷子杂种优势利用，填补了世界空白，是我国继杂交水稻之后对世界农业科技的又一巨大贡献。目前，已研究选育成功谷子杂交种20多个，均具有高产、抗逆、节水、优质、高效等突出特点，创造了亩产811.9千克的世界谷子高产纪录，研究推广了轻简化高产高效配套栽培技术，实现了谷子生产机械化和标准化。2020年，在新冠疫情和经济下行的双重因素影响下，张杂谷系列品种在全国推广种植面积逆势上扬，达到300万亩。

张家口市阳原县小庄村曾是全国重点深度贫困村，缺水是制约小庄村农业发展的最大短板，并且那里的土地都属于盐碱地，种植玉米等农作物效益很低。为促进村民增加收入，2018年3月30日，赵治海等一行到小庄村进行实地考察。经过对当地土壤、降水、地力等情况的综合分析，最终为小庄村确定以种植张杂谷替代玉米的发展思路，并主动把张杂谷的优良种子捐赠给贫困户。同时实行“五送一保”的扶贫政策，即“送种子、送化肥、送农药、送技术、送小型农机具，保

■ 赵治海在河北张家口市阳原县开展“五送一保”活动

底收购”。这样就防止了谷贱伤农，把扶贫工作落到了实处，真正让农民看到了脱贫的希望。同年4月，他围绕张杂谷种植需要注意的关键技术等内容，到小庄村为农民进行了培训。通过把技术培训“送下乡”“送到村”“送到群众家门口”，农民们对张杂谷种植技术有了全面的认识，切实增强了脱贫致富的信心。

科技扶贫　张杂谷蹚出致富路

就这样，自2018年种植张杂谷开始，每年早春的4月，都会看到赵治海在小庄村的田地里和乡亲们一起忙碌的身影。4月，是张杂谷准备下种的最佳节点。赵治海忙着给乡亲们讲解盐碱地的土壤特点，传授种植的方法，解决种植过程中出现的问题。当地村民冯玉平今年72岁，以前他家是村里的贫困户，靠种植张杂谷13号实现了脱贫摘“穷帽”，冯玉平说：“我家有12亩地，分为两块，水浇地和旱地各占一半，种植玉米和谷子。这些年家里增收，主要原因是改种了张杂谷。”冯玉平算是村里最早种植张杂谷的村民，第一年种植了5亩张杂谷13号亩产达到了600千克，5亩张杂谷产量达到约3000千克，每千克张杂谷卖到4.5元，卖了1万多元，彻底实现了脱贫。

2018年小庄村种下去的谷子有700多亩，当年种植户均实现了脱贫；到2019年种下去的已经达到1000多亩；到2020年达到了1200多亩。小庄村的田地里蹚出了“致富路”，种植张杂谷超千亩，达到全村耕地半壁江山，既调整了种植结构，农民的日子也过得越发甜蜜了。赵治海联合巡天农业将“五送一保”调整为“一送一保”（送谷种、保底价收购），持续鼓励小庄村村民从扶智到扶志，赵治海让偏远地区的农民意识到科技的力量。张杂谷助力小庄村脱贫的事迹也被河北电视台拍成《时代的答卷——塞上春来早》纪录片。

为了把张杂谷做成实实在在的致富产业，经过深入调查研究和反复研讨论证，赵治海制定了下一步杂交谷子科技致富战略：以推广张杂谷新品种为核心，以配套高产栽培技术为支撑，以加工小米、谷草转化饲料为抓手，以张杂谷专业合作社为纽带，稳步发展种、养、加一体化的张杂谷特色循环经济生态产业，立足长城沿线农牧交错带，摸索出一条杂交谷子科技致富、产业脱贫的新路子。

2017年，在科技部遴选的100个科技扶贫主题项目中，张杂谷项目以“小谷子变成金疙瘩”位列首位。2019年“张杂谷扛起产业扶贫一面旗”被农业农村部和国家乡村振兴局列入全国第二批产业扶贫典型范例。

扶贫感言

脱贫攻坚是习近平总书记向全世界发出的庄严承诺。扶贫的关键靠产业，产业的核心是科技！赵治海将致力于科技创新，一如既往地关心和支持“三农”建设工作，组织开展更多的帮扶活动，为国家的精准扶贫工作做出积极贡献。撸起袖子加油干，发展壮大张杂谷产业，让小谷子真正变成“金疙瘩”，真情实意地帮助带动农民增加收入，早日实现奔小康目标。2020年是脱贫攻坚的决战决胜收官之年，赵治海将张杂谷产业与乡村振兴战略紧密结合起来，让农村更美好，农民更富裕。

情系脱贫　温暖人心

——记国家谷子高粱产业技术体系岗位科学家　涂振东

涂振东，1962 年 9 月生，新疆农业科学院生物质能源研究所，研究员。2017—2020 年任国家谷子高粱产业技术体系秸秆与副产物综合利用岗位科学家。兼任中国农业技术推广协会高新技术专业委员会理事、新疆农学会秘书长，新疆农业大学食药学院食品科学专业硕士研究生导师，《农业科技管理》第六届编委会编委，受聘担任自治区农业综合开发科技专家，自治区农业厅专家。主要的扶贫区域为新疆维吾尔自治区和田地区墨玉县、喀什地区疏勒县。

访亲戚　解难题

自 2016 年“民族团结一家亲”活动开展以来，生物质能源研究所涂振东与疏勒县库木西力克乡结下了不解之缘。涂老师在当地有了亲戚图尔逊帕夏・图尔逊，通过结亲以后的相互交流，涂老师了解到图尔逊帕夏准备扩大养殖牛羊的规模，但是缺乏资金支持和技术培训，他把这些情况及时和驻村工作队作了报告和沟通，通过交流发现这是喀什地区的一个共性问题。疏勒县畜牧业增畜不增草，饲草短缺矛

■ 涂振东在新疆疏勒县脱贫攻坚现场会上

盾日益突出，严重制约地区农牧业发展。调整种植产业结构，引进优质饲草品种已经成为畜牧工作发展的关键环节。2017年、2018年国家谷子高粱产业技术体系秸秆与副产物综合利用岗位团队结合新疆农业科学院科技扶贫工作在新疆喀什地区疏勒县（国家级贫困县）库木西力克乡（集中连片扶贫地区）15个村开展饲草高粱复播栽培、刈割技术研究与示范，以提高单位面积土地综合效益为核心，以农民增收和农业增效为重点，示范推广在小麦收获后复播饲草作物，采取研究与试验示范相结合的方法，研究示范出“粮—草”种植模式，并明确了适合喀什地区麦收后复播饲草高粱的栽培及刈割技术。通过优质牧草的种植示范，有力促进喀什地区农业产业结构调整和农区畜牧业解决饲草不足的问题。

解决饲草问题后，涂振东多次到图尔逊帕夏家的棚圈认真察看养殖饲料使用情况，将需改进的地方一一记下，又将准备好的养羊、养牛的书籍送给她，并请翻译给她详细解释，便于她更好地掌握技术要领。现在图尔逊帕夏的养殖搞得红红火火，她高兴得逢人就说：“感谢党！感谢工作队，感谢我的好亲戚！”在“民族团结一家亲”结亲周活动结束的那一天，涂振东和同事们乘坐的中巴车即将离开村子，图尔逊帕夏带着小儿子找到涂振东老师，她拿出民族花帽和自家产的红枣核桃决意要让他带上，并连连说道：“这是我的一点心意，请一定收下，我们要做一辈子的亲戚。”

算成本　扬优势

2019年谷子高粱技术体系秸秆与副产物综合利用岗位老师与疏勒县库木西力克乡党委、乡政府沟通协商后，在全乡6个村，推广种植复播谷子4000余亩；辐射带动疏勒县英阿瓦提乡安居儿村、罕南力克镇9个村及莎车县阿扎提巴格乡塔尕尔其吾斯塘村、阔什艾热克乡阿克巴什村2个村种植复播谷子2000余亩，总计推广6000亩。复播谷子纳入喀什疏勒县特色作物种植目录，贫困户种植复播谷子每亩地补贴500元；合作的南北疆两家小米加工厂商与库木西力克乡谷子种植户签订收购合同，籽粒收购价格为3.5元/千克，秸秆收购价格为0.4元/千克，去除成本每亩地可收益1400元，贫困种植户可收益1900元。过去当地农民复播种植作物主要是玉米，管理粗放，每亩地产量和收入都很低，纯收入只有300元/亩；复播谷子秸秆高度在1.2米左右，适宜在林果树下进行种植，从多方面综合考量，谷子可以替代玉米成为南疆林下复播优势作物之一。经过团队和农科院驻库木西力克乡15个村“访惠聚”工作队两年的不懈努力下，在疏勒县库木西力克乡库木西力克村发展的“制种小麦+复播谷子”模式成功入选2019年9月24日中华人民共和国农业农村部公布的第九批“一村一品”示范村镇名单，复播谷子产业扎根疏勒县库木西力克乡，成为不断实现和增加农民财产性收入的支柱型产业。2020年，涂振东老师的团队在新疆农业科学院党委的支持下，采取“科研+企业+驻村工作队+农民”模式，在喀什疏勒县、阿克陶县、莎车县、疏附县等地推广种植复播谷子豫谷18、中谷2号等1.5万亩。

送种子　重推广

2020年涂振东老师的团队为墨玉县免费提供种子进行帚用高粱和饲草高粱试验示范并开展技术培训；同时为喀什疏勒县引进高粱示范品种3个，免费提供种子1吨，示范推广酿酒高粱300亩，饲草高粱600亩，甜高粱100亩。

涂振东在新疆疏勒县察看酿酒高粱长势

扶贫感言

深刻认识到紧紧依靠当地各级政府支持是做好科技扶贫工作的前提，在疏勒县库木西力克乡示范推广饲草高粱时，因农民对高粱种植技术认识不足，推广较难，乡党委和驻村工作组及时组织村民参加培训，安排试验田开展示范，团队为农民免费提供种子和配套技术支持，制定出通俗易懂的双语栽培管理旬历，获得村民点赞。用真心换真情是做好科技扶贫工作的基础，通过实地调研结合体系优势推荐谷子品种和户用袋装青贮技术，为村民免费提供菌剂并进行现场指导培训，受到农户的欢迎和认可。他始终坚信，科技扶贫工作只有起点没有终点，只有实干、巧干、科学干，才能不负组织重托，不辱职责使命，交出组织肯定、群众满意的合格扶贫答卷。

荞麦花开乌蒙山

——记国家燕麦荞麦产业技术体系岗位科学家 陈庆富

陈庆富，1966年12月生，贵州师范大学，教授。主要从事荞麦遗传育种及相关产业技术研究工作，为荞麦主产区提供荞麦产业技术支撑。主要扶贫区域为贵州省毕节市和六盘水市。

冲锋一线，发扬中国科研精神

陈庆富对荞麦科研情有独钟，几乎没有节假日，每天工作超过12小时，夜以继日地潜心钻研。每年3季的种收辛苦工作，总是冲在最前面。每年冬天他都要亲自到三亚进行荞麦育种加代的冬繁。2020年2月底荞麦成熟季节，疫情使得同事和研究生们都无法返校工作和去三亚收获。他向学校申请得到同意后，冒着被新冠感染的风险，一个人前往南繁基地收获多达20亩的宝贵科研材料。一路上的谨慎防护，到了三亚九所基地后，发现那里还有很多与自己一样奋不顾身、冲锋在科研第一线的研究者。在这种科研精神鼓舞下，克服日晒雨淋、人手少等种种困难，终于完成了冬繁收获任务。发现了一些优异新材料新品系，深感欣慰，虽然辛苦，但此行值得。他推行所训“爱所奉献、敬业自强、博学致新、服务社会”长达17年。正是这样的科研精神，在品种培育等方面获得了一个又一个新成果，在精准扶贫上做出了重要贡献。

问题导向，引领科研重大突破

乌蒙山区是包含贵州省毕节地区、六盘水市、四川省凉山州、云南省昭通地区的广大领域，是全国贫困最集中的区域之一，也是荞麦主产区、荞麦多样性中心。但长期以来存在的主要问题是品种老化、单一作物一年一季、产值低、效益低，导致农户收益低、贫困率高。

陈庆富教授针对甜荞自交不亲和、结实率低导致产量低而不稳、常规苦荞果壳厚难以脱壳等重要共性问题，培育出了自交可育甜荞、易脱壳薄壳苦荞、苦荞与金荞麦种间杂种金苦荞等新品种。采用薄壳苦荞新品种，不仅可以直接脱壳生产出天然鲜活的苦荞米、实现整米率达60%以上，充分保持了苦荞的原味和品质，还省略了浸泡—蒸煮—干燥3个环节的成本，大幅提升了产品的竞争力，产品价格提升1倍以上。

■ 陈庆富在贵州安顺双堡镇科研基地开展金苦荞田间测产工作

■ 陈庆富在贵州威宁县双龙镇开展示范区调查

团队协作，助力乌蒙脱贫攻坚

科技扶贫是通过科技成果转化实现产业经济发展，增加收入。陈庆富及其队伍重点对接乌蒙山区 10 多个荞麦企业，不仅提供优良品种种子、栽培生产加工技术，协助建立生产线，还帮助申请扶贫项目促进新品种的推广应用，提升了产业效益。国家燕麦荞麦体系首席专家任长忠研究员十多次带领育种研究室、栽培研究室、病虫防控研究室、机械研究室、加工研究室、产业经济研究室、相关试验站等骨干人员亲自前来指导。荞麦中心通过设置子项目给贵州毕节农业科学研究所、贵州威宁农业科学研究所、贵州六盘水职业技术学院、四川省西昌学院等乌蒙山区荞麦研究基层团队进行协作，在提供技术指导的同时提供品种和资金支持，进行区域协作和多点试验，选育和推广适应当地品种，栽培示范中 5 年技术培训达 2000 多人次。此外，还派遣团队成员 11 位博士下乡，作为“三区人才”开展荞麦等新品种、新技术推广和技术咨询等相关扶贫工作。特别是在贵州威宁通过马铃薯后期重叠式复种荞麦等耕作制度变革，从一年 1 季变为一年 2 季，在马铃薯 1 季产值基础上新增 1 季荞麦产值，还减少了马铃薯收获前的除草费用，极大地提高了农民收入，对农户脱贫发挥了重要作用。

辛勤耕耘，取得重大科研成果

陈庆富带领团队完成的科技成果“苦荞关键产业技术研究与应用”，获得了贵州省科技进步奖二等奖。通过鉴定（审定）8 个荞麦新品种，在乌蒙山区推广应用面积 387 万亩，总产值 13 亿元，新增产值 5.8 亿元，涉及 44 万户农户，在约 10 万户贫困户的脱贫中发挥了重要作用。

扶贫感言

乌蒙山区是国家深度贫困区，如何提高农业产业效益是贫困地区的共性问题。而无霜期短、冷凉、干旱等自然限制因素以及品种和生产技术水平低制约了常规的农业产业发展。立足自然资源条件，对这些地区的适生粮食作物进行品种革命、企业生产加工销售技术提升，突破产业发展瓶颈是实施精准扶贫和可持续发展的有效途径。产业发展是持续脱贫的关键。整个产业技术升级涉及面很宽，不是一个人所能完成的。燕麦荞麦体系各岗站专家各有擅长、综合各家所长方能对产业进行全面支撑。在乌蒙山区荞麦产业发展中体系所有岗站积极参与，正是他们的综合力量已经成为乌蒙山区荞麦产业的主要科技支撑力量，也将在未来的发展中发挥出越来越大的作用。

扶贫路上　你我同行

——记国家食用豆产业技术体系岗位科学家　田　静

田静，1964年6月生，河北省农林科学院粮油作物研究所，二级研究员。张家口市阳原县食用豆产业技术顾问，要家庄乡王府庄村国家级科技特派员。针对贫困县产业问题，凝聚体系科研成就，对接地方各方力量，以张家口阳原县为中心，辐射蔚县、赞皇、故城、井陉等贫困县，精准扶贫路上，你我同心前行。

聚焦产业问题，明确主攻方向

2020年9月4日，绿豆新品种及轻简高效全程机械化作业技术集成示范观摩会在张家口市阳原县要家庄乡王府庄村进行。田静与河北省产业技术体系杂粮杂豆创新团队食用豆岗位专家范保杰研究员又一次来到了王府庄村，这是田静研究员自2009年起承担国家体系岗位专家以来第11个年头、2020年第五次来到王府庄村，与村民交谈、与到会专家交流绿豆新品种的特点、查验收获机械的效果、讨论下一步新品种新技术推广计划等，当村民说种植冀绿20和冀绿0911新品种并采用轻简化配套栽培技术，每亩收入可增加220元以上时，她会心地笑了。张家口阳原县要家庄乡王府庄村是国家级贫困村，地处丘陵旱区，干旱、土壤贫瘠是该地的自然生态特点，绿豆抗旱耐瘠薄，一直是该村种植的重要农作物，同时也是河北省名牌绿豆产品“鹦歌绿豆”的主产地。历史上“鹦歌绿豆”籽粒大、整齐、色泽碧绿、出芽率高等，一直是我国农产品中出口创汇的名牌商品，在日本、韩国、新加坡等国际市场上久享盛誉，是当地农民经济收入的重要来源。但是，由于农家种种植历史久远、品种混杂退化严重，晕疫病严重，产量较低，籽粒变小，商品性变差。另外，农民田间管理粗放落后，产量和品质下降的同时，生产效率低，农民收入微薄。

针对这种情况，田静自2009年起联合国家体系20余位相关岗位专家和试验站站长，组织实施了三轮绿豆新品种联合鉴定试验，结合本岗育种工作，引进了一批绿豆新品系新材料，通过多年试验评价，鉴定筛选出高产、抗病、适宜张家口阳原县推广应用并具有较好商品性的绿豆新品种4个。在新品种示范应用过程中，依托张家口综合试验站和阳原县农业农村局，联合植保、农业机械等岗位专家，进行了多次调研、商讨与安排部署等，将“更换新品种、应用新技术、开发新产品”作为科技扶贫的主攻方向，研发了新品种轻简高效、优质高产配套栽培技术，联合引进改装了田间管理、联合收获新机械等。几年来，在阳原县要家庄乡王府庄、柳树皂及周边村镇，示范推广了抗晕疫病、适宜机械化收获、品质优良的绿豆新品种冀绿 13、冀绿 19、冀绿 20、冀绿 0911，春播地膜覆盖旱作栽培、全程机械化轻简高效栽培等高产高效配套技术 3000 余亩。积极对接地方龙头企业河北“泥河湾”农业开发股份有限公司，通过产品回收、深加工、国内外销售等全产业链服务，提高了种植效益，贫困户亩增收 130 元以上。

■ 田静在河北阳原县进行绿豆技术指导与产业对接

发挥体系优势，助力地方扶贫

田静 2018 年被聘为张家口市阳原县食用豆产业技术顾问、要家庄乡王府庄村国家级科技特派员，她积极改进工作方式，充分发挥体系优势，凝聚体系力量，扶贫工作与促进产业发展相结合，形成了“科研带基地、基地联农户、农户公司相联合”的模式，联合相关岗位专家，深入田间地头、农户、公司等，通过几十次的技术培训与技术指导，使农户懂得了新品种新技术的重要性，懂得了适宜播期、合理密度、水肥管理、收获储藏等关键环节的关键技术，懂得了机械播种覆膜、花荚期病虫害防控、化学除草、机械化收获等技术手段。2018 年以来，田静团队与张家口综合试验站一起，共建立新品种新技术示范基地 3000 余亩，培训地方农技人员、示范户与农户千余人次，科技扶贫工作取得了良好效果。其中，新品种新技术的示范应用增产 30% 以上，农户亩增收 130 元以上。特别是 2019 年张家口阳原县前期干旱，绿豆播种较常年晚近 1 个月的情况下，示范推广的新品种其早熟性、抗病性和高产性得到了当地农技部门、种植示范户及公司的认可，9月16日绿豆新品种及机械化收获现场观摩会上，经检测，联合收割机收获冀绿20新品种，亩产达148.4千克，机械破损率仅为1%，采用绿豆新品种冀绿20及机械收获等技术，可提高种植户经济效益202.5元/亩。近百余户示范种植户，平均增收1000元以上。新品种新技术在地方脱贫致富工作中发挥了重要作用。2020年绿豆新品种新技术又表现出明显的优势，在前期干旱、中期晕疫病大发生、地方品种多数大减产的情况下，冀绿20、冀绿0911新品种联合配套生产技术，较地方品种增产40%以上，产量在140千克/亩以上，在9月4日示范观摩会上再一次得到了地方政府、地方农技推广部门、种植户、企业等的认可和好评。目前，冀绿20、冀绿19、冀绿0911等绿豆新品种已成为地方品种更新换代的新品种，地方农户增产增收、脱贫致富的好品种，“泥河湾”公司国内外销售的新产品。几年来，新品种新技术覆盖了阳原县要家庄乡11个村1000余个贫困户，服务区域绿豆平均产量达到120千克/亩，较传统品种75千克/亩，增产达60%左右。

田静团队30余年来，特别是从事体系工作十余年来，潜心研究，关注产业，心系贫困，深入基层开展调研，先后形成了“十三五”特困连片地区食用豆产业状况调研报告、燕山—太行山特困连片地区食用豆产业状况调研报告、内蒙古跨体系产业扶贫对接调研报告、燕山—太行山区域技术扶贫项目建议书等。育成的食用豆新品种在河北阳原、赞皇、蔚县、故城、井陉、湖北十堰郧阳区、恩施、重庆潼南县、城口、内蒙古敖汉旗、吉林通榆、山西曲沃等贫困县的科技扶贫中发挥了重要作用。结合地方优势和产业问题，通过示范推广了高产广适品种冀绿7号、冀绿13号、抗豆象绿豆品种冀绿15、冀绿17、优质高产红小豆新品种冀红352、冀红9218、冀红16、冀红20等，以及棉花/绿豆、玉米/绿豆间套种、丘陵山区春播绿豆地膜覆盖和春播绿豆复种夏播玉米等高产高效种植技术，服务地方科技扶贫工作。几年来，共在贫困县示范推广新品种新技术5万余亩，培训农户千余人次，每亩增收100元以上，累计增收500万元以上。

■ 田静在河北赞皇县开展小豆生产技术指导

扶贫感言

在扶贫工作中，要有使命感，要有积极的态度和高涨的工作热情，要有明确的工作任务和工作目标。同时，产业扶贫是促进和稳定脱贫的根本之策，扶贫工作必须与地方优势产业结合起来，绿豆是阳原县优势农业产业，在地方农产品出口、贫瘠村镇农民增产增收中具有重要作用。首先，品种与技术的缺乏是制约产业发展的关键因素，而进行全产业链无缝衔接式的服务是获得最佳扶贫效果的途径。其次，深入开展“点对点”精准科技帮扶，产业技术顾问将发挥重要作用。另外，帮助培育脱贫经营主体，引导龙头企业参与扶贫工作，并通过产品提升，促进龙头企业发展壮大，实现扶贫工作的良性循环。

为了旱塬豆花飘香

——记国家食用豆产业技术体系综合试验站站长　王梅春

王梅春，1961年2月生，中共党员，定西市农业科学研究院，研究员。主要服务于六盘山区的定西市安定区、通渭县、岷县、陇西县、漳县、临洮县及白银市的会宁县等地。

扎根黄土地　情系食用豆

王梅春在定西市农业科学研究院从事农业科研及技术推广38载，对小麦、马铃薯及小宗粮豆等进行了研究及品种的示范推广。近15年来，她和她带领的团队，情系食用豆，倾力于半干旱地区食用豆产业的发展，将他们培育的“定豌系列”豌豆品种，选育的“定选系列”小扁豆品种和引进的青海13号、青蚕14号蚕豆等品种，播撒在了陇中大地的不同生态适种区；蚕豆、豌豆也由传统的干籽粒向鲜食豆发展；食用豆已成为甘肃中部半干旱区农业增产增收的主要经济作物之一，成为农民增收致富的“金豆子”；她也把自己对故乡的思念和对第二故乡的热爱化为一颗颗种子，在广袤的黄土地上扎根开花结果。

体系助推食用豆产业发展

2008年年底，王梅春带领的团队进入农业部国家现代农业食用豆产业技术体系，她成为食用豆定西综合试验站站长，这在当时是西北五省（区）3个综合试验站之一，使定西农科院坚持了30多年的食用豆研究在国内占有了一席之地，成为农业科技创新“国家队”的一部分。从体系启动后的产业发展情况调研、基地落实、品种展示、培训教材编写、技术培训、病虫害防治和苗情、旱情调研、新品种、新技术示范推广等，她带领的团队，在六县（区）建立试验示范基地20多个，在各示范基地，将岗位专家及试验站培育的优良品种展示推广，对集成的病虫害防控技术、丰产栽培技术进行应用，较典型的有定豌6号、定豌7号、定豌8号豌豆品种，青海13号、青蚕14号和临蚕8号等蚕豆品种，以及根腐病、豆象防控技术等都在示范基地取得了良好的示范辐射效果。目前蚕豆已成为定西市轮作倒茬的首选作物，农业增产增效的主要作物，农民脱贫致富的重要经济来源，试验站育成的豌豆品种，引进、示范、推广的青蚕、临蚕系列蚕豆品种在产业发展、科技扶贫中起到了重要的支撑作用。针对甘肃中部半干旱区食用豆生产实际，深入开展生产关键栽培技术研发，推动食用豆提质增效、绿色发展、促进农民增产增收成效显著。围绕定西地区食用豆产业发展需求，与农技推广部门合作，重点开展新品种及绿色增产增效关键技术集成与示范。在定西市安定区凤翔镇、葛家岔镇、团结镇、李家堡镇等地示范马铃薯套种陇豌1号，在马铃薯基本不减产的情况下，平均每亩可增产豌豆75千克，新增效益200元以上。在定西市安定区、临洮、通渭、会宁等示范县示范的新品种定豌7号、定豌8号及残膜豌豆栽培技术试验，定豌系列新品种平均产量可达150千克/亩，较当地农家品种增产10%以上；残膜豌豆栽培技术平均产量达到了160千克/亩，比露地种植增产12%以上。在定西市安定区、通渭、临洮、岷县、漳县示范的青蚕14号、青海13号及蚕豆地膜覆盖栽培技术，青蚕系列新品种平均产量200~400千克/亩，增产15%以上。蚕豆、豌豆新品种、残膜豌豆栽培技术及蚕豆地膜覆盖栽培技术在定西市累计推广应用面积达到了50万亩以上，创社会经济效益达0.25亿元以上。在示范推广食用豆类新品种、新技术的同时，充分发挥综合试验站职能，以县乡农技人员为线条，重点示范村、农技骨干为节点，建成了辐射县区、乡镇、村社直至农户的联动式、全覆盖科技服务网络，从而使各种应急、突发事件的咨询服务得到了早发现、早决策、早处理。10多年来以会议、现场讲解等方式开展各类技术培训100余次，培训技术骨干、企业合作社、种植大户、农民等各类人员1.2万多人次，发放各类技术资料5万余份。

■ 王梅春在甘肃岷县草地村开展示范蚕豆品种产量情况调查

科技扶贫“豆”当先

科技扶贫是国家扶贫开发战略的重要组成部分，是精准扶贫的重要方式。作为农业科技工作者，为当地农业增产，产业增效，农民增收，是我们义不容辞的责任。10余年来试验站为示范县（区）的示范基地及单位帮扶村免费提供豌豆、蚕豆种子60余吨，为当地特色产业发展及扶贫提供了有力的品种和技术支撑。近年来蚕豆种植面积在定西市的六县一区迅速扩大，同时带动周边地区种植面积逐年增加，由于地膜覆盖栽培技术的推广应用，加上蚕豆单产高，市场价格稳定（5~6 元 / 千克），经济效益显著；在鲜食豌豆方面，通过早、中、晚熟不同品种的合理搭配，鲜豌豆荚可从 6 月上旬卖到 7 月下旬，亩收入 2~3 千元。食用豆已成为当地农业增产，农民增收，产业扶贫，群众脱贫致富的主栽作物之一，更为当地的主导产业马铃薯和中药材的种植提供了良好的前茬，减轻了马铃薯和中药材病害的发生，减少了化肥农药的使用量，同时提高了产品的品质，经济效益和生态效益显著，为当地农业持续稳定健康的发展提供了技术保障。

■ 王梅春在甘肃安定区小山村开展鲜食豌豆生产情况调研

扶贫感言

优质高产栽培技术向最适宜产区聚集，获取最大收益。在扶贫工作中，不仅要当好研究员，还要做个“万金油”；不仅要做给农民看，更要带领农民干；不仅要种出好产品，更要能卖出好价钱；既要懂技术，还应懂政策；不仅要当好技术员，还要当好信息员、宣传员、服务员、培训师……不仅要了解本专业的技术知识，还要了解当地种植的主要作物的优良品种、栽培技术、病虫害防控等，解决种植户在生产中遇到的实际问题，才能得到他们的认可。

科技扶贫结硕果　农民脱贫有盼头

——记国家马铃薯产业技术体系综合试验站站长　冯怀章

冯怀章，1962年8月生，新疆农业科学院生物质能源研究所，高级农艺师。主要扶贫区域为新疆南疆喀什地区泽普县、疏勒县，和田地区策勒县、墨玉县、洛普县、皮山县等。"十二五"以来承担各类科技项目共28项，累计项目资金3000余万元，荣获自治区科技进步奖二等奖1项、三等奖3项，农牧渔业丰收奖二等奖1项，取得国家专利和软件著作权17项，获得科技成果5项。

发展马铃薯产业　助力南疆贫困区脱贫

新疆南疆四地州是实现新疆脱贫攻坚目标的重中之重和难点地区。针对南疆片区农村经济发展面临的新形势、新问题和新需求，农民增收难度大、途径少的现状，冯怀章带领乌鲁木齐综合试验站成员，以国家马铃薯产业技术体系为平台，重点在该区域开展高产、优质马铃薯栽培技术示范和推广，以及种薯繁育、良种繁育基地建设工作，为南疆马铃薯产业发展和脱贫攻坚发挥重要作用。

在冯怀章和团队成员的共同努力下，带动了南疆喀什地区疏勒县、泽普县，和田地区墨玉县、皮山县、策勒县、洛普县等国家贫困县马铃薯产业发展，累计建立示范田8520亩，辐射80余万亩；新品种、新技术的推广应用，使南疆马铃薯种植面积较2008年增加150%以上，最高亩产已达3260千克，成为带动当地农民增收致富的有效途径。

科技扶贫有力量　带动农户奔小康

冯怀章带领团队成员在对喀什地区泽普县农业发展进行充分调研和总结后，针对泽普县平原温热区，受前期低温、后期高温限制，种植马铃薯易导致商品率和产量均较低的问题现状，以及核桃、红枣等林果业急需果园间套作的冷凉、耐阴作物的需求，提出泽普县马铃薯发展建议。并长期开展马铃薯新品种和新技术的引进、试验、示范和推广，集成脱毒马铃薯高效综合栽培技术1套，达到了"三早两高一抗"（早整地、早播种、早上市，高产、高效，抗逆）效果，创造性地结束了南疆温热平原区不能种植马铃薯的历史，填补新疆本地5—7月无鲜薯的市场空白，延长市场供应期。平均亩产达1830千克，平均亩增产239千克，增产幅度16.3%。同时，为建立脱毒马铃薯良种繁育体系，在冯怀章的指导下，泽普县建立了5000平方米脱毒种薯繁育基地（11座网室），应用马铃薯病毒检测技术，脱毒试管苗标准化生产快繁技术，脱毒马铃薯原原种、原种、良种繁育技术，自主研发混配有机基质等，改进了原原种繁育网室扦插方法、开槽摆苗技术、氧化电位水应用技术，有效保障了优质脱毒种薯供应，使泽普县脱毒种薯应用率由2008年不足3%，提高至40%以上。冯怀章带领团队科研人员长期蹲点，与泽普县农业局、乡农技推广部门、合作社等加强合作，建立了马铃薯高产优质高效栽培集成技术核心示范区，对脱毒种薯、种薯处理、播种技术、栽培管理、病虫害防治、平衡施肥技术等进行集成示范，并进行技术指导，积极组织“科技之冬”“科普活动月”“科普下乡”等活动，以专题讲座、现场会、观摩会、播放影音资料、发放明白卡等形式在生产关键时节进行技术培训，成为科技成果推广“最后一公里”的重要环节。累计推广45万亩，组织技术培训、现场观摩会累计135次，培训基层农技人员、马铃薯种植户6240余人次，发放宣传资料5210份。在泽普县的阿不都热合曼·马合苏提和吐逊江·艾合买提通过技术服务指导，已成为马铃薯种植的专业技术骨干，是当地马铃薯种植新技术示范推广的良好媒介。

根据和田地区策勒县马铃薯产业发展需要，冯怀章带领科研团队多次到策勒县调研，与当地政府和农业相关部门人员座谈交流，提出《策勒县高山冷凉蔬菜发展方案建议》，并联合申报“新疆策勒县努尔乡、固拉哈玛乡马铃薯良种繁育及商品薯生产基地建设”项目，示范推广水肥一体化、全程机械化等技术，累计开展现场培训48场次，培训人员1974人次，发放资料885余份。冯怀章结合多年推广经验，在培训中抓住积极性较高的农户，树立典型，建立示范田，以实际效果带动其他农户。固拉哈

■ 冯怀章在新疆喀什地区泽普县开展果双膜覆盖马铃薯栽培技术调研工作

■ 冯怀章在新疆和田地区策勒县固拉哈玛乡进行现场技术指导

玛乡阔什艾格勒村整体种植效果较好，其他村现场观摩后，纷纷表示要向该村学习，极大提高了大家的积极性；艾散江・买提萨力是该县贫困户，通过技术服务指导，种植马铃薯 3.6 亩，平均亩产 2801 千克，累计收入 8505 元，成为家庭收入的主要来源之一，现已成为当地马铃薯种植的专业技术能手，种植积极性较高，并能示范带动周边贫困户应用马铃薯高产优质栽培技术。

扶贫感言

感谢首席，以及所有岗位专家和试验站同仁对乌鲁木齐综合试验站给予的帮助、关心和支持；成果是团队每一名成员多年漫长而艰苦的攻关结果。在这个过程中，我们团队每人都刻骨铭心，一点的浮躁或者急功近利的心理都要不得。我们一直秉持“科研不是写在本子上的，它必须能够应用在产业上，能够给农民带来实实在在的收益”，因此我们的付出和努力也得到了社会各界的认可。今后我们将继续努力，结合新疆马铃薯产业发展不断探索，提高团队学习能力，为新疆马铃薯产业发展做出更大的贡献。

“智慧 + 云端”让老牌甘薯焕发新光彩

——记国家甘薯产业技术体系综合试验站站长　杨新笋

杨新笋，1967 年 2 月生，中共党员，湖北省农业科学院粮食作物研究所，研究员。主要扶贫区域以湖北省内国家及省市级贫困县为主体，以国家级贫困县红安县为重点，兼顾其他地区扶贫需求，足迹遍布湖北恩施、十堰、咸宁、黄冈，以及河南兰考等地，积极投身“精准扶贫”、服务“乡村振兴”，成效显著。

挖掘潜力，找准发力点

提起“红安苕”，大家都不陌生，这种甘薯是著名革命老区将军县红安的主要特色农产品，种植历史悠久，品质佳、口感好、深受市民喜爱，是中国第一个甘薯地理标志产品。但是由于农民长期自繁留种，品种退化严重，产量低，种植效益下降，种植户收入没有了保障。国家甘薯产业技术体系武汉综合试验站站长杨新笋特别在意这件事，老牌甘薯，不仅不能失色，还要焕发新光彩！奔着这个目标，杨新笋发力了！他与体系其他专家深入产区一线，多方征集、归类“红安苕”，并利用茎尖脱毒技术，历时 3 年，对“红安苕” 3 个类型的品种进行脱毒提纯，2016 年完成从试管苗到大田苗的培育过程，开始大田扩繁。

聚集力量，提升支撑

杨新笋说，搞农业，不能发蛮力，要学会使对劲，用智慧！他借助体系力量，示范绿色轻简化栽培技术，实现优质节本增效。武汉综合试验站通过示范“减肥减药”“增施有机肥”“生物防治”等绿色种植技术，确保产品优质安全；又通过机械引进，实现轻简化栽培，节本增效。除此之外，杨新笋研究员还邀请国家甘薯产业技术体系首席科学家马代夫研究员，病虫害防治岗位科学家谢逸萍研究员，土壤管理岗位专家张永春研究员，甘薯机械化岗位专家胡良龙研究员多次亲赴红安现场指导，有了专家的技术支持，老牌甘薯生机勃勃。

开拓市场，提高效益

想在市场把脚跟站稳，差异化很重要，杨新笋敏锐地觉察到了这一点，武汉综合试验站在体系各位专家支持下，从全国各地为红安引进甘薯新品种 76 个，对比“红安苕”，分析地方特色品种与全国不同类型品种之间的差异，为“红安苕”产业差异化发展奠定基础！甘薯的标准化种植，杨新笋也出了“智慧点子”：2020 年 4 月，在湖北红安经济开发区的甘薯种植基地里，红安县甘薯产业数字化试验田建设正式启动，一架无人机腾空而起，绕着下方的 20 亩甘薯地飞行。20 分钟后，2274 张图片和 200 多组数据传到了公司的数字平台上。对着大屏幕，杨新笋研究员认真仔细地分析数据和图片，逐一指出种植上存在的问题，并开出“药方”，这标志着“红安苕”飞防技术拉开了序幕。“红安苕”脱毒苗标准化种植面积从 3 亩到 300 亩，目前扩展到 40000 多亩，售价由 0.6~1.0 元 / 千克涨到了 3 元 / 千克。

制定标准，稳固基础

针对地方特色品种“红安苕”，采用“公司 + 合作社 + 贫困户”的模式，建立了统一种苗供应、统一标准种植、统一技术指导、统一质量标准、统一收购销售的产业模式。利用“科研 + 企业 + 农户”合作模式，以企业技术需求为核心，通过供需直接对接提高了科技成果转化率，实现了全产业链的融合，促进了产业的持续发展。

品牌营销，提升档次

如果你问杨新笋怎么打响甘薯的品牌，杨新笋也是颇有心得，从 2016 年至今，“红安苕”爱心拍卖会、“精准扶贫红安县倾情助销传爱心”的“红安苕”爱心扶贫推介品赏会，武汉综合试验站协办 1 次全体系岗站专家参加的“红安苕”丰收节，推介甘薯的活动丰富多彩，杨站长还亲自登场，推介“红安苕”，在丰收节现场，长期合作的湖北根据地农业发展有限公司生产的红安苕全粉、红安苕面包、红安苕面条，以及糕点师现场制作的包子、馒头、饼干、冰激凌、蛋糕等甘薯产品纷纷登场，“红安苕”全产业链初现端倪！2020 年 4

■ 杨新笋在湖北红安县开展精准扶贫促进工作

■ 杨新笋在湖北红安县开展技术培训

月“红安苕”在抖音直播平台正式上线，武汉综合试验站协助当地建立网站销售平台，注册的电销品牌“薯说”运行良好，“云售苕”开启了崭新的商业模式。

信息时代，融合进步，总要有像杨新笋这样思虑在前的先行者铺路架桥，运用“智慧”与“云端”互联，老牌农产品的新风采，脱贫致富的好路子，近在眼前！

扶贫感言

精准扶贫，要实现真正的脱贫致富，一靠科技支撑，二靠产业发展。科技是发展的原动力，企业是发展的推动者，二者缺一不可。因地制宜、有所侧重，挖掘资源、发展特色优势是贫困地区产业发展的重要途径。自然条件相对较差，农业产业规模偏小，高效种植难以实现，是造成区域贫困的主要原因。找准问题，挖掘特色，充分利用供给侧结构性改革机遇从而实现错位发展。

“扶贫先扶志，扶贫必扶智”。培育村干部职业经理人意识，培养农民的“大产业”意识，才能提高扶贫产业组织化程度。充分发挥合作社示范带头作用，统筹构建稳定、紧密的利益联结机制，推动更持久、更长远的农业产业升级发展，才是实现脱贫致富的根本。

行稳致远　红薯产业扶贫让百姓生活更“红”

——记国家甘薯产业技术体系综合试验站站长　李　云

李云，1966 年 4 月生，贵州省农业科学院，研究员。参与贵州省安顺市紫云县扶贫工作，通过建设标准化示范基地、现场技术培训及指导、带队挂职驻点扶贫等方式助力该县脱贫攻坚。

顶着疫情建基地

“脱贫必须沉下心，专心做好脱贫事”这是李云常挂在嘴边的一句话，如何实现紫云红芯红薯提前上市，提高经济价值；如何让贫困户掌握高产高效的栽培技术，一直是李云惦记的事情。

2020 年春季刚过，正是新冠疫情最严重的时候，为了将紫云红芯红薯提前上市，李云带领团队成员赶赴贵州紫云县火花镇平寨村，繁育红薯种苗，供应紫云县 9 个乡镇的贫困户。由于正逢新冠疫情，宾馆饭店都已歇业，他们“食于地、宿于村”。从 2 月 13 日开始，带领当地 80 位贫困户抢抓季节，争取早育苗，为早上市做准备。

“大棚内湿度低，要先浇足水再覆膜增温……”

“明天温度高，要赶紧揭膜，不然烧苗了……”

浇水、揭膜、拔草、通风、炼苗，一点点，一滴滴，无一不体现李云对标准化示范基地的精心呵护。

2020 年 4 月 5 日，辛勤的汗水终于结出散发着芬芳的果实，健壮甘薯种苗生产取得非常好的成效。自 2020 年 4 月 8 日开始供给紫云县全县甘薯贫困户移栽，至 2020 年 6 月 30 日，45 亩育苗示范基地累计供给紫云县全县种植 7813.5 亩移栽用，成为支持 2020 年紫云县发展“两红一心”（红芯薯、红辣椒和菜心）产业主力军，示范基地建设效果也得到各乡镇贫困户高度认可和县领导肯定，为紫云县 2020 年甘薯产业助力脱贫攻坚打下坚实基础。

连续长途奔波送技术

紫云红芯红薯作为紫云县扶贫重点产业，2020 年，紫云县以提升红芯红薯、精品水果产业，壮大

■ 李云在贵州紫云县火花镇开展甘薯种苗繁育示范工作

蔬菜经济和林下经济的“三提升、两壮大”规划为基础，扩大紫云红芯薯产业规模以促进农民增收。刚把育苗前期工作做完，从3月6日开始，新冠疫情依然严重，李云带队在紫云县9个乡镇和2个街道区域开展紫云红芯薯种植技术培训。乡镇之间相距较远，他们一行连续11天奔波于各乡镇，在室外空旷地组织现场培训。

“老师，这个红薯垄要起多高？”

“老师，要用哪种肥料产量才好？”

这一个个的问题都是凝聚种植户对甘薯生产种植的疑惑和热爱，而李云也耐心地一一解答。

现在说起红芯薯种植，贫困户就会讲“土沙苗壮薯形好，垄高钾多产量高。红薯鲜食平栽好，结薯均匀形细长。”这些培训话语在百姓口中成了口头禅。

通过现场示范讲解、互动沟通，从种植地块选择、优质种苗繁育、轻简化机械利用、病虫害绿色防控、及时早收等方面开展现场技术培训，将甘薯体系近年科技成果融入每一句现场讲解中，提升了当地甘薯种植科技含量。连续开展培训11次，培训贫困户682人。

挂职驻点强产业

科技扶贫一直是贵州扶贫工作的重要组成部分，贵州省也一直施行科技特派员、科技副职制度以保障科技扶贫效果。2020年，李云也作为农业农村部对口紫云县的产业帮扶专家，致力于紫云县脱贫攻坚工作，团队成员在紫云县挂职科技特派员，并长期驻守紫云县红芯薯种植核心区白石岩乡，以帮助紫

■ 李云在贵州紫云县猴场镇开展甘薯种植技术现场培训

云县发展紫云红芯红薯产业。解决了早栽关键技术瓶颈，使薯早上市 60 天，经济价值实现翻番。

科技的进步一直以来都体现在社会各行业生产实践中，4G 通信技术的商用不仅仅带来城市服务质量的提升，也在农业生产中体现出前所未有的价值。2020 年，李云组建贵州甘薯产业发展微信群，邀请贵州省甘薯行业专家、企业、贫困户等加群共同参与贵州甘薯产业的发展，针对紫云县紫云红芯薯存在的诸多问题，通过联合体系相关专家及其团队进行远程咨询或实地调研，为当地贫困户释疑解答，结合挂职驻点团队工作，有效地为产业扶贫提供科技保障，取得了当地各界认可的产业扶贫效果。

“应该把扶贫当做一项事业，而不是任务。扶贫是一种责任。”这是李云的肺腑之言。至今，他仍然在扶贫道路上不断前行。

扶贫感言

当下，脱贫攻坚工作已经进入关键的决胜阶段，明确当下脱贫攻坚工作的目标任务和总体要求，面对“疑难杂症”，要号准脉、下对药。李云认为要做好扶贫工作，要从以下几点做起。一是用心扶贫，应该把扶贫当做一项事业，而不是任务。扶贫是一种责任。农业科技人员应深入到基层一线进行帮扶，了解基层实际情景，“接地气”，体民情，克服困难，为贫困户排忧解难，想老百姓之所想，急老百姓之所急，用心感受他们的痛苦，用心在贫困地区完成使命。二是用技扶贫，作为农业科技人员，在脱贫攻坚的伟大任务中发挥个人特长，以专业技术为支撑，解决产业技术问题，为农业产业发展提供科技保障，是农业科技人员投身扶贫工作最有效、最直接和最合理的方法和途径。

桃李不言　下自成蹊

——记国家甘薯产业技术体系综合试验站站长　何素兰

何素兰，1967年7月生，南充市农业科学院甘薯研究所，研究员。主要的扶贫区域为四川省南充市西充县、阆中市和资阳市安岳县。近年来默默无闻地为当地脱贫攻坚工作做出了积极贡献。

勇挑重担，谱写扶贫华章

2016年，在全国积极响应国家扶贫号召的关键时刻，南充市农业科学院选派科技人员下乡作驻村农技员，何素兰作为西充县鸣龙镇象岩寺贫困村的驻村农技员，正式开启了自己的扶贫生涯。

她深知，在脱贫攻坚中，没有什么路是唯一的。于是，她在充分发挥自己所学专长的同时，努力学习果树、花椒等经济作物的种植技术，以及黑猪、竹鼠、肉鸡、蛋鸡、牛、羊的养殖技术，让村子"多几条腿走路"，竭尽全力为西充县鸣龙镇象岩寺村的产业发展和脱贫攻坚工作提供强而有力的技术支撑。"扶贫先扶志，扶贫必扶智"，何素兰和该村扶贫干部一起建立了"西充县鸣龙镇象岩寺村农技推广服务体系""西充县鸣龙镇象岩寺村科技扶贫农业综合技术服务团队"，同时带领服务团队通过成立农民夜校的方式进行技术培训。通过专业合作社和种植养殖大户的引领，带动指导贫困户种养殖、危房改造、易地搬迁、入股帮扶产业、政策兜底等形式，使该村51户贫困户136名贫困人口在2018年年底成功脱贫。

引导企业做强甘薯产业，助力精准扶贫

在发展多个扶贫产业的同时，她并没有"丢下"自己最为精通的甘薯产业，要知道，长期以来，西充县以及附近的安岳县都是四川省甘薯种植大县，当地加工甘薯淀粉、粉条等产品虽小有名气，但是企业都是些规模不大的小作坊，效益自然也不高。为了破解这种产业发展大而不强的难题，从2012年开始，何素兰带领团队成员在两县开展各类培训活动，经常前往种植现场进行技术指导，将筛选出的南薯88、普薯32、南紫薯008、广薯87、西充香薯、烟薯25、渝薯17、商薯19等适宜本地种植品种在两县大力推广，同时大力培训甘薯种植、贮藏技术、基地建设等关键技术，累计推广"一年两季甘薯种植

新模式”5万余亩，增加效益1.5亿元，并且带动当地淀粉、粉条加工产品的数量和产值也逐年递增。终于，在她的努力下，一批批家庭农场、合作社、专业化公司，犹如雨后春笋一样成为当地脱贫致富的主要力量。

安岳县土旺家庭农场、资阳市尤特薯品开发有限公司就是伴随甘薯产业发展而诞生的专业化生产销售机构，负责人黄晓艳说：“我从2012年回到家乡种植红薯成立公司，2013年我们公司就与甘薯体系南充综合试验站签订了科技合作协议，2017年我们基地正式拿到有机红薯认证。2017年我公司生产的1300多亩的有机红薯，7月就被我国的台湾、香港等地预订，这些有机红薯的价格是普通红薯的10倍。”如今，黄晓艳作为新型职业农民，在何素兰团队技术支持下建成了甘薯品种示范园区50亩，高产示范区2个，有机认证园区1000亩。采用“公司＋基地＋专业合作社＋农户”的经营模式，带动了周礼、华严等12个乡镇4000余户贫困户脱贫增收，推广至乐至、资中、云南、贵阳等地达25000余亩，带动2000余名留守妇女居家灵活就业，实现年产值600余万元，利润140万元。

在扶贫工作中何素兰认真抓实科技扶贫，努力助推农业增效、农民增收、农村增绿，受到基层、企业、农民的广泛好评。同时作为甘薯人助力把甘薯产业变成了西充县和安岳县的主要扶贫产业。2017年被南充市委市政府评为优秀农技员。

■ 何素兰在四川安岳县开展甘薯栽插技术培训

■ 南充市嘉陵区盐溪乡给何素兰赠送锦旗

扶贫感言

从事多年扶贫工作的经验告诉她，扶贫工作的关键在产业扶贫。产业扶贫的核心就是围绕扶贫产业，打造龙头企业，全面提升龙头企业技术研发、品牌创新、产品生产、市场开拓能力；创优生产方式，通过建立“企业＋基地＋专业合作社＋农户”等模式，有效推进扶贫产业标准化、集约化、规范化、优质化发展；完善利益联结，引导贫困户通过土地流转、入股等多种形式参与规模化生产，鼓励企业带动贫困户增收；强化组织领导，加强政策扶持，扩大金融资本投入，为扶贫产业发展提供保障，促进贫困区经济持续发展，让贫困群众“有业可从、有企可带、有股可入、有利可获”。

让木薯产值飞起来

——记国家木薯产业技术体系岗位科学家　李　军

李军，1966年9月生，广西壮族自治区亚热带作物研究所，二级研究员。主要扶贫区域柳州市鱼峰区洛埠镇下窑村、南宁市江南区吴圩镇平山村、广西南宁市横县新福镇瓦灶村琴村屯、广西平南县镇隆镇马旦村等。

让木薯变身美食　产值升起来

木薯是我国南方地区的重要经济作物，但近年来受国内外市场持续低迷和东盟等木薯主产国大量进口冲击的影响，木薯收购价低，平均收购价格仅为500元/吨左右，农民种植木薯平均亩产2吨，亩收入1000元左右，木薯种植产值低效益差，农民收入低，木薯种植面积连年下降。传统木薯产业面临严峻考验。

为提高木薯产值效益，国家木薯产业技术体系将木薯食用化研究开发利用列为“十三五”重点研发任务。身为岗位科学家的李军开展了食用木薯新品种的选育和高值化栽培技术研究。经多年评比试验，选育出国内第一个食用糯性木薯品种桂热10号，品种具有低毒可鲜食，高支链淀粉，糯性强，薯形均匀等优良特性，尤其适合加工制作木薯糖水。采用桂热10号原料制作木薯羹等食品，产品糯性强，食味佳，弹性好，风味独特。

2015年李军开始产学研结合，与柳州张飞餐饮有限公司等多家餐饮企业合作开发推广木薯羹等系列食品，实现科研成果产业化。他指导帮助企业首创专用食用木薯种植、冷冻贮藏、加工、销售一条龙产业化商业生产模式，开创了中国木薯食用产业化的先例，研发的木薯羹等风味食品成网红食品，风靡全国，使木薯变身美食，产值倍增，改变了木薯产值低效的现状。目前有“张飞木薯羹”“小小李白木薯羹”“印小尼木薯糖水”“壹家木薯羹”“糯糯佳木薯羹”等全国60多家木薯糖水连锁店采用体系选育的食用糯性木薯品种作为原料生产销售木薯糖水。体系的研发成果使中国的木薯糖水产业从无到有，促进了万众创业。

在产业扶贫方面，李军积极推动企业以“企业+农户+基地”的共建模式在柳州市鱼峰区洛埠镇下窑村、城中区环江村、南宁市江南区吴圩镇平山村与200多户农民签订专用木薯种植回收协议，引导农民种植专用食用木薯品种，指导农民采用高值化栽培技术种植木薯。2018—2020年农民种植专用食用木薯的协议回收保护价是2000元/吨，是目前市场工业用木薯收购价的3~4倍，按每亩平均木薯产

李军在广西平南县开展木薯高值化栽培技术指导服务

量 2 吨算，亩产值在 4000 元左右，亩增收 3000 元。企业采用专用木薯品种加工销售木薯羹，每斤鲜薯可制作 3.5 碗木薯羹，每碗木薯羹市场销售价 8 元，是普通木薯产值的数十倍。种植和加工销售食用木薯，薯农和加工企业均有可观的利润，木薯产值获得大大提升。

如今，李军指导帮扶的环江村、下窑村、平山村几乎家家都种食用木薯，成为专用食用木薯种植村。每到木薯收获季节，村里的留守老人和妇女都会去帮企业采收木薯，清洗剥皮，通过打工增加收入。通过种植专用食用木薯品种和清洗木薯打工收入，平均每户农民增收 5000 元以上，木薯不再是穷人的作物，而是农民致富的摇财树。

爱心温暖贫困户

2019 年 12 月 29 日广西疾控中心发布“横县一家人吃木薯中毒，1 名儿童不幸身亡”的消息，消息经“今日头条”“新浪网”等国内多家媒体报道，给社会造成了很恶劣的影响。为查清木薯中毒死亡原因，李军牵头组织在南宁的木薯体系岗站专家组成调查组，第二天一早立即驱车前往横县调查核实。调查组在广西横县新福镇瓦灶村琴村屯找到了出事家庭，采集了他们食用的木薯鲜薯样品，分别送 3 家检验机构进行化验分析。调查和化验结果表明，村民种植的木薯品种薯肉氢氰酸含量为 78 毫克 / 千克，薯内皮氢氰酸含量为 357 毫克 / 千克，超出国际食用木薯氢氰酸含量低于 50 毫克 / 千克的安全标准。木薯中毒原因主要是村民木薯加工处理不当，没有去皮和浸泡，造成一名小孩食用过量带皮煮的木薯导致中毒死亡。在查清木薯中毒死亡原因后，李军及时将调查结果向体系和广西疾控中心进行了通报。

这次调查也让李军开始关心和帮助这家木薯中毒受害家庭，这是一个挂牌建档的深度贫困户，全家 11 口人，户主夫妇两人存在智障，却育有 8 个小孩，大的不到 16 岁，小的只有 7 岁，还有一个 80 岁

■ 李军慰问广西横县木薯中毒死亡事件的贫困户，为他们送上更安全的食用木薯品种替代原种植品种

的老人。最令人痛心的是中毒死亡事件发生两个月后，当李军回访这个家庭时，发现这个家庭依然还在食用存在安全隐患的木薯品种，而且还是已收获几天发霉变质的木薯！李军带人为这个家庭送来了更安全的食用木薯新品种替换原来的有毒品种，向他们讲解木薯安全食用知识，并承诺高价回收木薯产品，同时定期组织人员带上粮油、衣服等生活物品对这个家庭进行慰问。当有村民问起："你们是什么人？为什么要来帮扶这家人？"李军这样回答："我们是木薯体系人，木薯人的事就是我们的事。"

扶贫感言

产业是脱贫之基，致富之源，产业扶贫是脱贫的必由之路。建立专用食用木薯种植、冷冻贮藏、加工、销售一条龙产业化商业生产模式，是提高木薯产值，增加农民收入，带动贫困人群创收增收摆脱贫困的有效途径。

国家现代农业产业技术体系搭建了服务社会的平台，体系人应该有服务"三农"的情怀，有人民至上的胸怀，有扶贫助农的担当。通过自己选育的食用糯性木薯新品种推广应用使木薯变身美食，能够使农民种植木薯提高收入，能够为中国木薯食用化产业的发展做出贡献，李军感到十分荣幸和自豪。我们应该像习近平总书记说的那样，在自己的领域努力耕耘，让青春年华在为国家、为人民的奉献中焕发出绚丽光彩。

科技帮扶人心暖　助力脱贫见真情

——记国家油菜产业技术体系岗位科学家　杜德志

杜德志，1964年9月生，青海省农林科学院春油菜研究所，二级研究员。主要的扶贫区域为青海省门源县、贵德县。针对春油菜区油菜产量低、品质差、抗病性弱等问题，杜德志开展了高产优质甘蓝型油菜杂交种选育与推广工作，主持培育出我国第一个大面积应用的春油菜杂交种——青杂1号，之后又陆续培育出高产优质春油菜品种12个。这些品种累计推广8000多万亩，推广区农民累计增收80亿元，使我国春油菜区优质油菜种植区海拔上限提高了350米，推广区油菜单产提高了40%左右，油菜品质得到根本性改善。特别是2007年以来，在国家油菜产业技术体系的支持和帮助下，团队的育种效率和品种推广速度进一步提高，共育成油菜新品种10个，累计推广5000多万亩。

参政议政助力精准扶贫

近年来，为了贯彻落实国家“精准扶贫”政策，杜德志每年都会抽大量时间到贫困地区调研，了解油菜生产和产业问题，根据调研结果，及时调整育种方向。为了加快油菜新品种在贫困地区的推广速度、提高油菜种植效益、助力脱贫攻坚，杜德志以政协委员的名义，先后多次向主管农业的省级领导提交建议书，并得到主管领导的批示，为油菜产业发展和科技扶贫提供了政策和资金支持。

杜德志在青海门源县调查青杂4号成熟情况

科技成果助力精准扶贫

青海省海北州门源县是全国“三区三州”贫困县，该县海拔较高，无霜期较短，一直以来都是种植生育期极短的白菜型油菜浩油 11 号、门源小油菜等品种，这些油菜产量较低、品质差。杜德志团队在充分调研的基础上，提出了用特早熟优质甘蓝型油菜杂交种青杂 4 号替代当地白菜型油菜的扶贫思路，在门源县浩门镇西关村、圪垯村示范推广青杂 4 号，以替代产量低、品质差的白菜型油菜常规种。杜德志带领团队深入基层，开展技术培训，科普青杂 4 号的品种特点及高产栽培技术，在田间地头指导当地农牧民播种、施肥、间苗除草、收获等技术要点。近 3 年，利用科研项目经费，为定点扶贫村免费发放 3.6 万亩青杂 4 号种子及防虫药剂，通过科技帮扶，青杂 4 号平均亩产达 150 千克，比之前种植的白菜型油菜浩油 11 号增产 32% 左右，每亩增收油菜籽 36 千克，每亩增收 180 元，两个定点扶贫村种植青杂 4 号累计新增收入 648 万元。

■ 扶贫对象赠送的锦旗

青海贵德县尕让乡阿言麦村也是青海省贫困村之一。杜德志团队在扶贫调研中发现，该村种植的油菜品种还是很多年前培育的品种，杜德志团队利用“高产优质油菜新品种青杂 15 号示范与推广”项目经费，免费为该村提供 650 亩的油菜种子，在油菜种植的过程中进行全程技术指导和服务，当年青杂 15 号收获后平均亩产达 250~275 千克，而往年种植的油菜亩产为 150~200 千克，每亩增收 75 千克左右，并且菜油籽出油率比以前种植的油菜品种高 7 个百分点，种植户每亩可新增收入 500 元左右。

青海省互助县五十镇荷包村有 221 户，少数民族占全村人口的 94%，其中贫困户 32 户、低保户 16 户、残疾户 24 户、五保户 3 户。2020 年，杜德志团队贯彻落实油菜产业发展与“精准扶贫”紧密结合的方针，在高产优质油菜新品种示范推广过程中，对荷包村进行精准扶贫，共发放青杂 15 号种子 1330 袋（1330 亩）、有机肥 133 吨、磷酸二铵和尿素 36 吨；同时采取集中培训、田间地头指导等形式推广新品种青杂 15 号、化肥农药减量增效和病虫害绿色防控等技术。通过高产优质油菜新品种青杂 15 号和高产栽培技术集成，青杂 15 号的平均亩产比以前种植的老品种青杂 5 号增产 10% 左右，每亩增产优质油菜籽 30 千克，每亩增收约 150 元，全村共新增收入约 20 万元，户均增收约 800 元。

扶贫感言

在扶贫工作中，要把解决农业生产问题、提高农业生产效益作为首要任务。科技是第一生产力，要用科技的力量，促进农业生产提质增效。

助力产业发展　帮扶脱贫攻坚

——记国家特色油料产业技术体系岗位科学家　黄绪堂

黄绪堂，1964年11月生，黑龙江省农业科学院经济作物研究所，研究员。黑龙江省向日葵遗传改良工程技术研究中心主任，负责大兴安岭南麓贫困地区黑龙江省甘南县、明水县、延寿县扶贫工作，根据当地需要开展特色经济作物新品种、新技术的推广和技术咨询、科技培训等服务，为当地农民科技种田提供了技术支持，为当地贫困户脱贫攻坚做出了突出贡献。

近年来，向日葵抗逆育种岗位一直承担大兴安岭南麓贫困地区黑龙江省甘南县、明水县、延寿县的“三区”科技扶贫工作，对富裕县塔哈镇进行精准扶贫，向全国不同省区提供优良品种助力乡村振兴，通过加强区域内产业联合，助力产业扶贫。

服务“三区”　科技扶贫

应明水县科信局要求，黄绪堂团队与明水县地山农业科技发展有限公司建立帮扶业务联系，该公司是当地涉及贫困户的重要企业，与贫困户签订了养殖协议及土地流转协议，间接帮助贫困户就业、脱贫、致富；联系和组织专家对农业种植户和农业技术推广人员进行了业务培训、科普宣传和咨询服务，推荐新品种、新技术，指导贫困户科技种田；与明水县农业技术推广中心合作，建设明水县示范园区，推广优良品种和技术。

在甘南县科技扶贫工作中，对本土人才培育和科技支撑方面成效显著，在科研合作上有新成果。在甘南县中兴乡核心村进行精准扶贫，建立联系机制和技术支持，实施庭院经济项目带动农民致富，建立示范基地2个，示范展示品种5个，使5个贫困户家庭全部摘掉贫困户帽子；以专题讲座、微信、互联网等方式进行庭院经济作物种植技术指导，建立微信工作服务群2个；初步建立向日葵菌核病综合防控技术1套，并示范推广；协助开展其他高效经济作物（动物）的种植（养殖）技术服务，建立小型养殖基地3个。

在延寿县开展科技扶贫工作，黄绪堂团队相关专家先后12次到延寿县进行科技培训和技术服务，进村入户调研指导80余人次。服务面积合计3万亩，促进农民增收420万元。参加编写了《农业技术手册》，助力延寿县农民科技脱贫。在富裕县塔哈镇开展“向日葵高产栽培技术集成与示范”精准扶贫项目，针对富裕县向日葵生产实际情况，推广向日葵优良品种龙食葵 5 号，实现标准化栽培，促进了当地农民增产增收。

推广优良品种　助力乡村振兴

黄绪堂团队突破观赏向日葵育种瓶颈，选育出了国家产业技术体系第一个观赏向日葵品种龙赏葵 1 号、国内第一个观赏向日葵三系杂交种龙赏葵 5 号。近年来，岗位团队向全国十几个省区的企事业单位、县乡政府或村委会免费提供无花粉全分枝型观赏向日葵品种助力美丽乡村建设；将观赏向日葵品种带到了黑龙江省援疆的阿勒泰地区，取得了较好的展示效果；在黑龙江省延寿、青冈、明水、甘南、依安等贫困县将观赏向日葵引进了园区，引进了贫困村，引进了农家乐，既美化了乡村，美化了环境，又促进了农民脱贫致富。

育成的龙葵杂系列油葵杂交种在浙江省杭州市、湖州市和金华市试种成功，对浙江省发展特粮特经产业，打造景观经济，助力乡村振兴起到一定的引领和助推作用。2019 年 11 月 7 日浙江省农业科学院作物和核利用研究所组织省内外相关专家对金华市 660 亩不同地势和地力条件的地块进行测产，平均亩产 163 千克，其中核心区 200 余亩土地平均亩产 200 千克以上，最高亩产 248 千克。

加强培训调研　促进区域发展

黄绪堂团队充分利用 4G 网络客户端进行体系的宣传报道和服务“三农”工作，通过黑龙江农业科技服务云专家平台进行科技培训，农民可以通过掌上农业手机客户端随时取得联系和学习讲课内容，2 人次参加黑龙江省电视台组织的科技助农在线帮节目，现场解答农户提出生产中的问题；新建了黑龙江

■ 黄绪堂在黑龙江明水县示范园区开展品种调查

■ 黄绪堂在黑龙江富裕县开展精准扶贫

向日葵产业信息交流微信群，为黑龙江省向日葵产业扶贫提供了交流平台；本岗位团队坚持每年进行黑龙江省向日葵产业动态信息和存在问题的调研，并向省政府及主管厅局递交《黑龙江省向日葵产业调研报告》《黑龙江省向日葵产业存在问题和发展建议》等报告，协助各级政府掌握产业发展情况。

扶贫感言

新时代扶贫工作彰显了社会主义的本质和优越性，更加坚定了对中国特色社会主义的道路自信、理论自信、制度自信和文化自信。当前，脱贫攻坚已经进入关键性决胜阶段，很多贫困户已经实现脱贫摘帽，这离不开以习近平同志为核心的党中央的坚强领导和全体扶贫队员的艰苦付出。

应进一步加强农村低收入人群的辨别机制，使真正贫困人员能得到有效扶持，做到有的放矢，防止“大水漫灌”；应加强贫困户思想观念转变，积极配合政府扶贫，做到主动作为；要加强基础设施建设，改变贫困户的生产生活条件；应继续完善相关扶贫政策；要动员全党全国全社会力量，继续夯实脱贫攻坚成果，做到脱贫人员远离贫困走向富裕。

不忘初心奏华章　奋楫扬帆谱新篇

——记国家麻类产业技术体系综合试验站站长　康红梅

康红梅，1968年8月生，中共党员，山西农业大学（山西省农业科学院）经济作物研究所，研究员。特种经济作物研究室主任，山西农业大学硕士生导师，国家麻类产业技术体系执行专家，山西省非主要农作物品种认定专家。在山西晋中市和顺县、忻州市偏关县开展工业大麻高产栽培技术试验示范及科技扶贫工作。

政府主导　科技支撑　企业参与　工业大麻产业助力脱贫攻坚

2015年，和顺山西宏田嘉利农业科技有限公司老总杨建青打电话咨询工业大麻产业发展情况，期望给予技术支持，康红梅带领团队随即前往和顺进行产业调研。当时公司刚刚起步，规模较小，通过调研发现，和顺县是山西省工业大麻传统种植区域，当地气候非常适宜籽用工业大麻种植，不仅产量稳定、品质好，且和顺县农业局大力支持发展工业大麻产业，这更加坚定了康红梅的信心，决心通过工业大麻产业在和顺脱贫攻坚工作中开辟一片新天地。

和顺县东倚太行山，山地、丘陵居多，海拔1300米以上，年平均气温低，昼夜温差大，无霜期较短，是杂粮之乡，但杂粮收入较低。根据和顺县地理气候特征，康红梅带领团队为和顺县发展工业大麻产业制定了一套工作方案：先扶龙头企业，以企业带动贫困农户；以籽用为主、纤维用为辅，打造有机绿色地方特色品牌；政策支持、技术服务相辅相成。

根据掌握的信息技术，为企业产品定位为有机、保健、高端，打造地方特色品牌。借鉴榆社县工业大麻产业发展经验，推进企业与贫困农户签订订单收购合同，以每千克10元收购麻籽，和顺县农业局补贴种植贫困户每亩300元，2016年种植700亩全部申请了有机认证。同年，在和顺进行了23个品种鉴定试验，3个品种展示，并对种植农户进行了3次技术培训，康红梅在种植期间蹲守基地半个月，现场指导解决种植问题，生育期间考察3次。在部分杂草为害特别严重的地块联合杂草与综合防控岗位柏连阳教授进行技术指导，妥善解决了草害问题。当年年底结算，平均亩收入1200元，加上补贴1500元，种植贫困户喜出望外，纷纷表示来年还种。

康红梅在山西和顺县开展工业大麻杂草情况调研

2017—2019 年，康红梅引进适宜和顺县种植的工业大麻新品种汾麻 3 号，并改良地方品种；引进并示范“籽用工业大麻旱作高产栽培技术”，种植面积达到 1 万亩左右，带动贫困户 1000 多人，帮助企业申请项目资助 100 多万元，使其逐步走向正轨。

康红梅在山西和顺县大夫岩村开展工业大麻种植收益调研

2020 年，和顺县政府为宏田嘉利农业科技有限公司在和顺县农业产业园新盖厂房，增添设备，企业实力倍增。同年，宏田嘉利农业科技有限公司依托汾阳工业大麻试验站技术支持，联合山西医药集团，在和顺县发展纤维用工业大麻 1.9 万亩，总种植面积达到 2.5 万亩，带动贫困农户 3000 多人，使工业大麻产业真正成为脱贫的支柱产业。2020 年和顺县组织工业大麻产业发展论坛，论坛会上康红梅就“和顺县工业大麻产业发展优势及存在问题”进行交流，为和顺县工业大麻产业发展出谋划策。

多次实地调研指导　引进企业助力产业扶贫

2019 年，偏关县扶贫大队联系技术体系专家，考虑依靠工业大麻产业帮助偏关脱贫，康红梅带领团队在偏关 5 个乡 14 个村进行实地考察，确定了部分种植区域。从种到收，康红梅往返偏关 7 次进行技术指导，培训种植贫困户 100 多人次。通过汾阳工业大麻试验站的牵线搭桥，偏关县政府与山西绿州纺织有限公司、榆社田禾生物科技有限公司签订了麻纤维、麻籽订单收购意向合同，年底收入达到了预期效果。2020 年，偏关县与山西医药集团合作，进一步扩大种植规模，巩固产业脱贫成果。

康红梅不辞劳苦，竭尽全力，经过多年努力，和顺、偏关等贫困县工业大麻产业得到长足的发展，工业大麻产业在脱贫摘帽中起到重要的作用。虽然苦点累点，但看到了贫困农户通过工业大麻产业摘帽脱贫，看到了贫困县工业大麻产业不断壮大，康红梅的心像开了花一样，觉得实现了自己的社会价值，同时也感受到国家麻类产业技术体系的支撑力量。未来，康红梅将更坚定地投身到工业大麻产业中，为巩固脱贫攻坚取得的成果、山西工业大麻产业的发展壮大竭尽所能、奉献终身。

扶贫感言

多年的产业扶贫工作，不仅对康红梅的工作进行了检验，对她的心灵也是一种洗礼。康红梅更加清楚地认识到，党中央对精准扶贫、脱贫攻坚的坚定信念和决心；更进一步感受到，科学技术是第一生产力，不仅要扶贫，更要扶智，不仅要政策扶贫，更要体现科技扶贫。

一是体系强大的技术资源是汾阳工业大麻试验站团队扶贫工作坚强的后盾。依托国家麻类产业技术体系，能及时了解掌握全球工业大麻产业动态，帮助企业精准定位。与体系各岗位专家、各试验站支持配合，及时解决在扶贫工作中遇到的各种技术问题。龙头企业发展壮大是发展当地产业的基础保障。二是企业健康发展，产品销售顺畅，才能实现“产、研、农”一体化，保障贫困种植户收益，达到精准扶贫的目的。

抓良种和新技术推广应用
提升贫困蔗区蔗农种蔗效益

——记国家糖料产业技术体系岗位科学家　谭宏伟

谭宏伟，1961年2月生，广西壮族自治区农业科学院，二级研究员。国家蔗糖产业协同创新中心甘蔗高产高效栽培技术团队首席科学家，长期从事甘蔗生产技术研究，获国家科技进步奖二等奖1项和三等奖1项，省（部）级科技进步奖一等奖和二等奖8项，三等奖13项；获得国家发明专利5项；发表与甘蔗生产有关论文67篇，出版3部专著；为甘蔗生产和提升贫困蔗区农民种蔗效益提供技术支撑。

甘蔗种植收入是广西农民的主要收入来源之一，尤其在贫困蔗区；但是长期以来广西贫困蔗区甘蔗良种占有率极低，97%以上是已退化新台糖22，平均亩产仅3.2吨；国家糖料产业技术体系广西片区负责人谭宏伟所带的团队在贫困蔗区抓了如下几方面工作并取得良好业绩。

优化甘蔗新品种选育和推广　开展良种扶贫服务

一是抓好甘蔗良种选育和繁育基地建设，为贫困蔗区供良种。在谭宏伟同志的精心组织下优化甘蔗选育种团队并从自治区政府争取财政甘蔗育种专项经费3000多万元，加强甘蔗品种改良工作，选育出一批甘蔗新品种；与全区各地糖业部门和企业合作，2013—2020年建立良种筛选示范基地5个，面积5035亩，筛选出了一批适合广西各蔗区种植的甘蔗新品种，如桂糖42号和柳糖05-136等，良种繁育基地每年向贫困蔗区农民提供低价优质蔗种30210吨，现已实现贫困蔗区100%使用甘蔗良种。

二是抓甘蔗新品种的推广。谭宏伟同志利用国家糖料产业技术体系岗位科学家和试验站的平台，推广体系岗位科学家选育甘蔗良种占比达89%，在贫困蔗区甘蔗良种占比达100%，已代替退化严重新台糖22。

例如，2017/2018年榨季宁明县，全部采用甘蔗良种，农民销售原料蔗收入139885万元，比上个榨季的123500万元多16385万元；农民人均种蔗收入约5464元，比上个榨季的4824元多640元。龙州县2017/2018年榨季甘蔗种植计划任务是55万亩，全部采用甘蔗良种，全县甘蔗产业共涉及贫困户数为 10010 户，共帮助 7951 户贫困户，甘蔗平均亩产 7.2 吨，增产增收效果显著。

在谭宏伟同志的组织及带领下近年来国家糖料产业技术体系选育甘蔗新品种累计推广面积超 1200 万亩，原料蔗产值超 250 亿元，工业产值 350 亿元以上，为全区脱贫攻坚和国民经济发展做出了重要贡献。

应用新成果提高种蔗效益　有效实现节本增效精准扶贫

谭宏伟同志带领的团队首创发明了甘蔗一次性施肥及配套栽培技术、甘蔗试管苗光合自养生根技术和甘蔗健康种苗扦插栽培技术。

甘蔗一次性施肥及配套栽培技术在广西崇左、来宾蔗区示范推广 100 多万亩，增产甘蔗 100 多万吨，减少生产成本 100 元 / 亩以上并增加收入 150 元 / 亩以上，为甘蔗生产提供高效节本增效技术。

推广甘蔗试管苗光合自养生根技术和甘蔗健康种苗扦插栽培技术，建立甘蔗组培快繁生产及示范基地 12 个，累计为全区甘蔗良种繁育基地生产原原种苗约 2000 多万株。合作建设一级、二级、三级良繁基地共 14 个，自 2016 年以来 5 年累计繁育甘蔗良种 45 万吨。

深入定点扶贫县蔗区　开展培训帮扶活动

甘蔗种植收入是贫困蔗区农民的主要收入来源，为了提高农民的科学种蔗水平和解决生产中存在的问题，谭宏伟同志每年带团队到贫困蔗区培训技术骨干和农民 1500 人次，发放品种介绍及技术资料 1700 多份；培训内容包括甘蔗生产的各个方面，如甘蔗新品种介绍、甘蔗生产田间管理、高效施肥技术、病虫害识别与防治技术等。同时带领团队成员深入蔗区生产第一线进行实地调查研究，答疑解惑，使蔗农尽快掌握高效种蔗技术知识，有效提高甘蔗生产效率和农民种蔗效益和收入，实现脱贫致富。

由于贫困蔗区培训效果显著，中华人民共和国商务部高度重视，2019 年中华人民共和国商务部贸易调整援助食糖产业试点培训项目（贫困户糖料种植技术培训）在广西举办，谭宏伟同志被聘为授课教师，撰写教材为 500 人（户）进行甘蔗高效生产技术的培训。

与其他体系协作工作　提高种植甘蔗效益

谭宏伟同志紧抓国家糖料产业技术体系与国家花生产业技术体系、国家养牛产业技术体系协作工作，借此解决提高产业效益。

甘蔗种植区套种花生，在不影响甘蔗产量的基础上套种，亩增收花生 120 千克，增收 600 元，经济效益显著。

甘蔗收获季节是养牛缺乏青饲料的时期，每收获 1 亩甘蔗，产出 0.8~0.9 吨甘蔗尾梢，在江州蔗区的实践表明，收集每亩蔗地甘蔗尾梢可卖 300 元给养牛作青饲料，既增加蔗农收入，也能解决养牛青饲料问题，该项技术已被蔗区采纳并推广应用。

■ 谭宏伟在广西田东县开展甘蔗生长前期技术指导

■ 谭宏伟在广西罗城仫佬族自治县开展甘蔗生长前期技术指导

扶贫感言

蔗糖产业是广西的支柱和特色优势产业，是广西“千亿元产业工程”重点发展产业，占全国总产糖量60%左右，涉及90多个县（市、区），涉蔗农民2000多万人，相关产业工人10多万人，大部分甘蔗主产县市蔗糖业税收占当地财政收入40%以上，一些县市达70%。广西糖业的发展事关我国食糖供给安全，在促进经济发展、保障财政收入、实现农民增收、促进民族团结、脱贫攻坚和边疆巩固安宁等方面都发挥了重要作用。

但是，目前广西甘蔗品种单一化严重、种性退化、生产立地条件差、单产不稳、机械化程度低、过量施肥、生产成本高等问题比较突出，甘蔗产业综合生产能力、综合效益和产业竞争力还比较弱，要彻底改变这种状况，必须依靠科技，大力实施科技兴蔗战略。

精准谋划扶贫产业　科技助力茶农增收

——记国家茶叶产业技术体系综合试验站站长　张　强

张强，1968年10月生，中共党员，湖北恩施州农业科学院，正高职高级农艺师。获评国务院政府特殊津贴专家、湖北省突出贡献中青年专家、全国优秀茶叶科技工作者。承担利川市谋道镇四合村的脱贫攻坚帮扶任务，同时作为农业农村部定点扶贫县产业顾问组成员，积极投身来凤县、咸丰县的定点扶贫与帮扶工作。

精准谋划扶贫产业

利川市谋道镇四合村是恩施州农业科学院的对口帮扶村，全村耕地面积1692亩，12个村民小组，共334户1065人，建档立卡贫困户143户400人，以传统粮食作物种植为主，没有主导产业，经济基础十分薄弱，全村近600人常年在外务工，是典型的深度贫困村。

2017年恩施州农业科学院扶贫“尖刀班”进驻实施精准帮扶工作，明确以产业扶贫吸引能人回村带动经济发展，充分发挥单位科技优势助推精准扶贫工作的开展，先后开展香菇、优质水稻种植，中蜂、土鸡养殖等扶贫项目，2018年张强带队驻村，通过调研分析，“尖刀班”与村支两委形成发展高山有机茶为主导产业的共识，为此步入了艰辛的群众发动工作，村民不理解就找明白人做工作，村民不支持就召开院坝会，村民不了解就组织村民到茶区考察。但随之问题又来了，发展没有主体，资金没来源，张强又找企业进驻并寻求部门支持，经过近一年的工作，在2019年下半年终于开始实施新茶园的建设，推行“内环式”栽培模式、选择中茶108优质茶树新品种、采购容器苗实施覆膜栽培等系列新技术新品种，打造出了一片高标准高质量高山景观茶园，2020年5月12日，人民网以“扶贫茶美如画”为题报道四合村新建茶园，美丽的茶园让村民看到了希望，同样也得到了地方主管部门的高度肯定与认可，真心帮扶得到群

■ 张强在湖北四合村指导老百姓种植茶苗

■ 张强在湖北咸丰大路坝向农业农村部扶贫组介绍“去夏增春”茶园生长情况

众的认可让人欣慰，未来仍将强化茶园管理，采用“一年交园子”配套技术让茶园早投产茶农早受益，要让“农科院的同志是真心帮我们”的这句赞美变成村民实实在在的收入，让扶贫茶成为四合村老百姓的致富茶。

科技助力茶农增收

咸丰县是农业农村部定点扶贫县，唐崖镇龙潭坝村是一个深度贫困村，全村 582 户，1786 人，全村建档立卡贫困户 282 户 890 人，全村现有茶园 1500 亩（白茶 1300 亩，黄金芽 200 亩），已成为全村老百姓的主要收入来源，近年来，张强带领恩施试验站团队成员及咸丰县技术骨干，指导实施“去夏增春”技术管理模式，全村茶园亩年均收入超 8000 元以上。该村芭蕉溪小组茶农覃春明，家庭总人口 6 人，5 个劳动力，家有白叶一号茶 3 亩，2017 年亩收入不足 4000 元，在专家指导下开展科学管理茶园，通过在春茶结束后深修剪并重施有机肥，不仅春茶产量提升且鲜叶质量也提高，其收入也逐年增加，2020 年，茶叶收入 4 万多元，亩收入 11000 元左右，科学种茶不仅帮其脱了贫并走上了致富的道路。

扶贫感言

在打赢脱贫攻坚战开展精准扶贫工作中，实施产业扶贫的工作难度非常大，作为贫困村其产业基础薄弱，更难的是村民的观念难以转变，这也是其成为贫困村的原因。要做好产业扶贫工作，其实是对帮扶单位及驻村工作队的严考，贫困村发展产业其本质是发展产业的条件不好，要做好产业扶贫工作，首先要将扶贫与扶智相结合，把扶智与扶志融合在一起，只有在广大群众认可并且参与下，帮扶工作才能很好地开展。发展产业，一是要围绕地方成熟大产业，结合本村实情找准突破口；二是要有市场主体进入；三是要依靠科技实现弯道超车，这样扶贫产业才能成功，也才能实现真扶贫扶真贫的目标。

响应党和国家号召　科技助力扶贫的中药专家

——记国家中药材产业技术体系岗位科学家　高文远

高文远，1965 年 2 月生，中共党员，天津大学，教授。世界中医药联合会药用植物资源利用与保护专业委员会会长，天津大学药学院科技扶贫模范，“三区三州”中药材科技扶贫专家，对口帮扶青海果洛藏族自治州班玛县和久治县及甘肃宕昌、陕西略阳、云南文山等多个国家重点贫困地区。

服务“三区三州”，科技助力产业扶贫

作为青海省领军人才，农业农村部青海省“三区三州”中药材科技扶贫专家，高文远联合青海民族大学药学院，对口帮扶青海果洛藏族自治州班玛县和久治县。

班玛县、久治县地处青藏高原腹地，平均海拔 3000 多米。两年多来，高文远多次深入一线，就班玛县、久治县野生植物种类、中藏药材种类进行了大量的调研工作。发现班玛县、久治县植物种类有 50 余科、700 余种。野生药用植物主要有冬虫夏草、川贝母、唐古特大黄、秦艽、甘松、黄芪等。在实地调研的基础上，高文远结合青海省政府《加快中藏药材种植基地建设的意见》，为当地中藏药材产业发展、存在的问题等提出具体的规划和建议：基于青海省班玛县和久治县优质和特殊的自然环境，联合以现代中药、天然药物研究开发为主的制药企业，共同推进当地特色药材资源的生产和开发；通过龙头企业生产营销特长与资源优势区的紧密联合，促进当地藏药产业发展。

高文远团队帮扶成效显著，在智青松多镇、亚尔堂乡重点建设唐古特大黄种植基地，鉴于当地地处三江源保护区腹地，故采用生态种植与野生抚育相结合的方法种植；建设药材初加工基地，占地 10~15 亩，建筑面积 3500~4000 平方米，为当地藏药产业的形成、发展、壮大奠定了良好基础。

针对当地的具体情况，高文远提出了中药材科技扶贫三级开发策略：首先是搞好大黄、手掌参等中药材的生态种植，一方面保护生态环境，另一方面生产高品质大黄等中药材；其次是结合当地资源开发高端饮片、颗粒饮片和保健品等；最后是联合当地的藏药企业开发经方颗粒，重点开展以大黄、秦艽为原料的三化汤研究。目前这些建议获得了青海省领导的高度重视，部分内容已经通过青海省科技厅立项。

开发中药材生产关键核心技术，实现科研扶贫

近年来在国家中药标准化项目、天津市科技计划项目、天津大学资助基金扶贫项目等科研项目的资助下，高文远在贫困地区开展了标准化种植基地选择、优良种植品种选育，如甘肃宕昌的大黄、黄芪、党参、当归等，提升了种植药材质量及产量；在陕西略阳进行天麻、黄精等药材生态种植技术及加工炮制技术推广，指导中药饮片加工单位的相关技术流程，推动其规范化、标准化、市场导向性生产；对山西五寨道地药材黄芪、贵州余庆太子参、青海黄南州大黄等药材的种植及仓储等进行技术指导；积极联系国内一线医药企业，为贫困地区中药种植基地牵线搭桥，寻求良好的合作机遇，促进其生态良好地自我运行。

在充分调研当地中药材资源分布、生长环境等基础上，高文远攻坚克难实现了昌都地区中药大黄的生态种植，规模已达上万亩，极大地推动了当地中药产业发展，造福当地百姓。

高文远在青海班玛县开展大黄资源调研

扶贫感言

中药产业扶贫首先要在充分调研当地生态环境的基础上，选择适宜的药材开展生态种植，并发现种植中存在的科学问题，寻找切实可行的解决方案，既要实用又要让农民容易掌握。此外，应当重视下游产品开发，提高产品附加值。通过龙头企业生产营销特长与资源优势区的紧密联合，提高农民收益，不仅种得出来，还能卖得更好。

构建“绿肥+” 助摘“贫困帽”

——记国家绿肥产业技术体系综合试验站站长 吕玉虎

吕玉虎，1974年1月生，信阳市农业科学院，研究员。2017年以来，在完成体系任务的同时，积极投身于产业扶贫工作，重点在大别山革命老区潢川县、光山县和罗山县等地开展产业扶贫工作，运用“绿肥+”技术体系，千方百计让农民腰包“鼓起来”，让大别山成为名副其实的绿谷宝地。

绿肥打响脱贫攻坚战

在大别山革命老区，提起吕玉虎教农民种绿肥的事儿，几乎每个人都能说上几句。2017年，吕玉虎担任国家绿肥产业技术体系信阳综合试验站站长，从此，吕玉虎带着团队走出了实验室，踩着泥巴，与大别山的百姓紧紧地绑在了一起，走上了一条不同寻常的路。他聚焦家乡传统农业，开展基于绿肥的清洁稻米等农产品生产，让大伙都能记住“家乡的味道”，带动老百姓一起致富。绿肥具有耐贫瘠、抗逆性强等优点，可以在耕地质量较差的稻田和山区种植。但也因为这样，绿肥也与贫穷结下了“不解之缘”。信阳大别山革命老区，被称为绿肥的天堂，可农民，却曾经无法依靠绿肥摆脱贫困。吕玉虎跑遍了大别山的沟沟坎坎，他发现，这里绿肥产量低，病虫害多发频发，收获难，诸多问题叠加，急需科技支撑。于是吕玉虎联合绿肥体系岗位科学家进行协同攻关，研发出一整套化肥替代、养分减损、土壤培肥、水稻稳产丰产的绿肥高效利用技术体系，并聚体系之力示范推广，助力大别山区脱贫攻坚。从那时起，吕玉虎便踏上了一条从实验室通往田间地头的扶贫之路，扎根基层，走村串户，风雨兼程，从未间断。

小绿肥挑起扶贫大产业

老百姓要看的是地里长出来的实实在在的东西。于是，吕玉虎找到当地种植大户先行示范，在罗山、光山、潢川等县建立产业扶贫示范基地6个，帮扶贫困村示范种植了12万多亩紫云英。光山县蒋楼村是个水稻种植村，稻子收获后稻田就一直“白”着。2018年，吕玉虎在村里建立紫云英种子生产示范基地，并邀请体系种子生产技术岗位、机械岗位等专家共同开展技术服务。2019年紫云英种子亩产 40 千克，亩增效 350 元。紫云英种子收获后种植水稻，稻谷增产还增香，亩增效 120 元。基地带动贫困户 25 户，户年增收 0.56 万元。在吕玉虎和团队的努力下，绿肥在当地产业扶贫中唱起了“主角”。

让绿肥“赋值”产品品牌化。罗山县朱湾村罗山县问津种养殖专业合作社流转耕地 4600 亩，每年只种一季稻，冬季撂荒。2017 年，吕玉虎在合作社开展绿肥—水稻高产高效清洁生产技术示范，合作社每年种植绿肥 1000 多亩，全社土地 3 年轮一遍来种植绿肥。种植翻压绿肥后，用化肥少了，而土地肥了，不仅一亩能增收稻谷 50 千克，而且稻米口感好，价钱高，每千克高出市场价 0.4 元，且供不应求，品质溢价收入 25 万元，加上紫云英还田的减肥增产效益，年水稻生产提质增效 40 万元，合作社带动贫困户 40 户，每户年增收 0.5 万元。腰包鼓了，贫困的群众笑了。“农民的微笑就是我们发表的论文”，吕玉虎说。

让绿肥“赋能”企业龙头化。这两年，潢川的有机稻米火了。潢川县柳店村潢川豫川粮业有限公司 2013 年开始用紫云英作肥源进行有机稻米生产。但由于技术原因，效益一直不高。在吕玉虎指导下，公司在品种上，采用鲜草产量更高的绿肥品种，如宁波大桥紫云英、毛叶苕子等；在技术上，采取机械开沟防渍技术，秸秆粉碎还田增加稻田养分及提高绿肥成苗率，稻田养鸭防水稻杂草和虫害，利用灯光和性诱剂防治害虫。结果，绿肥鲜草产量大幅度提高，病害虫害大减，有机稻米亩产达到 200 千克以上，亩产值稳定达到 6000 元以上。15 户贫困户通过参与基地生产和管理获取报酬，户年增收超 0.6 万元。企业的规模大了，农户的收入高了，大家无不给他竖起大拇指。

让绿肥“赋力”产业现代化。这两年，信阳的绿肥面积达到 120 多万亩，扶贫工作让吕玉虎声名远播，县区政府找上门来让帮着做规划，茶农、果农、菜农也联系他，要求把绿肥技术应用到更多作物上。吕玉虎又开始着手发展绿肥功能产业。在绿肥体系的科技力量支撑下，吕玉虎不仅拓展了信阳绿肥

■ 吕玉虎在河南罗山县子路镇朱湾村开展清洁稻米生产技术指导

■ 吕玉虎在河南光山县蒋楼村开展绿肥种子机械收获技术指导

种业、肥饲及肥粮兼用等传统综合利用方向，还进一步梳理了绿肥蜂蜜、绿肥清洁稻米、绿肥功能性副食品、绿肥文化旅游等产业发展路径，拓展了大别山绿肥产业扶贫的路子，发挥了绿肥的绿水青山效应。

扶贫感言

发展产业是实现脱贫的根本之策。培育产业，重在科技创新。科技助力河南大别山区脱贫，一个成功秘方就是让绿肥在产业扶贫中唱主角。以绿肥为产品赋值，推动产品品牌化；为企业赋能，推进企业龙头化；为产业赋力，加快产业现代化。开对“药方子”，才能拔掉“穷根子”。深入践行“两山”理论，聚焦产业高端化、绿色化、融合化发展方向，坚持“全县域”绿色发展方式引领、“全环节”绿色高效技术集成，坚持以“绿起来”带动“富起来”进而实现“强起来”的根本目标，变绿肥生态要素为生产要素、生态价值为经济价值、生态优势为发展优势，不断积淀和发挥绿色清洁食品质量优势、品质优势和品牌优势，提高产业的创新力和竞争力，就是大别山革命老区脱贫致富的“好方子”。

科技助力产业发展　真心帮扶农民脱贫

——记国家大宗蔬菜产业技术体系综合试验站站长　万新建

万新建，1971年5月生，江西省农业科学院蔬菜花卉研究所，研究员。主要从事苦瓜遗传育种、栽培技术研究与推广工作，扶贫区域包括江西省永新县、遂川县等。

选准产业，真心帮扶助脱贫

江西省永新县是国家级贫困县，该县三湾乡为实现脱贫，有意发展丝瓜络产业，并于2017年3月通过县农业农村局吴晓华副局长找到国家大宗蔬菜产业技术体系南昌综合试验站站长万新建，寻求技术扶持。万新建同志对此高度重视，带领试验站团队成员第一时间与三湾乡政府进行了对接。首先与乡、村干部、贫困户代表及县、乡农技人员进行了座谈交流，从丝瓜络生产的技术特点、三湾乡的生态条件等方面分析、认证发展丝瓜络产业的可行性，并陪同到抚州市东乡县美尔丝瓜络有限公司及其种植基地进行实地考察，签订了收购合同，解决了丝瓜络销售的后顾之忧，从而统一了认识，凝聚了人心，认为发展丝瓜络产业具有“短平快”的特点，适合作为扶贫产业在全乡大力发展。之后，万新建同志精心组织，制定了较为详细的技术帮扶方案。对络用丝瓜的种植进行了全程跟踪指导，多次赴种植基地，就育苗、搭架整枝、人工授粉与留瓜、病虫害防治等技术开展实地指导及现场培训。并通过微信、电话等方式，对种植户遇到的实际问题进行实时解答。针对络用丝瓜种植中瓜实蝇为害严重问题，由于受专业所限，技术指导对瓜实蝇的防治效果不够理想，为此，2018年5月，南昌综合试验站特意举办培训班，邀请大宗蔬菜产业技术体系露地蔬菜虫害防控岗位专家、浙江大学刘银泉教授进行授课，就瓜实蝇、瓜螟、黄守瓜等丝瓜主要虫害的综合防控技术向种植户进行了详细讲解，赠送了瓜实蝇诱捕器及诱杀剂并现场演示了使用方法，培训种植户60余人。通过实地指导与培训，使瓜实蝇等害虫的为害大大减轻，培养了一批络用丝瓜种植能手。在科技帮扶下，共指导全乡种植络用丝瓜总面积171.7亩，帮扶贫困户47户，实现贫困户人均增收2000余元。

精准施策，解决产业问题促发展

江西省遂川县也是国家级贫困县，在2016年1月开展的蔬菜生产调研过程中，该县农业农村局同志反映泉江镇太盘村发展的茄子产业非常有特色，全村共发展大棚早茄子200余亩，2月中旬即开始上市，上市早，效益好。但由于江西早春气温低、阴雨天气多，湿度大，因而灰霉病非常严重。对此，万新建同志立即带领团队成员前往考察，经过实地充分调研，制定出详细的绿色防控技术方案，即“太阳热大棚消毒+摘残花、清园为重点的农业防治+开花后生防药剂预防2次+发病初期化学防治1次”并进行示范。同时在示范过程中对种植户开展技术指导和培训。为取得好得防控效果，万新建同志向体系设施病害防控岗位专家李宝聚研究员求助，引进李宝聚研究员团队研发的新型手持式喷粉器及生防药剂枯草芽孢杆菌粉尘剂用于示范。示范栽培与对照相比，减少化学农药使用3次，亩节约成本150元以上，灰霉病发生明显减轻，早期产量增加30%以上，亩产值达15000元，较对照增收3000~4000元。种植效益的提高，进一步带动了其他贫困户种植大棚早茄子的积极性。并且，通过技术示范，使温室大棚消毒、摘残花、清洁田园等农业防治技术措施得到重视和使用，推广了枯草芽孢杆菌等生防药剂及其使用技术，有效提高了该县茄子种植的技术水平。

■ 万新建在江西永新县三湾乡络用丝瓜基地开展技术指导

扶贫感言

习近平总书记说过：“要脱贫也要致富，产业扶贫至关重要。”产业是发展的根基，也是脱贫的主要依托。蔬菜产业具有效益高、见效快的特点，是农民实现脱贫的首选产业之一。要发展好蔬菜产业，离不开技术的支撑，这就需要我们科技人员的助力。而这也是当代农业科技人员的重要使命。在实行科技助力产业扶贫的过程中，万新建深深体会到，要成为一个优秀的科技助力产业扶贫的帮扶人员，首先，自身要有扎实的专业知识，才能在技术帮扶中做到游刃有余；其次，要真心、用心，只有用心了，才能得到农民的认可，帮扶才有意义。最后，要充分发挥体系的作用，确保产业发展过程中出现的各种技术问题都能得到最有效的解决。

科技扶贫道路上的追梦人

——记国家西甜瓜产业技术体系综合试验站站长　王毓洪

王毓洪，1968 年 7 月生，宁波市农业科学研究院，研究员。按照党中央援疆工作和东西部扶贫协作的有关精神及宁波市委市政府的统一部署，宁波综合试验站依托单位宁波市农业科学研究院对口支援新疆维吾尔自治区库车县、贵州省黔西南布依族苗族自治州、吉林省延边朝鲜族自治州等。从 2014 年开始，选派科技人员赴新疆库车开展科技扶贫工作。2018 年，组建西甜瓜产业技术服务团队，精准对接贵州黔西南和延边，有效提升当地西甜瓜技术水平，增强当地的农业产业“造血”能力。

民族团结瓜飘香边疆

宁波综合试验站的甬甜 5 号甜瓜被新疆库车瓜农亲切地称为“民族团结瓜”。2014 年，王毓洪站长与宁波市援疆指挥部研究将甬甜 5 号作为扶贫作物引到库车种植，并多次到库车指导甜瓜生产，凭借良好的口感和较强的适应性在当地一炮打响。

4 年前，在库车齐满镇白杨村，王毓洪站长给农民专业合作社送来甬甜 5 号的种子。“口感很好，脆甜，跟本地瓜的口感不一样，而且一个瓜两三斤重，正合适一家三口吃”，合作社负责人杨春艳被脆鲜的口感征服，并看中了该品种的市场前景。目前，该合作社 34 个大棚中的 20 个种了“团结瓜”，一年可以种两茬，亩产 2 吨左右，每个大棚的产值 2 万元以上。

新疆日照时间长、昼夜温差大，用天山雪水浇灌、无污染，种出的甜瓜品质更好、更脆甜，糖度可

■ 王毓洪在黔西南州指导西瓜生产

达到 18 度。甬甜 5 号好种、好吃、好卖的名声在新疆瓜农中口口相传，从南疆到北疆，堪称宁波科技扶贫的“明星”产品。库车种植的甬甜 5 号也获得了宁波市民的追捧，售价每千克 6~8 元。甬甜 5 号在新疆累计种植 3000 亩以上，亩均纯收入 3000 元以上，是棉花等传统作物的 5 倍以上，给当地瓜农带去了实实在在的效益。

在吉林敦化挂职的宁波农技干部调研发现，当地秋冬季气温低，地产水果品种少、价格高，经过与宁波综合试验站对接，王毓洪站长决定在敦化试种甬甜 5 号甜瓜。2018 年，甬甜 5 号远赴东北在吉林敦化进行试种获得成功。2019 年，作为东西部对口协作项目之一，甬甜 5 号种植再获成功，被当地市民以每千克 20 元的价格抢购一空。2020 年，甬甜 5 号在敦化 7 个基地种植，亩产值达 4 万 ~5 万元，当地不少农户认为该品种在东北大有可为。目前，当地已建立甬甜 5 号种植项目的长效帮扶机制，进一步推广甜瓜种植，念好“产业扶贫经”，带动农户实现家门口增收致富。

西瓜扎根西南沃土

兴义市巨丰四季果业有限公司是东西部协作技术扶贫的示范基地，宁波综合试验站的甬蜜 2 号西瓜一个个圆滚滚的挺着肚子晒太阳。“我们这次试种的 15 亩西瓜，4 月底种下瓜苗，6 月底西瓜便陆续开始上市，到 7 月中旬已卖了 2500 多千克。这个西瓜品种皮薄瓤实口感好，一上市就供不应求。”基地负责人肖飞高兴地说，眼见市场反响很不错，公司打算 8 月再试种 50 亩秋瓜。依靠宁波综合试验站强大的技术优势，黔西南州引进了甬蜜 2 号、甬蜜 3 号、甬蜜 4 号、甬蜜 6 号等西瓜新品种在望谟、兴义等地试种。在宁波和黔西南两地科技人员的指导下，义龙新区龙广镇柘仑村和望谟县大观镇大观村等地种植西瓜获得了成功，亩产值超过 7000 元，昔日种植玉米等传统作物的土地摇身变成了“万元田”。

宁波综合试验站与黔西南喀斯特区域发展研究院针对该州西瓜产业发展实际情况，制定黔西南州西甜瓜生产技术指导方案，实施西甜瓜产业帮扶项目，联合申报“这方山水”商标，举办“西瓜栽培技巧”等技术培训班 6 场、培训学员 171 人次。利用东西部技术协作扶贫契机，宁波综合试验站整合技术优势和人才优势，构建“基层—科研院所—企业—市场”四位一体的“科技联合体”，打通科研成果转化“最后一公里”，为脱贫攻坚提供技术支撑和智力服务，使产业得发展，让农民得实惠，相关工作获得黔西南州委书记刘文新批示。

扶贫感言

产业扶贫要利用各方优势，特别是利用体系的力量，精准发力，推动产业发展，提高农民收入。一是因地制宜，精准扶贫。试验站与当地农业科研院所、农业主管部门深入调研和科学谋划，根据当地实际情况，科学制定针对性、操作性强的精准扶贫方案。二是整合资源，发展产业。充分发挥西甜瓜体系的技术、品种和人才优势，与当地农业科研院所形成科技扶贫的合力，将成果转化的“最后一公里”打通，在脱贫攻坚道路上突围，使产业得发展，让农户得实惠。三是创新机制，共享红利。构建“基层—科研院所—企业—市场”四位一体的“科技联合体”，充分发挥科技帮扶队伍主力军作用，将生产一线作为脱贫攻坚主战场，让农户、企业充分享受科技红利。

播撒甜蜜　让小柑橘成就脱贫大事业

——记国家柑橘产业技术体系综合试验站站长　彭际淼

彭际淼，1964年12月生，湘西州柑橘科学研究所，研究员。在湘西贫困山区从事柑橘技术研究与推广30余年，为推动湘西柑橘产业发展，充分发挥柑橘产业在脱贫攻坚中的作用做出了积极贡献。先后荣获湘西州第七届科技兴州先进个人、湘西州抗冰救灾先进个人、湘西州扶贫开发先进个人、湘西州优秀农业技术员、湖南省政府特殊津贴、湖南省最美科技工作者等表彰。彭际淼孜孜不倦地推广农技知识、真情服务“三农”、助力产业脱贫，让我们倾听他潜心科研、把自己科研成果写在大地上的故事……

优化柑橘区域布局，湘西柑橘重焕生机

湘西自治州地处湖南省西北部武陵山区，得天独厚的自然条件，非常适合柑橘的生长，是柑橘栽培的理想区域。20世纪80年代以来，湘西柑橘快速发展，至2007年全州柑橘栽培面积达108万亩，引领全州橘农走上了致富之路，小小柑橘被湘西果农形容为“希望果、脱贫果、增收果、幸福果”。2008年产业急转直下，湘西耗时20多年精心培育的柑橘支柱产业遭受重创，椪柑价格低迷、销售难持续多年。如何让湘西柑橘重焕生机，让果农流汗不流泪，是摆在彭际淼和他的团队面前的重大课题。针对湘西柑橘品种单一，品质下降等诸多问题，他带领团队大力开展湘西柑橘标准化栽培技术研究与推广，柑橘新优品种选育、引进和筛选等工作，不断优化柑橘区域布局。先后经历无数失败和艰苦付出，2012年，成功选育出“少籽、皮薄、早熟、高糖”的柑橘新品种“早蜜”椪柑；引进了80余个柑橘新品种，筛选出纽荷尔、园丰、春香等品种在湘西得到大面积推广；推广应用缺素症矫正、增施有机肥和配方肥、绿色防控等新技术20余万亩，果农的经济效益得到极大的提升。他们长年累月扎根田间地头，晴天一身土，雨天一身泥，这一切都化为农户果园中一颗颗金灿灿的优质柑橘，推动湘西柑橘产业逐渐走出阴霾迎来重生。

从零壮大新品种，成就果农致富新方向

永顺长官镇，20世纪80年代就开展种植柑橘。1986年，当时大学刚毕业的彭际淼就跟着师傅陈震来到这里办公，每天趁夜晚都要走访每户村民，这地方是出名的贫困村，全村人都处在极度贫困之中，土地贫瘠，交通闭塞，山大人稀，环境险恶，他们要说服村民栽种柑橘来脱贫致富，告诉老百姓有一种叫辛女的果实，能在这片土地上开花结果。就这样，在历经千辛万苦，说尽千言万语，走遍千山万水，想尽千方百计后，该镇柑橘产业得到迅猛发展。2012年，彭际淼带着他的团队又决定把长官作为推广种植早蜜椪柑等新品种的第一站。他们选择种植大户杨勇作为突破口，最早帮助他家里发展"早蜜"椪柑、5号椪柑、爱媛、由良等新品种。他们吃住在农户家里，冒着高温酷暑，亲自开展高接换种，三十几亩果园用了近半个月才嫁接完成，在他们的努力和坚守下，长官早蜜椪柑等新品种示范基地从零开始逐渐壮大，面积达到1000余亩。在湘西柑橘擂台中长官果王早蜜椪柑连续3年被评为"舌尖上的柑橘王"。早蜜椪柑价格连续几年下树价卖到6元/千克以上，是普通椪柑的3倍以上。

对龙山县里耶镇树木村绿色天地柑橘专业合作社彭清红来说，是技术改变了他的人生，十多年前的他还在贫困线上挣扎，由于不懂技术，种出的橘子品质差，卖不出钱。后来在彭际淼和他的团队的精心指导下，通过改良品种，增施有机肥等技术的应用，彭清红的纽荷尔脐橙品质得到极大的提高，远近闻名，每千克卖到7.6元，是普通脐橙单价的1倍以上。目前彭清红已成为有100多亩果园的脐橙种植大户。

2013年，在泸溪县上堡村，彭际淼带领湘西椪柑综合试验站建立了品种改良试验示范基地，租地50亩，栽培了柑橘品种10余个。通过品种展示，为湘西品种更新打开了一扇门。特别是在该村示范栽培的新品种"春香"橘柚和"早蜜"椪柑深受欢迎，"春香"橘柚下树价达12元/千克、"早蜜"椪柑下树价6元/千克。当地老百姓说"栽培早蜜和春香，不想致富都要难"。

扶贫先扶智、治穷先治愚

为加强湘西贫困山区人民的柑橘种植技术培训，增强产业致富信心。彭际淼同志上山下乡传技术，把自己的专业知识传送给村民，用科技扶贫，先后开展现场及实地培训指导共计200余次，培训柑农10000余人次，免费为柑橘种植合作社累计发放价值150多万元的新品种苗木和生物有机肥，他撰写了《湘西椪柑标准化生产技术规程》《浙江湖南绿色食品椪柑标准化生产技术规程》《农业部武陵山区定点扶贫县农业特色产业技术指导丛书》等。并与柑橘种植大户形成了长期的扶持合作关系。

彭际淼同志用他的全部心血谱写了一部湘西柑橘发展甜蜜史，谱写了一曲带领湘西农民利用柑橘一步步走出贫困，一步步走向小康的凯歌。

■ 彭际淼在湖南泸溪县武溪镇上堡村进行实地培训

■ 彭际淼在湖南凤凰县水打田乡池坪村开展柑橘技术培训

扶贫感言

个人取得的成绩离不开国家的培养和支持。长期以来不论是上学读书还是工作，都是在国家的培养下所取得的学业和成绩，可以说没有国家的培养和支持，就不可能有今天的成绩，所以要懂得感恩，回报社会。心中要有目标，才能不迷失方向。精准脱贫是国家脱贫攻坚的重要决策，发展产业是农民脱贫增收最重要的手段。要搞产业不能放松任何细节，搞好技术服务是关键，在品种选择、栽培管理中不能出差错，否则将前功尽弃。农业技术推广人员任重道远。工作要有团队精神，任何时候都不要丢下你的同事和战友，团队的力量是无限的，工作中的任何成就都离不开团队的支持。

牢记初心使命　发挥技术优势　助力产业扶贫

——记国家苹果产业技术体系岗位科学家　王金政

王金政，1959年8月生，山东省果树研究所，二级研究员。参加工作近40年，一直从事果树育种与栽培技术研发，引进国外果树13种518个品种，选育推广适宜北方果树产区栽培的优良品种28个，培育自主知识产权的新品种16个，7个获得植物新品种权，为我国果树品种更新换代、结构调整和提质增效提供了科技支撑。近15年来，围绕苹果优质高效生产目标，率领创新团队开展成龄苹果郁闭园优化改造、矮砧集约栽培模式、省力化花果管理、果园防灾减灾等技术研发与示范，主要扶贫工作区域是陕西省旬邑、洛川、宜川，四川省越西、盐源，山东省蒙阴、沂水和栖霞。

坚持问题与需求导向，开展产业技术调研

我国陕西、甘肃、四川的贫困县多分布在偏远山区，发展苹果生产是农民脱贫致富的优先选择。但由于当地农业生产条件较差，群众管理果园的水平普遍较低等原因，严重制约了苹果生产效益的发挥，加大了脱贫致富的难度。在山东沂蒙山区的沂水、蒙阴和胶东半岛的栖霞，由于栽培制度落后、品种老化和交通不便、信息不对称等原因，也存在老龄果园严重郁闭、产量低、质量差等突出问题，致使果园管理困难、综合生产能力较低，果品市场竞争力和经济效益不高。

10多年来，王金政先后几十次带领团队到沂水、蒙阴、栖霞开展调查研究，了解苹果生产中存在的主要问题和技术需求，有针对性地提出解决方案。近几年，先后13次到陕西旬邑、洛川、宜川、延川，甘肃会宁，四川盐源、越西等县调研苹果生产与技术现状，发现主要问题是懂技术、会管理的青壮年劳力匮乏，果园管理配套技术标准化、轻简化水平低，花果管理繁杂、用工多、效率低、成本高，亟须现代新技术示范引领，推动当地果园管理技术水平、综合生产能力的快速提升。

广泛开展科技培训，普及推广现代栽培技术

对于大多数贫困县来说，严重制约产业发展的重要因素有以下几点。一是栽培制度和生产技术落

后、劳动力资源匮乏，亟须变革传统栽培制度和配套栽培技术，广泛开展科技培训、快速提升生产者生产素质和技术水平；二是生态气候条件较差、气象灾害多发频发，需要特别注意防控和技术指导，最大限度地降低灾害造成的经济损失。5 年来，在体系有关综合试验站和当地政府和推广部门配合下，王金政先后在山东沂水、蒙阴、栖霞，陕西旬邑、洛川、宜川，四川盐源、越西，甘肃会宁等县，举办或参办苹果矮砧集约栽培、郁闭园优化改造、节本增效省力化花果管理、果园防灾减灾等技术培训会、观摩会等 36 场次，培训基层农技人员和果农 3800 多人次，为当地苹果生产转型升级、提质增效提供了技术支撑。

2018 年 4 月 5—7 日，我国环渤海湾、黄土高原、黄河故道苹果主产区发生大面积花期霜冻灾害。冻害发生后，王金政及时组织团队成员分赴甘肃、山西、河南、江苏等省调查灾情、指导生产外，自己也赶赴旬邑、淳化、洛川、黄陵、宜川等县灾区进行现场调研和技术指导，组织应急管理田间培训 5 场次、室内系统培训 3 期次，并根据不同地区冻害发生特点和程度制定灾后应急管理技术方案 3 套，有效降低了花期低温霜冻造成的经济损失。据咸阳综合试验站调查，花期霜冻害果园采用他提出的人工辅助授粉和叶面喷硼 + 尿素，可比对照提高坐果 42% 以上，增产效果显著。同年冬季，他应邀到甘肃会宁甘富果业公司调研指导苹果越冬管理和花期霜冻防控，公司采用他提出的果园间作新模式及树干涂白、喷石硫合剂和尿素、花前灌水等提高抗性、延迟开花的技术方案，解决了春季抽条和花期霜冻等问题，连续 2 年实现了安全生产无冻害（2020 年春季，周边地区均发生了较严重的花期冻害）。

突出科技引领，开展新技术示范推广

“十三五”以来，在体系综合试验站和当地政府及推广部门配合下，先后在旬邑、洛川、淳化、乾县、千阳、会宁、沂水、蒙阴、栖霞等贫困地区，以及新疆伊犁、阿克苏等地区，建立苹果矮砧栽培模式、专用授粉树应用、化学疏花疏果、免套袋、果园生草免耕、花期霜冻防控等新技术示范园 1.6 万亩，辐射推广累计 8 万多亩，有效带动了现代栽培技术在当地推广应用，经济、社会、生态效益显著。

山东蒙阴、沂水、栖霞县是苹果老产区，乔砧果园面积较大、郁闭严重、管理困难、病虫害重，成为亟待解决的关键问题。蒙阴县野店镇农民苏京合家，在村北海拔 680 米的山上有一片 20 年生老果园，由于树龄大、郁闭严重，生产的果实个小、市场价格低，一直让他发愁。2009 年春，他听说国家苹果体系岗位专家王金政研究员来蒙阴县举办成龄大树整形修剪与郁闭园提质增效技术培训班，就闻讯前去听课。培训结束后，60 岁的苏京合把王金政请上山，指导帮助他进行老果园优化改造。王专家向老苏讲解郁闭园形成原因、不良影响以及优化改造的原理和技术措施，一边讲一边亲自动手进行修剪技术示范。通过实施压缩树冠、调减大枝，疏除外围密生枝，更新复壮结果枝组等技术措施，取得了提质增效的良好效果。不仅当年产量有所提高，而且果个大、着色好、含糖量高，直径大于 80 毫米的果占 80% 以上，每千克售价增加 1.0 元，仅此一项就增加收入 37000 元。从此，老苏和果树专家王金政成了好朋友。十多年来，王金政每年正月初十前后及生长季节多次到老苏果园进行整形修剪、肥水管理、花果管理和病虫防控技术培训指导，有时还带着团队成员和果树营养、植保专家一起来，每一次老苏都招呼周边村庄 20 多位果农参加。在王金政指导下，老苏的果园连续多年高产稳产，优果率大幅度提高，总能卖出好价钱，他本人也成了县里学科技、用科技的先进典型。

2008年，王金政先后4次到沂水县提出建立“苹果矮砧集约栽培示范园”的建议，得到县政府领导和果业中心的支持，于是从研发经费中出资购买矮砧树苗，建立了30亩矮砧集约栽培模式示范园。他亲自规划、指导建园，一年到示范园四五次考察树体生长发育情况，不失时机地指导果园管理并进行技术培训，取得良好示范引领效果，带动了老龄低效果园的更新改造和现代矮砧栽培模式的发展。他指导当地企业和合作社在友兰官庄、红旗山、上古村建了3个3000亩以上的矮砧栽培模式生产示范园，实现3年丰产、5年进入盛果期，优质果率达到80%以上。由于示范园的辐射带动，全县每年新建矮砧生产园3000多亩，目前总面积42000多亩，栽培比重达到30%以上。现代矮砧集约栽培模式的快速发展，推动了沂水苹果产业转型升级、提质增效和高质量发展，加快了农村脱贫致富和乡村振兴的进程。

■ 王金政在陕西旬邑县开展果园花期管理与霜冻防控技术现场培训

■ 王金政在陕西宜川县丹州街道办果园开展果园花期霜冻灾害调查

扶贫感言

农村脱贫、乡村振兴的根本在于发展农村经济，而农村经济发展依赖于农业产业兴旺。只有产业兴旺，才能乡村振兴。科学技术是第一生产力，是推动农业产业兴旺的核心力量。因此，农业专家要根据产业发展需求，加大科技创新和服务力度，让创新成果源源不断涌现出来并推广到贫困地区落地生根，促进当地产业经济发展振兴。苹果是农业的生态高效产业，对于贫困地区来说是新兴产业，也是产业扶贫、乡村振兴的重点优势产业。作为一名国家苹果产业技术体系的岗位科学家，要不忘初心、牢记使命，全身心投入科技创新和产业服务之中，扎实履行产业扶贫责任和义务，为推动贫困地区苹果产业高质量发展和实现乡村振兴，做出贡献。

让砂梨成为富民乐民的“摇钱树”

——记国家梨产业技术体系综合试验站站长　胡红菊

胡红菊，1966年11月生，中共党员，湖北省农业科学院果树茶叶研究所，研究员。2014年至今积极响应国家精准扶贫的号召，主动到深度贫困、偏远的武陵山区湖北省恩施土家族苗族自治州宣恩县、咸丰县、利川市开展砂梨产业扶贫，帮扶数千人脱贫致富。荣获2017年度“湖北省三八红旗手”、2018年度“湖北省巾帼建功标兵”、2019年度“享受湖北省政府专项津贴人员”等荣誉称号。

“让砂梨成为富民乐民的‘摇钱树’”，这是胡红菊的工作理念和服务宗旨。当脱贫致富的号角响起，胡红菊将目光投注到了那片贫瘠艰苦的大地——宣恩、咸丰、利川。从2014年开始，原本普通的砂梨开始成为颗颗金贵的“致富梨”。梨树从无到有，从单一收果发展成乡村生态旅游景点。而在这变化背后，胡红菊曾无数次奔波于海拔1000多米的群山之间，将自己的专业知识带到贫穷落后的地方。她用一份执着、一份担当、一份责任，带领和帮助数千果农走向致富路。

2008年9月国家梨产业技术体系即将启动，胡红菊带着她的团队到武陵山区湖北省恩施土家族苗族自治州咸丰县、利川市、宣恩县开展砂梨产业调研。咸丰县、利川市是湖北省梨产业重点优势产区之一，20世纪90年代曾一度发展到17万亩。然而，品种老化、管理粗放、品质不优等问题导致价格走低，当地梨农纷纷砍梨当柴。宣恩县从2003年开始引进黄金梨种植，由于大多梨农对黄金梨的认识不足，缺乏技术，3万亩黄金梨锐减至1万亩。

提质增效促发展

常年奔波在山区的胡红菊，经常看到农民辛苦种出的梨，卖不出好价钱，辛苦几年，赚不到几个钱。梨农们期盼增收的眼神，一直印刻在她的内心深处。胡红菊清醒地认识到，要避免果贱伤农，必须提高梨果的品质，加速提质增效关键技术的研发，增强湖北梨产业整体竞争力。她走村串户深入农户家里，与梨农交心谈心；她“流连”于田间地头，“把脉”制约当地梨产业发展的瓶颈。由于粗放式管理、施肥不当、病虫害防治不力、栽种过密等，导致梨果品质差、产量不稳、经济效益低下。研发一套提质增效的种植技术，迫在眉睫。胡红菊及团队的技术优势是品种资源，而本区域梨产业面临的是全产业链上的问题。她向梨体系张绍铃首席报告，一个全产业链上岗站对接的方案产生了。她心中有底了，梨农脱贫致富有望了。胡红菊请来花果管理、土壤肥料、病虫防控、贮藏保鲜等岗位专家，针对产业问题，制定试验方案，屡屡克难攻关，只为农民增收。夏日高温天气，土壤干旱板结，取样艰难。为了加快工作进度，胡红菊经常在烈日下采样，衣服湿了又干，干了又湿。经过无数个通宵达旦做试验，田间寒来暑往的摸爬滚打，胡红菊探索出适宜当地提质增效的种植技术。在她的悉心指导下，村民逐步接受了精细管理的理念，梨产量和品质显著提升。亩产由过去 800 千克提高到 1500 千克，平均产值由 1280 元提高到 6000 元，梨果销售价格同比上升 22%。宣恩黄金梨更是打出“武陵梨”品牌，卖到上海、深圳等大城市，甚至出口到欧洲市场。

胡红菊在湖北宣恩县椒园镇黄坪村黄金梨专业合作社与社员一起分析黄金梨品质

品种更新稳发展

面对品种老化单一、科技力量缺乏、劳动力不足等实际情况，胡红菊立足贫困地区资源禀赋和外部市场需求，提出“生产适销对路的新品种才是稳步发展的根本出路”。决定调整当地梨品种结构，由传统长十郎、黄花、湘南改种翠冠、翠玉、鄂梨 2 号、金晶等新品种。为了让村民看到实实在在的好处，2014 年以来，胡红菊每年组织村干部及农户到她的核心示范园参观品鉴梨新品种，给农户充分的选择空间。

技术是成熟的，但想让农户愿意种，并且能种好，还是要蹲下来，一点一点耐心细致地手把手教。正是因此，往返于海拔一千多米的群山之间，挨家挨户上门解答技术问题，指导制定砂梨产业发展规划，成了胡红菊的主要工作。

胡红菊从国家梨体系征集 10 多个早熟优质多抗梨新品种，种在老百姓自家门口，让他们对新品种看得见、摸得着。连续几年梨新品种的成功展示，提高了当地老百姓对砂梨新品种的认知。如今，“个大、皮薄、肉细、汁多、味甜”的砂梨新品种种到了老百姓的田间地头，砂

胡红菊在湖北咸丰县清坪镇麻柳坝村指导梨新品种种植

梨出园价格 8~10 元 / 千克，亩纯收入可达到 10800 元，远远高出老品种的收益。过去砂梨论斤卖没人要，现在论个卖还很紧俏，砂梨变成了富民乐民的“摇钱树”。“赏梨花、摘梨果”已成为武陵山区湖北恩施土家族苗族自治州农旅结合的一道靓丽风景。

扶贫感言

精准扶贫是中共中央、国务院的一项重要战略部署，对推动贫困地区经济社会的发展有着积极深远的意义。农业科技扶贫是针对农业生产中的各类问题，利用自主研发的成果和引进吸收的技术，推进农产品和果品提质增产，让农户在帮扶工作中真正得到实惠、增收致富。扶贫之处，多数交通不便，农民思想封闭，信息闭塞，为低效传统农业种植模式。作为一名农业科研人员，在基层扶贫多年，胡红菊深深体会到：要做好扶贫工作，需要做到“四心”，即“潜心”研究产业中的问题，“耐心”做好帮扶对象的思想转变工作，“细心”传授帮扶对象科学技术，“关心”帮扶对象的生活环境及心境。

特色红梨产业助力泸西县脱贫攻坚

——记国家梨产业技术体系综合试验站站长　舒　群

舒群，女，1963年6月生，云南省农业科学院园艺作物研究所，二级研究员。云南省水果产业专家组组长，云南省万人计划“产业技术领军人才”，云南省技术创新人才。工作以来，以为云南梨产业提供科技支撑和促进产业技术提升为目标，在红梨育种及集成技术开发等研究方面开展了大量的工作，主持完成了国家级、省级项目30余项，获国家、省和市等科技成果奖10项，编制云南省梨地方标准2部，获实用新型专利授权13项，发表科技论文30余篇，其中SCI论文6篇，参编专著2部。

扎根红土，潜心钻研，“红梨之母”送品种

舒群同志多年来一直坚守在科研工作一线，在不断的思考和持续的实践后发现，基于云南低纬高原的地理气候优势，云南梨产业适宜走特色化的道路，为此，通过长期的引种区试试验后，筛选出了适合云南梨产区需要的第一代红梨品种早白蜜、美人酥、满天红，并及时进行了产业化开发。经过持续15年的努力，第一代红梨在云南省推广种植面积超过了40万亩，占云南梨总面积的45%，为云南山地梨园的发展提供了品种支撑。

2008年以来，在国家梨产业技术体系昆明综合试验站的平台支撑下，舒群同志以红梨新品种和配套技术为载体，在国家级贫困县泸西县开展了科技扶贫，免费为当地提供了第一代红梨品种早白蜜、美人酥、满天红及相关配套技术，为泸西梨产业发展提供了品种支撑和技术保障。截至目前，早白蜜、美人酥、满天红等优良品种在泸西县共种植6万余亩，占泸西梨面积的50%以上，带动了30000余户贫困户种植红梨。依托泸西县云露果业农民专业合作社，开展了“技术专家+合作社+社员+贫困户”的联结扶贫模式，对贫困户建档立卡，以科技支撑精准扶贫，将其培养成熟练掌握果树种植和管理技术的新型职业农民，促使合作社60%社员成为梨树种植大户，入社梨面积达到了9268亩，其中挂果面积5000亩，每年产量1.8万吨，产值达3600万元，实现了“输血式”扶贫向“造血式”扶贫的转变。通过这些工作，使泸西县云露果业农民专业合作社在泸西“建设高原花园城市，推动泸西跨越发展”中，承载了各级部门的殷切希望和嘱托，合作社成为有责任、有担当的助推扶贫攻坚的先锋。

产业带动，科技扶贫，泸西高原谱新篇

在科技支撑精准扶贫过程中，舒群同志带领团队成员，在国家梨产业技术体系专家的帮助下，围绕梨生产的产前、产中、产后等关键环节，因地制宜地采用“示范园建设＋技术培训”的方式，以点带面开展技术示范和技术辐射。长期扎根在泸西县白水镇、金马镇等梨主产区，深入生产一线，与农户进行交流，第一时间了解其困难和存在的问题。根据农户的实际需求，把课堂搬到田间，手把手教会农户嫁接、修剪、疏花、疏果、有机肥提升和绿色防控等关键技术，适时组织农户外出观摩学习，进一步提高了农户果园管理水平和实际操作能力，同时也激发了农户的种植热情，梨产量和品质实现质和量的双重飞跃。12年来，年均开展培训65次，对农户的培训已累计达72700人次，覆盖了28000户果农，农户都亲切地叫舒群为“红梨妈妈”。

■ 舒群在云南泸西县白水镇开展春季果园管理指导

随着供给侧结构的变化，第一代红梨已经不能满足市场需求，舒群同志再次为泸西县引进第二代红梨新品种“彩云红”，并提供技术支持，在泸西县白水镇建成了集“新品种、新技术、新模式”为一体的高标准千亩示范园，全园采用了圆柱形密植栽培模式、智能水肥一体化技术、绿色防控技术、生草覆盖技术、机械化装备应用等现代农业技术，节本省工效果明显，实现了梨果的现代化生产，在云南省起到了较好的引领作用，2019年度云南省农业生产现场观摩会在此示范园召开。

30年来，舒群同志扎根云岭高原，深入生产一线，围绕“三农”发展，把做大做强云南高原特色果业作为奋斗目标，将汗水、心血和智慧献给了果树科研、产业化开发和农户的增收致富。由于在果树领域的突出贡献，舒群同志先后获“全国先进工作者”“全国三八红旗手”“全国五一巾帼标兵”“全国劳模”“云南省先进工作者”“云南省十大女杰”“云南省三八红旗手”“云南省兴滇人才提名奖”等荣誉称号。

2016年4月26日，舒群同志作为劳模代表在安徽省合肥市参加由中共中央总书记、国家主席、中央军委主席习近平同志主持召开的“知识分子、劳动模范、青年代表座谈会”，舒群同志得到了习近平总书记的会见，有幸与习近平总书记握手交谈。2019年作为劳模代表受邀参加了中华人民共和国成立70周年阅兵式。

舒群指导建设的云南泸西高标准示范园

扶贫感言

作为一名生在红土地、长在红土地的劳动模范，面对云南省农业经济发展仍然比较落后，脱贫攻坚任务依然十分艰巨的现实，舒群同志深感责任重大。在今后的工作中，她和研究团队将深深扎根云岭大地，紧紧抓住全面深化科技体制改革的新机遇。重点做好服务“三农”工作，以个人带团队、团队带产业的方式，优化产业结构和产业布局，带动产区发展、农业增效、农民增收。

以产业扶贫来帮助贫困户实现脱贫致富，围绕泸西县水果产业中长期发展规划、泸西高原特色农业示范区发展规划，结合泸西县贫困村寨所处区域海拔、土壤、地形地貌、气候特点、经济状况因地制宜发展水果种植，拓宽贫困群众增收渠道，加大技术培训力度，提高贫困群众技术水平，加快脱贫步伐。

农业科技守护老区人民“摘桃子”

——记国家桃产业技术体系岗位科学家　叶正文

叶正文，1963 年 1 月生，上海市农业科学院林木果树研究所，研究员。长期从事桃新品种选育、优质栽培及采后品质生物学研究，科技扶贫的主要区域为罗霄山脉的湖南省株洲市炎陵县以及沂蒙山区的山东省蒙阴县。

研究院所与政府对接，科学技术助力黄桃产业

炎陵县是湖南省东南边陲的一个山区县，人口 20 万，面积 2030 平方千米。在土地革命战争时期，炎陵是井冈山革命根据地和湘赣革命根据地的重要组成部分。受自然条件以及交通条件的制约，炎陵县经济发展相对滞后，农村贫困面一直较大。20 世纪末期，炎陵县农业部门从上海市农业科学院引种该院培育的“锦绣”黄桃品种，21 世纪后又先后引进成熟期配套的锦香、锦园和锦花品种种植，因当地土壤、气候、生态等条件适合黄桃生长，锦绣等品种表现优异。尤其是在推广套袋栽培、整形技术后，果品更是以甜、脆、香的特质赢得了市场青睐，种植面积迅速增加，极大地促进了农业增效、农民增收。

但是当炎陵黄桃产业有了一定的规模后，遇到了发展的瓶颈，如何实现黄桃的稳产、高产、优质、安全，需要破解很多技术性难题，为此寻求上海市农业科学院桃树专家的技术支持。2011 年后，国家桃产业技术体系岗位科学家叶正文研究员率领专家团队主动与炎陵县对接，保持紧密的合作关系。近 10 年来，叶正文研究员顶酷暑、冒严寒、避疫情，每年多次不辞劳苦地前往炎陵黄桃产区进行集中培训或现场指导。2017 年，上海市农业科学院与炎陵县人民政府签订了院县共建协议，并合作共建“炎陵黄桃试验站”，就黄桃新品种的引进示范、鲜果贮藏保鲜技术应用等方面进行全面合作，叶正文作为特聘专家为炎陵县黄桃产业的稳定发展发挥了至关重要的作用。

如今，“炎陵黄桃”受到市场的广泛欢迎，享有“炎陵黄桃，桃醉天下”的美誉，并获得地理标志产品商标，入选湖南省十大农业品牌、中国农产品区域公共品牌和中国百强农产品。

■ 叶正文在湖南炎陵指导锦绣黄桃春季管理技术

小小黄桃托起山里农民的小康梦

黄桃产业已经成为炎陵县的农业支柱产业，黄桃单品的收入约占农牧渔业收入的40%，重点桃区甚至高达90%。在精准扶贫中，黄桃成为贫困地区农民脱贫的“利器”。非常巧合的是，全县黄桃重点产区恰好就是过去的深度贫困区。截至2019年年底，全县有8256户3.36万人种植黄桃，种植面积达8.3万亩，挂果面积5.2万亩，总产量4.5万吨，产业链综合年产值20亿元，仅此一项，人均增收8800元。累计有4811户14238名贫困人口依靠种植黄桃而脱贫。一颗颗金色的黄桃，沟通了大山与外面的世界，托起了山里农民的小康梦。2018年，炎陵县一举摘掉了贫困县的帽子，成为湖南省最早脱贫的贫困县。

脱贫后的父老乡亲怀着一颗感恩的心，纷纷提议要为上海市农业科学院的领导和叶正文率领的专家团队请功，为此，2020年6月13日，正值硕果累累的“炎陵黄桃”采收前夕，中共炎陵县委员会特地寄出《给上海市委书记李强同志的信》，感谢上海市农业科学院和叶正文率领的专家团队为炎陵黄桃产业所做出的突出贡献。李强书记阅信后批复，充分肯定了上海市农业科学院利用科技成果支持炎陵黄桃产业所取得的成效，要求进一步加大科技成果转化力度，助力更多农民致富。

新型运输技术助力蜜桃进军海外市场

山东蒙阴是典型的山区县、老区县和生态县，全县 80% 的山地丘陵都种植蜜桃，80% 的果农收入来源于蜜桃，70% 的村是蜜桃专业村，蒙阴是名副其实的全国产桃第一县。2012 年蒙阴蜜桃开始出口国外，因桃贮运性差，企业数次出口运输都遭遇到果肉褐变与絮败等问题，损失巨大。2014 年国家桃产业技术体系成立了以叶正文为组长的攻关小组，亲自带领团队成员不远万里全程跟踪蜜桃运输过程，经过两年时间起草出《蜜桃超长途冷链物流技术规程》。2017 年，蒙阴蜜桃经过 30 天的长途物流完好抵达阿联酋迪拜市场，早熟桃果实可溶性固形物含量维持在 9%~11%，好果率 90% 以上，单果售价 50 元以上。截至目前，该企业蜜桃出口市场已开拓至中东、日本、韩国、新加坡、俄罗斯、印度尼西亚、马来西亚等 20 多个国家和地区。此外，蒙阴县示范推广叶正文研究员团队培育的锦春、锦香、锦绣、锦花等鲜食黄桃系列品种近 10 万亩，年产值约 10 亿元，有力带动了蒙阴蜜桃产业转型升级和山区农民脱贫致富。

■ 叶正文在山东蒙阴开展锦香黄桃产后处理技术指导

扶贫感言

“一粒种子改变一个世界”，是专家团队培育的锦绣、锦香、锦花等鲜食黄桃优良品种，成就了湖南炎陵、山东蒙阴、贵州玉屏等县赖以依托的产业；是专家团队研发的技术支援，才使炎陵黄桃、蒙阴蜜桃产业如虎添翼，行稳致远。国家桃产业技术体系在科技支持脱贫攻坚战中所取得的成效，更加验证了国家桃体系首席专家姜全研究员对产业技术的要求，即“效益是检验产业技术的第一标准”。

不忘初心　一心为民　科技助力精准扶贫

——记国家桃产业技术体系综合试验站站长　万保雄

万保雄，1977年1月生，广西特色作物研究院果树研究所，副研究员。主要从事桃、李等果树资源收集、利用及高效栽培技术研究。主要扶贫区域为广西壮族自治区百色市田阳区、百色市靖西市（县级市）、河池市天峨县、柳州市柳江区、柳州市三江县、桂林市灌阳县。

广西壮族自治区百色市田阳区五村镇巴某村是国家级贫困县田阳区南部石山区一个深度贫困村，海拔840米，年平均气温18.6℃，气候凉爽宜人。地貌特征是“八分六厘土石山，三厘水面一分一厘田”。总面积14.2平方千米，耕地面积仅为1478.0亩，辖8个屯14个村民小组，共425户1648人，但建档立卡贫困户达255户1012人，贫困率达61.4%，脱贫任务异常艰巨。

春赏桃花　夏尝仙桃　冬赏油菜花

广西壮族自治区各级党委、政府为尽快帮助巴某村顺利实现脱贫，2018年2月下旬，特邀请万保雄站长前往调研指导。经过几天的实地调查和讨论，根据其特殊的喀斯特地貌和低纬度高海拔气候特点，万站长建议种植江苏省农业科学院果树研究所与广西特色作物研究院共同最新选育的低需冷量早熟水蜜桃品种南桂桃1号和广东传统名桃鹰嘴桃，采用桃产业技术体系推广的绿色安全高效栽培新技术，生产高品质桃。不同季节间作向日葵、油菜花等作物，按照“春赏桃花、夏尝仙桃、冬赏油菜花”的经营线路大力发展乡村旅游农业和休闲度假产业。这一建议得到各级政府和部门的高度肯定并立即组织实施。

2018年7月，仅用3个月时间就完成了500亩桃园的土地流转、开垦、土地平整、桃砧木苗栽植、嫁接等一系列建园工作，高效的工作效率令全村村民由衷赞叹。为了让村民真正掌握桃种植新技术，万站长每个月都从700千米外的桂林市赴巴某村实地指导培训。1年后，经过村民精心管护，2019年1—3月，桃花和油菜花先后绽放，共吸引2万多名游客前来观赏，巴某村瞬间从一个默默无闻小山村成为当地乡村旅游热门，完美逆袭成功。2019年，村民以土地入股的方式，每亩土地获得4100元分红。2020年6—8月，南桂桃1号和鹰嘴桃先后成熟，树龄仅为2年的桃树硕果累累，白里透红，让人垂涎欲滴，可溶性固形物达13%~15%，风味香甜，品质上等。平均株产4.6千克，观光采摘价20.0元/千克，游客赞不绝口，流连忘返，村民们乐开了花。来到这里的人都不敢相信自己的眼睛，在种植杧果、龙眼等热带果树的石山缝里种出了又大又甜的水蜜桃。2019 年 1 月至 2020 年 8 月，巴某村共接待游客数量达 8.6 万人次，成为南宁市周边旅游最热闹的乡村。

产业兴旺　生态宜居　全国样板

■ 万保雄在广西百色市田阳区五村镇巴某村开展桃夏季修剪培训

■ 万保雄在广西百色市田阳区五村镇巴某村开展桃生产指导

2019 年，巴某村贫困发生率由最初的 61.4% 降至 1.95%，顺利实现整村脱贫摘帽。2018 年以来，巴某村先后荣获“全国乡村治理示范村”“全国乡村旅游重点村”“全国美丽乡村”“广西五星级乡村旅游区”“广西十大最美乡村”等荣誉称号。广西壮族自治区区委书记鹿心社同志在得知巴某村的巨大变化之后，2 年先后 3 次率队来到该村调研指导，对脱贫攻坚工作取得的成绩给予高度肯定，并表示该村为全区同类型地区脱贫攻坚和乡村振兴创造了可复制、可推广的好经验和好做法。目前，巴某村从深度贫困村成为广西壮族自治区扶贫示范点和样板村，环境优美，产业兴旺，各级政府领导和干部争相前往学习观摩。在国家现代农业桃产业技术体系专家团的智力支持下，乡村旅游农业和休闲度假产业步入正轨，大步迈向富裕康庄大道。

扶贫感言

百色市田阳区五村镇巴某村从一个深度贫穷的小山村变成生态宜居的全国美丽乡村，“山鸡变成凤凰”得益于我国各级党委、政府的高度重视和大力扶持，是科技在关键时候体现了强大支撑和引领作用。国家现代农业桃产业技术体系将全国桃领域顶尖专家组织在一起，群策群力，无私奉献，以“效益是检验产业技术的唯一标准”为宗旨，为我国桃产业可持续健康发展提供了强大的品种、技术和智力支撑，也为“十三五”脱贫攻坚工作做出了突出贡献，成为我国农业健康发展不可或缺的重要科技力量。此外，国家现代农业桃产业技术体系还为全国科研院校培养了大量科研人员，特别是青年科研骨干，有力地促进了我国桃学科快速发展。真心希望这一利国利民的重大体制得以延续，继续为我国农业走向世界添砖加瓦，早日实现伟大中国梦。

开展区域荔枝评比　助力永德脱贫攻坚

——记国家荔枝龙眼产业技术体系岗位科学家　孙海滨

孙海滨，1962 年 3 月生，广东省农业科学院植物保护研究所，研究员。主要从事农产品质量安全及营养品质评价研究，主要对云南省屏边县、永德县等地区进行帮扶，帮助提升荔枝品质与安全，提高种植荔枝的经济效益，使荔枝种植者受益。

集思广益，明确“桂味”荔枝栽培与管理技术关键点

勐底农场位于云南省临沧市西北部的永德贫困县，始建于 1955 年，1966—1984 年先后从两广地区引进黑叶、妃子笑、桂味、三月红等荔枝品种进行种植，1994 年开始荔枝面积逐步增加，现在荔枝品种以桂味、怀枝、大红袍、妃子笑、三月红为主。其中桂味是优质的中熟荔枝品种，也是重要的出口商品水果。

云南永德具有特殊的气候环境，冬季干冷，夏季炎热且昼夜温差大，是桂味种植的黄金区域。然而，由于农场职工缺乏合理安全的施药技术以及规范科学的栽培管理技术，农场难以获得高产优质的荔枝果品，种植户积极性下降，3000 余亩桂味没有发挥优势。为寻求提升永德桂味荔枝品质的栽培与管理技术关键点，孙海滨研究员于 2020 年 7 月 4 日组织举办了永德桂味荔枝区域评比会，并邀请多位体系专家担任评审委员。专家和种植户们共同对来自勐底农场不同种植户的 18 个代表性桂味荔枝果品的外观品质与口感风味进行品鉴。同时，质量安全与营养品质评价岗位团队对参加评比的桂味荔枝果品的常规品质、营养成分与安全卫生指标进行测定。最后，结合现场评比与营养品质测定结果，对桂味荔枝种植的栽培与管理技术进行追踪溯源与调

■ 孙海滨在云南勐底农场开展荔枝安全技术培训

研，分析造成桂味荔枝品质差异的主要影响因素，明确提升荔枝品质栽培与管理技术的关键点，为勐底桂味荔枝优质安全生产提供技术支撑。

孙海滨研究员组织的荔枝评比会对促进勐底农场荔枝产业的发展，解决关键技术难题，提升职工群众荔枝管理技术水平和果品市场竞争力有极大的促进作用，并为推进安全优质勐底桂味荔枝的标准化、规模化生产奠定基础，为打造安全优质勐底桂味荔枝品牌提供技术支持，是体系专家“胡桂兵工作站”成立以来，又一次科技助力永德荔枝产业振兴的重要活动。

■ 孙海滨在云南勐底农场 2020 年永德桂味荔枝区域评比会

扶贫感言

扶贫工作是一项解决民生实际问题，联系群众最直接最根本的工作。对脱贫攻坚而言，产业发展是基础和支柱，找准产业发展切入点，提供多方保障，是脱贫攻坚一条新的产业发展道路。勐底农场是以水果、茶叶、粮食、甘蔗、畜牧为重点的中型农业企业，因此，将脱贫攻坚工作与该企业结合起来，建立果品生产栽培标准化、产业规模化的良好格局，是扶贫的一项重要举措。技术是产业发展的保障，需要广泛开展生产各环节的技术培训、技术扶持及合作，才能为产业扶贫提供基础保障。此外，需结合当地实际发展，制定适宜的生产发展模式，推进勐底农场安全优质荔枝产业的标准化、规模化生产，需要产业体系团队间共同协作，为永德贫困县的脱贫工作贡献自身力量。

科技助力云南屏边广西大化产业扶贫

——记国家荔枝龙眼产业技术体系岗位科学家　郑少泉

郑少泉，1964年1月生，福建省农业科学院，研究员。长期从事果树资源、育种、栽培等研究，国家荔枝龙眼产业技术体系龙眼品种改良岗位科学家、遗传改良研究室主任，国家重点研发计划课题《枇杷种质创制与新品种选育》主持人。主要扶贫区域是云南省屏边苗族自治县，广西壮族自治区大化瑶族自治县。

科技助农强信心　高枝嫁接致富苗

枇杷产业是屏边种植业的三大支柱产业之一。近年来，由于品种杂乱、品质下降，枇杷产业后劲不足。县委县政府高度重视，主要领导带头抓，林业和草原部门具体抓，誓将枇杷产业打造为屏边的支柱产业，将枇杷树变为群众的摇钱树、致富树。

屏边在全国枇杷种植产区中极具优势，其发展规模奠定了产业升级、农民增收的巨大潜力。郑少泉说："利用新培育的早中晚熟系列配套白肉大果品种，对现有枇杷进行改良，在助力今后屏边枇杷产业发展方面大有裨益。"在调研过程中，郑少泉一行与县委书记苏畅进行了座谈交流，就种植技术和销售过程中存在的不足，以及今后枇杷产业发展的思路和经营模式进行了深入交流与探讨。2020年4月初，在苏书记对全县枇杷产业现状进行详细介绍后，郑少泉提出了枇杷品种改良的技术建议，并克服疫情影响，带领体系专家组毅然奔赴屏边，为农户提供了国家级的产业技术支持，提振了农户种植信心。2020年4月9—12日，郑少泉一行在副县长吴红昌的陪同下，马不停蹄地在屏边县内开展以枇杷产业为重点的调研、理论技术讲解、高接换种和技术实操培训等活动，共开展枇杷品种改良73亩，嫁接龙眼13亩，对枇杷幼苗定植和整形修剪进行了详细的指导。同时将玉屏镇平田村作为新枇杷品种嫁接示范点，51亩土地上改良嫁接了香妃、白雪早、三月白等10个新枇杷品种，涉及14户农户67人，其中建档户8户34人。2020年6月，郑少泉一行不辞辛劳再次抵达屏边对技术骨干进行重点跟踪和二次培训，更好地实现新技术纵向到底、横向到边的推广和普及。真正做到把技术、人员、基地留在屏边，走出适合枇杷产业发展的"屏边模式"。

在郑少泉的技术支持下，通过新品种的引进培育、嫁接，以期实现对屏边枇杷品种的改良升级，优化产业结构，助力农户增收致富。目前，屏边县枇杷产业已充分调动起农户种植积极性，在攻克贫困最

■ 郑少泉在云南屏边示范枇杷大苗定植

■ 郑少泉与体系成员商讨屏边果树项目推进事宜

后堡垒的征程中，枇杷产业不仅能成为屏边产业发展的靓丽“名片”，还是能带动群众脱贫致富的强力“引擎”。

云南省红河哈尼族彝族自治州屏边县湾塘乡营盘村是一个集边疆、民族、山区、贫困为一体的行政村，如何发展产业、如何形成规模、如何实现群众真正增收成为摆在驻村工作队员面前的一大难题。

按照立足当地资源，因地制宜发展特色产业的要求，云南省委组织部驻村工作队经过多方协调，邀请郑少泉等专家组一行 4 人，先后于 2020 年 4 月 11 日、6 月 3 日两次深入营盘村实地考察指导。郑少泉提出从广东省引进三月白枇杷进行集中示范种植的思路，同时，郑少泉还主动帮助营盘村联系苗源，同苗木基地负责人多次协调低价购买枇杷苗 1000 株、红龙果苗 1000 株，并给村内 2 名党员协调免费赠送苗木 300 株。确定了 4 个热情高、条件成熟的党支部作为发展特色产业种植项目的示范点，种植三月白枇杷 1100 株和香妃枇杷 200 株，面积 55 亩。

通过“党员示范带头、知名专家进门、新品引进培育”的模式探索，营盘村成为湾塘乡抓党建促脱贫攻坚、促产业发展的样板，也成为云南引进白肉枇杷种植的示范基地，将为进一步增强贫困群众发展信心、壮大村级集体经济、巩固脱贫成效提供坚实的产业支撑。

实地考察精准帮扶，高接换种助力脱贫致富

广西河池市大化县是农业农村部 52 个挂牌督战县之一。通过扶贫易地搬迁了 2 万多贫困户进安置点，如何解决贫困户脱贫致富，成为各级领导迫在眉睫的首要任务。郑少泉及其团队成员立刻积极主动表态，愿意带技术、带品种、带团队过来帮忙，帮助大化真正实现脱贫。

2019 年郑少泉组织了由福建、广东、广西等地的 20 多名嫁接能手，与体系龙眼栽培岗位科学家潘介春教授一起，到大化进行实地考察。郑少泉和潘教授一致认为，大化的龙眼还大有文章可做，只是以前从未得到有效开发利用。通过高接换种，使龙眼呈早熟、中熟、晚熟三种状态。选取宝石 1 号、翠香、冬香等综合性状优良、经济价值高的品种进行高接换种，进村帮扶，手把手教农民龙眼管理技术要领。2019 年高接 1 万余株龙眼新品种，2020 年继续在大化扩大种植 600 亩熟期配套的二代杂交枇杷新品种，未来将辐射大化乃至周边地区龙眼、枇杷发展，助力脱贫致富、乡村振兴。

扶贫感言

作为一名水果产业的科技工作者，要有历史的责任感和使命感，要有担当和作为，要真抓实干、埋头苦干，做自己力所能及的事情，不仅帮助贫困户通过发展生产解决生活困难，更重要的是帮助贫困地区开发经济，从根本上摆脱贫困，走勤劳致富的道路。

在产业扶贫的过程中，不仅得到了果农群众的积极配合，还得到了有关领导、专家和同行的大力支持与帮助，可见全国上下，齐心协力，共同为打赢脱贫攻坚这场战役贡献出自己应有的力量，为农民脱贫致富，乡村振兴努力奋斗。

“驻村书记”的种草经

——记国家牧草产业技术体系综合试验站站长　陈积山

陈积山，1979 年 1 月生，中共党员，黑龙江省农业科学院草业研究所，副研究员。长期从事高纬度寒区牧草栽培利用与示范、退化草原改良与生态保护利用工作。2015 年，成为黑龙江省委组织部选派的第一批“驻村第一书记”，主要扶贫区域为国家级贫困县黑龙江省绥化市兰西县的胜利村。在黑龙江省脱贫攻坚工作中，因在农牧交错区积极倡导低产田发展高效饲草草地、探索区域草地农业新思路等方面表现突出，被授予“全省优秀驻村第一书记”荣誉称号。

胜利村是一个国家级贫困县最为典型的贫困村，土壤贫瘠、盐碱过甚，村民长期单一种植，玉米亩产不足 600 千克，微薄的收入让村民生活贫困，脱贫任务十分艰巨。

不被理解的种草之路

如何帮助村民增收、实现脱贫致富成了陈积山最大的课题。在对胜利村的土地资源、土壤成分以及村民的种植习惯等情况进行全面调研之后，陈积山广泛请教体系牧草专家，并结合自己的专业优势，决定带领村民一起种草。

当陈积山把村民召集到村委会动员大家一起种草时，村民们都难以置信。

“种草能致富？”

“为什么要种草？”

……

更有一些村民说了一些风凉话之后摔门而去。

陈积山准备种的草是在现代畜牧业发展中有着举足轻重地位的牧草——紫花苜蓿。它具有蛋白含量高、易消化等优点，是现代牧场和国家农业种植结构调整的主推品种，具有很高的市场认可度和经济价值，并具有在盐碱地规模化推广的生产潜力。这也是陈积山一直栽培试验与研究推广的品种之一。紫花苜蓿市场需求量大，对土地质量要求不高，很适合胜利村种植。

面对村民们的质疑和不理解，陈积山决定带村民外出观摩学习。他找到合作企业，与村集体商定合

■ 陈积山带领村民在苜蓿示范田开展观摩学习活动

作模式、创建合作社，长富牧草合作社很快成立。陈积山通过实施测土施肥、增施土壤改良剂、紫花苜蓿平播和窄行密植等技术，建立了利用紫花苜蓿改良低产田的栽培模式，当年就建成了3000亩苜蓿产草田。同时，陈积山还以开发“两畜两禽”（肉牛、生猪、鸡、鹅）为重点，打造了胜利村发展有机草畜蛋禽产品的理念。

2016年，陈积山争取到黑龙江省财政厅专项扶贫基金，发展种养结合精准扶贫——犊牛饲养（奶公牛育肥）项目，同时促成兰西县佰斯特畜牧养殖有限公司与北京首农兰西分公司签约，由佰斯特畜牧养殖有限公司使用专项扶贫资金50万元，每年分批收购首农兰西分公司奶公牛幼牛330头，并由派出单位黑龙江省农业科学院草业研究所负责聘请畜牧养殖专家进行技术指导。陈积山等同志初步建立的政府投入启动资金—企业滚动使用（企业用固定资产做抵押担保）—产业化养殖—收益按比例分配给贫困户（对贫困户进行分类、动态管理）的产业扶贫模式，实现人均年收入超过脱贫线，保证贫困户长期稳定增收。

解决民生问题是实现脱贫致富的必经之路

胜利村的路一直是崎岖不平的土路，晴天一身灰，雨天一身泥，使村民的生活苦不堪言。陈积山到村之后，立即沟通协调相关职能部门，争取资金和政策支持，仅仅用3个月时间便建成连接远大镇至胜利村的跨沟桥梁一座，硬化路面3千米，并投放大型垃圾桶，不仅方便了村民出行，还改善了村容村貌。

为了方便村民就医问诊，陈积山沟通协调哈尔滨中医院的医疗专家定期到村里义诊，让村民足不出户就能享受贴心的诊疗服务。为了帮助特困群众解决备耕生产的难题，陈积山还协调派出单位黑龙江省

■ 陈积山在黑龙江胜利村开展春节前夕走访慰问活动

农业科学院草业研究所连续两年为特困户送去了籽种、化肥、农药等生产资料，并对接专家指导栽培技术，帮助增产脱贫。每年春节前夕，陈积山还带着慰问品到幸福大院走访慰问，为孤寡老人送上最贴心的祝福。

在陈积山的积极努力及爱心企业的大力支持下，胜利村今非昔比。黑龙江广播电视台公共·农业频道《驻村第一书记》栏目对陈积山和胜利村进行了专题报道《扶贫新思路，小草也疯狂》，陈积山也被黑龙江省委组织部授予“全省优秀驻村第一书记”荣誉称号。

如今，完成驻村扶贫使命的陈积山已回归本职岗位，这位有着浓浓草业情结的科研工作者，为了黑龙江省牧草产业的发展与壮大仍然不懈努力！

扶贫感言

牧草产业在精准扶贫工作中展现了显著优势，在乡村振兴中，更将发挥产业优势，作为曾经参与脱贫攻坚工作的牧草人，这既是肯定，更是鞭策！继续埋首前行，发光发热。

论文写在草地上　成果留在牧民家

——记国家牧草产业技术体系岗位科学家　周青平

周青平，1962年12月生，中共党员，西南民族大学，教授。享受国务院特殊津贴专家，国家民委突出贡献专家，四川省学术技术带头人，四川省创新领军人才，农业农村部草品种审定委员会委员，农业农村部畜牧业科技工作领导小组咨询专家组成员。长期从事青藏高原高寒藏区牧草育种与栽培、草地培育改良和高原草地生态环境治理的研究工作。

青藏高原海拔高，气温低，生活条件很艰苦，因为枯草期饲草匮乏导致的牲畜死亡，给高寒藏区牧民的生产生活带来了难以估量的损失和影响。冷季饲草短缺也成为青藏高原草地畜牧业发展的重要限制因素，直接关系到农牧民的致富增收。针对这一问题，周青平教授带领团队长期工作在青藏高原地区，开展牧草新品种的选育、高产栽培利用及示范推广工作。

周青平教授带领团队先后培育了青引1号、青引2号、青燕1号、林纳燕麦等6个国家审定登记牧草新品种，其中青引系列早熟燕麦新品种得到广大农牧民的喜爱，解决了长期以来高海拔地区燕麦不能繁种的问题。通过燕麦新品种的推广种植、饲草储备等举措，对高原畜牧业稳定发展发挥了重要作用。开展青藏高原燕麦饲草高效种植理论与技术模式研究，创新了科学施肥与燕麦高产栽培种植模式，制定了《高寒地区燕麦栽培技术规程》等一系列技术规程，实现了燕麦种子和饲草的标准化生产。主持编写的《高寒牧区畜牧业生产技术实用手册》为高原“靠天养畜”传统畜牧业向“种草养畜”转变提供了技术保证，在抗灾保畜、稳定牧业生产及精准扶贫中发挥了重要作用。创建了高寒地区“草畜耦合理论”，研发并推广了青藏高原种草养畜模式，创建了兼顾生态保护和生产发展的管理新范式。通过“良种燕麦种子产业化生产技术”“青藏高原高寒草地冷季贮备饲草机械加工技术”“牧草良种燕麦引进及籽种产业化技术引进”等多项课题的研究，构建了种草养畜新模式，改变了传统畜牧业“夏壮、秋肥、冬瘦、春死亡”靠天养畜的被动局面，使青藏高原草地畜牧业走上科学养畜的道路，特别在脱贫攻坚工作中发挥了重要作用。

周青平教授积极承担农业农村部、国家牧草产业技术体系、四川省科技厅等科技扶贫的任务。在承担农业农村部“三区三州”科技服务工作期间，深入青海甘德、西藏当雄、新疆塔县等民族地区开展种草养畜的科技服务，派发藏汉双语的《高寒地区饲用燕麦高产栽培技术》《高寒地区饲用燕麦与箭筈豌豆混播技术》技术手册，提供燕麦种子和田间技术培训。参与四川省科技扶贫万里行产业技术服务工

■ 周青平在新疆塔城开展燕麦新品种的推广

■ 周青平在四川红原考察扶贫示范户燕麦饲草种植情况

作期间，作为四川省科技扶贫专家服务团第29团首席科学家，周青平带领团队成员奔赴甘孜州巴塘县、凉山州布拖县、阿坝州红原县等民族地区，了解了当地种养殖业的基本情况，对当地发展种草养畜产业中遇到的技术难题进行了摸底调查，实地开展良种良法培训、传经送宝解难题，把适合高寒地区种植的燕麦、箭筈豌豆、饲草玉米等新品种推广到村到户，通过“种优质草、养良种畜”的科技服务活动，为牧区畜牧业的稳定发展提供了有力的技术支撑。

先后承担四川省科技厅精准扶贫项目“优质高产燕麦生产及青干草高效调制技术示范”“优质高产饲草生产与高效调制技术集成示范”等5项。在四川甘孜州、阿坝州开展高产人工饲草栽培技术、饲草加工贮藏技术、科学种草养畜技术示范及培训，先后建立高产牧草种植示范基地，“一对一”帮扶贫困户500余户，辐射带动周边牧户开展种草养畜2000余户，实现贫困户及辐射带动户人均增收1700余元，实现了贫困户增收脱贫，相应贫困乡镇顺利脱贫摘帽。

周青平教授不畏高寒艰险，情系民族地区，心系高原牧民，不忘初心、牢记使命，切实践行西南民族大学“为少数民族和民族地区服务、为国家发展战略服务”的办学宗旨，坚守在科学研究最前沿，奋战在科技扶贫第一线，为民族地区社会经济发展、早日脱贫致富贡献着一名科技工作者的智慧和力量。由于在青藏高原高寒藏区科技扶贫方面的业绩突出，他先后荣获2019年全国民族团队进步模范个人、2020年四川省脱贫攻坚先进个人等荣誉称号。

扶贫感言

牧草产业是青藏高原地区生态建设与畜牧业发展最重要的基础之一，是解决青藏高原“三生”和“三牧”问题的关键所在。近十年来，在国家牧草产业技术体系等项目的推动和支持建设下，青藏高原的牧草产业得到了很大的发展和提升，如在优良牧草品种的选育、优质饲草的生产、草地的改良利用等方面都取得了不错的进展。但是也存在进一步发展和努力的方向，如牧草产业的地位和重要性还有待于进一步的提升和加强，牧草的内涵有待于进一步的挖掘，产业链有待进一步的延伸；青藏高原的草种业如何合理布局和提升质量；产业如何更好地服务于生态建设、牦牛养殖等需要展开更多的思考和工作。

牵紧代养扶贫“猪鼻子”
鼓起彝族老乡“钱袋子”

——记国家生猪产业技术体系综合试验站站长　冯光德

冯光德，1962年2月生，中共党员，四川铁骑力士实业有限公司，高级畜牧师。公司总裁、国家认定企业技术中心/冯光德实验室主任兼技术带头人，2007年起在国家生猪产业技术体系担任绵阳综合试验站站长。2016年11月，代表公司与凉山彝族自治州人民政府签订《220万头生猪养殖园区项目战略合作协议》，将国家级贫困县——喜德县作为主要扶贫区域，依托体系专家团队支持，带领公司员工投身脱贫攻坚事业。

1992年11月，冯光德先生辞去北川县畜牧局畜牧兽医站站长职务，加入四川铁骑力士实业有限公司，从销售员、技术员做起，到技术经理、副总经理、总经理、总裁。1997年1月，公司建立国内首个以个人名字命名的冯光德实验室，2010年成为国家认定企业技术中心。

28年来，铁骑力士从1992年创业初6个人的一个饲料小厂，发展为集饲料、育种、食品精深加工和生物工程为一体的百亿级农业产业化国家重点龙头企业，拥有员工13000名，分（子）公司151家，成为行业内唯一同时承担国家生猪、蛋鸡、水禽产业技术体系综合试验站的企业。

走进凉山，让农民过上好日子

作为项目负责人，冯光德多次组织专家团队及员工深入凉山彝族自治州（以下简称凉山州）各县，实地考察220万头生猪养殖园区项目的建设条件及相关资源情况。

2017年初，当带队考察彝族聚居的国家级贫困县——喜德县时，半农半牧山区的生产、生活现状，令冯光德团队十分震撼：观念落后（从奴隶社会直接进入社会主义社会，缺乏市场观念）、文化教育落后（只有50%的人懂汉语，技术人才缺乏，接受新事物、新思想慢）、不健康的风俗习惯（来客必杀家里最好的猪招待客人）、贫穷（地上吃饭、墙角睡觉）、产业落后（种植土豆为主，肥猪养在地圈里，母猪满山放牧）……但喜德独特的自然地理条件和相对封闭的人文条件，恰恰成为公司“安全、高品质”食材的可供地，与公司的“高端食品领导者”战略目标相契合。

为了看见彝族农民的微笑，想起自己的理想就是“让与我父辈有相同命运的中国农民过上好日子”，冯光德将考察的现状和想法向董事长雷文勇汇报后，得到了大力支持。2017 年 4 月，铁骑力士即与喜德县人民政府签订了 30 万头生猪现代循环产业发展投资项目协议。

专家赋能，创新助推喜德扶贫

自 2014 年以来，冯光德团队就陆续提出创新模式：“龙头企业 + 家庭农场（专业大户）”的“1211”生猪代养模式（即 1 栋猪舍，夫妻 2 人，年出栏 1000 头肥猪，可获得 10 万元利润），“四方协作，三方受益，两千出栏，带动一片”的“4321”模式，“1+N”（1 个能人，带动 N 个贫困户）精准产业扶贫模式，并在四川、贵州等多地成功实践。产业扶贫是稳定脱贫的根本之策，模式创新才能有效破解贫困群众“养不上猪、养不来猪、养不好猪、养不起猪”等重大难题。

为推动顺利建成投产，冯光德带领员工共同克服语言不通、人才技术缺乏、生活不习惯、代养户不信任、高海拔养殖、本地缺猪苗等困难，公司也不断搭建平台，致力凉山州扶贫事业。2017 年，成立社会责任研究中心；2018 年，与凉山州人民政府、西昌市人民政府联合共建大凉山产业扶贫研究院；2019 年，成立乡村振兴实验室。

在体系专家团队的大力支持下，冯光德团队与当地政府一道探索形成了创新的“喜德模式”：以 BOP（Base of Pyramid，金字塔底部，意指低收入人群）为基础、精准扶贫为主线、现代生猪产业为纽带，以实现政府和企业的社会责任为共同目标，坚持市场化运营和可持续发展，在政府引导下，建立了企业、金融、村集体（合作社）、能人（大户）、贫困户“五位一体”市场主体参与扶贫的常态化利益联

■ 冯光德在四川喜德县开展产业扶贫工作

■ 冯光德在四川喜德县开展产业扶贫工作

结机制。

具体做法：政府整合多方资金建成现代化的万头扩繁场，租赁给公司管理运营；公司按照“七个统一”（统一设计圈舍、统一提供猪苗、统一药品疫苗、统一提供饲料、统一标准管理、统一价格回收、统一品牌销售）原则，将扩繁场断奶21天的仔猪投放到县内48个点、83个代养场进行代养，带动贫困户脱贫奔康。

目前，扩繁场已投产母猪9860头，年可提供仔猪25万头，带动就业99人，带动当地易地搬迁受益人群1901户，户均收益3000元；已建成48个点、83个代养场，年可出栏肥猪25万头，带动就业144人，带动贫困户受益人群1155户，户均收益3000~4000元。

铁骑力士集团先后获得“全国‘万企帮万村’先进民营企业”“全国民族团结进步模范集体”等荣誉；对大凉山的扶贫也进入哈佛大学和清华大学案例库。

扶贫感言

民营企业是精准扶贫的重要力量。产业扶贫才是可持续的扶贫，捐钱只能解决当下，扶贫要靠科技。有科技才能提高生产水平，龙头企业才能让利于民，才能真扶贫。例如，“两点式、全进全出、早期隔离断奶”，切断传染病传播，更健康、更高效生产。同时，要重设计。必须在充分调研本地实际情况的基础上进行模式设计，有效解决痛点、难点问题；建立服务体系，派遣专业人员驻场服务，手把手教代养户，指导做记录、标准化饲喂、科学防疫与免疫。还要整合多方资源，更要激发内生动力。政府、银行、扶贫政策等资源整合可减轻企业扶贫压力；扶贫先扶智，要尊重贫困群众，真心帮助他们，带他们走出凉山学习考察，了解现代养猪技术，改变传统观念。

习“三农”本领　助脱贫攻坚

——记国家生猪产业技术体系团队成员　蒲小东

蒲小东，1981 年 12 月生，农业农村部沼气科学研究所，高级工程师。国家生猪产业技术体系生产与环境控制研究室粪污沼气化处理岗位团队成员；2018 年 6 月赴四川省华蓥市挂职农业农村局党组成员，副局长。先后获“中国农业科学院 2018—2019 年度优秀共产党员”，2020 年“四川省直机关优秀共产党员”和 2020 年“四川省科技特派员先进个人”等荣誉称号。

挂职不忘初心　扶贫牢记使命

2018—2020 年，蒲小东同志在四川省华蓥市挂职期间，认真落实“三个面向”总要求，不忘初心、牢记使命，把脱贫攻坚作为最大的政治任务。在当地积极开展党建工作，协助农业农村部沼气科学研究所第 11 支部与华蓥市禄市镇大坡老村开展支部共建，增进革命友谊。联系农业农村部沼气科学研究所定点帮扶对象华蓥市禄市镇姚家塝村和大坡老村，多次现场慰问贫困户，并同当地第一书记座谈交流，与农业农村部沼气科学研究所驻村干部共同筹划扶贫项目。通过积极协调相关经费，在华蓥市姚家塝村投资 4 万元，建设 2 处畜禽粪污资源化利用生态微循环系统，解决了贫困户的养殖粪污问题。在大坡老村文化广场投资 2.5 万元，安装了 6 盏太阳能路灯，解决了文化广场无照明的问题。积极配合四川省市场监管局和四川省航天职业技术学院的华蓥扶贫工作，带动资金投入约 200 万元，用于提升当地人居环境。

由国家生猪产业技术体系生产与环境控制研究室粪污沼气化处理岗位与团队提供技术支撑，蒲小东同志负责牵头申报四川省华蓥市 2019 年人居环境整治专项和四川省华蓥市 2020 年畜禽粪污资源化利用整县推进两个重大项目期间，通过所学专业知识，精心编制申报书，认真参加评审会，积极跟踪项目动态，两个重大项目均通过评审，获得批复，分别获批中央资金 2100 万元和 3000 万元。这两个重大项目的实施，将全面提升华蓥市人居环境，有效促进华蓥市脱贫攻坚工作。此外，蒲小东同志和团队成员精心编制实施方案，完成 5 个华蓥市省级新村沼气集中供气项目，争取省级财政资金 198.50 万元，带动当地就业岗位 55 个。他还负责华蓥市已经建成的 23 处农村集中供气沼气工程运行督查，保证了沼气工程稳定运行，目前供气农户 832 户，每年可为农户节约能源消耗费用 30 余万元，减少二氧化碳排放 700 吨。连续两年在华蓥为业主开展沼气安全培训，为粪污处理沼气工程与沼气利用安全运行提供了有力技术支撑。

在蒲小东同志的协调组织下，农业农村部沼气科学研究所各团队多次到华蓥市调研并进行成果应

■ 蒲小东在四川华蓥市开展沼气安全技术培训

■ 蒲小东慰问贫困户并进行粪污处理沼气池建设地址规划

用，在华蓥市禄市镇沼气集中供气工程安装沼气远程在线监控系统一套，该系统是在线监控系统在四川省小型沼气集中供气工程中首次应用，有效提升了沼气集中供气工程的运行管理水平，被《四川农村日报》和网易新闻等多家媒体报道。在2020年脱贫攻坚收官之年，蒲小东同志配合当地政府，积极迎接四川省级和国家级脱贫攻坚检查，圆满完成各项任务。

情系“三区三州”　科技助力扶贫

蒲小东同志积极践行党中央脱贫攻坚方针政策，主动对接四川省“三区三州”扶贫工作，情系帮扶地区和群众，克服高海拔高原反应等不利条件，先后赴凉山州喜德县、甘孜州石渠县等地开展科技扶贫工作，为“冕山镇洛发村生猪扩繁场粪污处理工程”等多处项目提供技术服务和支撑，确保所建沼气工程顺利持久运行。在“三区三州”脱贫工作中，将“缺氧不缺信念、缺氧不缺智慧、缺氧不缺激情”的理念贯彻落实到现场工作中。

在疫情期间，采用电话和视频会议等方式，积极开展喜德县与石渠县扶贫工作，先后完成石渠县洛须镇洛须村集中供气施工图设计，编制完成了2020年四川省喜德县沼气工程种养循环利用项目实施方案，项目总投资197.7万元，其中争取财政补助170万元。

扶贫感言

党的十九大报告提出了乡村振兴战略及“产业兴旺、生态宜居、乡风文明、治理有效、生活富裕”的总要求，要将其融入扶贫工作中，与当地开展科技成果对接活动，为发展献计献策。

作为一名农业科技工作者和扶贫挂职干部，蒲小东同志始终把“挂职当任职，他乡当故乡”这句话记在心里，落在行动。“习‘三农’之本领，解民生之多艰”，是每一位体系人义不容辞的责任。这几年的基层工作经历，使蒲小东同志更懂得农业科技在脱贫攻坚和乡村振兴战略中的重要性。“民以食为天，猪粮安天下”，国家生猪产业技术体系是生猪产业这一艘航空母舰的护卫舰，担负着保驾护航的使命。“科技项目＋技术服务”将有利于助推生猪产业扶贫，有利于发挥示范推广作用。

发力群体改良　助力牛业扶贫

——记国家肉牛牦牛产业技术体系岗位科学家　李俊雅

李俊雅，1968年11月生，中国农业科学院北京畜牧兽医研究所，研究员。主要扶贫区域为广西壮族自治区都安县、河北省围场满族蒙古族自治县、山西省岚县、甘肃省平凉市。

开展“科研资源+地方政府+龙头企业+专业合作社+贫困户”肉牛产业帮扶

通过科技智力和品种培育等创新产业扶贫模式，增加贫困地区自我造血功能。2016年以来，为甘肃平凉、河北围场、广西都安县、山西岚县等多个重点贫困地区开展肉牛产业帮扶。为当地编制了塞罕坝牛、寿乡牛、平凉红牛等符合本地区乃至国内市场需求的肉牛改良方案和品牌培育方案；指导当地开展肉牛群体改良、杂交生产和优秀种公牛的培育；提供相应的技术支持和指导，对育种技术人员进行生产性能测定、育种群饲养管理、测定数据汇总整理及相关软件使用等方面的培训；制定符合区域实际情况的防疫规程，为肉牛产业发展奠定坚实的疫病防控基础；制定塞罕坝牛、寿乡牛、平凉红牛等饲养管理技术规范、屠宰分割及加工标准，拟定饲料配方、饲喂方式等，制定出塞罕坝牛、寿乡牛、平凉红牛的饲养标准等系列标准规程。

扎根甘肃平凉贫困地区，建设“西部肉牛种质创新基地”，提纯复壮平凉红牛，解决农民的就业与增收问题

2018年6月，中国农业科学院西部肉牛种质科技创新基地正式扎根平凉市，旨在通过基地建设，提纯复壮平凉红牛，培育生产高档牛肉的专门化肉牛新品系，提升种群生产性能，提升红牛产品价值；建立培训基地，培养专业人才，促进当地养牛业向专业化、标准化、规模化发展，形成完整的平凉红牛产业链，提高我国肉牛产业在国际上的核心竞争力，最终解决农民的就业与增收问题。平凉红牛产业发展将迈上可持续发展的新阶段，为促进当地群众增收致富、助推脱贫攻坚、实现乡村振兴提供强大动力和支撑。

■ 李俊雅在甘肃平凉介绍西部肉牛种质创新基地相关情况

实施“山西吕梁市岚县畜禽饲草品种引进示范和技术培训”项目，开展专项扶贫工作

2017 年至今，认真落实与中国科协农村专业技术服务中心签订的“山西省吕梁市岚县畜禽饲草品种引进示范和技术培训”项目引进示范和技术培训项目，组织多个专家赴岚县开展技术培训、优质牛羊和牧草种质的示范推广，使岚县当地得以在畜禽牧草等多方面进行提升。自 2018 年起，通过肉牛品种改良方案，覆盖了岚县 12 个乡镇的 510 户贫困户，将 1200 剂优良冻精受配给农户母牛，可将每头犊牛价格提升约 2000 元，帮助每户增收 3090 元；通过蛋鸡品种养殖方案，帮助王狮乡长门村 177 户贫困户开展生态蛋鸡养殖项目，并通过电商负责鸡蛋的回收，解决农户的销路，帮助农民增收；通过优质饲草品种筛选示范项目将优质玉米、牧草种子发放给河口乡的 7 个村 222 户村民手中，经过实际测验，种植优质牧草比种植马铃薯多增收 1577 元，有助于将优质牧草进行大规模推广，帮助更多人受益。

科技助力都安县肉牛产业扶贫

在北京地区新冠肺炎疫情转为二级响应的当天，李俊雅组织国家肉牛牦牛产业技术体系都安县产业技术顾问组全体成员，分成育种、营养、加工 3 个专业小组分头行动，深入到基层一线。

围绕“强产业、补短板、防风险”的目标，结合都安肉牛产业发展实际，坚持问题导向，精准施策，顾问组专门编制了《河池肉牛系列技术工作手册》，围绕肉牛种群利用、营养与养殖管理、屠宰加工三个方面，提出了培育寿乡牛新品种的设想和选育技术路线；明确了南丹牛的保种行政区划和选育措施；确立了安格斯种群纯化利用的思路及其他牛种杂交利用的模式；提供了各种类型肉牛养殖基本日粮配方和加工方法；起草了肉牛屠宰分割加工技术规范和标准草案；制定了不同规模、不同管理模式的养殖管理规范。

通过对当地肉牛产业帮扶，贫困户养牛脱贫逐渐带动了一批非贫困户主动加入养牛队伍中来，形成了都安“贷牛还牛”的产业扶贫模式，探索出了当地农民脱贫致富的有效途径。

■ 李俊雅在广西都安县开展肉牛种群高效利用培训

扶贫感言

2020 年是全面建成小康社会目标实现之年，是脱贫攻坚收官之年。脱贫攻坚已到了决战决胜、全面收官的关键阶段。我们要采取有效措施，巩固拓展脱贫攻坚成果，确保高质量打赢脱贫攻坚战。

前期工作虽然取得了一定成绩，有效助推了脱贫攻坚的决定性胜利。如何巩固现有成果、实现科技与产业的良性循环和相互促进、进一步实现产业兴旺和乡村振兴仍是艰巨任务。肉牛牦牛产业技术体系将牢记使命，恪守初衷，建立完善的技术体系，打造高效肉牛产业模式，将技术根植于肉牛产业，把论文写在大地上，切实巩固阶段成果，以肉牛产业支撑乡村振兴。

深入民族地区　传播养殖技术　助力脱贫攻坚

——记国家肉牛牦牛产业技术体系岗位科学家　张　杨

张杨，1962年11月生，新疆畜牧科学院畜牧研究所，研究员。享受国务院政府特殊津贴专家，国家肉牛遗传改良委员会专家，新疆农业大学兼职教授，新疆肉牛工程技术研究中心主任，2020年对口扶贫和田地区皮山县、墨玉县。

开展肉牛养殖技术服务，助力和田地区脱贫攻坚

为贯彻落实党中央关于脱贫攻坚决策部署，按照《农业农村部办公厅关于进一步推动科技助力产业扶贫的通知》要求，2020年6月，国家肉牛牦牛产业技术体系引进品种培育岗位专家张杨研究员与智能化养殖岗位专家冯斌研究员及团队成员一行共7人，在端午节假期期间带病驱车近2000千米前往和田地区皮山县和墨玉县开展肉牛养殖技术服务，助力和田地区脱贫攻坚。

岗位专家及团队成员一行在皮山县科克铁热克乡肉牛养殖大户图拉麦提·麦麦提的牛舍里，张杨研究员作为主讲人对周边4个乡镇慕名而来的肉牛养殖户现场进行了肉牛品种、饲养管理和粪污处理等方面的技术培训，现场解答了养殖户提出的技术问题，发放了专门针对南疆贫困地区的维汉双语技术手册62套。详细了解了养牛业在贫困户脱贫攻坚中发挥的作用和意义，并向该村党支部书记建议，多让贫困户到养殖大户家和养殖合作社中打工，赚取部分收入同时也能掌握养殖技术，以后也可以自己养牛。在该村养殖小区，张杨研究员冒着酷暑实地察看了贫困户阿吾力孜·麦麦提的牛舍，该贫困户通过政府贴息贷款5万元，养殖了4头母牛、4头育肥牛，饲料种类也较为丰富，张杨研究员建议他要注重品种改良，不断提高牛的品质，同时对他进行了饲料搭配方面的技术指导，鼓励他好好养牛，养牛肯定能实现脱贫。

■ 张杨在新疆皮山县对肉牛养殖户进行现场培训

现场培训会后，很多养殖户纷纷要求张杨研究员在培训技术手册上签名并留下电话，县改良站翻译艾买尔江说：“专家们想得很周到，技术手册是

维汉双语的，还有很多图片，农民说很喜欢这样的技术手册，这样的现场培训效果好，专家们没有架子，可以与专家在现场互动。”

下午，在距离皮山县120千米外的杜瓦镇鼎鑫盛养殖业合作社，合作社负责人介绍了合作社现存栏育肥牛20头，母牛15头，冬季收购皮山县山区养殖的牦牛进行育肥，育肥后销往青海省格尔木市，现吸纳了该村5户贫困户在其合作社打工，张杨研究员鼓励他在现有的模式和销售渠道下，多发展贫困户社员加入养牛行业，逐步扩大饲养规模，从而在当地形成产业，带动更多的贫困户脱贫。

在和田地区墨玉县扎瓦镇英吾斯塘村玉吉买麦阿依拉畜牧养殖农民专业合作社，张杨研究员作为主讲人在牛舍内对周边的乡镇的肉牛养殖户进行了肉牛品种、饲养管理等方面的技术培训，发放了专门针对南疆贫困地区的维汉双语技术手册，现场解答了养殖户提出的技术问题，针对养牛对贫困户脱贫攻坚中发挥的作用进行了详细了解，该合作社吸纳了周边贫困户10户到合作社中打工，在脱贫攻坚中发挥着重要作用。

墨玉县沙漠之花养殖有限公司董事长麦麦提阿卜杜拉·麦麦提敏听说国家肉牛牦牛产业技术体系的专家来到了墨玉县，非常热情邀请岗位科学家张杨一行到育肥牛场去看看，岗位科学家张杨一行冒着近40℃的高温，驱车60千米来到该公司育肥牛场，董事长介绍公司现有育肥牛2000头，牛肉全部供应当地市场和广州开办的餐厅，目前公司吸纳了30个贫困户在该公司养殖基地打工，每年贫困户夫妻两人工资5万元，脱贫攻坚带动能力很强，专家一行在察看养殖基地过程中，向公司负责人指出了其饲养方式、饲草加工、饮水方面存在的一些技术问题，为下一步公司更好发挥肉牛产业脱贫攻坚的作用提供技术支撑。

■ 张杨在新疆墨玉县对肉牛养殖户进行现场培训

当地畜牧主管部门领导和肉牛养殖户希望专家能够在今后多到皮山县、墨玉县开展肉牛品种改良、饲料加工、疫病防控方面的技术培训，同时，也希望通过专家给县领导多提一些肉牛产业帮扶、保险、用地、贷款方面的建议。

扶贫感言

习近平总书记在十九大报告中指出：要坚持大扶贫格局，注重扶贫同扶志、扶智相结合。面对贫困面积大、贫困程度深的短板，必须从根本上改变贫困户“等靠要”思想。和田地区由于地少人多，当地主要以林果业为主导产业，肉牛产业作为新的扶贫产业，正在当地脱贫攻坚中发挥更大的作用，这就需要更多的专家放下身段，深入到养殖户、合作社中向农民传授科学养牛的相关知识，为脱贫攻坚和产业振兴提供强有力的技术支撑。

在此，对国家肉牛牦牛产业技术体系提供技术资料的有关专家表示感谢。

丰富扶贫新经验　收获致富新成效

——记国家肉羊产业技术体系岗位科学家　尚佑军

尚佑军，1971年11月生，中国农业科学院兰州兽医研究所，研究员。国家口蹄疫参考实验室防疫督导专家组成员。主要从事口蹄疫、小反刍兽疫、布鲁氏菌病等动物重大疫病相关研究。重点对接甘肃省甘南藏族自治州临潭县及临夏州东乡族自治县的科技扶贫工作，通过进村入户走访，厘清产业扶贫领域技术瓶颈，开展技术培训，提供种羊、疫苗、消毒剂以及建言献策等举措，切实为科技助力产业扶贫做出积极贡献。

自2019年4月中旬以来，尚佑军积极响应科技助力“三区三州”产业扶贫工作会议精神，在国家肉羊产业技术体系办公室的统一协调下、在中国农业科学院兰州兽医研究所的支持领导下，主动深入到国家级深度贫困县——甘肃省临夏州东乡族自治县（东乡县）和甘肃省甘南藏族自治州临潭县开展了草畜产业发展帮扶的前期调研，通过与东乡县、临潭县当地农业农村局兽医技术人员座谈、与15个乡数十户养殖农业合作社和养羊户的实地问答，对当地肉羊产业发展现状、存在问题、技术需求以及科技扶贫方式等进行了梳理，并达成了共识，拟定了提升基层人员兽医服务及养殖技能、建设无特定疫病肉羊繁育示范区，走乡串户定点帮扶的扶贫工作计划。岗位科学家尚佑军多次组织体系相关岗站专家和相关单位细菌病、病毒病、人畜共患病、寄生虫病等科研骨干（共计96人次）积极奔赴东乡县和临潭县开展了卓有成效的科技助力扶贫工作，获得了地方行业主管部门的认可和养殖户的好评。

“扶贫先扶智”，开展职业技能培训，提升基层人员兽医服务及养殖技能

尚佑军注重扶贫必先扶智，通过举办实验室实际操作技术培训班、“送科技下乡”等培训活动，提高“三区”兽医人员服务技能，解决前期调研发现的基层兽医人员疫病检测能力普遍不高、养殖户防疫意识淡薄这一问题，助力推动脱贫攻坚工作。2019年10月及2020年7月，尚佑军带领岗位小组在中国农业科学院兰州兽医研究所先后组织举办了2次“三区三州”深度贫困县动物疫病防控技术培训，如“草畜疫病实验室诊断技术实际操作培训班”，来自青海省玛多县、四川省巴塘县、新疆乌什县、甘肃省甘南藏族自治州及所属各县、甘肃省临夏回族自治州及所属各县农业农村局，以及甘肃省永昌县、天水市及天祝县农业农村局等动物疫控系统技术人员共计110余人参加了技术培训。培训以集中理论讲解、

尚佑军在中国农业科学院兰州兽医研究所举办培训班

分组实际操作指导方式进行，培训人员多，涉及面广、检测技术全面，切实提高了“三区”兽医人员服务技能，甘肃省动物疫病预防控制中心党委书记康文彪表示：“此次培训对做好草食畜的动物疫病防控工作，助推我省脱贫攻坚工作起到积极作用。”2019 年 11 月及 2020 年 6 月，在马文奎养殖合作社和董家沟村分别举行了“送科技下乡”现场培训与答疑互动服务，参加人员有果园镇、五家乡、那勒寺镇、赵家乡等乡镇的养殖大户及村级防疫员，共计 100 余人次，发放培训资料 150 份。

疫情期间，岗位专家尚佑军还通过视频会议的方式向“东乡县肉羊技术服务交流群”中的养殖户进行线上培训与微信交流，主要讲解了春季羊病防治及饲养管理的知识，参加受训人员有 58 人。此外，岗位专家尚佑军还多次应邀在东西部协作和支援合作牧民致富带头人专培活动等培训班上为牧民做了“牛、羊常见病防治及安全养殖技术”讲解活动，先后培训 500 余人次。

“授鱼更授渔”，走乡串户，定点帮扶

前期调查发现，东乡县、临潭县规模化养殖示范场少之又少，羊病疫苗短缺，养殖人员防护、消毒意识淡薄，焦虫病等寄生虫病连年发作，针对这一问题，尚佑军研究员制定了走农户、送疫苗、送消毒剂、送科学养殖技术手册的帮扶措施。先后去当地给养殖户免费发放了各类羊用疫苗（12000 头份）、消毒用具 30 套、消毒剂（200 瓶）、饲料添加剂 500 千克、舔砖 100 块、胡萝卜 24 吨、优质肉用种公羊（杜泊、萨福克、陶赛特各 2 只）6 只（国外用羊）。现已在农户家成功配种并如期产羔，据户主描述“杂交后代生长速度明显较快”，养殖户对品种改良的效果非常认可。在疫情危机尚未解除的情况下，

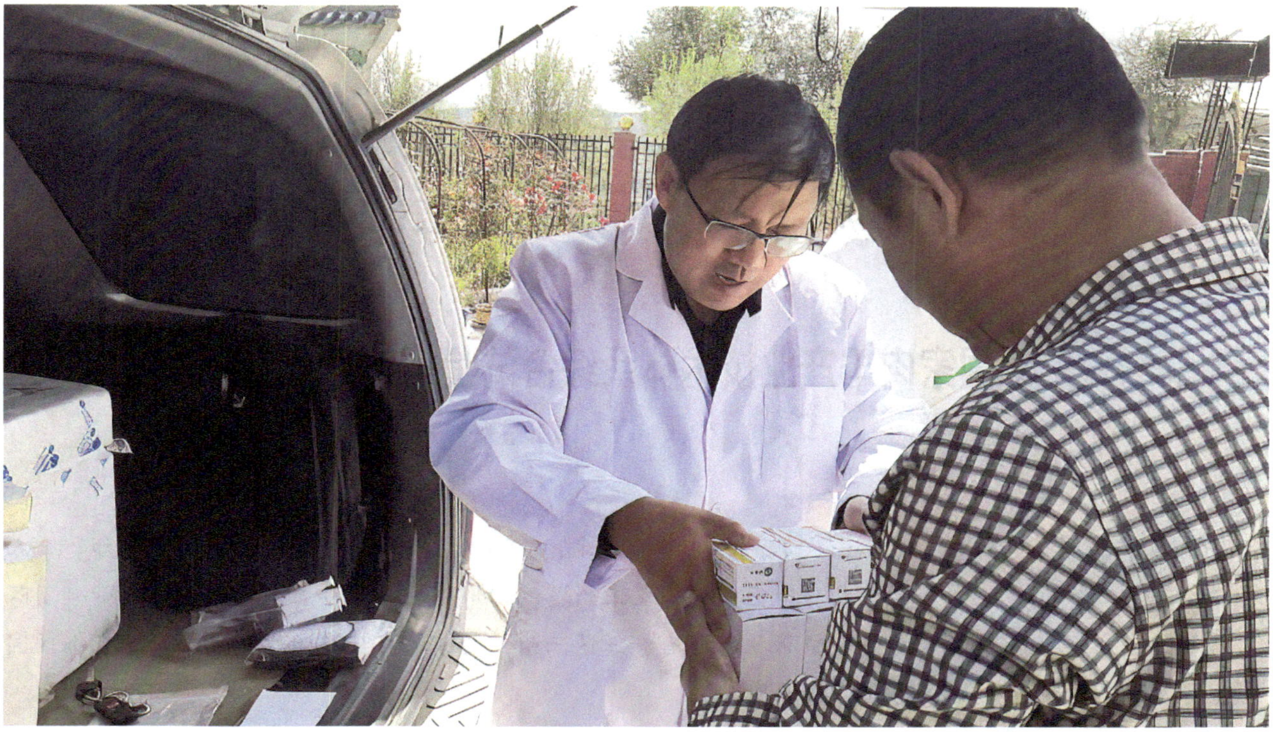

■ 尚佑军为甘肃东乡县贫困户赠送疫苗

赠送医用口罩 200 个、防尘口罩 1000 个。在重点帮扶点抽检样品 3100 头份（检测布鲁氏菌病、小反刍兽疫、羊痘），及时排查出了隐患。与帮扶对象一一见面交流，手把手教会消毒、防疫、驱虫等技术，并让其带动周边农户，一起科学养殖。实现了“多对一”“一对一”“一对多”的技术服务模式，以及“以产业选人”“以点定人”“以人选点”定向服务方式。目前，尚佑军研究员已深受当地养殖户欢迎，每当他到当地时，养殖户都纷纷邀请他过去看看。

扶贫感言

漫漫扶贫路，有过无从入手的茫然，有过不知如何帮扶的迟疑，有过恨君不努力的无奈。但是，一年多的时间里，我们心往一处想，劲往一处使，最终收获的是送出一滴水回报一片海的深情。东乡人不缺资源，他们有闻名全国的牛羊肉，只是没有形成规模；东乡人不缺才智，他们的生意遍布世界，只是没有很好的引导；东乡人不缺力量，他们是最团结的民族，只是这种力量没有被很好地利用。扶贫人只要树立起“愚公移山”的决心，拿出抓铁有痕的劲头，就没有啃不下的骨头、摆脱不了的贫穷，就能如期保质保量完成任务，打赢打好脱贫攻坚这场硬仗。

久久为功，从肉羊培育接力扶贫
共克时艰，带彝族同胞走出贫困

——记国家肉羊产业技术体系综合试验站站长　汪代华

汪代华，1975年6月生，绵阳市农业科学研究院，高级畜牧师。个人对口帮扶地区为“三区三州”的四川省凉山彝族自治州昭觉县，带领团队成员对口帮扶的还有“三区三州”的凉山彝族自治州美姑县和秦巴山区国家贫困县北川县。

四川凉山州是全国最大的彝族聚集区，也是全国连片深度贫困地区之一。这里交通闭塞，形同“孤岛”，让人望而却步的昭觉县支尔莫乡“悬崖村”就是其中一个缩影。由于自然条件和风俗习惯，养羊成为当地最重要的支柱产业。多数彝族同胞终年披用羊毛披毡（彝族传统服饰“查尔瓦”），白天用来抵御风雨，夜间用作被子。

为了培育适合当地的更好的半细毛羊品种，提高“查尔瓦”质量，早在2007年，也就是国家现代农业产业技术体系建设启动之年，汪代华就一直随同博士生导师吴登俊深入凉山州参与凉山半细毛羊新品种培育，后来凉山半细毛羊通过国家新品种审定，成为凉山地方特产和国家地理标志产品。2018年，习近平总书记到凉山昭觉县考察脱贫攻坚时，身披“查尔瓦”与地方干部群众和贫困户进行亲切交谈。

“沉下去，请出来”

■ 2020年汪代华在凉山昭觉县好谷草种繁育场指导凉山半细毛羊选育及饲养管理

2019年，随着脱贫攻坚的全面深入，根据农业农村部和体系办的安排部署，汪代华定点对口帮扶凉山彝族自治州昭觉县，团队成员周爱民定点对口帮扶凉山彝族自治州美姑县。在接到扶贫任务后，随即带队赴凉山昭觉、美姑进行实地走访调研，与牧民

促膝交流，了解他们的生产生活和想法；与地方科教、畜牧部门沟通对接，研判帮扶办法；与牧草、绒毛用羊、肉牛牦牛等其他帮扶团队互动互补，落实帮扶措施。通过建立良好的帮扶联络机制，推进帮扶工作横向到边、纵向到底。在带队“沉下去”的同时，还组织“请出来”，邀请全县农技干部120余人到绵阳国家农业科技园观摩学习，促进地方与地方、企业与企业对接，建成了涪昭现代农业产业园。

■ 汪代华在四川凉山昭觉县齐日尔友家庭牧场帮扶指导肉羊饲养管理

扶物质，更要扶精神、扶智力、扶文化

2020年是脱贫攻坚的收官之年。春节前后，正当脱贫攻坚进入关键阶段之时，由于新冠肺炎的突然暴发，人员、交通受到严密管控，造成防疫物资、生产物资严重匮乏，并难以流通。草料的匮乏，更是严重影响到牧民春羔生产。为稳定脱贫攻坚成果，经多方奔走、积极协调，紧急组织调运口罩1080个、应急饲料补充料6000千克、技术图书460本发放到牧民手中，并为昭觉达洛乡达洛村联系组织12只天府肉羊用于产业扶贫。

2020年5月，在脱贫攻坚倒计时冲刺之际，为争取脱贫攻坚战的全面胜利，带领团队到昭觉县，牵头组织中国农业科学院、凉山州畜科院等帮扶单位，针对昭觉县的产业发展瓶颈与技术需求，为60余位农业系统的干部职工系统性开展提能培训（科技扶贫培训）。目前，昭觉县已进入接受脱贫攻坚检查验收阶段。

在个人重点联系帮扶昭觉县的同时，还常年积极带领（协助）团队成员主动在凉山州美姑县、秦巴山区绵阳北川县等县市区开展帮扶工作。2020年6月，美姑县委办公室专门向体系办发来感谢信，对体系的帮扶指导工作表示由衷的感激。而北川作为国家秦巴山区连片贫困县，也是试验站基地县。近年来，累计组织召开技术培训会15次以上，培训养殖技术人员2000人（次）以上，发放养羊技术资料3000册以上，为贫困户和示范户发放肉羊配合饲料、青贮饲料、饲料原料、药品、舔砖等扶贫物资价值超过10万元，北川已率先实现脱贫摘帽。

扶贫感言

脱贫攻坚是我国实现全面小康的基础，更是硬骨头。“三区三州”是最需要帮扶的地方。近年来，外界的发展已日新月异，他们却仍在贫困的悬崖边举步维艰！作为一名党员，将不忘初心、牢记使命，与地方政府、帮扶团队和社会各界一起，全力以赴带领彝族同胞走出贫困，走向富裕！

脱贫攻坚　心系百姓

——记国家绒毛用羊产业技术体系岗位科学家　石国庆

石国庆，1959 年 10 月生，中共党员，新疆农垦科学院，研究员。工作 40 余年来，参加国家重大科研项目 30 项，获各类奖项 20 项，培育细毛羊新品种 2 个、新品系 3 个，发表论文 140 余篇。作为体系岗位科学家，主要负责和田地区墨玉县、和田县、皮山县、喀什地区伽师县、塔什库尔干县、英吉沙县的对口扶贫工作。

科技扶贫体现科技工作者使命担当

为贯彻落实农业农村部办公厅发布的农办科〔2020〕7 号文件《农业农村部办公厅关于进一步推动科技助力产业扶贫的通知》精神，在新疆维吾尔自治区“三区三州”专家服务团总指挥田可川研究员的协调组织下，墨玉县科技扶贫专家组组长、国家绒毛用羊产业技术体系良种扩繁与生产技术岗位科学家石国庆研究员及其团队，2019—2020 年 5 次前往南疆和田地区墨玉县、皮山县、和田县，喀什地区伽师县、塔什库尔干县、英吉沙县等贫困县开展农区养殖科技咨询与技术服务与培训工作。

2019 年，石国庆研究员一行在接到扶贫任务后，第一时间驱车前往南疆对和田地区墨玉县、和田县、民丰县和喀什地区塔什库尔干县进行对接调研，行程 9000 余千米，开展精准扶贫科技服务工作，助力当地绒毛用羊产业发展，带动农牧民群众早日脱贫致富。在 8 天的时间里，石国庆研究员不顾天气炎热，旅途劳顿，每到一地，立即开展工作，与当地畜牧主管部门负责同志进行交流座谈，走访当地技术推广部门、行业协会、龙头企业、农民合作社、种养大户，了解和掌握当地畜牧业生产现状、本地区自然资源特点、产业特色、生产组织规模、区域产业科技力量和研发基础、产业发展技术需求，特别是急需的实用技术。

针对当地畜牧业生产水平不高、畜禽养殖收益偏低、饲草料短缺、畜禽养殖成本较高、畜禽良种繁育体系建设落后、良种化程度不高、动物疫病防控经费不足、专业技术队伍不稳定等突出问题，提出了指导性建议和意见：一是做好区域规划，加强品种管理，以提高产肉率、多胎率和养羊经济效益为目标，坚持市场引导和政府推动相结合，探索适合农区实际的肉羊改良方式和技术措施，加快构建完善地区“三级”肉羊良种繁育体系；二是面对绒毛产业生产的现状，从国家层面制定促进南疆四地州绒毛羊生产的长效机制，进一步加强绒毛羊和产品价格补贴力度，提高毛绒效益，促进绒毛羊发展生产的积极性；三是在各县、乡和适宜产区，建立优质、高产创建示范区，以点带面，推广毛绒生产优质、高产、高效的管理技术体系，带动区域绒毛羊增产增收，抓好品种改良，牧区当地羊以提纯复壮为主，农区推广多胎品种；四是充分利用农村养殖饲料充足特点，鼓励农户特别是贫困户利用田间杂草、农作物秸秆发展养殖，使传统的养殖业重归农村，真正让农户通过多养殖来增产增收；五是全面落实草原奖补政策，推进牧民定居建设，对山区偏远边境牧区加大奖补额度，受惠贫困人口，稳疆固边；六是加大畜牧业技术推广和实用人才培训力度，建设一批农牧民实训基地，扩大示范、辐射、带动作用。

科技助力养殖产业发展，推动产业升级与技术创新

为进一步巩固科技服务成果，抓紧落实各项工作内容，2020 年石国庆研究员一行克服新冠肺炎疫情对出行带来的不便，又不辞辛劳 3 次前往南疆开展科技扶贫服务工作。在墨玉县开展扶贫服务期间，石国庆服务团队多次前往县相关养殖企业、县良种繁育中心及养殖户家中开展牛羊健康养殖、疫病防控、饲养管理、繁殖技术应用及品种改良技术服务咨询工作。服务团队针对养殖场和养殖户在疫病防控、饲养管理、羔羊保健及饲草料配比等方面存在的问题，多次现场采集羊群血液样本和细胞样品带回实验室开展布病检测和多胎基因检测，并在现场进行了相关技术培训，并向养殖场及养殖户赠送了由石国庆研究员团队编写的《新编绵羊实用养殖技术知识问答》等书籍，为养殖户送去科学养殖知识大礼包。

■ 石国庆在新疆墨玉县开展扶贫服务

■ 石国庆在新疆皮山县开展技术服务

在皮山县扶贫期间，专家组重点开展对该县扶持的龙头企业皮山县方圆绿色农业科技开发有限公司湖羊扩繁场和皮山县新疆

西域沐羊人农牧科技有限公司开展技术服务工作，与养殖场负责人訾贵信总经理和技术员开展技术咨询和交流，针对和田地区饲草料资源匮乏，养殖饲草需要从北疆购买调运造成养殖成本居高不下的问题，专家组提出了在充分利用本地农作物秸秆资源的条件下，可以开展诸如糯玉米种植，通过收割糯玉米秸秆喂羊，在保障种植效益的同时也降低了饲草料成本，同时建议今后可在南疆建立饲草料调配中心方案，在保障南疆地区养殖企业饲草供应问题的同时，大幅度降低养殖企业的饲草料成本，在满足广大人民群众对羊肉产品需求的同时来提高养殖企业和养殖户养殖效益。针对皮山乔达多胎红羊新品种选育问题，石国庆团队提出了加强系谱资料收集整理、开展基因检测等方面的建议，同时承诺可在相关技术上提供技术支持。

2019 年至今，石国庆研究员始终心系农牧区百姓，把他们生活的冷暖放在心上，每年都要去南疆开展扶贫服务 2~3 次，每次行程近 10000 千米，一去就是 15~20 天，与当地干部百姓同吃、同住、同劳动、同学习，成为牧民们的知心朋友，体现了一个老科技工作者不畏艰险、勇于担当、无私奉献的时代精神。

扶贫感言

尽管扶贫之路存在许多困难和艰辛，但通过参加南疆扶贫科技服务工作和“民族团结一家亲”活动，使我对国家和自治区实施“三区三州”扶贫开发战略的重要性和意义有了更加深刻的理解和认识，增强了对使命担当的理解，加深了对贫困群众的感情，同时深切感受到当地政府和百姓对技术和人才的渴望和迫切需求，每到一地，当地干部群众都说：“在国家的大力支持下，现在我们不缺项目和资金，就是缺少人才和技术，没有人会干、会带着我们干。”体系专家的到来受到他们的热烈欢迎，使他们看到了希望，在党的领导下，在广大科技工作者的共同努力下，必将实现广大少数民族共同富裕和中华民族伟大复兴。

金鸡产业扶贫项目　助力六万贫困户脱贫

——记国家蛋鸡产业技术体系综合试验站站长　袁正东

袁正东，1964 年 12 月生，北京德青源农业科技股份有限公司，首席专家、监事长。负责德青源金鸡计划蛋鸡养殖技术指导工作。长期身居一线，应用实践经验在金鸡产业扶贫项目的规划选址、饲养管理、环境控制、兽医防疫、养殖场废弃物处理等方面贡献突出。助力河北广平、甘肃宕昌、湖北红安等 28 个金鸡产业扶贫项目有效实施，已累计带动 14.03 万名建档立卡贫困人员脱贫，已累计支付扶贫资金 2.296 亿元。

国家蛋鸡产业技术体系综合试验站依托北京德青源农业科技股份有限公司，从 2015 年开始结合国家扶贫政策实施金鸡产业扶贫项目，袁正东站长全程参与整个项目的运作、开发、建设及管理。

2015 年从第一个威县金鸡产业扶贫项目的建设开始截至 2019 年 12 月，袁正东站长带领着团队，不辞辛劳，不畏艰苦，行程 40 余万千米，已考察全国 180 多个县，历时逾 5 载，开发并管理建设金鸡产业扶贫项目 32 个，已解决 14.03 万建档立卡贫困人口的脱贫问题。随着项目的继续开展，后期脱贫人口预计将超过 28 万人。

袁正东站长严格按照延庆综合试验站的技术规范与标准，秉承着“要做就要做到极致”的理念，躬身指导金鸡扶贫项目各项工作的有序进行。在管理过程中认真负责，严格把控金鸡产业扶贫项目的规划选址、工艺布局、建筑设计、现场施工、饲养管理、环境控制、兽医防疫、成本控制、蛋品加工、养殖场废弃物处理等方面，旨在把国家蛋鸡产业技术体系延庆综合试验站基地的实践经验和成果应用到与金鸡产业扶贫项目的相关产业之中。

躬身现场，监督、指导金鸡农场的建设与运营

2018 年 6 月，袁正东站长一行来到广平德青源项目部召开了项目建设及生产讨论会，与会人员分别向袁站长汇报工作并提出目前建设存在的一系列问题，袁站长对这些问题分别做出了指示。

2019 年 4 月，袁正东站长一行不顾一路舟车劳顿，直赴天祝德青源项目地指导投产前的准备工作。袁正东站长一行在天祝德青源项目青年鸡区实地察看了青年鸡区在接鸡前的准备工作，并在现场提出了宝贵的意见。视察结束后，袁正东站长一行在青年鸡区小会议室召开了投产前的全体动员大会。

■ 袁正东在广平德青源开展项目建设及生产讨论会

在动员大会上，袁正东站长指出：第一，面对天祝项目场地、设备、团队都是全新的这样一个情况，针对前期经验不足、磨合不够这样一个现状，天祝项目必须加强学习和培训，通过不断学习，养好一批鸡，培养出一批人；第二，干部不能只抓生产工作，还要抓好员工生活方面的事；第三，对工作的目标要明确，通过不断的学习和全体人员的共同努力，力争把天祝项目做成西北大区乃至全集团业绩靠前的项目，致力于产业带动脱贫。袁正东站长的讲话不仅表达了对员工的关怀，更是极大鼓舞了员工们的工作积极性，坚定了大家对脱贫的决心与美好生活的憧憬。大家纷纷表示，要以最饱满的工作热情向政府和公司总部交上一份满意的答卷！

穿行鸡舍，严格把控鸡蛋营养与健康

如何保证鸡蛋的营养成分，严格控制有害物质侵入鸡蛋，保证蛋鸡健康，进而确保人类健康，是袁

■ 袁正东在天祝德青源组织召开全体动员大会

正东站长所关心的重中之重。袁正东站长与团队积极参与科研项目合作，致力于鸡蛋营养与风味的改善，力求为消费者提供更高品质的鸡蛋。袁正东站长对多种饲料原料严格把关，每一批次都要现场取样检查，从源头保证蛋鸡饲料营养均衡。通过科研合作亲自参与研制的蛋鸡饲料配方，将蛋鸡料蛋比降低到 2.1∶1 以下，达到了世界领先水平，并将成果应用于各个金鸡扶贫项目的运营中，提质增效的同时，促进了产业增收。

有典有范，撰写标准同发展

在蛋鸡体系的各位专家积极支持与促进下，袁正东站长与团队成员将该扶贫模式进行了整理整合，整理出全套的蛋鸡生产规范体系，该体系的完成，整合了袁正东站长 30 多年养殖经验，可以在全国范围内快速完成金鸡扶贫项目的复制、推广，辐射至更多的贫困地区，对扶贫工作开展起到至关重要的推动作用。

2015 年，袁正东站长团队开始设计金鸡产业扶贫项目。经过多年的实施运营，已在全国 26 个县签订了 32 个金鸡产业扶贫项目。

扶贫感言

从金鸡产业扶贫项目提出来到开始付诸实施这个过程中，体系给予了德青源多方面的支持。而正是扶贫项目的实施，使得德青源在近几年进步最大、积累最多、发展最快。体系岗位科学家和综合试验站团队的支持，使得技术更加成熟，生产运营的水平更加正常。

未来，试验站最重要的任务就是坚定不移推进国家金鸡产业扶贫项目的投产和达产，使其实现真正扶贫，并且取得实际产业效果。德青源将会进一步借助“效益 + 扶贫”模式，大力推广“金鸡产业扶贫计划”，践行循环农业、绿色农业、智慧农业，联合多方共同推动产业升级转型，共赢发展。

八桂肉鸡产业扶贫急先锋

——记国家肉鸡产业技术体系综合试验站站长　陈智武

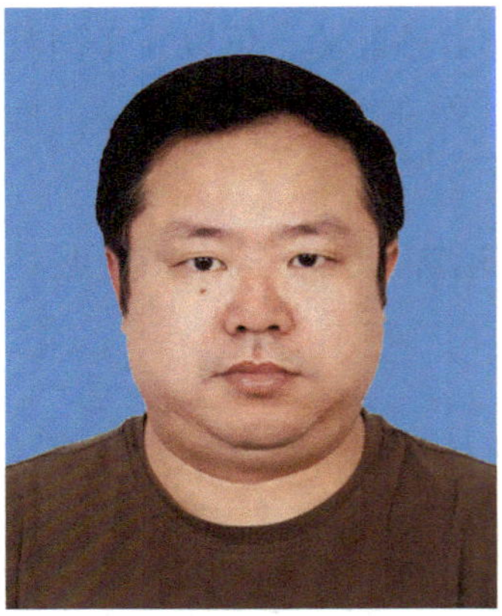

陈智武，1966年1月生，广西金陵农牧集团有限公司，家禽育种技术总监。“十三五”期间，负责滇桂黔石漠化山区隆安县、田东县等国家级贫困县的肉鸡产业技术扶贫工作，2020年担任全国52个未摘帽贫困县中的广西融水县、罗城县和大化县的肉鸡产业扶贫技术顾问。在体系首席办的正确领导下和体系岗位专家们的大力支持下，在广西脱贫攻坚工作中取得较好的成绩。

以肉鸡产业为龙头　引领带动贫困农民养鸡致富

陈智武站长推动金陵集团利用“公司＋基地＋农户”的模式，在滇桂黔石漠化山区的西乡塘区、隆安县、武鸣区、田东县等地带领农民走养鸡致富的道路，目前与金陵集团公司合作的养鸡农户共计有1650户，年出栏肉鸡在1720万只以上，合作农户年收益2838万元左右。针对贫困村资金困难、无技术的问题，体系岗位专家占秀安教授、田国彬研究员多次到广西进行养殖小区规划指导，公司出资建设养殖小区，安排贫困户劳力就业，带动贫困农户养鸡脱贫致富。公司在国家级贫困县隆安县古潭乡中真村（贫困村）带动农户25户建成中真村养殖小区，栏舍面积1.5万平方米，2019年出栏肉鸡24.96万只，农户增加收入51.9万元，户均增加收入2.08万元。其中养殖户马善

陈智武在广西隆安县养殖农户鸡场进行技术指导

贤，2019 年 8 月 8 日进鸡 10044 只，2019 年 12 月 2 日出栏 9383 只，出栏率达到 93.42%，回收销售额 30.56 万元，获得利润 2.99 万元，实现养鸡致富。

科技下乡，肉鸡产业扶贫八桂显身手

2016 年起，试验站连续五年派出科技特派员在隆安县贫困村开展养殖技术扶贫工作。先后派出团队成员孙学高、曹孟洪、粟永春等人担任国家级贫困县隆安县科技特派员，服务该县古潭乡、屏山乡、布泉乡等地的 6 个贫困村，定期入村指导肉鸡养殖技术，将肉鸡体系研发的新技术、新成果第一时间进行推广，培训贫困农民，累计赠送养殖技术资料 500 份、《肉鸡养殖轻简化技术图册》100 册，推广金陵鸡系列优质品种 5 个，无偿捐赠给贫困农户示范饲养鸡 3.98 万只，受益贫困农户 935 户，户均年增加收入 1915 元，实现帮扶贫困农户技术提高，收入增加。

2020 年 6 月，陈智武派团队成员到广西河池市罗城县和柳州市融水县为 1474 户建档立卡贫困户发放的优质金陵鸡苗 3 万只，该次发放的鸡苗全部为免费赠送，可为贫困农户增加收入 144 万余元，户均增加收入 980 元。

“十三五”期间，陈智武站长在广西各地先后组织各类养鸡技术培训 50 多期，培训农民 1800 多人次。

■ 陈智武派团队成员到广西罗城县进行技术培训和贫困农户示范鸡苗发放

盘活扶贫资金，邀请贫困农户入股龙头企业共同发展肉鸡产业

2017 年陈智武站长在与当地农业主管部门进行技术沟通交流时，了解到隆安县深度贫困村东信村和良安村苦于没有技术支撑，无法发展自己的产业兴村，陈智武先后派出技术人员深入东信村和良安村进行实地考察，寻找适合养殖的地块，两村地少石山多，再加上地理位置偏僻、交通不利，当地不适合开展肉鸡产业发展，在与村干部多次协商后，陈智武站长提出吸纳村产业发展资金实行异地扶贫模式，在金陵集团公司下属的凤鸣种鸡基地利用两村产业发展资金 250 万元新建标准化鸡舍 5 栋，由公司负责生产运营，合作以来，两村每年都能获得分红 20 万元左右，有效增加了村集体和贫困农户的收入。

试验站和金陵集团公司又在西乡塘区金陵镇南岸村（贫困村）开展扶贫示范工作，吸纳当地贫困农户 83 户将政府帮扶的扶贫资金 70 万元投入公司黄羽肉鸡产业发展经营中，享受肉鸡产业经营的成果，2016—2018 年，贫困户每年获得企业利润分红 5.6 万元，户均年增加收入 1120 元。

扶贫感言

在近五年的肉鸡产业扶贫工作中，陈智武站长深深感受到贫困地区的农民兄弟们对养殖技术的渴求，对好的肉鸡品种的迫切需要。在滇桂黔石漠化片区，山高路远，而且当地农民生活的地方基本上是以石头山为主，适合种植的土地非常稀少，只有肉鸡产业这种短、平、快的项目才是他们致富的好助手，陈智武团队先后培育出金陵黄鸡、金陵麻鸡、金陵花鸡、金陵黑凤鸡和金陵麻乌鸡等 5 个肉鸡新配套系，成活率高，耐精饲，非常适合山区农民兄弟养殖，这些品种的培育成功，得力于国家肉鸡产业技术体系这个大家庭的全力指导和支持。在今后的乡村振兴建设工作中，将邀请肉鸡产业技术体系更多的专家到广西进行实地考察调研，为各乡各村的村集体产业经济发展提供建设方案和技术支撑。

良种支持转型升级　产业助力保康脱贫

——记国家水禽产业技术体系综合试验站站长　钱运国

钱运国，1968年5月生，武汉市农业科学院，总农艺师，推广研究员。主要扶贫地点为湖北省襄阳市保康县。保康县地处鄂西北，是国家级贫困县、秦巴山片区脱贫攻坚重点县。水禽产业技术体系各岗站在首席科学家带领下，根据中共中央部署、农业农村部要求，紧紧围绕脱贫“摘帽”总体目标，结合自身人才、技术、品种等优势，积极投身贫困县脱贫攻坚战。

产业扶贫定好位　优先发展优质鸭

2015年11月29日，中共中央、国务院联合发布了《关于打赢脱贫攻坚战的决定》，打赢脱贫攻坚战是当前重大政治任务，国家水禽产业技术体系高度重视，积极组织体系各岗站结合自身优势，找准贫困县需求，全面做好脱贫攻坚帮扶工作。江夏综合试验站站长钱运国同志积极谋划，利用江夏综合试验站优质肉鸭新品种示范推广的契机，投身保康县脱贫攻坚战，助力保康县脱贫摘帽。

保康县地处鄂西北山区，距湖北武汉500余千米，位置偏远、交通不便，严重限制了县域经济发展。对于偏远山区，发展养殖业是比较理想的产业扶贫措施。钱运国站长主动对接保康县，多次去实地对该县畜牧业开展广泛深入调研，结合保康县山区地理特点、肉鸭养殖传统，以及境内有肉鸭养殖省级龙头企业襄阳富襄现代农业发展有限公司的带动平台等条件，并组织华中地区岗站专家论证，确定了发展优质肉鸭养殖的产业扶贫模式。

2017年以来，针对保康县发展优质肉鸭养殖缺乏良种的问题以及扶贫产业方向问题，钱运国站长向保康县肉鸭养殖龙头企业富襄公司推荐了江夏综合试验站培育的乌嘴白羽小体型优质肉鸭——武农1号。该鸭饲养周期60天，鸭肉质风味较好；料重比低于麻鸭，饲养成本较低；具有显著的乌嘴乌脚白羽外貌特征，屠宰后胴体光洁美观，增强了其商品性能。大群养殖试验结果表明武农1号优质肉鸭养殖效益好于麻鸭，颇受养殖户欢迎。在江夏站资助部分养殖设备的条件下，施行网上健康养殖，既解决了环保问题，还可以大幅度减少劳动力，为因病、因残的贫困户摸索出了一条产业脱贫之路。武农1号优质肉鸭不仅助力公司实现养殖品种上的转型升级，也给保康县探索出了适合当地发展的扶贫产业。

技术扶贫有保障　带动养殖显成效

围绕如何发挥养殖武农 1 号优质肉鸭的产业扶贫带动作用，钱运国站长与襄阳富襄公司制定了“岗站 + 企业 + 农户”的产业扶贫模式。为充分发挥岗站的技术支持作用，钱运国站长邀请了在鄂经济岗位科学家刘灵芝和蛋品加工岗位科学家杜金平共同组建技术扶贫团队，为保康县全面发展优质肉鸭养殖产业提供技术支持；带领团队成员与养殖户直接对接，全面提供养殖、疾病防控技术服务。依托襄阳富襄公司的市场优势，以其为带动平台，对养殖户实行“五统一”政策，带动农户养殖，确保深度贫困户脱贫增收。2017 年以来，钱运国站长及所在团队在保康县开展了优质肉鸭养殖技术培训 10 余次，深入栏舍指导 200 余人次。通过“岗站 + 企业 + 农户”产业扶贫模式发展了优质肉鸭养殖农户 30 户，出栏优质肉鸭 100 万羽，户均纯收入 6 万余元。

情系深度贫困户　精准扶贫暖人心

对贫困户扶贫是打赢脱贫攻坚战的重中之重，钱运国站长通过脱贫攻坚工作帮扶了一批贫困户，根据每户贫困特点，量身订制了扶贫措施，有效地帮助贫困户脱贫致富。2018 年，钱运国站长对接了贫困户郑雄明，该户家庭成员 4 人，户主夫妇和两个未成年小孩，家庭经济来源主要靠户主种养殖收入。主妇因病致残，丧失劳动能力；家庭因病致穷，欠外债 10 余万元。虽然户主非常勤劳，但受资金、劳力和技术缺乏等因素限制，深度贫困。钱运国站长了解到情况后，为其量身制定了依靠养殖优质肉鸭脱

■ 钱运国在湖北保康县襄阳富襄公司养殖基地探讨优质肉鸭产业发展规划

■ 钱运国在湖北保康县黄堡镇大坪村肉鸭养殖场开展现场技术指导

贫的方案，为其提供物资捐助、技术支撑、劳力支持等帮扶措施，经过2年的不懈努力，成功帮助该贫困户脱贫，家庭年纯收入达到4万余元。对该贫困户的帮扶还将一如既往，确保不返贫，坚持脱贫不脱钩帮扶保障。

扶贫感言

“五个一批”是脱贫攻坚的具体方法，产业扶贫是脱贫攻坚的根本路径，是可持续发展、巩固脱贫成果的根本措施，开展扶贫首要抓住产业扶贫这个“牛鼻子”。只要用心、用情、用爱，利用当地的优势资源，科学地找准产业发展之路，就能实现脱贫攻坚的总目标。水禽体系江夏站结合自身技术优势和保康县产业优势，以武农1号优质肉鸭品种为突破口，以技术扶持为保障条件，在保康县开展产业扶贫工作取得了良好功效，对保康县脱贫攻坚和巩固脱贫成果做出了一定贡献。脱贫攻坚任务艰巨，越是贫困地区，各种自然条件越是贫乏，需要克服的困难也越多，作为脱贫攻坚任务的参与者，既要有高度的使命感和责任感，还需要坚韧不拔、持之以恒的决心和毅力。

体系专家服务基层　挑起农民脱贫增收的大梁

——记国家兔产业技术体系岗位科学家　刘汉中

刘汉中，1968年1月生，四川省草原科学研究院，二级研究员。他带领团队始终把兔业科技创新作为使命，把兔业脱贫攻坚作为己任，主持培育国审新品种1个，研制国家行业、地方标准10个，获发明专利3项、软件著作权2项、省部级科技进步奖9项，攻克了一个又一个技术难题，把一批新技术、新品种及时推广到农民家，跑遍了秦巴山区、藏区、彝区的30多个县市，让无数贫困农户脱贫摘帽，走上了致富之路，为秦巴山区、藏区、彝区扶贫、农牧民增收做出了突出贡献。

突破一批关键技术，为兔业脱贫提供创新成果

刘汉中研究员及其团队，针对种兔长期依赖进口的现状，历经26年的辛勤努力，成功培育出我国具有自主知识产权的獭兔新品种"川白獭兔"，打破了国外獭兔品种一统天下的局面；国内外首次构建了"四阶段选种方法"为核心的育种技术体系；研制了《獭兔饲养管理技术规范》《规模化獭兔养殖场建设规范》等10个国家农业行业和地方标准，研究集成了"川白獭兔优良品种—环境控制—饲料配制—高效繁殖—防疫程序—废弃物循环利用—适时出栏"等高效健康养殖成套技术，构建了标准化养殖技术体系，实现了良种良法配套。

川白獭兔被农业部列为2016年全国主导品种，推广到四川、河北、山东、浙江、内蒙古、新疆、陕西、贵州等20多个省（区、市），占全国良种覆盖面的45%。仅在四川累计推广新品种就达30余万只，带动2万余户养殖户，新增利润13余亿元，实现了品种国产化和产业化，为四川优势特色兔产业发展、精准脱贫、农民增收，提供了科技支撑。

情系贫困农户，让兔业新技术变成农民致富法宝

仪陇县、苍溪县位于秦巴山区，均是革命老区，属于四川省88个贫困县范畴。同时也是四川的重点养兔县，养兔农户普遍缺乏养兔技术、导致繁殖产仔数低、死亡率高、养殖成本高、效益低，严重影

响贫困农户脱贫进程，刘汉中及其团队急养兔农户之急，长期深入基层养兔农户开展技术指导、培训，让农民感受到了智力扶贫的重要，感受到体系专家给他们带来了财富。

一是帮他们先后引进川白獭兔、新西兰白兔、伊拉、伊高乐配套系等优良品种（配套系）养殖；二是帮他们培训本土专业技术人员和专业养殖大户1000余名，带动贫困户7000余户；三是帮他们联系兔肉、兔皮、兔毛销路，帮助养兔户解决后顾之忧，使农户全面实现脱贫致富；四是亲自入户入场技术指导培训。在苍溪县岳东镇尖包村王忠毅家庭农场，他亲自入户指导建设兔笼，手把手传授技术，兔场繁殖成活率提高了近30%，运山镇铭发肉兔养殖专业合作社、金鑫养兔专业合作社、白桥镇华鑫家庭农场和名星种兔繁殖场都是他常去指导的地方，帮助他们解决生产中的实际困难。刘汉中及其专家团队几乎跑遍仪陇县50多个兔业发展乡镇，他的名字几乎家喻户晓，当地养兔龙头企业仪陇绿原兔业公司陈菊芳董事长称，刘汉中及其专家团队他们毫不保留地对仪陇兔业传授技术，贫困户养殖成本普遍降低10%以上，成活率提高5%以上，让他们获得了新品种新技术带来的巨大效益。

刘汉中及其专家团队还深入藏区色达、红原、金川、茂县、康定、道孚，得荣等县20余个乡镇；彝区布拖、盐源、会东、昭觉等县10余个乡镇和贵州普定等县开展“果（林）—草—兔（畜）—有机肥（沼液）”生态种养循环技术培训，每年均在500人次以上，赠送优良牧草1000余千克、川白獭兔300余只，获得当地政府和农牧民的好评。

刘汉中在四川仪陇县开展养兔现场观摩培训

■ 刘汉中在四川苍溪县开展贫困户现场指导

特色兔产业助力脱贫摘帽显成效

由于养兔具有周期短、见效快、市场前景好的特点，不少贫困县，把养兔作为特色产业扶贫，撬动农民精准脱贫的除穷根、稳长远的重要举措，因村因户开展“绣花式”产业扶贫，如仪陇县高峰期达到全县 56 个乡镇养兔，出栏兔达 450 余万只，使全县 1.9 万余户脱贫致富，挑起了全县脱贫攻坚的大梁。

扶贫感言

产业扶贫是一项重大民生工程，是关系到全民奔小康的重要举措。要有精准产业扶贫思路。坚持市场为导向选准项目，资金帮扶到位、能人带动、产业推动、技术保障；要有长效扶贫机制。通过直接帮扶、股份合作等帮扶模式，将专家、扶贫经济组织与贫困农户建立紧密联结机制，形成利益共同体，实现贫困农户稳定增收；要有扎根基层、服务农民的初心使命。专家要与农民真心交朋友，只有充分了解贫困户技术需求，精准实施，不怕吃苦，才能真正实现技术帮扶增效。

以大宗淡水鱼养殖引领秦巴山区（陕西）产业扶贫

——记国家大宗淡水鱼产业技术体系岗位科学家　石连玉

石连玉，1960年3月生，中国水产科学研究院黑龙江水产研究所，研究员。获全国水产原种和良种审定委员会审定松浦镜鲤、松浦红镜鲤、易捕鲤新品种3个，拟申报抗病、优质新品种2个，为鲤产业行业发展起到了重要的领军作用。“十三五”时期，其主要扶贫区域为陕西省秦巴山区汉阴县、西乡县、勉县。

奔赴贫困地　调研产业需求

根据农业农村部科技教育司、国家大宗淡水鱼技术产业体系要求，为明确秦巴山区（陕西）渔业产业现状，岗位科学家石连玉研究员与西安综合试验站站长王丰研究员、团队成员袁永锋等在2016年、2017年两个年度两次深入秦巴山区（陕西）进行调研（现场调研）9次、会议座谈7次。明确了秦巴山区（陕西）基本情况、渔业产业布局、渔业产业发展中的主要问题、渔业产业发展需求、技术研发和集成示范情况，掌握了当地渔业产业的一手资料，确定了利用大宗淡水鱼——松浦镜鲤养殖脱贫，于2017年12月提出了“政府+岗位+试验站+企业+贫困户”的产业扶贫模式。

石连玉在陕西汉中市汉台区老君镇金星村何家塘开展座谈

密切合作　精准扶贫

县乡两级政府扶贫工作队首先对贫困户进行调研，对有能力进行水产养殖的贫困户，通过村委会将塘堰、稻田免费分发给贫困户发展养鱼。岗位科学家石连玉研究员在2018—2020年免费给秦巴山区空运松浦镜鲤水花1000万尾，由生产经验丰富的水产养殖公司——西乡县荣星水产有限公司进行夏花培育，平均成活率可高达60%以上，培育规格2.6克/尾以上，共计发放鱼苗523万尾、贫困户299户，其夏花成活率可达到70%以上，年苗种平均可达到160克左右，标志着秦巴山区精准扶贫活动取得显著效果。西安综合试验站站长王丰研究员和团队成员袁永峰开展各类技术培训30余次，培训140多名技术人员和养殖户，发放养殖手册430余册，并给贫困户发放鱼苗建立了完整档案，保障了精准扶贫和后期养殖技术指导，保证了免费发放的苗种在贫困区“落地开花、生根发芽”。培养了一批有文化、懂技术的年轻渔业养殖户，带动秦巴山区渔业发展，稳定渔业扶贫成效。

■ 石连玉在陕西汉中市西乡县给贫困户投放鱼苗

按照每年苗种养殖、当地价格等情况进行统计，松浦镜鲤3年可达产量134万千克、产值1434万元、毛利润541.6万元，养殖贫困户平均每户增收1.03万元，渔业扶贫贫困户年增收全部超出当地贫困线，扶贫效果极其显著。

扶贫感言

脱贫攻坚开展的深层意义为带动百姓脱贫增收，独立创业，并形成长效机制。除了依靠国家扶持外，更重要的是自食其力，拓宽路子。可从过去主要依靠土地增加产量、提高价格转向提高效益、扩大就业，从依靠农业转向依靠特色经济和劳动力转移。

秦巴山区（陕西）水量充沛，水域面积大，水质优良，根据其渔业产业发展中优良品种少、养殖技术落后等主要问题，建立产业扶贫模式，引进养殖新品种，因地制宜地提高贫困户收入。因而根据产业现状，制定符合发展实际的扶贫规划，明确工作重点和具体措施，从而可真正带动农户脱贫致富。

位卑未敢忘忧国　只为山乡变鱼乡

——记国家特色淡水鱼产业技术体系综合试验站站长　缪祥军

缪祥军，1972年5月生，云南省渔业科学研究院，研究员。近年来，在云南西盟、勐海、罗平、会泽、思茅、芒市、澜沧等贫困县区，针对不同地区各不相同的发展条件，以罗非鱼、泥鳅、黄颡鱼、罗氏沼虾、中华绒螯蟹等特色品种为主，采用“稻＋鱼”“稻＋虾”“稻＋蟹”等模式，帮助群众发展稻田特色种养，带动山区人民脱贫致富。

把脉山区特点，精准切入工作

云南省地处边疆，少数民族众多，很多山区群众生产生活条件极为艰苦，导致贫困面较广，脱贫攻坚工作任务重，难度大。多年以来，缪祥军和他带领的团队在深入调研的基础上，认为针对山区稻田开展稻鱼综合种养是解决当地群众吃鱼难题，助力脱贫致富的有效手段。他们借助特色鱼体系在人才、信息、技术方面的优势，积极推广稻田特色鱼养殖，在产业扶贫中发挥出应有的作用。

西盟佤族自治县位于滇南边陲，境内全属山区，水产养殖基本为零，当地鱼价高，群众吃鱼难。缪祥军和团队调研后认为，当地部分乡镇可以利用夏季在稻田养殖罗非鱼。于是在勐梭镇，持续3年，每年赠送罗非鱼苗10万尾，投放到近千亩稻田进行示范养殖，每亩稻田增加纯收入近千元。现在，“稻＋罗非鱼”综合种养模式在当地已渐渐推广开来，不但为当地群众提供了一条增收渠道，也极大地改变了山区群众吃鱼难的现状。

芒市是傣族聚居区，当地群众喜爱食用水产品，气候、水源也具备发展优质水产品养殖的条件。2018年，昆明综合试验站积极协调体系内相关专家，主动联系芒市农业行政主管部门，开展特色鱼类稻田综合种养试验示范。在体系内泥鳅、黄颡鱼等相关岗位专家的积极配合下，大家认真制定实施方案，帮助开展示范工作。7月，在芒市镇大湾村委会锅盖石村，体系首席科学家和部分岗位共11位专家亲临现场，开展技术培训，并赠送黄颡鱼、泥鳅苗种和饲料。示范稻田当年亩均利润超过2600元，极大地调动了当地群众发展特色鱼养殖的积极性。“稻＋鳅”“稻＋黄颡”养殖模式推广到思茅、罗平、勐海、澜沧等县区稻鱼综合种养中，“稻＋虾”“稻＋蟹”也应运而生，不断地丰富着稻鱼共作模式。“一水两用，稻鱼双收”取得了很好的经济效益，成为各地帮助贫困群众脱贫致富的重要抓手。

挖掘资源优势，创新发展模式

芒市风平镇法帕村委会拉牙村是典型傣家村寨，多年来当地群众依靠种田为生，不善经营。2020年，该村6名党员带头流转100余亩稻田，成立合作社，合作社不但带动本村，还把法帕村18户建档立卡贫困户纳入，开展“稻＋鱼”“稻＋虾”综合种养。示范县技术骨干得知情况后，会同昆明综合试验站主动介入，使用工作经费购买了一批罗氏沼虾苗种放入稻田。在提供技术支持的同时，帮助合作社开拓思路，在田间搭建简易烧烤木棚10座，提供自助餐饮设备，打造特色乡村休闲旅游。借助当地民族传统文化，结合到旅游产业发展中，吸引了大量的城市居民走进田间，极大地促进了贫困地区的发展。

■ 缪祥军在云南芒市风平镇法帕村指导稻田综合种养工作

坚持授人以渔，激发内生动力

缪祥军认为产业扶贫工作的关键是授人以渔，这样才能激发贫困群众内生动力，让贫困群众摘“穷帽”，为贫困村拔“穷根”。几年来，缪祥军带领昆明综合试验站及示范县团队开展技术培训近百次，内容涵盖了健康养殖、水质调控、病害防控、新模式推广及应用等方方面面。

勐海县勐混镇勐混村地处山区，当地具备一定养殖条件。缪祥军和团队成员在调研时了解到，有的

■ 缪祥军在云南勐海县勐混镇勐混村开展养殖技术培训

贫困户家中有池塘，但是因为没有养殖技术，一亩多的池塘三年时间仅仅收入500元。于是，他们主动联系当地村委会，赴勐海县勐混镇勐混村龙塘村民小组，深入生产一线，开展水产健康养殖现场技术培训。虽然当地养殖基础薄弱、技术落后，但在培训现场，仍有数十名以拉祜族为主的村民及养殖户认真聆听授课内容。体系病害岗位专家、南宁站站长也参与授课，分别就池塘健康养殖技术、病害防治等内容做了深入浅出的讲授，与当地养殖户和贫困户进行技术交流和指导，把体系工作和对口技术援助工作有机结合起来。

扶贫感言

要做好产业扶贫工作，缪祥军和团队坚持三步走：一是注重调研，摸清致贫原因，找准突破口。只有深入村寨，深入贫困户，才能真正了解掌握每家每户的真实情况，从而根据他们不同的条件，制定帮扶计划，避免扶贫工作浮于表面流于形式；二是认真开展技术培训和示范。通过技术培训，帮助贫困户掌握基本的生产知识和技术；三是选择主观意愿强、配合度高的贫困户重点帮扶，开展技术示范，帮助他们率先得到收益，从而带动更多的贫困户。这样开展工作“似慢实快”，不但可以从根本上帮助最大多数的贫困户脱贫致富，也可以帮助一部分贫困户克服“等靠要”的依赖思想，从主观上树立战胜贫困的决心和勇气，真正达到“授人以渔”的目的。

科技引领创新　产业助力扶贫

——记国家海水鱼产业技术体系岗位科学家　马爱军

马爱军，1971年4月生，中国水产科学研究院黄海水产研究所，研究员。“科技如何助力精准扶贫”是马爱军及其团队经常思考和不断总结的问题。近年来，马爱军带领团队从产业出发，深入走访调研江西、贵州等省份的贫困区、县、镇，找准产业问题，围绕贫困地区优势资源开发和特色产业发展，用科技支撑企业发展，利用体系及团队专业技术平台，在技术咨询、技术服务、技术示范和技术培训等多方面开展帮扶工作，助力精准扶贫。

突破育种难题，科技推动“水中人参”养殖发展

在渔业新经济形式下，江西省正经历着由传统渔业向现代渔业的转型。而随着泥鳅、黄鳝等养殖技术的成熟，江西省逐渐形成以泥鳅、黄鳝等特种水产品为主的养殖产业。泥鳅一向有“水中人参”的美誉，江西泥鳅养殖的产量巨大，在全国占比稳定在23%左右，但却存在产业结构单一、缺乏竞争力的弱点，亟待通过优化产业结构来提升产业价值。

明代李时珍在《本草纲目》中记载：“金鱼有鲤、鲫、鳅、鲹数种，鳅、鲹尤难得，独金鲫耐久，前古罕知……”说的是金红色的泥鳅极其罕见，而近年来，江西当地企业在养殖中发现了金红色的泥鳅，其肉质鲜嫩、营养丰富，体色金红、泳姿绰约，兼具食用和观赏价值，深受消费者青睐，如果能够量产，会有很大的市场前景。但如何获得金红色性状稳定的遗传群体、采用何种育种技术手段开展新品种培育和进行大规模推广，是亟须技术支持才能解决的问题。

马爱军及其团队在接收到江西省水产科学研究所关于“红泥鳅”的育种技术咨询并寻求技术支持后，很快与之达成合作共识，共同开展“鹰潭市重点研发计划”等合作项目，依托于江西省所技术支持和产学研合作的余江县宏鑫特种水产养殖有限公司作为项目的主要科技支撑企业。马爱军带领团队利用专业技术，根据红泥鳅养殖现状以及表型遗传稳定性设计了不同配种方案来构建家系，采用杂交、自交等交配方式来确定遗传模式，协助攻克了新品种培育技术路线制定、品系传代、遗传性能评估、种质提纯、保种繁育等关键技术难题，开展了体色变异遗传分子机制研究等工作。研究期间，马爱军邀请江西省水产研究所红泥鳅研究团队成员来到中国水产科学研究院黄海水产研究所开展技术研讨和参观，推动双方技术交流合作。2020年疫情期间，马爱军团队为延续帮扶工作，专门组织线上会议，与江西省水产科学研究

所团队多次进行技术交流，详细指导育种各项工作，极大推动并保证了红泥鳅育种工作能够持续深入的开展。目前，项目选育的红泥鳅品系的选育性状已经十分稳定，而余江县宏鑫特种水产养殖有限公司目前也已发展成为赣东北地区规模最大的泥鳅养殖和苗种繁育基地，并成功带动周边300余农民共同创业。

精准把脉，护航贵州土著鱼种质资源建设

贵州省内河流数量众多，水资源相对丰富，有着大量名特优土著鱼类，其中鲟鱼作为贵州山区冷水鱼养殖的主要品种，是贵州省重点研发推广的经济鱼类品种，而冷水鱼养殖也是全国渔业扶贫的重要产业扶贫模式。2016年，马爱军研究团队与贵州省农业科学院水产研究所建立了合作关系。4年来，马爱军研究团队结合当地渔业资源发展优势，精准把脉冷水鱼养殖发展瓶颈，针对鲟鱼苗种短缺，卵子质量不高，其他土著鱼类如斑鳠、灰裂腹鱼、中华金沙鳅等人工繁殖难度大等棘手问题，选派黄智慧、杨敬昆等团队技术骨干人员深入贵州调研，并充分发挥专业技术优势，为当地百余名科技技术骨干人员举办科技培训讲座。马爱军团队不但协助攻克了鲟鱼精子冷冻技术，更与贵州省农业科学院水产研究所联合开展搭建贵州首个重要土著鱼类精子低温种质保存库平台工作，为贵州重要土著鱼类核心种质资源群建设及优良性状选育提供丰富的种质材料和扎实的理论依据、技术支撑；通过多年的实际帮扶行动，有效促进贵州惠水县和毕节市七星关区等地发展鱼类养殖，实现了脱贫致富。

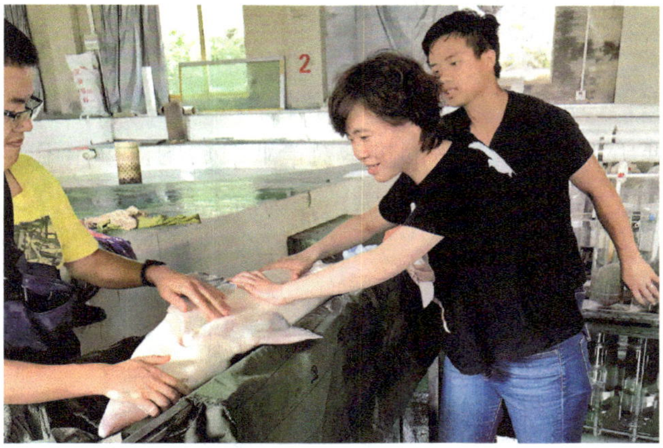

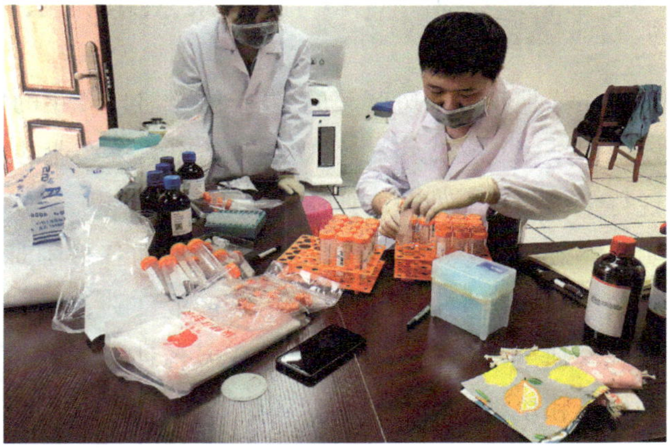

■ 马爱军团队成员在贵州基地指导攻关鲟鱼精子种质保存技术

扶贫感言

马爱军和其团队深刻认识到科研与扶贫工作相结合的重要意义：只有送技术提升当地科技水平、带动产业发展，将贫困地区优势资源开发和特色产业发展作为扶贫工作的目标任务，把脉关键问题，切实解决实际问题，才能真正做好精准扶贫工作。而在帮扶工作过程中，科研人员深入一线，了解到更多产业需要解决的问题，拓宽了繁育及育种工作的研究思路，自身也得到了成长与锻炼。

扶贫是一项持久战，更是一场攻坚战，如何将扶贫工作持续开展，既需要当地政府的配合与支持，也需要国家和产业体系的有序组织与推动，通过“授人以渔”的技术输入及示范推广，加速贫困地区水产养殖业的发展进程，让优势特色种质资源走出去，才能实现可持续发展。

紫菜产业助力乡村振兴

——记国家藻类产业技术体系岗位科学家　陆勤勤

陆勤勤，1964年12月生，江苏省海洋水产研究所，研究员。兼任江苏省紫菜协会会长、国家水产原种和良种审定委员会委员、中国藻类学会常务理事。长期以来，一直从事紫菜育种及产业各环节技术体系建设等方面的研究推广工作。

聚焦条斑紫菜产业开展科技服务

江苏是我国条斑紫菜的主产地，经过40年的发展，已形成了完整的产业体系，产量及产业配套规模均占全国97%以上。纵观江苏条斑紫菜产业的发展历程，科学技术的进步对产业发展的支撑作用体现得十分明显。他急产业所急、想产业所想，数十年如一日，坚持把产业需求作为研究的动力和方向，实实在在地解决产业发展过程中面临的各种困难和问题，把研究成果及时应用于产业实践，做到了产学研的有机结合。并积极开展各种形式的技术指导和培训，尤其是在紫菜生产的各重要时段，常年坚持驻点指导和现场示范，培养了一支常年活跃在生产一线的产业技术骨干队伍。

■ 陆勤勤在江苏连云港海区指导紫菜栽培

他带领紫菜科研团队，针对“良种难育”这一瓶颈。建立了由“良种专属培育供种制度”“紫菜种质创新技术”“种苗高效培育技术”组成的“条斑紫菜种子工程”技术体系，有效实现了良种稳定化、集约化供应，种苗培育效率提高30%~50%。将“条斑紫菜种子工程”技术体系与栽培技术配套集成，全面用于紫菜良种推广，通过示范基地的引领作用，形成了良种推广网络体系，良种应用逐步扩展并渗透到各个主产区，使紫菜栽培良种规模化、产业化进程明显加快，真正意义上实现了良种推广和普及。良种推广面积累计近 60 万亩，良种覆盖率逐年递增达到 40%，紫菜产量从 2011 年的 5.9 万吨增至 2014 年的 11.39 万吨，年均经济效益 4133.67 万元，累计经济效益达 2.07 亿元，彻底改写了紫菜栽培生产无良种的历史。

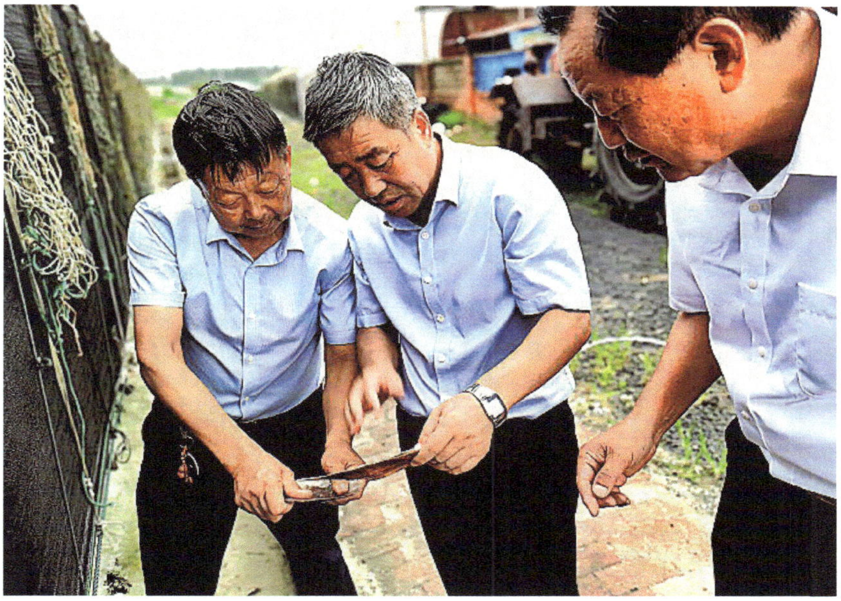

陆勤勤在江苏如东县育苗企业指导紫菜育苗

他热爱水产事业，具有较高的学术水平，他所领导的团队在紫菜育种学研究方面所取得的成果得到业界的高度评价，在产业技术研究方面所取得的成果为紫菜产业链的完善和产业健康有序发展奠定了基础，对我国条斑紫菜产业的发展起到了不可或缺的作用。

帮扶定点村增加渔民收入

西墅村隶属于连云港市连云区墟沟街道，是个海边渔村。自 20 世纪 90 年代，西墅村响应国家号召，减船转产，开始从事紫菜栽培生产。他带领团队为没有任何技术的渔民带来了条斑紫菜苗种和栽培技术，每个生产季节都深入育苗场和栽培海区，从苗种接种到日常管理再到壳孢子采苗和海区栽培，都全程给予手把手的技术培训与指导。如今，西墅村是远近闻名的紫菜特色村，全村紫菜栽培面积 2.5 万亩，各类紫菜加工机组 38 台套，年产紫菜制品 3.2 亿张，产业总产值近 3 亿元，全村人均收入近 4 万元。紫菜产业成为西墅村的主要经济来源。

扶贫感言

科研人员开展工作，必须立足产业发展中急需解决的科技问题，急渔民之所急，想渔民之所想，切切实实地解决产业问题。不断变化的产业情况才是做学问搞研究的沃土，提供着取之不尽的科研素材，同时科技创新在实践检验中不断修正优化，科技成果实现产业化应用，创造应有的经济价值和社会价值。

科技＋技术升级

科技助力精准扶贫　夯实粮食安全之基

——记国家小麦产业技术体系综合试验站站长　黄天荣

黄天荣，1969年10月生，新疆农业科学院粮食作物研究所，研究员。主要从事冬小麦种质资源创新、新品种选育及示范推广工作。主要针对南疆国家级深度贫困县集中分布地区喀什、阿克苏、和田地区以及克州各县小麦产业发展中存在的技术难题，开展冬小麦新品种新技术示范推广、技术咨询及培训服务，为当地粮食安全、脱贫攻坚及农民增产增收做出了突出贡献。

潜心选育新品种　粮食安全有保障

黄天荣为了实现心中的育种梦想，三十年如一日，寒来暑往，像一只迁徙的候鸟持之以恒地开展小麦的南繁北育工作，每年在南疆出差下乡都在240天以上。用忘我的工作和真情，将自己青春和热血奉献给了新疆的小麦科研事业，用辛勤的汗水换来累累硕果，也为自治区粮食丰收和南疆小麦产业可持续发展提供了坚实的品种储备和科技支撑。参加工作以来，黄天荣选育出新冬20、新冬24、新冬25、新冬28、新冬40、新冬57、新冬60等系列高产、早熟、优质冬小麦新品种。新冬20号目前是南疆主栽冬小麦品种，也是新疆小麦年播种面积最大的小麦品种，年播种面积达500万亩左右；新冬60示范田2019年在南疆泽普县实收单产731.3千克，创造新疆早熟冬小麦高产纪录。

尽心尽力促粮安　科技培训帮扶贫

自2017年以来，黄天荣紧紧围绕新疆“社会稳定和长治久安”总目标，发挥自身专业特长和优势，依托国家小麦产业技术体系各位专家的帮助和支持，积极参与新疆维吾尔自治区“访惠聚”科技巡回服务和科协精准扶贫专家服务行动，针对贫困地区驻村工作队、扶贫第一书记所在村开展专家服务指导、科技示范户培育、农民科技培训等农业技术服务。

为保证及时为当地农民提供技术帮助，黄天荣在喀什地区泽普县设立专家服务联络站，于每年的2月中下旬至11月底，在小麦生长关键生育期针对当地小麦生产中遇到的关键技术问题，通过田间地头指导或室内多媒体授课等形式，开展农业实用技术培训，培训范围覆盖喀什、和田、克州、阿克苏等南疆四地州 8 个县；根据当地在产业扶贫发展中存在的问题，专门针对自治区派驻的“访惠聚”工作队、扶贫第一书记及当地乡村各级干部开展技术咨询及建议，为第一书记和当地村委会干部开展脱贫攻坚和农业产业发展出谋划策，帮助他们依靠农业新技术助力当地精准脱贫。同时通过建立微信群，开展线上讲解和发放各类技术资料，及时解决当地农业生产关键技术难题。

截至 2020 年 10 月，共技术指导 565 场次，技术指导 455 个深度贫困村第一书记工作队、“访惠聚”驻村工作队，培训农业基层骨干和农民 106060 人次，发放各类技术资料、光盘 10924 份，为当地群众脱贫攻坚提供技术服务和支撑，也为南疆地区粮食安全、脱贫致富提供了强有力的科技支撑。

■ 黄天荣在新疆莎车县米夏镇琼库尔什拉克村开展春季冬小麦田间管理技术培训

小麦种业为依托　农民增收有希望

为带动当地农民增收致富，黄天荣积极联合相关大型种业公司，创新合作成果转化推广模式，依托小麦种业发展带动当地农民脱贫攻坚。为了帮助新疆农业科学院“访惠聚”驻村工作队所在疏勒县库木西力克乡阿亚克浪喀勒克村农民早日脱贫致富，黄天荣在充分发挥自身专业优势的基础上，积极参与良种繁育建设工作，与南疆最大的小麦种子企业——新疆九丰禾种业有限公司合作，提供优质小麦原种，扶持和帮助该村进行小麦良种繁育工作，通过种业发展来带动当地农民增产增收。目前该村已建设成为小麦良繁示范村，小麦良繁市场化运行良好，并辐射带动周边其他 3 个村也成为小麦良种繁殖村，小麦良繁面积由原来的 700 亩，扩大到 2200 亩。

截至 2020 年 10 月，共计繁殖小麦良种 4100 亩，生产优质良种 1600 余吨，直接带动当地农民增收 48 万元；通过小麦原种种植，增产小麦 300 余吨，带动农民增收 72.3 万元。累计带动当地农民增收 120.3 万元。目前繁殖小麦良种已成为当地农民增收的主要来源。

■ 黄天荣在新疆喀什地区麦盖提县开展小麦良种繁育技术培训

扶贫感言

小麦作为新疆各族人民第一大细粮作物，是新疆粮食安全的关键和基础，南疆小麦产业的发展在社会稳定、经济发展以及脱贫攻坚中具有举足轻重的作用。南疆部分地区地处边陲、交通不便、信息闭塞，是国家级深度贫困县集中分布区域。农牧民文化水平较低，农业科学种植水平较差，是新疆扶贫工作的重点。针对以上问题，农业科技人员应充分发挥专业优势，将扶贫与扶志、扶智相结合，深入到田间地头和生产一线，面对面、手把手地为当地农民现场开展实用技术培训，并通过发放相关技术资料，提高农民科学种植的意识，促进当地小麦产业发展，为当地农民脱贫致富提供强有力的技术支撑。

发挥品种优势　开展多种形式扶贫

——记国家小麦产业技术体系综合试验站站长　鲁清林

鲁清林，1963年2月生，甘肃省农业科学院小麦研究所，三级研究员。甘肃省人民政府参事，甘肃省绿色高质高效创建指导专家。主要从事抗逆丰产小麦新品种选育、旱作农业技术和相关栽培技术的研究工作。多年来，鲁清林带领科研团队，在六盘山片区的甘肃省庆阳市镇原县和天水市张家川回族自治县，秦巴山区的陇南市礼县和西和县，依托体系基地建设和“三区”人才服务项目，发挥兰天系列小麦品种抗逆性强的优势，针对不同情况，采用多种形式开展帮扶和产业扶贫。

协调落实“一户一策”帮扶政策和措施，并进一步完善巩固提高方案

甘肃省庆阳市镇原县由于自然环境条件差，产业单一，尤其是地处大山深处的乡镇，贫困人口多，扶贫任务十分艰巨。鲁清林在该县方山乡小方村帮扶了两户特困户，其中一户家有8口人，5人残疾，作为责任帮扶人多次入户了解情况，协调落实“一户一策”帮扶政策和措施，及时调整精准脱贫计划方案，针对该贫困户的家庭现状，鼓励和帮助该贫困户发展养殖业和种植业，并提供了小麦等优良农作物新品种，拓宽了其增收渠道，使该贫困户于2019年年底顺利脱贫。2020年疫情发生后，鲁清林担心疫情对该贫困户的家庭经济收入造成影响，为了防止返贫现象发生，及时通过电话和入户，了解情况，送种子，送技术，并进一步完善“一户一策”巩固提高方案。在帮扶特困户的

■ 鲁清林在甘肃镇原县方山乡小方村特困户朱清元家开展入户调查

同时，也为该贫困村提供了播种机和农用物资（种子、化肥和农药等），为整村脱贫做出了一些贡献。

开展“促生产、送种子、送科技、保增收”服务活动

甘肃省天水市张家川回族自治县梁山镇岳山村是天水综合试验站新品种新技术试验示范基地，也是“三区”人才服务项目村。多年来，鲁清林带领团队成员，先后为该村50多个贫困户提供了抗逆丰产小麦新品种兰天26号、兰天34号、兰天36号、兰天39号和兰天42号等，并推广了旱作农业技术，较大幅度提高了该村贫困户种植小麦的经济效益，据调查，这些品种较当地主体推广品种亩增产50~100千克，亩增纯收入150~300元，并协助该村建立了良种繁育基地，作为种子，亩纯收入增加300元左右，加上增产部分，亩新增纯收入450~600元。同时，根据该村贫困户的需求，提供了油菜和玉米等农作物优良品种。2020年疫情期间，鲁清林带领团队成员赴该县4个乡镇5个村开展了“促生产、送种子、送科技、保增收”服务活动，为200多户贫困户送去了玉米良种和实用农业生产技术资料，并开展了技术培训等。有一位老伯怀里抱着种子笑着说：“昨天在集市上看到玉米种子一袋售价120元，嫌太贵没有买就回家了，没想到省农科院专家今天把种子送到我家门口了。”

■ 鲁清林在甘肃张家川回族自治县梁山镇岳山村为贫困户发放种子

解决扶贫项目遇到的难题，设计小麦品种引进和筛选方案

鲁清林在甘肃省陇南市帮助西和县天正农牧业发展有限责任公司解决扶贫项目所遇到的难题。为了

增加当地农民经济收入，推进西和县西高山乡脱贫攻坚工作，西和县天正农牧业发展有限责任公司在该县西高山乡上寨村建了石磨面粉厂和手工挂面厂，厂子建成以后面临原料紧缺难题，项目负责人到甘肃省农业科学院小麦研究所寻求解决方案。鲁清林研究员带领团队成员到该公司项目建设基地进行考察，发现该公司建设的石磨面粉厂偏远，周围有大片适合种植小麦的良田，于是提出了在该厂附近建立小麦生产基地，就地解决原料问题的建议。同时，为该公司征集和提供适合制作挂面的小麦优良新品种（系），设计品种引进和筛选方案，为扶贫产业发展贡献了自己的一份力量。

依托基地建设，发挥品种优势，提高贫困户经济收入

鲁清林结合小麦产业技术体系天水综合试验站基地建设，在甘肃省陇南市礼县（挂牌督战县）为贫困户提供了兰天 39 号、兰天 42 号、兰天 43 号和兰天 45 号等 5 个抗条锈丰产小麦新品种，并多次在小麦生长关键时期赴该县进行考察和现场技术指导等。2020 年倒春寒、持续干旱和小麦条锈病在礼县偏重发生，由于为扶贫户提供的新品种抗逆性强，丰产性突出，平均亩产达 430 千克，较当地主推品种里 289（亩产 330 千克）等品种亩增产 100 千克，亩增纯收入 300 多元，显著提高了贫困户的经济收入，也为今后发挥小麦产业在脱贫攻坚和乡村振兴中的致富功能树立了典范。

扶贫感言

帮扶工作不仅是提供人力、物力和财力，更重要的是产业扶贫，精神扶贫。落实产业扶贫是扶贫工作的基础和关键，做好产业扶贫对农民持续增收，脱贫致富奔小康意义十分重大。把产业扶贫与下一步的乡村振兴有效衔接，利用贫困村的自然资源优势，瞄准第一产业，发展农产品加工业和乡村旅游业，促进农村一二三产业融合发展，拓展农民增收渠道，防止返贫，巩固脱贫成果。就小麦产业而言，虽然种植小麦比较效益低下，但小麦是不可或缺的主要粮食作物，可以通过适度规模经营，降低生产成本，提高小麦品质，利用抗病虫水肥利用效率高的品种，减少化肥农药的施用量，开发有机绿色产品，打造品牌，将小麦产业发展成为扶贫产业。

发挥产业技术在“三区三州”扶贫中的重要作用 实现贫困山区脱贫不返贫

——记国家大麦青稞产业技术体系综合试验站站长 冯宗云

冯宗云，1963年2月生，中共党员，四川农业大学，教授。主要扶贫区域有四川省凉山彝族自治州越西县、昭觉县及四川省阿坝藏族羌族自治州马尔康县、阿坝县。

致力饲用大麦粮草双高助推山区脱贫攻坚

2020年是我国全面打赢脱贫攻坚战收官之年，依靠技术扶贫、智力扶贫，让贫困地区摘掉贫困帽子，不返贫，踏上乡村振兴之路。冯宗云教授作为农业农村部“三区三州”的扶贫专家和四川省人社厅聘任的扶贫专家，长期致力于全国藏区及秦巴山区和乌蒙山区的扶贫工作。自2008年他进入国家大麦青稞产业技术体系以来，结合四川省的实际，狠抓高产、优质饲料大麦（青稞）新品种的选育、推广及青饲（贮）、粮草双高产关键技术集成示范与

■ 冯宗云在四川凉山彝族自治州进行川农饲麦 1 号青贮生产验收

应用，选育的川农饲麦 1 号于 2011 年通过四川省农作物品种审定委员会审定。他带领团队人员加强川农饲麦 1 号及其关键集成技术在四川省凉山彝族自治州的示范与应用，现推广面积占全省饲料大麦面积 80% 以上，青贮产量达 2509.75 千克 / 亩，较农户常规种植田块增产 31.64 %。干籽粒产量达 620.94 千克 / 亩，较对照增产 9.4%；秸秆鲜草达 2737.2 千克 / 亩，较对照增产 61.3%，取得显著经济效益，研究成果整体达国内先进水平，部分达国际先进水平，于 2014 年、2019 年获得四川省人民政府科技进步奖三等奖。该成果使大麦成为贫困山区畜牧业（猪、牛、羊）养殖的主要饲料，促进了当地畜牧业的发展，在贫困山区脱贫攻坚中发挥了重要作用。

大力开展产业技术示范培训和人才培养提高贫困县生产水平

结合农业农村部安排的扶贫区域，以青稞饲草饲料、健康粮食、酒业原料、旅游观赏和旅游食品为中心，促进青稞产业融合发展。针对四川藏区的马尔康及阿坝县青稞新品种缺乏，栽培技术落后，开展了优质、高产粮草双高青稞新品种的推广，开展其作为青饲、青贮及粮草双高产的关键栽培技术研究，推广了阿青 6 号，开展了集成的关键技术示范与应用，辐射周边县 5 个，青贮产量达 1745.37 千克 / 亩，干籽粒产量达 323.1 千克 / 亩，增产显著，深受藏区农牧民的欢迎。

■ 冯宗云在四川阿坝县现代农业园区对阿青 6 号进行青贮测产

在四川省甘孜藏族自治州的炉霍县及甘孜县，重点开展了优质、高产粮草双高青稞新品种昆仑 14 号及康青 9 号的推广及青饲、青贮及粮草双高产的关键技术集成示范与应用。2020 年 8 月 3—5 日，组织了首席科学家及体系相关人员进行了青稞青贮测产。在炉霍县昆仑 14 号的青贮产量达 1894.28 千克 / 亩，康青 9 号的青贮产量达 1600.8 千克 / 亩。昆仑 14 号的干籽粒产量达 325.5 千克 / 亩，康青 9 号的干籽粒产量达 295.3 千克 / 亩。在甘孜县，康青 9 号的青贮产量达 2101.5 千克 / 亩，干籽粒产量达 335.4 千克 / 亩。较当地青稞品种增产显著，促进了当地青稞产业的发展。尤其是 2020 年 8 月 5 日冯宗云在四川省甘孜县左小腿被划伤个大口子，流了很多血，缝了 3 针，他冒着伤口疼痛及高原反应，与体系首席科学家张京研究员及体系相关人员一道继续到藏区阿坝藏族羌族自治州参加青稞青贮试验测产、青海省服务县域经济对接会及到西藏自治区昌都市继续参加国家大麦青稞产业技术体系产业发展研讨会暨藏东地区青稞产业技术扶贫现场培训会，到察雅县及芒康县深入乡村、青稞加工企业指导生产，完成了扶贫任务，受到农牧民及企业、当地领导的重视。

此外，为藏区培养的 2 名青稞博士（青海大学农牧科学院吴昆仑研究员、西藏农牧科学院农业研究所藏族女博士巴桑玉珍副研究员）及为国家人社部组织的西藏少数民族专技人才特殊培养的 5 名人才，分别在西藏、青海的智力扶贫、技术扶贫起到了很大作用。为“三区三州”培训技术干部、农技人才、种植大户、村干部、农户、职业经理人、加工企业技术骨干及农牧民等共计 1000 余人次，发放技术明白纸 1 万余份，召开现场会 15 场及座谈会 10 场，讲座 10 余场次。使依靠“科技 + 龙头企业 + 基地 + 种植大户 + 农户”发展模式成为农牧民致富主体。相关媒体进行了多次报道。

扶贫感言

根据多年扶贫工作及长期在青藏高原上从事大麦（青稞）研究发展工作的经验，认为以习近平同志为核心的党中央提出的实现全面脱贫的决策是非常英明的，具有划时代的重要意义。一是结合贫困山区实际，依靠科技，充分发挥科技在扶贫中的重要作用，重视新品种、新技术的推广；二是依靠专家集中的国家产业技术体系的团队作用，因地制宜进行针对性扶贫；三是开展技术培训及新思维新意识培训，重视技术扶贫、智力扶贫；四是以当地产业发展为核心，结合生态旅游观光业，引导老百姓用发展眼光看问题，做到脱贫不返贫。

聚力产业扶贫 “粟”说致富心经

——记国家谷子高粱产业技术体系综合试验站站长 刘金荣

刘金荣，1964年9月生，九三学社社员，安阳市农业科学院，二级研究员。根据现代农业产业发展需求，通过埋头苦干、潜心研究，在品质和广适性谷子品种选育方面取得突破并形成特色，培育出豫谷18等26个国鉴、省鉴（登记）谷子新品种。通过与地方农业技术推广部门协同创新，有机整合农业新型经营主体，依托河南省谷子育种工程技术研究中心、河南省谷子创新产业战略联盟，以市场需求为导向，以谷子产业高质量发展为目标，促进地方谷子产业化发展，带动贫困人口脱贫致富，取得了显著成效。

2020年是打赢脱贫攻坚战的决胜之年，也是全面建成小康社会的关键之年，如何通过产业脱贫、产业兴农，让贫困户真脱贫、不返贫，过上幸福小康生活，这是刘金荣正在思考的问题。看着打了半辈子交道的谷子地，刘金荣有他自己的想法，那就是让小米粒撬动大产业，把金灿灿的谷子变成老百姓荷包里的真金白银。

坚持基地示范带动，产业扶贫效果明显

为加快谷子新品种、新技术在贫困地区的示范推广，刘金荣依托河南省谷子创新产业战略联盟，联合各地市农技推广部门，采用“科研成果+农技推广+多元经营”协同创新服务模式，打破系统、行业限制，通过发挥各自在技术、人才和科技推广、市场营销等方面的优势，选育推广适合优质煮粥、专业化加工、新型抗除草剂的谷子品种，在全国建立了10个豫谷新品种扶贫示范基地。河南谷子面积由2010年种植面积52.8万亩发展到2018年的73.4万亩，面积增加39%；单产由2010年的185.8千克/亩增加到2018

■ 刘金荣在河南东姚镇洪河村给种植大户讲解谷子高产栽培技术

年的 233.6 千克 / 亩，每年增加谷子产量 3508.52 万千克，各地陆续把谷子产业作为当地脱贫攻坚和乡村振兴的重要抓手。

工作重心下沉一线，精准服务农业农村

谷子生产，一头连着农民“钱袋子”，一头连着居民的“米袋子”。刘金荣不仅要让农民增收致富，也要让居民们吃上“香喷喷的小米饭”。“心系群众、扎实苦干、奋发作为、无私奉献”是刘金荣平日工作的写照；一个初心，三队人马，十五个村，三百斤优良谷种，万亩小米种植基地，交织成谷雨后刘金荣团队忙碌的画面。刘金荣深入到田间基层，手把手地教贫困户种谷子，不仅给贫困地区带去良种技术，也带去了新时代科学家的形象，更彰显了农业科学家的初心与优秀品格。他经常说农业人要接地气，要以农民期盼的技术作为科研方向，让晦涩难懂的科技术语“听得懂、传得开、立得住”，把优良的谷种散播在田间地头，把产业扶贫的好政策讲进人们心头，让贫困户对脱贫更有信心，对生活有更多获得感、幸福感。

■ 刘金荣在河南东姚镇洪河村给贫困户讲解谷子产业脱贫

实行品种技术组装配套，培育一批优秀扶贫典型

刘金荣团队开展了豫谷系列谷子新品种筛选、机械精量播种技术、中耕除草机培土技术、机械化收获技术、化学除草技术等关键技术组装配套，为安阳地区从事谷子种植、加工等新型经营主体和企业提供了强大的科技支撑，将新品种、新技术组装配套作为脱贫致富的重要抓手，培育了林州东姚洪河米业、河顺洹茂绿色农牧有限公司、林州市百世禄农业开发有限公司、安阳亿天米业、滑县春芽种植农民专业合作社等一批企业优秀扶贫典型。林州市以豫谷为原粮的家庭农场、合作社等新型经营主体有 4 家，打造行业扶贫基地 3 个，依托各类农业新型经营主体、扶贫基地贫困户、易地搬迁户等，流转土地 1200 余亩，实现流转收入 100 余万元，特色谷子产业共覆盖带动 1000 户贫困户增收脱贫，占全市贫困户的 16.5%。安阳市龙安区马投涧镇高白塔村开展了产业扶贫，发放优质谷种 125 户，种植面积 1200 余亩，其中包含稳定脱贫户 25 户，建卡脱贫户 14 户，刘金荣团队为全村定期开展谷子优质高效栽培技术讲座，对谷子的选种、拌种、育苗、播种、田间管理、收割等进行了全程指导，并在基地开展集中示范。

定期开展技术培训，培养一批乡村人才

产业的兴旺离不开人才的培育，以科技人才为主体，以科技成果为纽带，刘金荣加大对贫困地区科技人员培训力度，提高贫困农民科学文化素质，让贫困地区的老百姓掌握脱贫致富的“看家本领”，用知识武装头脑，彻底断掉他们的“穷根”。人穷思想不能穷，只要肯动脑，产量不会少。刘金荣团队每年通过举办谷子品种现场观摩会、谷子绿色高效技术培训班、职业农民技术培训，平均年开展专题技术培训讲座共 50 场次，直接培训基层农业技术人员和农民 3000 人次，累计举办各类技术培训讲座 100 多期，发放科普图书 2000 册，印发技术宣传资料 15000 份，使广大农民及时了解和掌握谷子新品种的特性及关键栽培技术。除了室内培训、现场培训 2 种形式外，还接待农技骨干、种植大户、企业家来访 200 人（次）。积极探索“互联网＋农技推广”服务新模式，基层农技推广能力和服务效果得到进一步提升，涌现出一大批扎根基层、不畏艰辛、务实重干、服务“三农”的基层农技人员先进典型。

扶贫感言

产业扶贫不仅仅是培育一个好品种、研发一项好技术，它涉及到政策导向、资本投入、策划宣传、运作机制等多要素融合，需要统筹谋划。

刘金荣认为，扶贫首先要扶志、扶智，做好贫困人口“自力更生、艰苦创业”的思想教育，使其意识到美好生活必须依靠辛勤劳动和先进科技。其次要做好产业整体布局，充分夯实谷子种植、粗加工等前端产业基础，为精深加工等高附加值的中后端产业提供保证。再次要保证体系技术支撑的持续性，贫困摘帽科技扶贫不断档，对已脱贫的农户要持续帮扶。最后要科学使用扶贫资金，撬动社会资本，实现“1+1 > 2”的效应，利用直播带货、物联网技术等新形式，实现谷子产品高溢价，进一步带动贫困户致富增收。

发挥特色高粱产业优势　助推产业脱贫攻坚

——记国家谷子高粱产业技术体系岗位科学家　焦少杰

焦少杰，1969年2月生，黑龙江省农业科学院作物资源研究所，研究员。2017年参与黑龙江省工信厅甘南县甘南镇富强村驻村工作队工作，重点开展机械化栽培高粱酿酒原料基地建设工作。2018—2020年作为内蒙古自治区巴林左旗“三区”人才，重点推广龙帚2号帚用高粱新品种，加速了品种的更新换代。

因地制宜　精准施策

黑龙江省甘南县是国家级贫困县，甘南镇富强村共有5个自然屯，人口2376人，其中建档立卡的贫困户46户、76人，有27700亩土地，土壤瘠薄，生产力水平低，玉米平均亩产量不足千斤，是远近闻名的贫困村。驻村工作队入驻后，经过仔细研究、分析讨论，认为在贫瘠的土地上种植高粱比较效益高，因地制宜发展生产，符合客观规律。大家担心两件事，一是销路，二是如何种好。销路问题经驻村工作队积极沟通，主动争取，和北大仓酒厂签订了酿酒原料基地建设协议，生产的高粱全部用于北大仓的酿酒原料。销路解决了，种又难住了。富强村已经有30多年没有种过高粱了，年轻人都没见过高粱，更别说种了。因此，驻村工作队就找到了焦少杰，请求技术支持，焦少杰爽快答应了。从2017年冬到2018年春，焦少杰带领团队成员先后3次到村里进行高粱机械化高产栽培技术培训，耐心细致讲解每一个技术环节。2018年高粱从种到收的整个生长季节，焦少杰先后7次来到富强村指导高粱生产，为农民解决生产实际问题。当年3000亩高粱获得丰收，种植户净收益比玉米每亩增加150元，增加经济收入45万多元。有了2018年的基础，高粱种植的积极性更高了，目前高粱已是富强村的特色扶贫作物，虽然今年经受了多种自然灾害的考验，但高粱依然是“铁杆庄稼”，预计三年累计增加收入近百万元没有问题。焦少杰和他的团队依然密切关注和服务于富强村的高粱产业。

发挥特色优势　助推产业发展

巴林左旗是内蒙古深度贫困地区，同时又是全国种植帚用高粱最集中的地方，是“中国笤帚苗之乡”，全旗每年约有30多万亩帚用高粱。习近平总书记在参加十三届全国人大一次会议内蒙古代表团审

■ 焦少杰在黑龙江甘南县富强村指导高粱生产

■ 焦少杰在黑龙江甘南县富强村指导高粱生产

议时，对巴林左旗笤帚苗产业给予了高度关注。从曾经养家糊口的手工艺，成长为如今带动区域经济发展的支柱型产业，小笤帚扫出大天地，扫出了一条不平凡的致富路。

但是，笤帚苗生产过程上，面临最大的问题就是品种老化。因为种植的都是自交的老品种，品种产量低，病害重，有些年份秋天风大，几乎会造成全部倒伏，严重影响了笤帚苗的产量和品质，进而影响种植者的经济收入。2018 年，焦少杰被聘为巴林左旗的“三区”人才，主要任务就是推广团队研究出的新品种龙帚 2 号杂交种。该杂交种是我国乃至世界第一个笤帚苗杂交种，其笤帚苗产量每亩可达 175 千克，其籽粒亩产量一般在 325 千克以上，而且抗倒性非常强，几乎没有倒伏。

经过广泛宣传，2018 年种植的龙帚 2 号达到了 3.5 万亩，增收笤帚苗 175 万千克，增加籽粒 500 万千克，折合增加经济效益 2000 多万元，龙帚 2 号帚用高粱新品种得到了生产、市场和广大种植者的认可。焦少杰及其团队成员先后 10 余次来到巴林左旗推广新品种，如果没有他们的工作，巴林左旗的帚用高粱品种还将继续停留在原来水平，更新换代到杂交品种应该是不可能的。目前，巴林左旗笤帚苗加工厂已有 77 家，仓储面积 57787 平方米，原苗收储能力 2600 万千克，笤帚加工转化能力 8000 万把，带动技术工人 2183 人，其中建档立卡贫困群众 1495 人，预计人均增收可达 4800 元，全产业链参与人数达到 8 万人左右，是名副其实的产业扶贫。如此大的产业规模，必须保证原料的供应。有了龙帚 2 号帚用高粱新品种，将为原料供应上了一份保险，为产业的稳定发展起到了中流砥柱的作用。

扶贫感言

一是产业扶贫是实现脱贫的必由之路、根本之策。贫困地区一般要么位置偏远，要么资源禀赋较差，要么生态环境恶劣，要么人员素质较低，这些都决定了贫困地区缺乏或没有产业支撑地方经济发展，因此，发展产业至关重要。二是发展产业必须因地制宜，切合实际并不断创新完善。只有解决好产业发展这个关键点，才能带动农民就业，促进农民增收，才能实现“两不愁三保障”的根本目标，主攻特色产业，突出龙头带动。

科技帮扶工作十分辛苦，但很有意义。在帮扶工作过程中，将科学技术普及推广，使农民技术水平提高，规避生产风险，增加经济收入，快速脱贫致富，就会感到无比的自豪。今后，还会一如既往地参加到产业扶贫大军中来，为农业发展、农民致富贡献力量。

依托体系成果　助力脱贫攻坚

——记国家食用豆产业技术体系综合试验站站长　徐东旭

徐东旭，1972年10月生，中共党员，张家口市农业科学院，研究员。主要的扶贫区域为河北省阳原县、张北县、崇礼区等，依托体系研发成果及技术优势，重点开展绿豆、蚕豆、芸豆新品种及轻简化技术集成示范，助力脱贫攻坚。

抓重点促发展，躬耕生产一线

张家口是我国典型的食用豆产区，坝上高寒区盛产蚕豆、豌豆、芸豆等冷季豆类，绿豆、小豆、豇豆等热季豆类是坝下浅山丘陵区的传统作物。为推动张家口食用豆产业的高质量发展，依靠科技助力脱贫攻坚，他作为国家级科技特派员一直辛勤躬耕于科研和生产一线，以绿豆、蚕豆、芸豆为主，其他食用豆类为辅，开展新品种选育与技术创新并广泛布点示范，促进体系研发成果的转化应用，经常深入田间地头开展技术培训，指导贫困农民提高科学种豆意识，技术支持“阳原鹦哥绿豆”“崇礼蚕豆”荣获农业农村部地理标志认证并入选全国名特优新农产品目录，通过政科企合作，为服务县域经济支撑“一县一业”发展发挥了积极作用。

倾心成果研发，技术引领产业

紧紧围绕张家口市食用豆产业发展和市场需求，经过多年努力，他携团队、示范县技术骨干、合作企业，在新品种引育及轻简化技术研究集成与示范方面取得了显著成效，采取品种、栽培、植保、机械化四结合，北斗导航智慧技术支持下的覆膜机播六同步，膜下滴灌水肥一体化，五环控草管理，植保无人机飞防兼顾病虫害，分段和联合两种收获方式，研究集成并大面积示范了适于绿豆、蚕豆、芸豆且水旱两用的“食用豆新品种及轻简高效全程机械作业技术”。冀绿0816、张绿1号、鹦哥2号、冀张蚕2号、冀张芸3号等食用豆新品种亩增收100元以上，轻简化技术亩节本增效500元左右，实现了张家口绿豆、蚕豆、芸豆产业的跨越式发展。该项集成技术得益于国家食用豆产业技术体系首席科学家程须珍研究员的精心指导，以及育种研究室主任田静研究员、植保研究室主任朱振东研究员、机械化研究室主任陈巧敏研究员及杨丽教授的大力支持与帮助。

致力样本建设，助推辐射带动

积极开展示范样本建设，成百上千亩核心样本不断涌现。

2017 年，张家口综合试验站与河北泥河湾农业发展股份有限公司合作在阳原县 10 个乡镇建设了 3.5 万亩绿豆新品种示范基地，示范区亩增收 100 元以上。2018 年、2020 年分别在阳原县要家庄乡王府庄村建设示范样本 100 亩、385 亩，集中展示了绿豆新品种及轻简化技术，先后成功召开了国家食用豆产业技术体系科技扶贫示范观摩会、食用豆科技创新助推产业扶贫示范观摩会。2019 年，在阳原县要家庄乡柳树皂村建设 400 亩绿豆示范样本，8 月 8 日成功召开了直立型绿豆品种及全程机械作业集成示范观摩会，9 月 16 日成功召开了国家食用豆产业技术体系张家口综合试验站绿豆机收现场会。2020 年在崇礼区白旗乡门二营、察北管理区宇宙营乡及张北县白庙滩乡五七牧场、油娄沟乡兴隆村、大囫囵镇黄代营分别建设蚕豆品种及轻简化技术示范样本 1000 亩、700 亩、400 亩、300 亩、100 亩，9 月 5 日在张北县大囫囵镇黄代营成功召开了国家食用豆产业技术体系蚕豆机械化收获现场观摩会，取得了显著的社会和经济效益。通过建设示范样本并举办观摩活动，有力促进了体系食用豆研发成果的快速转化，加强了政科企合作，充分发挥了食用豆产业在助推科技扶贫和乡村振兴中的作用，展示的技术成果得到了与会领导、专家、企业代表、种植户的一致好评。

■ 徐东旭在河北阳原县要家庄乡柳树皂村开展技术成果介绍

科技成果丰硕，深得各界好评

■ 徐东旭在河北张北县油篓沟乡兴隆村开展蚕豆病害防控技术指导

一分耕耘，一分收获。他在体系温暖大家庭的努力和历练下，近年主持完成国内领先水平的科技成果 9 项，获奖 7 项。主持引育并示范推广了适宜当地种植的优质、高产食用豆新品种 10 多个，研究集成并示范了绿色高效轻简化技术 4 套，淘汰了广种薄收的落后种植模式。制定发布实施 14 项地方标准，规范了食用豆生产。发表论文 40 余篇，参编出版专著 8 部，为食用豆科研与生产提供了理论指导。丰硕成果为当地食用豆产业发展发挥了重要作用，2009—2020 年国家食用豆产业技术体系年度考评连续为优秀。工作业绩突出，他得到各级各部门好评，荣获 1 次记功奖励、5 次嘉奖、5 次优秀、1 次先进个人。当选中国作物学会食用豆专业委员会常务理事，河北省政府特殊津贴专家，河北省食用豆技术创新中心主任，河北省豆类产业技术创新战略联盟理事长，河北省农业科技推广专家委员会薯类杂粮组成员，河北农业大学和河北北方学院兼职教授，中国共产党张家口市第十一次代表大会代表，获得张家口市优秀共产党员、张家口市五一劳动奖章等荣誉。

扶贫感言

产业扶贫是每一名体系专家应尽的责任与义务，他与团队不断创新研发并转化应用体系成果，提高了新品种新技术的推广覆盖率，努力拓展延伸产业链条，通过政科企合作，力争做大做强产业，显著增加贫困农民收入。

为了促进张家口食用豆产业可持续发展，在首席科学家程须珍研究员的指导下，形成全国一盘棋，在体系内品种、栽培、植保、机械、加工、经济等专家鼎力相助下，在当地农技推广部门的支持下，他和团队研发的技术成果实实在在地落地生根，得到了政府部门和贫困农民的一致好评与认可，为助力脱贫攻坚发挥了重要作用。

小豆子助推大扶贫

——记国家食用豆产业技术体系综合试验站站长　张时龙

张时龙，1965年7月生，中共党员，毕节市农业科学研究所，研究员。贵州省“三区”科技特派员。扶贫联系点：乌蒙山区（贵州省毕节市威宁县、纳雍县、织金县、大方县、七星关区）。

“集团帮扶”，当好包村干部

“全国扶贫看贵州，贵州扶贫看毕节”，可见贵州扶贫任务之艰巨，毕节脱贫攻坚任务之繁重。“十二五”以来，当贵州举全省之力向贫困发起总攻时，作为一名农业科技工作者，张时龙率先作为包村干部下乡了，他来到了地处云南、贵州交界处的七星关区大河乡青杠村，这里距离毕节市4个多小时车程，山路崎岖险峻，他保持着每月至少两次到

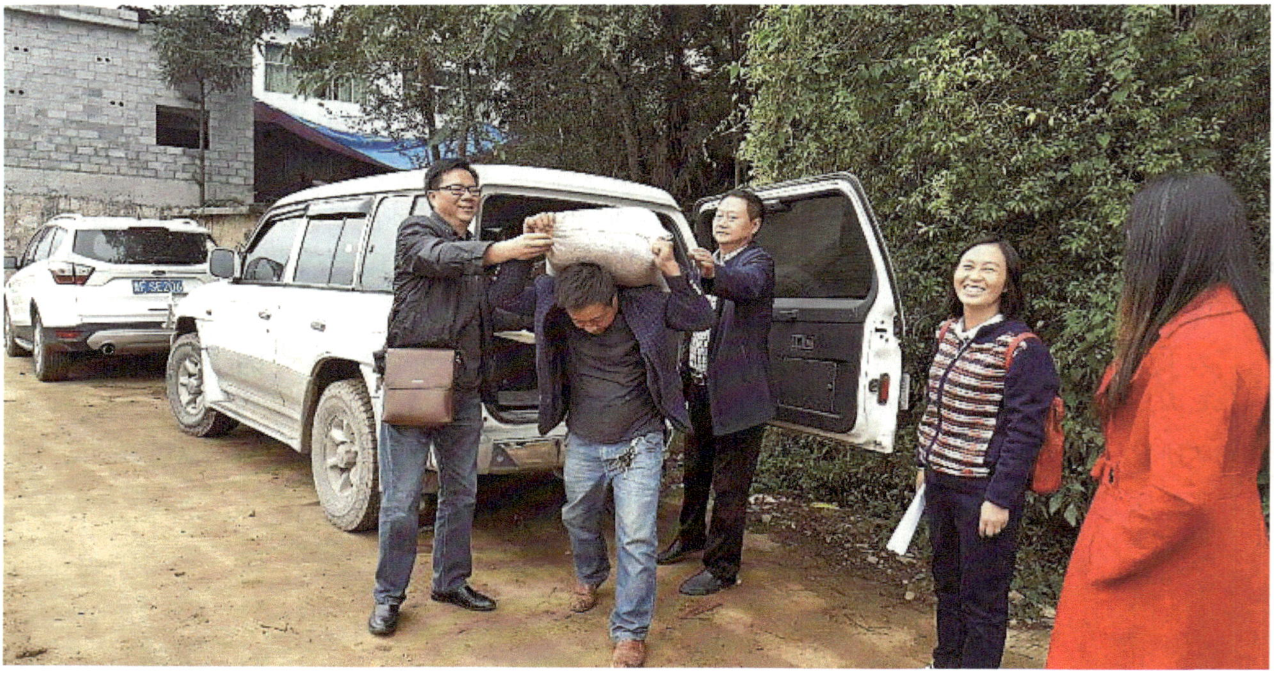

■ 张时龙为贵州青杠村贫困户发放物资

村的频率，调研当地农业生产情况，因地制宜为青杠村提供科学的生产建议。在包村服务期间，他为该村带来芸豆良种1500千克，杀虫灯34台，化肥4000千克，开展农业技术培训共计13次。更重要的是通过国家食用豆产业技术体系专家平台，为青杠村合作社的蔬菜提供了需求信息，供需方成功对接，使青杠村合作社的滞销蔬菜顺利销售。

服务“三农”，扶贫永远在路上

张时龙扶贫永远在路上，在青杠村包村工作圆满告一段落后，他又作为农业专家投身大方县果瓦乡茶园村，主要开展村情调研、贫困户识别、制定村发展规划、食用豆新品种及配套技术示范、技术培训与指导等。在村两委的共同努力下，完成茶园村产业发展调研及规划等工作。毕节试验站提供优良芸豆种子3150千克，示范种植650亩，直接涉及160多户贫困农户。同时，在茶园村田寨组实施28亩的芸豆新品种高效种植示范片。经现场测产，平均亩产218千克，亩增产40~50千克，平均亩增经济效益到达320~400元，促进农民增收26万元。在高效栽培示范过程中，团队成员从播种到收获对农户进行了10余期的培训指导，总共培训1500人次，发放培训资料2000余份，培养芸豆高效种植科技农民50余人，引导芸豆种植大户5户，促进56户贫困户脱贫。同时与大方县好山珍林下生态农业专业合作社合作开展芸豆秸秆作为冬荪菌材等试验，并以此助推该合作社在茶园村流转土地2000亩种植天麻、冬荪，对下一步高效循环利用芸豆秸秆副产物提升了较大空间，增加农户种植芸豆的收入途径，有效推动了在贫瘠山区的芸豆种植，大大提高了农户种植芸豆的积极性。在各方扶贫力量的推动下，毕节综合试验站以专家驻点指导，安排专职技术人员实施，充分发挥人力、物力优势，在茶园村脱贫攻坚战中发挥了积极而显著的作用，在群众和各级政府中得到一致好评，助力茶园村在2016年顺利脱贫。

带领专家团队，培养第一书记

张时龙永远把扶贫的任务放在心里，一刻也不松懈，继大方县果瓦乡顺利脱贫后，他精心部署，继续选派3名科技人员进驻国家级贫困县——威宁彝族回族苗族自治县龙场镇的3个国家一类贫困村（仙龙村、津海村、营田村）并担任村委会第一书记。在此过程中，征求体系内相关专家的意见和建议后，制定科学的实施方案，经过仔细严谨的讨论后，最终优化形成了在人力、物力、财力和科技等多方面相结合的实施方案，并选派团队内技术骨干专门负责项目实施。

在3个贫困村开展实施优质特色作物（芸豆）高效种植示范基地，示范基地采用了毕节市农科所培育的毕芸豆3号、毕芸豆4号和毕芸豆5号为主栽示范品种，以毕节白壳棒豆和白棒豆为辅。其中在仙龙村实施示范基地100亩，津海村120亩，营田村80亩，合计实施300亩，总计在示范基地投入芸豆良种450千克，复合肥6000千克，钾肥3000千克，农药30箱，开展技术培训11场次，培训农民326人次，发放培训资料1500份，总计投入经费11.2万元。经过测产，示范基地芸豆亩产183.9千克，按照当地市场价芸豆价格每千克10元计算，示范基地总经济收入55.17万元，减去投入，经济效益为43.97万元，平均亩产值1465.7元，与当地农民种植传统作物玉米进行对比计算，亩增收400元以上。

他带领毕节综合试验站团队先后在仙龙村、津海村和营田村培养致富带头人，并协助致富带头人建立农民特色作物种植专业合作社。毕节综合试验站免费提供技术服务和良种、肥料、农药等生产资料，通过专业合作社组织实施芸豆良种繁育基地建设，当地农民以土地入股的形式加入特色作物种植专业合作社。经过调查核算，2017 年仙龙、津海、营田 3 个村共计脱贫 50 户 155 人，其中入股专业合作社的贫困农户中 80% 的经济收入来自合作社分红收入。他带领毕节综合试验站团队培训农民 6000 人次，培养了芸豆高效种植科技二传手 20 人，发放培训资料 15000 份，示范基地辐射带动周边 15 万亩的芸豆生产。这种以“现代农业产业技术体系 + 专业合作社 + 贫困农户”的科技扶贫模式初步取得了一定成效，让科研成果在农民的土地上进行转化，再以专业合作社对成果进行消化，让芸豆产业逐渐形成一条完整的产业链，使食用豆产业在脱贫攻坚的过程中发挥作用。

扶贫感言

贵州农业产业需要利用优势资源，发展特色产业。贵州地理气候独特，传统农业难以发展。食用豆类作为小杂粮作物、保健粮食在现代生活中占有举足轻重的地位，在贵州山区发展生态、绿色的高品质食用豆产业前景广阔，威宁大白芸豆已获得国家地理标志，以期在体系平台的帮助下，贵州食用豆产业取得更长足的发展。

农业科技扶贫才能实现稳定脱贫。给山区带来好的品种，科学的种植技术，对一线农业工作者提供技术培训，俗话说“授人以鱼不如授人以渔”，只有让懂得科技的人拿着科学的武器才能打赢贫困攻坚的这场硬仗。

不“闭门造车”、不做“井底之蛙”。一个点、一个站的力量是薄弱的，我们必须联合各站各岗位，解决实际工作中遇到的各种问题。体系可以实现从良种，良法、加工、销售信息平台整个产业链的全面把控，把产业做大做强。

“薯”道科技扶贫　多方助力产业发展

——记国家马铃薯产业技术体系岗位科学家　沈艳芬

沈艳芬，1976年11月生，恩施州农业科学院，研究员。农业农村部定点扶贫县湖北省科技服务团和产业技术顾问组及武陵山区马铃薯产业扶贫总牵头人，带领团队以咸丰县、来凤县为中心，辐射恩施州其他县市及周边贫困地区，以科技、产业和精准为抓手，在履行好扶贫职责的同时做好其他产业科技扶贫联络服务工作。

聚焦马铃薯产业　开展科技扶贫服务

2015年，沈艳芬同志协助制定了恩施州“十三五”马铃薯产业整体规划，促进马铃薯产业成为当地脱贫增收的扶贫产业。2016年，沈艳芬同志的建议《关于支持在恩施州率先试点推进马铃薯主粮化战略助推精准扶贫的议案》被湖北省十二届人大四次会议立为正式议案，促进了全域贫困地区恩施州马铃薯产业的有序发展。2017年，就近代表马铃薯体系参加武陵山区科技助力产业扶贫调研，形成了专家与经营主体的长效对接合作机制。2019年起，带领恩施科技团队围绕来凤县白果树村开展产业规划和科技帮扶工作。2020年在疫情防控的关键节点，带领团队深入田间地头指导马铃薯生产。“十三五”以来，沈艳芬同志联合马铃薯体系专家开展科技攻关和技术服务，解决贫困县市产业技术难题，加速新品种新技术的推广应用。对接恩施市三岔镇，当好农民的“技术员”“信息员”和“宣传员”，配合开展“土豆花儿开”文化旅游推介活动，助推其成为2019年中国马铃薯大会核心参观展示基地，加快推动马铃薯商品化步伐及其与杭州贝贝集团、武商量贩等线上线下企业的订购外销合作，带动当地1.2万户、4.2万名农户脱贫致富取得实效。作为一名全国人大代表注重科技扶贫、产业扶贫的呼吁和建议，先后提交了近10份科技助力山区脱贫致富的建议，2020年两会期间在中国文明网积极为山区马铃薯代言，做了题为《变了个身》的直播节目，推介了山区优质马铃薯。

帮扶定点扶贫县　推动山区精准扶贫

在农业农村部定点扶贫的咸丰县和来凤县，沈艳芬同志组建了以马铃薯体系草害防控岗位专家、恩施综合试验站和依托单位为主的技术团队，联合县农技骨干、企业和村级组织，从政策咨询、产业定

■ 沈艳芬在湖北咸丰县开展马铃薯生产技术指导

位、技术培训、品牌打造等方面，不断补齐产业发展短板，服务县域经济，推动产业扶贫。在来凤县，通过开展早熟马铃薯品种筛选和试验示范促早收增实效起到了极好的带动作用，2020 年三胡乡安子村的示范带动效果明显。在咸丰县，以陈向食品有限公司为抓手，通过“公司 + 合作社 + 基地 + 农户”的模式，以贫困村为单位，技术团队负责技术指导和培训，公司免费提供种薯，并以保底价回收，基地建设发展一批、成熟一批、带动一批。2017 年在大路坝乡发展马铃薯 1000 亩，以 1.6 元 / 千克回收，带动 175 户贫困户脱贫；2018 年在小村乡中心场村发展马铃薯 100 亩，以 2.3 元 / 千克回收，带动 18 户贫困户脱贫；2019 年在丁寨乡土地坪村、朝阳乡鸡鸣坝村发展马铃薯 650 余亩，以 2.4 元 / 千克回收，带动 113 户贫困户脱贫。同时还协助企业打造了以恩施硒土豆为公用品牌的企业品牌“唐崖金蛋”，平均销售价格 4.6 元 / 千克以上，远销北京、上海、武汉、广州、杭州等城市。通过以点带面发展马铃薯产业，极大地推动了山区精准扶贫工作。

带领专家顾问团　精准服务产业发展

从 2019 开始，沈艳芬同志先后带领由国家现代农业产业技术体系专家及团队组成的马铃薯、茶叶、生猪、水稻、特色蔬菜、中药材、中蜂等 14 个专家组，为农业农村部定点扶贫县（来凤和咸丰）制定了 10 多个产业的县级发展规划，引进了马铃薯、水稻等 60 多个新品种，推广各类技术 20 余项。专家组坚持市场导向、问题导向、聚集目标，开展全产业链技术服务，解决了马铃薯晚疫病防治、凤头姜姜瘟病防治、藤茶加工改良、非洲猪瘟疫病防控等技术难题，助力来凤把凤头姜、绿茶等特色产业打造成富民产业，引荐电商搭建藤茶、凤头姜等特色农产品销售桥梁，联合县农技推广部门建设凤头姜等一批科技示范基地，引进早熟马铃薯等优良品种，推广凤头姜脱毒和绿茶加工技术，联合县农广校培养中蜂等产业发展带头人，按照“一县一业”助力培育来凤藤茶特色产业，创新一批“产业技术顾问 +”的“1+N”扶贫模式，最大限度发挥出一线科研人员的作用，实现了对产业发展的精准服务。

■ 沈艳芬牵头联合多个技术顾问组在来凤县开展产业扶贫调研

扶贫感言

一是整合资源，充分发挥国家现代农业产业技术体系的技术优势、品种优势和人才优势，形成科技扶贫合力，支撑政府决策促进产业发展，开展良种良法集成示范与生产应用，推动产业发展瓶颈的不断解决和成果转化，促进三产融合发展。二是创新机制，通过产学研深度融合，开展科技服务，促成“体系＋县市农业农村局＋企业/合作社/村集体＋农户”联合机制，发挥龙头企业和区域优势，将生产一线作为脱贫攻坚主战场，让农户、企业充分享受科技红利。

作为一名农业科技工作者，“论文写在大地上，成果送到农户家，形象树在民心中”才有真正的获得感，我们只有扎根基层、扎根农民、服务产业、助推脱贫，才能真正实现自身的社会价值，为社会结出丰硕的果实。

“开花洋芋”遍地开花

——记国家马铃薯产业技术体系岗位科学家　隋启君

隋启君，1964年2月生，云南省农业科学院经济作物研究所，二级研究员。2015年，中共中央、国务院做出了“打赢脱贫攻坚战，实现全民奔小康”的决定，隋启君研究员响应党的号召，带领团队投身到脱贫攻坚的浪潮中，长期活跃在云南省重点贫困县（区），包括东川区、会泽县和鲁甸县等地。

服务当地生产，科技助力产业扶贫

云南省昆明市东川区牯牛山上有一个小山村，名叫李子沟村，发生在这里的洋芋（当地对马铃薯的俗称）脱贫故事成为云南省马铃薯产业科技助力脱贫攻坚的典型案例，它引发了云南省“开花洋芋”遍地开花，引起了各级媒体和社会的广泛关注。隋启君研究员带领的研究团队就是该故事的科技助力者，默默为当地老百姓的洋芋脱贫献计献策。

牯牛山的半山腰，居住着一群善良、淳朴的彝族同胞，他们祖祖辈辈生活在这里，过着宁静而贫困的生活！洋芋是当地唯一的主要农作物。

2015年，中共中央、国务院脱贫攻坚的号角吹进了李子沟村，李子沟村的薯农们响应党的号召，投身脱贫攻坚的浪潮中，可如何才能使当地老百姓尽快脱贫，依靠什么来脱贫，可难坏了当地脱贫指挥部的领导们，他们心中盘算了许久，也谋划了很多，最后大家把目光聚焦到李子沟村自产的洋芋身上，因为李子沟的洋芋与众不同，它糯性好，风味浓，祖祖辈辈口口相传。李子沟村的洋芋口味好，但价格却上不去，要想卖个好价钱，就要提高当地洋芋的知名度，要搞清楚李子沟村的洋芋与众不同的科学依据，找出李子沟的洋芋为什么品质好产量却极低。带着这些问题，昆明市东川区脱贫指挥部的领导带队来到云南省农业科学院，找到经济作物研究所的马铃薯研究团队，针对当地扶贫工作遇到的洋芋产业问题寻求技术帮助。云南省农业科学院经济作物研究所作为省级科研单位，身负服务产业、支撑产业发展的社会责任，也有义务为国家脱贫攻坚贡献微薄力量。隋启君研究员带队多次深入李子沟村，详细了解当地洋芋产业中存在的科技问题和市场问题。了解到李子沟村的洋芋种植历史悠久，品质优、口味好，蒸煮后炸裂如花而得名“开花洋芋”，深受消费者的青睐，由于品种退化严重、晚疫病抗病性极差、规模不大、组织化程度低等原因，制约了当地洋芋产业的发展。摸清了当地“开花洋芋”产业扶贫的科技

■ 隋启君在云南东川区李子沟村开展“开花洋芋”生产调研

需求，隋启君研究员决定派专人负责该区域的马铃薯科技助力脱贫工作。于是，一系列科研试验的设计实施、“开花洋芋”食味盲评活动的举办、专家基层工作站的建站、年度“开花洋芋”节的举办、“东川大洋芋”的商标注册，李子沟“开花洋芋”的品牌打造等举措纷纷落地，为李子沟村的产业扶贫工作保驾护航！

加强对外宣传，洋芋带动脱贫致富

2016 年，隋启君研究员及其团队成员对李子沟村“开花洋芋”的科技助力脱贫攻坚取得一定成绩，引起中央电视台的关注；2017—2019 年，东川李子沟“开花洋芋”扶贫故事连续三次登上央视“焦点访谈”，两进央视“农业频道”，伴随着各级新闻媒体的介入，东川李子沟“开花洋芋”的品牌更加的响亮；2018 年，隋启君研究员及其团队投入了更多的研发力量，在特色马铃薯品种优化、马铃薯有机栽培技术和病虫害绿色防控技术，以及“开花洋芋”内在品质变化规律等方面开展全方位研究，并促使多项有机马铃薯生产技术集成落地应用，结合当地马铃薯生产技术需求，联合当地扶贫电商公司建立了云南省“开花洋芋”专家基层工作站，搭建了“开花洋芋”的对外宣传窗口，科技助力当地脱贫工作持续发力；2019 年，隋启君研究员选育的“开花洋芋”替代品种“云薯 702”在当地试种成功，以更强的晚疫病抗性、更高的产量、更好的绿色有机品质得到农户和市场的认可，使得当地薯农的脱贫信心大增，也使李子沟村原有的 70% 贫困人口实现了脱贫。可如何巩固脱贫成果，服务国家下一步的乡村振兴战略呢？2020 年，隋启君研究员带领团队成员又踏上了新的征程。

在各级政府、扶贫公司和隋启君研究员团队的共同努力下，在中央和地方媒体的持续关注下，云南省昆明市东川区牯牛山李子沟村“开花洋芋”扶贫的故事被赋予了新的含义，“开花洋芋”在云南省寻甸县、会泽县、巧家县、兰坪县等贫困县也遍地开花，洋芋身价倍增，在当地产业扶贫工作中产生了企业获利并带动农民脱贫致富的社会反响，小洋芋在科技助力扶贫道路上做出了大文章。

扶贫感言

马铃薯分布与贫困地区分布高度重合，在西南地区，主要分布在农作物比较单一的高寒山区，是该区域的重要农作物，马铃薯产业扶贫是当地农民脱贫的希望，必须坚定不移地抓好马铃薯产业扶贫工作。东川区马铃薯面积并不大，但有“开花”特点，利用自己的专业知识，帮助解决生产上存在的问题，研究优质的依据，推动“开花洋芋”卖出肉价钱，创出知名品牌，增加了农民收入，还带动“开花洋芋”新品种“云薯 702”在云南省寻甸县、会泽县、巧家县、兰坪县等遍地开花，使马铃薯产业扶贫插上了科技翅膀。

“扎根”土地　百姓致富“探路者”

——记国家甘薯产业技术体系综合试验站站长　傅玉凡

傅玉凡，1968年5月生，西南大学，研究员。1991年大学本科毕业后，一直从事甘薯新品种选育与栽培、成果推广与产业化工作。常年深入彭水、黔江等重庆市及周边地区的众多区县开展甘薯产业的科技示范与服务，助推当地产业精准扶贫。

凝练薯技“绝活”，夯实科技“源泉”

甘薯，油亮亮的叶子彰显出旺盛的生命力，根茎深埋土地，结出紫红色的硕果。扎根是它最显著的特点，而往往与甘薯为伴的人，同样懂得“扎根”的重要性。

到田里查看甘薯生长状况，是傅玉凡几乎每周都会做的事。他有个在业界闻名的绝活：只要把甘薯切开一个小口，就能判断它品质的优劣。“在薯块底下机械地切一下，通过机械阻力的大小和声音的清脆程度，就可以初步判断它水分含量的多少。”傅玉凡告诉记者。此时，刀已切下一块甘薯，“水分含量在75%左右”。

然而这样的绝活，若非坚信科技扶贫理念与千锤百炼，怎能轻易修炼成功，他经常用这个道理来形容脱贫攻坚之路的打铁必须自身硬。

扎根薯情，科教政企合力致于扶贫

尽管目前，甘薯在重庆市常年种植面积已经超过550万亩，总产达900万吨，但是，在脱贫攻坚这场战役中，甘薯的战斗力依旧不算强，高产没有换来与之匹配的高回报，经济优势并没有建立。

甘薯在耐瘠抗旱栽插期和生长期可塑性强，是重庆、四川、贵州等丘陵山地地区的种植面积较大的农作物，更是当地脱贫攻坚产业扶贫的重要元素。如何对症下药？傅玉凡经过研究发现，重庆丘陵山地的地形不利于甘薯产业机械化生产，寡照多雨的气候不利于甘薯产量与品质的提高。于是，重庆综合试验站坚持以“特色品种及其栽培技术集成提高单位面积综合效益”为重要抓手，以甘薯产业技术体系多岗站合作为机制，与重庆市农业技术推广总站密切合作，以打造“中华薯业强县”的重庆彭水县为重点示范县，开展农学、药理、加工等多学科交叉的品种筛选、绿色栽培、产品研发与储存、加工与营销产业链全程技术的示范与科技服务工作。他邀请体系专家 110 余人次，举办了全国丘陵山区甘薯产业发展与扶贫推进会、重庆市甘薯产后贮藏加工营销研讨会和全国甘薯技术考察交流会等全国性盛会，在重庆开展特色品种示范、种苗工厂化繁育、丘陵粮食倍增技术、甘薯 SPVD 病毒病和小象甲高危病虫害绿色防控、苦丝病发病机理与防控、鲜食甘薯两季栽培示范、小型机械化试验示范、种薯安全储藏、产后清洁加工等成果示范与培训。最终，在重庆综合试验站的内引外联不懈努力下，依托整个国家甘薯产业技术体系的引领和支撑，在彭水县政府的大力支持下，促成彭水县育成具有“彭”字号自主产权甘薯新品种 7 个，引进体系各单位选育的淀粉型、食用型、紫心甘薯等新品种 103 个（次），成功筛选出商薯 19、渝薯 17、渝薯 27、徐薯 22、浙薯 13、烟薯 25、济薯 25 等特色专用品种。健康种薯种苗覆盖率达到 100%，SPVD 病毒病和小象甲为害得到有效控制。彭水县甘薯种植面积从 25 万亩恢复到 30 万亩，单产从 1200 千克 / 亩提高到 2000 千克 / 亩，建成常规集中贮藏窖 4 个、智能贮藏库 8 个，种薯贮藏能力 2000 吨。

蜀道难，难于上青天；脱贫攻坚之难，难于打破产业壁垒。随着国家甘薯产业技术体系对甘薯产业链全程技术挖掘研发的不断深入和成果的持续产业化示范与利用，社会大众日益了解到甘薯丰富的营养及其多种保健功能，越来越多的种植大户和企业介入甘薯产业化工作，加快了甘薯向增收致富效益型作物的角色转换。在傅玉凡的带动下，彭水县建成以高淀粉加工型薯和食用型鲜销型为主的规模生产基地 22 个，辐射带动 8.7 万余户。2017 年彭水县甘薯产业带动农民人均增收 893 元，户均增收 3289 元，薯农户均增收 5550 元。2018 年订单种植面积达到 5.6 万亩，甘薯淀粉、粉丝、薯块、方便粉丝等加工主体 26 家的加工能力达 15.8 万吨，全产业链产值达到 6.0 亿元。自“中华薯业强县”建设以来，彭水县先后有 6000 余户依靠发展优质甘薯原料基地致富。

傅玉凡的扶贫致富故事还在重庆黔江区、忠县等地不断上演，致富甘薯扎根在西南大地上，扎根在百姓心里。

■ 傅玉凡扶贫下乡在重庆黔江区水市乡送甘薯优良品种

■ 傅玉凡在重庆忠县石黄镇双龙村指导甘薯播种育苗

扶贫感言

立足当地特色的产业建立与发展是持续造血式扶贫的根本途径，而围绕产业的可持续发展与提质增效开展的产业科技研究与示范、科技培训与服务是助推产业精准扶贫和乡村振兴这一农业科技工作的出发点和着力点。

援疆十二载续写与甘薯的情缘

——记国家甘薯产业技术体系岗位科学家　唐　君

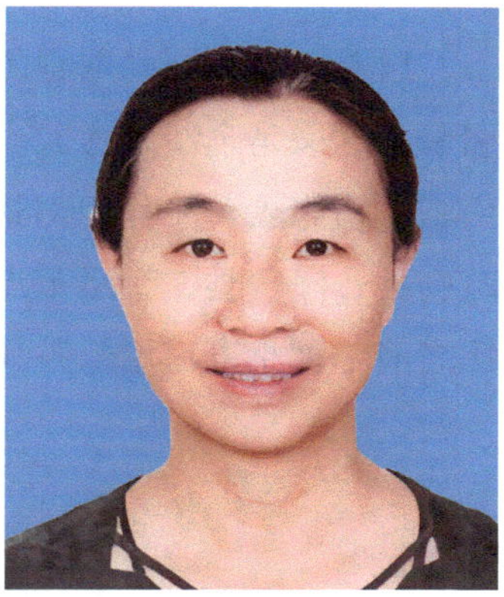

唐君，1960年10月生，江苏徐淮地区徐州农业科学研究所，研究员。“三区三州”产业扶贫科技服务团成员，主要扶贫区域为喀什地区的喀什市、泽普县和疏勒县，为科技援疆和精准扶贫做出了贡献。

情系甘薯，让小甘薯为扶贫做大贡献

“世界甘薯看中国，中国甘薯看徐州”这句话用于形容徐州在甘薯领域中的地位毫不为过，这得益于一代代的科学家苦心耕耘，他们的身影常常出现在田间地头、实验室，如今，在脱贫攻坚这场大战役中，甘薯科学家们奋战在扶贫帮困的一线，唐君就是其中一位。

跨区域合作，技术援疆

自2009年起，江苏徐淮地区徐州农业科学研究所与新疆农业科学院粮食作物研究所开展合作，从获得第一个项目——新疆维吾尔自治区科技厅的科技支疆项目“甘薯优良品种的引进及高产栽培管理技术的示范推广”开始，到成果转化项目“甘薯良种繁育及高产高效栽培技术示范推广”、自然科学基金项目“甘薯种质资源抗旱生理响应与基因表达”、科技兴新项目“新疆优质高产甘薯品种繁育及良种产业化”和天山创新团队项目“甘薯抗旱鉴定与评价创新团队”，这5个甘薯项目，唐君作为项目带头人，带领团队开启了甘薯在新疆的扎根之路。

要知道，在新疆开展科学研究并非易事，自然环境、科研设施不说，研究人员还要克服各种心理上的困难，远离家人，独自面对脱贫道路上的艰难和险阻，然而，就是这样的日子，唐君一过就是12年，她常说，“先别讲苦累和报酬，先把事情做起来”，正像她说的那样，新疆的甘薯，就是一点点做起来的。

体系内合作，全力开展扶贫工作

怎么做？通过调研和分析，唐君团队结合新疆特点，认为当地应该以抗旱鉴定和优良鲜食型品种评价为重点，于是，他们开始“招兵买马”，引进各岗站优良品种216份，从中筛选出适宜当地推广应用

的优食品种 10 个，基本解决了新疆优良鲜食甘薯品种缺乏的问题。同时，建立的乌苏甘薯优良品种示范基地被自治区人社厅授予“引智成果示范推广基地”。发布实施了适宜新疆甘薯优质、节水为核心的栽培技术标准 5 项。平均亩产 2845.84 千克，平均增产 445.84 千克 / 亩，增幅 18.58%，商品薯率提高 11%~13%，节水 100 米^3/ 亩。为新疆甘薯产业的健康和可持续发展提供了品种和技术支撑。与新疆农业科学院粮食作物研究所合作完成的“甘薯优良品种评价利用及配套栽培技术集成应用”取得阶段性成果，荣获 2019 年度新疆维吾尔自治区科技进步奖二等奖。

跨体系协作，促进农民增收

唐君团队在新疆取得的科研成果是沉甸甸的，然而，如何将这些成果转化为当地农民脱贫致富的新引擎，这又是全新的考验。为此，唐君主动与小麦体系喀什综合试验站、新疆农业科学院、新疆大学等南疆“访惠聚”工作组对接，提出了“麦茬复种”和“果薯间作”提质增效新模式。2019 年在喀什市、疏勒县、泽普县 3 个示范点的麦茬复种甘薯平均亩收入 1500 元、果薯间作甘薯平均亩收入 1270 元，相比之前单种小麦亩增效益 3~4 倍，提质增效效果显著。

■ 唐君在新疆叶城县巴仁乡开展优质甘薯品种示范与栽培技术培训活动

对接扶贫，提质增效

■ 唐君在新疆喀什夏马勒巴格乡“三区三州”扶贫培训

认真选择有意向尝试种植的示范户和示范点，她事必躬亲，主动开展优良品种推介和技术指导，开展培训活动40余次，培训人员6200人次，发放科普宣传资料8000余份。她积极推行双减和节水技术，促进生态环境保护，将甘薯茎蔓作为饲料，推进养殖业发展，增加土壤有机质，优化了循环农业链，同时果薯间作可提高林下覆盖度，降低大气尘埃污染。

如今，在广袤的新疆大地上，甘薯作为脱贫攻坚的“新势力”，已经初见成效。2016—2018年，在全疆的14个市、县累计推广应用60万亩，增效891.7元/亩，累计新增产值5.35亿元。唐君，人生已过一甲子，她依恋着大地，“看到红薯丰收、农民增收时的喜悦，是我最欣慰的事情”，这也是大地对她的回报。

扶贫感言

聚集体系专家优势，科技扶贫：甘薯首席科学家和育种、栽培、病虫害等多位岗位科学家多次到新疆调研和培训。把政府部门、科研单位、农户紧密联系在了一起，既让政府了解了甘薯在新疆农业产业结构中的作用，也让农户找到了科技指导的源头。也受到了当地政府和农民的高度赞扬。

多方式协作，助力扶贫：十年来与新疆农业科学院粮食所、新疆农业科学院和新疆大学等南疆“访惠聚”工作组对接合作，开展科技援疆、对接扶贫工作，使优良品种和配套技术在南疆扶贫中发挥了良好作用，也让小红薯为农民增收发挥了大作用。

大力发展特色油菜　助力脱贫致富奔小康

——记国家油菜产业技术体系综合试验站站长　汤天泽

汤天泽，1979年11月生，中共党员，绵阳市农业科学研究院油菜研究所，研究员。长期从事油菜科研工作，农业农村部“三区三州”服务团成员，四川省“科技扶贫万里行”油菜团省级专家团成员，在四川省道孚、壤塘、苍溪等县开展扶贫工作。

大力发展特色产业　增亮脱贫攻坚底色

高芥酸产业是四川特色产业，针对广元苍溪县、剑阁县两个国家级贫困县油菜产业效益低，农户种植积极性低的现状，汤天泽及其团队通过调研后，依托国家油菜产业技术体系综合试验站，自2000年以来，在苍溪、剑阁推广特色高芥酸产业，并积极与高芥酸企业对接，帮助企业在苍溪、剑阁建立高芥酸油菜基地，集成示范展示国家油菜产业技术体系先进关键技术，大力发展“企业＋科研＋基地＋农户”的全产业链订单化产业模式，开展高芥酸产业扶贫。农户种植高芥酸油菜，企业加价收购，不仅保证了企业原料的充足，也增加了农户的收入。每年在苍溪、剑阁开展油菜新品种试验示范，为当地农户推荐高产优质的油菜品种。同时也加强高芥酸油菜栽培技术研究，在苍溪白桥镇、剑阁白庙乡开展高芥酸油菜栽培技术研究，主要研究适合高芥酸油菜生产的播种时间、密度、化肥施用、病虫害防治、收获等。通过多年的摸索，2020年编写地方标准2个：DB 5107T 74—2020《工业专用高芥酸杂交油菜（隐性核不育）种子生产技术规程》和DB 5107T 75—2020《工业专用高芥酸油菜栽培技术规程》，解决了高芥酸油菜产业中存在种子生产、种植技术不规范的情况，使贫困县高芥酸油菜亩产达到200千克以上，较大面积油菜增产10%以上。截至2020年，在贫困县已累计推广应用100万亩以上，增收油菜约2万吨，由于芥酸加工企业收购加价高芥酸油菜，农民增收约800万元。高芥酸产业的发展对贫困县农业产业结构的调整、农民增产增收和促进我国高芥酸产业的发展发挥了重要作用，创造了显著的社会经济效益。

大力发展高原油菜　帮助藏民脱贫致富奔小康

针对甘孜州、阿坝州藏民农业经济效益低，农民收入少，农业种植和生产水平落后的现状，作为农业农村部“三区三州”服务团成员，利用自身优势，结合“科技扶贫万里行”“三区人才”等项目，积极调研，想办法，汤天泽及其团队依托国家油菜产业技术体系综合试验站，利用高原藏区独有的气候特点和无污染的环境，大力发展高原春油菜产业扶贫。自2018年以来，在甘孜州道孚县、新龙县、阿坝州壤塘县，开展不同海拔油菜新品种筛选试验和示范，促进高原油菜新品种更新换代，总结出高原春油菜高产栽培技术，并撰写《甘孜州春油菜种植技术规范》。针对藏区油菜花期在7—8月，引入国家油菜产业技术体系相关油菜多功能利用的概念，结合高原旅游业，发展高原油菜旅游观光；针对藏区油菜生长环境无污染特点，积极联系中国农业科学院油料作物研究所，协助为当地引进菜籽油加工设备，发展高原无公害菜籽油。2020年，为道孚县安珠农民养殖专业合作社提供油菜种子100千克，化肥1000千克，并提供技术指导。2020年3月，指导该合作社在旅游沿线种植高原春油菜200亩，将油菜花用与油用相结合，增加旅游收入，提高油菜的附加值，带动当地藏民脱贫。

汤天泽在四川甘孜州道孚县指导高原春油菜种植

扶贫感言

扶贫工作有苦有乐，既有因缺氧反应带来的“苦”，也有用专业知识为当地解决实际问题带来的“乐”。藏区扶贫对专家的要求很高，不管是油菜专家还是其他专家，对多方面的专业知识都得了解一点，在藏民眼中你就是全能专家。在一次赴新龙县开展油菜技术扶贫时，一位种植户请求解决多种蔬菜、马铃薯烧苗、苗死、苗不长等问题，他迎难而上，从马铃薯种薯、病虫害、除草剂为害、施肥管理等方面进行仔细询问、分析，最终确定过量近株施用尿素是导致其烧苗、死苗的主要因素，而大棚蔬菜苗死、苗不长问题，则是过度使用地膜、除草剂，播种工序随意颠倒造成的，问题的原因找到了，种植户的脸上也露出了高原太阳般灿烂的笑容。

百年大计农为本　农业科技富农民

——记国家油菜产业技术体系岗位科学家　朴钟云

朴钟云，男，1966年11月生，沈阳农业大学，教授，辽宁省特聘教授。自2017年任职国家油菜产业技术体系新增设的根肿病防控岗位以来，根据根肿病的发生、侵染和为害特点，提出了根肿病的防控应以抗病品种为主、农业和药剂防治为辅的综合防治原则，并开展了油菜根肿病的绿色防控技术的研发工作。重点关注了云南省临沧市临翔区博尚镇、腾冲市界头镇和安徽省绩溪县农民的油菜田，对部分贫困县积极开展科技扶贫工作。

脚踏实地　建立根肿菌鉴别系统助力我国抗病抗灾

朴钟云教授经过多年在全国大范围的实地走访，收集了上百份油菜根肿病病根样本，脚踏实地，利用收集到的抗根肿病资源材料进行长期的接菌试验，进行抗病性反应分析，成功建立了我国芸薹根肿菌生理小种精准鉴别系统。利用该系统完成了我国150余份根肿菌生理小种的鉴定工作，初步明确了我国油菜产区的12种生理小种类型和优势生理小种（P1）。不仅如此，朴钟云教授还开发了基于PCR技术的根肿病快速精准鉴定技术和预测预报系统。该项技术灵敏度高，每克土可以做到高达1000个孢子的检测水平，再次为根肿病流行成灾及病害预防提供强有力的技术支持。此两项科技成果，成为朴钟云教授实地考察因地制宜的两大法宝，使我国在应对不同区域且不同生理小种引发的根肿病病害工作中不再束手无策。

科学为据　实地走访查明病害根源

油菜是云南省临沧市临翔区主要经济作物之一，常年种植面积8万亩左右。在油菜种植上，该区突出“高产、优质、高效、生态”的要求，狠抓油菜田间管理技术指导，强化油菜新品种新技术的试验示范。但是近几年，油菜根肿病有在省内大面积暴发的不良态势，严重影响农户收入，制约着本地油菜产业的发展。

在朴钟云教授走访了多个云南省境内根肿病多发地区后，利用上述技术，对云南省临沧市贫困县的土壤根肿菌进行了动态监测，发现云南省包括临沧市临翔区土壤中的根肿菌为一个新的生理小种，有别于四川、湖北、安徽等其他重要油菜产区，并且这些地区在种植油菜后，土壤中根肿菌密度呈现先减少后增加的趋势，土壤根肿菌的浓度超标，得出必须种植抗病品种的结论。

考察前期，朴钟云教授还提出了当时关于油菜种植存在的几个主要待解决问题：缺乏优质、高产、早熟的抗根肿病品种；油菜根肿病防控技术措施还有待探索；省外品种华双 5R 较抗根肿病，但生育期长，产量一般，不适宜在该区推广应用等。

因地制宜　提出解决方案精准扶贫云南省油菜种植区

2019 年 4 月，朴钟云教授团队参加了云南省临沧市临翔区政府主持的油菜产业发展座谈会。在座谈会上，朴钟云教授听取了区人民政府梅建军副区长的油菜产业发展情况汇报。针对该区存在的油菜根肿病问题，朴钟云教授提出了适合当地现实状况的合理解决方案，包括引进抗病品种、采取适期晚播、药剂防控等措施。此外，在通过试种不同抗病油菜品种后，筛选出了适宜在临翔区种植的早熟、高产和高含油量油菜品种云油杂 12 号，2019 年示范面积达到 1 万亩，完美解决了当地油菜根肿病的病害问题。如今，在实施了严格的根肿病综合防控技术下，示范区平均亩产达到 327.23 千克，全田实产验收最高亩产量达到 408.2 千克，创下了云南全田实产验收最高单产纪录。得益于朴钟云教授提出的根肿病综合防控措施，有效防治了根肿病的大面积发生，大幅提高了产量，同时也增加了当地农民的收入。

■ 朴钟云在云南临沧开展示范区实产验收

■ 朴钟云在云南临沧开展油菜根肿病抗性鉴定

扶贫感言

我国人口众多，人均可种植土地相对匮乏，并且在党的可持续发展路线的大趋势下，大量农田退耕还林，这就要求农业科研工作者付出更大的努力普及高产高效的农业种植模式。

云南地区受地理环境、交通状况、生产模式等因素的限制，当地部分农业从业者的经济收入较全国平均水平明显偏低。云南油菜及其他十字花科作物产区长期受到根肿病的为害，造成巨大经济损失。在此次对云南几个贫困地区的实地走访与现场调查后，朴钟云教授深刻意识到农业科技下乡的紧迫性和重要性，利用本人多年对油菜等十字花科作物根肿病的研究积累，帮助贫困地区农民科学高效种植，其目标不仅是提高贫困地区的经济收入，更是服务于我国以农业为本，将国家农业科研投入转化为实际生产效率的百年大计，同时也尽到一名农业科学研究工作者应尽的义务。

科技帮扶　助力脱贫攻坚

——记国家特色油料产业技术体系岗位科学家　张建平

张建平，1972年1月生，甘肃省农业科学院作物研究所，研究员。甘肃省种子协会理事长，农业农村部油料专家组成员，中国作物学会油料作物专业委员会常务委员及特色油料组副组长，中国农业技术推广协会油料作物技术分会副秘书长，甘肃省农业科学院专家委员会委员。

六盘山片区是全国11个集中连片特殊困难地区之一，贫困面大，贫困度深。胡麻种植在六盘山区涉及55个县，面积在250万亩左右，占我国胡麻种植面积的40%以上，是当地重要的经济作物和特色优势油料作物之一。

推广新品种新技术，带动产业扶贫

张建平研究员参与了甘肃会宁和镇原县扶贫的工作。甘肃会宁和镇原县均为六盘山区深度贫困县。摆脱贫困是前提，产业兴旺是重点，产业扶贫是贫困群众持续稳定脱贫的治本之策。胡麻是这两个县的主要油料作物和特色作物，通过新品种、新技术促进胡麻种植的提质增效和油脂加工业的发展，对于带动当地脱贫致富具有一定重要作用。

近几年，张建平研究员及团队成员每年在会宁党岘、新源乡、柴门等、镇原县方山乡开展了各项科技扶贫活动5次以上，涉及450多户贫困户。在团队帮扶中，新品种、地膜种植、机械化种植和机械化收获、杂草防除等新技术在节本增效方面发挥了突出作用。

以特色油料产业技术体系专家为依托，为会宁胡麻产业发展出谋划策，积极引进和推广新品种新技术，主要包括优质新品种、地膜种植、机械化种植和机械化收获、杂草防除及产品深加工等新技术。以甘肃会宁建伟食用油有限公司为龙头企业，采取“科研+企业+基地”模式，收购价格高于市场价10%，先后在甘肃会宁贫困村建立原料基地3万亩，涉及贫困户600户，贫困人口650人，实现户均收入年增收1360元，实现脱贫的农户有50多户，创造社会经济效益约100万元。

以甘肃镇原县方山乡的关山、张大湾、贾山和王湾4个贫困村为本单位驻村帮扶村，4个贫困村胡麻均为主要种植作物。多年来，张建平和团队成员积极和4个驻村工作队联络，引进胡麻新品种和新技术，每年统一组织为4个贫困村提供胡麻种子逾1.5吨，帮扶贫困户种植胡麻500亩，涉及农户250

户，同时提供了化学除草、科学种植等技术指导和技术培训。

进村入户，尽责任，真帮扶

作为帮扶责任人按照要求深入到贫困户家中，送去党的温暖和真挚的情感，通过拉家常的方式及时将扶贫政策传达给贫困户，让贫困户认可帮扶工作，并详细了解贫困户的生产生活情况，切实帮助解决实际问题。真正做到真心走访、真正结亲、真实帮扶，把党的温暖和关怀送到贫困户身边，提升贫困户获得感和满意度。围绕帮扶户家庭实际，做好建档立卡、收入算账、动态调整、帮扶手册填写、户档资料完善、人居环境整洁、扶志教育引导等工作，认真倾听贫困群众心声，及时反映他们的诉求，力所能及做好答疑解惑、矛盾化解，切实当好贫困群众“利益代言人”和“脱贫代理人”。积极为农户提供胡麻、玉米、杂粮杂豆等新品种和种植技术，带动农户增产增收，积极反馈农户发展产业需求，帮扶 1 户发展养羊等产业，帮扶 1 户依靠农业生产实现脱贫，还有 1 户帮扶户靠外出务工和合作社收入实现了脱贫。

■ 张建平在湖北保康县对农机农技人员及油菜种植户进行油菜产业技术培训

扶贫感言

时任甘肃省省长唐仁健指出：“对于甘肃而言，无论是脱贫攻坚，还是乡村振兴，都是难在产业滞后，重在产业振兴，都得靠实打实的优势产业来支撑。”推动乡村产业振兴要因地制宜发展乡村特色产业，依靠科技进步提升贫困村产品竞争力。胡麻是六盘山贫困片区的特色优势产业，虽然近年来胡麻产业取得了长足的发展，但受环境和产业认识不足等影响，胡麻产业整体还存在种植技术落后、产业化程度低、效益不高等突出问题，依靠科技创新，促进产业提质增效，形成特色富民产业还任重道远，因此还需要特色油料体系专家不断努力工作，引进和推广新技术，开发新产品，带动胡麻产业更好地发展。进村入户，密切联系帮扶户，了解群众所需，解群众燃眉之急，送温暖，能发挥很好的帮扶作用。

科技扶贫　助推脱贫攻坚

——记国家特色油料产业技术体系综合试验站站长　卯旭辉

卯旭辉，1972年10月出生，甘肃省农业科学院作物研究所，副研究员。六盘山片区是全国11个集中连片特殊困难地区之一，贫困面大，贫困度深，卯旭辉先后在天水市张家川回族自治县与临夏州东乡族自治县开展扶贫工作。

推广新品种新技术，带动产业大力发展，助推脱贫攻坚

向日葵在甘肃省种植100多万亩，在六盘山区涉及6个县，是当地重要的经济作物和特色优势作物之一，国家特色油料产业技术体系向日葵兰州综合试验站积极响应农业农村部的指示精神，按照《农业农村部办公厅关于印发“三区三州”和定点扶贫县科技服务团队及联络员名单的通知》精神和《农业农村部办公厅关于加强农业科技工作助力产业扶贫工作的指导意见》要求，认真贯彻落实科技助力“三区三州”产业扶贫工作的指导意见，在甘肃省张家川回族自治县和挂牌督战县临夏州东乡族自治县开展科技扶贫工作。

摆脱贫困首要任务是强力推动产业发展，助推产业扶贫是贫困群众持续稳定脱贫的基本保障。向日葵是东乡族自治县和张家川回族自治县推广发展的主要油料作物和经济作物之一，通过新品种、新技术示范推广促进向日葵种植，推动少数民族地区特色作物向日葵的种植，带动旅游业大力发展，大力提升农民收入，提高生活水平；通过推广向日葵优良品种及高效绿色种植技术，助推该地区炒货、油脂加工业的发展，对当地脱贫致富发挥了重要作用。

卯旭辉及团队成员每年在东乡县唐汪镇、高咀村、祁家村等、张家川县刘堡镇梨园村等共开展了科技扶贫活动6次以上，涉及300多户贫困户。通过新品种、高效栽培、病虫草害防控等新技术的示范推广在节本增效方面发挥了突出作用。

向日葵兰州综合试验站联合特色油料体系相关岗站专家，为东乡向日葵产业发展出谋划策，积极推广新品种、新技术。新品种主要包括优质食葵新品种SH363、陇葵杂4号，油葵新品种陇葵杂3号、九洋562、矮大头等；新技术主要为配方施肥、播前除草、药剂拌种与田间喷雾防控病虫害技术等。以当地贫困户为主要扶贫重点，采取“科研＋技术培训＋农户”的主要模式，先后在东乡及张家川县示范

推广种植优良向日葵2000多亩，涉及贫困户100多户，贫困人口300人，实现户均收入年增收1250元，实现脱贫的农户有80多户，创造社会经济效益约100万元。卯旭辉及团队成员积极与贫困县区的乡镇、村社人员联络，免费发放新品种和开展新技术培训。每年为贫困村提供向日葵、玉米、胡麻等种子500多千克，帮扶贫困户种植向日葵、玉米、胡麻100亩，并提供了化学除草、科学种植等方面的技术指导，受惠农户30多户。

卯旭辉在甘肃东乡开展科技培训

进村入户，尽责任，帮脱贫

中国的脱贫看甘肃，甘肃脱贫看东乡，东乡是我国出了名的特困地区，农民生活水平低，产业匮乏或即便是有小型产业但其发展比较滞后，农民对科技人员的科技培训接受力不强，思想意识落后，卯旭辉站长作为特色油料产业体系在东乡县扶贫的主要负责人，按照扶贫要求深入贫困村，以贫困村为面，以贫困户为点，送优良品种、送种植技术、送化肥农药，带着党的温暖和真情，通过咨询、访谈与集中培训的方式，及时将党的脱贫攻坚政策传达给贫困户，让贫困户了解掌握党的扶贫政策与策略，通过座谈交流详细了解贫困户的生产生活实际情况与想法，找到致贫因素，因地制宜，切实帮助贫困户解决实际困难问题。真正把党的温暖和关怀送到贫困户身边，让贫困户走出贫困，奔向小康，使贫困户获得更多的幸福感和安全感。作为一名科技扶贫工作者，紧紧围绕贫困户诉求与心声，了解他们的脱贫动态，力所能及做好技术服务，积极为农户提供向日葵、胡麻、玉米等新品种和高效绿色种植技术，带动农户增产增收，脱贫致富，奔向小康。

扶贫感言

时任甘肃省省长唐仁健指出：“对于甘肃而言，无论是脱贫攻坚，还是乡村振兴，都是难在产业滞后，重在产业振兴，都得靠实打实的优势产业来支撑。”东乡族自治县与张家川回族自治县均处于高寒冷凉偏远山区，主要为少数民族居住区，耕地属于山坡地，比较分散，而且地块较小，不利于机械化作业，投入高产出低，加上近年来农产品价格低，农业生产总体效益不好，农村壮劳动力绝大部分外出打工，留守儿童、妇女老人居多，缺乏先进的知识、技能，缺少能够带动地方发展的产业。

特色油料作物作为六盘山贫困片区发展的特色产业之一，具有广阔的发展前景。东乡族自治县与张家川回族自治县作为偏远少数民族聚居区，虽然脱贫致富存在一定艰巨性，但只要我们跟着党走，就一定能战胜困难。建议地方政府通过加强科研创新和经济发展，以培育特色产业为主体，集中资金，加大科技投资，一方面按地方技术需求进行技能培训，提高农民知识与技能水平，逐步培养贫困户积极主动性，树立脱贫致富奔向小康的信心；另一方面，发挥地域优势，集中资金扶持地方特色产业，通过产业发展带动农村经济发展和脱贫致富。

心系岗位　产业扶贫见成效

——记国家麻类产业技术体系综合试验站站长　庹年初

庹年初，1958年1月生，中共党员，张家界市农业科学技术研究所，研究员。主要在湖南省武陵山区范围内开展苎麻新品种、新技术、新装备科研示范应用及培训、推广。

深入贫困地区调研　制定产业扶贫方案

武陵山区苎麻生产历史悠久且辉煌。20世纪70—80年代苎麻种植面积达到50余万亩，年产原麻45万多吨，是全国重要的优质苎麻出产地。但自20世纪90年代，由于苎麻价格一路下行，生产效益降低，导致麻农弃麻毁麻，生产面积急剧下降。21世纪初，随着国家现代农业技术麻类体系的建立，为产业发展提供了强大的科技支撑。2008年，张家界武陵山片区苎麻试验站建立后，庹年初以苎麻产业发展为己任，在原麻市场疲软，麻农生产积极性不高的情况下，带领科研团队大力开展苎麻新品种、新技术、新农械科学实验，兴办样板，加大技术培训和推广力度，以点带面，有力促进了本区域苎麻生产的发展，发挥了点亮一盏灯照亮一大片的作用。

"十三五"以来国家大力推进脱贫攻坚，实施精准扶贫。为促进本区域产业扶贫，结合自身技术岗位，庹年初带领张家界苎麻试验站团队制定了产业扶贫方案，拟定了技术措施，积极融入当地脱贫攻坚工作中，大力开展科技服务，助力产业扶贫。在2016年举办的一次乡镇科技扶贫培训班上，为学员详细介绍了苎麻产业发展的基本情况与前景，一名学员对苎麻产业产生了浓厚兴趣，通过会后交流，这名学员是永定区三家馆乡枫茂村村支部书记。三家馆乡枫茂村是张家界市永定区典型的贫困山村，全村共有建档立卡贫困户52户166人，因农业产业基础薄弱，"精准扶贫"实施以来一直没有找到合适的扶贫产业，同时该村又是老麻区，具有良好的苎麻生产基础。该村支部书记认为苎麻是他们村扶贫产业的最好选择。

联合体系专家　精准技术支撑

为了打消该村村支"两委"个别同志的疑虑，激发大家的积极性，2017年年初，庹年初带领该村

“两委”及贫困户代表到常德市汉寿鑫达纺织企业考察原麻产品市场，进一步坚定了他们发展苎麻的决心，随即决定利用集体土地 10 亩开展苎麻种植。庹年初及时向苎麻品种岗位专家喻春明研究员寻求良种支持，并在生产过程中全程提供技术指导，在苎麻收获时，得到初加工机械岗位专家的设备支持，免费提供剥麻机一台，并组织生产技术骨干进行现场演示和培训。该村当年收获原麻 400 千克，销售收入 9600 元，实现村集体经济收入零的突破。2018 年，为带动全村贫困人口增收脱贫，进一步壮大村集体经济，该村流转农户土地 135 亩种植苎麻，并优先雇请贫困人口进行生产务工，截至 2019 年年底，原麻销售收入 64.4 万余元，共为贫困户支付土地租金 3 万余元，支付劳务工资 40.3 万元，除去生产成本 8.5 万元，村集体经济纯收入达到 12.6 万元。35 名贫困户人平纯收入 1.15 万元，实现了脱贫。通过枞茂村产业脱贫的成功示范与宣传，桑植县麦地坪乡、空壳树乡两地的生产经营者陈俊明、彭志刚主动联系庹年初，迫切要求发展苎麻产业，并希望得到技术上的支持，2020 年年初新冠疫情期间，庹年初不顾疫情影响带领团队成员到两个基地进行实地考察，为他们制订了详细的生产计划，在育苗、移栽、大田培管各个环节，经常深入田间地头进行现场技术指导。2020 年 7 月，张家界连日大雨，基地出现洪涝灾害，他不顾路途遥远，及时赶到现场指导他们抗灾自救，及时清沟排涝，加强管理，恢复苎麻生产。目前两个新建基地 200 亩苎麻均已成园，长势喜人，实现了当年建园当年见效的好势头。

■ 庹年初为苎麻生产技术骨干培训机械剥麻技术

自体系建立以来，庹年初积极推动体系技术成果转化，在贫困山区建立苎麻生产基地，大力推广新品种、新技术、新装备的应用及苎麻全株利用技术，为武陵山区苎麻产业发展提供了有力的技术保障。在各个苎麻基地的建设和生产管理过程中带动了当地大量的农村人口参与土地流转和劳动务工，为贫困人口增收创造了有利条件，为当地农业产业发展注入了新的活力。

扶贫感言

习近平总书记指出：“产业兴旺是解决农村一切问题的前提。”要打赢脱贫攻坚战，实现稳定脱贫，必须要高度重视产业扶贫。庹年初认为，在选择产业时要因地制宜，结合实际，武陵山区是中央确定的 14 个特困连片地区之一，农业基础薄弱，但又是苎麻生产优势产区，选准苎麻作为本区域的扶贫产业，充分发挥了地方特色优势，通过“企业 + 基地 + 农户”的模式能有效地带动贫困人口参与到产业发展中，同时又能降低贫困户独自发展产业的诸多风险。在产业发展的过程中，科技支撑是关键，良种良法、农机农艺有效融合是提升产业发展水平的重要手段。

发展优势特色产业　助力脱贫攻坚

——记国家麻类产业技术体系综合试验站站长　魏　刚

魏刚，1960 年 12 月生，中共党员，达州市农业科学研究院，研究员。负责苎麻新品种、新技术试验示范工作，扶贫区域为秦巴山区。

达州市农业科学研究院位于秦巴山区的达州市，全市苎麻主产区大竹县、达川区均为省级贫困县，扶贫工作开始以来，试验站团队成员 2 人担任四川省科技特派员，3 人为四川省“三区科技人才”成员，2 人担任驻村农技员，1 人担任依托单位定点帮扶贫困村驻村干部，任职“村主任助理”。魏刚带领团队以开展苎麻新品种、新技术试验示范为抓手，带动达州麻区苎麻产业发展。

定点帮扶，精准脱贫

万源市为达州市 2 个国家级贫困县之一，2015 年魏刚在市委市政府统一安排部署下，来到万源市长坝镇幺滩村进行定点帮扶。脱贫攻坚行动以来，魏刚深知科技成果与地方产业的结合才是贫困群众脱贫致富的关键，5 年来，魏刚带领团队累计在幺滩村开展“科技赶场”“技能培训”“科技成果展示”等活动 7 次，选派技术专家通过“农民夜校”课堂，为大家普及现代农业生产管理技术。2019 年围绕幺滩村饲用苎麻种养结合产业发展，申请了四川省科技扶贫专项 1 项，实施对象为幺滩村，实现了以项目促产业，以产业稳脱贫，幺滩村已于 2019 年全村脱贫。

发展苎麻产业，助力脱贫攻坚

魏刚带领团队依托技术、成果、人才优势在四川省贫困县大竹县贫困村川主乡铁佛村、莲印乡两路村、月华镇周家村、石河镇五四村等贫困村与专业合作社、家庭农场、种植大户等新型农业经营主体合作开展技术成果应用示范，助力发展苎麻产业，带动贫困户增收致富。大竹县为试验站主要示范县之一，全县苎麻种植规模 13 万亩，优质苎麻覆盖率达到 100%，苎麻产业成为全县五大产业之首。

以乾城家庭农场为例，2018 年通过流转土地，规模化发展苎麻种植，2019 年魏刚为其提供优质苎麻品种川苎 16，通过试种，原麻亩产量达到 200 千克以上，目前苎麻种植规模已达 1000 余亩，带动周边村民自发种植苎麻4000余亩，逐步实现苎麻生产环节机械化发展。

达州苎麻产区麻农原麻收获方式目前仍以手工剥制为主，机械打剥应用较少，随着农村剩余劳动力年龄越来越大，从事苎麻生产的人也越来越少。魏刚清醒认识到达州苎麻生产的机械化是产业持续发展的必经之路，魏刚联合体系岗位专家、试验站站长，积极引进苎麻打剥机械，在达州麻区开展技术示范。随着苎麻的机械收剥技术的成熟和被广大麻农朋友们接受，目前大竹县4个1000亩规模以上苎麻种植大户全部实现收剥机械化。

■ 魏刚在四川大竹县乾城家庭农场调查苎麻生长情况

扶贫感言

苎麻作为达州传统产业，有很好的群众基础，历来受到市县两级政府的高度关注。虽然苎麻产业经历了几波大起大落，但达州苎麻种植规模始终保持稳定。特别是精准扶贫工作开始以来，魏刚一直坚守在一线，见证了一批苎麻产业的新型农业经营主体，带着新的理念和技术发展苎麻产业，为产业发展注入了新生动力。

苎麻产业的发展要向着集约化、规模化、机械化的方向发展。要积极开展新技术、新产品示范，推动苎麻收获机械化，引导加工企业接受机收原麻。

酿造边疆民族地区的甜蜜事业

——记国家糖料产业技术体系岗位科学家　张跃彬

张跃彬，1969年5月生，云南省农业科学院，研究员。“十三五”以来，先后作为农业农村部定点扶贫云南省科技服务团成员和产业技术顾问组总牵头人，积极投身于滇西南边疆民族地区的脱贫攻坚，带领科技团队，在边疆民族地区积极推广甘蔗科技成果，为脱贫攻坚做出了重要贡献。

啃下硬骨头　边疆蔗区盛开科技花

澜沧县是滇西南边疆地区的一个非常典型的国家级贫困县，全县人口50余万，距省会昆明570千米，是云南脱贫中的难中之难和艰中之艰。近年来，为扩大甘蔗生产面积，带动脱贫致富，澜沧县将甘蔗产业作为全省的重点产业来抓，并与国家糖料产业体系团队签订长期科技支撑合作协议。“十三五”以来，张跃彬研究员带领糖料产业技术体系的团队成员，立足澜沧甘蔗产业发展需求，强化科技支撑，突破了制约产业发展的良种繁育、栽培技术、种植模式等关键环节，引领澜沧甘蔗产业提质增效、高质量发展。针对澜沧县蔗区品种分布多、杂、乱，品种结构搭配不合理、甘蔗糖分低等问题，组织云南省农业科学院甘蔗研究所与当地制糖企业签订了品种合作协议，直接在澜沧繁育甘蔗新良种，一批高产高糖甘蔗新品种和现代甘蔗生产技术基地相继落户澜沧，实现了甘蔗新品种、新技术、新模式的持续产生，支撑引领了澜沧甘蔗产业的发展。同时采取“科研引领、企业牵头、大户参与”的成果转化应用模式，强化云蔗05-51和云蔗08-1609等新一代早熟高产高糖抗逆甘蔗新良种在澜沧县蔗区的示范应用，并取得重大突破。两个新品种在澜沧蔗区亩产普遍达10吨，最高亩产已突破14吨。2020年，两个新品种种植面积成倍增加，仅一年时间就从2万亩快速增加到5万亩以上，为蔗区品种更新、优化蔗区良种结构、提高甘蔗单产与糖分提供了良种支撑。

多年来坚持不懈地科技扶贫，创新驱动了澜沧“甜蜜事业”的发展，引领了澜沧甘蔗产业提质增效、高质量发展。2019/2020年榨季，澜沧县甘蔗面积增长到了29.5万亩，良种覆盖率高达96%，甘

■ 张跃彬在云南边远蔗区开展技术指导

蔗糖分 14.55%，甘蔗出糖率 13.20%，位居全省前列。其中甘蔗出糖率较上榨季净增 1.12 个百分点，较云南省平均 12.91% 高 0.11 个百分点，取得了历史性突破。甘蔗总产较上年度净增 10 万吨，累计达 110 万吨，农业产值达 4.95 亿元，其中 5 万余名贫困人口，种蔗人均收入近 1000 元，甘蔗产业的发展为澜沧乃至普洱市完成脱贫攻坚任务、实现历史性跨越做出了积极贡献。

甘蔗轻简技术成果推广在扶贫中成效显著

滇西南边疆民族地区，20 余个贫困县种植甘蔗，面积 300 万亩，“十三五”以来，张跃彬根据当地产业脱贫的需要，针对蔗农生产科技落后的情况，在糖料体系的支持下，发明了一次施肥、全生育期实行全膜覆盖的保水保肥轻简生产技术。蔗农只需在种植时开挖蔗沟稍微深一点，到板土层，直接下种，利用底层毛细管水供给甘蔗出苗，下种后一次性施足全生育用肥，盖土后直接采用 2 米宽幅大膜进行全覆盖保水增温，不仅促进了甘蔗的萌发生长，还实现了甘蔗生产的周年保肥保水，整个生育不需要任何农事操作，大幅度减少甘蔗生产的劳动力投入，增产增糖十分显著，直接降低种植管理人工成本 30% 以上、减施化肥农药量 25.0%~37.5%、增产甘蔗产量 15%~36%，被边疆民族贫困蔗区的蔗农亲切地称为“两见面”甘蔗（即种植的时间见一次，收获时见面一次）。该技术显著的省时省工、省肥省药与甘蔗绿色生产融合发展的特点，被云南边疆民族蔗区大规模应用，不推自广。“十三五”期间，甘蔗轻简技术已在普洱的澜沧、孟连、西盟；临沧的耿马、双江、镇康；德宏的盈江、陇川；保山的昌宁、施甸等边疆蔗区累计推广应用 600 余万亩，增产甘蔗 1000 万吨以上，社会效益 40 亿元以上，为滇西南边境山区的脱贫攻坚做出了重大贡献。

积极牵头组织农业农村部云南专家服务团工作

张跃彬研究员在做好甘蔗产业脱贫的同时，还积极协助农业农村部在云南省的脱贫工作，作为农业农村部云南“三区三州”和重点脱贫县的科技扶贫总牵头人，他深刻体会脱贫攻坚的重要意义和责任感、使命感，根据农业农村部的要求，积极对接云南“三区三州”的迪庆州、怒江州和其他重点脱贫县，积极组织帮助贫困地区制定完善产业发展规划，解决农业技术难题，开展科技指导服务，先后带领8个团，与怒江州、迪庆州，组织签订了马铃薯、蔬菜、柑橘、茶叶、蓝莓、中药材、蔬菜、红米等8个产业扶持协议，10余次到“三区三州”，开展产业扶贫工作。组织16个产业体系34名岗站专家的力量，围绕脱贫地区粮油作物、经济作物、食用菌、中药材、特色林果、畜牧水产、农产品质量与安全等方面，遴选80项农村产业的实用科学技术，编制印刷《农村科技扶贫手册》，有力支撑了云南的产业扶贫及乡村振兴。

扶贫感言

作为一名国家产业技术体系专家，“把论文写在大地上，把成果服务千家万户”是应尽的义务。作为一名专家，能参与这项人类最宏大的脱贫攻坚行动，为我国全面实现小康社会做出自己应有的贡献，是人生的一件幸事。通过几年的科技扶贫，深深地感受到科技在农村特别是贫困农村起到的重大作用，更切切实实地感受到自己身上的责任，这份责任感将会激励自己继续投入到即将开展的乡村振兴中去。

情系蚕桑产业　助力云南山区农民脱贫奔小康

——记国家蚕桑产业技术体系综合试验站站长　黄　平

黄平，1969年11月生，云南省农业科学院蚕桑蜜蜂研究所，研究员。主要在滇西边境山区开展扶贫工作，完成了"云南适宜的桑树品种繁育技术研究与产业化开发"等项目，取得了良种选育、桑苗培育技术等系列成果，探索总结出优良家桑品种繁育及病虫害防控组配套关键技术，通过典型示范、技术培训及推广应用，在大理州祥云县走出了一条立足蚕桑产业的扶贫道路。

推广体系成果　助力产业脱贫

大理是全国唯一的白族自治州，集民族、山区、贫困于一体，是全国14个集中连片特困地区滇西边境片区的主战场。2014年，全州12县市中有11个县是贫困县，脱贫攻坚任务无比繁重、十分艰巨。治病找病根，扶贫要找"贫根"。为解决制约蚕桑产业发展的关键技术难题，黄平与国家蚕桑产业技术体系专家一起，聚集全国蚕桑科研力量，找准了祥云县蚕桑产业存在的科技瓶颈，全力提高产业扶贫技术水平。原有的湖桑品种嫁接改良成农桑14号为主的优良桑树品种，产量提高了20%；大面积推广饲养华康2号、华康3号、云抗1号等抗NPV病毒病蚕品种，解决家蚕NPV脓病暴发的难题；桑园地膜覆盖栽培技术、桑苗培养技术、小蚕共育技术、大蚕省力化饲养技术等轻简高效种养集成技术推广，提高了家蚕饲养的健康性，减低了劳动强度，降低了种桑养蚕的成本。良种良法的推广应用，祥云县的蚕桑产业从小到大、从弱到优，栽桑养蚕逐步走向一条集约化、规模化和专业化的蚕桑产业发展路子，栽桑养蚕水平逐年提高，生产效益稳步上升，成为当地农民增收致富的支柱产业，为贫困县脱贫摘帽做出了重要贡献。

祥云县刘厂镇松梅村过去是全县贫困村之一，干旱缺水，产业结构单一，全村总面积6149亩，耕地4393亩，全村总户数590户，其中农业户486户；人口2032人，其中农业人口1973人。松梅村作为祥云县栽桑养蚕老桑区，一些根深蒂固的思想左右着蚕农的思想，良种缺乏、品质不优、小蚕共育率不高、种桑养蚕方式粗放、人力成本高等制约蚕桑产业发展。近年来通过大力发展蚕桑产业，2018年实现整村脱贫。松梅村现有桑园4958亩，户均9.23亩，有养蚕农户364户1456人，占全村总农户74.9%，形成了户户栽桑，人人养蚕的发展格局，2019年松梅村全年养蚕14503张，产鲜茧592.95吨，鲜蚕茧产值 2957.9 万元，养蚕户户均收入 8.1 万元。2019 年 9 月，松梅村被农业农村部认定为第九批全国“一村一品”示范村（蚕桑）。

■ 黄平在云南祥云县松梅村开展蚕桑技术需求调研

松梅村只是祥云县蚕桑产业发展的一个小小缩影。近年来，祥云县将发展产业与脱贫攻坚有机结合，重点扶持加快蚕桑产业发展，栽桑养蚕使不少贫困群众拔出“穷根”、摘掉“穷帽”。2019 年，全县共饲养蚕种 158112 张，鲜茧产量达 6310.0 吨，农业产值 31466.39 万元，蚕桑产业发展继续保持良好势头，规模化效益不断显现，群众销售鲜茧收入持续攀升，脱贫致富奔小康的路子越走越宽阔。

扶贫感言

因地制宜，做优做强特色产业，使蚕桑产业在精准扶贫方面发挥出生力军的作用，也为乡村振兴发展提供了思路。“授人以鱼不如授人以渔”，科技作为产业扶贫的重要和关键因素，需要发挥更大的作用。我们需要将更多的科研成果、更好的科技服务送到贫困地区，培育一批懂技术的脱贫带头人，提高当地产业发展水平和贫困群众的可持续发展能力，力争打赢脱贫攻坚战。

心系扶贫　真情奉献

——记国家蚕桑产业技术体系综合试验站站长　张友洪

张友洪，1968年11月生，四川省农业科学院蚕业研究所，研究员。主要在秦巴山区的南部县、仪陇县、嘉陵区、阆中市、蓬安县等国家级、省级贫困县开展蚕桑产业扶贫工作。

深入蚕桑生产一线　精准服务产业脱贫

国家蚕桑产业技术体系南充综合试验站设在秦巴山区的四川省南充市，是全国14个集中连片特困地区之一。其试验示范基地县南部县、嘉陵区以及对口帮扶贫困县——仪陇县是国家级贫困县。2015年以来，蚕桑产业被列为各贫困县产业扶贫的支柱产业，作为体系的一员，张友洪站长既感到高兴，又感到压力，高兴的是蚕桑产业能为国家脱贫攻坚战略做出贡献，压力是能否做得好，该怎么做，怎样发挥试验站在产业扶贫工作中的作用。面对压力，他没有犹豫，带领试验站团队成员积极与基地县对接，根据基地县产业发展现状、龙头企业经营规模等分析产业发展前景和发展方式，合理规划、精准施策，形成了“试验站+龙头企业/合作社+贫困户”“试验站+养蚕大户+贫困户”“试验站+贫困户”的产业扶贫模式，编写并实施了《四川省标准化规模养蚕设施建设及配套技术方案》，在试验站区域的贫困县建立蚕桑规模化、标准化种养殖示范基地，先后开展技术咨询服务800余次，技术培训20场次，培养了一大批产业扶贫合作社、家庭农场、业主大户等经营主体，其中，蚕桑生产年收入3万元以上的大户5498户，5万元以上的大户1366户，10万元以上的大户56户，50万元以上的大户10户，带动了贫困县105个村6535户脱贫致富，为贫困县打赢脱贫攻坚战、稳定脱贫成效、实现脱贫效果的可持续性做出了贡献。南部县三清乡雨顺蚕业合作社就是在试验站的技术帮扶下，从无到有、从小到大、从弱到强，成为当地产业扶贫经营主体的典型之一。

创新产业发展模式　打造精准扶贫样板

三清乡地处南部县东北部，是南部县最偏远的乡镇之一，道路崎岖险远，“地无三尺平”是当地农业生产条件的真实写照。全乡12个行政村均是贫困村，建档立卡贫困人口4464人。全乡仅有105亩桑园，养蚕农户5户，生产的蚕茧要到近20千米外的乡镇销售，产业发展举步维艰。2014年，南充综合试验站在南部县组织秋季蚕桑生产技术培训会，县蚕桑局负责人提出三清乡想发展蚕桑产业，带领贫困户脱贫奔小康的意愿，并希望体系专家到实地指导，提出发展建议。培训会结束后，张友洪站长带领团队成员立即赶到三清乡政府。在县蚕桑局、三清乡党委政府负责人参加的产业发展座谈会上，他详细分析了三清乡的地势地貌和产业基础，建议以现有5户养蚕户的资金、桑园、养蚕设施等入股成立南部县三清乡雨顺蚕业合作社，以专业合作组织的形式带动全乡贫困户从事蚕桑产业。

随后几年，他带领团队成员早出晚归，协助合作社规划桑园，调运桑苗，推广良桑一步建园技术；为提高蚕桑生产效益，他亲自规划建设标准化小蚕共育室和养蚕大棚，推广小蚕专业化共育技术和大蚕省力化饲养技术；为落实蚕茧统一营销、利益联结机制，他亲自联系蚕茧收烘机械生产厂家，购置蚕茧烘干机一台，建立起了合作社的蚕茧收烘加工场地等；为提高合作社养蚕农户的蚕桑生产技术水平，定期邀请体系首席科学家、岗位科学家到合作社考察调研座谈，组织召开技术培训会，并开展产前、产中、产后技术服务，做到技术服务全覆盖，为提高贫困户的蚕桑生产积极性，推动实施了合作社“二次返利”政策和免费外出参观学习。到2019年，合作社桑园面积达到1000余亩，吸收80余户贫困户成为合作社社员，培育桑园面积30~50亩。适度规模经营养蚕农户15户，带动120余户贫困户从事蚕桑生产，年养蚕2300余张，产茧10.5万千克，产值475万元，户均收入2.38万元，在2020年脱贫攻坚检查验收中，全乡12个贫困村4464建档立卡贫困人口全部脱贫，其中从事蚕桑产业的贫困户占60%以上。

张友洪在四川南部县三清乡真相村农民的养蚕大棚里开展现场技术服务

这样的产业扶贫案例还有很多，他的足迹遍布了贫困县的山山水水，他的身影留在了贫困户的田间地头。贫困户在他的帮扶下脱贫致富后，要向他表示感谢时，他最常说的一句话是：“只要你们脱贫致富了，我就高兴！”

扶贫感言

习近平总书记《在打好精准脱贫攻坚战座谈会上的讲话》中指出，产业扶贫是稳定脱贫的根本之策。在产业扶贫工作中，很多贫困户都是因缺乏长效产业或缺乏技术而致贫。要使贫困户长期稳定脱贫，必须发展长效产业，授之以渔，统筹外部资金、项目资金等资源，发挥贫困户的内生动力，并“一对一”实施技术帮扶，实现脱贫效果的可持续性。同时，产业扶贫必须根据当地的实际情况，因地制宜，因村因户因人施策，找到贫困户能够从事和稳定发展的产业，然后再发动和帮扶贫困户参与进来。作为国家蚕桑产业技术体系的一员，深感责任重大，必须以昂扬的精神状态，扎实的工作作风，将成果、论文写在产业扶贫的大地上，为国家脱贫攻坚交上一份满意的答卷。

服务“三农”科技扶贫的践行者

——记国家茶叶产业技术体系岗位科学家　龚自明

龚自明，1966年5月生，湖北省农业科学院果树茶叶研究所，二级研究员。近年来，在体系办及茶叶产业首席科学家的组织领导下，带领团队成员深入湖北五峰、恩施、大悟、来凤、咸丰、巴东等贫困县市，驻企进村，对接任务，排难解困，通过科技促进产业发展，助力精准扶贫脱贫，为武陵山、大别山等贫困区、老区打赢脱贫攻坚战做出了应有贡献。

成果物化　科技助力精准扶贫

五峰土家族自治县是湖北省典型老、少、贫、山区，茶叶是该县农民增收致富和农村精准扶贫的特色优势产业，影响8个乡镇4.2万农户13.5万人生计。2017年，龚自明牵头组建“湖北宜昌市五峰土家族自治县茶叶产业化发展新技术推广服务团队”，带领团队成员“蹲好一个厂，树好一个牌，建好一片园，带好一个乡（镇）”，针对国内市场高档礼品茶滞销的严峻形势，及时调整产品结构，着力开发香茶、出口红绿茶，重点开展机采茶鲜叶适制性加工关键技术研发、卷曲形绿茶提质增效关键技术研究、名优红茶工艺创新与自动化生产关键技术研发，形成的技术成果迅速物化。近三年，指导湖北采花茶业有限公司生产炒青、香茶、红茶等生活用茶640万千克，企业新增销售收入4.8亿元；收购鲜叶、支付茶农鲜叶款较2016年分别增加了2500万千克、9800万元，直接带动1800余户贫困户“摘贫帽、奔富路”，五峰茶农鲜叶纯收入由2016年人均不足4500元增加到7500元。

组织召唤　驻点克难脱贫攻坚

2018年，遵照省委组织部安排，龚自明到地处大别山腹地的大悟县任人民政府副县长，协管全县茶产业，同时负责新城镇金岭村特色产业发展。其间，多次深入全县12个茶叶主产乡镇和20家茶叶企业进行调研指导，针对全县夏秋茶资源开发利用率低、茶园病虫防治难、茶树无性系良种成活率不高等难题，大力推广茶园绿色防控技术、茶树无性系良种快速成园技术，着力开发市场畅销的出口茶、名优红茶、红碎茶等新型茶产品。仅夏秋茶开发利用，全县茶叶亩平均年增收600元以上，科技助力扶贫成效显著。针对金岭村产业基础薄弱、农民持续增收困难的现实难题，因地制宜，选择茶叶、蔬菜等特色

■ 龚自明在湖北五峰县现场指导企业绿茶精制轻简新工艺

优势产业，长短结合，克难攻坚。在关键的100余天里，吃在村、住在村、干在村，做着看、带着干，通过两年的艰苦努力，完成了400亩茶园、500余亩果园、2000亩油茶、20亩西瓜蔬菜基地建设，为金岭村农户可持续性脱贫奠定了坚实的基础。

搭建平台　扶企强业带动脱贫

恩施市龙马村地处鄂西武陵山区腹地，全村辖9个村民小组，878户3056人，其中建档立卡贫困户505户1461人，贫困率57.52%，属典型的贫困山区。李克强总理曾两次视察龙马，三次做出指示。为打赢脱贫攻坚战，推动龙马精准扶贫工作，经实地调研后，引入湖北金果茶业股份有限公司，发展以茶叶为主的特色产业，龚自明率领团队成员在企业组建了“恩施州茶叶科技创新团队”，领衔成立了“院士专家工作站”，与公司联合共建“名优茶加工研发中心”，常年派遣团队成员入驻企业，重点指导该企业龙马村综合扶贫改革试点“金果连心园·金果庄园”项目。为公司科学规划设计了一条茶叶“一线多用”自动化生产线，该生产线日产干茶1吨以上，香茶、毛峰、炒青等名特类茶同线加工，生产期长达150天，较传统生产线延长3倍，自2018年投产以来，生产干茶24235千克，收购茶农鲜叶121220千克，支付鲜叶款121万元，带动当地500多户农民户年均增收1100元。

对接任务　岗站合作定点扶贫

■ 龚自明在湖北咸丰县现场指导工人茶叶整形搓条技术

咸丰、来凤是农业农村部科技扶贫定点县。遵照体系统一安排部署，龚自明多次赶赴来凤、咸丰开展科技助力产业扶贫活动，先后深入来凤县大河镇白果树村茶叶基地、旧司农园基地，咸丰县龙坝、沙坝、官坝等茶叶专业村，恩施馨源生态茶业有限公司等龙头企业，针对茶叶、藤茶种植、加工方面遇到的技术难题，进行实地察看、把脉问诊，在茶叶基地建设、产品及加工标准化、绿色防控及减肥减药等方面为咸丰茶产业提供技术支撑，主持制定了咸丰唐崖茶系列标准，2019 年全县茶园亩均收入达 6700 余元，覆盖该县 80% 建档立卡贫困户，有力助推全县精准脱贫。在来凤县开展茶叶及藤茶产业调研及科技服务，优化二氢杨梅素提取工艺，为来凤藤茶产业发展提供技术支撑。

多年来，龚自明带领团队成员，响应党中央的号召，积极投身脱贫攻坚主战场，得到了贫困户、企业及政府的肯定，所带领的团队被中国科协、农业农村部、国家乡村振兴局评为 2017 年全国科技助力精准扶贫先进团队，个人也被国家人力资源和社会保障部、农业农村部授予“全国农业先进工作者”称号，2018 年度被湖北省委省政府授予“湖北省先进工作者”称号。

扶贫感言

产业扶贫是最直接、最有效的办法，而科技在产业扶贫中又扮演着十分重要的角色。在湖北广大山区农村，茶叶是一个朝阳产业、绿色产业和脱贫富民产业，但同时受交通、信息、气候、茶企、茶农发展思路等客观、主观因素影响，产业扶贫任重而道远。2020 年是打赢脱贫攻坚战的决胜年，龚自明将继续带领团队成员不忘初心、牢记使命，坚守脱贫攻坚、乡村振兴的主战场，扑下身子、沉下心来，全力以赴、持之以恒，把论文写在茶园中、车间内，用科技智慧谱写新的篇章，助力帮助广大茶农脱贫致富奔小康。

聚力茶产业转型升级　助力贫困县脱贫攻坚

——记国家茶叶产业技术体系综合试验站站长　王家伦

王家伦，1970年10月生，贵州省农业科学院茶叶研究所，研究员。近年来，王家伦带领团队成员深入贵州省武陵山、乌蒙山、滇桂黔石漠化集中连片特困地区，足迹遍及43个茶叶主产县，在发展规划、品种选择、技术示范、技术培训和标准制修订等方面开展工作，示范推广新品种、新技术、新模式，践行科技助力脱贫攻坚，助推茶产业转型升级。

推进黔茶标准化，突显黔茶品质优势

2015年以来，王家伦全面参与推进《贵州茶产业提升三年行动计划（2014—2016年）》实施，先后牵头组织全省10个茶叶品牌27项省级地方标准、“贵州绿茶”系列和“三绿一红”重点品牌等10个产品标准的制修订发布实施。完善了贵州茶叶标准体系，凸显了贵州茶产业生态、品质和安全优势，推进了农产品地理标志“贵州绿茶”大地标授权使用管理和品牌宣传，提高了省级重点品牌“三绿一红”核心竞争力、影响力和知名度。通过茶叶标准宣贯，规范茶园农药、肥料等农业投入品使用范围和用量，从源头保障茶叶产品质量安全。为全省建成9个国家级茶叶出口质量安全示范区提供了标准支撑。协助省茶办连续举办6次贵州春季（秋季）斗茶大赛，推动全省夏秋茶比例由40%提高到60%以上，助力全省茶叶出口快速增长，出口额突破1亿美元大关，出口额全国排名由第十三位上升到第七位。

提供线上技术，助力茶叶生产

在2020年疫情防控期间，王家伦针对茶产业发展的技术关键点和技术需求的季节性，组织编写《贵州茶园春季管理技术要点》《贵州春茶加工技术要点》《贵州新茶园建设技术要点》《茶树良种繁育苗圃管理技术》《贵州茶产业应对新冠疫情措施》《贵州茶园雹灾补救和预防措施》《贵州茶树冻害预防及补救措施》《贵州茶园抗冻减灾技术措施》《贵州茶园高温抗旱减灾和恢复技术措施》《贵州茶防汛技术措施》等10余项生产性技术资料，通过人民网、多彩贵州网、动静贵州、天眼新闻客户端，以及黔茶资讯、贵州茶香、黔茶标准与技术等微信公众号和贵州省农业科学院等网站发布，阅读量60万余人次，有效指导全省茶区疫情防控期间的茶叶生产。

聚焦连片集中特困地区，真帮实扶促发展

2012年以来，王家伦主动与地处乌蒙山区织金县的贵州乌蒙利民农业开发有限公司对接，帮助该公司树立“守质量安全底线，向欧盟标准看齐，做特色茶叶精品”的理念，大幅提升基地管护水平和带动能力。目前该公司已成长为织金县茶叶规模化开发的主要企业，营业收入大幅增长，茶苗和茶叶销售收入累计达到1000多万元，农民增收400多万元，带动300户1200人脱贫增收致富。该公司先后被认定为毕节市、贵州省农业产业化经营重点龙头企业，毕节市茶产业发展样板企业和标准化种植示范区，所在园区成功升级为省级高效农业示范园区。

王家伦在贵州织金县乌蒙利民农业开发有限公司指导茶园管理

通过王家伦5年来的技术指导，作为试验站综合示范核心基地，地处武陵山区的余庆县凤香苑茶业有限责任公司从只采春茶转型为“名优绿茶+名优红茶+出口茶”的春、夏、秋全季生产模式，茶叶产品全部达到欧盟标准，出口俄罗斯、吉尔吉斯斯坦等“一带一路”国家。2019年产值达到2400万元，新增产值400万元，带动500户2000人脱贫增收致富。该公司已成长为贵茶联盟核心企业和省科技型小巨人成长企业，荣获“全国万企帮万村精准扶贫行动先进民营企业”称号，公司董事长骆地刚当选为政协第十二届贵州省委员会委员。

发挥体系智力优势，科技助力脱贫攻坚

自晴隆县产业技术顾问组成立以来，王家伦通过在晴隆县组织开展集中扶贫活动，完善发展规划、制定服务方案，引进新品种、新技术和栽培、加工模式，建立新品种、绿色防控示范基地和科技实训基地等措施，推动晴隆县茶产业“五全五链”转型发展，大力调整茶叶产品结构，推进地理标志保护产品“晴隆绿茶”的规模化生产，增加红茶、白茶和黑茶产量，大幅度提高夏秋茶青下树率，夏秋茶产量占总产量的80%以上，产值占60%以上，有效增加建档立卡贫困户务工时间和收入。

王家伦在贵州晴隆县兴鑫茶业有限公司指导茶叶加工

扶贫感言

茶产业是富民产业，扶贫效果好。从贵州茶产业发展的经验来看，凡是茶产业发展得好的地方，老百姓都很富裕；茶产业发展得不好的地方，老百姓的收入得不到保障。要发挥好科技在脱贫攻坚中的助力作用，一是科技扶贫要与产业发展相结合，只有以贫困县主导产业为抓手，整合国家和地方产业技术体系科技资源，从规划和实施方案做起，顶层设计，全产业链助力脱贫攻坚，才能打赢歼灭战；二是科技扶贫要与新品种、新产品、新技术应用相结合，只有通过在贫困县建立新品种、新技术示范基地，推广适宜的茶树新品种、茶园化肥农药减施增效技术、欧标茶生产技术、出口茶加工技术，集成新技术推广，才能进一步突显当地品质特色，做强安全优势；三是科技扶贫要与实训基地建设相结合，只有通过实训基地实操实训，才能加快新技术的示范推广，提高当地技术人员技能水平，提高茶产业综合效益，有利于巩固技术培训效果。

扶贫工作既要内化于心　又要外化于行

——记国家食用菌产业技术体系岗位科学家　黄晨阳

黄晨阳，1977年12月生，中国农业科学院农业资源与农业区划研究所，研究员。积极投身产业科技扶贫工作，深入国家级贫困县河北省保定市阜平县、贵州省黔东南州从江县、农业农村部定点扶贫县贵州省黔东南州剑河县等地开展产业科技扶贫工作，致力于开展体系新品种、新技术和新成果的落地。近年来，赴河北、贵州、西藏、陕西、黑龙江、吉林等地国家级贫困县开展产业调研、现场指导、技术培训等30余次。

心系产业持续发展　力行产业科技支撑

在种植业中，食用菌产业是单位面积内经济效益较高的产业，食用菌产业成为产业扶贫的重要抓手。由于食用菌自身生物学特点，对环境条件、栽培管理技术的要求很高。产业的暴发式增长导致产业出现系列问题。一是原料紧张、产业无法持续；二是菌棒集中制作工艺不合理，菌棒质量不稳定，生产中菌种事故频发；三是新菇农经验欠缺，生产管理不到位，产品质量差。尤其是食用菌产业新上马的贫困县，产业中存在的问题比较典型。黄晨阳心系产业健康可持续发展，坚持理性调研、科学分析、系统解决的原则，发现问题、解决问题；坚持亲力亲为的原则，把工作落到实处。深入一线开展现场指导、技术培训，不分节假日全力投入科技帮扶工作。2017年以来，仅河北省阜平县一地，黄晨阳就已经前往14次，几乎全是利用周末时间。为阜平香菇菌棒生产消除多起隐患，显著提升菌棒生产的科技水平，为阜平县香菇产业发展提供了强力支撑。近年来参加农业农村部、人社部、国家发展改革委等组织的调研和技术指导20多次，在国家级贫困县开展产业形势、新品种培育、菌种质量检测、标准化生产技术等培训累计12场次、培训3000多人次。

调动全体系资源　支撑全产业发展

如何将食用菌产业由“输血式”扶贫扭转为“造血式”扶贫，是一个亟待解决的大问题。以问题为导向，黄晨阳重点开展了两项工作：一是以产业发展规划为突破和抓手，科学分析产业发展利弊，明确市场定位，科学布局，超前布局产业发展战略；二是调动和集成产业技术体系全产业链科技资源，注重技术的经济性、适用性，破解菌种质量差等瓶颈。无论是产业发展规划，还是新品种选择，无论是病虫害防控，还是产品质量安全，黄晨阳都全心全意地帮助企业解决实际问题。自己干不了的，也要帮着解决。充分利用现代产业技术体系的专家技术优势，共同解决产业面临的突出问题。2017 年 11 月，黄晨阳接到阜平县嘉鑫食用菌种植业有限公司负责人的紧急求助，出菇棚大量菌棒出现烂棒并分泌红水的现象。由于照片无法反映具体情况，黄晨阳安排企业负责人快递一批样品。拿到样品后，经实验室检验排除细菌、霉菌污染的因素。此后，他积极组织国家食用菌产业技术体系菌种质量控制岗位、病害防控岗位、香菇栽培岗位和唐山综合试验站、驻马店综合试验站共同“会诊”。在进一步检测的基础上，判断是高温烧菌导致，建议企业加强香菇菌棒的发菌管理，严格做到通风和控温，防范再次发生高温烧菌，避免企业再次遭受经济损失。

贵州省黔东南州剑河县是农业农村部定点扶贫县，是国家级贫困县和贵州省 14 个深度贫困县之一。2017 年，剑河县确定发展食用菌成为支柱产业、富民产业，但是由于食用菌种类多、市场竞争激烈，当地政府只能“摸着石头过河”。2019 年，农业农村部科技教育司组建部定点扶贫县科技服务团，黄晨阳多次组织体系专家赴剑河开展座谈、调研活动和生产指导，为当地食用菌产业发展提供科技支撑。针对当地龙头企业剑荣菌业有限公司存在的自主创新能力不足、技术管理不到位等问题进行帮扶；组织体系黑木耳育种专家开展新品种适应性试验，组织栽培专家、病虫害防控专家开展现场指导，组织野生菌专家开展野生资源保护和驯化技术指导，系统解决生产中存在的菌袋培养不规范、病虫害防控不到位等技术问题。2019 年剑河县提前一年脱贫摘帽。脱贫不是终极目标，黄晨阳又投身剑河县乡村振兴的事业中，组织体系专家开展科技示范，全方位支撑剑河食用菌产业兴旺。

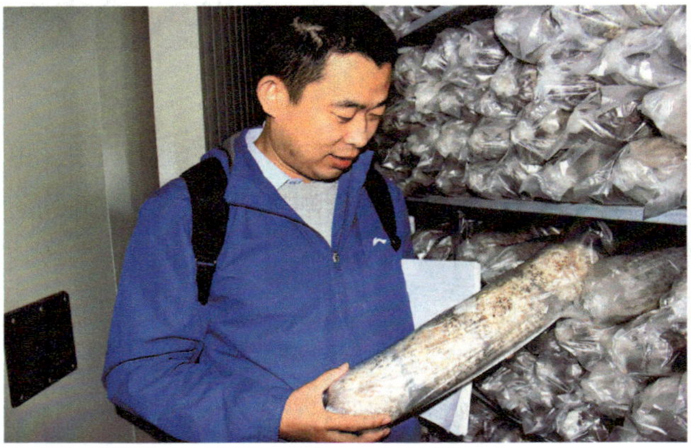

黄晨阳在河北阜平指导食用菌生产技术

黄晨阳在贵州剑河开展科技示范对接

扶贫感言

在打赢脱贫攻坚战的初期，全国食用菌产业蜂拥而上，香菇、黑木耳等木腐菌出现原料紧张、产品质量低和销售难的问题，对食用菌产业健康理性发展造成冲击。大多数人对扶贫上马食用菌产业存在消极的认识，狭隘地考虑经济效益，没有充分考虑社会效益和生态效益。在扶贫过程中，黄晨阳一方面通过生产一线的调研体会和思考，另一方面通过系统学习习近平总书记关于扶贫的论述、关于“三农”的工作论述，快速完成“要我扶贫”到“我要扶贫”的心理转变。坚持做到把扶贫工作既要内化于心，又要外化于行。长远来看，打赢脱贫攻坚战和实施乡村振兴战略都离不开科技支撑，作为体系人，要知行合一，一如既往地投身到国家农业现代化的征途中。

"小蘑菇"助力产业发展　科技扶贫显成效

——记国家食用菌产业技术体系岗位科学家　王　波

王波，1963年5月生，四川省农业科学院土壤肥料研究所，二级研究员。多年来，带领团队以四川旺苍县为中心，辐射到周边区县和其他地区开展科技扶贫，把食用菌科技成果应用到扶贫产业化开发上，示范集成了食用菌品种和轻简化栽培技术，深入第一线手把手指导，帮助制定产业发展规划，把技术传授给生产者，培养本土人才；帮助贫困村发展村集体经济，集体经济收入达到106万元，同时协助申请食用菌产业化开发项目，经费累计达到360余万元。

聚焦食用菌产业，精准扶贫

以四川旺苍县为中心开展食用菌产业扶贫工作，把食用菌科研成果应用到扶贫开发工作中，带动贫困户从事食用菌生产增加收入。同时辐射到周边区县和其他地区；根据当地资源、气候和劳动力情况，以建立示范基地为主，开展食用菌新品种和新技术示范和培训，集成推广了羊肚菌、黑木耳、香菇和竹荪等食用菌新品种和轻简化栽培技术，同时将光伏发电空闲空间改造成为食用菌栽培设施，达到既发电又可种植食用菌，成为示范和培训基地。示范集成的羊肚菌已成为主要栽培食用菌之一，使羊肚菌生产从无到规模化生产，年生产量达到300余亩，辐射到旺苍县各乡镇和周边区县，平均亩产羊肚菌200余千克，产值16000余元，收入9000余元。帮扶建立村集体经济的实体1个，提供食用菌新品种和实用技术，帮助制订生产计划，亲临现场指导，形成以村集体企业为主的食用菌产业开发，增加了集体经济收入，村集体经济由无到累计收入106万余元，惠及广大贫困户和村民；同时协助贫困村申请食用菌产业化开发项目6项，经费达到360万余元，帮助完成项目实施，食用菌生产设施和设备得到较大改善，使之成为具有规模

■ 王波在四川旺苍县开展羊肚菌生产现场指导

化从事食用菌生产能力的基地。

深入贫困县第一线，手把手传授技术

由于贫困地区食用菌生产基础弱，许多贫困户没有从事过食用菌生产，为了将食用菌生产技术传授给贫困户，让贫困户掌握食用菌生产技术并且还要获得较高的收入，多次到生产第一线，亲自做示范，手把手传授技术，跋山涉水到一家一户去指导，与生产者建立了微信群和互通了联系电话，随时开展技术咨询，有求必应，关键技术环节亲临现场指导，使从事食用菌的贫困户掌握了羊肚菌等食用菌生产技术，并且取得较高经济收入，平均每户收入 13700 余元，最高的达到 31600 余元；帮扶 1 户贫困户种植羊肚菌 0.5 亩，当年收入 1.8 万余元。同时培养了当地技术人才 10 余名，成了能指导和带动当地食用菌生产的技术能手。

■ 王波在四川旺苍县开展现场技术培训

通过近几年在旺苍县开展食用菌产业扶贫工作，取得了较好效果，集成了适宜当地的食用菌品种及其栽培技术，带动贫困户从事羊肚菌等食用菌生产，增加收入显著，同时，也增加了村集体经济收入，扶贫工作取得了较好成绩，受到各级领导的重视，全国人大常务委员会副委员长武维华分别于 2018 年和 2019 年亲临旺苍县扶贫示范基地考察。

扶贫感言

扶贫是我们广大科技工作者应尽的责任，不仅要做好现有科研项目研究，还要做出应用前景大的成果以及培养一批接地气的专家，要把科技成果应用到扶贫工作上，把论文写在大地上，帮助贫困地区培育新的产业，要深入扶贫第一线，把技术传授给贫困户，培养当地人才。针对贫困地区的资源、气候、劳动力和市场，研究集成一批适宜贫困地区开发的食用菌品种和技术，把已形成产业化开发的项目，进一步提档升级，形成特色产业，不仅要帮扶贫困户，同时要加大帮扶以村集体为主的企业，使之形成具有带头作用的企业，要在贫困地区建立长期的服务关系，针对贫困地区食用菌产业化开发需求开展研究，把最好的成果应用到扶贫地区，把最先进的技术传授给贫困户，使贫困地区人民通过生产食用菌增加收入，脱贫致富。

脱贫攻坚就是自己的使命

——记国家绿肥产业技术体系综合试验站站长　车宗贤

车宗贤，1964 年 7 月生，甘肃省农业科学院土壤肥料与节水农业研究所，研究员。甘肃省千名领军人才，甘肃省“555”创新人才，他带领绿肥团队全体成员，聚焦产业扶贫、智力扶贫，开展科技帮扶。他的身影遍及古浪县、静宁县、镇远县、永靖县的多个贫困村落，帮助贫困村培育富民产业和集体经济，提升农户科技素质和致富能力，切实增强贫困户的“造血”功能。

研发产业关键技术，解决扶贫“卡脖子”难题

古浪县黄花滩富民新村、感恩新村是古浪县实施生态移民易地搬迁扶贫工程而建成的移民新村，也是国家绿肥产业体系的示范县，车宗贤带领试验站成员自 2017 年起连续 4 年开展科技扶贫工作。针对黄花滩沙漠边缘土壤有机质含量低、保水保肥能力差等问题，利用轮作休耕补贴项目和绿肥产业体系项目资助，通过种植绿肥翻压还田技术，以及“绿肥 + 小麦”“绿肥 + 马铃薯”等技术，提高土壤有机质，有效改良土壤 1 万亩，土地的生产力提升 30%，小麦和马铃薯品质明显提升，通过增产提质增加农民收入 35%。

针对古浪黄花滩新修温室栽培基质成本高的难题，车宗贤把贫困户技术需求作为自己的研究方向，深入了解栽培基质成本高的原因，利用当地废弃资源，经反复试验研究，研发出低成本基质核心料，基质使用成本由 1.8 万元 / 亩，降到 0.2 万元 / 亩，产量提升 10%。发展反季节蔬菜产业，节本增效增加收入 2.2 万元 / 亩，2020 年在古浪县黄花滩生态移民区的 6000 多个大棚群建立示范基地。

聚焦苹果扶贫产业，绿肥助力提质增效

静宁县是国家级贫困县，也是国家绿肥产业体系的示范县，苹果产业是当地主导产业，也是脱贫致富产业，但果园管理水平低，果品的产量和品质难以提升，果农的收入不高。针对此项生产难题，车宗贤带领团队成员多次调研，并同国家苹果产业技术体系马明站长反复商讨，确定攻关方案，通过果园绿肥技术降低果园行间水分蒸发、抑制杂草、减轻病虫害、提升果品品质，达到降本增效的目的，使果品

产量增加 8%，优质果增加 18%，收入增加 15%。

永靖县是国家深度贫困的“三区三州”核心县，作为农业农村部确定的帮扶特派员，车宗贤针对整村扶贫移民迁出区幸美村土地撂荒、移民迁入区城北新村新垦地果园土地贫瘠和盐碱严重等突出问题，在国家特色油料体系胡麻种质资源创新岗位专家赵莉的协作下，制定出撂荒地实施轮作休耕，种植绿肥毛叶苕子和箭筈碗豆 3000 亩，鲜草单产 2800 千克 / 亩，通过养羊或出售鲜草户均收入 2200 元，根茬还田和过腹还田实现藏粮于地。采用“绿肥 +”的理念，“果园绿肥 + 膜下滴灌”的技术，果树行膜下滴灌压盐补水，行间种植毛叶苕子和箭筈碗豆，产量达 1300 千克 / 亩。全部翻压可有效提升土壤有机质，改良土壤结构，促进幼龄果树健康生长，有望成为当地产业扶贫的支柱，大力示范推广。

践行“一户一策”，落实精准扶贫

在镇原县方山乡王湾村，车宗贤主动认领了段登万、李万华 2 户贫困户，每年多次进村入户，宣传党的扶贫政策、帮助制定“一户一策”帮扶方案，始终以设身处地、换位思考的方式多次开展入户调研、慰问，解决贫困户实际需求，帮他们提高生活和脱贫致富的信心。通过精准施策，段登万发展养羊产业，种养结合，年收入达到 2 万 ~3 万元；李万华和儿子外出打工，年增加收入 3 万元，均已稳定脱贫。

几年来，车宗贤站长带领团队在 4 个县区 6 个贫困村实施科技帮扶，投入项目资金 30 万元，引进示范绿肥品种 5 个，示范应用绿肥间作、翻压等技术 10 余项，示范面积累计 3.5 万余亩，培训农民 2500 余人次。在国家绿肥产业技术体系首席曹卫东大力支持下，在甘肃省农科院和武威综合试验站全体成员团结协作、攻坚克难的努力下，扶贫县的农民收入不断增加、贫困面不断下降，农民参与自身脱贫的信心大大增强了。

■ 车宗贤在甘肃静宁县推广果园绿肥种植技术

■ 车宗贤在甘肃镇原县方山乡王湾村李万华家落实“一户一策”扶贫方案

扶贫感言

几年的扶贫工作，车宗贤深感扶贫工作一定要扶到点上、扶到根上，不能大而化之。产业是农村的大难题，贫困地区搞产业要充分利用当地的土地资源、地理和交通条件，形成高效转型的农业，确保农业环境安全，积极谋划绿色生态产业，这才是扶贫之路的长远发展之路。多年来他绞尽脑汁，兢兢业业，充分利用自己的专业优势，带领团队成员自觉投身“科技助力脱贫攻坚”的事业，实施“乡村振兴”的科技支撑战略，为当地贫困农民做实事、好事，助推他们脱贫，用他的话说：“脱贫攻坚就是我们科技人员的使命，用科技落实习近平总书记提出的‘八个着力’和‘建设幸福美好新甘肃’的要求，是我们的目标也是任务，我们必须不遗余力地做好。”扶贫产业的技术需求，就是他的研究目标。

技术扶贫　为精准扶贫插上科技的翅膀

——记国家大宗蔬菜产业技术体系综合试验站站长　方　凌

方凌，1962年11月生，安徽省农业科学院园艺研究所，研究员。主要的扶贫区域为大别山区的岳西、太湖、潜山、金寨等地。多年来带领团队，依托自身的技术优势，发扬红色大别山精神，紧紧围绕“精准扶贫”“精准脱贫”用科技力量支撑贫困山区发展生态型蔬菜产业，将生态优势转化为发展优势、经济优势，加速山区群众脱贫致富。探索并走出了一条具有地方特色的技术扶贫之路。

调结构、因地制宜谋发展

位于大别山腹地的安徽省岳西县是国家级贫困县。国家大宗蔬菜产业技术体系成立后不久，就将岳西列为产业科技扶贫的重点区县。新浒村是岳西县的一个小山村，从山外进入新浒村，恰如《桃花源记》中的“初极狭，才通人。复行数十步，豁然开朗”。郁郁葱葱中点缀烂漫山花的神马峰下，是大自然赋予新浒村的风水宝地。勤劳质朴的新浒人守着这片土地，辛勤劳作，但由于缺少先进的种植技术，一直未能摆脱贫困。

2012年，国家大宗蔬菜产业技术体系合肥综合试验站在充分调研、分析、论证的基础上，提出了在保障绿水青山生态不被破坏的前提下，发展蔬菜产业的建议。志愿回村创业发展的王世遐在家乡流转了400亩土地，成立了岳西县山水间种养专业合作社。在合肥综合试验站的技术帮扶与指导下，合作社更新种植品种，创新种植模式，如实行瓜菜轮作间作套种，改四季豆、葫芦“人”字架为“拱棚架”栽培等，连续几年实现了增产增收，产业迅速发展起来。

新浒村村民胡发文原来住在危房里，一贫如洗，加入了合作社，负责蔬菜生产和销售，工资加土地流转年收入近4万元。胡发文的脱贫之路是合作社成员脱贫致富的一个缩影。如今山水间种养专业合作社不但成为岳西县蔬菜产业发展的重要推动者，而且是产业扶贫的排头兵。该村原有建档立卡贫困户165户，贫困人口548人，均通过劳务用工、土地流转、持股分红等实现脱贫。看着当年的蓝图逐渐变为现实，看着村民脸上洋溢着幸福的笑容，村党支部书记王业焰说：“多亏了蔬菜产业技术体系的真帮实扶，让我们新浒旧貌换新颜。”

建基地、技术扶贫见成效

一花独放不是春，万紫千红春满园。在得知毛尖山乡板舍村有发展蔬菜生产意愿时，方凌主动上山指导，提出了在现有耕地上发展四季豆、辣椒、茄子、番茄、葫芦等蔬菜的发展思路，帮助制定规划和方案、组建技术团队，指导建成标准化蔬菜生产基地500亩。试验站将该基地建成体系成果转化基地，帮助集中培训乡村技术骨干，试验筛选适宜高山生长的优良品种，示范推广病虫草害绿色防控技术和土壤连作障碍削减方法等，共向基地推荐国家蔬菜体系新品种35个、新技术15项、新产品5个，培训基地技术骨干5人、技术工人50人，确保蔬菜优质稳产。毛尖山乡板舍村书记胡志东说：“在专家的指导下，我们通过推广新品种新技术，亩产量基本稳定在3吨以上，亩收益在1万元以上。基地通过吸引贫困户就近就业，把无法外出的贫困劳动力转变成了守制度、讲规范、精操作的产业工人，使他们上得了岗、下得了田、顾得了家，年户均增收达6000元以上。”

强指导、技术帮扶有保障

为了有效解决扶贫产业基地技术力量薄弱问题，体系先后安排胡刘国等两位山水间种养专业合作社社员到合肥综合试验站免费学习，从整地、育苗、定植、肥水管理到病虫害防治，边学习边操作，系统掌握各项技术。如今的胡刘国不仅成为山区蔬菜田间管理的一把好手，而且是当地小有名气的“专家”。“我的技术源自省城试验站的专家，他们会定期来到基地，现场示范指导，干给我们看，带着我们干。”胡刘国介绍，“在专家的指导下，我们的蔬菜每亩产值可达3万元以上，村里的贫困户依靠它都脱了贫。”

■ 方凌在安徽岳西县新浒村指导合作社技术员辣椒栽培管理

这两天，村民储志平种植的十几亩蔬菜陆续进入了收获季，面对又一次来到村里进行现场指导的体系专家，他感慨地说：“原以为凭着多年的务农经验，种好小小的蔬菜不在话下，但实际一操作就发现自己想错了，原来种菜还有这么多的技术在里面。”其实，很多依靠高山蔬菜脱贫的村民们，都有过像储志平这样的想法和经历。为了打破制约菜农发展的技术瓶颈，试验站设立山区生态型设施蔬菜示范基地，通过科技培训、示范引领，手把手教群众“怎么种”，帮助农民们实现从凭经验种菜到靠科技种菜的转变，让稳产高产优质成为岳西蔬菜产业发展的新常态。

依托体系、脱贫攻坚添力量

随着高山蔬菜产业的发展，新问题也不断出现，山区湿度大，病虫害频发等不利因素阻碍了产业进一步发展。为解决这一难题，合肥试验站邀请国家体系首席科学家杜永臣及体系岗站专家 50 人次来岳西实地指导，提出将露地蔬菜改为设施避雨栽培，将自根栽培改为嫁接栽培。这一系列的技术应用使板舍村高山蔬菜再创辉煌，同样的番茄、辣椒、茄子、四季豆，现在的亩产量过万斤、亩产值超过两万元。“如今的村民都住上了‘蔬菜别墅’，奔上了致富路。”说起国家产业体系专家对板舍村高山蔬菜产业发展的贡献，胡志东书记竖起了大拇指。

■ 方凌指导贫困户进行辣椒病虫害防治

原岳西县农业农村局王学放局长说：“通过蔬菜产业技术体系的指导，新品种的改良，彻底改变了传统的蔬菜产业模式，促进了我县蔬菜产业的健康可持续发展。”

目前，岳西县山区蔬菜种植面积已经达到了 14.2 万亩，占全县耕地面积的 1/3。这里生产的茭白、辣椒、茄子、番茄、四季豆、葫芦等山区蔬菜畅销周边省市，成为帮助当地农民脱贫致富的主导产业。一幢幢“蔬菜别墅”“茭白楼”掩映在青山绿水旁，成为该县乡村中的亮丽风景。

扶贫感言

岳西县通过发展高山蔬菜产业，带动大批农民脱贫致富，这充分证明，产业扶贫是帮助农民脱贫致富的必由之路，是我国贫困地区全面建成小康社会的根本路径。通过在岳西多年来的产业扶贫经历，方凌感到做好产业扶贫要做好以下几点。一是要持之以恒，把工作做深做实，不能蜻蜓点水，敷衍应付。农民接受新技术、掌握新技术需要一个较长的过程，这就要求我们扑下身子，到田间地头，做给农民看，带着农民干，秉承“技术不会不松手，效益不增不离开”的宗旨真帮实扶。二是要加强农民技术培训，扶贫先扶智，在乡村留下一群不走的技术能人。三是要善于利用蔬菜产业体系的人才资源优势，取众家之长，为产业扶贫献智献策，将一流的技术、品种尽快应用到扶贫一线，致富一方百姓。

辣椒产业扶贫　百姓日子红彤彤

——记国家大宗蔬菜产业技术体系团队成员　李雪峰

李雪峰，1968年8月生，湖南省农业科学院蔬菜研究所，研究员。主要从事辣椒新品种选育、制种技术研究及新品种推广工作。作为省科技特派员、“三区人才”、科技扶贫专家服务团成员，长期在湖南湘西州泸溪县、永顺县，永州道县和郴州汝城等地开展科技扶贫工作，为当地蔬菜产业的发展做出了重要的贡献。

深入调查研究　找准扶贫产业

2016年开始李雪峰同志带领团队扎根湖南湘西州泸溪县，协助当地农业部门开展脱贫攻坚工作。通过多次深入贫困乡镇贫困村调查研究后，李雪峰同志深刻认识到农村要脱贫，农民要致富，乡村要发展，优质地方特色农产品的挖掘利用和配套技术是关键。通过走访了解当地特色玻璃椒品种曾经享誉海内外，现在严重退化，种植面积不足500亩。经过2年的努力，李雪峰同志带领团队制定了一套玻璃椒提纯复壮技术方案，建立了原原种、原种繁育技术体系，建设了玻璃椒提纯复壮试验标准化基地20亩，年生产优质玻璃椒种子150千克，能为周边农户提供4500亩优质玻璃椒种子。2017年冬季在海南进行加代提纯，2018年春季选育出玻璃椒1号，原有优良特性已基本得到恢复。该技术成果已成功推广至周边村镇，提纯后的玻璃椒种植遍布全县多个乡镇，总面积达3.8万亩。

发展辣椒产业　助推脱贫攻坚

2018年泸溪县辣椒产业初见成效，县委县政府高度重视，李雪峰同志带领湖南省蔬菜研究所与泸溪县农业局对接共建，倾全所之力发展辣椒产业，为泸溪县辣椒产业发展制定了五年发展规划，在全县范围全面推进辣椒集约化育苗技术、辣椒避雨栽培技术以及优质高产新品种博辣红牛、博辣红丽等。通过制定适合于泸溪地区的辣椒集约化育苗技术方案，全县实施“集中育苗、统一供苗”，提升了辣椒集约化、专业化生产水平。2019年在兴隆场、小章乡建立集约化育苗基地3个，示范推广了辣椒集约化快速育苗技术500多亩，培育辣椒苗5000多万株，为全县的贫困户提供了优质辣椒种苗，保障了脱贫攻坚的顺利推进。推广的辣椒避雨栽培技术具有前期保温后期防雨的作用，非常适合湘西地区的山区小气候特点，能有效提早辣椒的上市期，同时炭疽病和疫病等病害明显减少，种植辣椒产量比常规种植提高了20%以上，亩种植效益增加了1200多元，提高到8000元以上。选育和推广的博辣红牛为早熟线椒，亩产3000千克以上，博辣红丽为鲜食加工多用途辣椒，亩产3500千克以上，该系列品种每亩经济效益均在6000元以上。

李雪峰同志在为泸溪县脱贫攻坚和蔬菜产业服务工作中，高度重视农业科学技术的推广，扎实工作，开拓创新，锐意进取，为全县脱贫攻坚和乡村振兴做出了突出贡献，同时他还积极推广泸溪发展的成功经验，在湖南的永州新田县、岳阳湘阴县等地积极开展服务工作，为湖南省全面脱贫攻坚和建设小康社会发挥着自己应有的作用。

■ 李雪峰在湖南泸溪县兴隆场镇开展辣椒栽培技术现场指导

扶贫感言

产业扶贫是我国一项伟大壮举，我国广大的科研工作者应该响应国家号召，投身扶贫工作，发挥科研工作者的专业优势，为地方的产业发展做出应有的贡献。

如何开发出适合贫困地区实情的技术，如何挖掘和发展贫困地区特色优异农产品，如何提高贫困户接受新技术、应用新技术的自觉性和主动性，是科研工作者进行产业扶贫首先需要思考和解决的问题。这种技术可能不需要高大上，但一定是符合当地实际情况的适用技术才行，这种农产品不需要多，但一定要有特色；提高贫困人口的科技认知水平，让他们掌握一技之长，是技术推广的关键。因此，通过科研工作者点对点技术指导，使贫困人口掌握一定的实用技术，转变观念，用先进的科技知识，结合当地资源优势开展科技扶贫项目，才能达到既扶贫又扶志，真正实现脱贫致富奔小康的目标。

辣椒产业扶贫　任重而道远

——记国家特色蔬菜产业技术体系岗位科学家　廖小军

廖小军，1966年12月生，中国农业大学，教授。依托特色蔬菜产业体系，领导团队以“辣椒加工技术”开展扶贫工作。针对新疆地区辣椒加工存在的主要问题，通过辣椒初加工技术与深加工技术推广以及技术服务和人才培养等工作，推动了产业技术升级，实现了技术精准扶贫，为辣椒加工产业发展提供了有力技术支撑。

辣椒初加工技术实现精准扶贫

新疆地区以戈壁滩晾晒形式进行辣椒自然干制为主，针对辣椒干存在质量不稳定、霉菌污染严重以及干制终点判断难等问题，带领团队先后在新疆辣椒主产区建立了辣椒干制监测点4个，连续3年监测辣椒自然干制过程中参数变化，采集了风速、温湿度、太阳辐照、色差、水分含量、水分活度、干基含水量和干燥速率等数据，构建了辣椒自然干制的动力学模型，为当地企业和农户提供切实可行的自然干制工艺流程和技术参数，提高了辣椒干品质和安全性，实现辣椒初加工技术的精准扶贫。

辣椒深加工技术助推产业升级

针对发酵辣椒酱存在品质不稳定、蒸煮味重、脆度低等问题，通过支疆项目计划，为企业无偿提供发明专利技术“一种耐高压乳酸菌及其制备方法（ZL201510447032.0）”。该技术的使用提高了发酵辣椒酱产品品质、脆度和风味，增加了产品附加值，实现了提质增效，推动产业技术升级。

针对辣椒天然色素质量达不到高端客户要求的问题，优化了辣椒红色素提取技术，进行了技术试验示范，解决了辣椒红色素中溶剂残留的问题，溶剂残留控制在25毫克/千克以下、产品色价得率提高至95%以上，促进了辣椒天然色素产业技术升级。

这些深加工技术的应用为当地辣椒加工产业升级提供了有力的技术支撑，提升了企业的市场竞争力，带动当地农户增收和产业发展。

技术咨询与人才培养深化扶贫工作

依托体系组织的活动，团队累计提供技术咨询近30余次、技术培训10余次，培训农业技术人员500多人；为新疆轻工国际投资有限公司、新疆隆平高科弘安天然色素有限公司、中粮屯河股份有限公司、新疆西尔丹食品有限公司、新疆昆仑绿源农业科技发展有限责任公司、新疆晨曦椒业有限公司等10余家企业提供了技术服务；积极参与新疆地区人才培养，通过“人才扶贫援疆师资培养项目”培养博士2名以及“中国农业大学—新疆农业科学院联合项目”培养博士1名。

■ 廖小军在辣椒种植基地调研

■ 廖小军在新疆西尔丹食品有限公司进行辣椒加工现状调研

扶贫感言

扶贫过程中产业是龙头、科技是关键、人才是基础，重产业、强科技、抓人才是保证产业健康发展的核心动力，也是地方脱贫的重要路径。发展辣椒产业应定位高远，谋好产业发展之道。首先，注重构建产业链，发展集种植、加工、销售于一体的辣椒产业化联合体，加强原料基地区域化布局，应因时因地施策，推进辣椒产业协同创新健康发展。其次，加强产业科技推广示范，为产业高质量发展提供技术支撑。最后，加大人才培养和技术创新，推动产业可持续发展。

扎根贫困山区　助力生姜产业扶贫

——记国家特色蔬菜产业技术体系综合试验站站长　郭凤领

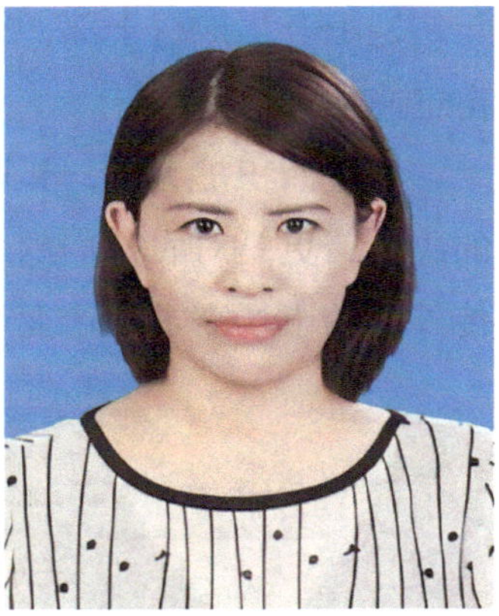

郭凤领，1974年4月生，湖北省农业科学院经济作物研究所，研究员。主要从事特色蔬菜植物资源及优质绿色高效栽培技术研究与示范推广工作。在农业农村部定点扶贫县恩施土家族苗族自治州来凤县和示范县五峰县开展科技扶贫工作，针对特色蔬菜产业中存在的技术问题，开展创新研究并引进体系研发的新品种、新技术、新模式进行示范推广，促进特色蔬菜产业发展，提质增效，帮助山区农民脱贫致富。

践行初心使命，做好团队“带头人”

郭凤领研究员既是一名农业科技专家，同时又是一名科研团队基层党支部书记。她团结带领支部始终坚持以党建为引领，以习近平新时代中国特色社会主义思想武装头脑，坚定理想信念、牢记初心使命，筑牢科技服务“三农”的思想根基；以“两学一做”“不忘初心、牢记使命”主题教育为支部建设总抓手，履行科学研发、服务社会职责，努力打造一支组织纪律严明、业务素质过硬、年轻富有活力的“懂农业、爱农村、爱农民”的蔬菜科技创新队伍。支部成员获评全国和湖北省三八红旗手、湖北省五一劳动奖章、武汉市“黄鹤英才”、湖北省农业科学院十大优秀青年、湖北省“博士服务团”先进个人等多个荣誉称号。她聚焦湖北省贫困山区特色蔬菜产业发展的技术瓶颈，以党建促业务，发挥科技优势精准扶贫精准脱贫，深入脱贫攻坚一线，倾心用力用情脱贫攻坚，出色完成了扶贫任务，充分发挥了团队“带头人”的先锋模范作用。

科技助力扶贫，“来凤”来了“凤”专家

“凤头姜”是国家级贫困县来凤县的特色产业之一，种植规模大，从业人口多，在来凤县产业经济发展与扶贫工作中地位突出。来凤县绿水镇香沟村是生姜种植专业村，全村一半的耕地种植生姜，一半的收入来源于生姜，也因此成为该县远近闻名的“凤头姜”产出大村。但近年来，该村生姜品种退化日益明显，连作病害严重，减产率居高不下，姜农的积极性受到极大打击。2016年全县生姜规模种植面积缩减至不足1万亩，仅有高峰期的1/5，来凤生姜产业面临升级换代的卡脖子困境，这时国家特色蔬

菜产业技术体系扶贫专家郭凤领的到来为来凤的生姜产业带来了希望。

2017 年，郭凤领带领科研团队对来凤生姜产业进行深入调研后，在绿水镇香沟村率先开展了“三改一绿”“四创新”高效生产技术和高质量发展模式试验示范，试验开始时由于生姜专用膜、土壤改良等投入，每亩投入要增加 1500~2000 元，农民一时难以接受。于是，她就和村支部书记李世林达成共识，先赠送 20 亩地的专用膜进行试种。

顶烈日、冒酷暑、衣着简朴、不施粉黛，这是郭凤领研究员的真实写照。她用真心真情践行习近平总书记“真扶贫、扶真贫”的殷切嘱托。郭凤领既当老师，又亲自带头示范。她先给农民讲授新品种新技术的基础知识，又手把手传授栽培技术，再从市场需求、销售价格等方面进行专题培训。2017 年试种后，每亩生姜产量增加 20% 以上，每亩增加纯收入 2500 元，极大地提高了农民的种植积极性。第二年，她配合当地村干部，东奔西走，加大宣传使用新品种和新技术的好处，种植面积由原来试种的 20 亩迅速扩大到 100 亩。

种植面积扩大了，郭凤领的压力也增加了，她暗下决心：帮扶除了成功之外，别无选择。这是她的决心，更是对农户们的承诺。在种植前 2 个月，她就开始对全村农民进行技术培训，向当地农民宣传外面的市场需求和产业形势，农民种植积极性得到极大提高，有些农户种植面积由原来的几分地迅速扩大到几亩地。在她的指导下，目前该村生姜种植又向前迈进了一大步，平均亩产 3000 千克以上，高产者可达 5000 千克，平均亩纯收入 20000 元以上。绿水镇香沟村党支部书记李世林充满激情地说：“当地贫困户视凤头姜为脱贫的宝贝，这几年在郭教授的指导下，我们采用了生姜脱毒苗、生姜专用膜、遮阳网和科学精准施肥等新技术，效果非常好！明年我们还要进一步扩大种植面积，我们来凤真的来了‘凤’专家，有了郭凤领教授，我们的生姜产业做大做强就不愁了！”看到姜农们脸上的笑容，郭凤领的心里充满了欣慰。

■ 郭凤领在湖北来凤县香沟村开展生姜田间种植技术指导

扎根农村，做菜农们的“救火队长”

湖北的七八月正是炎夏高温，蔬菜病虫频发的时期，为菜农们解决生产难题堪比救火现场。2019 年 8 月郭凤领的手机响个不停，菜农又碰到了大麻烦。郭凤领马上带领团队成员火速来到五峰县付家堰乡马蹄井村、采花乡白溢坪村等地实地察看新桥农业有限公司的欧芹、香葱生产基地，五峰金蕊种植专业合作社的设施精细蔬菜生产基地，就高温高湿季节大田和设施蔬菜田间管理进行指导。

在付家堰乡马蹄井村欧芹生产基地，焦急等待的菜农纷纷反映欧芹前期长势良好，这几天突然有部分植株腐烂死亡，并呈蔓延之势。郭凤领仔细察看现场后当即诊断欧芹基地感染了软腐病，并现场开出防治处方：一是疏通田间排水沟，减少积水；二是田间发现病株，及时拔除，以减少病源，防止蔓延，拔除后穴内及周围撒生石灰进行灭菌；三是加强发病前或发病初期植株防治。通过连续 2~3 次防治，菜田的软腐病得到了有效控制，为菜农减少经济损失近百万元。

郭凤领在湖北五峰县白溢坪村开展小香葱田间技术指导

在采花乡白溢坪村的小香葱基地，对正在发生的小葱疫病及高温引起的枯尖黄叶进行了现场取样和田间指导。在五峰金蕊蔬菜专业合作社的大棚精细蔬菜生产基地，她逐个检查大棚蔬菜长势，对当前大棚蔬菜生产存在的问题一一解答，针对茄子畸形果、番茄脐腐病、辣椒热灼缺钙及溃疡病高发等问题，她要求基地负责人，一要做好大棚降温，二要对土壤进行调酸补钙，三要加强肥水均衡供应，四要做好田园清洁工作。

郭凤领每次到基地都是马不停蹄，总是希望能为农户多解决一些问题，让农民多一些收入。只要农民能增收、多增收，自己就是再苦再累都值得，她经常是这样对同事们说的。长期的扶贫一线工作，作为团队的“带头人”的她成了姜农口里的“凤”专家，菜农眼里的“救火队长”。

扶贫感言

在多年的扶贫工作中郭凤领研究员认为：产业扶贫要根据贫困地区的产业需求，实事求是，因地制宜，解决产业技术瓶颈；扶贫要精准，要和农民打成一片，扶真贫，真扶贫。同时要重视科技在产业扶贫中发挥的作用，近年来通过国家特色蔬菜产业技术把全国专家的新品种新技术进行集成示范，能快速精准地服务到生产当中，起到了很好的扶贫作用。

守初心立足岗位创新　担使命致力科技扶贫

——记国家西甜瓜产业技术体系岗位科学家　马忠明

马忠明，1963年8月生，甘肃省农业科学院，二级研究员。多年来，带领团队成员聚焦甘肃省瓜州、高台、民勤、凉州、会宁、靖远、宁县和镇原等县区，辐射新疆昌吉和喀什、广西北海、青海互助和宁夏中卫等地区，以科技创新为抓手，以扶贫产业为突破口，长期致力于科技扶贫，精准助推脱贫攻坚，并取得了显著成效。作为农业农村部定点扶贫县甘肃省科技服务团总牵头人，积极做好其他产业科技扶贫联络服务和全省产业扶贫模式总结及推广工作。

聚焦产业发展瓶颈　立于岗位开拓创新

30多年来，马忠明一直从事作物水肥高效利用和节水高产栽培技术研究与推广工作。自2008年进入产业技术体系后，他心系瓜农，在原有工作的基础上，带领团队深入开展产业技术需求调研，聚焦贫困地区产业发展的“卡脖子”技术，开始了西甜瓜土壤与养分管理的创新研究与技术推广工作。针对水资源短缺和水肥利用率不高的问题，集成提出了露地和设施栽培条件下膜下滴灌水肥一体化技术，改传统的沟灌为膜下滴灌，研发配套了专用滴灌肥料，产量提高15%以上，水分利用效率提高20%以上，肥料利用率提高17%以上，在主产区得到大面积应用。建立了旱砂田西瓜的施肥制度，有效减轻了连作障碍，延长砂田使用寿命。他带领团队研制的西甜瓜长效专用肥，在全生育期一次施入，不再追肥，省工省力。在全国广泛应用后可减施化肥总养分量29.0%~32.0%，增产10.3%~25.4%，肥料利用率提高13.5%~18.7%，经济效益增加250~915元/亩。南边的广西，北头的辽宁，西陲的新疆，中部的湖南，到处都有“长效专用肥”的身影和增产的消息。“技术+产品+服务”的模式深受广大瓜农的喜爱，让瓜农实实在在增加了收入，使贫困区农民尝到了科技的甜头。

深入田间问诊把脉　甘做科技扶贫引路人

深入田间问诊把脉、掌握第一手资料是马忠明的一贯作风。他带领团队成员深入农户调研，走进田间取样，先后完成200多份贫困区西甜瓜产业问卷调查和千余份土壤采样，掌握了西甜瓜产业发展现状及技术需求，为科技扶贫奠定了良好基础。宁夏中卫是旱砂田西瓜种植面积最大、效益最好的地区，但长期连作出现了死苗等很多问题。得知这一情况后，他和团队成员立即赶到中卫种植基地，现场察看情况，深入农户了解问题，采集样品化验分析，为农户及时给出解决方案，有效减少了瓜农的损失。

马忠明总是惦记着如何使贫困瓜农掌握市场信息、选用优良品种和应用先进技术，并通过科学种植尽快脱贫致富。在每个冬闲季节，采用多媒体讲座和现场咨询等形式，分区域组织专题培训活动。每到生产关键时期，他都要来到田间地头，以现场讲解和田间示范等形式，解决技术难题，指导农民科学种植。多年坚持深入甘肃省瓜州、高台、民勤、凉州、会宁、靖远、宁县和镇原等贫困县，走进新疆昌吉和喀什、广西北海、青海互助和宁夏中卫等地区，传授技术，解决问题，做科技扶贫的引路人，帮助农民依托产业脱贫致富。在甜瓜之乡甘肃省民勤县，针对贫困户不掌握甜瓜种植技术而导致产量低、商品性差和效益不高的问题，他带领团队每年举办一次集中培训和多次现场指导，使瓜农们选用了新品种，掌握了新技术，涌现出了像蔡怀爱一样的一大批现代瓜农，成为脱贫路上的致富人。每当看到贫困农户产业发展起来了，日子越来越好了，马忠明总是露出欣慰的微笑。

■ 马忠明与甘肃皋兰县瓜农交流

■ 马忠明在甘肃靖远县研讨砂田西瓜生产技术

跨体系联合作战　协同支撑精准扶贫

作为农业农村部定点扶贫县甘肃省科技服务团总牵头人，从 2019 开始，马忠明先后牵头国家现代农业产业技术体系玉米、马铃薯、蔬菜、食用豆、苹果、桃、中药材、特色油料、牛、羊和蜂等的专家，在西和、礼县、宕昌、东乡、临夏、通渭、岷县和镇远等深度贫困县开展产业扶贫工作。畅通联系渠道，加强技术需求对接，搭建沟通桥梁，总结技术模式，聚集目标，开展全产业链技术服务，解决了马铃薯病害防治、中药材加工和牛羊健康养殖等难题。先后制定 25 个主导产业发展规划，引进推广动植物品种 20 余个，推广应用实用种养技术 40 余项。先后参加全国政协组织的产业扶贫和教育扶贫等调研活动，提出扶贫提案 5 件，提交扶贫调研报告 4 份。特别是 2020 年面对突如其来的新冠疫情，他非常忧心贫困地区产业的发展，充分利用现代化信息手段，加强产业技术的远程指导。联合其他体系专家，编写了《应对新冠肺炎疫情农业技术 200 问》，开通农科热线，体系专家在线解答农户急切需要解决的问题。

马忠明在湖南隆回县开展精准扶贫调研

扶贫感言

决战决胜脱贫攻坚是全面建成小康社会的底线任务。要实现脱贫致富、防止返贫，必须要培育和壮大产业、推进全产业链扶贫。而要做大做强产业，科技在驱动产业高质量发展中具有持久性、先导性和根本性作用，是关键。在科技扶贫工作中，缺知识、缺技术、缺人才是贫穷落后的根源。贫困户非常渴望得到新品种、新技术和新产品，但一些贫困地区连基本的实用技术都无法普及，技术推广应用“最后一公里”的问题急需破解。实践证明，国家现代农业产业技术体系拥有全产业链的专家和丰富的技术积累，只要紧紧围绕技术急需，开展精准服务，加快科技进村入户，就能强化科技供给，定会扶持壮大一批特色扶贫产业，实现脱贫攻坚与乡村振兴的有效衔接。

把课堂设在院坝　把技术带到橘园

——记国家柑橘产业技术体系岗位科学家　彭良志

彭良志，1963 年 6 月生，西南大学，研究员。长期从事柑橘生理和栽培技术研究及其推广应用，主要扶贫区域为国家 14 个特困连片区域的秦巴山区重庆市奉节县、云阳县，乌蒙山片区的云南省武定县，“三区三州”深度贫困的四川省雷波县等地。

办培训、定方案，科学种植实现脐橙高效益

重庆市奉节县位于三峡库区腹地，山高坡陡、土地贫瘠，粮油生产受限，脐橙是当地主导产业，1993 年《人民日报》以《一棵树养活 20 万人》为题，报道了奉节发展脐橙为农民谋生计的事迹，但由于栽培技术水平不高，贫困人口比例大。2011 年，彭良志及其团队成员到奉节开展脐橙技术帮扶，先后举办院坝和田间等技术培训 50 余场、3500 余人次参训，在生草栽培、平衡施肥、省力化修剪、保花保果、病虫绿色防控等方面培训种植户。为了增强培训效果，2012 年年底开始与奉节县白帝镇夔府脐橙种植专业合作社合作，以合作社 1.3 万余株脐橙树为示范基地，在国家柑橘产业技术体系奉节甜橙综合试验黄涛江站长及其团队的大力配合下，对基地土壤和叶片养分水平、病虫害进行全面检测和调查，在此基础上，制定优质节本栽培总体技术方案，然后根据每个月现场调查结果制定管理月历。尽管重庆市区到奉节路途遥远，但仅 2013 年彭良志就到基地调研、检查和指导 13 次，每次调研时现场培训技术要领，并检查上个月的实施情况和效果，再根据调研结果，制定下个月的栽培管理月历。实施第一年即取得良好节本增产提质效果，在此之前，该基地每年肥料成本 10 万 ~13 万元，施肥过量问题突出，导致树势过旺，坐果率低，产量一直在 10 万 ~15 万千克；2013 年示范新技术方案后，当年肥料成本降至 3.8 万元，农药用量减少约 1/4，而产量升至 34.5 万千克，优质果率由原来的 70% 以下升至 93%。通过这种示范“做给农民看”的效果立即体现出来，原来很难改变的过量施肥、过量用药、清耕等不合理栽培方法很快被改变。2013 年后，他每年去基地调研指导 3~5 次，编写 3~5 个季节性的指导方案即可。2014 年肥料成本 5.7 万元，产量 45 万千克；2015 年肥料成本 13 万元，产量 55.5 万千克；2016—2019 年肥料成本 16 万 ~18 万元，产量 60 万 ~70 万千克。

看到夔府合作社的基地示范效果后，周边农户陆续加入合作社，统一采用合作社技术方案，入社达到 96 户 436 人、脐橙 1680 亩，很多是贫困户，目前已全部脱贫。其中，在合作社基地承包的农户，每

人每年收入约 10 万元，高的 15 万元，例如朱远贵，原来是有名的贫困户，现在年收入 10 万元以上。为了从采购端体现优质优价，促使果农生产优质果，2016 年他帮助合作社引入上海好果多公司，合作打造“肚子美”脐橙品牌，脐橙优质果比例增加，收购价格普遍提高了 0.5~1 元 / 千克。

引品种、教技术，贫困乡村因柑橘而脱贫

云南武定县的技术扶贫地点在东坡傣族乡，该乡地处金沙江边，山高谷深、干热少雨，贫困户集中连片。但当地年日照高达 2200~2800 小时，积温高、昼夜温差大，柑橘 3 月初开花，成熟期比内地早 1 个月左右，具有生产优质早熟柑橘的独特气候资源，然而当地几乎无柑橘。2016 年，彭良志决定帮助东坡乡发展柑橘生产，牵线引入渝东和奔象两家公司新建柑橘试验示范基地，并引入他团队培育的早熟金秋砂糖橘等新品种，在选址、建园、栽培技术等方面提供全程技术指导，每年现场技术服务 3~4 次、微信等指导 30 次以上。2017 年年底定植 1200 亩，2019 年少量挂果试产，9 月下旬成熟，品质优良；2020 年预计亩产 1.5 吨，亩产值 1.5 万元以上。目前柑橘基地已投资 3000 多万元，大部分是给当地农户的土地租金和劳务费，基地常年雇用 44 名农户，户均年收入 40000 元以上，其中，带动建档立卡贫困户 32 户 144 人；另外，还雇用临工约 50 人，人均年收入 12000 元以上。东坡柑橘基地的初步成功给当地政府很大鼓舞，武定县已决定将金沙江干热河谷乡镇的早熟优质柑橘作为重要产业给予支持。

在四川雷波县的技术扶贫始于 2019 年，彭良志和四川省农业科学院园艺研究所何建研究员、泸州市农业农村局陈伟研究员一起组成扶贫小组，开展的工作主要有 3 个方面：一是技术培训和现场指导，已办 7 场培训、现场指导 50 余次、微信和电话咨询 120 余次；二是提供 18 个柑橘新品种在雷波开展区试；三是对老脐橙园示范“密改稀”，解决空膛枯枝、产量和品质下降问题；另外，为雷波县大火地脐橙合作社 3000 余亩新建脐橙园提供全程栽培技术指导。

■ 彭良志在重庆奉节县白帝镇开展田间技术培训

■ 彭良志在云南武定县东坡柑橘基地开展技术指导

扶贫感言

农村很需要实用技术。目前基层农业技术的话语权主要被农资推广人员掌控，出于商业目的，常误导果农多用肥多用药，需加强对果农的专业知识和技术培训。技术扶贫需要专家有过硬技术、丰富实践经验，推广的技术实用性要强，要简便、省力、易操作，要因园施技、因时施技、因人施技，效果要明显，在田间能看出差异。讲给农民听还得做给农民看。“说一千道一万，不如做出来看看”。现在讲课的专家多，有些观点和说法还很不一致，还似乎都有道理，老百姓被搞得一头雾水。推广技术需要理论联系实际，做出示范或样板给农民看，只会理论空谈的“学院派”行不通。

科技帮助果农贫困户插上脱贫的翅膀

——记国家苹果产业技术体系岗位科学家　孙广宇

孙广宇，1963年7月生，西北农林科技大学，教授。长期从事苹果重大病害发生原因及防治技术研究与推广应用。在国家级贫困县陕西省旬邑县等开展了大量科技扶贫工作，将科研成果转变为实用技术，借助科技的力量帮助果农脱贫致富成效显著。

按照苹果产业技术体系及陕西省科技厅安排，孙广宇教授作为“三区人才”分别在陕西旬邑县、洛川县和河南省灵宝市开展科技扶贫工作。针对影响果农贫困户收入的重大病害苹果树腐烂病和早期落叶病问题，孙广宇教授认为依靠科技的力量让果农种好苹果、尽可能提高种苹果的收入、减少种植成本，特别是尽可能减少因为病虫害造成的巨大损失，是帮助果农贫困户脱贫致富的根本。

发挥技术优势，研究简单方便的实用技术服务果农

苹果在种植过程中，面临多种病虫害的威胁，其中苹果树腐烂病是我国苹果种植的头号大敌，造成树皮坏死溃疡、整树枯死，甚至毁园。每年造成数以十亿元计的经济损失，严重制约了我国苹果生产和果农收入，果农称其为苹果树“癌症”。为了对付腐烂病，人们想尽了各种办法，除了化学农药之外，还使用外科手术法、桥接法、人工树皮法、涂泥法、堆土法、臭氧处理法、生物防治法、贴膏药法、中草药疗法等方法，但仍不能有效控制腐烂病的发生与蔓延。孙广宇教授团队通过多年的探索，发现我国苹果产区多年腐烂病持续暴发的根本原因为树体钾含量过低、氮钾比过高造成的营养失衡。根据这些研究成果，孙广宇教授研发了“平衡树体营养控制苹果树腐烂病”新技术。该技术具有五大特点：营养防病、减肥减药、少用劳力、节省体力、提质增收。通过在一些生产果园试验示范，腐烂病发病率大幅度减少，从实践上验证了该技术的有效性。

科技助力让果农贫困户插上了脱贫的翅膀

在陕西省旬邑县，孙广宇教授借助果农合作社的组织力，与旬邑县宏旺苹果专业合作社合作指导了12个贫困户，近3年先后对果农进行课堂培训和果园现场培训11次，有效控制了苹果树腐烂病的

发生，2020 年春季旬邑县许多果园腐烂病高发，一些果园的病株率达到 60%，他们指导的腐烂病发生很低，普遍低于 1%。当年秋季早期落叶病普遍严重发生，而示范户的保叶率在 98% 以上。

■ 孙广宇在陕西旬邑县指导果农

在河南灵宝寺河乡姚院村，孙广宇教授团队进行了多年的技术示范与培训工作。在乡政府、村支部及全国劳模刘天送的协助下，他们选择了 37 个示范户，其中包括 2 个贫困户。不仅给果农进行集中和现场培训，每年还为果农进行免费果园土壤和叶营养分析、提供营养分析诊断报告，给每户提出个性化果园施肥建议。4 年下来，辛勤的耕作终于获得丰硕的成果，30 多个果农 2800 多亩苹果树腐烂病得到了根本性控制：整体发病率由 2016 年的 66.3% 降到 2020 年的 0.2%，果农氮肥使用量减少 60% 以上，减支增收 700 元 / 亩以上。贫困户张某文因听力障碍，缺乏病虫害防治知识，果园病虫害年年发生严重。在 2016 年年初次调查时，其 5.6 亩果园的腐烂病病株率高达 97%，一年下来几乎没有什么效益。在村支部的协助下他家通过采用孙广宇教授的营养防病技术，2017 年病株率下降为 31%，从 2018 年后到现在几乎再没有发生腐烂病，果园产量由 2016 年的每亩 500~600 千克提高到 1550 千克，果品质量也大幅度提高，果园年收入由 1.2 万元大幅提高到 5.7 万元，摆脱了贫困。从 2019 年开始，在乡政府的支持下，寺河乡 5.8 万亩果园开始全面推广应用孙广宇教授的防病增产增收技术。越来越多的果农，包括许多贫困户从张某文的经典案例中感受到了科学技术的力量，积极加入科技示范行列。

■ 孙广宇在河南灵宝姚院村与果农交流

扶贫感言

造成贫困的原因多种多样，理解精准扶贫就是应该根据造成贫困的原因采取相应的解决办法。对于产业扶贫，应该发挥专家的作用，通过解决产业中存在的重大生产问题提高农民收入。通过几年的工作，孙广宇教授深深感觉到科技扶贫，不仅可以解决存在的生产问题，而且可以持久解决果农贫困问题。授人以鱼不如授人以渔，这也是产业扶贫魅力所在！

苹果科技为藏、彝两区精准脱贫插上了腾飞的翅膀

——记国家苹果产业技术体系综合试验站站长　谢红江

谢红江，1973年9月生，四川省农业科学院园艺研究所，研究员。长期在西藏林芝市米林县、巴宜区和四川省凉山州盐源县、越西县等深度贫困县开展科技扶贫工作。

谢红江作为国家产业技术体系大家庭的一员，积极响应习近平总书记和党中央坚决打赢脱贫攻坚战的号召，长期工作在高原藏区、凉山彝区深度贫困县生产一线。立足生态抓特色，面向产业做文章，开展良种良法配套、理论与技术创新并重、扶贫与扶智结合的科技帮扶工作，把科研论文影响因子转化为带领民族地区果农增收的初心，为他们的精准脱贫贡献智慧和力量。

推广简约化高效技术，集成创新“藏果园+产业融合发展”扶贫模式

谢红江同志针对西藏米林县林巴村的生态气候特点，先后引进苹果“瑞阳”和“瑞雪”等6个新品种试点、示范，建成世界上海拔最高的千亩苹果矮砧集约标准化示范园，推广应用“宽行起垄+密植高纺+种草沃土+肥水布+小型农机农艺组合”为一体的苹果简约化高效技术，集成创新“藏果园+产业融合发展”扶贫模式，实现第二年果园亩产值超过2.5万元，果农人均年收入超4000元的目标。林巴村卓玛央金说：“苹果示范园务工200天，一天150元，可增加收入3万元，既学到了种植技术，又能增收致富，实现了脱贫奔康，心里无比的高兴。”

谢红江在西藏林芝市米林县羌纳乡林巴村开展扶贫工作

研制综合防控技术，挽回病树经济损失

在四川省凉山州盐源县，素有苹果树“癌症”之称的腐烂病发生十分严重，因病毁园挖树非常普遍，果农束手无策，已成为产业发展的最大瓶颈。针对此种严峻现状，以谢红江同志为首的体系专家迎难而上，从发病规律、药剂筛选及防治技术等方面进行攻关，研制出的综合防控技术使发病率 35% 以上降低到 9% 以下，重振了果农信心，毁园情况大幅度减少，直接为全县 10 多万果农挽回经济损失 1.5 亿元。

推广新技术，发展新模式，建立新机制

近 10 年来，谢红江同志带领团队成员在深度贫困县——盐源县坚持良种与良法配套，为贫困乡村提供“看得见、摸得着、见实效”的技术成果，极大促进了苹果产业的优化升级，优果率从 45% 提高到 65%，种植面积由原来的不足 20 万亩发展到如今的 43 万亩。面对贫中之贫、困中之困的全国 52 个未脱贫摘帽县之一的凉山州越西县，长期受地理环境及其他因素的制约，产业发展缓慢，谢红江研究员立足区域现状，充分发挥科技引领作用，研究破解产业发展“三无（无招、无门、无奈）”的困境，让“老三样”（马铃薯、玉米、荞麦）转为苹果等“新三样”。按照“新型主体推进、标准品牌创新、田间大学培训、一三产业融合”发展新模式，创立现代标准化州级脱贫奔康示范园区，通过核心园区引领示范，建立“岗位专家 + 试验站站长 + 贫困县”扶贫机制，不到两年时间让不足 1.5 万亩的苹果产业，发展到如今的近 10 万亩，栽植 20 个月的苹果，亩产达到 750 千克以上，让小小苹果成了越西的脱贫果、致富果和开心果，形成了以苹果等产业在稳定脱贫中挑起大梁的良好局面。

■ 谢红江在四川凉山州越西县开展扶贫工作

深化人才培养，扩大技术链辐射

深化人才队伍培养，先后依托苹果产业技术体系组织技术人员150多人（次）到山东、陕西、辽宁等苹果产区学习考察，举办各类培训班70多期，为贫困地区培训1.3万人次，发放科技图书资料等2万余份，培养了一大批“土专家”“田秀才”、致富带头人、新型职业农民和种植大户，增强了脱贫攻坚内生动力。还指导建立了以苹果为主的脱贫奔小康产业示范园8个，集中展示苹果新品种、新技术、新产品和新模式，形成了从核心基地、扩大到示范农户、辐射到千家万户的快捷技术服务链，和一批可复制、可推广、可应用的样板园，在打赢脱贫攻坚战和乡村振兴战略中发挥了很好的示范带动作用。

作为扶贫专家，谢红江研究员还借助国家对深度贫困地区的有关政策，加大了对苹果的宣传力度，按照“公共品牌+区域品牌”的双品牌战略，进一步打造了“离太阳最近·离城市最远”盐源苹果、“好果出深山·香甜带点酸”越西苹果、地球第三极“极地苹果”林芝苹果、“情歌故乡·红苹飘香”康定苹果等苹果品牌，极大提升了贫困区农产品市场竞争力，在农业增效、农民增收、农村增美中贡献了重要力量。

扶贫感言

不忘初心，不负韶华，为贫困地区的农民念好产业致富经，把自己的汗水和知识撒向高原藏区、彝区，把自己的论文作品写在苹果树的枝头，把自己的人品和口碑留在果农心间，是一件让人特别有成就感和自豪感的事情，也是人生中无比珍贵的财富。

倾情倾力　服务金溪蜜梨产业

——记国家梨产业技术体系综合试验站站长　周超华

周超华，1965年6月生，江西省农业科学院，研究员。参加工作35年来，一直从事果树专业试验示范工作，主持完成科技项目20多项，获得科技成果16项，荣获“全国优秀科技特派员”“江西省新世纪百千万人才”“江西省科协先进个人”“江西省农业厅优秀团干”“江西省农业科学院先进工作者”等荣誉称号10个。在原中央苏区江西省金溪县开展梨产业科技服务10多年，被誉为金溪蜜梨产业的贴心人。

找准技术问题　助力产业发展

江西省金溪县是原中央苏区县，是我国早熟梨优势产区，梨果成熟早，有利于抢占珠三角、长三角地区6—7月的水果市场，但由于春夏雨水多、夏秋高温干旱等不利因素，对梨树管理技术要求高。传统的梨的生产方式产量偏低、抗风力弱、梨果品质不均匀、不利于观光采摘。针对这些问题，在国家梨产业技术体系专家们的指导下，周超华研究员和团队成员们，运用国家梨产业技术体系“双臂顺行式棚架”科技成果，通过多年试验示范，摸索出适宜金溪县的棚架梨生产模式，并及时开展示范推广。较之传统生产方式，新的模式生产的梨果味更甜、肉更细、渣更少、梨果品质均匀，深受市场欢迎，同时方便采摘，观光效果好，大大增加了种植效益。在金溪县桃华果业有限公司示范的这种棚架梨栽培模式，生产出的梨果远近闻名，在2018年全国早熟梨鉴评中荣获一等奖。

梨小食心虫是梨果的重要害虫，由于在梨果内取食为害，防控难度大，以前采用喷洒化学农药的方法，既不利于绿色生产，防治效果也不理想。周超华研究员和团队成员们在金溪县连续开展了3年的试验研究，摸清了梨小食心虫的发生规律，集成出绿色防控梨小食心虫的方法，既绿色环保，防控效果又非常好，蛀果率由严重时的20%下降到2%以下，大幅减耗增效。

近10年来，国家梨产业技术体系南昌综合试验站在金溪县开展技术服务、技术培训300多次，服务对象超过20000人次，发放文字、图片技术资料10000多份，拍摄视频资料3部供巡回播放，示范推广了梨优良品种翠冠、翠玉、圆黄、晚秀，示范推广了梨轻简化栽培技术、新型棚架梨修剪技术及改建技术、梨树液体授粉技术、梨树病虫害综合防控技术、水肥一体化技术、疏果套袋技术、梨果贮藏技术等10多项实用技术。每推广一个新品种、一项新技术，他都要先在试验园内试验示范成功后，再向果农推广。国家梨产业技术体系首席科学家张绍铃教授和其他许多岗位科学家、试验站站长亲临金溪县现场技术指导。首席科学家张绍铃教授多次到金溪县现场讲解并示范梨树液体授粉技术、新的栽培模式，病虫草害防控研究室主任王国平教授示范了早期落叶防控技术，遗传改良研究室主任施泽彬研究员示范了梨新品种翠玉、晚翠，加工研究室主任王文辉研究员示范了翠冠梨贮藏技术，岗位科学家秦仲麒研究员及团队成员伍涛博士每年都要到金溪县开展棚架梨栽培技术服务。

与 2010 年相比，金溪县梨果品质、梨优质果比率较大幅度上升。棚架梨的栽培从无到有，示范的国家梨产业技术体系新成果“双臂顺行式棚架梨栽培技术”，进一步提高了单产和品质；示范的梨优良品种翠玉、园黄、晚秀等，梨品种结构得到优化；翠冠梨二次套袋技术的试验示范、翠冠梨一次套袋技术的改良，较好地改善了翠冠梨的外观品质；利用诱芯、迷向丝、赤眼蜂防控梨小食心虫技术的试验示范，大大降低了梨小食心虫的为害率，提高了梨果产量和品质；翠冠梨周年两次施肥技术的试验示范，节约了施肥量、成本，增加了效益；花芽嫁接技术的示范，对早期落叶、开秋花的梨树有好的补救作用，可显著提高经济效益。

亲自建园　倾囊相助

2014 年 1 月，为建好梨试验示范园，周超华研究员曾经连续吃、住在江西省农业科学院试验示范基地一个月，当时的基地条件十分简陋，1 月又是最冷的月份，他起早摸黑、冒着严寒、踏着泥泞的道路、住在没有自来水的简易房子里，与同事们一道建成了高标准梨试验示范园，试验示范了 9 种栽培模式、30 多个梨品种（系）。如今，一批批梨农前来参观、学习，他都毫无保留地教他们修剪、施肥、病虫害防控、棚架梨生产技术等。

■ 周超华在江西金溪县开展防控梨树早期落叶技术服务

让消费者吃上更多江西产的优质梨、让种植者获得更好的收益、让观光者在梨园流连忘返，是周超华研究员奋斗的目标。产业扶贫、科技创新、科技服务永远在路上，作为受全国表扬的优秀科技特派员、国家梨产业技术体系南昌综合试验站站长，他立志在新的起点上，秉持初心，牢记使命，立足岗位奉献，助力脱贫攻坚和乡村振兴，为早日把早熟梨这一江西省具有比较优势的产业做强、做大而不懈努力。

扶贫感言

蜜梨产业是金溪县农业支柱产业之一，通过技术培训与科技服务，在着力提高金溪蜜梨产业科技水平、梨农及相关人员科技素质等方面取得了较好的成效。在产业中发现技术问题，通过国家梨产业技术体系研发并及时将成果推广到金溪蜜梨产区，做到了研究的技术问题来源于扶贫产业，研究的成果服务于扶贫产业。“技术 + 示范园 + 公司 + 合作社 + 农户”的模式在实践中越来越见成效。一个县发展好一个产业，科技是重要的一个方面，与政府有关部门、金融机构等形成合力亦十分必要。

对于金溪蜜梨产业未来的发展，有如下打算：一是在实用技术、优良适栽品种上持续开展试验示范，推广新品种、新技术、新模式；二是加大力度建设好示范园，给梨农更多的感性认识；三是在一二三产业融合方面，补齐梨果采后处理及营销短板，强化“金溪蜜梨”品牌建设，继续依托国家梨产业技术体系解决技术问题。

“三区三州”葡萄技术扶贫纪实

——记国家葡萄产业技术体系综合试验站站长　杨顺林

杨顺林，1973年1月生，云南省农业科学院热区生态农业研究所，研究员。主要扶贫区域为藏区，滇西边境区，“三区三州”的维西县、德钦县、芒康县、林芝市、曲水县。2016年以来按照国家精准扶贫战略要求，结合扶贫区域的现状特点，多次组织葡萄体系相关岗位科学家、试验站团队深入调研、技术指导服务和培训，突出葡萄产业精准扶贫的技术作用，得到当地政府、相关部门、企业、种植大户的认可和肯定。

重点开展调研会商、技术指导服务

2019年以来，杨顺林组织国家葡萄产业技术体系相关岗位科学家、试验站站长及团队成员30人次共3次深入“三区三州”典型县（云南省维西县、德钦县，西藏自治区芒康县、林芝市、曲水县）进行葡萄产业现状调研，与政府、企业、种植大户座谈交流，提供实地技术指导服务，开展现场技术培训。尤其是针对产区加工企业在酿酒品种选择、栽培技术、病虫害防治、加工环节、市场分析等方面存在的问题，

■ 杨顺林在西藏林芝市八一镇基地开展葡萄栽培技术指导

■ 杨顺林在云南维西县塔城镇哈达酒庄基地开展葡萄栽培技术指导

提供了大量的技术支持和帮助，共同助力扶贫，深得产区的认可和肯定，取得了较好的扶贫成效。

引进先进的种植技术，增加产能

2016 年以来元谋综合试验站为云南藏区德钦县奔子栏镇居加村委会 23 户移民搬迁户规划帮扶种植 23 亩该区域第一个鲜食葡萄阳光玫瑰基地，从种苗、栽培技术、肥水管理、病虫害防治等方面给予全程的技术扶贫。同时，邀请法国蒙彼利埃国家高等农业大学葡萄与葡萄酒高等研究所 Alain Deloire 教授、体系相关岗位科学家、试验站站长多次实地进行技术指导服务。采用标准化省力化栽培技术亩种植 84 株，水平“T”形棚架，2017 年挂果，亩均收入 4000~6000 元；2018 年以来，每亩平均产量 1.2~1.5 吨，平均销售价格 30 元 / 千克，每亩经济效益达到 2 万 ~3 万元，收入可观，起到很好的藏区科技扶贫示范带动作用，深受藏区藏民的欢迎和钦佩。每年技术指导和培训 2~3 次，电话咨询无数，建立了村技术微信群，方便技术咨询和解答，切实解决生产中的问题。

扶贫感言

作为一位农业科技工作者，一是要深刻领悟国家产业扶贫战略和精神要求；二是要不忘初心、牢记使命，充分认识自己的岗位职责，发挥技术力量，深入贫困地区，把实用技术应用到需要的地方，真正发挥产业扶贫的作用，把论文写在产业扶贫的大地上；三是作为区域试验站更应该把体系优良品种、先进技术、试验示范效果如何与当地的产业需求紧密结合起来；四是进入国家体系，感触颇深，体系技术全面，团结协作，互相包容理解支持，尤其在每个产区出现紧急任务或困难的时候，大家无私地奉献和全力支援，值得每位体系人骄傲和自豪；五是在云南边远山区和深度贫困区域，产业扶贫艰辛和不易，但有一种快乐支撑着，相信付出总会得到回报，工作让人健康幸福！

扎根在桃园　奋斗在一线

——记国家桃产业技术体系岗位科学家　彭福田

彭福田，1969年8月生，山东农业大学，教授。2013年参加中组部选派的博士服务团，赴新疆挂职伊犁州林业局副局长，发挥专业优势为新疆民族地区产业振兴贡献了自己的力量，挂职期满考核为优秀等级，被伊犁州政府授予服务伊犁突出贡献奖。与体系专家、站长一起为湖北来凤县、重庆城口区等地指导产业发展。

深入一线，传授新型修剪技巧

2020年元旦，正值山东最冷的时候，山东农业大学教授彭福田没有待在家里享受假期，而是驱车到90千米之外的山东金葵桃树种植基地，向果农讲授高“Y”树形、袋控缓释肥、自然生草培肥地力等新技术。他说：“以前大家往往把桃树修剪成自然开心型或主干型，这两种方式修剪后的树形看上去‘太胖’，不利于通风采光，不利于机械化。”经过长时间摸索，桃体系专家们琢磨出了省工省力的桃树修剪新方式。在雪后的果园里，他现场向乡亲们示范高“Y”树形新招式：在距离地面50~70厘米的树干上，找到同时长出两个主枝的一个开口位置；把此处往上的树干都剪去，留下的两个主枝通过牵拉使夹角达到40°~50° 的距离，且在主枝上是其粗度一半及以上的侧枝都要剪去……乡亲们说，彭老师传授的新剪法很实用；主、侧枝从属关系明确，解决了平常不知如何修剪的问题。

“一杯泡茶”解决了肥料利用率低的问题

拜访彭教授时，他向记者讲了一个故事：“从一袋泡茶中得到灵感，地下‘袋控’最终诞生”。一直以来，化肥利用率低，让彭福田深感忧心。有一天，彭福田像往常一样在水杯里放上袋泡茶后，突然发现水的颜色会逐渐加深。他猛然想到：能不能把肥料包起来，放在果树周围让养分慢慢释放？这个“苹果砸脑袋式”的想法让彭福田不敢怠慢。“袋装肥说起来容易，但做起来需要考虑很多因素，比如果树根系在不同生长季节对营养的需求规律是什么样的？纸袋的容积、袋上微孔的数量及大小为多少时，才能实现肥料的释放与根系对营养需求同步？”沿着彭福田的思路，他和团队在10年时间里挑灯夜战，屡败屡战，攻坚克难。通过翔实的实验数据，他们最终验证了果树根系的向肥性，不同季节桃树、苹果树等对营养的需求规律，也选出了不同果树袋装肥外包装和里面“肥料芯”的好方案，这些研究结果发表在国际知名学术期刊《清洁生产》上，生产中应用该技术可以节约化肥近 50%，省工约 30%。

新型种植模式助力脱贫致富

听闻彭福田有一套独特的“桃园管理经”，山东金葵农业科技集团有限公司负责人王言文找上门：“我想投资建桃园，但不懂技术，彭老师能给予技术指导吗？”从耕地、桃树品种选择、种植到平日的修剪、施肥浇水等，彭福田毫无保留地把自己的“看家绝活”献出来，效果出乎意料。桃子的成熟期短、不适宜储藏，销售时间大都在十天左右，而令人吃惊的是，金葵农业却实现了从 5—11 月桃子的持续稳定供应。秘诀在于依托桃体系这个大平台，彭福田把体系筛选出的早、中、晚不同成熟期的桃树新品种在金葵基地合理搭配，实现了公司不同的鲜果供应期。“4 年前，我们镇里的农民基本以种植西瓜为主，收入不高。省里派第一书记来镇里后发现这边的土质适宜种植桃树，便请彭老师来指导建桃园。他推荐的瑞蟠 21 前年就进入丰产结果期，果子卖到了每斤七八元；去年桃果大丰收，价格便宜，这边果农家的桃子每斤卖到三元左右，比普通果子大概贵两元。”临沂沂南双堠镇农技站站长李先干对彭福田教授极为佩服。现在镇里桃树种植面积达 8000 余亩，一亩地至少净赚 1 万元。

■ 彭福田在山东蒙阴指导花期管理技术

如今在泰安，在潍坊，在临沂……在众多规模化桃树种植基地上，都用上了彭老师传授的桃树栽培管理全套技术。“希望能让桃树栽培管理新技术‘扎根’每一处果园，助力桃树产业新旧动能转换，让更多的果农在桃树种植中脱贫致富奔小康。”彭福田动情地说。

扶贫感言

时光飞逝，进入现代农业产业技术体系这个大家庭已十多年了，十多年来始终能不忘初心，面向产业技术需求，积极开展研发与成果示范推广工作，积极参加产业扶贫活动，生活紧张但充实，感慨颇多。

体系专家深入一线，发现产业问题，梳理技术需求，从中提炼出科学问题与技术问题，这样的科研更有针对性。十多年来，专家针对桃园土壤瘠薄保肥保水能力差的问题，研制了袋控缓释肥，针对果树个体大的特点，比颗粒包膜技术工艺简单，使用方便，尤其在山坡地，省工省力，以该产品为中心形成了山坡地果园省力化施肥技术，实现亩节本增效 300 元以上，目前已在全国主要桃产区推广应用。由于多年的定位试验，专家发现利用袋控缓释肥由于实现了养分稳定供应，延缓了根系衰老，最终形成密集型根系构型，从理论上这是理想的能实现肥水高效利用的构型，据此，提出了优化果树根系构型的新思路。在体系工作中实现了从实践到理论再到实践的科学的认识问题解决问题的过程。技术的创新为开展产业扶贫提供了强有力的支撑与保障。

壮大香蕉产业　让脱贫致富路更宽

——记国家香蕉产业技术体系综合试验站站长　邹　瑜

邹瑜，1965 年 8 月生，广西壮族自治区农业科学院生物研究所，二级研究员，享受国务院政府特殊津贴专家。邹站长带领团队在广西博白县、兴业县、那坡县、田东县、凌云县等地开展产业扶贫工作，团队 3 名成员连续被选聘为广西脱贫攻坚贫困县、村科技特派员。十多年来，由体系首席科学家牵头，组织体系专家长期坚持深入贫困地区生产一线开展产业扶贫，开创了广西香蕉产业从弱到强、生产从房前屋后零星态到规模化、销售从零散式到批量式的新局面，香蕉产业已成为当地农民增收致富的支柱产业，为贫困县脱贫摘帽做出了突出贡献。

选育特色粉蕉品种，助力脱贫致富

兴业县属桂东南丘陵区，大自然赋予其丘陵山地为主，河谷盆地相间分布的秀丽迷人风景，经济发展却非常落后，人们终年辛勤劳作，也仅得温饱。2010 年，香蕉产业技术体系南宁综合试验站在充分调研、分析、商讨的基础上，提出了保障青山绿水生态不被破坏的前提下发展香蕉产业的建议，得到了当地政府相关部门的支持。志愿回村创业发展的吴启军成立了种养合作社，但对发展项目仍然没有信心，邹瑜站长与种苗生产企业技术主管亲自带他考察多个粉蕉成熟基地，推心置腹深入探讨交流，并指导合作社采用邹站长亲自选育的金粉 1 号品种，率先建立起了 400 亩的粉蕉示范基地，实地指导应用水肥等配套栽培新技术，有效解决技术力量薄弱问题，连续几年实现了增产增收，产业得以迅速发展。现在，在南村村、六九村等村屯已发展种植粉蕉 5000 多亩，成为当地有名的“粉蕉大王”。南村村的村民梁文原来住在危房里，一贫如洗，自从加入了合作社，在香蕉种植场务工和分红，年收入 5 万 ~7 万元。他的脱贫之路是合作社脱贫致富的一个缩影。如今，合作社不但成为粉蕉产业发展的重要推动者，还是产业扶贫的排头兵，南村村粉蕉种植基地在 2019 年获得广西四星级现代特色农业核心示范区，也作为扶贫典型登上了《玉林日报》等多家媒体。该村建档立卡贫困户 165 户，548 人通过劳务用工、土地流转、利润分红等实现脱贫，2017 年已经实现整村脱贫。村民脸上洋溢着幸福的微笑：“多亏了香蕉产业技术体系的真帮实扶，是他们让我们旧貌换新颜。”南村村的粉蕉种植产业已经成为大平山镇乃至整个兴业县覆盖面最大的种植类扶贫产业。

■ 邹瑜在广西凌云县伶站乡石山区开展金粉 1 号香蕉扶贫种植指导

技术支持和技能培训，为粉蕉种植保驾护航

近年来，以南村村为核心区的粉蕉种植扶贫产业不断做大做强，不仅成为当地重要脱贫产业，而且带动玉林市内的博白县、福绵区，玉林市外的贵港、南宁、崇左等地粉蕉产业发展，形成大区域“特色产业圈”。看到南村村的发展变化，邻近的博白县菱角村也有群众有意向发展香蕉产业。香蕉产业技术体系围绕“发展生态农业、增加农民收入”这个思路，主动为他们提供规划、提供技术支撑、提供营销服务。指导建立专业合作社，建立示范基地，为了把该项工作落到实处，通过狠抓技术培训、试验示范、巡回指导、技术传帮等措施，确保技术措施落地，并多次邀请香蕉体系栽培、植物营养、植病以及保鲜等领域的岗位科学家及综合试验站到实地开展技术服务，全方位解决品种及栽培中的一系列技术问题，带领群众大力发展粉蕉产业。几年来在该村共举办培训班 12 期，培训 1010 人次，印发技术资料 2500 份，建立示范基地 500 亩、培养技术人员 5 名，村民科学种蕉意识和水平明显提高。博白县菱角村党支部书记廖清远高兴地说：“如今一提菱角村，人们脑海中浮现的不再是原来贫穷落后的村貌，取而代之的是有名的‘粉蕉村’，整齐排列的粉蕉林已成为一张绿色名片，群众的生活条件得到大大改善，幸福指数连年攀高。”家住在菱角村的储文德，50 多岁且身有残疾，属于低保贫困户，一家人靠仅有的几亩水稻艰难度日，2013 年前每亩收入 1000 元左右。种植粉蕉后，储文德家年收入近 4 万元，一家人喜笑颜开：“体系专家指导我们生产，粉蕉产量高、质量好，销量也很高。”群众对体系专家的帮助充满感激之情。

经过南宁综合试验站组织专家多年持之以恒的帮扶，广西滇桂黔石漠化地区香蕉产业实现了跨越发展，香蕉生产水平与产品市场影响力得到明显提升，帮助千千万万的农民摆脱了贫困。香蕉新品种覆盖

邹瑜在广西武鸣区锣圩镇开展香蕉寒冻害恢复生产技术指导

率达到90%，新技术普及率达到95%，产品抽检合格率达到100%，有4万多名农民靠种蕉脱贫致富。一幢幢“香蕉别墅”“香蕉楼”掩映在青山绿水旁，成为乡村中的亮丽风景。2018年8月，兴业县、博白县摘掉了贫困县的帽子，当地政府对国家香蕉产业技术体系南宁站为支撑兴业县发展粉蕉产业、帮助兴业提前脱贫做出的贡献给予充分肯定。

扶贫感言

无论脱贫攻坚，还是乡村振兴，产业是最重要的立足点，产业兴旺，乡亲们收入才能稳定增长。产业扶贫是增强贫困地区造血功能、帮助群众就地就业的重要保障和长远之计。立足特色农产品做大产业是当下产业脱贫的一大共识，但这并不代表着“撒下种子就能发芽”“生产了产品就可以致富”，不可控因素太多是农业的弱质性，而贫困地区农民的抗风险能力更加薄弱，产业扶贫难度仍然很大。进一步总结产业扶贫取得的经验教训，正视存在的问题和制约因素，充分发挥政府在规划引导、资源整合和示范推广等方面的作用，有针对性地做好补短板工作，提高农业抗风险能力。我们坚信，一定能取得决战决胜脱贫攻坚的最终胜利，携手走上共同富裕之路。

与藏区草业的一世情缘

——记国家牧草产业技术体系综合试验站站长　薛世明

薛世明，1964年5月生，云南省草地动物科学研究院，研究员。扶贫区域为“三区三州”之一的云南省迪庆藏族自治州所辖香格里拉、德钦、维西三县（市）。

薛世明与藏区的结缘始于1983年。那一年，他与一批热血有志的大学生响应国家号召赴藏工作。在藏区工作的13年里，得到了藏汉老前辈的谆谆教诲，他们吃苦耐劳、无私奉献的“老西藏精神”赋予了薛世明宝贵的精神财富，成了他工作的动力和事业发展的基础。在藏期间，薛世明踏遍了除墨脱县外的77个县，基层的工作实践使他对藏区农村工作的基础要素、农牧民的生产生活、民生问题有了深刻的认识。西藏的工作阅历成了他一生的宝贵财富。薛世明经常与同事说“我事业的成功是西藏赋予的，应该为藏区发展尽绵薄之力”，改变藏区农牧业生产方式，农牧民脱贫是他多年的牵挂。为此，他又以满腔的热情加入了中华人民共和国农业农村部现代农业产业技术体系“三区三州”科技扶贫的团队。

因地制宜筛选出最适牧草种植模式

香格里拉小中甸和平村，海拔3200米，饲草供给严重不足，草畜矛盾突出，冬春缺草成为制约当地牦牛业发展的瓶颈，“夏饱、秋肥、冬瘦、春死”的恶性循环成为牦牛养殖的循环模式，畜牧业生产效率低下。解决牦牛的“粮食”供给，既要牦牛吃饱又要牦牛吃好是提升牦牛养殖水平的基础。

为此，在国家牧草产业技术体系的帮助下，薛世明带领团队引入了30多个牧草品种和两个青贮玉米品种，开展了不同牧草混播试验、饲草加工及轮作模式的研究，筛选出了青引1号燕麦、安巴鸭茅、扁穗雀麦、三得利紫花苜蓿等适应性强、表现较好的牧草品种。燕麦的首次刈割和再次刈割均获得了较高的鲜草产量，平均为35539.3千克/公顷和17129.4千克/公顷，且总干草产量平均为16516.9千克/公顷；曲晨9号青贮玉米在当地鲜草产量可达47470千克/公顷；海法白三叶+红三叶+特高黑麦草+扁穗雀麦、三得利紫花苜蓿+红三叶+特高黑麦草+雅晴多年生黑麦草、海法白三叶+苕子+特高黑麦草+扁穗雀麦混播草地建设获得成功，牧草产量分别为65600千克/公顷、61970千克/公顷、63040

■ 薛世明在云南香格里拉小中甸天保雪山开展冬季牦牛饲草供给情况摸底工作

千克 / 公顷。薛世明站长还带领团队在小中甸首次实现了青贮玉米和紫花苜蓿种植，开展的青贮玉米、燕麦、紫花苜蓿裹包青贮有效地实现了冷季高山牧场的配送。

通过薛站长的示范引领，农牧民对种草养畜的认识得到提升，传统观念得到改变。农牧民们开始拿出好的农田种植牧草和青贮玉米，开展了青贮，调制储备青干草并购入了拖拉机、覆膜机、补播机、割

■ 薛世明在云南香格里拉小中甸开展牧草种植情况科普与汇报工作

草机、铡草机、裹包机等适于农户使用的实用小型农机具。一些先进的生产技术如冬季优良牧草、裹包青贮的异地配送及牲畜舔砖、驱虫、补饲养殖技术等得到了推广，牦牛的科学饲养得到了重视，使得当地犊牛的繁殖率升高，成畜的死亡率和掉膘损失减少，畜群周转加快。

拓宽思维，延伸产业链

在薛世明的影响下，农牧民改变了传统生产观念，立足绿色生态，有了做大做强产品市场的理念，品牌意识逐渐增强。农民罗体说道："我种草许多人不理解，我可以种草吃肉，可以用草换糌粑。"现在他建起了小型肉牛屠宰加工厂。小中甸降给村尼布通过种草养畜平均每年带动当地务工农民1200余人，养殖规模扩大到牦牛存栏500多头。小中甸哇迪农央牦牛养殖合作社不仅利用自有土地种植牧草，还向农户租用土地100多亩用于发展饲草生产。在发展牦牛养殖的同时，合作社还开办了奶制品加工厂，在饲草饲料得到保障的情况下对饲养牲畜进行了调整，增加了犏牛和奶牛的数量以获得更多的奶和酥油，提高了收益。为此，迪庆州电视台以《七里央机的一天》为题进行了专题报道。

薛世明在扶贫工作中积极寻求科研与牧民民生的切入点，围绕地方饲草生产和牦牛养殖亟待解决的瓶颈障碍设置研究方向与目标。他从思想认识、科学实践、生产示范等方面给予农牧民全新的思想理念和实践基础，使农牧民思想观念得以改变、生产技术得到应用、生产水平得到提高、生活水准步入小康。藏区的扶贫工作是科学研究的土壤，薛世明真正做到了"把论文写在大地上"。

扶贫感言

扶贫工作使薛世明重新认识了科技进步、科技示范对推动藏区社会经济发展的作用；认识到了农民的主观能动力，看到了新型农民的整体素质提升，他们的自我造血功能在提升和强化；深刻感受到新一代农民和企业家对民族事业发展的责任和担当。目前，国家脱贫攻坚的战役已取得了辉煌的成果。习近平总书记高瞻远瞩提出的"乡村振兴战略"指明了今后的工作方向。牦牛养殖是与藏族人民生活、文化等息息相关的传统产业，扶持牦牛产业发展是防控返贫、振兴乡村经济的重要举措。要认真贯彻落实党中央第七次西藏工作座谈会精神，为实现藏区与全国一道全面建成小康社会做出应有的贡献。不忘初心、牢记使命，奉献一生。

让牧草产业在脱贫攻坚中精准发力

——记国家牧草产业技术体系综合试验站站长　刘忠宽

刘忠宽，1971 年 6 月生，河北省农林科学院农业资源环境研究所，研究员。主要从事牧草栽培管理、草产品加工等领域研究。扶贫区域为河北省燕山—太行山连片特困区。带领团队开展大量调研，明确了燕山—太行山连片特困区贫困户贫困病灶，发挥牧草产业优势，“点穴”式精准发力，以技术指导提供科技支撑，以种、肥、药等提供物质支持，帮助阳原县、平山县、康保县、阜平县、张北县、崇礼县、顺平县等 7 个国家级和省级贫困县 600 余贫困户（建档立卡户）科学种植牧草、有效节约家畜饲喂成本，进而通过养殖脱贫致富。

心系燕山，播撒产业扶贫种子

把脉问诊。国家级贫困县的重点贫困村——河北省张家口市阳原县马圈堡乡榆林关村属于典型的十年九旱、靠天吃饭的小山村，全村 192 户就有 131 户建档立卡的贫困户，脱贫的任务就像一座大山一样压在人们的心头。为做到精准扶贫，刘忠宽站长带领团队成员开展了多次前期调研，最终确定了“种养结合”的产业扶贫思路，以水为突破，成立种植、养殖合作社，引进龙头企业，通过特色产业扶贫，实现稳定脱贫、精准脱贫。

种草养香猪铸就脱贫路。2016 年综合试验站自筹经费，向榆林关村免费提供了 30 头繁育母香猪和 2 台牧草打浆机，实现了示范贫困户户均 3 头繁育母香猪，同时制定了香猪饲草料生产模式，提供了牧草配套栽培管理、收获加工技术，优化了香猪日粮体系。出栏后的育肥香猪全部由阳原县榆林关养殖专业合作社收购，香猪肉每斤 40 元以上，户均年销售育肥香猪 13 头，每年实现纯收益 26000 余元，人均年纯收入达到 5800 余元。如 6 口之家的贫困户张东顺，之前靠种玉米、马铃薯等农作物维持生计，全家年收入仅 1 万元左右，通过发展食草香猪，现在每年出栏香猪 20 余头，年均纯收入达到 40000 余元，真正实现了不出村就致富的愿望。

林下种草养鸡搭起致富桥。有效利用阳原县马圈堡乡榆林关村大面积的杏树林，实施林下种草养鸡。2017 年综合试验站积极协助引入 3600 只北京油鸡，入社农户以土地入股，3600 只油鸡分发给 8 个贫困户示范饲养，合作社统一负责销售。每批油鸡饲养期 2~3 个月，一只鸡的纯利润 30 余元，一年出栏2批。通过发展林下种草养鸡，实现了贫困户年均纯收入13000余元。按照贫困户孙贵君的说法，“杏树林产杏扁，林下种草养鸡，鸡粪是玉米、黍子等农作物的肥料，这个项目一举多得，很适合我们的村情，有这样的好项目，我有信心一年就脱贫，两年能致富。”

情洒太行，点燃产业扶贫之火

■ 刘忠宽在河北张家口市阳原县榆林关村开展牧草栽培管理技术指导

■ 刘忠宽等在河北平山县桃林村指导苜蓿播种

精准施策。革命老区、国家级贫困县河北省石家庄市平山县王坡乡桃林村属于典型的靠天吃饭的小山村，全村250余户就有200余户建档立卡的贫困户，脱贫任务十分艰巨。为更好实现桃林村农民脱贫致富与绿色高效利用新开垦土地，刘忠宽站长带领团队成员经过多次调研，提出了种草养羊的产业扶贫模式，并得到当地政府与农民认可。

种草养羊夯实脱贫路。2020年3—4月，在确保疫情防控实施到位的基础上，刘忠宽站长带领团队成员多次到平山县桃林村苜蓿种植基地开展整地与春播技术指导，保障了苜蓿春播生产顺利开展；在苜蓿生长季，刘忠宽站长带领团队成员多次到现场开展苜蓿田间管理技术、收获加工技术指导，有效提升了苜蓿生产水平。在苜蓿产业支撑下桃林村新增肉羊存栏5000余只，有力支撑了肉羊产业发展，2020年桃林村肉羊产值有望达到600余万元，户均20000元左右，为太行山区农民脱贫致富夯实了产业基础。

扶贫感言

在产业扶贫工作中，通过深入细致调研，近距离“望闻问切”找准病灶，才能真正发挥产业优势，让科技有用武之地，就像为我们的牧草种子找到适合生长的土壤，找到贫困户脱贫道路上最合适的那块“土壤”，脱贫攻坚也就变简单了。但是，产业扶贫也是一项系统工程，除了找准产业项目、做好产业技术提升与产业提质增效外，不仅自身的专业技术素质要过硬，也要有过硬的政治思想觉悟和社会工作能力。脱贫攻坚，关键在人。发挥好人的主观能动性，协调、引导组织创新、资金筹措、市场开拓等方面形成合力，才能增强群众自身造血功能，为农户、为区域高质量稳定脱贫致富夯实基础，才能真正让产业技术在扶贫实践中精准发力、生根开花结果。

精准帮扶贫困地区中小规模生猪养殖户

——记国家生猪产业技术体系岗位科学家　包　军

包军，1961 年 10 月生，东北农业大学，教授。长期致力于家畜行为及福利领域研究，主要对口帮扶地区为广西壮族自治区那坡县。与此同时，包军团队成员还积极参与黑龙江省拜泉县和甘南县扶贫工作。

广西壮族自治区那坡县扶贫

疫情期间，包军教授团队坚持对广西壮族自治区那坡县进行生猪产业技术扶贫，在扶贫过程中，为了提高扶贫效率及精准性，团队成员深入基层了解实情并收集数据：那坡县 2020 年上半年全县生猪出栏肉猪 3.11 万头，肉类产量 2616.85 吨，全县生猪存栏 9.2 万头，能繁殖母猪存栏 0.71 万头，2020 年全县新建年出栏 200 头以上生猪养殖场 43 个，年出栏 200 头以上生猪养殖场累计达 81 个。在掌握了当地养殖数量及规模特点后，为提高扶贫效率及精准程度，团队采取了如下措施：①发放生猪饲养管理手册 260 本，为养殖户提供了生猪管理的学习工具；②深入生猪养殖集中村进行实地技术指导，帮助养殖户增设消毒池及建立联防联控机制，为其他中小规模养殖户提供样板，有效提高中小养殖户生猪生物安全管理水平；③深入 4 家中型生猪养殖场、2 家大型在建养殖场进行现场指导，对中型养殖企业进一步提高猪场生物安全及管理水平提供技术服务；④对全县生猪养殖场技术人员和养殖户进行技术培训，培训

■ 包军在广西那坡县开展生猪产业技术扶贫

内容为“母猪饲养管理及非洲猪瘟防控”；⑤建立微信交流平台，可随时随地为当地养殖户解决问题，起到很好的长效扶贫效果。

黑龙江省拜泉县和甘南县扶贫

自 2019 年起，包军教授团队全程支持拜泉县龙泉镇同乐村委员会开展带动农户脱贫工程。团队协同哈尔滨工业大学驻村扶贫团队采取“东农三花猪”产业扶贫模式，团队提供 100 头三花猪供农户养殖，并免费帮助拜泉县同乐村进行生猪饲养管理指导和生物安全监测、抗原抗体检测以及引进后备母猪相关饲养管理标准的制定等工作。至 2019 年年末为同乐村筛选出 50 头东农三花猪后备母猪，接到来自拜泉县同乐村村民的集体感谢信。2020 年，在同乐村帮建猪舍的基础上，培养了一大批专业素质过硬的饲养技术人员，为同乐村脱贫建立重要的产业基础保障。与此同时，还对拜泉县兴国乡 3 个村的农民和农技人员进行技术培训，促进当地生猪产业发展。

■ 包军在黑龙江甘南县开展科技扶贫项目调研对接工作

黑龙江省甘南县是东北农业大学重点帮扶区域，包军教授从学校层面派遣农业农村部其他体系例如大豆体系、玉米体系和蔬菜体系等专家联合进行帮扶，同时，派驻相关人员长期驻县、驻乡和驻村，以录制视频的形式对当地养殖企业和养殖户进行非洲猪瘟和母猪饲养管理技术方面的培训，参与学习的养殖人员超过 400 人次。团队在新冠和非瘟疫情期间，坚持为地方贫困县提供技术指导及培训工作，为贫困村脱贫提供科技支撑，扶贫工作从未停止，科技助力产业扶贫一直在路上。

扶贫感言

作为产业体系岗位科学家，首先要针对当地政府能够提供土地和扶贫资金条件的地区，需要积极招商引资大型养殖企业通过“公司 + 农户”的合作方式实现造血式扶贫；其次技术指导当地中型养殖企业，帮助扩大其规模并促进当地贫困人口就业；最后针对条件比较落后的地区，需要解决贫困地区农民的思想问题并适当提供部分猪只、饲料和疫苗等生产资料，选派经验丰富的技术人员进行管理，带动整村发展养殖并脱贫致富。产业扶贫需要更多的企业、政府和院校科研人员共同参与，并且采取长期扶持机制是彻底实现产业扶贫任务的重中之重。

肩负科学家使命　助力农牧民脱贫致富

——记国家奶牛产业技术体系岗位科学家　李建喜

李建喜，1971年10月生，中国农业科学院兰州畜牧与兽药研究所，研究员。农业农村部定点扶贫县科技服务团产业技术扶贫专家组成员，他以甘肃省临夏州临夏县和甘南州临潭县为中心，辐射周边贫困地区，带领团队发挥专业特长及技术优势，开展科技扶贫工作。

发挥专业特长　帮扶农民脱贫致富

甘肃省甘南藏族自治州临潭县属我国“三区三州”深度贫困县，自然资源匮乏，山大沟深，人均土地少，种植养殖技术落后，脱贫攻坚难度大，农民增收渠道单一。

同样从贫困农村走出来的李建喜，深知农民苦与乐，也了解农民的心理和需求。从2012年开始，他就积极参与所在单位的科技扶贫工作，先后在临潭县新城镇认领了13户贫困户，带领团队成员数十次奔波于临潭县新城镇，根据各家的致贫因素和劳动力情况，精准施策，想他们所想，急他们所急，就这样跟高原结了缘。尤其是2018年以来，他根据农业农村部科技扶贫工作要求及其作为科学家所肩负的责任与使命，发挥专业特长，和他的团队成员有针对性地在临潭县新城镇开展农牧结合带奶牛、肉牛、羊、蜜蜂养殖和中药材种植及相关疾病防治科技扶贫，先后开展奶牛疾病防治、羊寄生虫病防控、中药采摘等内容的集中培训4次，现场指导农民近20余次，提供中兽药、消毒剂、驱虫药等10000多份，改变了农户的养殖观念，降低了疾病发病率，明显增加了农民收入，13户贫困户全部脱贫摘帽，临潭县新城镇羊房村孙全生、张富银等人成为当地的致富能手。在李建喜的指导下，孙全生家的中药材发霉少了、收入多了，羊只规模由几十只增加到330多只；患有腰椎间盘突出的50多岁的张富银也在李建喜团队送去的技术的支持下，成功实现了脱贫摘帽，夫妇二人现养羊规模达120多只。这些致富能手不仅收入明显增加，而且掌握了科学的养殖与防病技术，用事实鼓舞了邻居脱贫致富的热情与积极性。

以科技服务为核心　助力临夏奶业发展

2018年，根据临夏县奶牛乳房炎对产业的严重影响，李建喜团队利用引进的奶牛乳房炎病原菌高通量检测技术和致病菌耐药性监测技术等，为临夏县奶牛养殖企业和养殖户免费提供检测，先后检测样品 10000 余份，有效解决了临夏县奶牛乳房炎主要致病病原不清导致滥用抗生素问题，提高了牧场奶牛乳房炎的治疗技术水平，降低因奶牛乳房炎发病产生的淘汰率。服务牧场（户）的临床型奶牛乳房炎发病率从平均 4.8% 降低到 2.74%，亚临床奶牛乳房炎从 18.29% 下降到 12.4%，每天产奶量提升 0.75 千克 / 头，每头泌乳牛每年新增收益约 600 元。2017—2019 年，李建喜为了将技术指导服务落实到每个养殖户，在国家奶牛产业技术体系和临夏县农业农村局的大力支持下，先后邀请体系内外专家就饲料营养、繁殖管理、疫病防控、犊牛培育等方面作了精准指导与广泛培训，明显提高了临夏县养殖一线人员的技术水平。在临夏，李建喜及其团队成员先后开展奶牛疾病预防和生产管理等方面的咨询和技术服务 100 余次，现场指导 60 余次，为全县处理养殖户和牛场应急病例 100 余起，挽回经济损失约 50 余万元。2019 年，李建喜团队积极筹建了甘肃省首个奶牛 DHI 测定中心，无偿为临夏县丰源奶牛场和瑞园牛场等开展 DHI 检测服务，将位于临夏的燎原乳业和庄园乳业相关牧场纳入为长期检测对象，为奶牛饲养管理、繁殖管理和育种管理工作的改进把方向，用科技服务提升临夏乳企的市场竞争能力和助力临夏奶业发展。

探索扶贫新模式　助力企业发挥脱贫攻坚优势

“李老师又来给我们指导了，待多久？”“李老师，上次帮我们解决了犊牛腹泻问题，还没感谢您，这次来多待几天再走！”这是临夏县北源乡丰源奶牛场朱建平场长的家常话。李建喜深知没有调研就没有发言权，为了制定完善的产业发展规划，李建喜经常在临夏深入基层和养殖企业，开展调研，与养殖

■ 李建喜在甘肃临潭县新城镇羊房村孙全生家指导中药当归收贮

■ 李建喜在甘肃临夏县举办奶牛养殖科技扶贫培训

户们面对面交流，详细了解饲养和疫病防控情况；前往企业，从奶牛的饲养、疫病防控、饲料收割与加工等方面精准把脉，察看环保设施、粪污处理和资源利用等情况……他带领团队通过调研和收集到的第一手资料，完善了临夏县的奶牛疾病防控体系，围绕奶牛产业发展多次通过企业向当地政府建言献策，以“小手拉大手，企业带农户”的思路指导临夏丰源奶牛场通过奶牛养殖带动周边农民脱贫致富。周边的农民说：“我们在养殖场就业的多了，种植的饲草料再也不怕没有人收了，家里的孩子和老人也能像城里人一样喝上优质牛奶了。”

扶贫感言

帮助农牧民脱贫致富，是他这个科技人员、农民儿子应尽的本分与义务，面向农业经济主战场、面向群众、消除贫困也是体系人的初心使命与责任。科技扶贫道路上，只要精诚所至、金石为开，就没有攻不下来的难关，关键要找准着力点。扶贫过程中，要有所为有所不为，找准农民需求和自己的定位，积极探索创新，培养脱贫致富能手，扶持优势企业，发挥他们带动脱贫致富的积极性。科技扶贫方面，一个人的力量是有限的，团队的智慧是无穷的，要发挥好团队优势，科学设计，把科研任务与农业扶贫结合起来，也只有这样才能够将论文写在大地上、成果送入百姓家。科技扶贫工作“永远在路上”，在这条路上需要牢守初心，肩负使命，薪火相传。

科技助力壤塘布康木达村脱贫

——记国家肉牛牦牛产业技术体系综合试验站站长　罗晓林

罗晓林，1964 年 10 月生，四川省草原科学研究院，研究员。2018 年担任四川省委组织部深度贫困县“科技万里行”第 34 团首席专家，主要扶贫县包括壤塘、色达、白玉、康定 4 个县。2018 年以来主持省科技厅科技扶贫产业类项目“川西北牧区牦牛高效养殖”项目，投入经费 446 万元，带动壤塘县布康木达村 62 户牧民脱贫。

精确定位产业现状　以科技促脱贫

罗晓林重点扶贫点位于壤塘县中壤塘镇布康木达村。壤塘县为国家重点扶贫县，四川省十大牧区县之一。牦牛产业为特色优势产业，牦牛养殖为当地农牧民收入的重要来源。受地理、环境、文化等因素的影响农牧民群众的文化素质低，牦牛养殖技术落后，养殖观念保守，饲养管理极其粗放，牧业基础设施及科技服务平台条件等产业基础薄弱。2018 年 3 月，罗晓林同志深入布康牧达村对 62 户贫困户进行了详细调查，了解家庭社会经济状况、致贫原因，为项目的开展提供了第一手资料。确定了优良奶犏牛引进、优良种公牛引进、饲草基地建设为项目主要内容。

新技术、新手段　转变思路谋发展

罗晓林同志在牦牛产业领域工作 30 余年，深知牦牛产业发展难。为解决壤塘县牦牛产业问题，快速提升当地牦牛产业水平，团队从牦牛本品种杂交、优质犏牛示范、饲草基地建设、设施设备改造、互访式培训入手，促进当地牦牛产业转型升级。团队从青海省玉树州引进野血牦牛种用公牛（2~3 岁）28 头，与本地牦牛杂交后代具有耐粗饲、生长快的特点，可以有效改善当地牦牛的近交退化问题。引种野血牦牛适应性良好，深受牧民喜爱。优质犏牛生产已经在川西高原广泛推广应用，取得了显著的经济、社会、生态效益，壤塘县受文化、技术限制，还未开展优质犏牛生产，为转变牧民思想，罗晓林同志号召建立以贫困户为主体、村集体参与的合作社。在合作社中进行优质犏牛生产技术示范。团队购置了62头适龄母犏牛（含荷犏和荷黄犏）、4头适配西黄公牛，在合作社带领下集中饲养，统一配备了营养舔砖、饲料、兽药等，保证犏牛良好的饲养管理条件。为进一步改善当地牦牛的饲草料供给条件，促进牦牛生长发育，提前出栏，团队引导建立了第一个饲草料配送和生产基地。2018—2020年，在红原县瓦切镇建立300亩异地饲草配送基地1个，通过标准化、机械化作业，生产优质饲草料50吨专供布康木达村牦牛养殖合作社，满足了引种牛只冬春补饲期的饲草需求。结合当地土地资源现状，在当地划拨村集体公用土地80亩，通过集中采购优良燕麦种子、复合肥、网围栏等生产物资，指导开展燕麦饲草生产，基本满足了贫困户牦牛越冬补饲需求。饲草料的“异地配送＋本地生产”相结合，有效改善了当地牦牛越冬饲草料缺乏的现状，转变了农牧民靠天养畜的传统思想。此外，团队为当地设计改造暖棚11户，为贫困户领养的犏母牛及其自有牛群提供了重要的越冬保障条件。牦牛产业的发展离不开牧民的思想转变，思想转变不能一蹴而就，也不是纸上谈兵，团队通过组织室内教学、田间技术指导、与种养示范户互访等多种形式，开展饲草生产和牦牛犏牛养殖先进适用技术培训。组织牧民代表到红原县国家级牧草生产基地现场观摩学习3次，到红原县种草大户、犏牛养殖示范户学习户营牧场饲草基地建设及犏牛养殖技术3次，共计培训农牧民100余人次，发放藏汉双语技术手册100余册。互访学习技术直观、易懂、深刻，解决了讲授形式中牧民群众对理论及语言不易理解、不能充分交流、过后不易巩固等问题。在互访活动中，牧民代表们表现出极大兴趣，并充分交流，培训效果显著。

领导关心与帮助　扶贫效果初显现

四川省科技厅刘东厅长多次带队，到壤塘县布康木达村一线检测指导工作，关心牦牛产业现状及发展，现场听取罗晓林同志的扶贫工作汇报，高度评价取得的成果和示范带动效应。同时，指示相关部门要保证扶贫项目经费落实，保证扶贫经费充足，做好经费的使用监督工作，确保每一分扶贫经费都用在刀刃上。三年来，通过红原综合试验站全体同仁、省草科院牧草团队、牧民养殖合作社共同能力实现养殖增产增收，产值增加188.71万元，62户牧民全部脱贫。为表达感谢之情，合作社负责人专程到四川省草原科学研究院向罗晓林团队赠送了锦旗。

四川布康木达村绿怡有机生态种植专业合作社负责人赠送锦旗

■ 罗晓林在四川壤塘县布康木达村汇报扶贫项目执行情况

扶贫感言

系统性改进产业现状。四川藏区由于交通、教育、观念等因素的影响，产业面临着系统性难题，体现在牦牛产业中可以理解为上游的饲草料生产艰难，牦牛本身退化，下游牛肉牛奶深加工体系不健全，需要上、中、下游联动，促进产业协同发展。思维转变是关键。自然条件严重限制了当地农牧民的思想转变，等靠要思想依然严重，教育落后技术人才缺乏更是令产业发展寸步难行。让技术带头人走出去，让农牧民到产业技术成熟的地区互访学习，加大农技人员培训力度，思想转变过来才能最终解决穷根，才能振兴乡村。

一片丹心在高原

——记国家肉牛牦牛产业技术体系岗位科学家　李家奎

李家奎，1967年11月生，华中农业大学，教授。主要扶贫区域为我国四省藏区，是中组部第五、第七、第八批援藏干部。多年来克服种种困难，奋斗在高原动物疫病防控的第一线，为藏区的畜牧业发展，人才培养和脱贫攻坚做出突出贡献，被评为第八批优秀援藏干部，2019年度“中国十大杰出兽医”等荣誉称号，因在“三区三州”脱贫攻坚中表现突出受到西藏自治区人民政府的嘉奖。

李家奎作为三届援藏干部，国家肉牛牦牛产业技术体系岗位专家，积极响应党和国家的脱贫攻坚号召，履行一个援藏干部的光荣使命，发挥专业特长和产业技术体系优势，积极投入藏区的脱贫攻坚工作，为西藏及其他省市藏区高原畜牧业发展做出贡献。

研发轻简化动物疫病防控技术和产品，保障高原畜牧业的健康发展

李家奎作为国家肉牛牦牛产业技术体系牦牛疾病防控专家，针对西藏牦牛仍然以传统的放牧为主，寄生虫病危害严重，现有牦牛驱虫药物剂型使用不方便，不利于牧民使用这一实际情况。他和体系其他专家和站长通力合作，研发成功依普菌素透皮涂擦剂，该药使用方便，且在牦牛奶中没有残留，使用时不需要休药期和弃奶，牧民十分喜爱。产品设计独立包装，体现了先进性、轻简性和实用性的有机统一。在进行农牧民培训和技术服务过程中，他总是随身携带该产品，免费为牧民发放，并进行使用示范。在体系西藏、青海、四川和甘肃的专家和站长的大力协助下，已在藏区累计无偿推广该产品8万余份。该驱虫透皮涂擦剂驱虫效果良好，提高了牦牛的生产性能，深受牧民欢迎。据初步统计，累计为牧民增收1000多万元，取得了较好的社会和经济效益。

技术支援那曲，为那曲牦牛产业发展保驾护航

那曲市是西藏牦牛主产区，自治区政府把发展牦牛产业作为带动牧民脱贫致富的主要抓手，下大

■ 李家奎在西藏那曲考察牦牛产业发展

力气发展牦牛产业。李家奎会同体系巴桑旺堆、索朗斯珠等专家和参木有站长及其他外体系专家，多次奔赴那曲开展牦牛产业发展状况调研，提出那曲牦牛产业发展的建议，从饲草料种植、加工、遗传选育、疫病防控等全产业链为牦牛发展问诊把脉。嘉黎娘娅牛是那曲市特有的地方品种，该牦牛具有15对肋骨，比一般的牦牛品种多一对肋骨，具有体格健壮、抗逆性强、生产性能高、肉质鲜美的特点。为打造娘娅牛这一品牌，他主动对接嘉黎县娘娅牛公司，不仅为该公司牦牛生产提供技术服务，及时快速给出疫病防治方案，也主动为打造娘娅牛这一品牌提供帮助，协助建造娘娅牛博物馆，帮助该公司制作了娘娅牛的骨骼标本，并与普通牦牛骨骼标本一同展出，增加娘娅牛多一对肋骨的品牌直观性和展示度，成为该博物馆最大的亮点，受到前往参观的各级领导的好评。

目前在他的建议下，该公司正在购买移动式数字X光机开展娘娅牛的定向选育，力争近几年育成遗传性状稳定的娘娅牛种群，使娘娅牛的产业发展再上一个新台阶。

技术培训和技术服务，解决牦牛疫病防治难题，培养藏区家畜疫病防控人才

■ 李家奎在西藏林芝开展牦牛疾病诊治

李家奎多年工作生活在藏区，克服高原缺氧、条件艰苦等不利条件，发挥体系专家的优势，为西藏畜牧生产保驾护航。为取得动物疫病诊断的第一手资料，他不顾路途遥远，不顾环境脏乱和蚊虫叮咬，深入牧场牧户家，亲自动手解决牦牛等家畜疫病防控技术难题，为农牧民增收致富，增进民族团结和国家的长治久安贡献力量。多年来，他现场开展家畜疾病诊治100多次，通过电话、微信等解决技术难题

400 多次，为企业解决生产问题 20 多次，大大减轻了疫病造成的损失。他也参加西藏各区县畜牧业产业发展规划 4 次，开展科普活动和技术人员培训 30 多次，培训农牧民和技术人员 2000 多人，提高了农牧民的科学养殖意识，提高了基层技术人员的技术能力。技术扶贫取得了明显的成效，农牧民动物疫病防控的意识增强，促进了西藏畜牧业的发展。

军地联合助力脱贫攻坚，为稳边固边做贡献

为帮助西藏驻军更好地开展扶贫工作，他应西藏军区某边防团的邀请，两次前往边境村——米林县里龙乡巴让村开展扶贫活动。传授牦牛科学饲养的知识，走进村民养殖圈舍实地察看，现场对生病牦牛进行诊治，发放依普菌素透皮涂擦剂等价值约 1 万余元的物资，并进行牛驱虫操作示范。村民索朗平措说：“畜牧专家李家奎教授解答了我们养殖牦牛中遇到的许多难题，希望以后多组织这样的讲座。”该活动被媒体广泛报道，引起了较好的社会反响。

扶贫感言

国家现代农业产业技术体系，是围绕农牧产业组建的技术力量雄厚的国家队，是既顶天又立地的完备技术体系。依托产业技术体系开展扶贫工作，能充分发挥体系国家队的技术优势，体系内外专家和站长能够及时响应产业技术需求，围绕全产业链为贫困地区产业发展提供全方位的精准服务，解决产业发展的关键问题，同时各产业协同互助，避免了单打独斗，成效欠佳的劣势，易于形成全方位促进产业发展的局面，以产业发展促进脱贫致富，为脱贫攻坚决战决胜提供强大的技术保证。

新疆墨玉："产学研用"相结合　催生扶贫新动能

——记国家肉羊产业技术体系综合试验站站长　郝　耿

郝耿，1978年7月生，新疆畜牧科学院畜牧研究所，副研究员，长期从事肉羊领域的技术研发、集成、示范与推广等工作，自2018年郝耿站长及其团队成员承担了新疆"三区三州"墨玉县和伽师县深度贫困县的扶贫任务，建立了科技扶贫基地一处，并形成了"合作社＋基地＋贫困户＋科技服务团"养羊扶贫模式。

做试点，成功探索农区庭院养羊适宜模式

针对墨玉县庭院养羊中存在产羔率低和提质增效难度大的情况，2017年，在自治区精准扶贫项目支持下，以墨玉县萨依巴格乡乌尊阿热勒村等4个村开展了庭院养羊高效生产适宜模式试点，引进多胎羊462只并发放给77户养殖户进行试养，通过多胎羊配套养殖技术推广，户均产羔率达到195%，羔羊繁殖成活率达到85%以上，户均羔羊数量翻倍，经济效益翻倍，老百姓看到实效后，贫困户参与多胎羊养殖积极性空前高涨，"多胎羊庭院适度规模养殖模式"在试点村得到迅速推广普及，多胎羊种源供不应求。

建基地，注重发挥科技示范引领典型作用

针对技术示范因优质种源供应不足导致科技引领作用不强的问题，郝耿团队在墨玉县萨依巴格乡指导建立存栏湖羊种羊1800只的多胎羊良种繁育基地，蹲点开展南疆农区多胎羊高效生产模式与技术配套集成示范研究，初步形成了集种羊繁育、饲料研发加工、技术集成与示范、科技培训、实验室检测、饲草种植于一体的相对较为完善的科研示范与实训基地，为助推打赢脱贫攻坚战及乡村振兴战略实施提供了有力抓手。该基地由国家肉羊产业技术体系技术团队负责运营，在有效解决当地贫困户就地就近购买多胎种羊难的同时，成为带动周边老百姓依靠多胎羊科学养殖实现增产增收增效的样板基地。中华人民共和国科学技术部、自治区以及有关厅局领导先后到基地指导视察并给予高度评价，墨玉县先后多次

组织召开现场推进会大力推广。

创模式，助推科技产业组合脱贫成效显著

在试点成功和建设良繁基地基础上，技术团队为更大范围发挥技术示范推广应用在当地产业扶贫上的带动作用，更大程度激发更多贫困户主动参与多胎羊养殖的内生动力，立足当地实际，探索建立了“公司 + 基地 + 贫困户 + 科研院所”托养模式和“养殖大户 + 贫困户 + 科技服务团”自养模式 2 种产业扶贫模式。托养模式主要针对无劳动能力贫困户或从事劳动力转移就业的贫困户，贫困户将羊托养到墨玉县碧邦羊业发展有限公司，企业每年按贫困户购羊总价值 10% 比例进行分红，3 年后将同等品质羊返还给贫困户；自养模式主要针对有意愿从事肉羊养殖的贫困户，鼓励发展多胎羊适度规模养殖，由多胎羊良种繁育基地科技服务团负责向贫困户提供产前、产中、产后服务，有效解决了贫困户养殖中缺技术、缺配方饲料、缺服务等方面的后顾之忧。截至目前，2 种产业扶贫模式带动 495 户贫困户投入多胎羊养殖，当年实现户均增收 1800~4000 元，解决贫困人口就业 33 人。

抓培训，提升当地群众依靠科技致富能力

为提高当地农民多胎羊庭院养殖科学水平，技术团队注重扶贫先扶智，编写了通俗易懂、图文并茂的口袋书、挂图、微视频等技术科普资料，通过微信群、抖音、QQ 等推送给项目区老百姓，带动了养殖观念更新普及；2017—2020 年先后赴和田地区和喀什地区 10 余个深度贫困县，采取专题授课和实地

■ 郝耿在新疆墨玉县实地指导示范羔羊料采食栏的组装

郝耿在新疆墨玉县开展庭院养羊高效生产适宜模式试点

指导方式，累计培训各类人员6000余人次，显著提高了各地技术人员的业务水平和服务能力，增强了农民学科学、用科学、引良种、繁良种的意识。

墨玉县依靠科技大力发展多胎羊产业，引进国家肉羊产业技术体系阿勒泰综合试验站技术团队，通过做试点、建基地、创模式、抓培训等多途径，依靠科技创新与技术进步，助推传统粗放型肉羊生产向现代高效型加速转变，助力产业脱贫攻坚成效显著。

通过团队的不断努力，他们在墨玉县做到了简单技术高效组装，实用技术重点示范，为当地的养羊企业和养殖户解决了养殖环节“最后一公里”的实际问题，目前，带动贫困户495户，户均增收1800~4000元，解决贫困人口就业33人，多胎羊产业已逐步发展成为墨玉县萨依巴格乡产业强镇重要支柱产业。

扶贫感言

产业扶贫是以市场为导向，以经济效益为中心，以产业发展为杠杆的扶贫开发过程，是促进贫困地区发展、增加贫困农户收入的有效途径，是扶贫开发的战略重点和主要任务。在扶贫过程中要重视每一个环节，“一村一产业，一户一措施”，要想贫困户所想，思贫困户所思，真正站在他们的角度去看问题。扶贫的结果是可喜的，这些成绩的取得得益于各级党委和政府的坚强领导，国家肉羊产业技术体系专家团队结对帮扶，更凝聚着国家肉羊产业技术体系人的智慧、汗水和力量。

小山羊有大作为　山区脱贫有支撑

——记国家肉羊产业技术体系综合试验站站长　邵庆勇

邵庆勇，1975年9月生，云南省畜牧兽医科学院，研究员。主要扶贫区域为云南省屏边苗族自治县、宁蒗彝族自治县、寻甸回族彝族自治县和龙陵县。小山羊有大作为，10余年来用科技支撑产业扶贫，用科技助力乡村振兴。

抓牢产业发展"牛鼻子"，创新研发获得新品种

云南是我国肉用山羊尤其是黑山羊的主产区，良种缺乏是制约云南肉用山羊产业发展的主要因素。邵庆勇同志从2001年开始，作为团队核心成员持续参与黑山羊新品种的培育工作，经过22年系统选育，在国家肉羊体系岗站专家的帮助和指导下，由云南省畜牧兽医科学院洪琼花院长主持培育的"云上黑山羊"于2019年4月通过国家审定，获得新品种证书。育成的"云上黑山羊"是我国第一个肉用黑山羊新品种，具有被毛全黑、长得快、生得多、产肉多、泌乳性能好、适应性强和耐粗饲等优良特性；周岁公羊、母羊体重分别达53千克和42千克，比地方品种黑山羊提高65.6%和44.8%；成年公、母羊体重分别达76千克和57千克，比地方品种黑山羊提高80.9%和54.9%；周岁公羊屠宰率达53%，比地方品种黑山羊提高5.9%；经产母羊产羔率236%，比本地黑山羊提高111%。利用"云上黑山羊"种公羊杂交改良云南本地品种母羊后杂交后代具有良好的适应性，杂一代周岁公、母羊体重可达45千克和40千克，比本地品种公、母羊周岁体重提高30%和27%，出栏一只杂交羊可多增收500元以上。试验站所在团队采用边培育边中试的方式，良种先行，10年来辐射带动8个示范县开展黑山羊高质量养殖，助力11269人脱贫。"云上黑山羊"已推广应用到云南省内82个县和我国16个省（市），成为南方山区半山区建档立卡户的"脱贫羊"、生产经营者的"发财羊"。

以技术培训为支撑，教会贫困户科学养羊

通过广泛调研，针对云南山区农户养羊普遍存在的8个低效方式，提出改老式羊舍为高床补饲羊舍，改大群养殖为小群精细化饲养，改乱交滥配为有计划的经济杂交，改不种草为全株玉米青贮、种草养羊相配套，改靠天养羊为适时补草补料，改养大龄羯羊出栏为青年羊育肥适时出栏，改有病靠治为

■ 邵庆勇在云南昆明市东川区开展技术培训

■ 邵庆勇带领云南屏边县贫困户参观养殖场

以防为主，改放牧散养为半舍饲半放牧适度规模养殖，编写《云南农村肉羊养殖“八改”技术》，制作《提高云南农村养羊效益的主要措施》光盘，主讲“战疫情、促养殖、保供给”《养好云上黑山羊　确保肉羊养殖增产增收》畜牧科技线上短视频，采用通俗易懂的实例，在贫困县开展培训 109 次，培训农技人员和农民 10283 人次，教会贫困户科学养羊。

以肉羊养殖综合配套技术集成应用为抓手，示范带动促脱贫

云南地形地貌复杂，山地丘陵占全省面积的 94%，95% 的草都分布在山区，使山羊养殖成为很多山区农户普遍从事的养殖项目。昆明综合试验站采用“科研院所 + 示范县 + 示范基地 + 农户”的方式，在体系产业技术研发中心和岗位专家的技术支撑下，集成示范设施设备、饲草饲料、杂交改良、羔羊培育、饲养管理、疫病防治等 20 余项产业提质增效实用技术，正形成基于家庭劳动力、适度规模羊舍、放牧林（草）地、“青贮玉米 + 刈割牧草种植”等要素综合的种养结合适度规模家庭牧场肉羊养殖模式。在龙陵县形成了“1345”养羊助力脱贫攻坚模式（一个示范户建设 1 栋 100 平方米的标准化羊舍，养 30 只能繁母羊，年出栏商品羊 40 只，年收入 5 万元以上），带动碧寨乡天宁村、坡头村、杨梅田村、碧寨村 459 户贫困户实现脱贫。在寻甸示范县构建了“2611”家庭牧场肉羊全舍饲高效安全养殖模式（两保障六支撑一高效一安全），该模式在七星镇陈云桥家庭牧场集成示范后，2019 年净利润达 36 万元，比 2018 年增收 17 万元，提高 89%，并带动家庭牧场 56 户，其中建档立卡户 23 户。

扶贫感言

产业扶贫应综合布局和提升设施设备、品种、饲草饲料、饲养管理、疫病防控每一个环节，才能使老百姓增产、增收、增效、稳效益，才能增加内生发展动力，做到产业扶贫的可持续性。作为一名生于农村、学在农大、服务于农业的科技人员，要以“把成果留在百姓家、把论文写在大地上”为宗旨，用科技改变养殖、用科技带动发展、用科技助力脱贫攻坚和稳定脱贫成果。

做个好兽医　永远在路上

——记国家绒毛用羊产业技术体系岗位科学家　马利青

马利青，1967年3月生，青海省畜牧兽医科学院，研究员。“三区三州”科技扶贫青海省海北州刚察县，青海省海南藏族自治州共和县；2020年农业农村部52个挂牌督战县之一贵州省赫章县。

真的有用什么药都治不好的羔羊病?

记得产羔期间，刚察县泉吉乡的牧户反映羔羊疾病频繁发生，造成部分牧户“丰产而不丰收”，求助有关部门协助诊断和治疗。

为此马利青前往该地，与当地牧民进行了现场交流，对牧民提出的羔羊四肢关节处脓肿、羔羊拉白痢和黄痢、羔羊吃毛、羔羊抽风等临床病例一一进行了解答。就当地牧民反映的羔羊奶样稀，用什么药都治不好等问题，马利青耐心地讲解，现场剖检了4只病死的新生羔羊，在其胃中均发现未消化的奶疙瘩；随后前往羊群察看发病羊只，在现场进行治疗示范，经过3天的消维康、畜痢灵灌服，很快控制了被当地牧民反映的用什么药都治不好的羔羊疾病，受到了当地牧民的好评。

马利青在产羔季节为牧民赠送兽药

准确地诊断动物疫病，才能消除养殖户的疑惑

2019年8月27日，青海省湖东种羊场新羊舍发生了羊只死亡事件，经询问发病羊只在棘豆草生长的草地进行放牧，羊群200只，已死亡92只，剖检羊只5只，临床症状为全身表面大量出血斑点，肺脏尖叶出血、淤血，心包脂肪出血，心耳冠状沟出血，肠梗阻，膘情太差，采集血样及脏器带回进行进一步检验，根据临床症状和实验室检测结果认为本次死亡事件为有毒杂草棘豆草中毒。

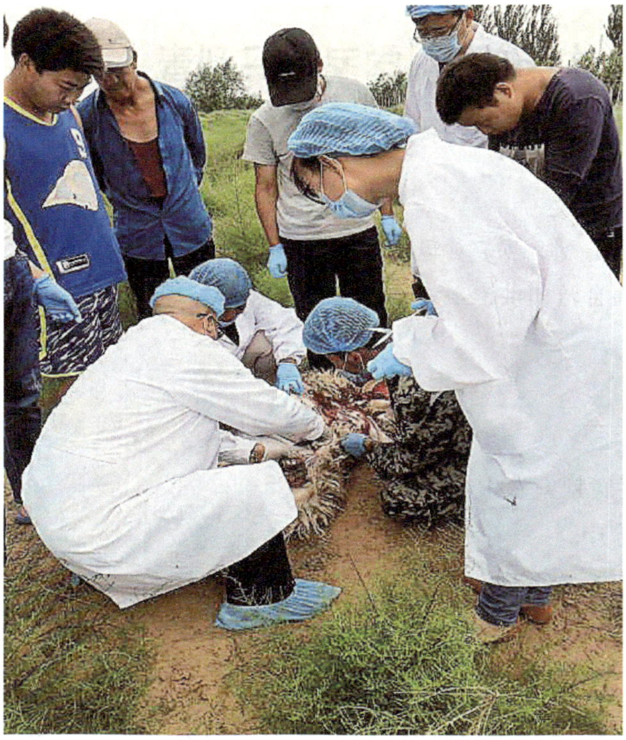

■ 马利青在青海湖东种羊场剖解病死羊只

当马利青去现场时发现养殖户跟羊场管理人员处于极度对峙状态，养殖户认为是草场出了问题，羊场管理人员认为是养殖户出了问题。

通过准确的诊断，排除了各自的疑惑，为构建和谐牧场，和平解决了矛盾。

永远不能放松，加强饲养管理

2019年8月19日，有三户三群羊从夏季牧场途经八宝镇冰沟村养路段沿线返回冬季牧场，未发现死亡羊只。20日有三户三群羊只返回，途经八宝镇冰沟村养路段沿线的一工地，有搅拌机存放，但工地已于一个月前停工，又因下雨等原因，在搅拌机附近有水积存。牧民发现羊只经过此处，喜欢喝积存坑洼中的水，经过30分钟后，羊群沿途陆续出现死亡。并且死亡速度快，三群羊死亡215只。

在祁连县农牧局局长江宁和任站长的陪同下，采集了该工地坑洼中的水200毫升，购买其他地方羊只，灌服该水样，灌服30分钟后羊只出现后肢摇摆、腹部鼓胀、目光呆滞等症状，未出现神经症状，40分钟时死亡，与牧民描述症状、死亡时间等基本一致。

马利青到达现场的时候，当地公安部门已经将现场进行了封锁，兽医部门及工作人员已经对公路两边的死亡羊只进行消毒剂喷洒，发病地点刚好在国道两边，很多行驶的车辆放慢速度，带着疑惑的目光在想到底怎么样了，为何死亡这么多的羊？后经过实验室检测，找到了病因，给当地政府部门、畜牧兽医专业部门、死亡羊只的户主，以及施工方交了一份答卷。在地方政府部门的协调下，很快达成了由施工企业赔付死亡羊只的协议，并付诸实施。

从事件来看，在施工工地没有完全拆除前，严禁牛羊前往施工工地放牧，加强饲养管理，永远不能放松。

扶贫感言

走乡串户，马利青把最新的羊病防治技术和方法传播到各综合试验站、示范县和基地，完成新技术和新方法“最后一公里”的送达，马利青进行了多次的养羊实用技术现场实训、理论授课、现场操作等多种形式的培训，从彼此不认识，到认识，到熟悉；对羊病的认识也是从不认识，到认识，到熟悉，达到准确诊断。

从伊犁河畔的新疆细毛羊，到拜城种羊场的普拉多，再到张掖的高山细毛羊，到青海三角城的毛肉兼用细毛羊，东北的超细型毛羊，还有四川凉山、云南、贵州半细毛，更有辽宁、阿尔巴斯，南疆和西藏紫绒山羊，到处都留下了产业体系专家的脚印。通过多年的磨合，体系逐渐形成了一支强大的队伍和力量，来引导绒毛产业健康发展，愿体系人继续保持良好的状态，创造更多的奇迹。

北京油鸡助力产业精准脱贫

——记国家肉鸡产业技术体系综合试验站站长　刘华贵

刘华贵，1966年8月生，北京市农林科学院畜牧兽医研究所，研究员。主要从事北京油鸡的品种资源保护、品种选育以及健康养殖技术试验示范、技术培训等工作。多年来，刘华贵带领团队深入河北、内蒙古、贵州、西藏、新疆等多个贫困地区开展北京油鸡示范推广和技术服务工作，为产业精准扶贫工作做出重要贡献，2019年作为全国92名优秀科技特派员之一受到科技部通报表扬。

科学选育促发展，传统土鸡变“金鸡”

北京油鸡为原产于京郊的优质地方鸡种，以外貌独特和肉蛋品质优良而著称，为国家级畜禽遗传资源重点保护品种，曾一度濒临灭绝。多年来，刘华贵带领团队一直致力于北京油鸡的品种资源保护、选育和示范推广工作，通过分子育种技术与常规育种技术相结合，使“三毛”和五趾等北京油鸡的典型外貌特征得到完全恢复，建立了无鱼腥味敏感基因种群，选育专门品系4个，培育经典型肉蛋兼用配套系1个，种鸡健康无病，商品鸡成活率高，既好看又好吃，很受生产欢迎。

刘华贵带领团队成员长期深入生产一线，研究总结出多种生态健康养殖模式和技术，制定了《北京油鸡》《北京油鸡饲养管理技术规程》2个北京市地方标准。在北京郊区及周边地区建立北京油鸡养殖示范基地10个，依托绿多乐林下养殖示范基地建立起“北京科技小院”“专家工作站”，起到了很好的示范带动作用。刘华贵围绕北京油鸡开展的育种和示范推广工作被中央电视台和北京电视台多次拍摄报道，被《科技日报》誉为“油鸡产业的领航者”。

为农户提供优良的品种和先进的养殖技术是产业扶贫的重要工作。刘华贵利用大兴综合试验站站长和北京市科技特派员的双重身份，先后在河北、内蒙古、西藏、新疆、贵州等多地开展了大量的产业扶贫工作，带动一大批企业、养殖合作社、农户从事北京油鸡的养殖和开发，形成了北京油鸡特色养殖产业，为贫困地区脱贫攻坚和农民增收致富贡献了一份力量。北京油鸡养殖具有投资少、见效快的优点，被《北京日报》誉为农民“脱贫致富的金鸡”。

结合京蒙科技帮扶，配合北京市科委在内蒙古乌兰察布市和通辽市多个贫困旗县开展了大量的北京油鸡精准扶贫工作。2015年带动察右前旗10多个村庄368个贫困户稳定脱贫，每户增加收入

4000~5000 元。《北京日报》2017 年 6 月 16 日以《"北京油鸡" 帮 368 个贫困户脱贫》为题进行了报道。2019 年协助北京科委农村中心赠送乌兰察布市凉城县麦胡图镇胜利村北京油鸡 10000 只，将油鸡分发给 119 户贫困户饲养。

品种可以赠送或引入，但技术需要定期培训，需要对各环节进行全程指导，需要到贫困户家中手把手指导。油鸡养殖能否成功，育雏是关键，这是一项专业性非常强的技术活。针对这一问题，在扶贫工作中采取了集中育雏的方式，将肉鸡育雏至 42 日龄脱温后交由贫困户饲养。在援助西藏拉萨的过程中，针对当地的高海拔气候，大兴综合试验站派出两名团队成员赴拉萨市种鸡场现场指导育雏工作，一住就是 15 天，结果 42 日龄育雏成活率达到 92%，大大超出预期成绩，确保了油鸡在青藏高原上养殖成功。

■ 刘华贵在内蒙古乌兰察布市察右前旗指导北京油鸡养殖

赠送油鸡助脱贫，科技帮扶暖人心

结合京津冀一体化国家战略和京冀科技帮扶，在河北省张家口市、承德市、保定市的部分贫困村，开展了大量的北京油鸡产业精准扶贫工作。与张家口市蔚县扶贫办对接，2019 年举办 4 次全县家禽养殖技术培训会议。与蔚县北水泉镇醋柳沟村驻村扶贫干部第一书记郭璇对接，开展北京油鸡产业扶贫工作。2019 年 2 月份赠送村里 1000 只北京油鸡试养，养殖成活率达到 95% 以上，品质优于原先饲养的柴鸡品种，很受农户欢迎，于是村委会决定把北京油鸡养殖作为脱贫攻坚的主导产业进行发展。为了加大产业扶贫帮扶力度，大兴试验站承诺在 2019—2021 年三年时间内累积捐赠该村北京油鸡鸡苗 11000 只。2019 年 6 月 30 日，随着第二批 3000 只北京油鸡鸡苗捐赠到位，在醋柳沟村举办了北京油鸡捐赠

■ 河北蔚县醋柳沟村赠送感谢锦旗

签约仪式和对口科技帮扶基地的揭牌仪式。为了表示衷心感谢，村委会特地赠送北京市农林科学院锦旗一面：赠送油鸡助脱贫，科技帮扶暖人心。目前，已经有 4 批合计 9200 只油鸡鸡苗捐赠到位。该项目的实施使该村贫困户 61 户 116 人受益。

在协助北京市顺义区对口帮扶张家口市万全区的过程中，以绿多乐林下“别墅”养鸡模式为模板，在万全镇上田庄村规划建立北京油鸡产业示范园一座，养殖规模 2 万只。目前，基地已经竣工投产。该项目的实施将解决该村贫困户 10 人长期就业，项目运营收益将使贫困户 105 人受益。

与河北省张家口市康保县政府合作，在河北乾信牧业股份有限公司合作建立了专家工作站，从 2018 年开始开展指导企业开展北京油鸡示范养殖和扶贫带动项目，并取得良好效果。2020 年指导企业建立北京油鸡产业示范园一座，养殖规模 2 万只，项目建成后将促进全县油鸡产业扶贫工作的开展。

扶贫感言

帮助农村解决交通、住宅等问题，效果稳定，作用明显，但开展产业扶贫最困难，如果产业选择不合适，农户不但不能脱贫，还会加重贫困。贫困户贫困，主要是由于没有产业、没有技术、没有市场，有些农户即使从事了某一产业，如肉鸡养殖业，因为其对实施标准化养殖的意义认识不足，饲养管理技术落后，导致效益低下。因此，将优良品种和科学养殖技术在生产中示范推广，变“输血式”扶贫为“造血式”扶贫，是产业扶贫的关键所在。

为了一瓶蜂蜜的安全

——记国家蜂产业技术体系岗位科学家 李 熠

李熠，1975 年 5 月生，中国农业科学院蜜蜂研究所，研究员。主要扶贫地区为湖北省来凤县、咸丰县、竹山县，陕西省宁陕县、留坝县，四川省万源县。

地处武陵山腹地的湖北恩施土家族苗族自治州生态资源得天独厚，森林覆盖率高，有“中华药库”之称，有主要蜜源植物 13 种，辅助蜜源植物 76 种，花期 96~141 天，具有 50 多万群的载蜂量。

20 世纪 80 年代，蜜蜂所杨冠煌等中蜂养殖专家在湖北省农业厅的配合下，连续多年在恩施州开展中蜂活框饲养技术研究及推广示范，帮助当地建立了养蜂技术推广和管理队伍，为恩施养蜂业的发展奠定了基础。然而，在 2015 年和 2016 年，鹤峰县和利川市发生食用蜂蜜造成中毒死亡事件，引起舆论关注，恩施蜂蜜陷入全面滞销，产业面临崩溃，公众消费蜂蜜恐慌蔓延。

在产业发展遭遇波折的关键时刻，国家蜂产业技术体系产品质量控制与安全评价岗位科学家李熠研究员在首席科学家吴杰的指派下，受命第一时间奔赴现场，会同当地专家深入山沟开展有毒蜜源植物的排查和调查处理。至今每到雷公藤开花时节，专家们都要到鹤峰县调查并取样回实验室研究分析。

问题导向，危中求机

质量安全、产品优质是农产品的生命线。围绕这条生命线，经过艰苦攻关，李熠研究员及其科研团队终于探明了有毒蜜源植物的种类和危害成分，并成功研制了蜂蜜中雷公藤检测系列产品。该系列产品已经申报了 4 项国家专利，其中 1 项已经获得授权。

2018 年起，检测试纸已在鹤峰县蜂蜜生产和收购环节推广应用，只需要 3~5 分钟即可判断该蜂蜜中是否含有有毒成分，解决了困扰当地几十年之久的难题，为恩施州发展中蜂产业、贫困户脱贫致富铺平了道路。除此之外，测试纸条目前已经在云南、重庆和贵州的有毒蜜源分布地区的产品日常监测中获得应用，对于保障云贵地区、横断山区、武陵山区的蜂蜜产品质量安全起到了至关重要的作用。2019 年，随着蜂业扶贫在全国范围内开花结果，以及消费扶贫的兴起，中蜂蜂蜜居高不下的售价（中蜂蜂蜜市场售价多在 100 元以上 /500 克，普通蜂蜜市场售价在 40 元左右 /500 克），以及供不应求的市场局

■ 李熠在湖北恩施州来凤县开展快速检测试纸培训

面将带来低价蜂蜜掺入的隐忧。为了未雨绸缪，稳定当前中蜂扶贫的良好成果，李熠创新团队在国家蜂体系、蜂业提质工程等项目支持下，勠力攻关，开发出一系列中蜂蜂蜜鉴别技术，申报了9项国家专利，并成功研发出中蜂蜂蜜真实性检测试剂盒和试纸条，产品灵敏度满足食品安全国家标准方法要求，其中研发的检测试纸条仅需1滴蜂蜜，10分钟内便可获得结果，使用者无须具备任何专业知识和技能，尤为适合原料收购和产品上市前后质量监控的现场检测。检测试纸已经在湖北恩施州、竹山县，陕西宁陕县开展应用推广，并同全国多家企业达成合作意向，下一步将向全国推广。

科技引领扶贫产业新发展

2019年李熠研究员被指派为咸丰县和来凤县的责任专家，在体系首席、各研究室主任和定点扶贫县产业技术顾问组牵头人的支持下，在武汉综合试验站的全力配合下，先后10次赴恩施州开展科技扶贫工作，围绕咸丰县和来凤县的产业发展现状、蜜粉资源分布、养蜂人才发掘、产品质量现状和市场发展前景展开全方位的调研工作，在此基础上编制科技扶贫工作方案和建议3份，编制《咸丰县蜂业发展规划（征求意见稿）》1份，协助编制《2020年咸丰县蜂业提质工程工作方案》1份，编写《2019年来凤县蜂蜜质量报告》1份，并受托制定恩施州地方标准《恩施州地方标准　中蜂百花蜜》产品标准。不仅帮助定点扶贫县开展产业发展整体设计，并将前期研究成果进一步转化推广。目前咸丰县和来凤县都已将蜜蜂产业列入下一步乡村振兴县域经济重点产业进行打造，扶贫产业有了新的增长点。

扶贫感言

蜂业产业的发展看似容易，其实和其他农业产业相比，更需要符合自然规律和经济市场规律，加上许多定点贫困县的蜂产业基础几乎为零，组织基础和人才队伍基础方面尤其薄弱，不仅需要技术体系科技帮扶的长期频繁稳定的投入，更需要不同专业组成的团队投入，长期扎根扶贫县，才可能达到最终的目标。在本人开展扶贫工作的过程中，得到了咸丰县和来凤县政府部门和相关专家的帮助，特别是农业农村部派驻恩施州的挂职干部的帮助，本人深深为挂职干部对贫困地区的责任心、饱满的工作热情和不畏苦、不怕难的工作态度所折服，并转化为科技扶贫工作的强大动力。

与蜂结缘　小蜜蜂为产业扶贫插上科技翅膀

——记国家蜂产业技术体系综合试验站站长　祁文忠

祁文忠，1961年7月生，中共党员，甘肃省蜂业技术推广总站（甘肃省养蜂研究所），研究员。主要从事中蜂新法饲养研究、蜜蜂高效养殖技术研究、推广等工作。2008年以来承担国家蜂体系帮扶六盘山片区国家级深度贫困县岷县的帮扶工作，是农业农村部科技助力产业扶贫岷县、宕昌县、礼县、西和县4个县蜂产业技术顾问，是宕昌县产业技术顾问组长。

坚定政治信念，行走在脱贫攻坚路上

祁文忠同志作为一名共产党员，他坚定政治信念，牢固树立宗旨意识，爱岗敬业，乐于奉献，艰苦奋斗的精神展现在脱贫攻坚路上。每年深入一线科技服务100天以上，被陇南市、岷县、两当县人民政府聘请为蜜蜂养殖科技顾问，被陇南市委组织部、人社局聘请为陇南市中蜂产业专家工作站特聘专家，被甘肃兴邦社会服务中心聘为脱贫攻坚指导专家，在打赢脱贫攻坚战、推进全面建成小康社会中做出了贡献。

养蜂业是“短平快”特色优势产业，发展中蜂养殖符合扶贫产业的宗旨，在岷县等5个贫困县，建立蜜蜂养殖15个示范蜂场，长期进村入户，开展技术培训、现场答疑解惑指导养蜂生产，2010—2019年共培训201期474天，培训蜂农21215人（次）。每年结合市县组织“中蜂产业助推精准扶贫高层次人才服务基层行”活动，将国家蜂体系研究成果推广应用到生产一线。结合产业扶持政策和农村“三变”改革，探索出了一些行之有效的带贫模式。2019年，5个养蜂示范县蜂产品年增加收入达6152万元。

长期深入一线，全面推广蜜蜂高效养殖技术

祁文忠站长为了在国家级深度贫困县岷县全面推广蜜蜂高效养殖技术，长期深入一线，养蜂效益不断提高。注重培养“土专家”，与“土专家”一道深入乡村户，起早贪黑培训指导。记得2019年7月的一天，祁文忠等专家一行到岷县蒲麻镇桦林沟村赵明效家进行中蜂改良技术指导，那里山大沟深，海拔2730米，高海拔地区的天气说变就变，突然乌云滚滚，一场瓢泼大雨，阻断了回县里的道路，晚上几个人聚集在一个比较窄小的屋里，赵明效家里没有什么吃的，他拿出家里最好的东西青稞酒和蜂蜜来

招待祁文忠一行，好在专家们进山时带有馒头，尽管专家们说不太会喝酒，为了抵御高寒地区雨后夜晚的寒冷，大家喝着青稞酒，馒头蘸着蜂蜜吃，觉得这是顿从未有过的美餐，那晚专家们彻夜不眠，很有头绪地探讨中蜂改良和岷县蜂业发展与脱贫攻坚，度过了一个非常有意义的夜晚。2018—2019 年他在岷县参与培训 70 天，2879 人次，带动贫困户 2929 户，发展养蜂成效显著。在岷县清水镇建立的示范蜂场，场主梅松柏养殖中蜂 180 群，年收入在 16 万元以上，带动的贫困户孙彩花，由不会养蜂到目前已成为养殖中蜂 90 群，年收入 6 万多元的养蜂能手，不但自己脱了贫，还带动了周边贫困户学习养蜂。帮助县上取得了“中国黄芪蜜之乡”“岷县蜂蜜”地理标志认证，建成了 6 个扶贫车间，注册了“花之灵”“百草药乡”“汇丰蜂业”“归香蜜皇”等 20 多个自主品牌商标，加快了岷县蜂蜜特色品牌建设步伐。每年组织社会贤达召开“岷县中蜂产业推进会暨赛蜜大会”“现场养蜂技术指导、品蜜、消费观摩会”，大会内容丰富，气氛活跃，激发了贫困户养蜂积极性，推动了消费扶贫。全县从 2010 年的蜂群 0.36 万群，发展到 2019 年 9.8 万群，蜂业产值由 2010 年的 300 万元到 2019 年蜂产值达 15400 万元。岷县已将“药、蜂、草”列为脱贫富民产业，形成了“产业扶贫三大宝，药材蜂蜜猫尾草”格局，逐步实现了贫困户“养好 10 箱蜂，增收一万元，带贫全覆盖”产业扶贫目标。

蜜蜂精神浇筑了科技创新的新成就

祁文忠站长与蜜蜂结下了深厚的情缘，以他多年对蜂产业的感悟，坚信养蜂可以改变贫困面貌，他

■ 祁文忠在甘肃岷县指导养蜂生产

■ 祁文忠在甘肃礼县开展养蜂技术培训工作

用蜜蜂精神浇筑了科技创新的新成就，用勤奋和踏实树立了蜂业人的新形象，用养蜂生产谱写了脱贫攻坚的新篇章。耕耘一片热土，富裕一方农民，改造一域贫困，受到社会各界的普遍认可，也受到广大蜂农的一致好评。践行“绿水青山就是金山银山”理论，在产业发展、带动贫困户上发挥更大的作用，确保贫困户稳定增收，打造中蜂产业扶贫脱贫攻坚样板，使小蜜蜂带来大财富，为打赢打好脱贫攻坚收官之战做出了贡献。

扶贫感言

扶贫工作就是解决民生实际问题，联系群众是最直接最根本的工作。开展扶贫工作，离不开地方自身凝心聚力，更离不开持之以恒的群众路线。走访工作要带着诚心，要将心比心。在走访过程中，尽可能多采用拉家常的方式，对群众要实话实说。在走访困难群众时，要将群众当自己的亲人、朋友，以诚相待。制定帮扶措施方面要勤于思考，充分考虑实际情况，因地制宜，合理进行调整。精准扶贫是一项长期的系统工程，需要长期的努力，应根据实际制定长期计划，给予扶贫对象长期持续的跟踪帮助。

相信任何困难都是暂时的，大家要有脱贫致富的勇气和决心，认真学习致富本领，要相信在党和政府的带领下，通过自己的勤劳双手一定会创造出美好的幸福生活。

福瑞进稻田　产业谱新篇

——记国家大宗淡水鱼产业技术体系岗位科学家　董在杰

董在杰，1967年8月生，中国水产科学研究院淡水渔业研究中心，研究员。先后培育出2个国审水产新品种：福瑞鲤和福瑞鲤2号。主要的扶贫区域包括云南省的元阳县和红河县，福建省的光泽县，广西壮族自治区的大化县等，通过福瑞鲤和福瑞鲤2号等新品种的示范应用助力产业扶贫。

把脉扶贫，良种先行

自体系将脱贫攻坚作为"十三五"期间的重点任务以来，董在杰积极投身到产业扶贫当中。为了针对性地开展扶贫工作，首先深入到贫困县一线调研。在体系首席办的协调、组织下，在南宁综合试验站和昆明综合试验站等的配合、安排下，董在杰带领团队成员奔赴高海拔地区的云南省红河哈尼族彝族自治州红河县和元阳县，石漠化地区的广西壮族自治区河池市大化县和东兰县，百色市德保县和田阳县等地，多次、广泛听取六大类技术用户意见，包括市县渔业主管部门、技术推广部门、行业协会、龙头企业、农民合作社、种养大户等。了解当地渔业主产业布局情况、把握产业发展中的主要问题，针对从生产到市场销售整个产业链中的环节问题，研究形成本地区技术研发和集成示范内容。根据调研获得的第一手产业现状，结合本岗位培育得到的2个国审水产新品种——福瑞鲤和福瑞鲤2号，董在杰将产业扶贫的重点放在了"稻—鲤综合

■ 董在杰在云南元阳县赠送福瑞鲤鱼种开展梯田稻鱼综合种养

种养”。

农以种为先。为了使“稻—鲤综合种养”取得显著效果，养殖品种的选择至关重要。水产良种因其优良的生产性能，可以为养殖者带来更大的收益。因此，董在杰将本岗位培育获得的2个国审新品种应用于稻田养殖，尤其是应用在云南哈尼梯田和福建武夷山区的稻田里，助力山区脱贫。每年精心挑选福瑞鲤良种亲本，繁殖、培育优质苗种，运往贫困地区。同时，为了使山区农户更加方便地获得优质苗种，积极与相关的综合试验站合作，在当地寻找合适的苗种场，先后在云南的红河哈尼族彝族自治州、福建的顺昌县和广西的北流市等地建立了福瑞鲤的扩繁基地。不仅精选优质鱼种供给扩繁基地做繁殖亲本，还精心指导扩繁基地建设，讲解福瑞鲤和福瑞鲤2号的育种技术路线，并指导育种特点设计和良种扩繁技术路线。在繁殖季节，还到一些扩繁基地指导亲本选择和人工繁殖。目前，主要扶贫地区的福瑞鲤苗种供应基本上都由附近的扩繁基地完成，节省了时间和开支，提高了养殖成活率。

稻鲤共作，身体力行

为了使贫困山区的农户掌握稻田养鱼的技术，董在杰依托相关综合试验站，组织开展了“稻—鲤综合种养”的技术示范和应用推广。在云南红河哈尼族彝族自治州哈尼梯田，不仅优化、推广实施了梯田“稻鲤共作”，还建立健全了梯田冬闲田蓄水生态养殖福瑞鲤增效技术，有效改变千百年来哈尼梯田只种一季水稻、半年时间放水养田、产值低下的耕作模式。由中国工程院刘旭院士、陈温福院士、唐启升院士组成的院士专家团赴红河县乐育镇比姿村的尼美梯田福瑞鲤2号冬闲田生态养殖示范基地进行了

■ 董在杰在福建光泽县仁厚村开展福瑞鲤稻田养殖现场技术培训

现场测产，平均亩产50.21千克。冬闲田养殖的鲤鱼价格稳定在60元/千克，仅冬闲田养殖福瑞鲤亩产值可达3000元。在福建武夷山区稻田养殖福瑞鲤的示范推广过程中，福州综合试验站结合当地的情况，开展了投饵与不投饵模式下养殖效果的对比分析，提出了最适宜的稻田养殖模式。

董在杰始终心系扶贫区域的养殖，在进行心脏手术后的一年之内就去了多个示范点进行培训、指导。手术一个月后，即到云南哈尼梯田实地检测稻田养殖效果和收获情况，了解养殖中出现的问题，提出解决方案。2020年疫情缓解后，冒着酷暑在广西壮族自治区大化县开展技术培育，并赠送鱼种；在福建光泽县的田头，顶着烈日开展福瑞鲤稻田养殖技术的现场培训，从苗种供应、鱼种放养、田间管理等多方面进行讲解和示范，让深山农民掌握先进技术，推动生态优势变成产业优势，助力决胜全面小康、决战脱贫攻坚。

目前，依托体系的科技支撑，在云南哈尼梯田建成了国家级稻渔综合种养示范区1500亩，辐射带动云南红河县迤萨镇、甲寅乡、宝华乡等13个乡镇开展稻渔综合种养，亩产福瑞鲤30千克以上、平均亩增产1000元以上，惠及农户6598余户，2.92万余人脱贫致富，其中建档立卡户2000余户。福建山区农民稻田养鱼，每亩收益2211~4547元，比单种水稻平均增收109.53%，高于全国平均增收90%水平19个百分点。《科技日报》（2019年4月22日）和《农民日报》（2020年3月28日）等媒体报道了福瑞鲤助力哈尼梯田精准扶贫的成果，东南网和台海网（2020年7月31日）等报道了福瑞鲤稻田养殖现场技术培训活动。

扶贫感言

产业扶贫能持续促进贫困地区发展、增加贫困户收入，是扶贫开发的战略重点和有效途径。大宗淡水鱼因其适应性强、养殖技术成熟，可以为地理条件较差的贫困地区的脱贫攻坚发挥积极作用。产业扶贫，一靠政策扶持，二靠技术支撑，三靠全员参与。

让千年梯田插上渔业科技的翅膀　让梯田“冬闲田”不再“闲”

——记国家特色淡水鱼产业技术体系岗位科学家　徐　跑

徐跑，1963年10月生，中国水产科学研究院淡水渔业研究中心，二级研究员。近年来，在云南红河哈尼自治州深度贫困县——红河县建立了哈尼梯田稻渔综合种养及冬闲田生态养殖连作产业扶贫模式，改变了哈尼梯田半年耕作半年闲置的传统耕作模式，梯田平均亩增产1000元以上，惠及农户6598余户，2.92万余人脱贫致富，示范推广成效显著，不仅有效保护了哈尼梯田世界文化遗产，更是坚决打赢脱贫攻坚战的有效实践。

聚焦稻渔综合种养，开展科技扶贫服务

为充分发挥体系科技支撑引领作用，加快高原特色产业扶贫步伐，助推红河哈尼自治州红河县精准脱贫，国家特色淡水鱼产业技术体系工程化养殖岗位科学家徐跑研究员积极响应党中央打赢脱贫攻坚战号召，秉持“以渔稳粮、以渔护田、以渔富民、以渔固疆”的理念，联合云南中海渔业有限公司设立了徐跑专家工作站和南京农业大学博士后科研工作站，就哈尼梯田发展稻渔综合种养产业开展了相关工作，实现了鱼稻共作亩产收入翻番的良好成绩，创建的冬闲田生态养殖彻底改变了千百年来哈尼梯田只种一季水稻，半年时间放水养田、无任何收入的耕作方式。

实施“稻鳅”共作，让千年梯田插上渔业科技的翅膀

针对哈尼梯田地区的实际情况，在保护哈尼梯田文化景观这一世界文化遗产的前提下，为了实现梯田增产农民增收，徐跑研究员率领科研团队在红河县开展了“稻渔共作”示范试验，选择抗病性强且生长优势相对明显的雌性本地泥鳅与雄性台湾泥鳅杂交，培育出适宜梯田养殖、性状更加优良的泥鳅养殖品种——杂交台湾泥鳅，建立了山区梯田“稻鳅共作”综合种养模式，既增加了水稻产量，还保证了生态环境，经济效益大幅度提高。如稻田内养殖泥鳅，700米海拔以下梯田，每年放养两茬，亩产泥鳅

合计约600千克，按照中海渔业24元/千克保底价收购计算，可每亩增收14400元，实现了“收获百斤鱼、亩产千斤粮、收入万元钱”的良好成效，示范试验效果得到了当地合作社农户和红河县委县政府的一致认可。

创建了梯田冬闲田生态养殖，让梯田“冬闲田”不再“闲”

面对“森林—村寨—梯田—河流”四素同构的良性生态系统，徐跑研究员剖析了复合生态系统中微生物群落组成结构，揭示了“稻—鳅”“稻—鲤”综合种养生态系统优于稻田单作系统的微生物生态基础，优化了梯田“稻鲤共作”技术规范的主要要素，达到水稻单产不低于当地水稻单作平均单产，鲤亩产量不低于30千克的目标，形成了行业标准，为示范推广梯田稻渔综合种养模式奠定了坚实基础。更喜人的是，他建立健全了梯田冬闲田蓄水生态养殖福瑞鲤增效技术，有效改变千百年来哈尼梯田只种一季水稻、半年时间放水养田、效益低下的耕作模式。2019年3月17日，组织中国工程院刘旭院士、陈温福院士、唐启升院士院士专家团赴红河县乐育镇比姿村的尼美梯田福瑞鲤2号冬闲田生态养殖示范基地进行了现场测产，平均亩产鲤鱼50.21千克。冬闲田养殖的鲤鱼体色浅金黄色，备受消费者青睐，价格稳定在60元/千克，仅冬闲田养殖福瑞鲤亩产值可达3000元，“冬闲田”不再“闲”了，文化遗产也得到有效保护。

以渔稳粮、以渔护田、以渔固疆，千年梯田重现异彩

近年来，在红河县哈尼梯田建成了国家级稻渔综合种养示范区1500亩，“稻—鲤”综合种养示范工程的社会效益、生态效益和经济效益明显，发挥了示范区辐射带动作用。2017年全县“稻—鲤”种养辐射到7395亩，投苗277万尾；2018年辐射到12217.5亩，共计投放福瑞鲤14923.6千克；2019年，投放福瑞鲤52500千克，放苗乡镇达13个，共惠及农户6598余户，2.92万余人脱贫致富，其中建档立卡户2000余户。农民收入由原来的1200元/亩提高到2700元/亩，利润提高一倍以上，吸引了青壮年“回巢”，发挥了以渔富民、以渔固疆、保护遗产的积极作用。

■ 徐跑在云南哈尼梯田开展稻田生态与梯田鱼食物链研究

由于众多妇女参与稻渔综合种养，妇女的知识水平和家庭地位也得到提高，中央电视台、《云南日报》《农民日报》《中国渔业报》新华网等多家媒体多次报道徐跑研究员团队的脱贫攻坚工作，相关工作也得到了联合国粮农组织（FAO）的高度赞赏，示范基地入选红河哈尼梯田稻渔共作技术示范基地，生态、经济和社会效益显著。

■ 徐跑在云南哈尼梯田开展“稻—鳅”共作技术指导

扶贫感言

脱贫攻坚一线山高路险、条件艰苦。特色淡水鱼产业技术体系平台完善、精英荟萃，作为农村这片广阔天地上的中坚力量，徐跑迎难而上、劈波斩浪、牢记宗旨，把勤劳、勤俭、勤奋的优良作风留在群众心里，精准施策、实施产业扶贫，为的是实现“以渔稳粮、以渔护田、以渔富民、以渔固疆”的目标。他“白天走干讲、晚上读写想”，不断学理论、精业务、强素质，将他平生所学展现在哈尼梯田这一宝贵的世界文化遗产上，用他的智慧创造了哈尼冬闲梯田生态养殖这一致富法宝。多年来，徐跑研究员不畏艰险、不忘初心、砥砺前行，切实扎根脱贫攻坚一线，真正提升了梯田型稻渔综合种养水平，凝聚团队力量助力乡村振兴。

蚝壳惠民　治土扶农

——记国家贝类产业技术体系岗位科学家　曹敏杰

曹敏杰，1964年2月生，集美大学，教授。曹敏杰教授于2013年在集美大学成立“蚝壳惠民”团队，针对废弃牡蛎壳及土壤酸化问题，联合合作企业，采用“保护性分段焙烧”工艺，成功研制出具有改善土壤酸化、补充多种金属离子、提升农作物品质等多种功能的牡蛎壳土壤调理剂。以福建省革命老区和贫困乡村为重点，开展公益助农。多年来，带领团队秉承“蚝壳惠民”初心，做“治土扶农”践行者。

变废为宝，副产物的高效利用

我国是牡蛎生产大国，2019年产量达529万吨。牡蛎在给消费者带来美味享受的同时，也带来一个“壳”的问题。仅福建省，平均每年废弃牡蛎壳约140万吨，大量堆积的牡蛎壳不仅资源浪费，而且给当地造成严重的环境污染。

另外，由于化肥的过度使用和酸雨等因素的影响，我国土壤酸化问题日益严重，福建省尤为突出，酸化面积已达耕地总面积的66.5%，土壤酸化导致营养元素流失，有毒重金属化合物溶解度增加，土壤肥力降低、结构变差，严重影响农作物的生长，制约了乡村经济的发展。土壤问题已引起国家的高度重视，相继出台了系列法律法规加强土地治理。

如何在牡蛎壳变废为宝和土壤酸化治理上一举两得？2013年，曹敏杰教授在集美大学成立了“蚝壳惠民”团队，以实现牡蛎壳高值化利用作为研究方向，依托国家级研究平台，与合作企业厦门玛塔生态股份有限公司一起，集中力量攻坚克难，通过“保护性分段高温焙烧”的核心工艺，成功将牡蛎壳转化为具有普适性的土壤调理剂，并进一步研发针对不同作物的个性化配方。产品富含钙、镁、锌等营养元素，具有改善土壤酸化、提升农作物品质等多种功效。与现有土壤调理剂相比，该产品的性价比更高、适用范围更广、改良效果更明显，且没有副作用，得到用户好评。

国家贝类产业技术体系首席科学家张国范研究员对此高度认可和重视：“该技术不仅使牡蛎产业废弃物实现了资源化利用，也为我国土壤环境治理提供了重要的手段，是一项非常有意义、有价值的产业技术，值得大力推广应用。”体系内建立专业的顾问团队，以科技助力产业扶贫。

“治土扶农”，将科研成果书写在祖国大地上

■ 曹敏杰在福建集美区开展土壤监测

“蚝壳惠民”团队在福建多个地区进行土壤改良示范。牡蛎壳土壤调理剂的使用，可使酸化土壤的 pH 值恢复至接近农作物生长的最适区间，从而使农作物的产量和品质得到明显提升，带动农民增产增收。产品还能有效钝化重金属，对湖南、江西的水稻降镉率可达 38%~54%。

团队以“蚝壳惠民”为初心，以“治土扶农”为己任，重点在福建省革命老区及贫困乡村开展公益助农，将牡蛎壳土壤调理剂以公益形式免费提供给多个县的贫困户和种植户，给农户们带去种植技术及土壤相关知识。为更好地帮助农民改善土壤，团队针对不同作物适合生长的土壤酸碱度，制定出科学合理的施用量和施用方法。迄今为止，已在福建省 17 县区 31 个乡村免费提供 422 吨产品及技术指导，累计施用面积达 2985 亩，精准帮扶低收入农户 297 户，收获村民感谢信 96 封。

炎炎夏日，团队的师生们出现在农村的田间地头，取土、测值、标记、与农民交流使用土壤改良剂的种植效果。太阳帽、长裤、袖套、实验工具，是师生们已经习惯的下乡装备。已数不清多少次像这样下乡试验，再将一手样品带回实验室做研究。一次次下乡，师生们欣喜地看到使用牡蛎壳土壤调理剂后，土壤的酸化程度不断改善，蜜柚、甜瓜、番茄、荔枝、甘薯、水稻等作物呈现日益旺盛的长势。农民种植的百香果、香蕉、蜜柚等作物在团队的帮扶下长势越来越好，有望再迎来一个丰收年。农民朋友们的丰收，是对团队最大的鼓励。

■ 曹敏杰在福建集美区调研甘薯采收

“蚝壳惠民”项目先后被《中国青年报》、学习强国、《福建日报》《厦门日报》等多家官方媒体报道 52 次。2020 年 8 月 8 日，“蚝壳惠民”走进了福建教育电视台的直播间，在一小时内，为寿宁、政和等 9 个县区的 156 户农民免费送出了 100 吨产品。该节目收看人数超过 7 万人，得到了广泛的关注。

在曹老师的带领下，“蚝壳惠民”团队以 7 年的不懈努力，将知识转化为“治土扶农”的力量，将科研成果书写在祖国大地上。

扶贫感言

当前，脱贫攻坚工作已进入决战决胜的关键时期，产业扶贫肩负着带动贫困群众稳定脱贫、持续增收，以及巩固现有脱贫成果、防止返贫的重要任务。近年来，贫困地区通过积极努力，已发展了果蔬、茶、中药材、食用菌等特色产业。但农产品生产出来后，卖得出、卖得好才是关键。

绿色、优质、品牌是农产品的发展趋势。只有从源头上让土壤更健康更有营养，才能保障农作物更好地生长。对 20 多种作物的田间试验发现，牡蛎壳土壤调理剂不仅能提高农作物产量 6%~11%，还能显著提高其品质，特别是对水果的口感有明显的提升作用。2020 年，团队帮扶的农户使用牡蛎壳土壤调理剂后生产的高品质无核荔枝产地价格达 50 元 / 千克，还供不应求。

科技 + 基地示范

科技扶贫　助力大豆加工产业提档升级

——记国家大豆产业技术体系岗位科学家　王凤忠

王凤忠，1972年4月生，中国农业科学院农产品加工研究所，研究员。主要扶贫区域为西藏自治区桑珠孜区和安徽省大别山区寿县。大豆等产业科技扶贫工作得到各级领导和企业高度认同，被授予中国农业科学院“脱贫攻坚先进个人”“优秀援藏干部”“农业农村部优秀党员”等荣誉称号。

使命担当为己任，不忘初心搞加工

中美贸易摩擦将大豆产业推到了风口浪尖。为实施好新形势下国家粮食安全战略，助力我国大豆振兴计划，王凤忠结合自身在大豆体系中的岗位职责，始终不忘初心、牢记使命。2016—2019年援藏扶贫期间，将内地优质大豆品种引入西藏高海拔高寒冷地区，实现种植推广和加工。他深知只有助推企业盈利，使农产品增值，才能真正实现农民致富。他充分利用研究所的技术、人才和平台优势，结合安徽省的资源特色，帮助寿县一家豆制品企业通过产业链融合增加产能，生产高附加值产品，带动种植户增收，促进当地农民就业。功能性原料的大面积推广，专收、专储和高附加值加工，一直是限制大豆产业发展的瓶颈，也是改造产业发展，助力农民脱贫的根本。意识到农民的认知是解决这一瓶颈的核心，他和中国农业科学院作物科学研究所首席团队密切协作，筛选挖掘大豆的品种资源特色，不断完善专用原料加工指标体系，大面积推广种植。同时，通过“田间课堂”的方式，对种植农户进行系统的培训，在“输血”的同时，不断提升种植农户的“造血”能力。

在偏远贫困地区推广大豆种植加工能力

为了丰富自治区种植业资源，满足藏区人民日益增长的饮食结构多样化需求，2018年年初，在大豆体系各岗站的协作下，收集内地主栽大豆品种，在海拔4200米西藏高原进行试种，试种期间积极推进藏民与各岗站专家进行对接交流。于同年10月，邀请体系首席及其他岗位专家11人进行实地测产，科学筛选出生态适应性强、经济性状较优的良种。2019年年初对测产成功的两个优良品种吉育202和吉育299，进行大面积推广种植。大豆试种的成功有望改变西藏的农业产业结构，丰富藏区人民的饮食

■ 王凤忠向相关专家介绍西藏农产品开发与食品科学研究所情况

结构，助推藏区人民脱贫增收。

考虑到只有种植没有加工，不能从根本上激发农民的积极性。要想使大豆在西藏生根落户，实现产业脱贫，只能从加工入手。王凤忠组织团队以大豆和青稞为原料，潜心研发了青稞豆面、青稞豆饼、青稞纳豆、青稞天贝、青稞豆饮、青稞豆粉6大系列100多款产品。以上工作的完成，突破了大豆在西藏高海拔寒冷地区的零种植和零加工。青稞大豆系列产品富含优质植物蛋白，营养均衡，深受挂职单位的领导、同事、藏民以及外来专家的好评。目前，十几款产品已在当地企业实现转化生产。

援藏期间，时刻不忘院党组赋予的援藏扶贫使命，牵头创建西藏第一个农产品开发与食品科学研究所；把全国农产品加工科技专家和藏区科研人员捆绑开展合作研究、联合攻关，创建加工科技援藏的新模式；首次提出创立西藏院士工作站的建议；创新性地提出“飞地扶贫”的产业扶贫新模式。相关工作得到中国农业科学院党组、国家乡村振兴局和西藏自治区扶贫办的高度认可。

在传统豆制品加工企业助推新产品开发

安徽省地处华东腹地，气候温和，雨量充沛，横跨我国黄淮和南方两个大豆主产区，种植和加工大豆的历史悠久。安徽是大豆加工的发源地，素有“豆腐省”之称，然而安徽的大豆加工产品仍以传统豆制品为主，缺乏精深加工。针对以上问题，王凤忠选定安徽省大别山区寿县的一家大豆加工企业为体系对口帮扶企业，他携带团队成员多次赴企业进行调研，技术宣讲100余人次；并通过支部共建带动政府资源倾斜，带领团队助力企业开展技术攻关，攻克絮凝、菌种复壮、腐乳结晶、产品防腐等多个技术难点，帮助企业减少损失，提升产品品质；最后与企业签署新型豆制品开发协议，对企业设备进行升级改造，依托团队建立的大豆加工适宜性指标体系筛选专用原料，通过设备集成生产发酵豆乳、大豆肽粉、益生菌糖果片等系列营养健康的高附加值产品。同时通过开发豆渣膳食纤维和猫砂实现副产物的高附加值综合利用。

在主产区推动功能性大豆新品种的大面积种植

桦川县是中国农业科学院4个重点科技扶贫示范县之一。中国农业科学院构建了“3+N”帮扶机制，王凤忠带领团队成员多次到桦川开展科技帮扶。根据自身岗位职责，配合首席团队开展功能性原料的筛选和加工适宜性研究，最终确定8个特征性大豆新品种进行大面积推广种植，突破功能性产品绿色加工关键技术7项。在大豆生长的各个关键时节，配合体系其他岗站专家，采用田间现场示范及视频教学培训等方式，就大豆专用品种的营养品质特征，分收、分储、分加的必要性和优势，特征性原料的专用加工等方面，组织开展技术培训与观摩活动10余次，培训人员800余人次。通过零距离接触、面对面交流，从根本上提升农民对专用大豆品种的认知，专用原料的销售实现农民增收3%~10%，这种培训方式被当地农民亲切地称为“田间课堂”。

扶贫感言

2020年是全民奔向小康的关键一年。中国是农业种植大国，农产品以初加工为主，甚至有些产品是零加工，加工产品以传统产业为主。作为农产品加工研究领域的国家队成员，王凤忠深感自身责任重大，在助力农民脱贫后，还有乡村产业振兴，未来的工作任重而道远。

突出体系优势　服务藏区脱贫

——记国家大麦青稞产业技术体系综合试验站站长　杨开俊

杨开俊，1966年8月生，中共党员，四川省甘孜藏族自治州农业科学研究所，研究员。30多年来一直从事青稞新品种选育及栽培技术研究，在青稞新品种选育、栽培技术研究方面成绩显著，为四川藏区青稞产业发展、脱贫攻坚发挥了积极作用。

大力推广生产技术提高青稞单产

近年来，在国家大麦青稞产业技术体系资金的支持下，杨开俊研究员带领甘孜综合试验站团队成员积极开展提高当地青稞生产的科研工作。一是加大青稞新品种选育和推广力度。自2015年以来，选育青稞新品种4个并加大推广应用力度，四川藏区青稞良种普及率在93%以上，对大面积增产起到良好作用。二是广泛开展青稞技术培训与指导。每年在青稞生产的关键农时季节大力开展集中技术培训和田间分类指导，5年共集中培训1800余人（次）、田间指导服务7500余人（次），科技入户率达100%。三是主推2项青稞增产关键技术。经多年的研究与生产实践，总结出青稞芽前除草、增加种植密度两项区域性的关键技术，经大面积推广应用，使四川藏区大部分区域内的青稞每亩单产提高10千克以上。

■ 杨开俊与有关专家在四川甘孜县检查大田生产工作

■ 杨开俊在四川炉霍县开展青稞种植技术培训

制定贫困村农业产业扶贫方案　定点技术帮扶脱贫

2016 年杨开俊带领试验站团队人员除面向整个甘孜州开展技术服务外，具体负责炉霍、道孚两个县的农业产业扶贫规划编制，制定 174 个村的脱贫技术方案，重点对接炉霍县宜木乡热固村全村 11 户贫困户 51 人脱贫。对青稞良种繁殖进行全程技术服务，帮助贫困户联系青稞销售，通过良种生产人均增收 140.4 元，当年该村顺利通过脱贫验收。在宜木乡虾沱村发展 12 户种植大户生产青稞良种，户均增收 1090 元，对该村青稞增产起到了示范带动作用。

2017 年杨开俊通过试验站与地方企业合作，采取订单生产模式在康定市新都桥镇上柏桑村、下柏桑村推广种植甘孜黑青稞 405 亩，涉及贫困户 58 户 283 人，进行全程技术服务，户均增收 2793 元，人均增收 572 元。在炉霍县宜木乡章达村与种植合作社合作，繁殖康青 9 号良种 356 亩，涉及贫困户 35 户 152 人，户均增收 2549 元，人均增收 587 元，当年 3 个村都高质量通过脱贫验收。

联合加工企业　订单生产青稞　保证贫困户增收

2018 年杨开俊带领试验站团队人员，继续通过与地方企业合作，从良种提供到全程生产全面开展技术服务，在康定市呷巴乡呷巴上村、呷巴下村、铁索村推广种植甘孜黑六棱 1005 亩，涉及贫困户 136 户 623 人，增产增效户均增收 1507 元，人均增收 329 元，当年 3 个村顺利通过脱贫验收。2019 年采取“公司＋科研＋贫困户”模式，与康定市洞波酒业公司合作，采取统一供种、统一技术、统一回收方式，在康定市折西片区 6 个乡（镇）71 个村联合打造“万亩黑青稞种植示范基地”，公司以每千克高于市场白青稞价 1.6 元的价格回收黑青稞 160 万千克，带动 950 户贫困户户均增收 3000 多元。基地建成后公司每年订单式生产，保证了农户的持续增收。

扶贫感言

四川藏区发展农业产业助推农民脱贫致富，关键是要注重提高农民的科学素质，不断提高科技贡献率；重点是要引导农民走市场，把优质产品变成优价商品，增加产品附加值；难点是要求服务人员工作有耐心、有爱心，要细心。

发挥技术优势　助力产业扶贫

——记国家谷子高粱产业技术体系岗位科学家　郭二虎

郭二虎，1965 年 2 月生，山西农业大学（山西省农业科学院）谷子研究所，研究员。“十三五”期间围绕岗位任务与当地谷子生产实际，在努力完成体系研究任务的同时，积极主动为生产服务，特别是为贫困地区农民开展技术引进、培训、指导、咨询及科技信息等多方面的技术服务，充分发挥了国家现代农业产业技术体系在支持当地农业产业发展和脱贫攻坚中的作用。

立足优势产业，积极开展技术服务

山西省长治市是一个典型的旱作农业区，独特的生态气候特点使当地成为全国闻名的优质米产地。

■ 郭二虎在山西沁县沁州黄公司开展农民培训

长治市拥有上百个小米加工企业、合作社，小米产业成为当地农村经济发展和脱贫攻坚的重要产业。2018年长治市被评为“全国小米之都”，辖区内8县4区中有国家级贫困县3个、省级贫困县2个，其中省级贫困县沁县和国家级贫困县武乡是本区域的谷子主产县，全国闻名的小米加工企业沁州黄小米（集团）有限公司和山西太行沃土农业产品有限公司位于这两个县。多年来，在政府支持、企业带动、科研部门的大力支持下，当地谷子产业得到快速发展。

作为国家产业技术体系的一员，开展农民技术培训是一项义不容辞的责任，郭二虎同志每年要到多个谷子主产县（也是贫困县）开展技术培训。2016年以来，连续参加由沁州黄小米（集团）公司承办的长治市职业农民技术培训，指导安排培训课程，组织编写培训教材，直接参加百人以上培训4次，其中贫困户占到培训人员的1/3以上；为国家级贫困县长治市壶关县、吕梁市兴县开展了全县规模的技术培训3次，并深入田间进行了指导；通过与当地各县农业农村局、企业合作，分别在沁县、武乡、长子、壶关、屯留、黎城等县开展技术培训20余次，累计培训农民技术员、职业农民2000余人次。参加了壶关、平顺、武乡等贫困县的产业规划，被武乡、高平等县聘为谷子专家，他经常接到认识的、陌生人的电话，总是不厌其烦地为他们解答生产中存在的问题、介绍新品种、新技术，提供了信息服务，成了他们的良师益友。通过开展技术培训、技术指导和咨询服务，传播了新理念和新技术，提高了农民种植技术水平，为贫困县农民谷子增产增收发挥了很好的支撑作用。

推广新品种、新技术，提高贫困县谷子生产水平和种植效益

产业脱贫是实现脱贫的重要措施，推广新技术是实现产业脱贫的关键。谷子是当地的特色作物，谷子产业已经成为当地农村经济发展和农民增收的主导产业之一。针对当地优质谷子生产中存在的产量低而不稳、机械化程度低、生产用工多、效益差、病虫害严重等问题，郭二虎同志联合中国农业科学院、山西省农业科学院等体系内育种、土肥等专家与沁州黄小米（集团）公司签订技术合作协议，开展技术服务，以企业生产基地为突破口，充分发挥示范展示作用，引进示范推广新品种、新机械、新技术，有效提高了当地谷子的生产水平。先后为沁县、武乡、壶关等贫困县引进示范优质高产新品种20余个，长生07、长生13、晋谷40号等优质高产品种得到大面积推广；引进精量播种机、中耕机、割晒机等5台套，助推了精播机的广泛应用，提高了生产效率，有效解决了保苗难的问题；改变传统窄行种植模式，示范推广了“宽行密植技术”“地膜覆盖技术”及配套化学除草、病虫害防治、合理施肥技术，使新技术得到大面积推广，谷子产量和规模化生产水平得到明显提高，谷子间

郭二虎在山西沁县沁州黄公司开展农民培训

苗、除草等难题得到明显改善，每亩增收节支达到 200 元左右。

支持企业发展，发挥企业在脱贫攻坚中的作用

企业发展是带动产业发展的关键，也是产业扶贫的重要措施。“十三五”期间，郭二虎同志所在的谷子栽培岗位联合体系育种、土壤管理岗位专家为沁州黄小米（集团）公司制定了谷子生产提质增效技术试验示范方案，开展了品种、栽培、土肥、病虫害防控等新技术研究与示范，在提升企业技术水平的同时，把新技术应用到生产中，特别是应用到贫困农民中，在技术方面支持了企业开展脱贫工作。2017 年以来沁州黄小米（集团）公司累计与贫困户签订种植合同 20162 亩，为贫困户带来直接经济收入 2602 万元。新品种、新技术的推广带动了周边谷子生产水平的提升，谷子产量与品质的提升、机械化程度的提高，有效提高了农民的种植效益和规模化生产能力，正常年份农民种植谷子的收入达到每亩 2000 元以上，为产业扶贫发挥了重要作用。

多年的技术服务让郭二虎同志在当地谷子生产的大地上留下了足迹，也成了一个活动的技术服务平台，把体系的新技术及时传播到了谷子产业发展中去，为体系争了光，为脱贫攻坚做出了贡献。

扶贫感言

扶贫工作是党中央的重大决策，关系到“两个一百年”奋斗目标的能否如期实现，而产业扶贫则是实现脱贫和奔小康的有效途径。产业脱贫需要政策的支持、企业的带动，更需要技术的支撑，作为国家现代农业产业技术体系的一员，多年的服务已经使产业体系成为当地支撑产业发展的重要支柱，与生产的结合度越来越紧。体系不仅成为产业发展所需的新技术、新品种、新装备的重要来源，同时也在传播新知识、新技术方面发挥了重要作用，必将为实现党的十九大提出的奋斗目标做出更大的贡献。

发展吕梁特色谷子产业　助力贫困山区脱贫攻坚

——记国家谷子高粱产业技术体系综合试验站站长　冯耐红

冯耐红，1973 年 10 月生，山西省农业科学院经济作物研究所，副研究员。所在试验站地处的吕梁山区为 14 个集中连片贫困区之一，也是国家深度贫困地区，试验站的 5 个示范县有 3 个国定贫困县，1 个省定贫困县。

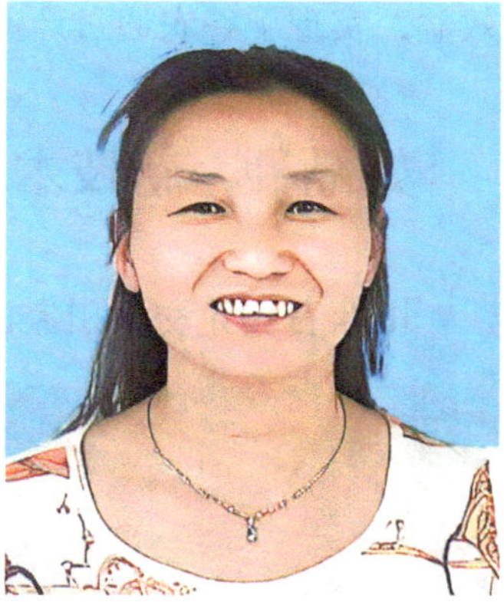

在体系成立之初，冯耐红是谷子体系最年轻的试验站站长，她深感肩上担子沉重，在体系首席及所领导的支持下，立足吕梁，利用试验站的品种、技术优势，带领团队成员在国定贫困县石楼、临县、兴县、忻州代县，省定贫困县柳林县，进行谷子种植、加工全方位产业服务，与体系各位专家老师共同协作，在谷子产业的各个环节开展科技扶贫，省时省工，增产增效，扶贫效果明显。

夫妻搭档创团队　打造脱贫攻坚技术力量

冯耐红，主要从事谷子加工研究开发，凭着加工研究起步早、有特色而进入体系，成为一名综合试验站站长。杨成元是冯耐红的爱人，主要从事谷子育种、栽培研究，成为试验站骨干成员。体系成立之初，体系首席刁现民寄予厚望"成元，你一定要支持冯耐红"，带着首席的嘱托，10 多年来，杨成元默默无闻，对冯耐红的工作给予鼎力相助。夫妻俩搭档整合单位加工研究室和谷子课题组全体成员组建试验站技术团队，打造脱贫攻坚技术力量。多年来在冯耐红的带领下，依据试验站谷子品种及技术优势，大搞技术培训服务促生产，帮助企业建基地、搞加工，抓收购，指导贫困户科学种谷、对接企业、实现脱贫，把吕梁打造成国内"试验站 + 龙头企业 + 基地 + 贫困户"为一体的优质谷主要优势产区之一，带动贫困县农户实现了种谷增收脱贫，效果明显，得到体系内外各方人士的称赞。

■ 冯耐红对山西柳林县陈家湾乡西垣村垣银合作社农民培训使用谷子精量穴播机

狠抓技术培训　传播思想技术助力脱贫

吕梁山区为干旱贫瘠地区，土地支离破碎，农民受“有卖种子的没有卖苗的”“三分种七分管”“自己留种自己种”的传统种植思想影响，导致间苗难、品种退化、品质低下、一度限制吕梁谷子产业的发展。体系成立之初，冯耐红与杨成元就开始引进适于吕梁小地块种植的谷子精量播种机、谷田除草剂，集成了“精选处理谷子原种＋精量播种＋宽行距小株距稀植留苗＋播后苗前谷友封底除草”的轻简化栽培技术，开展了试验站主推品种晋谷 21 号的提纯复壮，提供原种，示范、推广“七分种、三分管”的山地谷子轻简化栽培技术，并开展了大量形式多样的技术培训，改变了农民的种植观念，提升了种植效益，实现了谷农通过产业脱贫。

好品种、新技术，联合龙头企业实现山西石楼龙交乡田家山村整村脱贫

山西石楼龙交乡田家山村地处偏远山区，是当地典型的深度贫困村，全村 80% 为贫困户，2016—2020 年冯耐红与杨成元针对实际情况，引进晋谷 21 号原种及渗水地膜覆盖穴播免间苗技术，进行技术培训、实地指导，实现了连续 5 年亩产 350 千克的谷子丰收，带动该村从 2016 年的 300 亩，扩展到 2017—2020 年每年 1000 亩的规模，同时引进试验站结对扶贫企业汾阳皇米业有限公司订单收购商品谷，年均收购 20 万千克，全村种谷收入达 120 万元以上，55 户贫困户，每户年均种谷收入 2 万元以上，实现整村脱贫。本村贫困户郭元则在 2019 年接受记者采访时高兴地说：“今年除了余粮还能收入 13000 元。”

■ 冯耐红在山西石楼县龙交乡田家山村指导成熟期留种收获

扶贫感言

根据习近平总书记关于山西走有机旱作农业的思路和吕梁当地政府对杂粮产业的导向，谷子产业是吕梁山区有机旱作农业重点扶持的产业之一，种谷成为当地农民脱贫致富的首选产业。

产业扶贫需要政府政策支持，科研技术指导，龙头企业帮扶，根据贫困地区实际情况，发挥谷子产业在吕梁的特色优势，积极探索切实有效的扶贫路子，不能生搬硬套。

政产学研相结合，发挥体系育种、栽培、机械、病虫害、加工等岗位专家的技术和人才优势，实行产前、产中、产后无缝衔接服务，把扶贫工作做到实处，助力贫困山区实现脱贫攻坚。

聚力产业扶贫　助力乡村振兴

——记国家谷子高粱产业技术体系岗位科学家　原向阳

原向阳，1981年7月生，山西农业大学，教授。近年来主要扎根于山西省吕梁市兴县、岚县、临县，晋中市左权县、大同市广灵县、忻州市繁峙县、河曲县、静乐县等国家级贫困县，积极探索“政产学研用”的模式进行帮扶脱贫，以点带面，助力脱贫攻坚。

探索“政产学研用”的模式助力脱贫攻坚

山西省吕梁市兴县、岚县、临县，晋中市左权县，大同市广灵县、忻州市静乐县、河曲县、繁峙县，均属国家级贫困县，同时又是农业大县。但多年来因自然条件差，农业生产方式落后，务农人员年龄偏大，农民收入没有保障。面对这些贫困地区农业生产现状，身为国家谷子高粱产业技术体系岗位科学家的原向阳，看在眼里，急在心上。2017年始，借助国家谷子高粱产业技术体系大平台，他经常带领其团队深入这些贫困县，了解农业生产中存在的问题；带着这些问题，他再回到实验室进行研究，将理论与实践紧密结合，用科学的方法解决百姓生产中遇到的实际问题。多

■ 原向阳在山西河曲县单寨乡进行谷子高产高效栽培技术培训

年来，原向阳团队与繁峙县海丰农牧场、寿阳县金穗种植专业合作社、定襄治海杂谷专业合作社等多家专业合作社合作，先后研发出适合不同生态地区和地块作业的谷子自走式带镇压精量条播、手扶或小型拖拉机驱动的 2~4 行谷子探墒精量沟播、中小型拖拉机驱动的膜侧精量沟播、“旋耕 + 覆膜穴播”联合播种、“旋耕 + 膜侧沟播”联合播种、机械镇压，机械中耕培土除草，机械施肥施药，联合收获等多个单项技术，并集成了谷子全程机械化生产技术。原教授团队不仅服务农民专业合作社，服务“沁州黄”“山花烂漫”等十多个“山西小米”联盟企业，还通过学校与当地政府签订合作协议，或直接与政府一起推动“山西小米”品牌建设，积极探索“政府 + 高校 + 企业 + 农户”“政产学研用”的模式，使这些贫困地区的谷子生产水平和农民种植谷子的积极性明显提高，带动周边村镇乃至全县农民，尤其是附近村里的多个贫困户种植谷子等杂粮作物，实现当地就业，增产增收，脱贫致富。近年来，累计在山西省谷子主产区和贫困地区示范推广新品种新技术 30 多万亩，节本增效 2 亿 ~3 亿元。

谷子全程机械化生产技术帮助农民增产增收

繁峙县金山铺乡郝家湾村是个实实在在的贫困村，原教授团队将项目带到村里，帮助海丰农牧场选择适应郝家湾村气候条件、优质高产的张杂谷 10 号品种，研发改进了“旋耕 + 覆膜穴播”联合播种技术，实现了谷子的精量播种和免间苗，每亩节省用工 2~3 个；研发的谷子联合收割技术，免去了切穗、打场、扬场等繁杂工序，每亩节省用工 3~4 个；谷子产量由原来的每亩 150 千克增加到现在的千亩连片，亩产超千斤。全程机械化生产技术的应用，提高了生产效率，节约了生产成本，每亩节省劳务用工 5~7 个。通过在海丰农牧场的示范，带动附近村里 100 多户贫困户种植谷子等杂粮作物，实现增产增收，脱贫致富。目前郝家湾村每年种植谷子等杂粮 1500 多亩，比起传统种植方法，每亩增收谷子 200~300 多千克，每亩节本增收 1000 多元。把农民真正从繁重复杂的生产程序中解脱出来，每亩投入

■ 原向阳在山西繁峙县举行谷子机械化收获现场培训会

播种用工 0.5 个，田间管理 1 个，施肥施药 1 个，收割 0.5 个，全程谷子生产每亩仅需 3 个工即可。

兴县属于吕梁山区的贫困县，“山花烂漫”小米是业内的知名品牌，但常年种植的谷子品种只有晋谷 21 号，连续多年种植导致品种不纯；兴县耕地质量也普遍较低，大多数耕地都位于山坡上，实现机械化生产变得很难，百姓生活困难。原教授带领团队与兴县山花烂漫农业综合开发有限公司合作，建立专家工作站，结合当地气候条件，引进和筛选出适宜当地种植的长生 13 号、张杂 10 号、晋谷 40 号、晋谷 29 号等谷子新品种；同时针对当地地形地貌特点，研发和示范小型谷子精量播种机、割晒机和联合收割机及技术；在平衡施肥、精量条播免（少）间苗、核桃林下套种谷子、合理密植、防治病虫草及鸟害、叶面喷施功能型肥料等方面提供技术指导及培训，将技术带给当地龙头企业、合作社和种粮大户，并通过他们进行辐射推广，带动贫困户 35 户，亩增产谷子 50 千克左右，节省用工 4~5 个 / 亩，节本增效效果显著，农民种谷子的积极性和种植水平显著提高，实现了就地就业，增产增收，脱贫致富。

大同市广灵县也是国家级贫困县，常年种植谷子 5 万亩，“东方亮”小米也是业内知名品牌，畅销省内外。原向阳教授带领的谷子团队和山西禾卓伟业农业科技有限责任公司合作，在广灵县建设山西农业大学谷子产业协同创新基地，引进和筛选谷子新品种，破解谷子生产技术难题，示范推广谷子全程机械化生产技术，推进谷子产业发展，带动农民就业，实现增产增收。

扶贫感言

“三农”问题是关系国计民生的根本性问题。打赢打好脱贫攻坚战，产业扶贫是最直接、最有效的办法，也是增强贫困地区造血功能、帮助群众就地就业的长远之计。作为国家谷子高粱产业技术体系的岗位科学家，数年来的工作、服务与实践使原向阳深刻地认识到农业要振兴、农村要发展、农民要增收，不仅需要先进的科学技术，更需要肯于扎根农村、服务农民的农科人才。在今后的工作与实践中，他将立足本位，加快推进科学研究；深入基层，大力推广科学技术；立德树人，培养新型农科人才；开拓创新，打造“三农”工作队伍。在服务中寻找问题、发现问题、解决问题，用先进的科学技术指导农业产业发展，聚力产业扶贫、助力乡村振兴。

立足资源优势　拓宽特色产业扶贫路径

——记国家燕麦荞麦产业技术体系综合试验站站长　王凤梧

王凤梧，1973 年 10 月生，乌兰察布市农牧业科学研究院，高级农艺师。长期奋战在燕麦产业脱贫攻坚一线，被农业农村部授予“全国农业农村系统先进个人”。

王凤梧作为一名基层农业科技工作者，凭着对燕麦科技事业的执着追求，依托国家燕麦荞麦产业技术体系科技平台，坚持把产业扶贫作为精准脱贫的关键核心，以提高贫困群众自我发展能力实现脱贫增收为目标，积极投身燕麦事业。结合乌兰察布市燕麦产业发展实际，不断培育农村新产业、新业态和新模式，建立起 6 种创新产业扶贫路径，推动燕麦特色主导产业转型升级，实现产业发展促脱贫。

“订单种植、托底收购”扶贫路径

2019 年，王凤梧推动纳尔松公司与察右中旗燕麦产学研政产业扶贫示范基地签约，大量收购当地贫困户种植的燕麦。公司研发推出燕麦酒，燕麦需求进一步加大，与多个旗县的贫困户签订燕麦订单协议，高于市场价收购。近年来，他协助贫困户与塞主粮公司通过保底分红的模式，在乌兰察布发展燕麦订单种植户 1.6 万户，发展燕麦订单种植面积 40 万亩，直接带动约 6 万多名农民走上农业产业化发展道路，实现燕麦订单种植助力产业扶贫。

“劳动转移、农民变工人”扶贫路径

王凤梧协助未就业贫困劳动力实现转移就业，成为阴山优麦公司的产业工人。2017 年，王凤梧协助阴山优麦公司与大滩乡大西坡村委会共同投资建设莜面加工厂，加工厂就地招工，为当地贫困农民提供了几十个就业岗位，解决了贫困农民在农闲季节外出打工的难题；同时，村委会注资 410 万元，享受年利 8% 的入股分红，此举让当地的贫困户拥有入股分红、打工收入和订单回购收入三重长期稳定收入。

“保底分红、资金变股金”扶贫路径

2018 年，王凤梧协助阴山优麦公司申请 600 万元扶贫再贷款，与察右中旗的铁沙盖乡 120 户无劳动能力的贫困户建立利益联结机制，公司每年向每个贫困户以保底分红、发放良种等模式进行不低于 1500 元的帮扶。协助贫困户与塞主粮公司建立保底分红机制，采取政府担保，贫困户贷款入股，统一农资供应、收购，10 年分红的“企业 + 农民合作社 + 基地 + 农户”扶贫模式，每户每年分红 2000 元。

“资源变资产、农民变股东”扶贫路径

王凤梧帮助当地贫困户与乌兰察布市瑞田现代农业科技公司建立“土地入股、二次分红、风险企业承担、利益共享”模式。贫困户以扶贫基金、土地等入股，公司以农业全程种植技术和农机服务入股，形成统一经营和管理模式，村委会集体负责监督公司经营情况，每年进行 2 次分红，第一次分红在种植时，贫困户收到 300 元 / 亩的土地保底分红；第二次分红在收获后，贫困户收到利润的 50% 分红。通过努力，带动周边 6 个乡镇、17 个村委会、97 户贫困户直接脱贫，4000 多名农民间接受益，有效保证农户利益最大化。

“产学研联结，驱动产业转型升级”扶贫路径

2019 年，王凤梧协调国家燕麦荞麦产业技术体系与察右中旗政府在黄羊城镇联合建立了产学研政燕麦扶贫示范基地，并免费提供燕麦良种 21500 千克和种植技术指导，同年纳尔松酒业在察右中旗示范基地正式签约，大量收购当地贫困户种植的燕麦，助力产业扶贫。同时，他带领试验站与纳尔松公司创建了“燕麦产业发展协同创新暨燕麦酒酿造基地”，以“企业 + 科研院所 + 基地 + 农户”的产业扶贫模式，促成科研单位、企业与贫困户全方位多层次的紧密合作，贫困户得以接触到燕麦产业最新的技术、品种和经营模式，为贫困户脱贫致富和燕麦产业升级注入新动力。

■ 王凤梧在内蒙古察右中旗组织国家燕麦荞麦产业技术体系与察右中旗政府建立产学研政示范基地启动会

“项目拉动，科技输出”扶贫路径

王凤梧带领试验站先后承担京蒙帮扶乌兰察布燕麦良种繁育基地项目和京蒙扶贫协作北京市级财政资金项目，结合“扶志扶智”发展思路，以“项目 + 基地 + 贫困户”的扶贫模式，开展科技服务和指导，实现帮扶地区燕麦新品种覆盖率和新技术普及率均达到90% 以上，年产优质燕麦良种1300 吨，燕麦增产 12.9%，年收益达 325 万元，共计 2507 名贫困人口得到精准帮扶，实现项目与科技共同助推精准脱贫。

■ 王凤梧在内蒙古察右中旗协助纳尔松酒业与贫困行政村签订种植燕麦订单

扶贫感言

产业扶贫项目是推动扶贫工作的重要抓手，是实现贫困户稳定增收的基础和重要措施。几年的燕麦产业扶贫工作有如下感悟。一是活水扶贫，后劲强盛。注重培养贫困户自力更生的脱贫意识，协助贫困户与企业合作通过入股分红、打工收入、订单回购收入等，从根本上强化贫困户的造血功能。二是壮大集体经济产业。发挥扶贫资金带贫益贫作用，依托经营主体增加贫困人口财产性收入壮大集体经济。通过盘活集体资产资源，积极探索资产租赁、股份经营等多种形式，让贫困户共享集体经济发展收益。三是增强技能铺路，抓好培训之效，走强技增收脱贫之路。为贫困户提供强大的精神动力和智力支持，实现由“我不干”“不会富”到“我愿干”“我想富”的思想转变。

立足边疆助力脱贫攻坚

——记国家燕麦荞麦产业技术体系岗位科学家　刘景辉

刘景辉，1965年7月生，内蒙古农业大学，教授。他始终立足产业技术体系与学校岗位职责，重点在内蒙古燕麦主产区武川县、清水河县、察右中旗、兴和县、商都县、四子王旗、察右前旗、固阳县、达茂旗、科右中旗10个国家级、自治区级贫困旗县与企业联合开展“送品种、送技术、送政策”等多形式扶贫工作，通过“政产学研推用”融合，近5年累计推广燕麦新品种、新技术面积600余万亩，单产提高15%以上，新增利润4亿余元，助力4400余户建档贫困户脱贫。

作为一名国家燕麦荞麦产业技术体系养分管理岗位科学家，在科学研究、成果推广和精准扶贫工作中，刘景辉始终站在全面建成小康社会、践行国家脱贫攻坚及乡村振兴战略的高度履职尽责，全面研究并实践了内蒙古燕麦主产区高产优质种植技术的推广理论与成果，形成了“体系团队提供科技支撑—农民科学种植—企业优质高价收购原粮”的扶贫模式，提出了“三环节、三保障、三提高”的扶贫路径，使“燕麦良种保障、生产技术指导、企业联合收购”三个环节实现了良种良法配套与产销有效对接，有效解决了贫困地区燕麦良种缺乏、种植粗放、销售困难等问题。他牵头建立了7个乡村振兴综合试验站及30余个特色产业基地与科技服务点，为贫困旗县农民提供良种、开展技术培训，为企业高效生产提供有力科技支撑服务，为内蒙古燕麦主产区脱贫攻坚做出了重要贡献。

良种供给，提高燕麦单产水平

品种是农业的“芯片”，品种混杂、适应性差等问题导致燕麦产量低而不稳，严重制约燕麦产业发展。在首席科学家带领和各岗站专家及国际专家共同协作下，刘景辉依托体系平台带领团队广泛收集种质资源，利用常规育种与生物技术辅助育种等手段育成内蒙古优质燕麦品种4个，引进区内外燕麦品种20余个。刘景辉和团队扎根大地，情怀贫区，不畏艰难，奔波于田间地头，往返于村户之间，俯身实地了解春播和农民需求，为种植户无偿提供优质良种，近5年来累计为10个国家级、自治区级贫困旗县发放燕麦良种60余吨。良种发放的辐射带动作用迅速扩大，通过对部分贫困户的良种发放带动了周边农户对良种的广泛认可，加快了良种普及，提高了农民对良种增产增收的认识，为农户增收脱贫提供了保障。

■ 刘景辉等为内蒙古四子王旗贫困村赠送燕麦良种

保障技术落地，提高燕麦生产能力

技术是农业生产的推动力，良种良法配套能够确保产业优质高效发展。刘景辉带领团队踏遍内蒙古 19 个传统燕麦产区，深入调查了解，以生产问题为导向开展科学研究，真正实现把实验室带到田间，把论文写在大地上，共计研发集成燕麦栽培技术地方标准 20 余项。他带领团队通过室内培训和田间指导相结合，从品种选择、高效整地、合理施肥、病虫草害防控、适时收获等多环节为贫困区农民送去技术，指导农民科学种田、高效种田，近 5 年来累计培训农民、技术人员 1 万余人次，发放技术培训手册 2 万余份，深受广大农民认可，极大地增强了贫困户发展生产、技术脱贫的信心和底气。常常能听到农民们在培训后道出“种了一辈子地都没想到这其中有这么多门道”的切身感受，常常能看到培训后农民们围上前咨询和索要联系方式的场景，也常常能看到培训后他通过电话为农民答疑解惑、指导种植的场景。在体系首席、岗站专家和刘景辉团队共同努力下，新品种、新技术示范推广面积占内蒙古燕麦面积 60% 以上，单产和亩效益提高 15% 以上，打通了科技成果转化“最后一公里”，开通了科技与扶贫“直通车”，搭起了科学家与农民“连心桥”。

保障燕麦原粮销售，提高燕麦种植经济效益

刘景辉把体系首席科学家所提出的“政产学研推用”有机结合作为指导内蒙古脱贫攻坚的基本思路，把做大做强内蒙古燕麦优势特色产业作为自己的初心和使命，与燕谷坊、三主粮、阴山优麦等 10 多家大中型燕麦加工企业建立紧密合作关系，建立了“全方位、多层次、多形式”的校地企合作、政产学研推用有机结合的长效工作机制。在体系首席科学家带领下，刘景辉积极联合体系育种、栽培、植保、机械、加工和产业经济等岗位专家，推动校地企合作与共建国家级贫困县（固阳县与武川县）绿色

■ 刘景辉在内蒙古武川县签订一二三产业融合助力精准扶贫协议

与有机燕麦大县发展，帮助固阳县和清水河县燕麦成功申报为国家地理标志产品，促成体系把武川县列为“一县一业”建设县和察右中旗列为一二三产深度融合建设县。他立足本职，与企业联合深入田间，把企业惠民措施告诉农民、把企业让利带给农民，消除了农民对企业的不信任，打通了企业与农民的信息渠道壁垒，推动了企业与农户建立利益联结体，联合体系各岗站和各企业开展燕麦订单种植签约活动，企业保证以高于市场20%~30%保护价收购农民生产的优质燕麦原料，提高了农户种植燕麦的效益，近5年来累计推广新品种、新技术实现综合产值9亿余元，新增利润4亿余元，助推了精准脱贫顺利实现。

扶贫感言

产业扶贫是脱贫的根本之策，发展壮大产业是贫困地区拔掉“穷根”的根本出路。而贫困旗县产业扶贫面临的最大问题是农民种田缺乏科技引导、产业发展缺乏科技支撑、“政产学研推用”缺乏紧密结合，刘景辉把解决以上“三个缺乏”作为持之以恒助力精准扶贫的努力方向。燕麦作为内蒙古“老、少、边、穷”地区优势作物，发展燕麦产业对实现“真脱贫、脱真贫”具有重要意义。作为一名体系岗位科学家和科技工作者，要始终做农民科技致富贴心人，为其提供良种良法，提高科学种田水平；要始终做企业家科技兴业好朋友，为其提供科技支撑，帮助其节本增效；要始终做政府领导科技富县好参谋，保障燕麦产业支持力度，推动燕麦科技成果有效转化并落地生根，最终实现燕麦产业扶贫工作从被动“输血”向主动“造血”转变。

从无到有西藏饲草燕麦的扶贫之路

——记国家燕麦荞麦产业技术体系综合试验站站长　金　涛

金涛，1973年3月生，西藏自治区农牧科学院，研究员。主要扶贫区域为西藏自治区日喀则市。他立足于西藏缺少适宜饲草品种、农牧区饲草料严重缺乏、草比粮贵等生产实际，充分利用长期在农业一线从事科研工作的丰富经验和扎实的专业知识技能，在体系的支持下，率领团队在西藏以饲草燕麦引进、推广、种植生产等推动贫困农户增收致富，取得了突出成效。

作为在西藏成长起来的“藏三代”，2007年金涛就配合国家行业专项首席科学家任长忠研究员在日喀则曲美乡（曲美意为没水的地方）种下了当地的第一块燕麦田。针对西藏是全国唯一的省级集中连片特殊贫困地区，整体处于深度贫困的现实，在体系的全方位支持下，克服高原气候恶劣、交通不便、产业发展水平低、农牧民受宗教影响严重、文化素质较低、农业生产条件差、脱贫难度大等诸多不利因素，十几年如一日，聚焦西藏饲草严重短缺问题，以实干肯干的精神，填补了西藏燕麦种植的空白，面积突破30万亩，一跃成为西藏最主要的饲草作物。发展燕麦草产业和养殖业，成为当地贫困群众脱贫致富的主要方式。而牦牛产业、羊产业的快速发展更离不开燕麦的大面积推广。

踏实工作，突破观念和种植海拔束缚

金涛带领团队脚踏实地开展燕麦技术培训、品种展示、技术示范等，实现了两方面突破。一是观念突破，2008年刚开始推广燕麦时，认为燕麦是青稞地里的“白帽子”，遭到从自治区有关部门到基层农村的一致反对，示范田也只能种在田边地头、荒滩地、涝洼地上，给燕麦推广工作带来极大困难。2020年出台的《科技支撑西藏草业发展三年行动计划（2020—2022年）》中，当初被视为“引狼入室”的燕麦已成为各级政府和农民的香饽饽，以及草业首选品种。二是种植范围突破，10多年前饲草燕麦仅在日喀则市有少量种植，现在从西藏东部到西部，从海拔3300米农区到4600米高寒牧区，年播种面积已超过30万亩。

多措并举，迅速扩大燕麦种植面积

金涛及团队因地制宜充分利用燕麦的特点、扶贫需求，制定多种示范推广模式。

一是推广优良品种，为筛选出适宜西藏种植的饲草燕麦品种，在燕麦荞麦产业技术体系互帮互助下，从全国调集了790余份燕麦品种资源，首席和岗位专家们赴藏指导，在日喀则试验站集中攻关筛选。最终，从中筛选出10余个适宜不同生态区的燕麦品种。同时，试验站每年固定15万元用于购买燕麦良种，无偿赠送给各示范县乡村。

二是建立展示示范田，金涛站长带领团队狠抓展示示范田建设，充分发挥每一块展示示范田的带动辐射作用。通过深入田间地头指导、手把手地教、关键环节亲自做、收获时测产对比、各级领导及农民广泛实地观摩，甚至向农户承诺损失全部赔偿等多种有效措施，消除农民顾虑，讲解原理，使其入眼入心入脑，做到心服脑服口服，让各级领导和农民深刻感受到燕麦的广适性、高产性、优质性、牲畜喜食等诸多优势，实现了从不愿种到主动找种子找项目种燕麦的根本性转变。

三是借力驻村工作队。试验站人员有限，金涛站长通过给各驻村工作队送种子、送肥料、送技术、送资金（每个示范县2万~3万元），另外建立起一支扎根基层的技术团队，有效服务生产，指导扶贫。使每年的展示田数量得到成倍增加，达12万~15万个。不仅为驻村工作队的扶贫工作探索出了新路，还使燕麦在短时间内得到了迅速推广。

■ 金涛在西藏拉萨市林周县田间培训

实现四赢，扶贫显成效

在日喀则市曲美乡，2007 年之前，主要饲料为麦类秸秆，产量低质量差，农户每年 6—7 月还要花费大量人工到田间地头拔草以补充牲畜所需，年底至少还要买 700 元的秸秆作为冬春季饲草。牲畜夏肥、秋壮、冬瘦、春死，出栏率低，草畜矛盾十分突出。2008 年全乡人均收入 2700 元中的 937 元现金收入全部来自燕麦。种了燕麦后，群众反映节省了购草支出，牲畜吃燕麦长得快，增加了奶、酥油、奶渣、毛皮等畜产品产量和收入，改善了生活，减少了田间劳作，增加了外出打工机会，还减少了牲畜对天然草场的破坏，打造出了“曲美燕麦”品牌。2019 年该乡曲冲村 1/4 耕地种植 1000 余亩燕麦，年底出售饲草收入 50 万元，牲畜出栏收入 45 万元，人均从燕麦中获得纯收入 2500 元；那塘村 44% 耕地由村委会的合作社统一耕种、管理、出售，按土地入股分红的集约管理模式，年收入 700 余万元。通过种燕麦，实现了饲草增产、牲畜增肥、农民增效、生态恢复的四赢目标，促进了农牧民增收脱贫，综合效益十分突出。

扶贫感言

回望过去 12 年，燕麦能在西藏扶贫上取得巨大的发展，离不开“三实”：实用、实干、实效。燕麦所具有的耐瘠薄、抗逆性、适宜西藏特殊生态气候条件，契合缺草少料的贫困现状等实用特征。有了实用“药方”，最终还得实干！空谈误国，实干兴邦。一颗燕麦种子，凝聚着整个燕麦荞麦体系的辛勤汗水，只有通过汗水的浇灌、细心的呵护，才能在恶劣的西藏高原生根发芽、拓枝展叶、开花结果、取得实效，并传播到广袤的雪域大地。这一切是燕麦人脚踏实地、一点一滴实干出来的。实用、实干，换来的是饲草增产、牲畜增肥、农民增收、精准脱贫、产业振兴，生态增效等实际成效。

体系助力，产业升级，农民增收，为了农民能多收一块钱

——记国家食用豆产业技术体系综合试验站站长　郭延平

郭延平，1964年1月生，临夏回族自治州农业科学院蚕豆研究中心，副研究员。长期从事蚕豆新品种选育及产业化示范推广工作，为临夏州乃至甘肃省蚕豆主产区农民增收做出了重要贡献。

临夏回族自治州地处黄土高原与青藏高原过渡地带，是国家重点扶贫地区“三区三州”之一，是回、汉、东乡、保安、撒拉、土、藏等31个民族聚居区，农民文化水平低，农业生产基础薄弱，新品种、新技术普及率不高，生产效率较低，农民增收缓慢。

作为土生土长的临夏人，从小看到了农民的不容易，他从事蚕豆育种工作36年来，心里时刻装着豆农，时刻奋战在生产一线，时刻想着如何让农民多收入一块钱。2011年加入国家食用豆产业技术体系，他就着手制定临夏州蚕豆产业发展规划，从鲜食蚕豆产业升级、蚕豆轻简化机械收割、农民培训等入手，带领团队在甘肃省蚕豆主产区开始了助力农民增收的工作。

借助平台，创新扶贫模式

在国家级贫困县临夏回族自治州康乐县，他带领团队以蚕豆良种繁育体系建设为出发点，延长蚕豆产业链条为目标，先后对接体系育种、病害防控、绿色生产、机械化生产等岗位，全面贯彻落实习近平总书记指示精神和党中央国务院、农业农村部以及省州关于产业扶贫重要精神，依托自身科技优势，把产业发展作为扶贫总抓手，强化科技在扶贫中的重要作用，以“科研院所＋扶贫车间＋基地＋农户”的形式，助推精准扶贫。

体系助力，促进农民增收

为了解决农民增产不增收的现状，郭延平同志十分重视产业带头人的培养工作，他指导成立“康

■ 郭延平在甘肃康乐县开展蚕豆病害防治技术指导

乐县旭安杂粮购销农民专业合作社”，积极协调试验站依托单位临夏州农科院授权开展蚕豆良种生产、加工及销售，在体系育种岗位专家的支持下，先后选育出临蚕11号等4个蚕豆新品种，作为第一育种完成人，他提出无偿授权合作社开展新品种繁育与销售工作，对壮大合作社生产、带动农民脱贫起到了积极作用，他先后对接康乐县旭安杂粮购销农民专业合作社依托国家食用豆产业技术体系临夏综合试验站，在康乐县建立蚕豆良种生产示范基地3处，面积200亩，辐射临夏州临夏县、和政县、积石山县，定西市渭源县。引导合作社从事蚕豆良种生产的同时，开展蚕豆原粮的收购与销售，经过几年的发展，他指导的合作社年吞吐蚕豆良种达到1万吨以上，产值超过5000万元，纯利润100万元以上，吸纳30多户农民入社务工，带动周边400多户农户开展蚕豆良种生产，社员人均务工收入2万多元，合作社对生产的蚕豆良种按照高于市场价0.3~0.5元/千克价格进行收购，每亩增加收入180~300元。

为了降低农民生产成本，提高生产效率，2018—2019年，他积极对接体系机械化生产岗位专家，开展蚕豆轻简化机械化生产技术的研发与示范工作，在体系专家的共同努力下，原来人工收割7个工的工作量，现在机械收割1小时就能完成，蚕豆生产效率得到了大幅提升。目前在康乐县初步形成了“科研院所+扶贫车间+基地+农户”的蚕豆良种生产体系和“科研院所+企业+县级农机部门”的良种推广体系，既解决了蚕豆品种退化问题，又解决了生产效率低的生产现状，有效增加了农户收入，加快了精准脱贫步伐。

他对接指导的康乐县旭安杂粮购销农民专业合作社扶贫带动效果显著，为临夏州乃至甘肃省粮食作物生产合作社树立了榜样。2016年被临夏州农牧局评为“州级农民合作示范社”，2017年被甘肃省农牧厅评为“省级农民合作示范社”，合作社带头人王旭安同志2019年被全国科技助力精准扶贫工程领导小组授予“全国科技助力精准扶贫工作先进个人”。

扶贫感言

农业产业扶贫是个长久的事，急不成，地里面每一粒粮食都是农民用汗水换来的，农民增收的一块钱都是用双手刨出来的。每次下乡，郭延平都能看到农民期望的眼神，就是这种期望的眼神给予他力量。他的目标很简单，用一辈子时间做好一件事，就是让农民多收一块钱。他说：“感谢国家现代农业产业技术体系给我的平台，这几年技术培训力度变大了，新品种、新技术普及率越来越高了，我离目标也越来越近了。”

马铃薯产业助推干海子村精准扶贫

——记国家马铃薯产业技术体系综合试验站站长　王绍林

王绍林，1962年11月生，中共党员，丽江市农业科学研究所，农业推广研究员。长期服务于云南省滇西边境贫困区国家及云南省重点贫困县宁蒗彝族自治县、永胜县及玉龙纳西族自治县的马铃薯产业。

了解认识干海子村

干海子村，位于宁蒗彝族自治县蝉战河乡政府所在地北面，距离乡政府19千米，距离宁蒗县城92千米。纯彝族村，辖8个村民小组，常住人口296户1236人，面积49.58平方千米，有耕地15006亩，林地35034亩，平均海拔2750米，气候冷凉，出产差，主要种植马铃薯、苦荞等传统作物，是典型的高寒贫困山区，贫困发生率66.34%，是全市乃至全省贫困程度最深的村委会之一。

为实现2020年全面建成小康社会的目标，从2016年开始丽江市全面实施市县（区）各级单位挂钩帮扶贫困村，职工挂钩帮扶贫困户的措施。丽江市农业农村局负责挂钩帮扶国家级贫困县宁蒗彝族自治县蝉战河乡的干海子村。为使帮扶措施有针对性，发挥作用。2015年10月，市农业局组织了种植、养殖、农机的相关专家深入实地进行调研，为蝉战河乡制定了重点发展马铃薯种薯、中药材及草食畜牧业三大产业的帮扶措施，并决定于2016年优先实施马铃薯种薯产业的示范。马铃薯产业技术指导服务工作由丽江市农业科学研究所马铃薯团队负责，王绍林同志任技术组组长。

精准施策初见成效

针对当地一直采用传统老品种，品种混杂及退化严重；塘种稀植，每亩仅种植1200~1700塘，密度严重不足；偏施氮肥，不防治病虫害，晚疫病发生严重，管理粗放，马铃薯产量低质量差的问题，王绍林站长制定了重点品种配套丰产栽培技术工作方案。即“十二五”筛选出来的青薯9号、丽薯6号、丽薯10号等优良品种，配套“马铃薯平播后起垄栽培技术”“马铃薯晚疫病综合防治技术”等。2016年，王绍林站长克服试验站工作量大、人员紧张的重重困难，服从并支持市农业农村局抽调核心团队成员李春华到干海子村任第一书记及扶贫工作队队长，并全力做好服务工作。积极向农业农村局争取资金就位示范基地种薯，并由试验站提供种薯处理及晚疫病防治的药剂以及手扶拖拉机配套的组合式犁 1 台进行示范。从播种开始，到追肥培土、晚疫病防治，各个关键时期都亲自或团队成员实地进行培训指导。但由于农户“等靠要”的思想严重以及对新品种新技术持怀疑态度并担心马铃薯增产了也卖不出去增加不了收入，培训及领物资时答应得好，但过后均不按技术要求实施，农户实施的情况未能达到预期的效果。然而工作队亲自实施的青薯 9 号 3 亩，亩产达 3175 千克，丽薯 10 号 2 亩，亩产 2109 千克，比传统种植的老品种亩产 1470 千克，分别增产 1705 千克、639 千克，增幅分别为 115.99%、43.47%，亩增收分别为 1875.5 元、702.9 元，增产增收显著。

走出大山改变观念

总结第一年示范中存在的问题，需要改变贫困农户传统的固有观念，增强内生动力非常重要。2017 年起在进一步加大实地科技培训的同时，连续 2 年结合丽江马铃薯综合试验站举办现场观摩培训会，组织合作社社长和种植农户代表到玉龙县太安乡试验站示范基地及宁蒗县佳禾种子公司、丽江英茂种业有限公司的种薯生产基地进行现场观摩学习。不仅由科技人员进行现场讲解培训，还请种薯企业负责人及当地种植大户讲种薯收购保障及个人的经验感受。通过外出实地观摩使他们亲身感受到了干海子村在马铃薯生产上与先进地区存在的差距，增强了改变落后种植方式的紧迫感。农户的科技意识及马铃薯种植技术水平不断提高。

企业带动解难题

种出来的马铃薯销售不出去，产品变不成商品，绝大部分作为粮食和饲料消费，是影响农户种植积极性的重要原因。在各级各部门加紧进行道路、住房、教育、医疗等基础设施建设的同时，技术组积极牵线搭桥，把宁蒗县佳禾种子有限公司引进到干海子村进行种薯生产，组建成立了全乡第一个农民专业合作社——蝉占河乡阿迪发种植养殖专业合作社。促成合作社与公司合作，联合在干海子建设种薯生产基地。由公司提供种薯并按合同价对产品进行回收，由合作社组织贫困户进行种薯生产。实现了“公司 + 基地 + 合作社 + 农户（贫困户）+ 科技”的产业扶贫，有效解决了贫困户缺技术、投入不足、产品卖不出去的难题。

持续帮扶助脱贫

2019 年，干海子村连片繁种 555 亩，平均亩产 2033.5 千克，比传统种植亩产 1300 千克，亩增产 733.5 千克，增产 56.42%；种薯全部由公司按 1.3 元 / 千克收购，亩产值达 2643.6 元，亩增效 1153.6 元，增效 62.3%。共生产种薯 1128.6 吨，总产值 146.7 万元，基地农户户均产值 1.6 万元，高的达 3 万 ~4 万元，产业扶贫取得非常好的效果。充分发挥了示范带动作用，辐射带动干海子村 2500 亩及蝉战河乡其他 3 个村委会 970 余户 5000 余亩的马铃薯生产。

随着马铃薯种薯产业的发展，加之各级各部门的大力扶持帮助，干海子村发生了翻天覆地的变化，

■ 王绍林在云南干海子村进行马铃薯种植培训

到乡政府的公路加宽建成了水泥路，家家盖起了新房，接进了自来水，安上了太阳能，村容村貌焕然一新，人民过上了幸福生活，和全国人民一道如期实现小康。

和干海子村一样，丽江的许多高寒山区贫困村，依靠科技发展马铃薯种薯产业改变了贫困落后的面貌富裕了起来。

扶贫感言

产业扶贫是扶贫工作最重要、最有效、可持续的措施，贫困地区的科技进步、产业发展是一项长期而艰巨的系统工程，既需要科技人员的不懈努力，更需要全社会的支持帮助才能持续发展。

科技延伸油菜产业链条　为山区人民奔小康加油

——记国家油菜产业技术体系综合试验站站长　白桂萍

白桂萍，1980年7月生，中共党员，襄阳市农业科学院，高级农艺师。自扶贫工作开展以来，白桂萍带领团队走进襄阳南漳、保康两个省级贫困县，为山区油菜产业“把脉、问诊”，通过对油菜产业“稳链、补链、强链”措施，发展、壮大山区油菜产业经济，带领广大农民群众脱贫致富、创造幸福生活，体现出一名农业科技工作者的先进性和真正本色。

脱贫攻坚靠产业　精准到户助脱贫

2016年，白桂萍和团队走进了南漳县巡检镇，那里是和氏璧的故乡，深山峡谷间聚集了大量的古民居、山寨，有许多动人的故事，丰富而又独特的旅游资源大多处在“养在深闺人未识”的尴尬境地；那里还是中国有机谷的核心区，油菜是当地特色农业产业，由于种植规模小、机械化程度不高、菜籽质低价廉，导致生产效益不高，邻县的保康也存在相同问题。了解到这些情况后，白桂萍和团队决定通过“稳链、补链、强链”措施发展油菜产业，实现油菜全产业链绿色高质高效发展，为南漳、保康县贫困山区的人民群众脱贫致富献计献策、牵线搭桥，从此开始了艰巨而忙碌的油菜产业助力脱贫攻坚工作。

几年来，每到油菜开花季，漫山遍野的油菜花却不能给白桂萍的心情带来更多的喜悦，因为这里的油菜品种多、乱、杂现象严重，导致菜籽产量不高、品质不佳。因此，连续三年，白桂萍每年依托国家油菜产业技术体系，从全国各地引进20余个高产、优质、高抗、高含油量、适宜机械化收获的油菜品种，通过与当地农业主管部门、农机、农技推广部门、合作社等单位多年联合鉴定、筛选，最终筛选出了适宜襄阳山区种植的中油杂19、华油杂62、大地199等一批优质油菜品种，并大面积推广种植，加快了山区油菜品种更新换代的步伐，提升了山区菜籽的品质。

优良的品种可以带来优异的品质与价格，却不一定能给农民带来优质的效益。为提升油菜种植综合效益，白桂萍与当地农技部门、合作社和种植大户，走村串巷一家一户到农户家中进行实地走访，一方面了解困难群众生活情况，另一方面推广宣传优质油菜品种及产业扶贫政策，对于生活困难群众，她通过国家油菜产业技术体系项目无偿提供优质油菜品种、专用肥料及机械服务。南漳、保康山区土地分散，生产以一家一户分散经营为主，山区劳动力少、文化水平低，白桂萍又与村委会和农技部门沟通协调，对两个县的种植合作社、农机合作社和植保合作社进行了走访摸底，通过村委会、农技部门担保，合作社将一家一户土地进行保姆式托管，以村为单位统一进行生产经营。为确保油菜全程机械化各项技术在山区有效集成、应用推广，白桂萍与国家油菜产业技术体系育种岗位、栽培管理岗位、土壤肥料管理岗位、机械岗位、病虫草害岗位等专家积极对接，将体系研发的油菜优良品种、土壤适墒管理技术、密度调控技术、缓控释全营养一次施肥技术、联合机械播种技术、芽前封闭除草技术、“一促四防”技术、机械收获技术引进，最终在襄阳集成、落地生根。

4年的时间，白桂萍及团队帮助襄阳南漳雁落、百福，保康潮水、双坪等村实现了“一村一品”油菜种植，并且统一种植、统一管理、统一收获、统一销售，最终实现了山区油菜优品、优质和优价。

小小油菜花照亮了山村经济

为实现授人以渔，白桂萍及团队不但重视提高群众油菜科技生产水平，还重视宣传提高油菜在乡村振兴中的重要作用。她和团队每年往返山区30余次开展油菜关键生育时期技术指导与培训，还先后邀请体系专家、农技专家50余人次开展山区油菜产业调研、技术指导与培训服务。多年来，白桂萍对南漳县、保康县各乡镇农技部门、油菜主产乡镇技术人员及油菜种植专业合作社、油菜种植户等6000余人次进行了培训。2018年的5月15日，白桂萍所在的襄阳综合试验站与华中农业大学廖庆喜院长所在的机械岗位联合在南漳巡检镇山区小镇召开了“全国油菜机械化生产装备现场展示与观摩会”，现场全面展示了我国油菜全程机械化生产环节最新的技术装备，使山区人民对油菜生产节本增效，实现脱贫攻坚提升了信心。

油菜产业助力脱贫攻坚，白桂萍非常重视油菜全产业价值链条的挖掘，除帮助农民提高油菜种植

■ 白桂萍在湖北南漳县巡检镇对引进的油菜品种进行现场鉴定与考察

■ 白桂萍在湖北保康县对农机农技人员及油菜种植户进行油菜产业技术培训

收益外，还重视最后的加工环节。为使优质原料就地加工转化，白桂萍与油菜产业技术体系加工岗位黄凤洪研究员联系对接，在南漳县巡检镇引进了一条生产量5吨的菜籽加工生产线，对当地农户的菜籽以高于市场20%的价格收购，保证农户每亩菜籽种植收益在800元以上，生产出的功能型“7D”高端菜籽油，售价比传统菜籽提高了120%，优油优价提高了油菜综合收益。另外，白桂萍每年从体系引进红色、粉色、白色等彩色油菜花品种和菜用型多功能油菜品种，依靠合作社开发油菜菜用、花用、蜜用等多功能用途，协助地方政府打造油菜花海助力乡村振兴。

目前，经过白桂萍及团队与地方政府及农业部门多年的努力，襄阳南漳县、保康县一个个规模化、标准化的千亩油菜花海已经形成，一个个集优质油菜品种种植、旅游观光、无公害油料加工于一体的油菜产业扶贫基地初步形成，辐射带动周边10万亩油菜种植，帮助228户困难群众脱贫，增加综合经济收益3.6亿元，对推进襄阳山区油菜产业发展，加快百姓脱贫起到积极的推动作用。

扶贫感言

产业扶贫是一场持久战与攻坚战，也是一项系统工程。作为科技人员，通过科技带动农业产业发展，首先让困难群众有弱鸟先飞的理念与水滴穿石的精神；其次，以授人以渔的智慧、技术与信心，重视致富带头人营造脱贫攻坚良好氛围，帮助困难群众参与到现代农业技术变革所带来的输血、换血及自我造血的奋斗历程，真正让群众掌握现代农业生产技能，实现产业可持续发展；再次，树立脱贫典型，发挥带头作用；最后，科技人员与各级领导干部要有扎实的工作作风与能力，立下愚公志，啃下硬骨头的决心与勇气，不负重任、不辱使命，才能实现产业脱贫全面精准推进，也才能向人民交出全面建成小康社会的合格答卷。

第一书记花生科技扶贫路

——记国家花生产业技术体系综合试验站站长　王明辉

王明辉，1980年12月生，中共党员，黄冈市农业科学院作物栽培研究所，高级农艺师。2015—2019年，担任扶贫第一书记，驻湖北省黄冈市浠水县长安村，通过开展花生科技项目扶贫，出色完成脱贫攻坚任务。2017年，被共青团黄冈市委、黄冈市青年联合会授予"青年扶贫先锋"荣誉称号，黄冈市直130名第一书记考评排名第五，第一书记扶贫村党支部被评为红旗党支部。借助花生体系黄冈试验站项目平台，还在大别山区红安、麻城、罗田、团风、大悟5个国家级贫困县开展花生科技扶贫工作。

聚焦花生体系引领　第一书记花生科技扶贫

2015—2019年，王明辉站长在湖北省黄冈市浠水县长安村担任扶贫第一书记，带领花生体系黄冈试验站团队开展花生科技扶贫工作。花生是村里主要农作物之一，对保障贫困户生活具有重要作用。2016—2019年连续4年，王明辉站长在第一书记扶贫村召开农业科技扶贫项目启动会，邀请湖北省农科院党委书记、副院长、科技处长，湖北省扶贫办副处长，黄冈市副市长，黄冈市农科院党委书记、院长等领导出席活动，累计为第一书记扶贫村赠送价值10余万元花生良种、化肥、农药等；为加快项目进度，王明辉团队邀请花生体系岗站专家指导、湖北省农业科学院领导检查、黄冈市农业科学院领导督办。王明辉每年在第一书记扶贫村组织开展花生培训活动，并组织村民参加新型农民职业技术学习，还组建以花生体系黄冈试验站团队为首的科技服务队，建立花生产业基地，全方位解决第一书记扶贫村农业难题。作为试验站站长和第一书记，王明辉主动开展培训讲课、深入花生田间指导，并慰问孤寡老人和留守儿童。2015—2019年，通过王明辉站长花生科技扶贫，贫困户花生良种应用率、花生种植水平，花生效益均大幅提高，村里花生产业得到较大发展。

聚焦国家级贫困县　试验站站长花生科技扶贫

湖北省是全国花生主产区之一，大别山区是湖北省三大花生主产区之一，花生已成为大别山区贫困户家里不可替代的传统油料作物和经济作物。大别山区红安、麻城、罗田、团风、大悟既是花生体系黄冈试验站的5个示范县，也是5个国家级贫困县。2015—2020年，花生体系黄冈试验站在5个国家级贫困县开展一系列扶贫活动，形成花生产业体系农业科技扶贫模式，推动大别山区花生产业脱贫。大别山属全国花生青枯病重灾区，发展花生产业必须种植高抗青枯良种，花生体系黄冈试验站在5个国家级贫困县赠送了高抗青枯病及高油酸良种，建立核心示范片；联合花生体系病害防控岗位、品质收评岗位专家在5个国家级贫困县开展扶贫现场会、技术培训会，举办高抗青枯病高油酸品种、绿色防控、机械化等现场观摩活动，并发放技术资料。

聚焦花生产业致富　脱贫攻坚成效显著

2015—2019年，作为花生体系黄冈试验站站长和扶贫第一书记，通过花生体系黄冈试验站花生科技扶贫，王明辉团队向第一书记扶贫村赠送花生良种500千克，发放技术资料3000余份，培训1000余人；邀请花生体系岗位科学家指导5次、湖北省农科院领导检查5次、黄冈市农科院领导督办18次，累计培训20场，专家田间指导50次，慰问孤寡老人和留守儿童家里12次，赠送试验站自榨高油酸花生油300千克，还为留守儿童赠送书籍100本；贫困户花生良种应用率达到95%以上，村内大量抛荒田消失，花生面积增加1倍以上，效益增加2倍以上，花生科技脱贫户数占65%以上、人数占85%以上，脱贫攻坚成效显著。

2015—2020年，花生体系黄冈试验站在大别山区5个国家级贫困县，赠送高抗青枯病及高油酸良种3吨，建立核心示范片70公顷，辐射带动700公顷；开展扶贫现场会5次，技术培训会15次，高抗青枯病高油酸品种、绿色防控、机械化等现场观摩活动20次，发放技术资料10000余份、培训1000余

■ 王明辉在湖北红安县指导花生种植

人；主动对接 10 家花生龙头企业或合作社，指导花生产业发展，累计 15 次；邀请农业农村部科教司产业技术处、全国农业技术推广服务中心、湖北省农业技术推广总站成员，花生体系 20 个岗站专家莅临 5 个国家级贫困县（培训讲课 10 次、现场观摩 15 次，企业调研 10 次、基地指导 20 次）科技服务花生产业脱贫攻坚。花生大面积死亡现象几乎完全消失，花生单产比 2015 年前提高 30% 以上，效益增加 2 倍左右，带动农村贫困人口 10000 余人。通过花生体系黄冈试验站花生科技扶贫，花生产业带动大别山区 5 个国家级贫困县脱贫攻坚成效显著。

扶贫感言

国家产业体系是一个全国性农业大家庭，农村贫困人口脱贫是全面建成小康社会最艰巨的任务，王明辉很荣幸既能担任国家花生产业体系黄冈综合试验站站长，又能成为扶贫路上首批第一书记。作为一名从农村走出来的农业科研工作者，王明辉是个地道的“农业人”。在扶贫村担任第一书记期间村里老百姓都喜欢喊他“花生书记”，担任试验站站长在 5 个国家级贫困县扶贫时村里老百姓都喜欢喊他“花生站长”，他深切感受到使命在肩，贫困村需要农业科技力量支持。王明辉深知扶贫不仅是扶持贫困村和贫困户，还是检验自身专业所学，丰富社会阅历，提高各方面能力的难得机遇，这段扶贫经历将成为王明辉人生中一道亮丽风景。未来，王明辉将不断激励自己，继续通过花生科技投身“三农”事业，不忘初心、牢记使命，不负韶华、砥砺奋进！

守为农初心　担兴农使命　脱贫攻坚显身手

——记国家糖料产业技术体系岗位科学家　安玉兴

安玉兴，1970年5月生，广东省科学院生物工程研究所，研究员。广东省农村科技特派员，长期扎根广东省粤东、西、北，立在农村服务第一站，深入农业生产第一线。科技扶贫成效多次受到《科技日报》《南方农村报》《广东科技报》，以及新华网、人民网、南方+、学习强国学习平台、广州电视台、蕉岭电视台等媒体报道。

心系农民，根植蔗田

“待在农村太久了，一段时间不去，就觉得心里空落落的。”作为国家糖料产业技术体系甘蔗地下部虫害防控岗位科学家，安玉兴同志时刻谨记自己的农民身份，坚持将自己所有的新技术、新成果和新理念推广应用到广大农村地区。科技扶贫初期，接触农民时听到最多的声音是“我种了几十年地了，哪里需要你们来指导，还不如送点物资”。想着农民还不太欢迎无钱无物的科技人员，那就改变方式，借助制糖企业在甘蔗产业发展中的特殊位置，通过服务企业指导蔗农科学种田。以湛江农垦和恒福糖业集团有限公司为突破口。为有效解决湛江蔗区生产成本高、单产低、糖分低、效益低的突出问题，安玉兴同志从甘蔗病虫害防控入手，以性诱剂预警监测为指导采用高效低风险农药颗粒、无人机喷施性诱剂、释放赤眼蜂，以及药肥一体化等技术，实施精准防控，技术推广面积累计达120万亩，虫害防控效果总体提高了25%，甘蔗实现6吨以上平均亩产量，惠及糖厂蔗区技术人员及农民约1万人，让农民逐步认可了科技人员，体现了科技人员的真正价值。

建科研示范基地，体现科技力量

“依托得天独厚的富硒土壤资源，发展甘蔗规模化种植及富硒红糖产业，用5千克红糖可替换1吨水泥”，广东省梅州市蕉岭县政府从2018年起开始了发展富硒甘蔗产业工作。为推动蕉岭县的富硒甘蔗产业发展，安玉兴团队在蕉岭县广福镇建立了科研示范基地，初衷是“让农民感受到农业科技就在身边，切实感受到科技带来的变化”。基地第一年就遇到了棘手的问题，基地甘蔗收割后，却发现其制作出来的蔗糖有苦味，不适宜做糖。为研究成因，解决问题，团队到甘蔗地里取根、叶，将其列为课题研究。农民却认为多此一举，“不用分析了，肯定是因为之前种过烟叶”。“农民凭经验，我们靠科学”，团队通过土壤分析和土壤改良，解决了问题。如今，研究已有成果，正在广福镇推广试用。

近几年，安玉兴研究团队通过设立联合工作组、专项微信群等，形成与当地政府、驻村工作队、专业合作社、专业户、贫困户、入驻企业等全天候互动机制，推动广东省科学院与当地政府在蕉岭县合作成立广东省科学院富硒生物科技创新中心，全方位开展富硒生物品种选育、高效栽培与加工技术研究和人才培养。据统计，在梅州市蕉岭县扶持新建富硒功能红糖加工企业 1 家、富硒生物科技公司 1 家，截至 2018 年 12 月累计产值达 3800 万元，增加 360 个劳动就业岗位。通过技术培训、试验示范和技术指导，蕉岭县长潭、广福等 4 镇 7 村种植高产富硒优质甘蔗品种 1200 多亩，农民增收 240 万元。

同时安玉兴团队在广东省梅州市大埔县驻点扶贫村建成数字果园示范基地 1 个，开展了病虫害绿色防控、微生物菌肥为主的百香果有机种植示范工作，有效带动了当地村民种植积极性，并辐射到了广东省河源市东源县、紫金县、兴宁市等地，种植面积上万亩，每年单位土地纯收益可达 4000~6000 元，增加了农民收入。

■ 安玉兴在广东蕉岭县指导甘蔗虫害防治

扶贫感言

要发展农村产业，光靠科技的力量是不够的，要将各方力量有组织地联合起来。通过“一村一品，一镇一业”等政策，遴选一批涉农企业，与科技人员组成联合体，作为农业经营主体协同做事。科技人员仅仅掌握了有针对性的技术手段和成果是不够的，如果要形成良性发展，必须适应市场运作规律，产生实在的利润和价值。

真正来自田间地头的技术才能被农民接受。通过试验示范基地建设，将试验做在田间地头，在农民眼皮底下开展示范试验，让农民增强对科研的认知，切实感受到科技的力量，推动技术成果落地。

作为一名从事农业的科技人员，同时作为一名共产党员，有责任、有义务在自己力所能及的领域内，为农业增效、农民增收、农村增色尽绵薄之力！

扎根全国62个县区　11年潜心服务“三农”
把科研论文书写在脱贫攻坚的桑园蚕房

——记国家蚕桑产业技术体系岗位科学家　刘吉平

刘吉平，1968年4月生，中共党员，华南农业大学，教授。自2009年以来，依托体系平台，十年如一日潜心服务“三农”，致力推进蚕桑精准扶贫，积极与嘉陵、宜州、英德等县区对接，为区域经济发展提供技术支持；指导脱贫攻坚县广西融水、隆林、靖西、马山、隆安、忻城、环江、那坡以及江西修水9个县区开展蚕业生产；为粤、桂、琼、湘、赣、黔、川、滇等15个省（区、市）62个县区提供科技帮扶，年均下乡服务天数60天以上。

在国家蚕桑产业技术体系的总体指导和支持下，为贯彻落实中央关于全力打赢精准脱贫攻坚战的总体部署，充分发挥蚕桑产业自身特色和优势，刘吉平岗位科学家团队立足自身优势，充分发挥科技服务作用，积极举办和参与科技助力产业扶贫和乡村振兴的技术指导与培训工作，坚持产学研精准结合，为提升产业扶贫、精准脱贫质量提供强有力的技术支撑，并率先提出“蚕药桑用”的蚕桑病虫害绿色生态一体化防控理念，将自身的创新创造成果洒在蚕房和桑田上，服务“三农”的区域覆盖15个省（区、市）。

聚焦产业扶贫，助推脱贫攻坚

围绕“农村增效，农民增收”目标和国家蚕桑产业技术体系“打造蚕桑特色扶贫产业，铺就脱贫增收致富路”的宗旨，发挥岗位科学家在脱贫攻坚战中的引领作用，以科技服务产业发展为核心，以技能培训为契机，精准对接国务院脱贫攻坚挂牌督战县广西融水、隆林，国家扶贫工作重点县广西靖安、隆安、马山、忻城等贫困地区的蚕桑产业扶贫。同时，立足广东服务全国，深入粤、桂、琼、湘、赣、黔、苏、浙、渝、陕、川、滇、鲁、辽、吉等15个省（区、市）62个县区开展产业调研，实地指导生产年均35次以上，年均下乡天数60天以上。

2009年至今，通过对口帮扶，探索并建立蚕桑产业变“输血”为“造血”的长效扶贫帮扶机制，打造桑蚕特色产业成为贫困地区重要农业支柱产业。如帮扶贫困县隆林各族自治县发展桑园5.6万亩，辐射 16 个乡（镇）养蚕贫困户 1470 户 5880 人，实现脱贫 1421 户 5684 人。

■ 刘吉平在广西忻城县红渡镇马安村板江屯指导蚕农管理桑园

大力开展技术培训，增强贫困群众脱贫攻坚内生动力

2009 年至今，通过深入企业、科技示范基地、贫困村组、田间地头，“把脉”“问诊”产业发展，了解蚕农具体困难、致贫原因、脱贫意愿以及急需解决的问题，鼓励贫困农户自觉参与桑蚕产业脱贫。同时，通过专题讲座、现场教学、专家答疑、交流研讨、远程指导等方式，加大技术培训的覆盖面，让更多的帮扶群众掌握种桑养蚕技术，增强贫困群众脱贫攻坚的内生动力，改变命运走上脱贫致富的道路。11 年来，共计在重点扶贫县及全国各地开展各类专题培训 159 期，面授培训蚕桑技术员、致富带头人、养蚕大户、贫困户等 10802 人次，普及推广蚕桑绿色种养、病虫害绿色生态防控及蚕桑多元化利用等先进实用技术。

促进蚕桑科技成果转化，提升扶贫产业核心竞争力

为加快蚕桑科技创新成果转化助力脱贫攻坚，在国家蚕桑产业技术体系同仁的大力支持和帮助下，该岗位团队通过与国家蚕桑产业技术体系河池综合试验站、南充综合试验站等全国蚕桑综合试验站以及

广西宜州桑蚕循环办、广西宜州刘三姐桑蚕核心示范区、广东丝源集团有限公司、碧桂园集团等单位对接并开展联手帮扶，积极推进科技创新、成果转化、科技服务三位一体的深度合作，共同打造集中展示蚕桑自主创新科技成果的公共服务平台和科技产品对接平台，在广西、广东、四川、湖南、江西等蚕区先后建立特色优势产业示范基地 11 个，将团队近 60 项专利技术和产品在基地进行示范和应用，树立蚕桑“精准扶贫，乡村振兴”的样板。

积极参与建言献策，服务地方政府科学决策

自 2009 年以来，结合岗位工作实践，相继为广东、广西、江西、海南、贵州、云南、四川等地各级政府规划和发展蚕桑产业提供了技术咨询和智力支持，应邀与广东省委办公厅扶贫办、茂名市、罗定市、云浮市、英德市，广西来宾市、宜州区，江西省农业厅经济作物总站、修水蚕桑局，海南省农业农村厅、琼中农业局、昌江县等单位的部门领导一同开展蚕桑产业发展调研及座谈交流，为上述地区的蚕桑产业发展规划、产业园区规划及桑园建设、桑蚕病害生态防控以及推进蚕桑产业精准扶贫提供了专业意见及解决方案。

扶贫感言

11 年来，刘吉平教授最开心和欣慰的是收到帮扶群众发来的感谢和祝福，但在产业扶贫和脱贫攻坚的道路上，有欢笑，也有悲痛。2020 年 8 月，刘吉平教授在应邀参加四川省南充市嘉陵区的培训期间，短短两天时间内，经历了外公和父亲相继离世的悲痛，想起没能陪亲人走完人生的最后一程，内心充满愧疚、自责。但作为一名农业专家，他看到通过自己坚持不懈的“造血式”帮扶努力，越来越多的帮扶群众走上脱贫和致富的道路，实现“发展一个产业、带动一方经济、富裕一方百姓、造就一支专家队伍”的目标，庆幸自己生活在国家全面建成小康社会的伟大时代，深深感到只有融入时代的潮流中，才能创造自身更大的价值和幸福。

边境线上的蚕桑科技之星

——记国家蚕桑产业技术体系综合试验站站长　潘志新

潘志新，1963 年 8 月生，广西蚕业技术推广站，研究员。2020 年担任挂牌督战县（广西那坡县）产业技术顾问组组长。近年来，一直承担蚕桑产业技术体系牵头负责的滇、黔、桂石漠化片区产业扶贫任务，主要在广西那坡、靖西、德保、凌云、马山、上林等县（市）开展蚕桑产业扶贫工作。

聚焦蚕桑产业　帮扶挂牌督战县

广西那坡县地处桂西南边境，与越南接壤。全县 9 个乡镇 130 个行政村，总人口 21.8 万人，是典型的老、少、边贫困山区，也是全国 52 个未脱贫摘帽县之一，脱贫攻坚任务艰巨。多年来，潘志新研究员依托国家蚕桑产业技术体系，多次请来以鲁成首席科学家为首的专家团队，深入那坡县进行调研和技术指导，给各级党委政府出谋献策，给企业、经营主体提供信息，给蚕农技术指导，为该县蚕桑产业发展提供强有力的技术支撑，促进蚕桑产业的快速发展。2019 年该县桑园面积 11.32 万亩，养蚕 18.67 万张，产茧 0.77 万吨，产值 3.69 亿元，户均收入 2.9 万元。引进丝绸龙头企业 2 家，年产值 2.7 亿元，接纳建档立卡户劳动力 117 人。2016 年以来，共有 6945 户贫困户 31252 人通过参与蚕桑产业生产经营实现脱贫致富，蚕桑产业覆盖贫困户从 2016 年的 16% 提高到 2019 年的 41%，蚕桑产业已成为那坡脱贫攻坚的第一主导产业。

■ 潘志新在广西那坡县清华村指导大蚕饲养

潘志新研究员建议县党委政府紧紧围绕“盘活一片地、开发一株树、养好一条蚕、做优一粒茧、拉长一根丝、富裕一方人”的蚕桑发展思路，采取“政府推动、企业拉动、示范带动、农户联动”的发展方式，大力发展蚕桑产业，实现产业发展与脱贫攻坚同步推进的双赢目标。

成立科技专家服务队　精准指导蚕桑生产

依托国家蚕桑产业技术体系，整合自治区、市、县、乡蚕桑专家和贫困村蚕桑科技特派员 50 多人，成立了那坡县蚕桑科技专家服务小分队，保证每个发展蚕桑生产的贫困村都有 1 名蚕桑科技人员负责对接帮扶，实现五级上下联动，打通生产技术“最后一公里”，及时有效解决农户技术难题。2016 年以来共举办或指导举办各类蚕桑技术培训班 450 多期，培训 3 万多人次。

桑树栽培做到“四个统一”，即统一冬夏伐、统一清园、统一施肥、统一病虫害防治；养蚕做到“六统一”，即统一引种、统一催青、统一小蚕共育、统一消毒防病、统一饲养技术、统一蚕沙无害化处理，提高种桑养蚕标准化水平。

指导建设各类示范区和示范基地，重点推广应用体系育成的桂桑优 12 等 3 个优良桑树品种，桂蚕 2 号、桂蚕 8 号等 2 个蚕优良品种，蚕桑病虫害绿色防控技术等先进实用技术 10 套，有效带动那坡县蚕桑产业的发展。目前建成现代特色农业核心示范区自治区级 1 个，县级 1 个，乡镇级 9 个，村级 41 个；建成桑蚕产业脱贫奔小康产业园县级 2 个、乡镇级 15 个，这些示范基地带动贫困户 3511 户 14147 人，占全县建档立卡户 17.13%。

那坡县百合乡者兵屯黄国猛原来是贫困户，2015 年种植桑园 5 亩，由于缺乏种养技术，养蚕多次失败，不但没有赚钱，连本钱也没收回，大大挫伤了他的积极性。2016 年潘志新研究员跟他结成科技扶贫对子后，把他送到广西蚕业技术推广站跟班学习种桑养蚕技术，当年养蚕收入超过 25000 元，尝到甜头的他，一下子扩种桑园 20 亩，不但自己脱贫致富，如今还创办那坡县百合乡黄国猛小蚕共育公司，每年共育商品小蚕 10~12 批，每批 500~600 张，每年养蚕收入 25 万 ~30 万元。每年接纳建档立卡户 3 人到小蚕共育室工作，发放的小蚕覆盖贫困户 30 多户，成为村里村外闻名的致富带头人。

■ 潘志新在广西那坡县百合乡者兵屯指导小蚕共育

扶贫感言

扶贫路上任重道远，授予贫困户一定的资金和物资，可暂缓他们一时之困，授予他们生产技术和技能，这才是对贫困户最大的帮助，蚕桑产业成为大多数石漠化地区脱贫攻坚第一大主导产业，产业扶贫永远在路上。广大贫困户早日脱贫致富是潘志新最大的心愿。

科技，吹皱扶贫的春水

——记国家茶叶产业技术体系综合试验站站长　王友平

王友平，1961年9月生，湖北省农业科学院植保土肥研究所，研究员。农业农村部茶叶专家指导组成员，中国植物保护学会理事、中国昆虫学会理事、湖北省植物病理学会副理事长、湖北省植物保护学会副理事长、湖北省昆虫学会副理事长、湖北省茶叶常务理事。目前主要研究领域为茶树害虫生物防控和茶园化肥农药减施增效技术，主要的扶贫区域为鄂东大别山区大悟县，鄂西武陵山区咸丰县和来凤县。

以扶持企业为着力点，带动农民脱贫

王友平多次带领团队成员深入大悟县河口镇进行调研，了解到每亩出圃茶苗只有10万株左右，对当地的带动作用没有发挥出来。扶持龙头企业就是扶持农民，团队从解决企业短穗扦插技术入手，作为扶贫的着力点。经过对当地气象、土壤反复分析后，改进技术措施，扦插时间提早1个月、铺心黄土改为不铺心土、扦插密度从原来的25万株/亩提高到35万株/亩、低棚遮阳网改为高棚遮阳网。2016年以来，每亩出圃国标级茶苗达到25万~30万株，亩产值达到7.5万~9万元，技术问题解决了，原来30多亩育苗地逐步发展到300多亩。

以扶持产业为着力点，带动农民脱贫

深入调研，详细了解贫困户的致贫原因和技术需求等，并制定对应的技术帮扶措施。团队成员分批次与当地村镇干部、农技人员及合作社农户以及湖北半兵卫茶业有限公司和大悟绿源种苗有限公司等代表进行座谈，探讨了结对帮扶的细节并达成共识。调研农户160户，根据反馈过来的意见，认识到必须利用当地政府对茶产业的扶持政策发展茶产业是比较适合的路子，建议以湖北半兵卫茶业有限公司为载体，利用抛荒的土地发展生态茶叶基地，得到政府、企业和农民的一致赞成。在建园上团队发挥了很好的技术支撑作用，提出了提前整地、增施底肥、春季移栽、加强栽后管理等措施，基地实现了建园一次成功的效果。2018年投产后，春季做高档绿茶，夏季做出口香茶，秋季做工艺茶，亩产值达1万元。2019年转型生产抹茶后，年亩产值达4万元。

以技术培训为着力点，带动农民脱贫

从“输血”到“造血”的关键是让贫困户掌握一技之长，具备自身脱贫的能力。团队将技术培训、就业技能及掌握生存知识作为扶贫的又一着力点。2016 年以来在金墩村、顺山村共开展茶树种植、茶园管理和茶叶加工等方面培训 10 次，培训贫困农民 700 多名，发放资料 1500 份。通过培训，贫困农民不仅学到了技术，而且开阔了眼界。

■ 王友平在湖北大悟县河口镇顺山村开展茶园生态栽培技术指导

帮扶带动成效

壮大了村集体经济，改变了农村面貌。村书记黄红霞介绍，由于河口镇金墩村青壮劳力大都要外出打工，原来 2000 多亩土地荒芜，现在将土地流转给企业后，企业每年向农民交土地流转费 51.7 万元，投产后每年向金墩村上交承包费 44.2 万元。农民的精神面貌也得到了改变，突出的就是打麻将的少了，吵架的少了，有时间就到茶园干活。农民既得了绿水青山，又得了金山银山。

安置了农村剩余劳力，实现了精准扶贫。河口镇留守在家 40~65 岁的女劳力较多。农民张丹容，54 岁，有两个孩子，丈夫长年生病不能干活，日子过得很艰苦，在该公司打工，一年下来可以挣得 2.4 万元，既可以照顾生病的丈夫，也可以负担两个孩子上学的部分费用。村书记介绍，该村农民每年在该公司务工收入超过 300 万元。2019 年茶园投产后安置劳动力 300 人以上，农民打工收入达到 600 万元以上。

提高了产业科技水平，促进了高质量发展。王友平以河口镇为核心示范基地，通过体系和国家茶园双减项目，联合育种、栽培和加工等岗位专家，先后实施了高密度短穗无性系茶苗扦插繁育示范、生态茶园建设和茶园化学肥料减施增效技术示范等项目，使茶苗每亩出圃数大幅提高，质量达到国标二级以上。本地育苗，移栽成活率大幅提高，方便茶农及茶企业调运栽植茶苗，为大悟县茶叶良种推广创造了良好的条件，为该县茶产业提档升级创造了良好的条件。茶园基地的茶叶生产达到了出口欧盟标准，可以加工成抹茶，每亩产值可高达 4 万元，显著提高了经济效益。

■ 王友平在湖北大悟县河口镇金墩村湖北半兵卫有限公司开展抹茶加工技术指导

扶贫感言

授人以鱼，不如授人以渔。产业扶贫是稳定脱贫的根本之策，是促进精准扶贫由“输血型”向“造血型”转变的需要。每个贫困县村都应发展自己的特色产业，茶叶可作为山区的支柱产业，也是农民经济收入的主要来源和安稳致富的重要保障。农民脱贫难，主要原因是贫困山区劳动力严重短缺，农民观念相对落后和保守，新技术新产品落地实施难。良好协调沟通机制必不可少，要充分调动贫困户参与的积极性和主动性，提升造血功能。另外，产业扶贫的长期稳定发展，需要一套常态长效的机制提供保证，不仅需要科研机构的科技投入和行政主管部门的项目投入，还要建立强有力的农业社会服务化组织保障新技术新产品的实施。

用真招实策做贫困户的“主心骨”和“定心丸”

——记国家食用菌产业技术体系岗位科学家　张介驰

张介驰，1971年7月生，黑龙江省科学院微生物研究所，研究员。脱贫攻坚战役打响以来，黑木耳因其独有的生产特性而成为各地“扶贫产业”的热门选项。作为黑木耳栽培岗位科学家，带领团队，以大兴安岭南麓山区为主战场，远赴云南、江西等省份的新兴产区，培训栽培技术和开展现场指导，用真招实策做贫困户的“主心骨”和“定心丸”，助力贫困户在黑木耳产业大潮中站稳脚跟、大步向前。

食用菌产业周期短、投资少、增收快、用工多、覆盖面广，是一项短平快且门槛低的致富产业，而黑木耳绝大部分干制销售可大幅度减少产品销售压力，更使得黑木耳成了扶贫产业的热点。但是，发展黑木耳产业可不是建起菌包厂和栽培大棚就万事大吉了，重要的是让贫困户敢于从事和最终爱上黑木耳栽培这一行。如何做到这一点，成了张介驰在传授栽培技术之外的首要任务。

随着扶贫工作的深入展开，张介驰逐渐了解到了贫困户顾虑：一是不敢干，怕掌握不了技术，黑木耳栽培不成功、丢人又破财；二是没信心，怕产业效益波动大，黑木耳不好卖、费力又赔钱。为破除贫困户的顾虑，他带领团队成员们把“种好”“卖好”黑木耳当成了科技扶贫的终极目标。

全程帮扶保丰产，用体系成果做贫困户的“主心骨”

黑木耳栽培要结合自然气候条件精准管理才能获得好产量和好品质。贫困户起步时总是有畏难情绪，张介驰和团队成员们决定通过采取参观基地、与老栽培户交流和全程跟踪培训指导等多种方式，让贫困户在生产实践中逐步掌握栽培技术、克服畏难情绪。

2017年张介驰带队科技帮扶黑龙江省勃利县吉兴乡合庆村，入村之初就确立了“从零做起、全程指导、精准帮扶”的工作模式，下决心让零基础的贫困户学会脱贫致富的真本领。首先是组织40余位村民前往汤原县食用菌基地观摩，邀请当地的栽培老手现身说法。其次是组织两次深入浅出的技术培训和现场答疑。再次是委托汤原波巴布菌包厂按照体系技术成果“精准组方+适宜粒度+低水分+低温发菌”的要求，生产高质量黑木耳菌包，夯实生产基础。最后是完善配套栽培设施、精心指导出耳管理。每周至少往返700多千米到现场指导一次，遇到异常气候和关键环节还要多去两三次。功夫不负有心人，合庆村首次规模化栽培黑木耳就达到了“菌包污染率低于1%、单袋产量超过60克”的行业领先水平。看到稳产高产的黑木耳卖上了好价钱，贫困户们都喜笑颜开，都说：“有了科技做‘主心骨’，再大的困难咱也不怕了。”

像江西安远、云南富宁这些路途遥远的贫困县，张介驰不能频繁前往培训和现场指导，就发挥体系的平台作用，积极依靠南昌试验站和昆明试验站的技术力量，发挥“岗站联手扶贫”的优势，确保黑木耳栽培全程技术支持及时到位。

■ 张介驰在江西安远县指导南方黑木耳菌包催芽关键技术

成果转化促增收，用持续稳定收入作贫困户的“定心丸”

随着产业规模逐年增大和产地区域全国铺开，黑木耳产品销售压力越来越大、栽培生产利润空间越来越小。张介驰认为，只有靠“人无我有”的特色产品和持续不断的创新才能把贫困县黑木耳产业的后发优势转化为胜势，才能保证贫困户长期稳定受益。

大兴安岭南麓地区国家级贫困县黑龙江省龙江县2016年把黑木耳产业定为扶贫产业。为克服产业基础差、木屑资源匮乏、产品竞争力弱等现实问题，张介驰向有关部门建议要“利用大兴安岭资源优势打造特色黑木耳产业”。经多次调研协商，终于选定“沙棘木耳种植技术”并落地应用。配合体系研发的“精准栽培”“新型基质利用”技术成果，该县“沙棘木耳”栽培效果越来越好、品牌效应越来越强、产业规模越做越大，产业长足发展并发挥了重要的扶贫作用。至2019年年底，累计栽培沙棘木耳2550万袋，新增利润3570万元；带动贫困人口1万人，人均年分红600元；其中参与实际生产的240名贫困户人均收入超过4000元。连续稳定增收让贫困户们吃了“定心丸”，都认为这条路走对了。由于扶贫成效显著，张介驰所在团队被评为“2017年全国科技助力精准脱贫先进团队”。

■ 张介驰在黑龙江拜泉县指导冬季棚室出耳预试验

为持续发挥创新动能，张介驰积极协助贫困县组建自主研发技术队伍。如协助黑龙江省拜泉县创建“食用菌产业技术研发中心”，已在新品种引进试验、高效栽培技术创新和乡土人才培养方面发挥了重要作用，有力地支撑了产业发展。

扶贫感言

黑木耳产业扶贫带动了千万个贫困户摆脱贫困，同时也显著提高了黑木耳产业的全国影响力和设施装备水平，为黑木耳科技工作者提供了更广阔的舞台。作为一名国家食用菌体系的专业工作者，感到兴奋的同时也感到了更大压力。产业健康发展不是靠几个人的试验研究就能实现的，还需要广大参与者的共同实践创新。只有长期将扶贫与扶智相结合，始终坚持和强化技能培训和一线实训，才能使贫困户及众多栽培户真正了解黑木耳产业、真正掌握栽培技术，才能发挥产业科技创新的巨大动能，才能最终把产业扶贫的后发优势转化为长久发展的竞争力，才能把黑木耳产业发展成长远的富民产业。

呕心百草化药香　织就山区致富梦

——记国家中药材产业技术体系综合试验站站长　李　明

李明，1965年11月生，宁夏农林科学院荒漠化治理研究所，研究员。国家中医药管理局中药材扶贫团专家、农业农村部中药材扶贫专家，主要的扶贫区域有国家级深度贫困地区宁夏回族自治区固原市原州区、隆德县、彭阳县，中卫市海原县，吴忠市同心县，以及甘肃省庆阳市镇原县。

扎根中药材产业　推广规范栽培技术

自2017年担任中卫综合试验站站长以来，李明在盐池、同心、海原、隆德、西吉、彭阳、原州等县区建立了20个中药材综合试验示范基地；2018年主持科技部东西部协作科技扶贫项目，在宁南山区6县8个贫困村，共建立综合技术示范面积3470亩，带动农户390户，其中建档立卡户184户。

固原市原州区官厅镇官厅村位于固原市东部，主要以种植小杂粮为主，2017年在李明团队的正确引导下，逐步发展中药材种植业，种植面积连年增加。2019年，官厅村及周边村镇的90户村民参与中药材种植，其中包括58户建档立卡贫困户。官厅村第一书记罗永吉认为发展中药材种植效益显著，他说："官厅村现有耕地面积2.7万亩，常住农户220户。草畜产业是官厅村的主导产业，牛存栏1400多头，种植玉米6000~7000亩，完全能够满足养殖饲草用量。现在发展中药材产业，突破了经济发展局限，农民增收有了新渠道。"2020年，中药材种植面积达2000亩，主要有红花、板蓝根、柴胡等品种，带动农户48户，其中建档立卡户33户，平均每户平均增收6000元左右，中药材产业已成为当地新的致富产业。

吴忠市同心县预旺镇、下马关、张家塬等乡镇"十年九旱"，主要以小麦、玉米、马铃薯及小杂粮等作物为主。2020年前8个月降水量仅有113.2毫米，春夏两季农田干土层厚度达30厘米左右，极度干旱，夏粮豆类绝产，减产严重，亩产值100~400元，亩纯收入50~100元。李明及其团队在已有覆膜保墒种植成果的基础上，通过组装配套、技术集成创新，开发出适合于宁夏中部干旱带和南部山区的中药材育苗、种子直播高效节本种植技术，突破了中药材育苗困难、种子直播出苗率低、播种后遇雨板结等瓶颈。开发出黄芩、黄芪双覆膜种植，艾草覆膜垄沟穴播一体化种植，柴胡轻简化栽培等多种中药材抗旱栽培新技术模式，利用该模式种植的中药材抗旱避灾效果明显。目前，中药材黄芩、黄芪双覆膜栽培技术模式已在同心县预旺镇、隆德县、彭阳县和原州区进行了小面积示范种植，种子出苗率大幅提高，抗旱避灾、节本增效显著，育苗田亩节省种子5~8千克，直播田亩节省种子2千克，亩均产值达到2600元，亩纯收入达1800元以上。艾草覆膜垄沟穴播一体化种植技术，有效解决了旱作区严重春旱而影响播种的问题。柴胡轻简化栽培技术，出苗率高出传统种植30%以上，亩节约成本200元，亩产值2000元以上，亩纯收入700元以上。

创新帮扶策略　落地脱贫致富梦想

通过多年的扶贫工作的不断探索，李明总结了三条适合于当地社会经济条件的扶贫经验。一是科技助力，扶智扶贫，让贫困户自己种药赚钱的模式，通过“科技人员＋贫困户”，即1个技术人员、1~2个中药材主推品种、推广1~2套成熟配套技术，带上3~5个贫困户。二是合作社带动，代耕代种，让贫困户在赚钱的同时，提升农业科技水平的扶智模式。采用“合作社＋基地＋贫困户”，使合作社和贫困户形成利益共同体，由合作社统一种植，并在支付农户土地流转费和打工收入的同时，让他们融入技术应用的实践中。三是共建共享，共同参与，与合作社一起赚钱模式。即“合作社＋贫困户”模式，贫困户跟随合作社种药材，且与合作社之间建立共建共享合作关系，享受合作社的产前、产中、产后全过程中的种子、种苗、农资、收售、流通服务，实现技术共享、信息共享、市场共享，使他们的脱贫致富梦想得以真正实现。

■ 李明在宁夏同心县预旺镇开展黄芩双覆膜种植指导

精选中药材品种　保障大宗产业效益

李明研究员一直以来积极推广中药材新品种和新技术，保障大宗中药材品质及效益。2018 年，李明团队在固原市调研中药材红花产业发展，发现红花品种退化、产量低、开花迟且经济效益不显著。2019 年李明在花类药材岗位科学家、河南省农业科学院梁慧珍研究员的支持下，引进了 8 个红花品种，经过试验筛选了性状优良的无刺大头红花裕民 3 号，花丝产量大幅提升，实现了宁夏红花品种更新，确保了农民增收渠道。

扶贫感言

中药材种植产业大多扎根于经济、文化相对落后的贫困山区，农民对新品种新技术的接收能力有限，因此必须紧密依靠当地党支部、合作社，构建“产业党支部 + 专业党小组 + 党员致富能手”的产业化扶贫组织体系，着力发展壮大农民专业合作社，科学谋划。同时，一个人的能力是有限的，有上级管理部门做后盾，有一个团结健全的村党支部、村委会做配合，才能使扶贫取得实效。始终牢记“组织上委派你来扶贫，你就要带着大伙往前走，用你的智慧和能力，帮助农民走向共同富裕。就是累倒，也要倒在扶贫的路上”。

产业扶贫进彝家　民族团结奔小康

——记国家绿肥产业技术体系综合试验站站长　韩文斌

韩文斌，1961年10月生，中共党员，南充市农业科学院，研究员。2019年以来，按照绿肥体系任务和农业农村部“三区三州”产业扶贫要求，作为绿肥专家组顾问，他聚焦深度贫困，在凉山州贫困程度最深的布拖县，多次带领团队深入调研，结合布拖土地瘠薄、耕地较少和畜牧业、荞麦、马铃薯、中药材、蔬菜等产业优势不明显的短板，因地制宜建立“绿肥+”产业扶贫示范基地，千方百计帮助贫困群众增收脱贫，帮扶工作深受当地干部群众的好评。

精准施策，依托产业发展打通脱贫“经络”

凉山州布拖县位于四川省西南边缘大凉山深处，贫困人口多，经济发展滞后，是国家级深度贫困县，同时也是目前凉山州7个尚未脱贫的贫困县之一，受自然和气候条件的限制，农业产业发展短板明显。2019年4月，韩文斌同志主动请缨，加入绿肥体系攻克“三区三州”脱贫攻坚队伍。在布拖县农业产业发展中心欧才龙主任等的带领下深入数十个乡镇村调查走访，摸清产业情况。布拖县绿肥牧草光叶紫花苕种植面积大，向来有“绿肥一季草，牲畜半年粮”的说法。但是由于缺乏技术，管理粗放，广种薄收，鲜草产量每亩不足0.50吨。韩文斌同志与扶贫专家一道研究对策，因地制宜制定以绿肥牧草为主线的“绿肥+”产业扶贫规划3个，编制马铃薯—绿肥牧草—羊牛循环种养殖模式实施方案。韩文斌同志曾获中共南充市委“三百工程”优秀帮村干部称号，具有丰富的实际工作经验，韩文斌这样说：“要想做好扶贫工作，必须知根知底，做到心中有数，心中有策。产业问题是关系脱贫攻坚的关键问题，只有增强造血功能，才能从根本上摆脱贫困，彻底挖掉穷‘根’。”

真帮实扶，依靠科技赋能架起致富“桥梁”

作为国家绿肥产业体系综合试验站站长，韩文斌同志几十年如一日长期扎根田野。他常说，作为农业科技工作者，既要当好指挥员，又要成为合格的战斗员，只有把论文写在大地上，才能体现农科人的人生价值。凡规划布置田间试验、调查采样等工作，他都要亲力亲为，往往一干就是一天。在他的带领下，团队科研进展明显，科技成果推广应用成效显著。围绕布拖产业发展，他准确把握绿肥在产业扶贫的切入点，制定“绿肥+”产业发展模式，引入绿肥牧草光叶紫花苕标准化生产技术，建立成果示范展示基地，通过示范带动，光叶紫花苕草每亩产量达到1000千克以上，比过去翻了一番。为使产业扶贫落到实处，技术贯彻到位，韩文斌同志积极协调依托单位南充市农科院派驻一名驻村工作队员长期驻村负责落实产业扶贫工作，投入资金30余万元为俄里坪乡采洛村援建10个钢架大棚，为贫困群送去绿肥、特色蔬菜、优质粮油等种子。依托单位的大力支持成为工作巨大动力，韩文斌及团队迅速建立起2个绿肥牧草成果示范展示基地，利用成果展示基地现场教学培训，手把手、面对面帮助彝族群众学会新技术，掌握新技能，开拓新思路，为贫困县培育出一批懂技术、会经营、善管理的本土化脱贫带头人，示范带动产业发展。

■ 韩文斌在四川布拖县开展绿肥牧草技术指导

不辱使命，用心用情浇灌彝乡“幸福花”

俄里坪乡采洛村距离县城30余千米，道路崎岖交通不便，下雨天气绕道理县半天才能到达，高山峡谷增强高原反应，韩文斌克服诸多预想不到的困难，到村后马不停蹄投入工作，与县上和驻村工作队员一道深入田间地头，指导技术，察看苗情。高原气候晴雨多变，紫外线灼烧着皮肤，下地一身泥、回

■ 韩文斌在四川布拖县采洛村结对帮扶贫困户的山羊养殖

家脱层皮成为韩文斌同志扶贫工作的真实写照。入户调查时不懂彝语，给工作带来极大不便，韩文斌同志就虚心向当地干部学习彝语，加强了与彝族群众交流对话，拉近了汉彝关系，增强了民族团结。

采洛村吉吾哈呷家有6口人，劳动力仅吉吾哈呷一人，除了地里马铃薯和荞麦的收成，几乎没有其他经济来源，家庭非常贫困。韩文斌了解情况后，决定与驻村工作队员一道结对帮扶，协调该村专业合作社向其承包50余只山羊进行养殖，帮助指导在冬闲地和荒地种植绿肥饲草光叶紫花苕，解决了冬季山羊饲料紧缺问题，节约饲料开支，年增收5万元以上，全家实现了脱贫，过上了幸福的小康生活。村支书木跑土坡说，韩文斌老师不仅给我们带来了新品种，新知识和新技术，还带给贫困群众亲人般的关爱，不是亲人胜似亲人。采洛村在他的帮助下，通过发展绿肥牧草，山羊、肉牛养殖发展到3000余头，养殖已成为群众脱贫致富的主要经济来源。

扶贫感言

四川脱贫看凉山，凉山脱贫看布拖。作为产业扶贫专家组顾问，韩文斌深感使命光荣、责任重大。两年的扶贫工作为彝区贫困群众做了一些力所能及的事情，发挥了“绿肥牧草+”产业的科技示范带动作用，循环种养模式得到普遍推广。由于布拖彝区地域广阔，文化差异明显，在产业扶贫中要做到精准施策，发挥科技支撑作用，用心用情做好培训、指导和帮扶，面对面、手把手教会他们学技术、换思想、找出路，增加“造血”功能。在完成脱贫摘帽基本目标后，继续着力解决产业发展的关键技术难题，使牛、羊等地方特色产业不仅有“量”，而且保证“质”的提升，着力加强地方品牌建设，利用绿肥强大的生态服务功能，开发蜂蜜和景观旅游产业，走出一条边远地区脱贫奔小康和乡村振兴的新路子。

优势在山坡　致富靠苹果

——记国家苹果产业技术体系综合试验站站长　邹养军

邹养军，1969年10月生，西北农林科技大学，研究员。近年来在四川省阿坝藏族羌族自治州小金县、甘孜藏族自治州康定市，吕梁山片区陕西省榆林市子洲县、吴堡县等地开展苹果产业科技扶贫工作。

进行技术指导与培训，打下脱贫的知识文化基础

2019年，按照农业农村部“三区三州”定点扶贫安排部署，邹养军承担了四川省阿坝藏族羌族自治州小金县、四川省甘孜藏族自治州康定县苹果产业科技扶贫工作。小金县和康定县位于我国川西高原，属于亚热带高原型大陆季风气候，年均降水量800~950毫米，无霜期150~250天，当地苹果园多分布在海拔2000~2800米的高山阳坡，日照充足、昼夜温差大、环境洁净、病虫害少，所产苹果颜色鲜艳光洁、高桩端正、脆甜可口、品质极佳。在地方政府的扶持下，目前小金县和康定县苹果产业发展前景良好，苹果相较当地传统的马铃薯、玉米等产业具有很高的经济效益和很强的竞争优势，农民发展苹果的积极性很高，是当地贫困村脱贫致富的主要产业。但是，当地果农普遍年龄偏大，文化素质低，种植苹果技术水平不高。为了帮助果农种好苹果，2019年4月开始，在小金县的日尔乡、沃日乡、宅垄乡、达维镇，康定县的姑咱镇、金汤镇、时济乡等主要苹果生产区域，在苹果生产的关键环节进行技术指导与培训，主要帮助果农解决了以下问题。第一，指导果农合理留果，依据干周法、距离法科学疏花疏果，避免大小年结果。第二，为了促进红富士幼树早结果，指导果农做好拉枝工作，疏除把门枝、重叠枝、竞争枝和背上枝等，规范树形，控旺促花，为来年结果打下基础。第三，两县果园多处山地，土层较浅土壤瘠薄，为了培肥地力，指导果农多措并举，多施腐熟的农家肥、进行果园生草、

■ 邹养军在四川省康定县姑咱镇杠江沟示范园开展工作

利用草炭等有机物料局部改良土壤提高肥力，为优质丰产奠定基础。第四，大力推广化学疏花疏果、不套袋栽培等轻简化技术，降低生产成本。累计全年开展技术指导和培训 26 场次，培训果农 1200 多人次。指导的示范园优质果率提高了 15%，亩均效益增加 2000 元以上。

发展现代农业产业园区，主导农民脱贫致富

陕西省榆林市子洲县，属于我国吕梁山片区深度贫困区，当地农民依靠种谷子、糜子、荞麦等杂粮维持生活，多数农户生活在贫困线以下。为了帮助农民早日脱贫，2016 年起，帮扶子洲县清水沟现代农业产业园区发展山地苹果 1300 亩，先后引进了国家苹果产业技术体系研发的秦脆、秦蜜、华硕、美味、烟富系列等新品种 10 多个，推广山地苹果整形修剪、肥水膜一体化、配方施肥、覆盖保墒、化学疏果、免套袋栽培、病虫害绿色防控等新技术，良种良法配套，其中秦脆、华硕等新品种每千克售价均在 30 元以上，连续 3 年园区产值超过 2000 万元。园区成立之际，就以带动村民集体脱贫致富为目标。园区流转土地时，除给予贫困户较高租金外，还以土地入股的形式享受分红，在园区山地苹果管理过程中，优先雇用贫困户。贫困户土地租金、入股分红、打工收入相加每户年均收入 8 万 ~10 万元。目前清水沟园区已让 63 户 210 人脱贫达到小康水平。清水沟山地苹果，也成了当地的一张亮丽名片，“优势在山坡，致富靠苹果”已成为大家的共识，目前园区带动周边村镇发展山地苹果超过 10 万亩，子洲山地苹果发展到了 22 万亩，已成为当地农民脱贫致富的主导产业。

■ 邹养军在陕西子洲县清水沟苹果修剪技术培训

扶贫感言

通过近年来的扶贫工作，“三区三州”边远贫困地区农民的勤劳善良以及对政府的信赖，令人深深地感动。果农在极为艰苦的条件下，不辞辛劳种出了品质优良的苹果，依靠山地苹果产业脱贫致富，是一件非常了不起的事情。作为一名科技工作者，一定要牢记习近平总书记的教导，脱贫摘帽不是终点而是新生活新奋斗的起点。苹果产业技术体系应继续服务于“三区三州”地区，帮助果农解决生产中出现的各种技术难题，为果农做好技术保障，确保山地苹果成为果农幸福生活的“绿色银行”。

科技创新助力宁陵脱贫攻坚
由“输血式”向“造血式”转变

——记国家梨产业技术体系岗位科学家　杨　健

杨健，1965年8月生，中国农业科学院郑州果树研究所，研究员。2018年河南省梨产业科技特派员服务团成立以来，带领服务团面向宁陵梨产业需求，积极发挥自身优势助力河南宁陵县脱贫攻坚。服务团先后被宁陵县、商丘市、河南省、中国农业科学院等评为优秀团队，受到《河南日报》、学习强国、今日头条、河南卫视《新闻60分》、河南广电全媒体等多家媒体关注报道。

发挥优势助力宁陵酥梨产业转型升级

宁陵是国家级贫困县、河南省第一产梨大县，也是宁陵农业支柱产业，种植面积20余万亩（占河南省1/4），从业人员5万余人。杨健针对宁陵酥梨产业中存在的问题，提出了“一稳定两提高”的优化品种结构方案、“三转四化”的优化栽培制度方案；制定了《绿色食品　宁陵酥梨生产技术规程》，协助宁陵落地实施梨产业项目7个，通过绿色提质增效技术的示范推广，经全国专家鉴评，宁陵酥梨平均可固达12.3%，最高14.0%，高于全国平均水平。并协同中国农业科学院油料作物研究所，开展梨园套种油菜示范推广，使洁白的梨花与金黄的油菜花同时绽放，吸引游客；幼苗期采摘菜薹，增加收入；花后旋耕沃土，培肥地力；协同郑州果树研究所草莓团队，大棚种植草莓，梨花期草莓成熟—观梨花采草莓，促进了一二三产业融合发展。

充当桥梁招揽人才为宁陵酥梨产业发展把脉问诊

科技特派员是推进派出单位和受援单位深入开展产学研合作的桥梁，杨健热情邀请中国农业科学院原党组书记陈萌山委员、中国农业科学院副院长万建民院士、国家梨产业技术体系首席科学家张绍铃教授等17人到宁陵调研，开展交流活动，其中11人受聘为宁陵特聘专家。国家梨产业技术体系“一县一业”落地宁陵；组织召开“宁陵县优质酥梨品鉴暨绿色发展研讨会”“小型机械与新型肥料地头展”“第二届全国梨产业发展研讨会”等，来自全国的代表260余人参会，26人做交流报告，为宁陵脱贫攻坚、产业发展出谋划策。

搭建平台为宁陵酥梨产业提供科技支撑

推进并落实中国农业科学院郑州果树研究所与宁陵县政府合作共建宁陵酥梨试验站，创制了“科研院所+地方政府+试验站+龙头企业+果农”“五位一体”的科技创新与成果转化平台，建立了高标准示范园100亩，引进新品种（系）136个，解决了品种单一问题，延长了鲜果供应期，并且贮备一批新种质。集成新技术新模式30余项，开展绿色提质增效示范与推广，通过申报修购项目完成了田间道路、塑料大棚、肥水一体化等基础建设，购置10余部果园机械；打造了集品种培育、成果转化、技术示范、人才培养、国际合作、科普教育和观光旅游等“七位一体”的国际一流试验站，辐射带动区域产业发展，目前试验站初步成形，吸引参观学习者上千人次。

■ 杨健在河南宁陵开展田间技术指导

传播技术为宁陵酥梨产业培养乡土人才

面向宁陵贫困乡（镇）、贫困村，重点对接宁陵酥梨试验站、商丘国家农业科技园区管委会、商丘农业科技园区四基地、赵村乡明昌专业种植合作社、赵村乡宏盛农业科技发展有限公司、黄岗镇蜜香梨种植专业合作社等受援单位，积极开展集中培训、田间指导、电话微信咨询等活动，培养乡土科技人才和新型农民，推广新品种、新技术、新模式、新理念。自服务团成立以来，杨健前往宁陵38次，现场服务的人数和天数累积 116 人 / 天；组织举办大型技术培训 4 场次，受益果农 1500 余人次，培养一批乡土科技人才和新型农民，其中 3 人参加了中国农业科学院研究生院举办的“农业人才高新技术讲习班”。同时，为金桥酥梨专业合作社申报绿色食品认证提供咨询，使其顺利获得了绿色食品认证。

■ 杨健在河南宁陵开展梨树生产技术规程培训

结对帮扶为宁陵脱贫攻坚增砖添瓦

通过结对帮扶宁陵县石桥镇刘花桥村、石桥镇周楼村、石桥镇石桥集、赵村乡赵村集，指导建设示范基地 17000 亩，受益人数 4500 人，为当地新增就业岗位 60 个，带动农民人数 60 人，帮助建档立卡贫困户 270 户，带动相关产业增加经济效益 2800 万元。协助宁陵县脱贫攻坚工作顺利通过国家验收，并名列河南省前茅。

扶贫感言

脱贫攻坚与巩固扶贫成果与乡村振兴的基础在县域、重点在乡村、关键在产业、难点在人才、动力在科技。梨是我国主要水果之一，素有“百果之宗”的美誉，梨果业属于科技含量高和劳动密集型产业，随着我国工业化、城镇化进程加快推进，农村劳动力短缺、农业劳动力老龄化和人工费用逐年上升，改善传统的管理观念，创新发展模式，采用省力化、机械化和标准化已是必然趋势。科技人员在与广大果农的深层交流学习中，深感任重道远，深知把论文写在大地的深刻含义；“做给农民看、带着农民干、帮着农民赚”才能真正把研究成果转化为生产力，让梨果业成为有奔头的产业，让果农成为有吸引力的职业，让农村成为安居乐业的美丽家园。

扎根山野映初心　梨产扶贫担使命

——记国家梨产业技术体系综合试验站站长　黄新忠

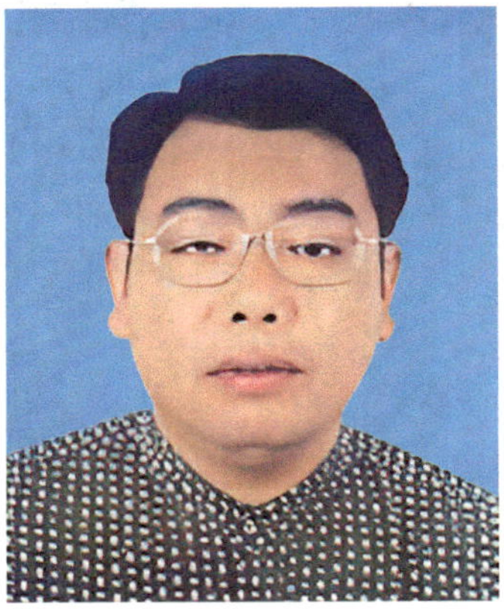

黄新忠，1962年1月生，福建省农业科学院果树研究所，研究员。2008年担任综合试验站站长以来，发挥国家梨体系人才优势和个人专业特长，立足品种结构调整优化与区域关键共性技术研发示范，推动福建原中央苏区县梨产业转型升级，积极帮助省定贫困县连片空壳村建立村财梨基地，主动融入闽宁对口扶贫协作。2019年在全国推行科技特派员工作制度20周年总结大会上获得科技部通报表扬，建宁县委“不忘初心、牢记使命”主题教育领导小组号召学习的先进典型，2020年作为成员之一的闽宁对口扶贫协作援宁群体被中央宣传部授予“时代楷模”称号。

发展梨区新品种，构筑梨区品种新优势

建宁县既为福建原中央苏区县，又为省定贫困县，地处闽西北内陆山区，冬季气候寒冷，早春加温快，夏秋昼夜温差大，发展南方早熟梨具有同一纬度区域不具备的独特气候比较优势。立足于此，在历届地方党委政府高度重视下，早熟梨产业得到长足快速发展，为农业增效、农民增收、农村发展发挥了其他产业难于替代的作用。但近年来却出现大量砍树抛荒现象，面积、产量规模逐年缩减，给脱贫攻坚与乡村振兴蒙上了一层阴影。品种老化趋同、结构单一是造成这一困境最重要的原因，黄新忠团队大力承接引进遗传改良研究室品种改良岗位专家最新选育梨品种近30余个，以建宁县为核心，以清流、明溪、建瓯、德化等多个福建原苏区或老区县为辐射点，开展区域适应性研究，从中已筛选晚翠、新玉、桐乡等多个市场前景看好、发展潜力大、适宜区域气候特点的新品种，并动员种植企业、种植大户采取新植、改植、高接等方式，示范推广种植0.5万亩以上，已初步构筑起不同于周边省（市、区）梨区品种布局新优势。

■ 黄新忠在福建建宁县进行现场技术指导

研发创新，为梨产业转型升级提供了有力技术支撑

研发创新，为产业发展提供不竭动力，是一个从事研发的科技工作者首要职责，更是农业科技工作者投身脱贫攻坚与乡村振兴经济建设主战场发挥更大作用的资本与底气。2009 年以来，为更加贴近产业、贴近实际、贴近果农，黄新忠带领团队借助国家梨体系建设要求，在建宁创立了以梨为主的福建省落叶果树品种与技术创新基地，与企业共建联合创新中心 2 个，把实验室设在田间地头，除自身研发团队以此扎根潜心开展研发外，还联合南京农业大学、华中农业大学等国家梨产业技术体系岗位科学家团队，合作开展区域重大关键共性技术和生产难题研发，取得多项创新性成果，大面积应用生产，为加快原中央苏区县梨产业转型升级提供了有力技术支撑。

棚架栽培作为梨优质高效栽培在日韩及我国梨产发达地区得到大面积应用。鉴于现行棚架栽培模式仅适用地势平坦工整区域，建宁等福建原中央苏区县梨园多建于山地，因地形复杂难于推广的状况，在借鉴国家梨产业技术体系“双臂顺行式”简化棚架栽培技术研发成果基础上，创新设计与研发出适宜山地梨棚架栽培架型 4 种、树形 3 种，并解决了系列整形修剪技术难题，为此，申报国家发明专利、实用新型专利 15 项，截至目前已获得国家发明专利 6 项、实用新型专利 4 项，使棚架栽培模式在山地梨园得到快速发展。

十年努力，挽回数亿梨病损失

梨早期落叶为长期困扰长江流域以南区域梨产业重大关键技术难题，尤以福建建宁等原中央苏区县梨产区发生最为严重。通过与相关岗位科学家团队密切配合，经过十年的不懈努力，终于明确提出南方梨产区早期落叶主要诱因为叶部病害，发现致梨叶早衰脱落最强的梨斑点炭疽病，在观察掌握其发病流行规律及鉴明其病原为果生炭疽菌的基础上，筛选出多种安全高效防治药剂，研发提出深沟断根、高接抗性品种等配套栽培技术，制定出《南方梨病害型梨早期落叶综合防控技术规程》，2018—2020 年累计推广 34 万亩，挽回产量损失 10.39 万吨、经济损失 4.06 亿元。

对接基层，加速实验理论向生产的转化

这些年来，黄新忠在带领团队努力完成繁重的科研任务的同时，坚持重心下沉，主动长期对接帮扶企业 4 个、专业合作社 4 个、家庭农场 2 个、种植大户 26 户，年均 180 天以上驻扎基地和奔波于福建原中央苏区县梨产区，倾心尽力开展技术指导、释疑解难、示范操作与技术培训等科技服务，及时把国内外先进技术、成功做法和最新研发成果转化实实在在的生产效益，推动企业发展，其中建立让果农看懂、学得会、用得上的落叶果树示范基地 3950 亩，年均举办技术培训 1000 人次以上，辐射带动果农 865 户大面积推广避雨栽培、棚架栽培、省力化密植栽培等新模式、新技术 10 余项，覆盖面积达 1.5 万亩以上，累计增加产量 2.5 万吨、收入 1 亿元以上，并创立“科技 + 企业 + 贫困户”精准扶贫模式，动员生产示范基地共建企业与种植大户生产示范园承建种植企业与大户，稳定贫困户就业 17 户 29 人，

■ 黄新忠在宁夏固原市举办现场梨技术培训

年户均增收 3.37 万元。

同时，还帮助福建原中央苏区县域外省定贫困县的平和县芦溪镇 5 个连片财空壳村建立村财梨基地 400 亩，主动融入闽宁对口扶贫协作，2018—2019 年数次深入宁夏固原市集中连片深度贫困县（区）开展合作研发、科技服务、技术培训，使梨产业成为闽宁深度协作新亮点。

扶贫感言

发挥地方资源比较优势，发展壮大区域特色产业，是推动区域整体脱贫摘帽和保持持续稳定健康发展的战略性举措。国家现代农业产业技术体系基于打破条块、区域、行业界限，实现全国科技资源整合、学科和专业统筹，协同聚焦解决产业关键共性技术形成强大合力，在产业扶贫中发挥了独特作用。相信只要一如既往秉持“把论文写在大地上、把成果留存百姓家”的理念，扎根田园映初心，产业富民担使命，加快农业产业全面实现转型升级，国家现代产业技术体系在脱贫后时代助力乡村振兴蓝图化为壮美现实必将更加大显身手和做出更大贡献！

提升传统葡萄产业水平　科技支撑助力精准扶贫
服务萧县葡萄企业　助力县域经济发展

——记国家葡萄产业技术体系综合试验站站长　孙其宝

孙其宝，1970 年 8 月生，安徽省农业科学院园艺研究所，研究员。多年来一直致力于安徽皖北区萧县等地葡萄产业的发展，积极开展科技服务工作。安徽皖北萧县，为深度贫困县，是安徽重要的葡萄产区和体系示范县之一，葡萄规模化栽培有 400 余年历史，素有“天上王母蟠桃，人间萧县葡萄”之美誉，葡萄是当地经济支柱产业之一。品种单一、管理粗放、重产量轻品质、效益不佳等问题，严重制约当地葡萄产业的健康发展。助力当地葡萄产业经济发展，提升生产技术水平是合肥试验站在当地科技工作的首要任务。

联合开展产业调研，精准定位积极谋划

如何发挥萧县传统产业优势，提升产业技术水平，带动贫困户脱贫致富，再铸“葡萄之乡”昔日辉煌？

2017 年 11 月，孙其宝站长会同安徽省人大驻萧县白土镇张村扶贫工作队和村两委，在研究讨论如何稳定脱贫不返贫问题上，一致认为发展农业产业是关键，以产业带动村集体发展、以产业带动贫困户就业增收是拔掉“穷根子”的最好出路。同年 12 月，合肥试验站专家团队驻村开展考察调研，座谈交流，通过分析研讨，精准定位张村发展葡萄产业思路，利用本地优势，以市场为导向，发挥现代科技示范引领。

积极开展示范基地建设，充分发挥科技引领作用

如何促进当地葡萄种植户根深蒂固传统种植思想观念的转变？科技引领起作用，产业示范带动强。

2018—2019 年，合肥试验站协助安徽省人大扶贫工作队、村两委积极筹集县财政专项资金 243 万元，在萧县白土镇张村建立了产业扶贫现代农业示范园 180 余亩，新建葡萄设施大棚 139 栋，葡萄长廊

400 米；引进示范了体系葡萄新品种 20 余个；集成示范了体系大树稀植、省力化整形修剪、水肥一体化、病虫害绿色防控、花果市场目标化精细管理等关键技术和绿色健康生产综合技术模式，实现了当年定植，第二年亩收入超万元，第三年亩收入 2 万元以上的目标。

2019 年 9 月 4 日，国务院扶贫开发领导小组巡查到张村葡萄产业园时，对产业扶贫现代农业示范园的建设和示范带动给予较高的评价。

2020 年 3 月 11 日，安徽省副省长张曙光在示范园调研指导，就园区示范实施葡萄体系新品种新技术取得的成效给予充分肯定。安徽新闻联播、《安徽日报》等媒体先后对张村葡萄扶贫产业园依靠科技力量，助推县域产业发展进行了宣传报道。

协助开展农业品牌建设，提升产品市场竞争力

如何提升市场影响力？提高产品收入？利用品牌效应，逐步提升产品知名度和影响力。

一是注册品牌。2019 年合肥试验站协助示范村创建村集体企业“萧县张村创新发展公司”，注册了“果缘”葡萄产品品牌。

二是展评会获奖，提升知名度。支持该公司积极参加省内外水果评比，公司葡萄产品“夏黑”荣获安徽省第六届优质果品（加工品）展评会葡萄组一等奖，实现了安徽皖北葡萄产品在历届省内水果评比一等奖“零”的突破；目前，张村“果缘”品牌葡萄产品市场价格是当地其他产品的 2~3 倍，该企业已经成为当地乃至全省的葡萄种植“明星”

三是园区结合当地特色打造葡萄文化园。2019 年 9 月被评为宿州市科普教育基地，年接待皖北葡萄种植户参观交流学习 2000 余人次。2020 年示范园区一期建设的 70 亩结果，年收益 150 余万元，实现了村集体经济由原先的负债到现在的年收入 50 万元以上。

通过这三项举措，一步步地将品牌建设有效地增强，把农产品转化成商品能力，实现了葡萄产业经济效益提升。

依托体系科技开展志智双扶，精准吸纳和引导贫困户就业

如何摆脱“贫困户脱贫又返贫”？改变“输血”式扶贫向“造血”式扶贫的转变，增强信心，注重“志智双扶”是关键！

自示范园建设以来，合肥试验站站长孙其宝带领团队累计实地指导 80 余人次，邀请体系首席科学家段长青教授等专家集中授课指导 12 人次，培训葡萄种植户 1580 余人次，发放技术资料 1700 余份，培养贫困户技术能手 6 人。吸纳贫困户在园区内务工，提高家庭收入，切实让老百姓享受到真真切切的效益。示范园区建园开始，优先安排贫困户就业，免费技术培训。目前，在企业园区带动下，通过务工带动 65 人，其中贫困户 38 人，每人每月增收了 1500 元以上，带动 30 名贫困户每户每年入股分红 3000 元。

■ 孙其宝在安徽萧县张村扶贫产业示范基地现场讲授葡萄市场目标化精细管理技术

扶贫感言

通过示范体系优良品种，建立“安全、简约、精益”节本绿色健康栽培技术体系，是解决当地制约区域产业健康发展瓶颈的关键；在实施科技助力精准扶贫工作中，依托体系科技人才优势，整合科技力量，因地制宜、有的放矢，制定切实可行的实施技术方案，形成可复制、可持续、可推广的先进技术推广模式，在县域周边示范带动更多的贫困户实现脱贫致富，为地方产业经济的脱贫攻坚工作贡献自己应有的力量，在扶贫产业示范中插上科技的翅膀；积极开展“志智双扶”工作，培养贫困户生产技能，在公益性岗位优先安排贫困户就业，从而扩大贫困户的收入渠道，真正做到“一人就业，全家脱贫”。

葡萄新技术　助力深度贫困区脱贫攻坚

——记国家葡萄产业技术体系综合试验站站长　容新民

容新民，1963年4月生，新疆石河子农业科学研究院葡萄研究所，研究员。和田地区是国家深度贫困区，其中墨玉县和于田县属国家“三区三州”定点扶贫和国家挂牌督战脱贫县，任务艰巨。2018年，容新民响应国家脱贫攻坚和兵团向南发展的号召，在单位组建了扶贫团队，并联合体系栽培、机械、质量安全岗位专家及豫东站、杭州站团队组成国家“三区三州”定点扶贫与体系扶贫专家组，在和田地区开展扶贫工作。

科技帮扶

为扎实推进扶贫工作，团队将原本设置在北疆的两个示范县基地，转移至和田地区的墨玉县和于田县。和田地区土壤气候条件独特，葡萄种植历史超过2000年；但由于品种和技术落后，葡萄产量低、品质差、价格低、销售难，一般农户种植葡萄每亩收入仅2000元左右，生活困难。

引进优良葡萄品种。扶贫团队与专家组以引进葡萄优良品种和示范推广葡萄种植新技术为抓手，引入葡萄优良品种30余个，其中引进推广的无核白鸡心葡萄粒大、有香味，所制葡萄干品质好、售价高，深受市场欢迎，已成为和田地区主栽葡萄品种，种植面积超过10万亩。

推广轻简化种植新技术。当地种植葡萄一直沿用传统的大棚架模式，建园需砍伐大量树木，每亩仅架材就需6000元左右，葡萄结果晚，产量不高，质量参差不齐；针对这种状况，容站长和专家组在当地示范推广了葡萄“傻瓜式”轻简化种植新技术，用简易架式，架材费每亩降至2000元以下；新技术种植的葡萄第二年开始结果，第三年即可丰产，产量更高，品质更好。于田县斯也克乡2019年示范园种植的葡萄，2020年开始结果，亩产500千克左右，参观的人员络绎不绝，无不啧啧称奇。墨玉县2018年种植的20亩示范园，2020年平均亩产2吨以上，且品质好于用传统方法种植的葡萄。该项技术已定为和田地区葡萄产业主推技术，进行大面积推广。

精准扶贫见成效

为了扶真贫和真扶贫，扶贫团队深入墨玉县偏远乡村——喀瓦克乡其纳村，该村188户，贫困人口占比 44%。

建立示范园、与贫困户签订帮扶协议。扶贫团队来到村里，协调了 20 亩土地，打井、盖房、安滴灌、搭架材，建立起葡萄新品种新技术示范园，与村里 11 户建档立卡贫困户签订帮扶协议，每户分得 2 亩，用新品种新技术种植葡萄，脱贫奔小康；每家地头，悬挂户主照片、姓名的标识牌，提高贫困户的归属感和积极性。

无偿提供生产资料、手把手教技术。扶贫团队无偿提供苗木、肥料、农药、工具等生产资料，扶贫团队带领贫困户开展生产，产品归贫困户所有；扶贫团队与结对帮扶的贫困户同吃、同住、同劳动，手把手教技术；2020 年贫困户户均收入超过 2 万元，实现脱贫。扶贫团队在和田地区共建立结对帮扶示范园 30 余亩，结对帮扶建档立卡贫困户 15 户。还有许多贫困户通过在示范园劳动，增加收入，实现脱贫。容站长被墨玉县政府聘为葡萄产业扶贫专家；2018 年墨玉县召开脱贫攻坚工作会议，容站长作为特邀代表，作了典型发言。

产业扶贫结硕果

和田地区于田县境内多沙漠与戈壁，近几年农业经济效益下滑严重，农村 40% 人口处于贫困线以下，属国家挂牌督战定点扶贫县。发展葡萄产业是于田县振兴经济、实施脱贫攻坚的重点工作。县里特聘容站长为葡萄产业扶贫顾问，为全县葡萄产业发展提供规划、指导和人员培训。

三年来，在容站长的指导下，于田县葡萄新品种新技术种植面积达到了 8 万亩，全部用于安置建档立卡贫困户，共安置贫困家庭超过 1 万户；1.5 万人次接受了技术培训。兰干乡的古丽尼亚孜汗大妈一

■ 容新民在新疆墨玉县喀瓦克乡其那村手把手教结对帮扶贫困户种葡萄

■ 容新民在新疆于田县兰干乡进行现场培训，古丽尼亚孜汗总是身着维吾尔族盛装抢坐前排听课

家三口，只有 1 个劳动力，属建档立卡贫困户。葡萄扶贫项目给她家分了 10 亩新葡萄园，第二年葡萄树就结了果，极大地增强了古丽尼亚孜汗一家种葡萄脱贫奔小康的信心。每次容站长到乡里做培训，古丽尼亚孜汗大妈都会穿着维吾尔族最隆重的盛装，最早赶到培训现场，坐在第一排听课。目前，于田县葡萄面积 12 万亩（老葡萄园 4 万亩），已成为于田县脱贫攻坚最主要的产业，为当地防沙治沙和经济振兴发挥了重要作用。

媒体宣传

容站长扶贫团队和专家组在和田地区的科技扶贫工作，受到了社会的高度关注与支持，和田零距离、《兵团日报》《中国农村科技》等多家媒体分别以“村里来了科技特派员”“帮助村民种下摇钱树”“沙漠中的绿色希望”“昔日黄沙漫漫地，今朝硕果累累葡萄园”“科技支撑，精准扶贫”等为题进行了报道。

扶贫感言

初到和田，容新民曾以诗明志：“万方乐奏有于阗，昆仑山麓治良园；脱贫攻坚立壮志，不斩楼兰誓不还！”而今，看着 10 万亩新品种新技术葡萄园在沙漠戈壁上拔地而起，想想培训中贫困户渴望与感激的眼神，作为一名科技工作者，学有所用，帮助了最需要帮助的人，他深感欣慰与自豪。也体验到在语言不通，新技术不被理解、怀疑甚至抵触的情况下，最好的方法就是手把手教，亲自去做，让群众看到结果。同时也认识到贫穷不仅是物质与技术的匮乏，更重要的是精神贫穷。扶贫只有从扶志和扶智做起，才能从根本上解决问题。为此，产业扶贫依然任重道远，仍需砥砺前行。

特色桃产业助力云岭脱贫攻坚

——记国家桃产业技术体系综合试验站站长　仇明华

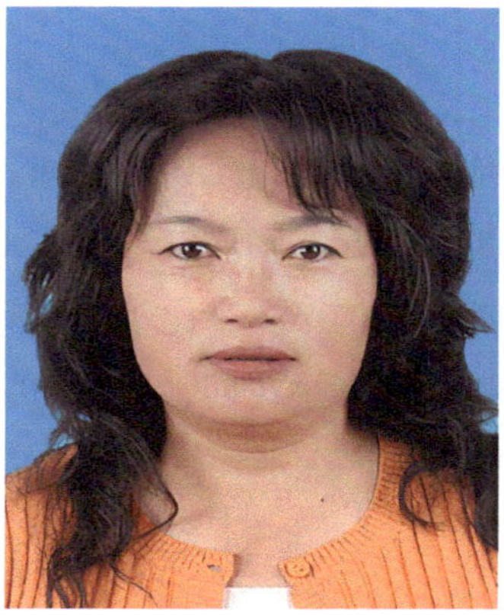

仇明华，1962年11月生，云南省农业科学院园艺作物研究所，研究员。依托国家桃产业技术体系，主要在滇桂黔石漠化区的文山市和武定县、“三区三州”的香格里拉藏区、滇西边境山区的宾川县及乌蒙山区的禄劝县开展科技助力产业扶贫工作。针对云南省低纬高原特殊的气候条件及区域特点，主要开展文山市露地极早熟、宾川县极晚熟及香格里拉藏区特色桃产业的培育工作，助力云岭脱贫攻坚。

好品种+好技术，助力当地精准扶贫和乡村振兴

文山市在桃树生产的南缘区域，北回归线横穿市境，当地有零星种植的桃树，果品质量差、没有产业化生产。为利用文山低纬度、高海拔、北回归线上的红土地、日照充足等土壤、气候特点，打造极早熟、高品质的露地桃产业，2016年仇明华及其团队通过招商引资的方式，引进北京正果集团在文山市注册成立了云南正果农业发展有限公司，在文山市石漠化区域马塘镇华庄村、石榴红村建立3000亩现代标准化栽培示范桃园。为促进极早熟、早熟桃产业的可持续发展，培育露地早熟桃产业，仇明华在前期试验研究的基础上，引进体系培育的低需冷量品种17个，依托国家桃产业技术体系平台，分别邀请首席科学家姜全、体系5个研究室的15名岗位专家以及6名综合试验站站长，共57人次分别到文山开展技术培训、产业调研、病虫害鉴定等工作。通过引进体系的智力、品种及技术，经过集成创新，筛选出适宜当地发展由体系培育的低需冷量品种京青16号等3个主栽品种；示范适宜农机农艺配合的宽行窄株种植模式，双株“V”错位树形等10余项新技术。

■ 仇明华在云南省文山市开展桃树夏季修剪指导

示范园建设及生产过程中，坚持以效益作为检验技术成果的第一标准，安全是效益的第一保障，实现了农民—企业—政府—科研的新型产学

研联合群集模式，发挥了国家现代农业产业示范园对新时代下桃产业发展的引领作用。2020年5月成熟的优质早熟桃供不应求；3000亩标准示范桃园每年支付给当地农民560余万元，其中：土地租金260万元；每年为当地群众提供劳务工37500人次，劳务收入300余万元；带动50户建档立卡户成功脱贫。如石榴红村有苗族群众225户1000人，2018年公司租赁该村1315亩土地建设示范园。2018—2020年4月，云南正果公司共支付该村土地租金、劳务费664万余元，该村平均人均增收6641元；90%的年轻妇女到基地打工，既可打工，又可照顾老人、小孩。早熟桃产业的发展，助力当地精准扶贫和乡村振兴。

因地制宜，挖掘好品种，确定新模式

2020年3月12日，仇明华在疫情期间驱车600余千米，到香格里拉云南格桑花卉有限责任公司基地，向公司员工讲授桃树、甜樱桃冬季整形修剪、病虫害综合防控等技术。平均海拔3000米以上香格里拉市，年平均气温为5~6℃，太阳辐射能充裕，气温年较差小，日较差大，全年无夏季。该区域农业产业结构单一、比较效益低，贫困面较大。仇明华及其团队与企业合作，针对香格里拉市5—6月下雪，桃、甜樱桃花期、幼果期冻害、果实成熟期鸟害、果蝇为害等问题，开展果树露地、设施栽培，果蝇绿色防控等技术集成工作。筛选出桃品种5个，甜樱桃品种3个；明确该区域桃、甜樱桃栽培模式为设施错季有机栽培。仇明华站长每年3~4次到香格里拉实地进行果树防冻、修剪、土肥水管理、果蝇、鸟害及鼠害防控等技术指导；早熟甜樱桃果蝇防控率达到97.8%，果实可溶性固形物含量达到16.8%以上，盛果期大树亩产值可达10万元以上。并培养公司贫困员工李江荣为技术骨干，他的年收入由3000元增加到36000元；2020年公司计划带动1个合作社新建30亩果园。藏区桃、甜樱桃产业培育，将为农民脱贫增收起到较好的推动作用。

■ 仇明华在云南香格里拉市开展桃树花期管理指导

扶贫感言

云南省具有得天独厚的错季桃生产的气候优势，但云南省贫困区域多且贫困程度较深。因此，培育当地特色产业，依托产业扶贫，发挥贫困地区的气候、环境优势，生产绿色农产品，振兴乡村经济，才是巩固脱贫成果的基石。在扶贫中，除了积极利用体系的资源和成果之外，还需要积极争取专项资金，加强贫困户产业技能培训，积极开展产业培育的相关工作，构建一个产业链发展保障体系，确保产业的可持续发展，促进贫困人口增收脱贫，发展乡村经济。

脚踏实地服务　助力脱贫增收

——记国家天然橡胶产业技术体系综合试验站站长　穆洪军

穆洪军，1974 年 7 月生，云南省热带作物科学研究所，高级农艺师。所在试验站主要承担体系在西双版纳傣族自治州景洪示范县、勐腊示范县、勐海示范县，以及普洱市江城示范县、孟连示范县的试验示范、技术推广服务和产业技术扶贫等工作。

推广良种良法　夯实产业基础

良种普及率和良法应用率是农业产业发展质量的重要指标，也是获得高产和优质的重要保障。西双版纳综合试验站自建站以来，一直把提高良种普及率和良法应用率作为夯实产业发展基础的重要抓手。通过加快高产优质新品种的示范推广，提高更新胶园良种率，为建设新一代高产高效胶园打好基础。结合体系育种岗位科学家等相关试验示范项目，在各示范县建设新品种新材料种植试验示范基地 10 余个，共 2000 多亩，配合依托单位橡胶良种繁育推广项目组每年推广良种 3 万 ~10 万株，较好带动了优质高产良种的推广应用。同时坚持不懈加大先进适用技术推广培训，试验站每年组织和参与各类技术培训数量达 1000 人次以上，有力促进了先进适用技术的推广应用。

提高效率产出　增加胶农收入

传统天然橡胶生产方式单位劳动力产出不高（年人均产干胶仅 3~5 吨，产值仅 3 万 ~5 万元）、单位土地面积产出单一低下（年亩均产干胶仅 70~100 千克，产值仅 700~1000 元），必须努力改变这一现状才能实现增产增收。针对勐腊县瑶区乡纳卓村委会对口帮扶户仍旧采用两天割一刀的传统割制，存在效率低下、胶工不足的情况，推广示范四天一刀低频刺激割胶新技术，使其 220 亩胶园割胶工由原来的 8 人减少为 4 人，劳动生产率提高了一倍，割胶工的收入也提高了近一倍（每人每年增加收入约 1.5 万元）。针对胶园产出单一、低下的现状，积极推广示范胶园林下间套种技术。2019 年试验站依托单位云南省热带作物科学研究所与景洪农场签订珠芽黄魔芋组培苗购销合同，生产提供 50 万株珠芽黄魔芋组

■ 穆洪军和体系割胶岗位专家在勐腊示范县与胶农交流生产情况

培苗，有效缓解景洪农场种苗不足的困境，支持企业发展胶园林下经济。指导胶农开展林下套种珠芽黄魔芋，在黎明农场五分场1队选择4~6年的幼胶园，2019年4月套种珠芽黄魔芋20亩，12月经专家组现场测产，每亩产出商品芋1029千克，商品芋按5.5元/千克计，每亩5659.5元；产气生球400千克，气生球按11.0元/千克计，每亩4400元。总计收入10059.5元。每亩种子成本2750元，农药化肥成本875元，人工成本1500元，每亩成本合计5125元。因此每亩胶园增收4934.5元。珠芽黄魔芋在胶园林下的成功种植，改变了过去胶园林下荒芜的状态，提高了胶园林下的利用率并取得了较好的经济效益。

因地制宜施策　调结构谋发展

云南地处山区，农业气候和地质条件多变，只有根据自然条件和市场需求因地制宜正确选择种植的作物和发展的产业，才能充分发挥资源禀赋和市场优势，获得好的综合效益，实现产业持续发展、农民脱贫致富。针对景洪市景哈乡部分海拔偏高，不适宜种植橡胶树的地区，试验站依托单位率先开展澳洲坚果种植示范，千方百计筹集资金，先后建设示范果园5000余亩，100余名承包果园的果农人均年收入超过10万元，全面实现脱贫致富，并以土地参与利润分成的方式，每年支付给相关3个自然村利润分成款100余万元，对边疆少数民族村寨的脱贫致富起到了重要作用，同时带动周边村民发展种植澳洲坚果3万余亩。在勐腊县象明乡曼庄村委会对口帮扶村苗寨、瑶寨，无偿提供苗木、肥料、技术，扶持贫困户在改造非宜植地的胶园来种植澳洲坚果，共1200余亩，预期每户可实现年增加收入3万元。

■ 穆洪军在云南勐海示范县开展扶贫工作对接交流

扶贫感言

农业是国民经济的基础，“基础不牢，地动山摇”，但随着社会发展和新经济不断壮大，农业已渐成弱势产业，需要其他行业反哺帮扶。党和国家举全党全国之力对农村、农民中的贫困人口实施脱贫攻坚、集中帮扶，是全面实现小康社会的必要之举，意义重大。“产业兴，富一方”，只有发展和做强产业，脱贫致富才是可持续的。西双版纳综合试验站服务的 5 个示范县天然橡胶种植面积超过 500 万亩，占全国的近 30%，是所在地的支柱产业、民生产业，做好科技服务、促进产业提质增效高质量转型发展，尤显重要和意义重大。下一步，西双版纳综合试验站将一如既往，为产业做好科技服务和支撑。一是加快推广高产优良新品种，尽可能提高新一代胶园橡胶产量；二是加快推广胶园间套种和林下种养等新模式，改善胶园生态环境，提高胶园经济产出；三是加快推广胶园机械化耕作、高效割胶等新技术，提高劳动生产率，不断增加劳动者收入。

南疆肉羊产业扶贫工作在行动

——记国家肉羊产业技术体系岗位科学家　王文奇

王文奇，1979年6月生，新疆畜牧科学院饲料研究所，副研究员。新疆南疆是少数民族聚集区，也是深度贫困地区，是新疆脱贫攻坚“最难啃的硬骨头”，新疆剩余未脱贫的10个县全部集中在南疆。主要扶贫区域为新疆南疆和田地区洛浦县、策勒县、于田县、墨玉县，喀什地区的巴楚县、伽师县，巴州地区的且末县、尉犁县。

肉羊养殖“金点子”，为农牧民科学养羊保驾护航

田园牧乐养殖合作社是墨玉县重点扶植的扶贫合作社，合作社以湖羊良种繁育为主，2019年10月，王文奇在扶贫调研中，发现该羊场绵羊掉毛啃毛的问题突出，造成严重的经济损失，认真把脉该羊场问题症结，给出了“补盐、挂舔砖、额外添加预混料”的方案，使该羊场绵羊掉毛啃毛的问题在短期内得到缓解和根治。南疆扶贫技术服务5年以来，王文奇结合南疆肉羊养殖生产实际，从动物营养学专业入手，梳理出南疆肉羊农区舍饲养殖中常见问题，如绵羊异食癖、小苏打使用不当、母羊产前产后瘫痪、羔羊生长缓慢等，凝练并制定了肉羊养殖“金点子”——肉羊养殖隐性经济损失常见问题预防方案，并编印成册。2020年6月，围绕肉羊养殖常见问题及预防技术，在南疆洛浦县、策勒县、于田县开展现场技术指导和培训，对基层技术人员、养殖场、合作社、农牧民，开展集中授课培训3场，培训农牧民270余人次，专业技术人员20余人次，发放养殖技术手册80余本，调研考察当地肉羊生产企业4家、养殖合作社3家，开展座谈会4场，现场解决肉羊养殖中存在关键技术问题20余条，受到了当地农牧民的热烈欢迎。

农作物秸秆饲料化新技术的应用，为缓解南疆饲草料紧缺的局面提供了技术支撑

近年来，南疆饲草料紧缺的现实情况严重制约着肉羊产业发展。自2017年以来，王文奇及其团队立足南疆且末县芦苇资源优势，在国家肉羊产业技术体系专家的支持下，对芦苇的收获期，铡短长度、水分调整、菌种接种、压制过程控制等环节进行了科学化和规范化，在芦苇青贮制作技术上形成历史突

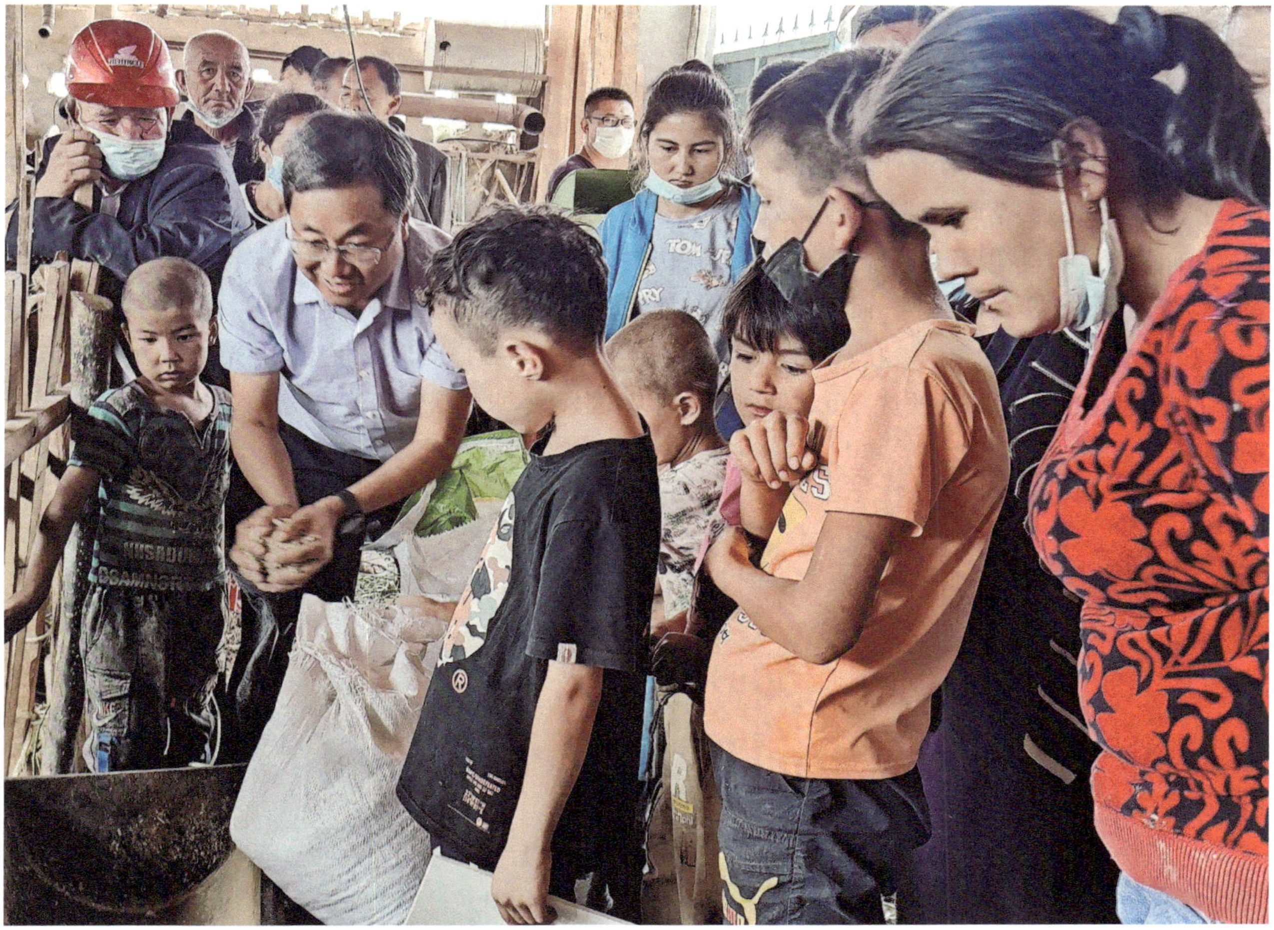

■ 王文奇在南疆巴楚县指导农民科学养羊

破，创新“规模青贮模式、农户青贮模式、裹包青贮模式”3 种芦苇青贮制作模式，并取得了成功，结束了该县十几年来，芦苇饲料资源无法青贮的问题。3 年来，累计推广应用体系成果——青贮菌剂 150 千克，加工制作芦苇青贮 1 万多吨，芦苇青贮饲料酸香浓郁，营养价值高，动物适口性好，作为牛羊用优质青贮饲料，深受养殖场（户）的欢迎和认可，芦苇青贮饲料的使用可降低牛羊饲料投入成本 5% 以上，极大缓解了当地肉羊养殖饲草料紧缺的局面。该芦苇青贮技术不仅适用于且末县，在南疆芦苇资源相对比较丰富的博湖、且末、于田、和田等地区，该技术同样有巨大的应用价值。

此外，依托南疆棉秆饲料资源优势，王文奇与新疆弘瑞达纤维有限公司联合攻关，将棉秆经膨化发酵后，生产出了纤维化程度较低、棉酚残留低、适口性好、成本低的棉秆膨化发酵饲料，解决了棉秆饲料化的关键技术问题，配套制定了“育肥羊棉秆膨化发酵饲料高效育肥技术”“生产母羊棉秆膨化发酵饲料实用饲喂技术”轻简化技术 2 个。自 2017 年以来，累计推广应用棉秆膨化发酵饲料逾 8000 吨，产品辐射巴州、阿克苏、克州、喀什、和田等地区，10 多个规模化羊场，50 多个肉羊养殖合作社。在巴楚县色力布亚镇 12 村和 15 村民族团结一家亲帮扶过程中，累计发放棉秸膨化发酵饲料 100 余吨，累计受益贫困户 400 余户，深受农民的欢迎。

扶贫感言

产业扶贫是个系统工程，产业链各个环节的扶贫相统一、相协调、相促进，这样才能把产业扶贫做好；产业扶贫的最终落脚点还是产业增效、农牧民增收；农牧民扶贫先“扶志扶智”，对美好生活的向往的志向教育、对科学意识的宣传教育，应放在扶贫首位；真扶贫不仅需要科研人员亲自下牛圈、蹲羊舍，脚踏实地，实实在在做事，而且需要所施技术接地气，实用、适用的“金刚钻”技术、能解决问题“土”技术才是扶贫技术首选；扶贫培训应尽量避免“高大空”“广而泛”，通俗易懂，图文并茂，双语结合的方式为宜。越是深入扶贫，就越发现自己对基层技术需求的认知还很肤浅，基层技术服务工作任重而道远。

持续开展技术造血　冲刺凉山彝区脱贫攻坚

——记国家绒毛用羊产业技术体系综合试验站站长　木乃尔什

木乃尔什，1959年12月生，四川省凉山彝族自治州畜牧站，推广研究员。四川省学术技术带头人，享受国务院特殊津贴，担任农业农村部科技助力产业扶贫专家顾问组羊团队组长，负责开展绒毛、肉羊试验研究及产业技术推广等工作，主要对口帮扶大小凉山彝区昭觉县、布拖县、金阳县、普格县和美姑县等深度贫困地区。

四川省凉山彝族自治州是我国最大的彝族聚居区，受地理位置和历史条件的限制，长期以来，凉山彝族人民受到了贫穷的禁锢。近年来，凉山彝区开展了一场前所未有的脱贫攻坚战斗。木乃尔什同志充分利用自己的专业技术和科研平台，在畜牧科研、成果转化、产业扶贫等领域默默耕耘，通过艰苦卓绝的努力，取得了重大突破，为广大彝族同胞，尤其是贫困山区的农牧民增产增收鞠躬尽瘁，为凉山彝区脱贫攻坚重大战役做出了突出贡献。

术业专攻、大胆创新、奋发图强

木乃尔什同志自参加工作以来，作为主研人员实施了国家“七五”“八五”“九五”“十二五”“十三五”重点科技攻关项目，攻克48~50支半细毛羊新品种选育研究任务，并成功培育了国内领先的凉山半细毛羊新品种，填补了我国粗档半细毛新品种空白，新品种在凉山彝区乃至西南地区绵羊改良及农村经济发展中发挥了巨大作用。2011年，国家绒毛用羊产业技术体系西昌综合试验站成立，木乃尔什同志带领团队，充分利用国家现代农业产业技术平台，大力推广凉山半细毛羊新品种和绵羊养殖生产新技术，推动凉山彝区羊产业结构转变，并联合开展了凉山半细毛羊种羊鉴定、超数排卵体外受精胚胎移植（JIVET）试验、冬季驱虫技术等重要科研课题试验及技术示范，为凉山彝区养殖技术升级和人才培养提供了重要的技术支撑。

他呕心沥血、潜心钻研、成果颇丰。多年来，木乃尔什同志办公室、育种场、科研室“三点一线”的往返叠加、反复实践，一心扑在科研一线，并取得了多项重大成果，先后获国家科技进步奖三等奖1项，农业农村部科技进步奖三等奖1项，四川省科技进步奖一等奖1项、二等奖1项，地厅级科技进步奖8项，发表科技论文58篇，出版专著3部，合著出版6部，并于1998年起享受国务院特殊津贴，

■ 木乃尔什在四川布拖县开展凉山半细毛羊 JIVET 羔羊鉴定

2005 年获第二届中国科协西部开发突出贡献奖，2015 年获四川省学术技术带头人荣誉称号，2017 年被评为四川省畜牧兽医协会精准扶贫突出贡献专家，多次受到凉山州委州政府的嘉奖和慰问。

他担当有为、贴近群众、充当先锋。出生于农村家庭的木乃尔什，血液里流淌着“心系‘三农’”的为民情怀，他义无反顾、毫无保留地将毕生所学应用到为广大人民群众脱贫致富奔小康的具体实践中。自脱贫攻坚战役开展以来，作为精准扶贫最前沿堡垒，木乃尔什始终将凉山彝区的产业扶贫和养殖技术推广为己任，长期深入扶贫第一线，开展了驻村帮扶、结对帮扶、定点扶贫等多种方式的扶贫方式，积极贯彻落实精准扶贫任务，并作为中间联络人，联系体系岗位（试验站）专家与凉山州深度贫困县昭觉县、喜德县、布拖县等形成了结对帮扶队伍。同时依托“万名科技人员进村入户（驻村农技员）”“三区科技人才工作”“科技扶贫万里行”等科技帮扶活动，采用“借羊还兰”“寄养分红”等多种扶贫模式，在全州 11 个深度贫困县，大力推广凉山半细毛羊的选种选配、多胎品系选育、饲养管理、疫病防控、冬季驱虫等实用新技术，着重强化凉山半细毛羊配套关键技术和成果转化集成，累计举办养羊技术培训 1244 期，培训 8.75 万人次，发放资料 10.23 万册。在凉山 11 个贫困县建立规模养羊大

■ 木乃尔什开展技术培训

户 13250 户，存栏羊 72.87 万只，户均养羊收入 4.85 万元，推广发放凉山半细毛羊种羊 6.85 万只，助力 0.52 万户贫困户、2.83 万贫困人口脱贫，占全州脱贫人口总数的 6.26%，为彝区脱贫致富奔小康做出了重大贡献。

2020 年是脱贫攻坚的收官之年，新冠肺炎的暴发给脱贫攻坚战役带了巨大的挑战。为了如期完成凉山彝区脱贫攻坚目标任务，打赢打好收官之战，在疫情过后，木乃尔什同志抓住时机，走街串巷，为对口帮扶县的羊产业把脉问诊、查漏补缺，组织开展了大量的调研和技术培训，并给各县委县政府提供了产业扶贫建设性意见和建议，为凉山彝区脱贫攻坚和全面决胜小康社会做出了关键性的、及时性的技术贡献，得到了凉山彝族自治州州委州政府及各县委政府的高度评价。

扶贫感言

实施精准扶贫，实现贫困人口全部脱贫，是党向全国人民做出的郑重承诺，是党中央和国家主席习近平为实现“两个一百年”奋斗目标做出的全面战略部署，关乎我国千万农村贫困人民的民生大计。精准扶贫重大战略的实施，使广大边疆落后的少数民族地区享受到了改革开放带来的巨大红利，作为少数民族科技工作者，深刻体会到了产业扶贫给凉山彝区带来的巨大改变，从此，凉山彝区的面貌焕然一新。

自精准扶贫战略开展以来，长期深入扶贫一线奔波，年过花甲的木乃尔什难免有时深感劳累，但每当看到产业体系扶持帮助的牧户茁壮成长时，木乃尔什内心倍感鼓舞。在此，我要对长期以来风雨同舟、致力于凉山彝区产业扶贫绒毛产业技术体系的专家们说一声：“卡莎莎。”

重走长征路　助力甘南脱贫攻坚

——记国家蛋鸡产业技术体系综合试验站站长　闵育娜

闵育娜，1976 年 1 月生，西北农林科技大学，副教授。作为农业农村部“三区三州”科技服务团成员，对接甘南藏族自治州舟曲县，开展从岭藏鸡生态养殖技术服务和产业扶贫；作为陕西省“三区科技人才”，助力铜川市印台区品牌蛋研发，帮助贫困地区实现脱贫摘帽。

聚焦从岭藏鸡生态养殖，开展科技扶贫服务

闵育娜作为农业农村部“三区三州”科技服务团成员，首先针对贫困县舟曲县的产业发展和扶贫需求进行了充分调研。了解到舟曲县是中国工农红军长征经过的革命老区，地处西秦岭岷山、迭山系与青藏高原边缘，是藏汉文化的交汇带和长江水源涵养区及补给区，也是“三区三州”和甘肃省“两州一县”国家级深度贫困县。目前，全县建成 10 万只以上从岭藏鸡养殖基地 8 个，养殖 32.2 万只，新建种鸡繁育基地 2 个。2015 年启动农产品地理标志申报登记工作，已取得省级无公害农产品产地认定证书和无公害产品证书以及中华人民共和国农业农村部农产品地理标志登记证书。针对这一独特家禽种质资源的现状，闵育娜同志联合华中农业大学、华南农业大学、甘肃农业大学、兰州畜牧兽医研究所等单位开展科技和产业扶贫工作。2019 年 6 月，国家蛋鸡产业技术体系、甘肃省猪禽产业技术体系等专家团队一行 16 人赴甘南藏族自治州进行科技扶贫服务。历时 5 天（1288 千米），重走长征路（途径甘南州迭部县茨日那、腊子口、红军长征哈达铺、卓尼杨土司革命纪念馆等），对接甘南藏族自治州畜牧工作站，深入一线养殖合作社和农户，特别是舟曲县江盘南山养殖农民专业合作社、绿脉农业科技有限公司、绿脉农民专业合作社、从岭藏鸡放养基地、屠宰场等，进行现场技术指导和帮扶。帮助当地进行从岭藏鸡的品牌建设，通过加大宣传力度，提升了产品知名度。同时与兰州正大公司合作，拉长产业链，对产品进行精深加工，提升商品率和附加值，培育产业，培育专业合作社，进行养殖风险投保等；并帮助进行从岭藏鸡的品种保护和选育；在技术储备方面则加大对基层技术人员的培训，为当地精准培育产

业脱贫带头人。此外，通过微信平台等现代通讯工具，引领养殖场（户）转变传统养殖观念，推广现代化养殖技术，在线解决养殖场（户）遇到的技术难题。地方出题，专家出力，共同服务于产业发展，并为当地政府提出了产业发展的可行性建议。

帮助定点扶贫县　推动精准扶贫

铜川市印台区属于国家级贫困县区，位于该区的春满园养殖农民专业合作社创立于 2012 年 4 月。近年来，闵育娜同志坚持不懈地在蛋鸡饲养管理、饲料营养调制和疫病防控等方面手把手的对当地养殖户进行技术指导，并让研究生驻场进行蛋鸡无抗养殖试验和品牌蛋的研发工作。帮助当地研发的“铜印宏”牌乳酸菌鸡蛋真正实现了全程饲养无抗，蛋品质优良，得到消费者广泛认可。产品远销北京、上海、深圳、西安及周边各地市，取得了良好的声誉。2017 年荣获农业部农产品质量安全中心颁发的无公害农产品证书；2018 年荣获第二十五届中国杨凌农业高新科技成果博览会“后稷奖”；2019 年荣获“中国名牌产品培育委员会、中国品牌调查统计中心”颁发的“中国名优产品证书”。目前该合作社已成为一家集蛋鸡养殖、禽蛋销售、技术研发及市场相关信息于一体的农民专业合作社。并以基地为依托，以品牌为载体，以提高农产品的效益为目标，以增强产品的市场竞争力为核心，充分利用当地的生态环境和气候优势，按照“合作社 + 基地 + 农户 + 科技”的产业化经营模式，不断开发在国内外市场具有竞争优势的农产品，成为带动周边农户脱贫致富的典型。

■ 闵育娜赴甘肃舟曲县南山养殖场进行现场技术服务

■ 闵育娜与甘肃舟曲县南山养殖场场长交流从岭藏鸡的生态养殖问题

特别是在 2020 年新冠疫情防控的关键节点，闵育娜同志数次带领团队赴合作社的养殖场（户）进行技术指导和现场服务。同时，联合陕西省家禽产业技术体系专家通过非现场（在线微信群等）的调研交流、视频、文字简报、突出问题询查等方式，听取了全省 94 个代表性养禽企业反映的问题，形成了 3700 多字的《关于疫情防控期家禽养殖企业目前面临的困境、难题及建议》的专题调研与政府建议报告，为疫情防控管理提供了借鉴。

扶贫感言

在多方共同努力下，舟曲县已于 2020 年 2 月 28 日脱贫摘帽，正式退出贫困县行列。通过帮扶工作，深刻体会到产业扶贫应当找准路径，对贫困户“扶智”，让其具有“造血”功能，富集“辐射带动”的正能量，帮扶人员则需要拿出不畏艰难险阻的勇气，水滴石穿的斗志和韧劲，方可达到扶贫的初衷和目的。脱贫只是第一步，防止返贫，推动乡村振兴，实现共同富裕则是未来面临的挑战。

同时，通过近年来开展科技扶贫工作，闵育娜站长将所学专业知识应用于产业实践，她从思想层面进一步深刻认识到作为科技工作者的责任感和使命感，并且感受到为国家脱贫攻坚贡献一己之力的自豪感。

九进龙山收获满满　与龙山伙伴共同成长

——记国家蜂产业技术体系岗位科学家　董　捷

董捷，1966 年 2 月生，中国农业科学院蜜蜂研究所，研究员。在湖南省湘西州龙山县从事中蜂产业扶贫工作。

湖南省湘西龙山县属部定点扶贫县，蜂体系生物活性物质利用岗位科学家董捷研究员在接到定点扶贫任务后“九赴龙山”，从春繁到越冬前几乎每月都去现场了解情况。对待扶贫工作，董捷研究员从思想到行动上都很认真，虚心好学，独立思考。基于此，注定她的扶贫之路与蜂产业的其他专家不太一样。工作从有设想、有方案、有目标，到开展具体工作，次次有结果、有收获、有总结。

龙山县地处武陵山区腹地，森林覆盖率达 71.2%，各地气候差异比较大，属典型的高山区。董捷研究员在调研龙山县大安乡生态中蜂养殖基地后，完全被这个“优质特色蜂蜜生产基地”所震撼了。漫山遍野的野生川莓，流蜜期长达一个半月，分布之广，面积之大，实属罕见；药用蜜源植物玄参的栽培面积达到上千亩，完全具备生产中蜂玄参蜜的条件。根据龙山县特点，董捷研究员同当地养蜂带头人研究建立了如下工作思路：中国农业科学院蜜蜂研究所和蜂体系重点帮扶一个“示范基地”，指导“示范基地”，特别是在各个产业的融合发展，中蜂全产业链的打造上多下功夫，使“示范基地”真正成为全县中蜂产业的样板，以小见大，以点带面做好扶贫工作。

扶贫中见友情，携手脱贫奔小康

董捷研究员同龙山县金桂蜜蜂养殖农民专业合作社理事长王金花女士共同成长，结下了深厚的情谊。接触近两年，两人坦诚交流、相互启发、共同提高，常常是一拍即合。

扶贫开始时，合作社在养蜂生产上有一些固定的模式，在蜂蜜生产上有传统的圆筒养蜂，也接受活框养蜂方式。结合龙山县现有养蜂模式，董捷研究员认为在龙山现有养蜂技术的基础上还可以改进探索提高，在合作社现有资源、生产能力的基础上，将合作社的资源、产业优势向经济优势转化。尝试改变生产方式，部分产品向单一品种特色中蜂蜜发展，创龙山特色品牌。

2019 年，在两人共同努力下，合作社突破了传统生产模式，生产出了具有乌龙山民族文化和龙山县地方单一花种特色的精品中蜂蜜，并逐步形成了以川莓蜜、玄参蜜和五倍子蜜为代表的特色精品中蜂

■ 董捷在湖南龙山县大安中蜂精准扶贫基地现场检查特色单花蜜的生产情况

蜜系列，得到了地方相关部门的认可和好评。并在龙山县大安乡建立了“国家蜂产业技术体系龙山中蜂精准扶贫示范基地”。同年，金桂蜜蜂养殖农民专业合作社的蜂蜜加工车间，成功取得了蜂产品生产许可证（SC 认证），成为湘、鄂、渝三省市边区首家取得蜂产品生产许可证的企业（合作社），为龙山县中蜂产业发展，扩大产品销路和品牌知名度奠定了基础。

以经济效益为出发点和立足点，蜂体系与龙山县金桂蜜蜂养殖农民专业合作社的扶贫工作几乎涵盖了中蜂产业链从资源（植物和蜂种）、生产方式到技术、产品、科研、市场各个环节，完整而系统。

扶贫工作要走出去带进来

2020 年是扶贫工作的关键点和转折点，工作重点由繁蜂、扩群为主转向拓展蜂蜜市场为主，通过效益转化实现增收。王社长提出了需要体系帮助解决的技术难题，其中最关键的问题就是蜂蜜的安全规范生产和质量控制，比如在收购贫困户蜂蜜的过程中，如何有效且低成本地控制蜂蜜质量（如抗生素残留）等问题。针对这些问题，董捷研究员从管理、技术和成本几方面综合考虑，确定走出去开阔眼界，到中蜂养殖大省广东去，得到了蜂体系广州综合试验站新老站长赵红霞和罗岳雄老师的大力支持和帮助，在产品可追溯体系和标签设计上亲自把关。为助力龙山扶贫，解决龙山蜂蜜中的抗生素内检内控问题，在牡丹江综合试验站站长高夫超站长陪同下，董捷研究员从牡丹江到哈尔滨、佳木斯、饶河、东方红，走访各大企业，直到找到了适合龙山经济简便易行的解决方法。

在扶贫工作中，董捷研究员与龙山伙伴共同成长，2019 年王金花同志被评为湘西州劳动模范，2020 年被湘西州推荐为湖南省劳动模范，董捷研究员也荣幸地被评为扶贫工作先进典型。

扶贫感言

什么是“落地”？“落地”是与龙山伙伴坦诚平等地交流，而不是居高临下；是以平静的心态，感知对方的需求；是对龙山伙伴“和而不同，求同存异”的尊重；是体恤对方的辛苦、委屈和疲惫；是以诚心换诚心；是互相学习并尽全力支持；是与龙山伙伴共同成长；是成全合作伙伴成为最优秀的自己（龙山），而不是其他任何地区。

相信扶贫工作会积跬步，至千里；积小流，成江海。最终形成一种可以复制的中蜂科技扶贫模式，辐射整个龙山县，这是农业农村部扶贫工作者应该做的。

也许龙山人民认可的扶贫工作者，不是踩着七彩祥云的盖世英雄，而是和贫困山区人民同心同路的凡人。只是踏踏实实地践行了习近平总书记提出的“不忘初心”，让自己无愧于心。

依托体系整体技术优势　真抓实干助力产业扶贫

——记国家特色淡水鱼产业技术体系岗位科学家　罗永巨

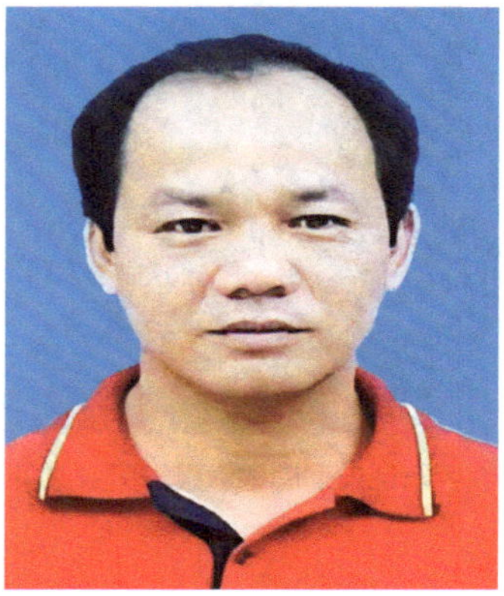

罗永巨，1967年10月生，广西壮族自治区水产科学研究院，研究员。全国未脱贫融水县产业技术顾问组组长，依托国家特色淡水鱼产业技术体系，在广西融水、三江和上林以及云南元阳等国家级贫困县，以精准、示范和培训为抓手，实实在在为当地产业技术精准扶贫做出了应有的贡献。

深入实地调研，确保扶贫精准

为了确保扶贫精准有效，对于每个扶贫点，罗永巨都亲自带队深入实地开展调研，并分别制定出切实可行的实施方案。

2017年4月，他对广西上林县巷贤镇木字村、白圩镇繁荣社区卢庄、大丰镇拥军村坝头庄开展了调研，提出了“稻＋鱼”立体综合种养建议方案。

2019年4月，他随农业农村部渔业渔政管理局、全国水产技术推广总站等领导到云南元阳县进行调研，确定了利用梯田开展稻渔综合种养产业的扶贫工作方案。

2020年4月，国家特色淡水鱼体系召开了腾讯视频会议，杨弘首席主持传达了农业农村部有关会议精神，明确了由罗永巨负责对接融水县并兼顾三江县的精准扶贫工作。会后，他立刻行动起来，主动与当地行业主管部门联系，于2020年4月20—23日，租赁车辆从南宁市出发，驱车历经6个多小时赶赴目的地，分别对三江县程村国家稻田养鱼标准化示范区、八江镇高迈村归座屯种稻养鱼产业示范园，以及融水县融荣水产品养殖专业合作社、红水乡稻鱼综合种养示范园等进行了调研。途中，在对八江镇高迈村归座屯考察完回住地时，由于当地地处山区，手机信号不通无法导航，迷路多走了几十千米崎岖山路。通过调研，撰写递交了详细的调研报告和《国家特色淡水鱼产业技术体系在融水苗族自治县开展科技助力产业扶贫工作实施方案》。

2020年5月，他带领体系相关专家，租赁车辆从南宁市出发，历经5个多小时到融水县进行了冷水鱼产业扶贫调研。对融水县滚贝乡冷水鱼养殖基地、永乐乡等进行了冷水鱼养殖考察。在对滚贝乡进行冷水鱼养殖基地考察时，8：00从融水县城出发，由于道路塌方，绕走山路，整整花了5个多小时才到达目的地，有几位专家出现了恶心晕车的情况，而且途中由于山路陡峭，车辆爬坡困难，大家不得不下车徒步行走，当天24：00才回到县城驻地。

■ 罗永巨在云南融水县滚贝乡滚贝村开展产业调研

认真开展示范，带动辐射推广

在充分调研的基础上，根据当地精准扶贫产业发展需求，通过“公司或者合作社＋第一书记＋贫困户”的模式，依托特色淡水鱼体系，在杨弘首席、各岗位专家和试验站站长的大力支持下，他积极组织优质水产苗种引进示范工作。

2017 年，他主持在广西上林县开展稻鱼（黄颡鱼、罗非鱼和金边鲤）综合种养示范，面积 230 亩，亩新增利润 1500 元左右，带动了 9 户贫困户脱贫。

2019 年，他从广西组织了壮罗 1 号罗非鱼苗种 40 万尾、瓯江彩鲤苗种 10 万尾，赠送给了云南元阳县呼山众创农业开发有限公司带领贫困户开展养殖示范，新增产值 100 多万元，得到了有关单位领导的高度赞扬和贫困户的肯定。

2020 年，在融水县融荣水产养殖专业合作社示范田投放了价值约 2 万元的大规格黄颡鱼和罗非鱼鱼种 3.1 万尾；在融水县红水乡良双村、良陇村和高文村，大浪镇桐里村和睦镇古顶村等地投放了价值约 4 万元的罗非鱼、黄颡鱼和金边鲤等鱼种 5 万尾，并赠送价值 1 万元的饲料 2 吨，分别发放给 439 农户进行稻田养殖；在三江县高迈村归座屯试验田投放了价值约 1.8 万元的大规格鱼种黄颡鱼、罗非鱼和三江稻田鲤鱼 2.1 万尾；在融水县滚贝乡投放 3 个规格的鲟鱼鱼种 1.2 万尾，同时还赠送了价值 1 万元的饲料 1 吨，鲟鱼鱼种从遥远的湖北荆州由体系团队成员负责跟车采用活鱼运输车运输。由于当时刚好遇到下大暴雨，沿途公路多处塌方堵塞，经过多次辗转，历经 20 多个小时才安全运达，令合作社负责人及贫困户深受感动。以上示范养殖，预计每年新增产值 200 万元以上。

积极开展培训，发挥科技作用

为了尽快提高当地养殖技术水平，他在以上 4 县组织开展了 6 期技术培训，累计培训技术骨干 80 人次、农民 213 人次；制定科技助力产业扶贫工作实施方案 4 个、引进示范新品种 5 个、新技术新模式 3 个；对接新型经营主体 6 家。

带领专家顾问团，助力产业扶贫

2020 年以来，他作为融水县产业技术顾问组组长，制定了产业技术扶贫的实施方案，建立了微信群，带领渔业、生猪、水稻、食用菌、鸡、中药材和茶叶等 7 个国家现代农业产业技术体系专家，参与扶贫活动 28 次，制定完善产业发展规划（方案）8 个，引进示范新品种新技术新模式 18 个，技术指导企业、合作社等 19 家，开展现场指导培训 17 场次，通过网络、电话等技术指导 56 次，培训 742 人次等。真抓实干的科技扶贫取得了较好的效果，得到了有关部门、领导和贫困户的肯定。

扶贫感言

2020 年是国家全面建成小康社会目标和全面打赢脱贫攻坚战收官之年，产业扶贫是巩固扶贫成果、防止返贫、推进乡村振兴的有力支撑保障。要真正做好科技助力产业扶贫工作，需要充分发挥各级党委政府、行业主管部门、技术推广部门、企业、合作社和种养大户等的力量；关键是要找准产业，找好切入点；通过“公司 + 农户”建立微信群，发挥国家现代农业产业技术体系作用可以达到事半功倍的效果。

海蟹行盐碱　精准助力农户脱贫攻坚

——记国家虾蟹产业技术体系岗位科学家　王春琳

王春琳，1965 年 7 月生，宁波大学，教授。长期从事水产养殖科研与地方服务工作，主要的扶贫区域为河南兰考县。

河南黄河两岸的兰考与延津盐碱地青蟹养殖的成功，一时间从央视到地方媒体炸了锅，来自全国各地的咨询电话源源不断，连浙江省委书记都知道了这件事，车俊书记对“海洋学院水产动物养殖团队党支部把在海水养殖的青蟹成功推广到河南兰考、延津的盐碱地，让荒地变为致富田”的事迹予以肯定。

在河南兰考养殖青蟹想法的诞生

2017 年 3 月，王春琳教授招收了一名河南籍师资博士后王欢。在王春琳教授的指导下，王欢博士开始从事拟穴青蟹的低盐适应机制研究，并在国际上首次系统揭示了拟穴青蟹低盐适应的分子机制。一次闲聊中，王欢向王春琳教授介绍了老家河南黄河两岸的情况，“黄河两岸有大量的盐碱地，农民收入甚微”。王春琳教授听后，冒出一个大胆的想法：青蟹低盐适应能力极强，盐碱地含有盐分，是不是可以把青蟹养在黄河岸边的盐碱地上。于是，王春琳教授带领团队赶赴河南兰考、延津实地调研。发现：因河南地区传统淡水鱼的养殖利润非常低，老百姓宁愿在池塘里种庄稼收获亩产 1000 元纯利润，也不愿意

■ 王春琳在河南兰考县工作的情况

搞养殖，导致河南黄河两岸盐碱地上大片的池塘荒废。

河南兰考是黄河南岸的贫困县，焦裕禄同志曾在兰考治理盐碱地。如果能变废为宝，将青蟹养在盐碱地上，增加农民收入，那将是兰考地区实现脱贫攻坚的重要途径之一。王春琳教授带领团队向当地水产站的陈雨来及养殖户张四培表述了想法，他们二人当即表示赞成此想法。

攻坚之路，酸甜苦辣咸五味俱全

兰考县张庄村紧邻黄河，也是当年焦裕禄同志治沙治盐碱的地方。经多年治理，盐碱情况得到改善，但依旧影响着当地农业生产。青蟹的生长环境要求盐分的浓度通常要保持在5‰以上，于是难题来了——兰考黄河盐碱地的盐分浓度普遍低于3‰。

王春琳教授团队开始从实验室的盐碱地模拟养殖试验开始，从淡化技术到水体离子调控等所有环节进行研究，经历了数次失败到成功的酸甜苦辣咸。经两年课题攻关，青蟹苗种经过高铁，通过泡沫箱运到了黄河边的兰考县池塘。2019 年 10 月 18 日，终于在全国人民面前，展现了“宁大青蟹爬满黄河滩”的高光时刻。兰考县养殖户张四培高兴地说道：“宁波大学王春琳教授研发的盐碱地青蟹养殖技术，通过虾蟹混养模式，使我们的养殖效益高达每亩 2 万元左右，是当地传统养殖效益的数倍。”

“青蟹能够在内陆盐碱地生长，而且是很低的盐浓度，这无论从生长实践上还是理论上都是一个非常重要的突破！”中国动物学会甲壳动物学分会常务理事王桂忠教授评价道。农业农村部虾蟹体系拟穴青蟹试验站站长刘新建认为：“海水青蟹实现内陆养殖，这可以说是一个创举，解决了‘能养’的问题，下一步是解决‘养好’的问题，我非常看好它的发展前景。”以前让人发愁的盐碱地，现在有望变成令

■ 王春琳在河南兰考县工作的情况

人艳羡的“致富田”，这让河南省农业农村厅副厅长赵耕感到振奋。

产业扶贫的路上，任重道远

兰考青蟹养殖扶贫的成功，引来了中央电视台、《人民日报》等30大量的多家媒体的报道，来自全国各地的养殖户对王春琳教授在兰考的青蟹养殖工作非常有兴趣，并进行了大量的电话咨询。2020年，疫情来袭，但没有影响王春琳教授团队产业扶贫工作的进行。青蟹在河南盐碱地上的养殖已推广至黄河北岸的延津县，以及黄河口的山东东营。同时，2020年8月，王春琳教授团队应邀到国家级贫困县宁夏固原考察对接，继续开展养殖技术扶贫工作。

扶贫感言

王春琳教授感慨道：“工作开展过程中，遇到很多困难，得到了国家虾蟹产业技术体系及首席科学家何建国教授等人的大力支持，还得到当地政府和养殖户的信任和支持。帮助老百姓通过盐碱地养殖利用致富脱贫是作为国家虾蟹体系岗位科学家一员应尽的义务。”

他从事水产养殖科研与地方服务工作已30多年，深知水产学科是立足于生产和应用的学科，坚持把水产科研论文写在养殖鱼塘上，将科研成果带入老百姓的养殖生产中，实现产学研的有机结合。习近平总书记强调，抓扶贫切忌喊大口号，也不要定那些好高骛远的目标，要一件事一件事做好。因此，他在兰考扶贫工作中，稳扎稳打，不敢半点妄为，唯恐引发老百姓生产损失，于是才有了“四个行”的过程：科学理论上行、实验室模拟行、实地生产试验行、正式生产示范和推广行。

习近平总书记指示：我们对脱贫攻坚要有一种责任感、紧迫感，要带着感情做这项工作……王春琳教授坚信，作为水产人，将研究的成果应用于生产，带动老百姓养殖致富，是水产人的责任和义务，更是一名基层党员在工作中亘古不变的初心。

科技＋企业带动

企业带动　坚守边疆　奋“豆”扶贫

——记国家大豆产业技术体系岗位科学家　鹿文成

鹿文成，1970年11月生，黑龙江省农业科学院黑河分院，研究员。主要扶贫区域为大兴安岭南麓山区的孙吴县和克东县。多年来，为该区域大豆新品种的推广和大豆高产高效技术的示范推广发挥了重要作用。2015年被评为黑河市优秀科技工作者，2016年被评为黑河市拔尖人才，多次被评为黑河市科技服务“三农”先进个人。

发挥体系优势　精准脱贫攻坚

“十三五”以来，鹿文成充分发挥专业特长，深入开展精准扶贫工作，尽职尽责地为黑龙江省北部高寒区农业发展做出了实实在在的工作。鹿文成与大豆体系育种、栽培、加工、机械、病虫害防控、产业经济等“全产业链”专家组成的调研组，多次深入黑河市孙吴县、齐齐哈尔市克东县，与乡村领导、新型经营主体、种植大户交流探讨，摸清产业现状和需求。结合孙吴县和克东县的生态条件、种植结构及生产中存在的问题，积极开展早熟大豆科技创新和高产高效栽培技术示范推广工作。在体系相关团队广泛参与的同时，重点组织早熟大豆育种团队在国家级贫困县孙吴县和克东县开展早熟大豆苗头品种适应性鉴定评价、早熟大豆育种材料异地筛选、早熟大豆新品种小面积示范、主推品种大面积高产高效集成与示范、基层农民培训等工作。参加“产业扶贫”以来，鹿文成带领团队多次深入孙吴县孙吴镇、腰屯乡、西兴乡、正阳乡、群山乡、辰清镇、红旗乡以及克东县克东镇、玉岗镇、名山乡等多个乡镇村屯开展新品种和新技术的示范推广和高产创建工作，并积极开展科技培训和入户指导服务。通过组织实施大豆新品种展示示范工作，破解限制孙吴县、克东县大豆单产和效益提升的主要技术难题。通过技术研究、组装、优化、示范，带动了黑龙江省北部高寒区大豆大面积持续增产，促进该区域大豆产业持续发展，为区域大豆生产提供强有力的技术支撑。

开展专项培训　提高单产增效益

围绕国家级贫困县孙吴县和克东县大豆生产中的突出问题，鹿文成带领团队成员在冬春季节多次进行大豆科技扶贫专项培训。先后在孙吴县和克东县各乡镇集中培训46场，累计培训人数3000余人。在大豆生产的关键时节，邀请体系专家组建“早熟大豆科技服务团队”深入田间地头进行现场指导，现场培训 30 余场次，培训新型经营主体负责人和技术员 1200 余人。培训内容包括合理选择栽培模式及优异广适性品种、大豆病虫害的综合防控、前茬作物药害残留的降解、秸秆还田技术、秋整地技术等。在科技培训中精准对接贫困户 52 户，通过培训提高了种植户科学种植大豆的水平，提高了合作社规模化生产的水平以及当地大豆的单产与效益。

发挥科技优势　加速成果推广

参加扶贫工作以来，鹿文成组织早熟大豆育种团队充分发挥专业潜能，在早熟大豆新品种创新中取得一定的科研成果。先后选育黑河 43、黑科 56、黑科 57、黑科 60 等早熟大豆新品种 16 个。免费为孙吴县和克东县贫困户提供大豆良种 1.2 万千克，大部分早熟品种在孙吴县和克东县得以大面积推广，五年累计在扶贫区域推广团队研发大豆新品种 550 万亩，累计增收 0.8 亿千克，增创社会效益 1.5 亿元。在扶贫工作中发挥产业体系团队优势，先后配合大豆产业体系相关专家落实技术推广示范工作：如张玉先教授团队推广的大豆大垄宽台栽培模式、陈海涛教授团队推广的玉米茬地免耕播种技术、魏丹研究员团队推广的精准施肥技术、韩晓增研究员团队推广的土壤肥沃耕层构建技术、史树森教授和赵奎军教授团队推广的大豆病虫害绿色防控技术等。中国工程院盖钧镒院士、大豆产业体系首席科学家韩天富研究员等体系专家多次到孙吴县结合体系成果示范转化开展指导服务，助力脱贫攻坚工作。

发挥引领优势　带动脱贫致富

经过与孙吴县和克东县农业农村局对接，鹿文成带领团队成员多次深入合作社和村屯农户调研，明确服务对象在生产中真正存在的技术瓶颈和科技需求，并制定“一对一”扶贫解决方案。通过技术指导使新品种、新技术进行产业落地，在孙吴县西兴乡兴南村大豆专业合作社种植的 1.45 万亩大豆三年平均单产达到了 167 千克 / 亩，比全县平均大豆产量增产 21%，年增收 42 万千克，增创效益 151.2 万元，入社会员人均增收 3.5 万元；2019 年，指导的沿江乡哈屯现代农机专业合作社 2500 亩高产创建示范田大豆平均单产 190 千克 / 亩，比当地平均大豆单产 140 千克 / 亩产量高出 35.7%；正阳山乡环山现代农机合作社种植的 2200 亩大豆高产创建示范田平均单产 170 千克 / 亩，高出当地平均大豆产量 21.4%。技术

■ 鹿文成在黑龙江孙吴县开展大豆高产高效栽培技术培训

服务的示范方累计增收大豆33.2万千克，增收120万元。在全市农业农村工作总结会上，哈屯现代农机专业合作社理事长王跃龙接受媒体采访时说："我们合作社要发展，离不开科技，只有依托科技，依托扶贫专家组开展的品种优化、技术集成、示范引领，我们才能步入精准脱贫的快车道。"

■ 鹿文成在黑龙江孙吴县开展精准扶贫调研

扶贫感言

精准扶贫产业先行，产业扶贫必须充分结合当地的发展条件、发展需求、产业前景，要充分统筹科技工作者对全行业的态势把握和科技支撑，找准定位，迅速落实。把贫困地区人民的生产风险降到最低，把产业效益增速提到最高，增强农民发展产业的信心；产业扶贫离不开政府引导，有担当的企业牵头，只有这样，贫困地区农民才会积极参与，扶贫产业才能可持续健康发展。精准扶贫不只是一句口号，更是党赋予的神圣使命、一份沉甸甸的责任。只有长期坚守在脱贫一线，因地制宜、精准施策，才能取得脱贫攻坚的决定性胜利。在扶贫的道路上尽职尽责精准施策，用实际行动诠释着一名扎根边疆的农业科技工作者的情怀与梦想，始终坚守科技工作者的初心，牢记服务"三农"的使命，多出成果，出好成果，为边疆农业插上科技的翅膀。

通过科技创新　让体系成果支撑扶贫产业

——记国家谷子高粱产业技术体系岗位科学家　程汝宏

程汝宏，1963年11月生，河北省农林科学院谷子研究所，研究员。主要在河北省阜平县、枣强县开展扶贫工作，2016年被河北省授予“李保国式科技扶贫突出贡献者”称号。

聚焦谷子产业瓶颈开展科技创新

谷子不仅耐旱耐瘠，是生产条件恶劣的贫困地区的主栽作物，而且营养丰富平衡、药食同源，极具开发潜力，是贫困地区脱贫的支柱产业之一。但是，由于谷子粒小、幼苗顶土力差、缺乏精量播种机械，而且在旱薄地精量播种易缺苗断垄、对除草剂敏感等问题，使谷子一直采用人工间苗和人工除草的落后方式生产。谷田人工间苗、除草，不仅劳动繁重、生产效率低，与现代化农业不相适应，而且苗期一旦遇到连续阴雨天气，极易造成苗荒和草荒，导致严重减产甚至绝收，常年因此减产30%左右。这种落后的生产方式成为制约谷子生产现代化和贫困地区脱贫致富的重大技术难题。2008年国家体系成立以来，作为谷子体系育种研究室主任、夏谷育种岗位科学家，程汝宏深感责任重大。

在王天宇研究员创制出抗烯禾啶谷子新种质的基础上，程汝宏研究员通过远缘杂交，创制出抗咪唑乙烟酸、烟嘧磺隆、嘧草硫醚及复抗多种除草剂的新种质，并创造性地提出培育抗、感除草剂或抗不同除草剂的近等基因系，按一定比例组成多系品种，出苗后喷施除草剂既可以除草又可以间苗的“简化栽培型谷子品种选育及其配套栽培方法”，获得发明专利授权，并培育出15个简化栽培型谷子品种。

体系成果支撑扶贫产业

2009年以来，程汝宏研究员在河北省阜平县、枣强县等国家级贫困县开展了产业扶贫。程汝宏与课题组深入阜平县龙泉关镇、枣强县大营镇，开展技术培训、建立示范样板田，展示抗除草剂谷子新品种及其轻简化生产的效果。阜平县是革命老区，大山里的农村严重空心化，有的村庄只剩下老人和留守儿童，干旱贫瘠的土地种植玉米经常严重减产甚至绝收，种植谷子等耐旱杂粮又缺乏劳动力，农民生活十分贫困。2012 年 12 月 29—30 日，习近平总书记曾到阜平县龙泉关镇骆驼湾村、顾家台村慰问。2013 年 4 月，程汝宏到骆驼湾村、顾家台村考察，并为两个村带去优质抗除草剂谷子品种冀谷 31。在顾家台村，在村支书顾路红的组织下，程汝宏为乡亲们开展技术培训，详细讲解品种特征特性、配套除草剂和播种楼使用，有些农民听说谷子可以用除草剂除草，而且喷施除草剂后长相一模一样的谷苗有的死有的活，不再用人工间苗和除草，说什么也不敢种，担心试验失败造成损失。程汝宏急得直拍桌子，最终靠"减产一斤赔偿两斤"的承诺才安排了示范样板田。秋天来了，示范田果然实现了预期效果，措施到位的农户每亩节约间苗除草用工 200 多元，比对照增产 40%。但是，海拔 900 米以上的示范田却由于积温不足出现了抽穗太晚不能正常成熟的问题，程汝宏深感惭愧，也感到责任重大。为了把谷子变成贫困地区的支柱产业，第二年，程汝宏带去了 6 个不同熟期的品种进行试验示范，为海拔 300 米山脚下、海拔 700 米的半山腰、海拔 960 米的山头上都筛选出适宜品种，并与阜平圣人集团合作在龙泉关镇进行谷子订单式生产，实现了产业扶贫。

2009 年以来，程汝宏从未停下创新和深入农村推广新品种新技术的脚步，带领课题组培育出 15 个适宜不同区域种植的简化栽培型谷子品种，其中冀谷 39、冀谷 42、冀谷 45 等 10 个品种不仅抗除草剂，而且被评为一级优质米，成为贫困地区脱贫致富的骨干品种，其中冀谷 39 连续多年被列为河北省主推谷子品种。

联合其他岗位，共同推动贫困区谷子产业发展

在育成不用人工间苗、人工除草的抗除草剂简化栽培新品种基础上，为了实现谷子全程轻简化生产，程汝宏与体系农机岗位、栽培岗位结合，大力推广适合平原和丘陵山区的谷子农机农艺结合规模化生产技术，实现了谷子全程轻简化生产，使谷子生产效率提高了 20 倍。在阜平、枣强、武强、东光等多个贫困县建立示范基地，举办了 100 多场次技术培训和现场观摩，与地方政府一起扶持壮大了 20 多家小米开发企业，积极组织产销对接，带动产业扶贫。冀谷系列品种推广面积连续十多年居全国夏谷品种第一位，2009 年以来累计推广 1300 多万亩，累计节支增收 60 亿元以上。程汝宏研究员还积极推动全国谷子抗除草剂育种和轻简化生产，创制的抗除草剂新种质被全国 11 个谷子主产省应用，带动全国培育出 50 多个抗除草剂谷子品种。2016 年，程汝宏被河北省授予"李保国式科技扶贫突出贡献者"称号。

■ 程汝宏在河北阜平县开展谷子轻简化生产技术培训

扶贫感言

产业体系是落地性科研体系，解决生产和产业难题、提高农业和农民收入是工作的主要任务之一。谷子、高粱抗旱耐瘠薄，是贫困地区主要的粮食作物，因此在贫困地区开展技术服务，推广新品种新技术，提高种植效益和产业发展水平，使谷子高粱成为扶贫作物是谷子高粱体系所有团队的重要职责。

以“蚕豆”育新业　以模式创新助扶贫

——记国家食用豆产业技术体系岗位科学家　刘玉皎

刘玉皎，1974年2月生，青海省农林科学院，二级研究员。“三区三州”产业扶贫青海区总牵头人，主要在海南藏族自治州以蚕豆产业为抓手，以“调结构与转方式”为重点，创新种植模式为突破，持续增加农牧收入，培育了“三区三州”扶贫产业。同时，保障区域畜牧业优质饲草供应，支撑省部共建绿色有机农畜产品示范省建设。2019年被国家扶贫工作领导小组评为“全国科技助力精准扶贫先进个人”。

作为国家食用豆产业技术体系蚕豆育种岗位科学家、青海省蚕豆产业首席科学家的刘玉皎深入思考一个问题，那就是：在践行青海省“一优两高”战略、支撑省部共建绿色有机农畜产品示范省建设以及农业的可持续发展过程中如何充分发挥蚕豆的粮饲菜肥不可替代的作用？蚕豆市场前景广，种植效益高，如何在深度贫困区的海南藏族自治州扩大蚕豆种植，培育稳定可持续的扶贫产业，为脱贫攻坚提供产业支撑？刘玉皎在深思产业发展的同时，最终寻找了两条可行的途径：一是要把蚕豆整合至非蚕豆的产区，构建“蚕豆+”轮作模式，培育新的优势产业；二是具有蚕豆种植优势的区域，培育蚕豆种业作为扶贫产业，有利于稳定巩固扶贫成果。

在无蚕豆种植区，构建了“蚕豆+”种植模式，培育新型扶贫产业

青海省海南州共和县塘格木镇是贫困地区，种植业结构单一，青稞和油菜是当地主要的作物，种植效益1000元/亩以下，为了保障产量，化肥施用量大，不符合青海省减肥增效的要求，畜牧业发展的优质饲草也较匮乏；同时，进一步增加农牧民收入的空间和潜力较小。按照区域发展现状和农牧民需求，刘玉皎认为，发展蚕豆不仅可以优化区域种植业结构，而且可以保障当地畜牧业发展的优质饲草，发展潜力较大。刘玉皎组织团队联合攻关蚕豆整合到当地农业生产系统的关键核心技术。

海南藏族自治州海拔3000米的共和县塘格木镇种植业结构单一，“青稞+油菜”的二元种植模式，种植收益在1000元/亩以下，增收潜力越来越小。2016年刘玉皎带领团队开始在东格村试种早熟高产适于机械化的蚕豆品种青海13号，产量达340.5千克/亩，亩种植效益达1500元以上，较当地种植效益增加500元以上，得到当地贫困户的认可。2017—2019年不断优化化学除草、机械化播种、收获等关键核心技术，不断取得突破，使蚕豆生产成本降低了300元/亩，播种、除草、收割、产品加工等重

要环节的生产效率提高了20~30倍。2020年全面推广青海13号及配套技术10000亩，占该村种植面积的50%左右，平均亩产量达300千克以上，蚕豆秸秆产量每亩约100千克，增加产值达1500元/亩左右，改变了无“蚕豆”种植的历史，实现了高寒区蚕豆种植的历史性突破，创建了“青稞+油菜+蚕豆”的三元种植模式，较传统作物种植效益亩增收500~1000元，仅东格村的蚕豆种植收益在120万元/年以上。通过结构调整和生产方式转变，在青海高寒农牧交错区成功构建了“蚕豆+”的种植模式，不仅成为当地农牧民增收的优势产业，而且使当地种植业化肥减施50%以上，有效支撑了省部共建绿色有机农畜产品示范省建设。

刘玉皎在青海海南州共和县塘格木镇东格村青海13号机械化联合收割现场（首次实现蚕豆机械化联合收割）

以蚕豆种业为重点，培育“科研+企业+贫困户+基地”扶贫模式

青海海南藏族自治州共和县沙珠玉乡、铁盖乡、恰卜恰镇、龙羊峡镇，贵南县沙沟乡，同德县巴沟乡等乡（镇）为蚕豆的优势种植区，蚕豆也是当地农牧民种植业增收的重要来源之一。

为了培育扶贫产业、巩固脱贫攻坚成果，国家食用豆产业技术体系蚕豆育种岗位科学家刘玉皎带领团队致力于按照“区域化布局和多元化发展”的总体思路和“一区一业”“一村一品”的总体要求，以“青海省农林科学院+青海昆仑种业、青海绿禾源农牧科技+贫困户+基地”的经营模式，稳定发展蚕豆种业，将海南州打造成为全国春蚕豆育种创新与种业发展基地。

刘玉皎在青海海南州共和县铁盖乡七台村的青蚕14号蚕豆种业扶贫基地观摩交流

通过几年的努力，在共和县铁盖乡、贵南县沙沟乡灌区推广中晚熟大粒高产品种青蚕14号、共和县沙珠玉乡推广青海13号、

青蚕 20 号、青蚕 22 号等中早熟品种，恰卜恰镇适于推广机械化收割的中熟品种青蚕 19 号、共和县龙羊峡镇推广陵西一寸、青蚕 21 号等鲜食菜用蚕豆品种等，共建成种子基地 2 万亩左右。贫困户年种植效益在 5000~20000 元 / 亩，带动贫困户 5000 户左右，贫困户增加收入 2500 万元 / 年以上。通过种业发展带动蚕豆产业发展，如共和县沙珠玉乡珠玉村的蚕豆种植面积占农作物播种面积的 50% 左右。2020 年青蚕 19 号蚕豆在海拔 2800 米以上共和县恰卡恰镇尕寺村产量达 434 千克 / 亩，是当地豌豆产量的近 4 倍，种植效益增加 1000 元 / 亩以上，该品种的示范种植效果进一步引领当地的种植业结构调整和显著增加农牧民收入。

扶贫感言

产业扶贫也是多项扶贫工作中的重要组成部分，对于部分区域的脱贫攻坚和巩固脱贫成果具有重要支撑作用。尤其是农业产业扶贫具有基础性和稳定性作用。推动区域蚕豆产业持续稳定发展，并支撑区域经济社会发展是体系岗位科学家的初心和使命，以科技改变海南州区域经济结构，改革了传统的二元模式，创建了“粮经饲”三元模式，给塘格木镇、沙珠玉乡等多个乡（镇）培育出一种实用而有效的新兴产业，拓宽贫困地区农牧民增收渠道，开辟了产业扶贫的新路径，带动农牧民持续稳定增收，这就是体系专家的职责所在。

油菜产业助力脱贫攻坚

——记国家油菜产业技术体系岗位科学家　李浩杰

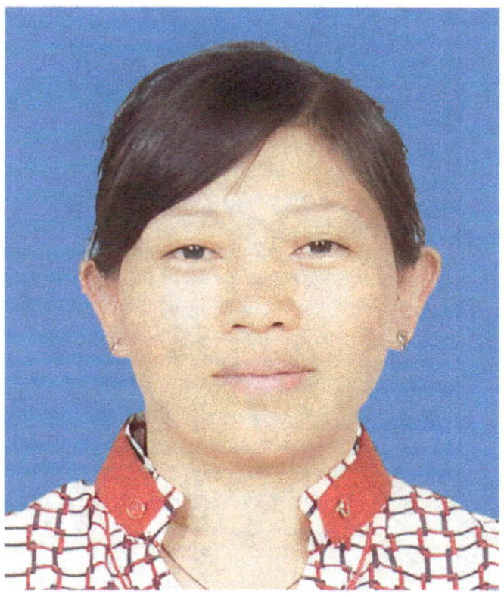

李浩杰，1973年11月生，四川省农业科学院作物研究所，研究员。2017年以来长期在四川省阿坝州壤塘县、阿坝县及凉山自治州木里藏族自治县“三区三州”深度贫困地区开展产业扶贫工作，先后在壤塘县、木里县示范推广高原春油菜、冬油菜、“一菜多用”油菜多功能利用新品种、新技术2万余亩，协助壤塘县构建了“油菜万元田”产业化模式，派驻团队成员蒋俊副研究员挂任深度贫困乡党委副书记，在木里县依吉乡建立“高原绿色油脂（菜籽、核桃、花生）压榨精炼加工生产线”，并多次联合国家和四川省现代农业产业技术体系专家共同推动贫困地区产业发展。

2017—2020年，国家油菜产业技术体系“抗病育种材料创新”岗位科学家李浩杰研究员及团队成员长期在四川省阿坝州、凉山自治州等“三区三州”深度贫困地区开展产业扶贫工作。

构建“油菜万元田”产业发展模式

2017年李浩杰研究员考察了阿坝州壤塘县油菜生产后，根据该县生态优势及本地企业积极主动求发展的意愿，联合体系油脂加工与营养岗位黄凤洪研究员在四川省阿坝州与壤塘县政府及四川省壤巴拉慧科生态农业有限公司合作，建立了“高原双低油菜新品种、种植及制造新技术集成示范基地”及生态农业示范园。通过推广油菜新品种，开展技术指导和培训，联合企业采用规模化基地化种植、订单收购等方式，引进黄凤洪研究员的国际先进“微波脱皮7D冷榨物理精炼”技术，创建了壤巴拉惠科品牌系列“壤巴拉慧科”“康油”高品质高端菜籽油，售价为156~276元/千克，远销香港等地。近两年，全县每年推广高原“双低油菜”近4000亩，公司以9.6元/千克收购油菜籽，较种植传统青稞，每亩增收了800元，实现了亩产值超过万元，构建了“油菜万元田”产业发展模式。实现了全县农户增收350万元以上，保证800人以上农牧民长期稳定脱贫。有效实现长期巩固脱贫成果、促进全县经济

■ 李浩杰在四川壤塘县考察油菜新品种青荚期长势

发展和社会稳定。

实现当地油菜产业从无到有的转变

2018 年李浩杰及团队成员蒋俊经走访发现依吉乡老百姓食用菜籽油，但没有种油菜的习惯。菜籽油只能从 100 多千米外的云南买回来。为了能让老百姓吃到本地安全放心的菜籽油，2018 年夏季她开始在依吉乡试种油菜，发现依吉乡特殊的气候条件能满足冬春两季油菜生长。2018—2020 年，她在木里县依吉乡示范推广高原春油菜、冬油菜、“一菜多用”油菜多功能利用，推广种植油菜新品种 450 余亩，实现了当地油菜产业从无到有的转变。并在依吉乡配套建成日加工能力达 3 吨的“高原绿色油脂（菜籽、核桃、花生）压榨精炼加工生产线”，可服务依吉、俄亚、宁朗等多个乡镇，使老百姓摆脱了榨油难的困境。李浩杰先后为木里县项脚、东朗、唐央、牦牛坪、倮波等多个乡镇免费提供 2000 余亩油菜种子及技术指导，联合四川省现代农业产业技术体系油菜创新团队病害防控岗位专家刘勇研究员，多次到依吉乡培训授课及现场指导病害防控，推动木里县油菜产业发展。

■ 李浩杰在四川木里县指导油菜青荚期管理

跨体系合作，脱贫成效显著

李浩杰多次联合国家和四川省现代农业产业技术体系小麦、玉米、食用菌、柑橘等首席科学家及岗位专家共同在木里县依吉乡深度贫困乡镇开展扶贫工作，2020 年全县基本实现了脱贫摘帽。2018 年以来，根据贫困地区产业发展需求，团队成员蒋俊积极开办“农民夜校”，搭建农业科技网络交流平台，邀请涵盖农作物种植、农产品加工和植物保护等领域专家培训授课和现场指导。同时，与国家现代农业产业技术体系小麦岗位科学家汤永禄研究员共同推动依吉乡小麦品种更新换代，增产幅度达 30%~100% 以上；与四川省现代农业产业技术体系食用菌创新团队首席专家彭卫红研究员联合，在依吉乡羊肚菌种植技术零基础的情况下，帮助发展羊肚菌产业，2018 年依吉乡首次试种羊肚菌，种植户当年获得了 1.5 万元 / 亩的收益；联合产业技术体系水果创新团队岗位专家到依吉乡开展皱皮柑高产栽培技术和病虫害防治技术培训，全乡种植传统优势水果木里皱皮柑面积约 2000 亩，经济效益显著；在依吉乡 800 余亩玉米遭遇草地贪夜蛾为害，预计减产达 30% 以上的紧要关头，联合四川省农业科学院植物保护研究所为依吉乡捐赠了 800 亩防治玉米草地贪夜蛾的特效药，并指导全乡及时开展统防统治工作，降低虫害损失。

科技创新引领花生产业　无私奉献助力精准扶贫

——记国家花生产业技术体系岗位科学家　王　强

王强，1965年3月生，九三学社中央农林委委员，中国农业科学院农产品加工研究所，研究员。全国农业科研杰出人才、全国优秀科技工作者，入选国家“百千万人才工程”，获国家政府特殊津贴和有突出贡献中青年专家荣誉称号。2016年以来，立足自身农产品加工领域的技术优势，带领团队先后赴新疆南疆、陕西安康、河南正阳等贫困地区开展科技扶贫，每年多达180人次，获得“2019年度全国科技助力精准扶贫先进个人”称号。

创新模式　精准发力

王强研究员深入新疆（喀什疏附、和田策勒）、陕西（白河）、河北（易县）等国家级贫困县，以及河南正阳县等省级贫困县，帮助地方政府制定产业规划、筛选加工专用品种、提升收获与加工技术，因地制宜、创新模式、分类指导，精准扶贫，取得显著成效。他带领团队先后到新疆（生产建设兵团农二师37、38团，和田策勒县、墨玉县，克拉玛依）、陕西（安康）、河南（正阳）等地进行调研帮扶30余次55天，现场指导加工专用品种选择、初加工和精深加工利用技术。通过技术指导和人员培训，仅2019年喀什、和田地区林果套种方式增加花生种植面积近万亩，带动2000多名农户人均收入增加1000元，带动了农户脱贫致富，促进了民族团结和社会稳定。

人才培养　树人扶智

新疆地域辽阔、资源丰富，但产后加工是短板，如何延长产业链、提升产后加工增值是脱贫致富的关键，而农产品加工人才又是关键中的关键。多年来，王强研究员一直把人才培养、树人扶智、建立扶贫长效机制作为科技帮扶的发力点。通过人才培养、项目协助，以及举办战略研讨会和培训班等多种方式，全方位支持新疆农产品加工领域科研与人才团队建设。面对新疆农产品加工科技人才缺乏的问题，他积极培养和输送人才，目前已为新疆培养10余名硕博士研究生（含维吾尔族1名），“西部之光”访问学者2名，并通过举办专题培训班、研讨会、现场培训会等多种形式为新疆培养实用技术人才。

王强在新疆喀什指导花生加工专用品种种植基地建设

项目带动也是培养人才的重要方式，王强研究员主持的“新疆花生加工提质增效关键与产业化示范”项目，引进了益海嘉里集团在昌吉投资建设出口花生生产线，与新疆天鹰生物科技有限公司合作建立了机械化收获、干燥和储运技术示范线，与新疆北合花生种植专业合作社、山东花生研究所合作筛选出了加工专用品种 6 个，并在克拉玛依示范种植 2000 多亩，原料收购价提高了 0.4 元 / 千克，带动贫困农民 3 万余户。

助推产业　引领致富

全方位扶持产业发展是贫困地区脱贫致富的关键。王强研究员多年来一直帮扶全国花生种植面积最大县（河南正阳县）、全国花生加工企业最多的县（山东莒南县），立足自身优势，帮扶企业，扶强产业，引领脱贫致富。他与正阳县委县政府凝聚共识，全力指导当地花生加工企业生产，形成了“加工所 + 正阳政府 + 企业 + 农户”的政产学研结合扶贫新模式，扶持了正花集团、花生天地等加工企业，助力正阳县 2019 年脱贫摘帽。王强研究员多年来与莒南县深度合作，通过科技扶持莒南花生产业发展，2017 年 9 月成功举办首届莒南国际花生产业发展高峰论坛，积极打造莒南花生齐鲁样板，提升莒南花生国际影响力。全方位扶持莒南花生加工企业，带动了莒南县及周边地区农民脱贫致富，探索了一条从精准扶贫到乡村振兴的成功之路。与莒南龙头企业山东金胜粮油集团共同建立研发中心，协助企业建立了总建筑面积 10 万平方米、年总产能 100 万吨的金胜花生产业园和花生博物馆，在助推山东乃至全国花生产业高质量发展中发挥了重要作用。

■ 王强在山东金胜粮油食品有限公司指导生产

扶贫感言

产业扶贫要以市场为导向，以效益为前提，以科技为支撑，以致富为核心。

科技创新是产业扶贫的重要支撑。产业扶贫科技先行，“授人以鱼不如授人以渔”，科技能帮助贫困地区解决生产难题，激活企业创新动力，推动产业快速发展，提升贫困地区自身“造血”能力。

因地制宜是产业扶贫的有效途径。做好产业扶贫，必须坚持问题导向，注重因地制宜，精准施策，在特色上做文章，在产业上谋发展。结合地域特色优势，研发特色加工产品、提高市场竞争力尤为重要。

创新模式是产业扶贫的重要保障。扶持龙头企业是关键，带动基地建设是基础，帮助贫困户致富是目标。政府搭台、企业唱戏、科技支撑、农民受益。不断创新“企业引领、科技支撑、农民致富”的产业扶贫模式对贫困地区脱贫致富至关重要。

强化科技支撑　助推脱贫攻坚

——记国家特色油料产业技术体系岗位科学家　乔海明

乔海明，1965 年 8 月生，张家口市农业科学院油料作物研究所，研究员。2017 年以来，积极响应国家扶贫政策，按照体系扶贫任务要求，以所在区域主要特色油料作物胡麻为切入点，发挥科技与技术优势，引导和支撑胡麻产业发展，在张家口市康保县、尚义县、张北县和崇礼区 4 个原国家级贫困县开展了科技扶贫、产业扶贫、精准扶贫，取得了显著成效。

胡麻广泛种植于我国西北、华北生态区域，据统计，全国胡麻种植面积 90%以上分布在贫困地区。发展胡麻产业，不但有助于解决贫困地区群众的基本食用油需求，同时对增加贫困地区农民收入、提高扶贫产业的科技水平以及消除贫困具有重要的现实意义。乔海明团队长期致力于科技精准扶贫，从 2017 年以来，针对河北省坝上地区开展的科技扶贫工作成绩突出，效果显著。

对接龙头企业　提升产业扶贫带动能力

张家口市坝上地区是我国胡麻主要产区，也是我国发展胡麻高端产品原料首选区域。康保县是河北省十个深度贫困县中脱贫任务最艰巨的县。近年来，该县将胡麻产业作为精准扶贫主导产业，而河北凯阔食品集团股份有限公司作为一家集亚麻籽种植、产品研发、生产、销售于一体的综合性企业，在 2019 年以前每年销量规模不足 1500 万元，正面临着调整发展战略，实现持续有力发展的现状。乔海明带领团队主动作为，深入企业开展调研，在体系产业经济岗位专家和加工岗位专家的指导下，为企业制定了胡麻产业发展规划，确立了“公司＋基地＋贫困农户”合作模式，联动一二三产业融合发展，充分发挥胡麻“产、加、销”全产业链带动作用，延伸产业链、提升胡麻产品附加值的发展方案，确定了胡麻产品多样化，以胡麻油为主，胡麻油坚持走冷榨高端，原料立足县域，通过流转贫困户土地规模化区域化生产的产业发展之路。2019 年，团队育成高产优质胡麻新品种坝选三号被推荐为 6 万亩胡麻优质原料基地首选品种。同年公司采用先进的冷榨胡麻籽油自动生产线，生产“亚蜜”牌高端冷榨胡麻油 500 吨，实现销售收入 2000 多万元，贫困户增收 600 多万元。团队协助企业申报康保县胡麻地理标志认证，推荐企业加入全国特色油料产业发展联盟和张家口市胡麻产业技术创新联盟。

■ 乔海明在河北凯阔食品集团有限公司开展技术培训

张家口市崇礼区清三营乡朝阳村是胡麻主要生产基地，由于胡麻品种退化、种植分散，效益较低，农民种植积极性不高。乔海明根据贫困村实际情况，协助河北省农林科学院驻村工作队、爱度生物科技有限公司把有机高端胡麻种植作为产业扶贫项目，通过流转土地 1000 亩，种植高含油率胡麻新品种坝选三号，为企业生产高端有机胡麻原料 8 万千克，贫困户增加收入 8.2 万元，带动了贫困村脱贫。在项目实施过程中，乔海明深入一线，在地块确认、土地整理、种子精选、播种、管理及收获各环节给予了现场指导。

帮扶贫困乡村　促进科技成果转化落地

乔海明与驻尚义县八道沟镇北石楞村扶贫工作队有关人员进行对接，以良种更换为突破口，连续多年，为该村贫困户提供高油胡麻新品种坝选三号和化肥、除草剂等农资，通过给村民发放胡麻技术培训手册和开展种植技术培训、田间技术指导等活动实现胡麻增产、农民增收。新品种较当地品种增产 12.3%，同时由于新品种含油率比当地品种高 3 个百分点，品质优，市场销售好，示范效果显著，种植户年人均增收 110 余元，同时借助其他帮扶措施，12 户贫困户均实现脱贫。经过 6 年的持续帮扶，该村的胡麻良种覆盖率达到了 90% 以上，胡麻高产栽培技术的普及率也达到了 75% 以上，胡麻产业已成为该村农民增收致富的支柱产业。

2017 年以来，4 名团队成员在一对一精准帮扶中对接康保县三顷卜村 4 户贫困户 7 名贫困人口，前后共进行百余人次精准扶贫对接活动，对贫困户进行一对一扶贫政策宣讲，并制定了种子扶贫、技术扶贫的实施方案，为贫困户提供高油胡麻新品种坝选三号种子，并配套示范除草剂使用技术，多次对村民开展胡麻新技术培训，发放技术资料 80 余册，新品种较当地品种增产 16.8%，示范效果显著，种植户年人均增收 120 余元，同时借助其他帮扶措施，4 户贫困户均实现脱贫。

为引导胡麻产业健康发展，每年以集中培训方式对贫困县农业管理部门、加工企业、种植大户等进行胡麻产业技术培训，平均每年下乡时间达 90 天以上，开展各类培训上百场次，直接培训群众 2200 多人次，足迹遍布胡麻产区的所有乡镇村，被老乡们亲切地称为“活地图”。乔海明同志也因此获得“国家级科技特派员”“张家口市优秀人才”等多项荣誉称号。

扶贫感言

经过多年的扶贫实践，乔海明深切地感受到，科技扶贫路在当下，难在当下。随着脱贫攻坚工作的不断推进，如何带动贫困群众脱贫致富，如何形成可持续为弱势群体增收已成为当前扶贫领域的重大课题。多年的扶贫经验充分证明，产业是脱贫之基、致富之源，产业扶贫是持续稳定脱贫的必由之路，是我国贫困地区全面建成小康社会的根本路径。农业产业扶贫要立足贫困地区特色资源优势；充分发挥龙头企业的产业扶贫带动作用；给予特色农业产业扶贫项目政策和项目支持；创新产业合作发展模式；加强特色农产品品牌建设保护。政府出政策，企业等经营主体示范带动，科研院所提供技术支撑，全社会齐心助推，才能为脱贫攻坚带来春天。

聚焦科技作用　助力脱贫攻坚

——记国家棉花产业技术体系团队成员　史高川

史高川，1976年5月生，山西农业大学（山西省农业科学院）棉花研究所，副研究员。在国家级贫困县山西省临汾市隰县扶贫，挂职隰县科技副县长，分管全县果业工作，主抓全县梨果产业扶贫。

吕梁山上脱贫梨

隰县全县梨果面积达到38万亩，其中玉露香梨23万亩。全县80%的土地种植梨果，80%的农民从事梨果生产，80%的农民收入来源于梨果，80%的贫困户依靠种植梨果脱贫。

扶贫工作开展以来，史高川依托山西农业大学（山西省农业科学院）的技术优势和产业体系团队成员的协作，围绕全县梨果产业提质增效开展工作，狠抓梨果产业的标准化生产、品牌化建设、联农带农利益联结机制。主要做好“八个一”，即打基础，提标准，做示范，强人才，扶项目，探模式，深认证，助脱贫。

科技带来新发展

一是打基础，打造1个“院县共建”试验站。2017年隰县政府和山西农业大学签署了《院县共建玉露香梨试验站合作协议》，双方共同出资200多万元购置仪器，改造试验室，整合校（院）6个所13名专家，县上5个部门20多名当地技术人员，培养当地4名实验化验技术人员，组建了校（院）县专家团队。

二是提标准，提升1套省级标准。将隰县原有的玉露香梨市级标准提升为省级标准，制定了《隰县玉露香梨优质生产技术规程》《隰县玉露香梨质量要求》。

三是做示范，创建1批示范基地。在全县建立塘户垣和乔村垣2个省级示范基地，35座标准化管理示范园（8个乡镇每个乡镇4座、果业局3座），示范园实现县域全覆盖。

四是强人才，培训1支当地技术队伍。在隰县建立“科研院所+县乡村”4级技术网络体系，每年举办培训30多场，培养农民技术员达到5000人次，培养了更多的技术“二传手”“三传手”，基本实现全县村村都有果树明白人。

五是扶项目，助力1批产业发展规划项目。协助隰县成功申报山西省特色农产品隰县玉露香梨优势区项目，争取资金1000万元和隰县国家现代农业产业园项目，争取资金1亿元；牵头起草《隰县梨果产业灾后后续产业发展实施方案》《隰县玉露香梨有机旱作农业工作实施方案》；参与《隰县乡村振兴规划方案》的起草。

六是探模式，探索1批绿色循环发展模式。探索果—菌—果、果—肥绿色循环模式，在隰县下李乡、午城镇、寨子乡试点，利用果园废弃枝条制成菌棒再将废弃菌棒还田，或者利用果园废弃枝条采取四就地原则还田，即就地取材、就地加工、就地堆腐，就地还田，推广面积达1000亩。探索林下经济模式，根据当地农民多年的种植习惯，在幼龄果园因地制宜采取6种模式，即果菜模式、果粮模式、果油模式、果药模式、果菌模式、果禽模式，积极开展林下经济种植，提高农民收入，推广面积达1万亩。探索有机旱作模式，在“地、水、种、技、机、绿”6个方面进行探索。

七是深认证，获批1批绿色证书。获批国家质检总局颁布的“隰县玉露香梨生态原产地产品”“隰县玉露香梨生态原产地示范区”。取得了国家工商总局“隰县玉露香梨”地理标志证明商标使用权。

八是助脱贫，形成1个利益联结机制。由果业部门牵头，多部门协作联动，通过新型农业经营主体带动建档立卡贫困户形成利益联结机制路径模式，截至2018年年底全县依托梨果产业脱贫达5800户16293人，促进了贫困户脱贫增收。

躬行不辍抓落实

第一，抓标准化生产工程，“准”字当头。精准施策，依托《隰县玉露香梨优质生产技术规程》《隰县玉露香梨质量要求》两个标准，县政府出台相应的推广应用实施方案，利用会议、今日隰县App、微信、微博进行宣传，统一标准。一方面，建示范园。全县建立35座示范园，8个乡镇，每个乡镇4个，果业局3个，进行示范引领，示范园的商品果率达到93%，一级果率达到70%；另一方面，强化质量等级意识。对全县玉露香梨进行分区分时采收，全县划分为8个区进行采收，采收后再分等分级出售，确保出县玉露香梨质量等级合格率达95%以上。

第二，抓测土配肥工程，“精”字护航。摸清底数、科学指导示范园配方施肥、精准施肥。依托校（院）县共建玉露香梨试验站，指导隰县4名技术员开展多次测土培肥培训，目前已具备检测土壤氮、磷、钾、有机质等含量及果实品质部分指标的能力。对全县35座标准化示范园土壤进行普查，检测土样200个。

第三，抓抗旱节水工程，“节”出实效。一是建集雨设施。在有条件的地方建集雨池、旱井、人字闸门等设施，充分利用雨水和河流资源集水。二是开展节水灌溉。在试验点内开展位移式滴灌、悬空喷定式滴灌喷灌等节水工程，可节约果农浇水投入成本40%~50%，推广面积1700亩。在农户中推行成本低的喷带喷灌方式，可节约果农浇水投入成本30%~40%，推广面积10万亩。三是开展节水技术提升。采用树盘地布覆盖、秸秆覆盖等技术，保持土壤水分，可减少蒸发30%~40%，推广面积2000亩。

第四，抓防灾减灾工程，“防”为支撑。一是开展低温冷冻灾害预防。提前预警，做好预防培训，定好措施，避开冷冻灾害与花期的重合，保花保果。二是做好病虫灾害绿色防控。以农业防治、物理防治为主，减少化学防治，压低病虫灾害基数、严防灾害大面积发生，减少病虫灾害发生率20%~30%。

第五，抓人才培养工程，“实”为保障。一是开展专家衔接。利用“院县共建”试验站平台，加强农科院与本地土专家联系，多频次的展开指导工作。二是开展全县果农大培训。培训果农5000人次，达到每个乡镇都有技术师、村村都有技术员，形成院、县、乡、村四级技术人才网格。

■ 史高川在山西隰县开展冻害调查和灾后减灾工作

■ 史高川在山西隰县陡坡乡进行田间技术指导

扶贫感言

习近平总书记指出，消除贫困、改善民生、逐步实现共同富裕，是社会主义的本质要求，是党的重要使命。发展产业是实现脱贫的根本之策，打赢脱贫攻坚战，要紧紧抓住产业扶贫这个根。

史高川作为一名科技工作者，被组织信任派往贫困县挂职科技副县长，主抓产业扶贫，他深感责任重大、使命光荣神圣。能参加到这一伟大的工作中来，不是每个人都有这样的机会和幸运，史高川在为自己庆幸的同时也下定决心，一定发挥自己的特长优势、努力工作，不负组织期望，不负隰县人民的厚望，全心全意为农业、农村、农民服务。

小小麻，大作为
推动麻类产业发展　助力精准扶贫

——记国家麻类产业技术体系岗位科学家　柏连阳

柏连阳，1967年12月生，中共党员，湖南省农业科学院，教授。“百千万人才工程”国家级人选，在娄底冷水江市锡矿山开展了利用苎麻和剑麻修复锡矿区工作，帮助当地居民净化水源、安全种植蔬菜。2015年以来，积极响应国家“精准扶贫”的号召，在湖南省永州市祁阳县开展了农业扶贫工作，带动当地农民发展红麻产业，提高群众收入，助力脱贫攻坚。

心系村民，解决锡矿区居民生活难题

湖南冷水江市锡矿山乡素有“世界锡都”的美誉，然而，该地区多年高能耗、高排放、高污染的资源开采方式，不仅严重污染环境、破坏生态，还严重制约了该地区农业的可持续发展。这种结构单一、以污染环境为代价的经济发展模式，是锡矿山乡居民幸福感低的主要原因之一。在娄底工作期间，柏连阳调研了锡矿山开采区植被破坏和居民日常生活情况，研究了土壤重金属对栽培剑麻和苎麻生长的影响，发现苎麻对重金属Cd胁迫具有很强的耐性，土壤Cd含量为500毫克/千克时，苎麻仍生长较好；且对重金属Cd/Sb/Pb复合污染具有较好吸收累积及转运能力。剑麻对Cd、Pb和Zn也有优良的富集效果，积累量均可达18.06毫克/株以上。相比生物量小的植物而言，苎麻和剑麻是修复重金属Cd/Sb/Pb复合污染的理想植物。基于此，柏连阳联合剑麻生理与栽培、苎麻生理与栽培、养分管理等岗位科学家和剑麻、苎麻试验站的同仁们，共同开展了利用苎麻和剑麻修复锡矿区工作。在废弃矿山种植苎麻、剑麻35亩，并指导居民安装自来水、净化水源，利用无土栽培技术种植安全蔬菜，让22户76人喝上了放心水、吃上了放心菜，得到当地群众的一致好评。

■ 柏连阳在湖南冷水江锡矿山开展麻类种植成活率调查

找准路子，助推祁阳红麻产业扶贫

八宝镇双合村位于湖南省永州市祁阳县境内，共有 375 户 1500 多人，2018 年年底还有 35 户 120 余人尚未稳定脱贫。了解情况后，柏连阳联合红麻品种改良岗位专家李德芳研究员，与湖南省农委、湖南省农业科学院等单位的领导和专家共同前往永州祁阳县进行红麻产业调研和相关产业扶贫项目。为拓展群众致富渠道，柏连阳向永州市农委、祁阳县委反映祁阳红麻产业发展情况，争取到当地政府对红麻产业政策帮扶与资金支持，并对红麻种植过程中遇到的高产高效种植、病虫草害防治、副产物综合利用等方面的问题进行了技术指导。对口扶持的红麻基地种植主体祁阳乐秋农业发展有限公司目前通过土地流转等形式在双合村、八角岭等地拓展红麻种植面积达 2000 余亩。在红麻种植过程中，柏连阳同志联合病毒与线虫防控、红麻品种改良、产业经济和生物脱胶与初加工岗位等体系同仁们多次与公司对接，实地解决红麻高产栽培、麻田病虫草害防控、生物脱胶等问题，为红麻安全高效生产保驾护航。在种植企业和麻类体系专家们的共同努力下，红麻每亩纯收益达到 1000 余元，目前已成为当地一项重要的扶贫产业。公司通过就近雇用当地村民到基地做工，已带动帮助当地及周边村 87 户贫困户 396 人实现了脱贫致富。让村民们在家门口找到了一条可以实现“稳就业、稳创收”的好路子，通过土地流转分红和做工，全村每户每年可增加收入 5000 元以上。在大家的共同努力下，祁阳县农业农村局按照农业相关产业政策进一步加大了对红麻种植产业的扶持力度，同时鼓励乐秋农业发展有限公司加大生产投入，扩大种植面积，深化加工，加快麻秆炭厂建设，发展红麻副产物利用，延展红麻产业链，以带动更多的贫困群众脱贫致富，真正让群众通过流转土地得租金、参与劳务得佣金、股份合作得股金、承包种植得现金，不断拓宽贫困群众的增收渠道，让一棵棵红麻成为群众“稳脱贫、快致富”的“黄金条”。

柏连阳在湖南八宝镇开展种植与病虫草害防控调查

扶贫感言

扶贫作为服务型政府的一项重要工作，是促进社会均衡发展、提高居民生活水平的重要举措。作为一名农业科技工作者，农业产业扶贫是打赢脱贫攻坚战的核心内容，也是实现乡村振兴的关键所在。贫困地区农村穷，农民苦，阻挡贫困户脱贫的不只有贫瘠的土地和封闭的大山，还有思想和志向。因此，扶贫不仅要“输血”——提供物质材料与资金支持，更要“造血”——依托新型经营主体，引导和扶持发展特色农业产业。还需加大对教育的投入力度，将扶贫与扶智、扶志结合起来，帮助群众真正实现脱贫致富奔小康。党的正确领导是精准扶贫最强有力的保障，只要认真贯彻落实党精准扶贫政策，因地制宜，一步一个脚印，一定会打赢脱贫攻坚战。

深耕云岭　力推工业大麻产业扶贫见成效

——记国家麻类产业技术体系岗位科学家　杨　明

杨明，1966年6月生，云南省农业科学院经济作物研究所，研究员。自1989年起，杨明致力于大麻研究，秉承“兴利除弊、助农脱贫”的信念，奔走在云岭贫困山区的田间地头，用选育出的12个安全的工业大麻品种替代了传统大麻种植，在中国首创性地培育出了工业大麻产业，实现了多用途产业化发展。武定县狮山镇新村地处贫困山区，是乌蒙山区连片贫困区，也是杨明近年开展工业大麻产业重点扶贫的主战场。

心系“三农”，探寻出路，安全促增收

大麻是中国传统农作物，在云南有广泛的民俗利用种植，但也存在毒品利用隐患。杨明提出并实践“兴利除弊”理念，带领团队选育出国内首个工业大麻品种云麻1号，工业大麻终于可以在云南实现合法安全种植。但他不甘于此，多年行走于贫困山区的他深知农民疾苦，安全种植仅是开始，实现农民增收才是最终目标。杨明作为工业大麻品种改良岗位科学家，结合国家麻类产业技术体系的产业扶贫重点任务，他心里的“蓝图”越来越清晰，那就是“发挥工业大麻优势，实现多用途产业发展，以科技助脱贫，打赢脱贫攻坚战”。

经过调研，杨明了解到云南的贫困山区传统作物为玉米、马铃薯和荞麦，亩产值不高，且劳动力输出问题严重，种地农民大多为老年人，脱贫任务艰巨。工业大麻这一作物耐旱、耐贫瘠，且种植劳动强度低，正好适合云南贫困山区种植。种植工业大麻亩产值普遍能达到2000元以上，部分地区高达3000元，比较效益显著。随着工业大麻中大麻二酚（CBD）等目标成分含量的提高，种植效益提升的空间还很大，发展产业对种植地区农民脱贫有极大的潜能。杨明非常看中这一点，于是带领团队在全省适宜地区特别是贫困山区推广种植工业大麻。

云南省楚雄彝族自治州武定县是乌蒙山区连片贫困区，狮山镇新村村委会距离县城约30千米，共有贫困户233户938人，是全县深度贫困村委会之一，主要种植玉米和烤烟。在确定新村为团队重点扶贫点后，杨明于2018年带领团队进行实地调研，并与楚雄州政协领导、武定县禁毒大队领导以及工业大麻加工企业联系对接，商议确定将新村打造成“工业大麻良种繁育基地”，当年试种30多亩，取得初步成效，受到农民的欢迎。杨明团队从播种、苗期管理到收获全程提供现场培训指导，发放《农村科技

扶贫手册》《旱地工业大麻高产优质栽培技术》等技术资料，100% 培训覆盖种植农户。杨明引入加工企业对麻籽和麻糠进行收购，收购价格为每千克 10~12 元。2019 年当地种麻 300 多亩，麻籽平均亩产量达到 100 千克以上，麻糠 80 千克，雄麻花叶 30 多千克，实现了麻农亩收入达到 2000 元以上，较当地传统玉米种植亩增收 2 倍以上。其中，杨结成家种植 16.9 亩，收获麻籽 1378 千克、麻糠 1895 千克，年收入高达 32730 元。2020 年，麻农的积极性进一步提高，种植面积扩大到 516 亩。较好的扶贫效果也引来了更多的种植加工企业入驻，目前已经有 3 家工业大麻种植企业、2 家加工企业入驻武定县。为该县工业大麻产业扶贫打下良好基础。

杨明在云南武定县狮山镇新村开展工业大麻栽培技术培训

紧扣市场，抓实品质育种，夯实多元化产业扶贫基础

目前，云南省种植工业大麻地区涉及 14 个州市，种植面积较大的县区有沾益、文山、丘北、永胜、泸西、武定等县，均为“三区三州”贫困县。全省涉及种植加工企业 100 多家，主要推广种植品种为云麻 1 号、云麻 7 号和云麻 8 号。2013 年前，云南省工业大麻以纤维、籽粒用为主，但随着大麻二酚（CBD）具有显著抗癫痫效果的信息映入眼帘，杨明顿觉机遇就在眼前，凭借前期资源品质评价的坚实

基础，带领团队紧抓机遇，加快高 CBD 含量的工业大麻选育工作，先后选育出 7 个各具特色的高 CBD 工业大麻品种供花叶用、花叶和纤维兼用、花叶和籽用兼用等多用途开发。纤维用种植自 2014 年以来逐渐减少，籽用种植面积相对稳定，花叶用种植逐年扩大。花叶用种植 2017 年为 2 万多亩，2019 年核定种植 17 万亩，2020 年发展到约 20 万亩。杨明选育的工业大麻品种累计至今在国内推广种植已达 200 多万亩，在云南省合法种植的覆盖率达 100%。

在杨明团队科研工作的支撑下，目前云南在全球率先实现了 CBD 规模化加工提取和产业化，并且已经成为全球优质原料 CBD 主要生产地。工业大麻已进入全产业链运作，研发端拥有强大的育繁种能力，种植端具备一定规模的标准化种植基础，加工端涉及纤维、麻籽的加工和花叶提取加工，商品端部分尚在研发中。工业大麻在云南已经形成一个特色生物医药健康产业，已达到了年产值过亿元的经济效益，成为农民增收致富的一个亮点，新村也成立了工业大麻专业合作社，产业进入快速发展的阶段。

信念坚定，不计个人得失，扶贫帮到底

工业大麻是一种特殊经济作物，其种植加工需要公安机关的许可。2018 年下半年以来，资本市场掀起了投资工业大麻的热潮，种植加工出现一哄而上的现象，产业存在极大的风险。杨明团队看在眼里，急在心里，如果出现种植过剩的情况，受到伤害最深的是种麻农民。杨明带领团队及时起草专题报告，向政府相关部门反映，建议根据加工产能倒推需要种植的面积数量，从供种源头进行调控，最终将 2020 年度的种植面积从企业初步报的 100 多万亩降到 20 万亩左右，保障了产业的可持续发展。

工业大麻产业扶贫工作与产业相关的种植企业、种植农户、加工经营企业以及政府管理部门特别是公安禁毒部门密切相关。杨明常说，团队的科研工作必须紧跟产业发展的需求，解决产业发展中的技术问题，为产业提供技术支撑。在发展种植过程中，无论是企业还是农户，只要有需求的地方，杨明就会带领团队成员进行现场指导服务，时间紧迫时就开自己的车子前往，服务的目的是使产业能够健康持续发展，使云南贫困山区农民多一条脱贫增收的路子，服务过程中从不计较个人得失。

扶贫感言

扶贫脱贫关键在于可持续性，工业大麻产业是贫困山区脱贫致富的优选作物，产业健康发展是根本，在安全、合法的前提下发展工业大麻产业利国利民。杨明团队在科技与产业相结合，加快科技成果转化成现实生产力的技术创新方面做了大量的努力，探索出一条科研工作与产业需求、脱贫攻坚紧密结合的路子。研究成果的转化不仅使得企业增效、农民增收，还使自身科研工作得到促进。杨明将带领团队以饱满的热情继续前行，依托国家麻类产业技术体系平台，持续推进工业大麻事业，造福社会，为脱贫攻坚做出最大努力。

科技帮扶助力精准扶贫

——记国家中药材产业技术体系综合试验站站长　虞金宝

虞金宝，1966 年 2 月生，江西省中医药研究院，研究员。江西 12316“三农”服务热线专家，主要从事中药资源调查、中药材种植技术研究和质量检测等相关研究、中药材种植技术推广与咨询服务等技术工作。主要扶贫区域为江西兴国县、遂川县和南康区等。

聚焦中药材产业　开展科技、技术扶贫服务

近 4 年来，在全省范围内先后开展近 20 场次培训，参加人员超 2000 人次。在国家级贫困县遂川县衙前镇，开展中药材“白花蛇舌草”种植精准扶贫，从白花蛇舌草的播种、除草、施肥、病虫害防治及采收加工，全过程进行技术指导和跟踪，该镇白花蛇舌草种植面积达 650 余亩，参与种植的贫困户达 280 户，平均每户增收近 2500 元。同时，在兴国县社富乡纸帮村，指导赖章春种植白花蛇舌草 10 亩，平均亩产达 450 千克，总收入近 5 万元。在国家级贫困县兴国县指导兴国县赣产道地中药材种植专业合作社种植白花蛇舌草、车前共 500 余亩，约 50 户贫困户参与其中，平均每户增收约 13000 元。指导兴国县祥生中药种植合作社发展种植覆盆子共 600 亩，约 61 户贫困户参与合作社的种植工作。2019 年，邀请国家中药材产业技术体系的专家在国家级贫困县鄱阳县开展科技扶贫工作。虞金宝通过“三农”服务热线积极为省内中药材种植企业和种植户提供中药材种植技术、种植品种选择和中药材贮藏等相关技术咨询，在所有 300 余名专家成员中，排在前 20 名。2020 年，参加在上犹县举办的“科技人才服务上犹县脱贫攻坚和乡村振兴对接与技术指导活动”，会上虞金宝分别与该县社溪镇和东山镇签订定点帮扶指导协议，会后分别前往两镇进行现场指导。另外，其团队成员还通过其他方式，每年无偿提供技术咨询 20 余次。

帮扶贫困县　助推精准扶贫

2017 年，虞金宝同志了解到东乡阳中药材种植合作社 2016 年种植的白花蛇舌草存在积压现象，及时联系相关中药材收购商和企业与该公司进行销售对接，通过近两个月的时间，60 吨白花蛇舌草药材销售一空，解决了该合作社的资金困难和销售问题。

2018年，南昌综合试验站在兴国县召开“‘国家中药材产业技术体系南昌综合试验站中药材科技创新示范兴国基地’揭牌暨中药材供需签字仪式”，团队主动联系引进安徽普仁中药饮片有限公司、四川省中药饮片有限责任公司、江西普正药业有限公司与兴国县赣产道地中药材种植专业合作社签订对接采购协议，引进江西天海药业有限公司与兴国祥生中药种植合作社签订覆盆子对接采购协议。该合作社当年产出的约140吨白花蛇舌草销售一空，同时，还帮助省内其他种植企业和种植户销售白花蛇舌草近百吨。

■ 虞金宝在江西新余市进行中药产业发展政策及种植品种选择建议授课

帮扶贫困县，为山区中药材发展出谋划策

2018年，应江西省肿瘤医院领导邀请，到宁都县肖田乡考察调研，并起草了《关于宁都县肖田乡中药材种植业发展建议》。2019年，应江西省税务局领导邀请，到广昌县驿前镇苦竹村进行调研考察，起草了《关于广昌县驿前镇苦竹村中药材种植发展建议》。2020年，应江西省医疗保障局邀请，到靖安县港背村开展中药材种植帮扶，同时积极联系江西省中药材种植规模最大的公司，前往该村进行销售帮扶对接。

扶贫感言

当前江西省大多数县市区中药材种植企业和种植户，普遍存在技术缺乏和中药材市场信息不对称情况，出现品种引种不正确等相关问题，这些问题严重制约了江西省中药材产业的发展和中药材扶贫效果的形成。因此，建议各级政府在中药材产业发展过程中应加大与相关院所联系开展中药材种植技术培训，以提高中药材种植人员的技术水平；同时，国家相关部门应加大对中药材相关信息的发布，让中药材种植企业和种植户更多地了解中药材供求信息，促进我国中药材产业的健康发展。

攻克产业技术瓶颈　科技助力精准扶贫

——记国家大宗蔬菜产业技术体系综合试验站站长　谢　华

谢华，1965年9月生，宁夏农林科学院种质资源研究所，研究员。2004年度自治区“313”人才，2006年度自治区“百万农民培训”优秀专家、农业部农业科技推广标兵，2016年度国务院特殊津贴获得者。

宁夏固原市西吉县是国家级贫困县区，也是全国2020年最后要实现脱贫的县区之一。硝河乡隆堡村位于西吉县东南方向15千米处202线省道旁，全村耕地9070亩，常住人口451户1773人，其中建档立卡贫困户117户470人。露地冷凉蔬菜是该村的优势特色产业，但因技术水平和机械化程度低，增产增收后劲不足。什么样的脱贫路径适合隆堡村？这是谢华和团队成员首先面临的重要问题。

聚焦特色产业，科技提质增效

2018年，随着党和国家脱贫攻坚战略的全面推进，银川试验站团队争取并承担了自治区科技厅立项的“半干旱区冷凉蔬菜高效栽培技术集成示范”科技扶贫项目，结合试验站扶贫任务，与西吉县农业农村局商议选定了隆堡村建立试验示范基地，提出了“技术支撑强企业、科技引领强产业”的科技扶贫方向，跟进主导产业需求、突破产业技术瓶颈、创新引领发展模式，围绕“成熟技术和产品集成示范”核心，开展以“农机农艺融合”目标的土地健康培育和可持续利用、新品种引用示范、精准水肥一体化、病虫害轻简化防控及全栽培期机械设备的引进改制和集成示范，并以整装技术的优势典型示范，提升基地企业生产水平，辐射周边生产农户与龙头企业一起进行生产经营，吸纳了本村95户贫困户与龙头企业结成冷凉蔬菜生产共同体。目前，该村露地冷凉蔬菜生产面积近3000亩，占全村耕地50%以上，近3年亩平均年纯收入2800元，年人均经济收入1.48万元，成功脱贫，实现了由“输血式”扶贫向“造血式”扶贫的转变。

集成优新技术，提高生产水平

团队在隆堡村建立了冷凉蔬菜新品种、新技术、新机械集成示范点，针对隆堡村露地冷凉蔬菜生产中存在的"品种特色优势不强、水肥利用率和机械化程度低、产量质量不稳定"等关键技术问题，采用了引改适宜耕种管机械装备、主栽叶类蔬菜品种优选、制定地方资源配制生物有机肥的土壤培肥方案、水肥一体化、主要病虫害绿色防控、高效轮作、农机农艺融合等一系列装备、模式和技术，筛选出适宜机械化作业的西兰花、娃娃菜、甘蓝等品种 11 个，其中西兰花和娃娃菜的 4 个国产品种可代替进口品种；形成了基于地方资源配制和施用生物有机肥的培肥方案 1 套，制定水肥管理技术规程、主要病虫害绿色防控技术规程各 2 套；引进适宜冷凉蔬菜生产的耕整地、移栽、水肥药等关键环节机械装备 10 台套，创新白菜花、西兰花、甘蓝、娃娃菜农机农艺融合模式 4 套。攻克了西兰花和娃娃菜依赖进口品种的卡脖子问题，完全解决耕种管环节机械化技术需求。亩均劳动力投入降低 61.9%、化肥使用量降低 17.9%、产量提高 13.4%~18.6%、节本 920 元，优质品率 83.4%，显著提升了基地企业生产水平和经营成效。

密切东西部合作，增强科技扶贫内能

银川站依托相关项目实施，与耕种和田间管理机械化岗位专家宋卫堂教授、杭州站站长周国治研究员、福州站站长温庆放研究员进行了密切合作，3 位学科带头人及其团队成员分别从耕作机械引进改制、国产优新品种示范推广、连作土壤培肥保育和水肥一体化技术等方面，做针对性的技术顶层设计、田间跟踪指导和技术培训等，协作组织西吉县蔬菜科技人员、专业合作社负责人和生产技术人员到北京、福州、杭州观摩考察。一方面，迈步走出去，交流学习现代蔬菜产销先进管理理念、经营模式和先进生产技术，积极引导合作社以市场需求为导向，调整品种结构，形成优势突出、结构合理的生产格局；另一方面，积极引进来，通过 3 位专家的推荐指导，引进了精整地机、移栽机、水肥机等专用机械，能够替代进口娃娃菜、西兰花品种的国产品种及两种高效滴灌肥等新产品。东部发达地区的先进模式、产品、技术直接在宁夏应用，切实支持了新技术的推广应用，成效显著。

支撑龙头企业，强化带动引领

2018 年科技扶贫项目实施起始，西吉县农业农村局推荐了西吉县绿发蔬菜种植专业合作社，是西吉县龙头企业，自营露地冷凉蔬菜 1200 多亩。其多年来的发展，基本上是自主型市场探索式发展，栽培技术方面一直是以经验性管理为主，尤其是农机农艺融合及标准化生产程度低，产量质量不稳定，效益有好有差，也是西吉县露地冷凉蔬菜产业发展的缩影。基于科技扶贫项目的实施，谢华带领银川站团队成员，联合西吉县农技中心蔬菜科技人员，以帮助企业制定年度生产计划、规范田间管理、培养管理能手为主要措施，全面指导开展新品种、新技术、新机械的整装集成应用和人员培养，3 年共举办培训 21 场次，培养技术骨干 35 人，培训农民 1276 人次，使该企业的生产基地实现优质高产生产，典型优势成为西吉县露地冷凉蔬菜产业的一个样板，3 年平均效益比 2017 年提高 40% 以上，更重要的是因稳定的产量质量，其原有的长沙、西安等市场得以进一步稳固和扩展，带动全村及周边近 5000 亩露地冷凉蔬菜发展，基本不愁销路，年总产值 3200 万元，龙头企业带动作用凸显。

■ 谢华协同东西部合作专家与基地企业进行技术指导交流

扶贫感言

科技扶贫，关键是“科技支撑强产业”，授人以鱼不如授人以渔。以市场为导向，聚焦贫困村优势特色产业，针对制约产业增产增收的关键技术问题，开展适用优新技术的引进和集成，培养技术能手，保证基地企业突出的生产经营优势，引领和带动周边群众共同增产增收，是精准扶贫并实现“输血式”到“造血式”扶贫和产业可持续发展的根本落脚点，这是科技的力量，也是践行“把论文写在大地上”的真实写照。

为贫困地区苹果和特色产业发展牵线搭桥

——记国家苹果产业技术体系综合试验站站长　曹洪建

曹洪建，1967年9月生，威海市农业科学院，高级农艺师。先后参与云南昭通、陕西延安、重庆云阳、新疆阿克苏等贫困地区苹果产业扶贫工作。根据贫困地区产业发展需要，先后协调威海新元果业公司等到云南、陕西等贫困地区投资建厂，带动当地贫困劳动力就业和苹果产业升级发展。同时，积极为贫困地区搭建技术交流平台，免费为贫困地区提供果树新品种、新技术和新产品，为农民脱贫致富提供技术服务支撑。

促进威海企业到贫困地区投资建厂，为贫困地区苹果产业发展做贡献

2018年来，曹洪建先后到新疆、云南、重庆、陕西等贫困地区进行了考察，他经过考察后认为，中国西部和西南冷凉地区虽然贫困，但将是未来我国苹果的优势产区。威海市苹果栽培有近140年历史，苹果种植经验丰富，在现代苹果种植方面居于国内领先水平，现代苹果配套支撑系统、果园机械、防雹网生产等产业发达。陕西、云南、新疆等贫困地区选择发展苹果生产作为农民脱贫致富的重要举措，应该让贫困地区苹果产业发展少走弯路，应该积极促进威海涉果企业到贫困地区助力发展。为此，曹洪建积极协调威海本地企业，建议企业加快产业布局调整，到贫困地区投资建厂，带动贫困地区苹果产业发展和农民脱贫。

■ 曹洪建在新疆阿克苏开展苹果生产情况调查

由于威海涉果企业对贫困地区缺乏信息了解和沟通渠道，曹洪建先后与国家苹果体系岗位科学家张东教授、国家苹果体系宝鸡综合试验站张满让站长、云南昭通试验站马钧站长等沟通，联系陕西宝鸡、云南曲靖等当地政府，协调威海涉果企业到当地投资生产现代苹果配套水泥立柱、卡扣等。经过努力，2019年6月19日新元集团云南分公司动工建设，2020年年初生产线正式投入生产，在当地政府支持下，威海新元果业已经为

云南、贵州、西藏贫困地区果园建设开展了产品和技术服务，带动了当地就业和苹果产业发展。2020年8月28日，威海新元集团新元果业陕西千阳分公司开工，从项目引进到投资兴建历时半年时间，主要在陕西进行预应力水泥立柱生产、果园格架配套设施建设、果园设备生产等，投资金额近亿元，企业立足陕西，辐射新疆、甘肃等省区，对贫困地区果园建设及果业发展具有重要意义，将有效带动陕西、新疆等贫困地区农民就业和现代苹果产业发展。

为贫困地区提供果树苗木、接穗和技术支持

在重庆、云南等贫困山区进行考察期间，曹洪建发现当地虽然适宜苹果等果树发展，但存在苹果等品种落后、效益低等问题。为加快当地苹果等品种更新，曹洪建先后为云南（昭通、红河）、陕西（延安、咸阳）、新疆（阿克苏）等地免费提供了苹果新品种维纳斯、威海早红等苹果接穗2万余条，苹果苗木2400株。在云南等贫困地区考察期间，曹洪建还发现当地气候条件适合无花果种植，但存在品种单一、品质差等问题。而威海无花果种植历史悠久，栽培面积达到了近5万亩，品种多，效益好。为促进贫困地区特色产业发展，在国家苹果产业技术体系昭通试验站马钧站长、新疆阿克苏试验站王继勋站长的协调下，曹洪建为云南鲁甸、新疆阿克苏等地分别免费提供了威海地方特色青皮无花果等苗木和无花果栽植管理技术，促进当地特色产业发展。

组建苹果产业技术群，为贫困地区提供果树技术信息和技术服务

■ 曹洪建在云南曲靖指导农民果树管理技术

贫困地区对外果树技术交流信息较少，苹果产业技术相对落后，为让贫困地区了解威海等现代苹果产业的新技术新产品，曹洪建先后与威海山东百年果蔬等企业合作，成立了“苹果帮”信息服务平台和威海苹果产业技术微信服务群，为陕西、云南、甘肃、新疆等贫困地区400余名果树技术骨干和种植户提供先进的苹果技术服务，在提供技术信息交流的同时，引导贫困地区苹果生产健康发展。

扶贫感言

贫困地区脱贫离不开产业的支撑，贫困地区需要根据地域特色，以市场为导向，以经济效益为中心，发展适合本地的特色产业，让特色产业成为农民脱贫致富的经济支柱。作为国家苹果产业技术体系威海综合试验站站长，曹洪建为能够有机会为贫困地区苹果产业发展做出自己的努力和贡献而感到骄傲，他感到自己的价值得到了体现，心中充满了自豪！

科技之花绽放在脱贫攻坚之路

——记国家牧草产业技术体系综合试验站站长　林超文

林超文，1968年7月生，四川省农业科学院土壤肥料研究所，研究员。四川省学术技术带头人，四川省土壤学会副理事长，中国草学会理事，中国土壤学会理事。在体系中主要承担牧草新品种、新技术示范推广工作，近年来主要扶贫区域包括秦巴山区、乌蒙山区及“三州”（甘孜、阿坝和凉山州），新品种、新技术的大面积应用为川牛羊、川果提供了优质饲草料，建立了川肉牛饲草料的周年供给保障技术体系，成效显著。

5年时间，行程数万千米，在四川省脱贫攻坚的主战场乌蒙山区、秦巴山区以及“三州”的15个区县留下坚实的脚印。

通过100余次的技术服务，235人次的对接帮扶，7个牧草新品种和创新集成的14套技术，科技的种子播撒到四川广博的土地上。

新品种新技术支撑的10万亩土地，农民节本增收500元/亩，通过节本增效，种植效益提升5000万元。

星星之火，可以燎原，示范推广引领，林超文种下的科技之草、脱贫致富草、产业发展之草，正在四川茁壮成长……

四川省甘孜阿坝等地，由于地处高原，冬季饲草缺乏，每年都会出现牦牛掉膘严重，甚至饿死的情况，一头牦牛从出生到出栏，往往要七八年时间！

为解决牦牛饲草料周年供给问题，提升养殖效益，林超文带领团队数不清多少次上高原，来到理县、茂县、若尔盖县、阿坝县等地，为当地提供饲草种植技术、适合当地的优质饲草品种和种子，为的是当地牦牛冬天少掉膘、不饿死，为的是农牧民能脱贫致富。

牛羊养殖是四川“10+3”现代农业体系中的重要组成部分，为加快川肉牛产业发展，推进种草养畜，确保肉牛养殖饲草料周年供给，林超文带领团队到各区域开展种草养畜调研和技术服务工作，累计80余人次到地方开展技术培训及指导，对地方肉牛产业的发展起到了重要作用。

针对草种选择、品种选择、青贮技术及加工机械等问题，提出肉牛周年饲草料供给的草种搭配及优质品种选择，提高青贮技术水平，推荐轻简化机械的示范应用以及肉牛营养配方等技术，联合国家牧草产业技术体系岗位专家、省创新团队岗位专家、省级技术推广部门及地方推广部门技术人员，开展4级联动，使新品种新技术新模式落地，结合各区域自然气候条件，选择不同的草种、畜种搭配，在宣汉县、通江县、理县、昭觉县、炉霍县等县建立核心示范区，通过多级专家协同、多学科整合、多形式推广、多层面压实等措施，技术培训及服务效果显著，牧草产量、青贮技术水平、牧草品质得到大幅度提高，农户节本增效10%以上，增收500元/亩以上。

种好草，牛受益，果树也受益

在理县甘堡乡，在林超文团队的指导下，种养大户蒲吉兵开展果园套作川北箭筈豌豆。他的果园种植的车厘子、脆红李和苹果，套作川北箭筈豌豆以后，车厘子品质提升显著，裂果鲜有发生，水果的亮度提升，甜度增加了1~2个百分点；土壤有机质提高，减少化肥施用量30%~40%；饲草达到百分百覆盖度，基本上没有杂草，土壤墒情得到改善，保水性提高，减少了生产成本约500元/亩；减少果园病虫害的发生，增加果树对光热资源的利用；生产的牧草用于喂养藏香猪，形成果—草—畜循环模式，效益显著。

蒲吉兵仅仅是林超文带领团队帮扶影响的众多种植养殖户中的一个。在5年的科技帮扶中，团队共指导龙头企业、专合社10余个，累计培训农技人员和农民2000余人次，赠送团队编著的《种草养畜》实用技术手册3000余册和新品种栽培技术10000余份。此外，还赠送了优质牧草种子30余吨，这些种子足够1万多亩地使用。

科技在传播，种子在发芽

林超文带领的团队，为助力脱贫攻坚、乡村振兴做出了应有的贡献，扶贫事件被《四川农村日报》《凉山日报》等媒体多次报道。因在脱贫攻坚中成效显著，林超文得到了昭觉县人民政府的表扬锦旗，带领的团队成员先后被省直机关工委评为青年学习标兵、四川省农业科学院扶贫先进个人。

一为川肉牛产业提供饲草料周年供给技术培训及指导。为加快川肉牛养殖，推进种草养畜，确保肉牛养殖饲草料周年供给，助力草牧业发展，林超文站长带领团队到各区域开展种草养畜调研和技术服务工作，累计80余人次到地方开展技术培训及指导，对地方草产业的发展起到了重要作用。

■ 林超文在四川阆中市示范基地田间指导农民播种

二为贫困区农业技术骨干及干部提供短期技术培训。在党中央的号召下，根据《中共四川省委办公厅、四川省人民政府办公厅关于实施深度贫困县人才振兴工程的意见》《中共四川省委组织部、四川省人力资源和社会保障厅关于印发〈深度贫困县千名紧缺专业人才培养行动实施方案〉的通知》要求，林超文站长分别接收培养来自凉山彝族自治州普格县和甘孜藏族自治州理塘县的草业科技人员。通过带领学员到大型养殖企业、家庭农场以及现代科技园区考察，结合室内技术培训，使学员眼界开阔，对现代化种养殖业有了新的认识和看法，对指导地方草食畜牧业发展起到重要作用。

■ 林超文在四川昭觉县赠送农户牧草种子并讲解栽培要点

扶贫感言

为认真贯彻落实中央和省委决策部署，贯彻落实四川省“10+3”农业产业体系建设，深入推进农业供给侧结构性改革，主攻农业供给质量，补齐农业发展短板，推动农业创新绿色发展，以助力脱贫攻坚和乡村振兴，积极推动“粮改饲”扩大饲草种植面积，保障牛羊口粮供应，也就是保障市场动物蛋白供应；牧草产业发展潜力较大，牧草生产的产业化进程将会加快，草产品市场需求将继续增长，草业高质量发展将逐步推进。建议完善草业政策、加强法治保障，鼓励科技创新、重视技术推广，转变发展方式、强化社会服务，关注区域差异、统筹全国发展。

以问题为导向　科技助力剑河精准扶贫

——记国家生猪产业技术体系岗位科学家　王立贤

王立贤，1965 年 3 月生，中国农业科学院北京畜牧兽医研究所，研究员。中国畜牧兽医学会养猪学分会理事长，中国畜牧业协会猪业分会副会长，国家畜禽遗传资源委员会猪专业委员会委员。现为生猪体系岗位科学家，主要从事性能测定与育种研究工作，主要的扶贫区域为贵州省剑河县。

贵州省剑河县是贵州 14 个深度贫困县之一，也是生猪产业体系定点帮扶的国家级贫困县之一。养猪业为全县畜牧业的支柱产业，也是当地贫困户脱贫依赖的主要产业。为了精准发力科技扶贫，生猪产业体系安排岗位科学家何启盖教授和王立贤教授分别负责兽医、养殖、育种等方面扶贫。

深入当地，找准问题，精准制定帮扶措施

接受到任务之后，王立贤研究员对剑河县的问题进行了精准分析，确定了以问题为导向、以行动抓落实的工作方针开展工作。由于疫情原因，王立贤研究员前期工作主要是和当地畜牧局进行沟通，全面了解剑河县生猪产业情况，双方就共同推进剑河县生猪产业发展达成共识。疫情解除之后，王立贤研究员第一时间率领团队组成工作组赴剑河县开展科技扶贫工作。

2020 年 4 月 22 日第一次赴剑河，工作组除了与当地畜牧部门进行座谈之外，还实地考察了以饲养香猪为主的明皇生态农业发展有限公司和以饲养杜长大为主的苗寨香猪科技有限公司。剑

■ 王立贤在贵州明皇生态农业发展有限公司指导养猪工作

白香猪作为我国出口国际优质肉市场的特色地方猪种，已成功带动百余农户增收致富，但目前存在系谱不清、生产性能和肉质数据缺乏等阻碍剑白香猪产业发展的问题。针对这些问题，工作组提出了一系列帮扶措施。一是就剑白香猪种质资源现状、系谱建设、生产及生物安全管理技术等方面进行跟踪指导；二是尽快派出专家组进行采样，利用基因组芯片分型技术构建系谱，逐步完善记录、生产和肉质性能测定；三是继续充分发挥中国农业科学院人才、技术优势，通过剑白香猪品种资源建设、生猪产业技术支撑等，加强特色产品宣传，示范带动优质生猪产业发展，促进养殖户稳产增收，确保已脱贫户不返贫。

抓落实，利用科技手段对扶贫工作进行再巩固

一个月后，王立贤研究员再次组织团队专家赴贵州省剑河县推进剑河白香猪产业扶贫工作，对前期剑河科技扶贫工作进行再落实、再巩固。此次赴剑河，所有科研人员深入养殖一线，系统采集了 56 头剑白香猪种猪耳缘样本和 5 头 50 日龄香猪血清样本，对 300 日龄剑河白香猪开展性能测定，并对现有系谱资料进行了详细调研收集，拟通过 50K 芯片基因分型，结合调研资料构建系统规范的剑河白香猪系谱，指导完善数据记录，保持种群多样性。

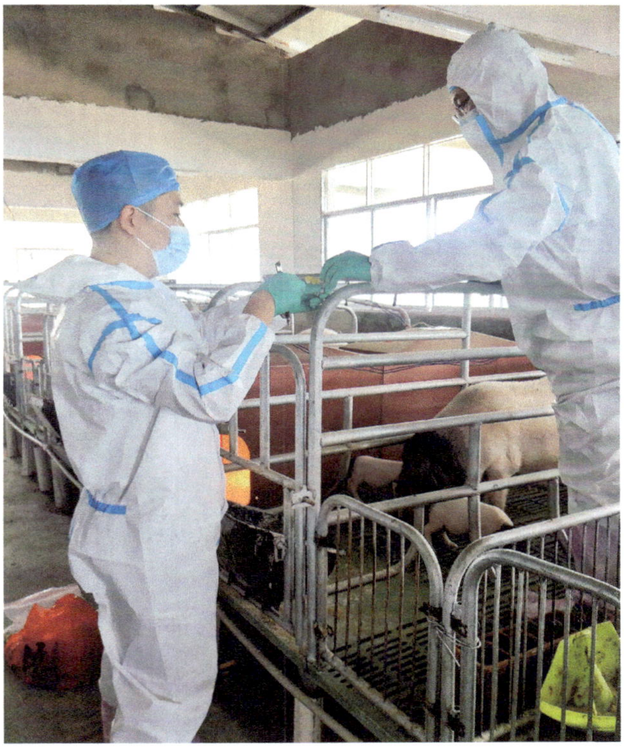

■ 王立贤团队工作人员在进行贵州剑河地方猪样品采集

回到单位以后，王立贤研究员第一时间组织利用基因芯片技术对剑河白香猪种猪群进行了血统鉴定和个体间亲缘关系检测，建立了分子系谱，制订了配种计划，结束了剑河白香猪近交历史。下一步，工作组将继续充分发挥人才与技术优势，在生产记录和肉质性能测定等方面进行指导，帮助地方构建剑白香猪品种资源体系，为剑河县特色生猪产业的健康发展提供有力支撑。剑河县政府对专家组以问题为导向、以行动抓落实的工作作风予以充分肯定，对专家们的科学精神、敬业精神、奉献精神予以高度赞扬。

扶贫感言

通过本团队在剑河县的产业扶贫，深深感受到：扶贫，贵在精准，贵在务实。因地制宜选育产业类型，持续管护产业发展，扩大宣传产业特色，让产业带动经济，是脱贫攻坚应坚持的方向。贵州省剑河县已于 2020 年 3 月脱掉贫困县帽子。如何在巩固脱贫攻坚成果的基础上，对科技助力剑河畜牧产业发展重点攻坚任务进行再聚焦、再部署、再发力，以务实的举措持续推进剑河乡村振兴是团队下一步工作的目标。

精准谋划　聚力扶贫　用技术带动奶业发展

——记国家奶牛产业技术体系综合试验站站长　张维银

张维银，1961 年 7 月生，黑龙江省奶业协会，工程师。“十三五”期间，在张维银的组织和总体协调下，哈尔滨综合试验站将贫困县林甸县、杜蒙县和富裕县 3 县设置为示范县，在此基础上，又扩展到兰西县、明水县和肇源县 3 县，根据各县的需要，利用哈尔滨综合试验站专家资源和技术优势，开展了形式不同的技术扶贫工作，受到各个贫困县的认可。

在扶贫计划设置之前，张维银站长会同黑龙江省区域内的岗位科学家和站长张永根、高明春、甘文平分别走访大兴安岭南麓 3 个贫困县，召开座谈会，走访奶牛场，为开展扶贫工作收集信息。在此基础上，张维银站长提出了试验站技术扶贫工作原则：一是与各地的扶贫政策和产业政策相结合，二是按照各地的需求开展相应的技术扶助，只有这样，才会让技术发挥事半功倍的作用。经实践验证，这一工作原则更好地促进了试验站扶贫工作的开展。

结合扶贫政策和产业政策，用技术保障政策落地

试验站与各贫困县的奶业主管部门保持随时沟通和交流，即时了解奶业扶贫政策，2017 年 11 月，富裕县反馈，二道湾镇利用扶贫资金扩建奶牛场，设计和建设过程中产生了一些问题，急需专家帮助修正和指导，为此站长张维银带队组成 8 人的专家服务团队，利用 2 天时间逐项查找问题，提出了修正和解决方案，并指导奶牛场按步骤实施，避免了因建设不规范导致的奶牛养殖问题。

2019 年 10 月，林甸县政府利用扶贫资金引入 3000 头澳大利亚进口牛，配套相应的贫困户支持政策下发给各奶牛场。林甸县农业农村局的委托试验站对进口牛进行评估和鉴定，张维银站长组织奶牛繁殖育种、兽医诊疗专家和 B 超仪检定技术人员一行 6 人，分成两组，重点对分布于林甸县 15 家奶牛场的 500 头弱牛、病牛和疑似未孕牛进行评估鉴定，并按奶牛场逐头出具检定报告和技术指导报告，受到当地政府和奶牛场的认可。

2018 年 11 月，配合“中以奶业合作项目”的推进，经考察林甸县众晔奶牛场和杜蒙县奔康奶牛场应用以色列信息技术指导奶牛生产获得较高的产奶量和效益，张维银站长组织带领 100 余位周边奶牛场场长观摩学习，让奶牛场认识、了解和掌握以色列信息技术。

2019 年 9 月，配合"黑龙江省苜蓿基地建设项目"，根据奶牛场需求，张维银站长组织团队成员，并联合国家牧草产业技术体系专家，到明水县奋斗村指导，根据其多个草原地块的特点，提出品种选择、土壤、施肥、田管、使用机械和苜蓿干草和青贮制作等方面的建议，受到奶牛场的欢迎。

■ 张维银在黑龙江林甸县奶牛场评估鉴定进口的澳牛

把脉贫困县奶业需求，大力开展技术服务工作

多年来，张维银站长带领试验站，在贫困县自主开展培训 8 期，总计培训贫困县奶牛场和技术骨干近 1000 人次，发放资料、书籍、挂图、光碟等 3000 余份，开展技术指导 10 余次，推广新型奶牛养殖技术 10 余项，促进了贫困县奶牛养殖技术的提高。

■ 张维银组织周边奶牛场场长到黑龙江省林甸县众晔奶牛场观摩以色列信息技术

同时，又根据各贫困县的需求，2016 年 11 月，受肇源县政府的委托，张维银站长组织专家为县内新建立的丰源奶牛场进行奶牛场建设方面的可行性论证，召开两次论证会，针对项目可执行情况，提出了若干建设性意见。2019 年 11 月，受该奶牛场的委托，张维银站长组织 5 人专家组，对其奶牛场的生物资产——3600 头成母牛、3200 头后备母牛进行现场评估。最终形成生物资产评估报告，为其总公司掌握分公司奶牛场资产情况提供依据。2018 年 5 月，受兰西县远大镇人民政府委托，由张维银站长带队的 5 人专家组，对其镇内的北京首农畜牧发展有限公司兰西分公司存栏的 750 头荷斯坦成母牛进行评定，出具了评定报告和评定结论，作为奶牛场进行资产处置时的依据。2018 年和 2019 年，分别在林甸县、富裕县和肇源县等地推进高质量青贮 335560 技术体系的推进工作，通过先进系统的方法，推进生产 10 万吨高品质青贮，为奶牛场节本增效 400 余万元。

在张维银站长领导下的试验站，顺应各地贫困县的需求，开展不同形式的技术服务工作，助力贫困县奶业发展。

以点、面扶贫为基础，向整县技术推进迈进

随着扶贫工作的开展，哈尔滨综合试验站的工作逐渐由点、面向“整县推进”发展。2020 年 7 月，张维银站长代表哈尔滨综合试验站联合黑龙江省畜牧总站与杜蒙县政府签订了站县共建协议，将利用 3 年的时间，在该县奶牛场开展奶牛品种登记、奶牛生产性能测定和奶牛线性外貌评定 3 项基础育种工作，并建立典型示范场，逐步推进杜蒙县奶牛育种的发展。目前已在 10 家奶牛场开展奶牛线性外貌评定工作，各项工作稳步推进中。

组织乳企捐赠乳制品，实物支援贫困县

张维银站长所在的哈尔滨综合试验站依托单位为黑龙江省奶业协会。依托单位的优势，组织会员乳品企业对贫困县进行乳制品捐赠，2017 年 3 月，组织贝因美公司捐赠国家级贫困县兰西县奶粉 5 万箱；2017 年 6 月和 2018 年 5 月，组织完达山公司两次捐赠饶河县学生奶共计 4 万包，增强乳制品企业的扶贫意识，提高乳企的社会责任感。

2017—2020 年，黑龙江省贫困县分批逐渐退出贫困县序列，在张维银站长的带领下，试验站在各县的技术扶助工作仍在继续。

扶贫感言

通过产业拉动改变贫困地区面貌，实现脱贫是一项非常有效的措施，也是贫困地区经济发展，社会文明进步的长期发展战略。有健全的产业体系和完整的产业链，就能够增加当地人民就业，就业增加就会扩大经济增长，创造社会价值和财富，人们更多的创造社会价值，就会增加收入、改善民生、提高生活质量，安居乐业。

脱贫的根本在于：一要靠科技进步，采用先进的科学技术；二要靠健康的产业拉动，因地制宜，一乡一品，一县一策；三要靠当地人民群众的勤劳努力，自力更生，艰苦奋斗，奋发图强，愿意学习、愿意改变，不等不靠，不急功近利，不投机取巧。参与扶贫的人员要精准谋划，要有螺丝钉一样的聚力精神，要有诚信务实的敬业精神，再贫困的地区也会发生巨大的变化。

脱贫攻坚　扶贫扶智　中国羊业的科普使者

——记国家肉羊产业技术体系岗位科学家　罗海玲

罗海玲，1965年10月生，中国农业大学，教授。教育部“新世纪优秀人才”，获“中国女科技工作者服务奖”“中国畜牧行业先进工作者”等荣誉。深入老、少、边、穷地区，足迹遍布新疆、内蒙古、甘肃、宁夏、青海、云贵、江西等20余省区市的农区、牧区、山区，进行科学普及和技术传授等社会服务活动，为最基层的贫困农牧民脱贫致富、涉农企业及地方的经济发展出谋划策，产生了重要的社会影响。

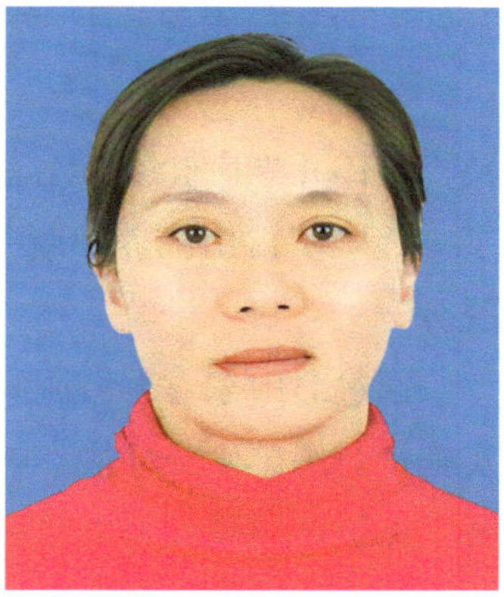

服务基层与企业——深入老、少、边、穷地区，践行科技精准扶贫

从2010年开始的十年间，深入宁夏盐池、固原等贫困地区，充分调研，通过科学技术植入，普及科学养羊知识，所发明的专利和撰写的论文，解决了合理利用饲草料资源，充分挖掘当地滩羊优良遗传资源和保持肉质风味特色等难题，促进了当地羊业发展以及农牧民致富。同时与牧草体系首席、肉牛体系岗位专家积极合作，共同探讨生态保护等共性问题。盐池县已经脱贫，固原县今年脱贫。

深入新疆克拉玛依、塔里木、乌苏、石河子调研水土、饲草料等资源、畜牧业发展现状、农牧民习俗、生活和经济状况等，撰写完成《克拉玛依市畜牧业发展规划　羊业（2014—2030）》，为地方发展科学建言；就羊肉品质风味形成机制与调控以及产业链节点详解技术要点，通过技术指导、现场教学、人员培训等多项措施，指导生产。

在云南省保山市龙陵县，与肉羊体系昆明试验站合作调研木乡村黄山羊养殖基地，指导当地依据当地环境、饲料饲草资源建立了一套适合于云南地区的黄山羊标准化养殖方案，包括黄山羊养殖工艺、饲料营养以及羊肉品质调控新技术的应用；并针对当地饲养管理标准化程度低、疫病防治能力差、产业链条短等问题，普及科学养殖常识和本地山羊品种保护理念，指导当地应用适度规模、因地制宜的养殖模式。

与牧草体系岗位专家深入罗霄山区的江西省神元村、遂川县雨田镇彭汾村、新城镇排头村等地调研，针对发现的饲养、饲料、圈舍、屠宰等各环节存在的问题，及时对当地养殖户进行技术指导，普

■ 罗海玲在云南龙陵倾听贫困户养羊需求，践行精准扶贫

及、宣传并推广健康、生态养殖科学知识和生活知识。根据罗霄山区贫穷落后存在的问题和现状，形成了《关于罗霄山区养羊脱贫致富的建议》详细论述进行技术扶贫的一揽子方案。目前罗霄山区已全面脱贫。

通过对山东省聊城调研，对贫困区临清持续关注，并以临清牧业有限公司生产为切入点，服务企业实施针对绵羊生长性能、屠宰性能及肉品质的影响都诸多方面的问题进行科学指导，并帮助企业科学饲喂、保护环境及规范肉羊屠宰，提高羊肉品质，获得较好的经济效益。

服务公众与社会——以社会责任为己任，用科学知识服务公众，做积极热心的科普使者

“独乐乐不如众乐乐”，知识也是如此，罗海玲教授面向公众普及科学知识，积极开展讲座、报告、研讨会以及科普行动等上百场，为全国农技推广骨干人员培训班授课，也参与了中国科协女科技工作者下基层的活动，同时完成肉羊体系培训工作等，为提高百姓特别是贫困地区百姓的科学常识提供服务。全面普及科学饲养，环境优先，健康养殖，量质兼顾等基本知识和观念。

■ 罗海玲在江西遂川调研

特别是在脱贫攻坚收官之年的 2020 年，罗海玲教授根据对“三区三州”国家级贫困区青海河南县主要畜种欧拉羊研究结果做《基于欧拉羊羊肉品质与风味特点的发展战略思

考》报告，提出在保证欧拉羊羊肉品质与风味特点原则下，突出特色，以生态保护，绿色 / 有机及营养健康为中心，适度体重，协同提升产量和质量等观点，受到了极大的好评；根据农业农村部关于打造“一县一业”科技示范样板县工作的要求，在国家级贫困县内蒙古兴安盟扎赉特旗国家现代肉羊产业技术体系“一县一业”（肉羊）培训会，做《羊肉生产全产业链质量安全与控制关键节点解析》，分析妊娠、哺乳、育肥、运输、屠宰、贮存、包装等节点保值增效的技术，为贫困地区羊业健康发展提供理论和技术支撑。

扶贫感言

产业扶贫的核心是扶智，理念的改变可以达到事半功倍的效果；而科普是支点，科技是根本。具体植入的技术必须是贫困地区急需的实用的简单易行的技术；技术的实施必然要长期和当前利益结合，因地制宜因时制宜；防止返贫。产业扶贫是综合性布局和全产业链节点控制和提升，涉及品种、饲草料、饲养、管理、疫病防控以及必要的设备等，使产业发展具有可持续性，脱贫攻坚成果得以稳定。产业扶贫是本体系内岗站相互协助以及与其他相关的体系之间相互联合才能达到最佳的效果。

体系扶持　让“羊”科技助力脱贫攻坚

——记国家绒毛用羊产业技术体系岗位科学家　孙海洲

孙海洲，1970年10月生，内蒙古农牧业科学院动物营养与饲料研究所，研究员。兼任中国畜牧兽医学会动物营养分会理事，全国青联十一届委员内蒙古十届青联常委，内蒙古草食动物科学重点实验室主任，自治区“新世纪321人才工程”人选。在内蒙古自治区阿拉善左旗、阿拉善右旗、鄂托克旗、乌审旗，四川省布拖县开展了卓有成效的扶贫工作。

绒毛用羊产业在脱贫攻坚中具有重要作用

绒毛用羊产业是我国西北、西南和东北等边疆地区重要的支柱产业之一，是当地经济发展的特色优势产业和重要的民生产业，为我国毛纺行业的发展做出了重大贡献，同时也是近年来脱贫攻坚的主要力量。内蒙古地区的羊绒和细羊毛产量均占全国首位，拥有内蒙古白绒山羊、罕山白绒山羊、鄂尔多斯细毛羊、敖汉细毛羊等优良品种。

但是，由于长期缺乏科技投入和草原的不合理利用，造成自治区绒毛用羊的总体生产水平低，不仅导致牧区经济发展缓慢，还无法满足国内外优质绒肉产品需求的刚性增长。当前，基础母羊繁成率低、饲料资源短缺、绒毛产品无法体现其实际价值成为制约羊产业发展的主要因素。

随着国家绒毛用羊产业技术体系的建立和稳定支持，本岗位与体系其他岗位和试验站围绕产业发展的技术瓶颈研发了一系列创新技术和产品，如何将这些技术和产品进行开发推广应用，提高产业发展水平，将科技惠及牧民尤其是其中的贫困户，增加其养殖收入，助力脱贫攻坚，成为另一项重要课题。

国内外技术联合提高阿拉善绒山羊养殖户收益

国家绒毛用羊产业技术体系2015年开始多次会同意大利国家新技术、能源和可持续发展研究所Marco研究员、意大利Camerino大学Carlo教授等赴阿拉善盟进行绒山羊羊绒质量调研，推广羊绒分部位抓绒和羔羊绒收集整理技术。阿拉善是全球最佳的羊绒原产地之一，阿拉善羊绒的细度、长度、白度和柔软度等重要指标均排在世界前列，但个体产绒量较少，因此将当地的优质绒转化为牧民的收益，才能保存当地的优良品种资源。在此过程中本岗位联合国际科研院所和羊绒企业积极与阿拉善开展科技合作，充分发挥科技支撑的引领作用，使阿拉善地区的羊绒部分实现了优质优价。2018 年 4 月 10 日阿拉善右旗新闻以《加强技术指导　助力羊绒产业发展》进行了报道。通过多年来与意大利 Marco 研究员在阿拉善右旗开展的绒品质保障工作，2017 年意大利罗洛皮雅纳有限公司高价收购阿拉善右旗优质羊绒 25 吨，其中 14 微米以下、长度 7~8 厘米羊绒以 100 美元 / 千克价格收购 91 千克，14.0~14.5 微米收购价为 360 元 / 千克，14.5~15.0 微米收购价为 300 元 / 千克，促进牧民增收。

产学研政联动促进鄂尔多斯细毛羊产业增收

鄂尔多斯细毛羊主产区乌审旗存栏达到 126 万只，是全国县域规模最大、品质最佳的优质细毛羊产业基地，涌现了可以与澳毛媲美的乌审旗“鄂尔多斯细羊毛”品牌。

在 2010 年 7 月初，由国家绒毛用羊体系和本岗位协办的第二届国毛论坛在乌审旗成功举办。此次大会组织了南京羊毛市场和牧户进行了羊毛拍卖，鄂尔多斯细羊毛参拍的原毛量有 27 批次共 742 吨，成交量达 688 吨，成交率 92%。此后每年，在绒毛用羊体系的支持下与乌审旗共同举办鄂尔多斯细毛羊羊毛直销活动启动仪式暨细毛羊赛羊大会，对农牧民进行养殖管理技术培训，开展羊毛直销活动，推进牧民规范化养殖、提升羊毛品质。2018 年鄂尔多斯细羊毛洗净毛价格最高达 93 元 / 千克，原毛价格最高达到 52 元 / 千克，创历史新高。当年全旗鄂尔多斯细毛羊养殖户共增收 1380 万元。

提高绒毛用羊母羊的繁殖率，可以为产业发展和牧民增收带来机遇。本岗位通过多年试验，建立了绒毛用羊“母羊—羔羊一体化营养调控技术”，通过技术的研发，成功地使部分核心养殖区的细毛羊母羊繁殖率提高至 150% 以上，羔羊初生重提高至 3.2 千克以上，羔羊断乳重提高至 25 千克以上。2016 年 9 月在内蒙古乌审旗选择 47 户牧户的鄂尔多斯细毛羊母羊 5090 只，推广配种前期补饲专用配套饲料 45 吨，繁成率 107%，双羔率 18%，另有三羔 50 只、四羔 6 只；增收效果明显。该项技术自母羊配种前一个月进行短期优饲，以提高母羊排卵率，至羔羊出生共 187 日，每只母羊投入精补料成本较之传统玉米补饲成本高 92 元，繁殖率由 80% 提高至 140%，收入增加 480 元，平均效益增收 388 元 / 只。

技术成果指导“三区三州”产业发展

2017 年至今，带领团队成员先后 4 次赴国家“三区三州”中的布拖县，培训母羊羔羊一体化营养调控技术和青贮饲料加工利用等技术成果，对接产业规划，将技术成果指导牧民养殖，助力精准扶贫。

服务更多养殖户　促进产业发展

2020 年，在“鄂尔多斯市畜牧业高质量发展”项目中，借助“母羊—羔羊一体化营养调控”的技术成果，由鄂尔多斯市政府出资补贴 2760 吨绒毛用羊母羊配种期精补料产品，选择乌审旗和鄂托克旗

■ 孙海洲在内蒙古乌审旗进行“母羊—羔羊一体化营养调控技术”指导

■ 孙海洲与意大利 Marco 教授在内蒙古阿拉善地区指导绒山羊分部位抓绒

900 多户贫困户和牧民的 10 万余只适配母羊进行饲喂，提高母羊受孕率和羔羊出生率，增加当地牧民和贫困户收入，带动产业发展。目前所有饲料已经发放给养殖户开始饲喂。

本岗位在科研工作中通过连接国外专家及推广基地，产学研政联动，提高产业技术发展水平，多环节保障绒毛用羊产出效益，将体系产生的技术转化为牧民的综合收益，助力脱贫。

扶贫感言

绒毛用羊产业是我国西北、西南和东北等边疆地区重要的支柱产业之一，是经济发展的特色优势产业和重要的民生产业，同时也是近年来脱贫攻坚的主要力量。但是，由于长期缺乏科技投入和草原的不合理利用，造成绒毛用羊的总体生产水平低，不仅导致牧区经济发展缓慢，还无法满足优质绒毛肉等产品需求的刚性增长。如何将科技项目研发的技术和产品进行开发推广应用，提高产业发展水平，将科技惠及牧民尤其是其中的贫困户，增加其养殖收入，助力脱贫攻坚，是一项重要课题。在科研工作中通过连接国外专家及推广基地，产学研政联动，提出产业发展的科学技术解决方案，将产业做大，多环节保障绒毛用羊产出效益，才可以将体系项目产生的技术和产品转化为牧民的综合收益，助力脱贫。

创新精准扶贫模式　助力乡村振兴战略

——记国家蛋鸡产业技术体系综合试验站站长　孙　皓

孙皓，1964年2月生，北京市华都峪口禽业有限责任公司，研究员。于2016年开始，先后在国家级贫困县河北大名、河北行唐、新疆墨玉县，省级贫困县山东成武县建设百万肉种鸡产业园区和百万蛋种鸡产业园区，大力发展肉鸡产业，以产业发展带动精准扶贫，并探索出一套产业精准扶贫、乡村振兴的新思路、新模式。

为深入贯彻习近平总书记关于打好精准脱贫攻坚战的重大决策部署，平谷综合试验站站长孙皓创新性提出“五位一体”产业精准扶贫模式，在国家级/省级贫困县建设百万肉种鸡产业园区和百万蛋种鸡产业园区，大力发展肉鸡产业，以产业发展带动精准扶贫。

2020年是脱贫攻坚决战决胜之年，应脱贫攻坚重大决策部署而建的产业扶贫项目顺利推进，其中，百万肉种鸡产业园区全部建成并投产，百万蛋种鸡产业园投产75万元，预计2020年年底全部建成并投产，可谓是交上了产业脱贫攻坚的完美答卷。

产业扶贫模式概况

峪口禽业联合政府、银行、农民合作社、首农食品集团共同提出“五位一体”产业精准扶贫模式，让贫困人口拥有股金、薪金、租金和利金“四金”收益。

“五位一体”产业精准扶贫模式。“五位一体”，即农民土地、政府扶贫资金和贷款贴息、银行贷款、首农政策、峪口禽业技术。采取峪口禽业与当地农民合作社共同出资，成立合资公司的实施方式进行运作，其中，合作社的出资为扶贫专项资金。扶贫专项资金以贫困户的出资款——股本金的形式，汇集到合作社，再由合作社出资到合资公司，从而实现扶贫款从“资金”到“资本”或“资产”的转变，通过资本或资产收益实现对贫困户的长期扶贫。

“四金”收益开辟扶贫新路径。为保证贫困人口快速脱贫，防止返贫，“五位一体”产业精准扶贫模式确定股金、薪金、租金、利金的“四金”收益，从多个方面让贫困人口增加收入，从而实现脱贫致富。

“股金”收益，给予农民专业合作社每年10%的股金回报，直到十年期满；“薪金”收益，项目提供就业岗位，贫困人口可入职工作，获得稳定的薪金收入；“租金”收益，贫困人口可获得土地租金收入；“利金”收益，从第四年开始至第十年在原有收益基础上，再给予合作社当年纯利润的 10%。

两个产业扶贫项目概况

石家庄行唐百万蛋种鸡产业园。国内最大的集种鸡饲养、孵化、饲料、有机肥于一体的蛋种鸡园区。园区包括 25 万套蛋种鸡基地 4 个、25 万套育雏育成基地 2 个、2000 万只孵化厅 4 个、10 万吨饲料厂 1 个。作为世界单体最大的蛋种鸡项目，年可向社会提供优质商品代雏鸡 8000 万只，提高良种覆盖率。行唐项目是家禽领域最先进技术的集中展示。在蛋鸡体系各位专家多次深入现场指导下，国内首例“3+3”4 列 6 层“H”形叠层笼，单栋种鸡存栏量中国第一，实现人工输精模式下劳产率最高。

■ 孙皓在河北行唐开展蛋种鸡产业扶贫项目调研

河北大名百万肉种鸡产业园。世界单体最大的肉种鸡示范园，园区包括育雏育成基地 1 个、种鸡基地 3 个、孵化基地 3 个以及饲料加工基地 1 个，其中 1 个种鸡基地有 8 栋鸡舍、每栋规模 4 万套，每个基地存栏 32 万套；1 个孵化基地年孵化能力 8000 万只。园区年可向社会提供优质商品代肉雏 2.4 亿只。国内首例六层“H”形肉种鸡笼，实现饲料自动上料，喂料行车定时饲喂、自动返回等智能化控制；建立物联网智能控制终端模式，实现自动化，大大提高了劳动生产率、降低了种蛋破损率。

■ 孙皓在河北大名开展肉种鸡产业扶贫项目调研

产业扶贫成效

两个产业扶贫项目的实施，探索一套产业精准扶贫、乡村振兴的新思路、新模式。

产业升级：构建“规模化、集约化、现代化、生态化、产业化、社会化”蛋 / 肉鸡产业转型升级的新模式，示范带动当地及周边养殖产业方式的转变，实现蛋 / 肉鸡养殖自动化、管理智能化。

农民脱贫：探索了农民脱贫增收新途径，让贫困人口拥有股金、薪金、租金和利金“四金”收益，精准帮助 6600 多户建档立卡贫困人口脱贫增收，实现扶贫从“输血向造血”转变，有力促进产业发展与扶贫工作的良性循环，带动广大农民增收致富。

经济发展：以蛋 / 肉鸡养殖撬动饲料加工和屠宰、肉制品加工以及物流运输等相关产业的快速兴起，促进当地经济发展。

乡村振兴：按下了乡村振兴战略的快进键，推动产业兴旺，带动农民增收，推动当地农业强、农村美、农民富目标的实现。

扶贫感言

龙头企业，就要有龙头企业的担当。作为农业产业化国家重点龙头企业，平谷综合试验站依托单位峪口禽业在 40 年发展历程中，不忘带动农民致富的初心，成功培育出具有自主知识产权的蛋鸡品种，从提高品种性能入手，加强对农户的全方位服务，促进蛋鸡产业在农村地区发展的同时，根植发展基因，激活发展动力，实现产业扶贫；同时，创新“五位一体”产业精准扶贫模式，在国家级贫困县落地生根，帮助建档立卡贫困人口实现脱贫增收，带领全国数万名农民走上脱贫致富的康庄大道。

未来，体系专家及所有峪禽人必将倾尽全力为中国农业、农村经济发展、亿万农民富裕而努力奋斗，带领更多农户快乐养鸡、轻松买卖，开创美好生活新时代。

行业老兵传授养鸡经验　科技培训助力产业脱贫

——记国家蛋鸡产业技术体系综合试验站站长　万代富

万代富，1965 年 2 月生，阜康市福康源禽业有限责任公司，高级畜牧师。为蛋鸡体系“三区三州”科技服务团专家，主要扶贫区域为新疆喀什地区、克孜勒苏柯尔克孜自治州、和田地区等。

万代富站长是一位在新疆家禽行业耕耘了三十多年的行业老兵，可以说对新疆家禽行业这些年来的发展和变化有着较为全面的了解和掌握，足迹踏遍各县市、乡镇；参与南疆“三区三州”的产业扶贫工作，一直没有间断过，对各地扶贫政策、扶贫计划、扶贫模式都有着较为深入的了解，对各种扶贫模式取得的成效和存在的问题也进行了深入的调查研究，并围绕存在的共性问题，开展了一系列有针对性的技术指导和经验交流。

实践出真知，扶贫先调研

2016 年年初万代富站长与体系营养与饲料研究室室主任佟建明研究员一同到南疆喀什、克州、和田三地州进行了摸底调研，调研发现各地州的扶贫计划 70% 都是围绕家禽养殖方向开展的，主要分为三个模式：①脱温鸡林下养殖模式；②政府牵头、访惠聚工作组积极筹措资金，建设小规模标准化蛋鸡、肉鸡场，交农牧民管理；③政府牵头、龙头企业带动，集中优势扶贫资金和项目资金建设集繁育、养殖、屠宰、加工、环保、销售于一体的综合性企业集团。

三种模式在扶贫工作中发挥各自优势，对脱贫攻坚战起到了积极的推动作用，同时也暴露出很多的共性问题。新疆地方特色品种和田尼雅黑鸡、拜城油鸡是南疆地区林下养殖的主打品种，前些年由于保种工作的原因品种退化，缺乏统一的饲养规范和标准使得农民手中的散养鸡成活率低、产品不规格、商品转化率很低。万代富站长联合体系宁中华教授，亲临指导；万站长团队成员和宁中华教授的博士研究生驻场开展技术应用试验，经过三年多的努力，种源得到了提纯复壮。万代富站长团队联合自治区家禽产业体系专家团队及石河子大学专家团队，深入两场（和田昆仑尼雅发展公司、新疆诺奇拜城油鸡发展公司）进行场内技术指导，并与体系佟建明研究员、齐广海研究员两位饲料行业资深专家共同研究调配饲料配方，制定脱温鸡育雏管理标准，制定饲养标准。共同举办脱温鸡育雏及林下养殖技术培训班 15 场，培训农牧民 740 人次。

林下生态鸡，脱贫金凤凰

万代富团队五年来不畏艰险、兢兢业业，为“三区三州”新疆地区家禽产业脱贫做出了重要贡献。2020 年和田尼雅黑鸡种鸡的平均产蛋率达 70.5%，比 2019 年的 61.5% 提高了 9%；拜城油鸡种鸡的平均产蛋率达到了 63.3%，比 2019 年 52.7% 提高了 10.6%；指导示范和田、喀什、克州地区完成了庭院散养模式和林下生态养鸡 100 万羽，指导完成拜城县万亩沙枣林百万拜城油鸡有机养殖示范基地的创建工作。目前，5 万只示范鸡已经林下养殖 3 个月，成活率达 99% 以上，商品转化率得到了较大的提升，完成拜城油鸡 4 个品系、3 个不同日龄的拜城油鸡屠宰测定；2020 年 5 月中旬，针对南疆相关企业鸡屠体品质下降的问题，经专家组系统研究和技术指导，极大提高了屠体品质，为企业挽回下半年的经济损失预计高达上千万元。

■ 万代富在新疆克孜勒乡开展林下养殖的品种选择，经营模式等内容的培训

■ 万代富在新疆巴楚县与养殖户交流养殖经验

扶贫感言

产业扶贫任重而道远，不仅需要从经济上扶贫，而且要从思想上扶贫，不仅要授人以鱼，更要授人以渔。科技扶贫，不仅仅是几场培训会，也不仅仅是培训贫困地区的农牧民，应当培训更多当地的从事本行业的基层管理干部和专业技术人员，因为他们有责任担当扶贫的重任，因为他们有基层理论知识和实践的经验，他们更贴近农牧民，更了解农牧民，更了解他们的需求，培训他们可以以一当十，从而实现标准化生产，起到引领和示范作用。

心系老区　借力体系助推产业精准脱贫

——记国家肉鸡产业技术体系综合试验站站长　马　翔

马翔，1968 年 10 月生，河南三高农牧股份有限公司，高级畜牧师。主要从事固始鸡繁育与产业化开发，负责肉鸡体系研发的技术在示范县的应用与示范推广工作。所在区域固始县，属大别山区农业大县，人口大县，也是国家级贫困县，畜牧资源十分丰富，畜禽养殖在该县有着悠久的历史，畜牧业也是县域经济支柱产业。因此，“十三五”期间固始鸡养殖被列为该县产业精准扶贫主要产业之一。

深入调研，集思广益谋发展

为响应国家到 2020 年年底全面脱贫的号召，马翔带领团队主动出击，依托肉鸡体系技术优势并结合固始县自然资源现状和县域经济特点，积极建言献策，通过大量调研，针对国家级贫困县固始县的产业需求，于 2016 年 5 月在固始县组织召开了“国家肉鸡产业技术体系大别山区产业精准扶贫研讨会”，经过与会专家的讨论，结合固始县县委县政府的总体规划，最后形成了固始县肉鸡产业扶贫工作思路：一是产业科技扶贫应选择适合当地的主导产业，制定产业扶贫规划，依托当地支柱企业，通过“支柱企业＋合作社＋农户”的方式，促进一二三产业融合，实现产业发展规模与效益的有机统一，建立健康、可持续的精准扶贫和精准脱贫模式；二是体系通过试验站，帮助解决龙头企业“产前、产中、产后”发展中遇到的问题；三是体系专家、站长要在联系的区域摸清底、选好点，以点带面，精准发力；四是体系在研发内容上，应关注地方品种的开发及配套技术研究、疫病控制及净化技术、特色肉鸡产品及深加工技术、地方饲料资源开发利用技术、养殖环境控制和无害化处理技术。以此次会议为契机，固始县人民政府相继出台了《三高畜禽产业扶

■ 体系专家在河南固始县召开研讨会

贫三年行动计划（2016—2018 年）》《三高养殖小区产业扶贫实施办法》两个文件，建立了以肉鸡体系为技术依托，以信阳试验站为纽带，以河南三高农牧股份有限公司为龙头，以养殖小区为载体，按照政府（主导规划）、财政（贷款贴息）、金融（提供贷款）、企业（经营管理、成鸡保利回收及销售）、贫困户（具体参入）"五位一体"扶贫联动的机制实施固始鸡产业精准扶贫机制，针对贫困户特点采取三种帮扶模式：①扶持贫困户发展家庭小规模养殖增收；②扶持养殖大户帮带贫困户增收；③吸纳贫困户到龙头公司务工增收。

带领团队，贴心服务助脱贫

多年来，马翔带领团队技术骨干协助固始县政府建成了 30 个扶贫养殖小区，发放扶贫鸡苗 160 万只，带动贫困户 5238 户共计 14352 人通过养殖固始实现产业脱贫。其间，通过现场服务和专题会议等形式，马翔团队技术骨干并邀请体系专家进行了 2000 多人次技术培训与服务，发放技术手册 3000 多份。同时，在体系专家帮助下，固始县肉鸡产业得到明显提升，在品种改良上培育出适合产业扶贫的肉鸡品种，在疫病防控上建立了完善的生物安全体系及防治和净化方案，并开发了一系列特色肉鸡及深加工产品，在地方资源开发利用上降低了饲养成本，在粪污处理上生产了生物有机肥产品等，这些技术成果的转化与运用，为固始县产业扶贫提供强有力的保障。

实践证明，该扶贫模式十分适合固始县情，群众满意度较高，成效明显。主要表现在：一是为乡镇实施产业扶贫搭建平台，乡镇通过整合财政扶贫资金建设养殖小区，群众看得见、摸得着，带户效果明显；二是脱贫攻坚结束后，固定资产由乡村收益可实现持续发展；三是降低了银行流资贷款的风险，做大了支柱产业；四是可以安排有劳动能力的贫困户到养殖小区或龙头企业实现就业增收；五是模式可复制、易推广，为后续地方产业发展提供保障。

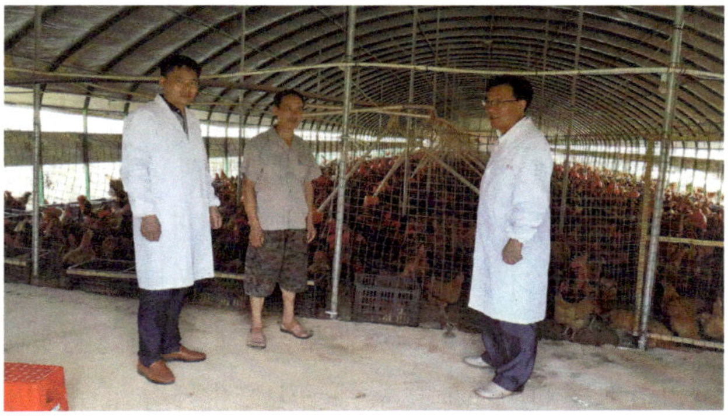

■ 马翔在益农扶贫小区现场指导贫困户养殖

一分耕耘、一分收获，在肉鸡体系的支持下和信阳试验站团队及依托单位的努力下，固始县取得了产业脱贫攻坚阶段性成果——已经脱贫。但这只是起点，今后体系专家将一如前往地在巩固扶贫成果和乡村振兴中发挥更大作用。

扶贫感言

产业扶贫工作是一项复杂的系统工程，需要政府的重视、产业的可持续运营和技术的创新作保障，因此，扶贫模式的选择非常重要，要因地制宜才能发挥更好效果。特别是脱贫后的后续保持，需要有完善的产业链做支撑。所以，扶持壮大龙头企业，延伸产业链，建立龙头企业与农户保持一种紧密合作机制尤为重要。

发挥科学技术力量　助力新疆兔业发展

——记国家兔产业技术体系综合试验站站长　李明勇

李明勇，1977 年 3 月生，青岛康大兔业发展有限公司，高级兽医师。在兔产业深耕 20 年，积累了丰富的理论基础和实践经验，主持培育肉兔配套系新品种 3 个，承担国家级项目 4 个，获省部级科技进步奖 6 项。他积极响应国家的扶贫政策，以自身所学所长，将肉兔良种及相应配套技术带到了新疆、贵州、甘肃等国家脱贫帮扶重点地区。李明勇带领团队驻扎在新疆和田地区的和田县、皮山县、于田县、策勒县等地，与当地政府联合开展肉兔产业示范项目，带动当地农民发展养兔致富。

组建技术服务团队，助力新疆兔产业发展

新疆和田地区坐落于塔克拉玛干沙漠边缘，是国家脱贫帮扶重点地区。和田还是我国少数民族最集中的地区。这里一面靠山、三面环沙，常年干旱少雨，气候干燥、饲草资源丰富、人力成本低，具有悠久的草畜养殖经验，利于兔产业发展，当地少数民族消费肉类的传统习惯，潜藏着巨大的消费机遇。政府对以上优势进行了真实、客观地分析，做出了以发展兔产业带动脱贫致富的战略决策。

李明勇义不容辞地参与了这项光荣而艰巨的任务，精准扶贫是一次大胆创新与实践，没有现成的经验可借鉴。他根据多年兔业生产经验和当地的实际情况，组建了专业的技术服务团队，于 2019 年参与到和田地区的兔产业扶贫行动中，主要分布在和田县、皮山县、于田县和策勒县等地。

在过去的一年多时间里，李明勇带领技术团队常驻和田，吃住在兔养殖场，与维吾尔族兄弟姐妹并肩奋斗，克服了地理环境差异、生活习惯差异、文化观念差异、语言障碍和交通闭塞等困难，帮助当地兔产业发展，帮助当地设计了 6 个大型规模化养殖场，引进肉兔配套系良种 2 个，核心配套养殖技术 10 项，培训技术人员 15000 人次，帮扶当地企业大幅提升生产技术指标和商品肉兔的整体产能，加快了和田地区兔业发展，为实现脱贫致富的目标，注入了强大的技术力量。

发挥科学技术力量，扶贫工作见成效

为避免和田兔产业少走弯路，能够在起步阶段就实现规范、现代、标准化养殖，在兔养殖场整体设

计和规划方面，李明勇凭借多年积累的建设经验，导入了康大的设计理念，指导当地企业科学合理规划设计兔养殖场。一年多时间，团队为和田4个县的政府和企业指导规划设计6个规模化养殖场，配备自动供水喂料系统、自动环控系统、自动粪污处理系统等，实现了场区的智能化管理、精准控制和高效运营。服务范围覆盖和田兔产业的60%以上，帮助和田地区开启了兔产业的自动化、智能化、标准化生产。

目前，康大的肉兔养殖技术体系在国内领先，在李明勇的带领和指导下，和田地区引进和推广康大标准化养兔技术体系，快速推广实施了“全进全出、高效繁育”模式，培训人工授精、全价饲料生产、环境控制、疾病防治等技术体系，过去一年，为和田地区引进和推广了10余项养兔核心技术流程，无偿提供3套饲料配方、5套用药预防方案，亲自带领他们实践现代化养殖场管理。通过我们团队的技术服务指导和培训，仅用一年的时间就帮助和田地区走过了康大兔产业15年的技术探索之路，实现了现代化、自动化、标准化养兔的道路。

一年的时间里，团队成员通过系统全面技术培训，培养了一大批养兔技术能手，为当地兔产业培训储备了丰富的人力资源。团队成员解决与维吾尔族农民沟通障碍、文化习惯障碍等困难，一年的时间，每天坚持为一线维吾尔族员工早上、晚上培训。通过理论培训结合现场操作帮带，加上每天早、晚会总结、纠偏、讲解等不断坚持重复，保证了产业有序规范地发展。通过一年多的努力，累计为和田地区兔产业培训15000人次以上，直接培训人数超过300人，涉及4个县5家龙头企业和政府人员。

■ 李明勇在新疆和田开展现场技术指导

肉兔发展，良种先行，为支撑当地快速、大规模的兔产业发展，必须要有好的肉兔良种，为此我们帮助和田地区引进伊拉肉兔配套系和康大肉兔配套系，伊拉肉兔是目前世界上最优良的肉兔品种之一，康大配套系是我国目前唯一的具有自主知识产权的肉兔配套系，适合规模化饲养。通过一年多的推广，团队帮助本地企业实现了良种的本土化驯

■ 李明勇在新疆参加和田农业产业园项目启动会

化，对产业发展发挥巨大的基础性支撑作用。

与龙头企业强强联合，带动产业示范发展，作为和田最大的兔产业扶贫龙头企业——昆仑绿源集团存在肉兔养殖规模大、发展迅速、技术人员匮乏、兔场管理跟不上等问题。针对此现状，李明勇及其团队在其体系建设依托单位内部人才梯队选出技术水平过硬的人员，制定适合于绿源集团的一套生产管理的技术流程，团队长期驻新疆绿源集团开展技术服务和指导。经过 8 个月的坚持和努力，帮助绿源理顺兔场流程，并制定各项管理规定，使母兔受胎率提高了 22.3%，出栏成活率提高了 26.5%，出栏商品兔产能提高了 20 万只。

扶贫感言

新疆扶贫工作对党和国家产业扶贫具有重大意义，授人以鱼不如授人以渔，只有通过产业的可持续发展，让贫困百姓参与其中，学会赖以生存的技能，才是解决扶贫的根本途径。建立以政府支持和引导，龙头企业主导产业发展的产业扶贫模式：政府主导政策创新、融资扶持、环境营造等，龙头企业更善于以市场为主导进行产业的运营和市场的开拓，政府和龙头企业科学合理分工，各司其职，打造长久的产业。

李明勇及其团队所取得的成果只是兔产业扶贫长河中的一点点，他们也经历了多次失败和挫折，但他们仍坚信，兔业一定是未来产业扶贫领域朝阳行业。他们将继续为产业扶贫而努力奋斗，不断刷新历史。

盐碱地上养虾蟹　精准扶贫新脉动

——记国家虾蟹产业技术体系综合试验站站长　刘栋辉

刘栋辉，1971年11月生，广东海大集团股份有限公司，讲师。由于中山综合试验站所辖区域没有国家级贫困县区，作为综合试验站站长，建议海大集团选择甘肃省白银市景泰县作为对口扶贫区域。景泰县2018年有盐碱地24万亩，其中因盐碱化重度弃耕撂荒3年以上的土地6.5万亩，比较适合开发虾蟹等水产养殖。通过景泰县委对海大集团的参观考察与招商引资，海大集团委派国家虾蟹产业技术体系中山综合试验站开展了景泰海景洲特种水产养殖产业园建设可行性研究。

景泰海景洲渔业科技有限公司是广东海大集团股份有限公司下属子公司，成立于2019年1月18日，致力于发展西北盐碱渔业科技，通过以渔治碱的方式改善盐碱地环境，开发利用好重度盐碱化的盐碱地，变废为宝。公司依托母公司广东海大集团及广东海兴农集团有限公司成熟的技术水平、雄厚的资金实力及西北独特的盐碱水资源优势，发展独具特色的盐碱渔业，并以此开展从苗种繁育、饲料加工、动保生产、养殖水产品回收和食品加工流通的全产业链发展，预计在三年内会建成中国西北规模最大、科技含量最高、科研能力最强的渔业科技公司，并示范带动中国西北盐碱渔业的发展，加快渔业去盐碱化的进程，促进西北农村多元化经营，产业扶贫，振兴乡村。

公司自2019年2月27日动工建设至2019年6月投产，目前有苗种繁育车间4条，共计2000余立方米水体；西北盐碱渔业科研中心1个，院士工作站1个，盐碱渔业产业园3个，共计2500多亩。主要养殖品种有南美白对虾、澳洲龙虾、加州鲈鱼、台湾泥鳅等品种，通过对西北气候及水土的大数据收集整理，开创适应当地水土气候的养殖模式，经过一年的养殖调试，目前南美白对虾小棚亩产达到750千克，澳洲小龙虾亩产达到200千克，加州鲈鱼亩产达到1500千克，台湾泥鳅亩产达到4000千克，养殖区域水土含盐量从12‰下降到6.5‰。另吸纳本地退伍军人和贫困人口就业超过100人，为本地培养成熟的水产养殖技术管理人才超过50人，免费培训当地农户超过400多户，为西北盐碱渔业的发展打下了坚实的基础。2019年，公司荣获“甘肃省专家服务基地”“景泰县农业产业化优秀企业”称号。

扶贫立项

在盐碱地上搞水产养殖技术门槛非常高，之前多家专业公司、研究所均做了探索，效果并不理想。

■ 开发后的海大水产养殖产业园

2019 年，海大集团联合国家虾蟹产业技术体系中山综合试验站，在站长刘栋辉博士的牵头组织下，进行了项目立项前期调研，对盐碱地土质与水质进行了全面的检测，对景泰县不同乡镇盐碱地土样与水样共检测 154 个，找到基本适合虾蟹养殖的盐度与离子构成，特别是总碱度、钙、镁、钠、钾离子的比例，为调节盐碱地养虾蟹的底质与水质调节奠定了基础。海大技术员通过大量的实地调查，结合专业知识和经验判断，对当地农户开展系统培训，目前，通过培训，当地农户基本上都能判断出什么样的盐碱地能挖出水来，懂得调理出适宜水质。

品种试养与模式改良

盐碱地水产养殖最难的是选择合适的养殖品种，2019 年先后试验过南美白对虾一代苗、二代苗与高抗苗系列，澳洲龙虾、台湾泥鳅与加州鲈，发现快速生长的南美白对虾一代苗与二代苗很难耐受外塘昼夜温差过大，藻类变化太快，氨氮亚盐浓度太高等环境条件。刘栋辉带领研发团队进行了攻关，结合国家虾蟹技术体系的设施化养虾技术，一方面通过硬件升级，开始搭建小棚防止昼夜温差过大引起倒藻；另一方面引进抗逆抗病性更强的南美白对虾高抗系列，最终在基地的小棚试养成功。2019 年一亩左右的小棚产量超过 500 千克，到 2020 年单棚产量达到 750 千克。另一个大力推广的品种是澳洲龙虾，由于澳洲龙虾具有抗逆性强、生长快、价值高的特点，澳洲龙虾的试养非常顺利，基地 5 个塘口第一次试养亩产都在 150 千克以上，2020 年达到亩产达到 200 千克。同时，海大集团旗下负责虾蟹苗种繁育的海兴农集团在当地建设了一个澳洲龙虾的繁殖基地，加快了澳洲龙虾的养殖推广进展。

经过两年来的耕耘，在国家虾蟹产业技术体系的支持与海大集团的大力投入下，集团副总裁江谢武对盐碱地水产养殖充满信心。2019 年海景洲公司共推广南美白对虾苗近 6000 万尾，澳洲龙虾苗 20 多万，覆盖养殖面积 1000 多亩，在国家虾蟹产业技术体系中山综合试验站的指导下，培养出了养虾带头人 15 名；2020 年，南美白对虾高抗苗推广达 1.2 亿尾，覆盖养殖户 200 户以上，澳洲龙虾苗 50 多万，覆盖养殖面积近 3000 亩。未来水产养殖产业园规模将会扩大到 5000 亩，产值达到 1 亿元，为当地培养与输送水产养殖专家超过 500 人。盐碱地虾蟹养殖技术的成功推广，必然成为一件功在当下、利在千秋的事，不仅打造了盐碱地水产养殖标杆示范，同时推动了盐碱地改良事业可持续发展，为推动精准扶贫、建设美好乡村提供新引擎。

扶贫感言

刘栋辉回顾近两年在甘肃景泰县开展的虾蟹养殖产业园工作，深深感受到科技扶贫、产业扶贫与精准扶贫的力量与成效。

科技是第一生产力。因地制宜地结合当地的基本条件，搞清楚当地水土的现实情况，结合优质的苗种与养殖技术（硬件设施改良、苗种淡化、水质调节，底质改良等）才能将不毛之地变为年亩产值两三万元的黄金坑。

扶贫必须产业配套。任何一个新兴的产业在当地的发展，都需要产业的配套。只有通过大型的龙头企业牵头，南美白对虾、澳洲龙虾等新品种的推广，必须将苗种、饲料、动保、养殖、流通等产业环节全部配套，公司 + 农户带动，才能促进当地老百姓参与并受益。

示范带动是精准扶贫的先决条件。最先进入海大养殖产业园的示范养户是当地头脑相对灵活、曾经在外地当过兵或打过工年龄在 40 岁左右的农户，通过基地的养殖实操与培训，迅速掌握了白虾小棚养殖技术，然后通过他们带动基地周边盐碱地水产养殖的发展。

科技 + 合作社培育

努力做好体系扶贫工作　助力新疆“三区三州”水稻实现“节本增效”

——记国家水稻产业技术体系综合试验站站长　王奉斌

王奉斌，1968年8月生，中共党员，新疆农业科学院粮食作物研究所，研究员。担任试验站站长以来，带领团队成员，勤恳工作，在完成体系工作的基础上，较好完成体系“三区三州”在新疆阿克陶县、喀什市、疏附县、莎车县、和田市、和田县、墨玉县、于田县8个贫困县市的水稻科技扶贫任务工作。2017年以来审定水稻新品种9个，获省级科技进步奖二等奖2项、三等奖1项，入选“天山英才”培养人选，为新疆特色作物水稻“增产增收”做出重要贡献。

扎扎实实完成体系水稻科技扶贫任务，新品种示范效果显著

王奉斌站长带领试验站团队成员按体系科技扶贫计划认真履行职责，开展优质高产多抗水稻品种示范与推广。在扶贫县市每年分别选定一个水稻主产乡镇，建立水稻品种试验示范区，提供10~12个优质高产多抗水稻新品种进行筛选试验。通过水稻新品种试验示范，确定了新稻11号、新稻36号、新稻45号、新稻47号、新粳2号、新粳4号为扶贫县市水稻主栽品种，同时，通过水稻种业公司、县市种子站等单位协作，采取良种补贴、每年无偿供种15吨等方式，使水稻良种覆盖率达70%以上，年品种推广面积20多万亩，单产600千克/亩

■ 王奉斌在新疆墨玉县加汗巴格乡开展水稻精量穴直播技术培训会

以上，亩增产 150 千克以上，亩新增效益 450 元以上，为脱贫攻坚战做出体系人应有的贡献。

技术模式不断引进更新，水稻高产高效栽培技术与应用效果凸显

针对扶贫县市水稻种植技术落后（基本都是水撒播或播小麦机子直播），用种量大（20 千克 / 亩以上）、出苗保苗差、产量低等情况，王奉斌站长注重水稻高产高效技术引进与示范推广，争取各类科技支疆等项目 4 项，带领团队成员，在罗锡文院士、陈温福院士、章秀福研究员、陈惠哲研究员、周广春研究员及试验站站长殷延勃等人的指导帮助下，通过建立育苗机插、机械精量水穴播、旱条播技术试验示范区，采用节本增效综合技术并开展大面积示范推广，提高亩产量，增加农民种稻效益。2017 年 9 月 19 日，和田地区农业推广中心组织相关专家对和田市和墨玉县加汗巴格乡布拉克村、达拉斯喀勒村水稻田测产，水稻轻简稻作机械化精量水穴直播技术示范 121 亩，平均亩产 785.9 千克，比水撒播增产 25%；2018 年水稻轻简稻作机械化精量水穴直播技术示范 500 亩，理论平均亩产 720.8 千克。2017 年 10 月 11 日，江西省科技厅组织相关专家对阿克陶县皮拉力乡优质高产栽培技术示范田 400 亩测产，机直播新稻 36 号，亩产 817.9 千克；2018 年 10 月 14 日，江西省科技厅组织相关专家对阿克陶县皮拉力乡优质高产水稻品种及盘育苗机插技术示范田 500 亩测产，新稻 45 号平均亩产 767.6 千克，新稻 47 号平均亩产 746.4 千克。2019 年在墨玉县加罕巴格乡恰尔巴格村、布拉克村、墩阿热希村等 9 个村开展适合机插秧优质高产水稻品种筛选及机插技术示范，面积约 4000 亩，技术示范社会经济效益显著。2019 年 10 月 14 日，墨玉县农业农村局组织专家对布拉克村 210 亩的新稻 11 号机插育秧新技术示范方进行测产验收，亩产达 654.1 千克，比当地传统直播稻亩产 566.3 千克增产 87.8 千克，增产幅度达 15.5%。2019 年 10 月 16 日，对阿克陶县水稻机械种植示范方进行测产验收，新粳 2 号机直播田块亩产达 785.6 千克；新粳 4 号机插秧田块亩产达 732.6 千克。

■ 王奉斌在新疆阿克陶县开展水稻机械盘插秧技术育苗培训会

抓好技术培训，提高农民种稻水平成效显著

王奉斌站长带领团队成员召开水稻新品种、新技术培训与现场会，提高农民种稻水平。以村为单位，根据水稻生长不同时期，安排本区水稻技术专家或邀请体系岗位专家、试验站站长，在播种期、苗

期、插秧等关键时期派团队成员到各县市下乡讲课或召开现场会，及时将水稻新品种、新技术、田间管理技术等传授给农民。激发了农民学科技、用科技的热情，加快了贫困乡村农民脱贫致富步伐。农民在培训中，与专家面对面进行交流，得到实惠，主动求教、咨询人次越来越多。通过加大新品种、新技术、科学种稻的培训力度，农民的陈旧思维有了转变，应用新品种、新技术的人越来越多。每年举办培训会、现场会40余场次，培训指导农民2000余人，发放培训资料2000多份。2020年年初，新冠肺炎疫情在全国暴发，王奉斌站长带领试验站团队成员努力做好新冠肺炎疫情防控工作，助力实现“稳产保供”，解封后3—4月组织团队成员赴墨玉县、于田县、阿克陶县、莎车县开展技术培训及指导8场次，免费为4个贫困县提供水稻良种13吨，及时把种子分发到贫困户手中，以利于及时春播，助力全面打赢脱贫攻坚战。

扶贫感言

通过开展对“三区三州”贫困县科技帮扶工作，把水稻体系扶贫工作放在水稻产业体系工作的重要位置，进一步增强了做好水稻体系扶贫工作的责任感和紧迫感。全面落实科技帮扶任务，明确帮扶团队，构建帮扶体系，开展派专家、送技术、出主意、做示范等扶贫活动，把科技扶贫与体系团队共建协同推进，推动岗位专家、试验站站长和科研人员深入农村，接地气，知农情，发挥农业科研单位作用，以农民群众脱贫增收为中心，结合贫困村农业实际，通过水稻新品种、新技术的引进、试验、示范、推广，召开现场会、举办水稻实用技术培训等，及时传递科技信息，提高南疆“三区三州”四地州贫困县市农民素质及水稻产业发展的科技含量，扶持县域传统水稻产业的发展，坚定信心，锐意进取，求真务实，不断开创水稻体系扶贫工作新局面，助力重点贫困县主导产业发展，为打赢脱贫攻坚战提供科技支撑，为新疆社会稳定和长治久安做出应有贡献。

科技助力扶贫路　田田流水稻花香

——记国家水稻产业技术体系综合试验站站长　奎丽梅

奎丽梅，1970 年 12 月生，云南省农业科学院粮食作物研究所，研究员。农业农村部未脱贫县云南省广南县八宝米产业技术顾问组成员。带领团队成员主要在滇桂黔石漠化区的云南省文山壮族苗族自治州广南县、泸西县，乌蒙山区的云南省昭通市鲁甸县，滇西边境山区的云南省普洱市景谷傣族彝族自治县、西双版纳傣族自治州勐海县等集中连片特殊困难地区开展扶贫工作。

科技助力品种升级　农企结合持续发展

2016 年以来，滇桂黔石漠化区云南省文山壮族苗族自治州广南县是奎丽梅开展扶贫工作的主要县份之一，该县被誉为“中国八宝米之乡”，因出产八宝米而闻名省内外。八宝米历史上被列为“贡米”。大米颗粒窄长、米色似玉，米饭软弹，甘甜细腻，冷不回生，有绝佳的食味品质，是地理标志性产品，云南“六大名米”之一。奎丽梅调研中发现八宝米有历史底蕴，有长期的种植历史和广大的种植农户，有稳定的消费群体，八宝米产业是一个有基础的好产业，只是在产业的发展中遇到瓶颈，不能发挥产业带动效能。究其原因：一是品种单一，目前生产八宝米的主要水稻品种云恢 290 是云南省农业科学院粮食作物研究所 1993 年育成的优质常规籼稻品种，目前仍然没有替代品种；二是品种退化严重，云恢 290 经过近三十年的应用，品种种性退化严重，抗性丧失，品质和产量得不到保障。奎丽梅了解情况后，有针对性地开展云恢 290 提纯复壮研究，同时开展特色优质新品种筛选。相关工作得到了水稻产业技术体系首席科学家程式华、育种与繁育研究室岗位科学家任光俊，病虫害防控研究室岗位科学家彭云良等专家的支持与帮助，“一选三圃法”提纯复壮云恢 290 稻米荣获 2019 年第二届全国优质稻品种食味品质鉴评（籼稻）金奖。扶持产业离不开企业，奎丽梅积极与本土企业广南八宝贡米业有限责任公司开展项目合作，每年筹措 4 万元项目资金，共同开展八宝米新品种筛选，积极推进公司品牌创建，2019 年以来，年筛选新品种 20 余个，公司创建新品牌 3 个，以土地流转、订单种植、入股经营等不同的方式共带动了 3200 余户建档立卡户加入八宝米产业，优质稻种植辐射 10 个乡镇、60 余个村民委员会、

90余个村小组，带动了13000余户种植优质稻4万亩，助力建档立卡户增收脱贫和八宝米产业可持续发展。

基地建设带动品种生产　技术培训助推脱贫攻坚

引进企业，建立繁制种基地和示范基地，开展技术培训，带动水稻生产，助推脱贫攻坚是奎丽梅开展的又一项扶贫工作。位于滇西边境山区的云南省普洱市景谷傣族彝族自治县是云南省农业科学院对口扶贫县，该县具有得天独厚的自然条件和气候条件，具备杂交稻制种所必需的生态因子。2016年开始，奎丽梅引进云南金瑞种业有限公司在该地试制杂交稻，2017年云南省农业科学院、景谷县农林局、云南金瑞种业有限公司在南景村委会和公榔村委会芒赛、芒良、芒哈、小忙赛、芒朵5个村民小组建立制种基地516亩，奎丽梅带领团队成员开展水稻制种技术的培训，使制种户熟练掌握制种高产群体构建、药剂喷施、人工授粉、病虫害防治等多项技术，该基地滇昆优8号的连片制种生产平均亩产量达407.2千克。按13元/千克收购种子，制种基地亩平均收入5191元，杂交稻的制种生产极大地增加了农户的收入，扶贫效果凸显。景谷也成为云南金瑞种业有限公司稳定的面积较大的杂交稻制种基地之一。

此外，为开展新品种展示，2017年奎丽梅带领团队成员在乌蒙山区云南省昭通市鲁甸县茨院乡葫芦口村马厂建立百亩示范基地，积极开展技术培训。秧田期采取提前薄膜覆盖湿润育秧，本田期改双行条栽为单行合理密植，栽足基本苗，应用“三控”肥水管理技术，及时病虫害防治等技术措施。核心示范区均匀一致，前期长势强劲，后期粒饱穗大，有效解决了因中段积温不足结实率偏低情况，示范方平均结实率高达92%以上。百亩方示范平均产量847.5千克，创下了高海拔冷凉地区百亩连片水稻高产纪录。当地种植的合选1号等老品种亩产量大多在400~500千克，植株高、秆子软易倒伏，新品种云

■ 奎丽梅及团队成员在云南泸西县开展高原杂交粳稻新品推介和“三控”施肥技术培训

■ 奎丽梅在云南勐海县开展直播技术培训

光 104 核心样板的建立对带动当地水稻增产、增收脱贫起到很好的示范作用。

扶贫感言

授人以鱼，不如授人以渔。贫困地区依靠环境、资源优势因地制宜发展特色产业是助力精准脱贫的根本出路。助力特色产业经营实体发展壮大，是保障贫困户有持续收入不返贫的有效手段。云南的农民纯洁质朴、吃苦耐劳，在各点开展技术帮扶的这五年，收获了尊敬，收获了信任，也收获了满满的感动。感受到那份信任，肩上的责任更重了。还有许多的工作需要跟进，目前提供筛选的新品种在品质上无法和传统优质品种媲美，不能实时满足生产的需要，需要进一步的筛选。云南的山区山美水美，气候宜人，计划打造彩色稻画旅游景点，发展稻田综合种养，农旅融合，种养结合，实现乡村美、群众富的目标。产业扶贫，我们永远在路上。

奉献旱作玉米科技创新　助力草畜产业科技扶贫

——记国家玉米产业技术体系综合试验站站长　樊廷录

樊廷录，1965年1月生，甘肃省农业科学院，二级研究员。多年来，樊廷录带领团队积极投身六盘山区和“三区三州”脱贫攻坚主战场，长期工作在甘肃镇原县和临夏县，建立试验示范基地，加快旱作玉米绿色增效全程机械化技术应用，翻山越岭，驻村入户，选择帮扶贫困户和种养经营主体，开展科技服务与培训，组织实施基于家庭小农户和大型养殖场的玉米科技扶贫模式，为甘肃贫困地区精准扶贫做出了重要贡献。

牢记使命担当，科技助力玉米绿色增效

位于甘肃省中东部的六盘山区是一个干旱缺水、丘陵沟壑、生态环境差的集中连片特困区，覆盖了全国70%以上的贫困人口。长期以来，作物产量低，种植效益差，贫困发生率高。

20世纪80年代，从小饱受饥饿的樊廷录就立志抗旱增粮改变贫困面貌的梦想。1987年他从西北农业科技大学毕业后就义无反顾地回到甘肃，前往陇东革命老区的镇原县驻点，开始践行他奉献旱作农业科技创新和农民脱贫致富的使命担当。

三十年如一日，他辛勤耕耘在科研生产一线，带领团队研发与应用了6项重大旱作节水技术。2016年5月初，国家玉米产业技术体系在兰州拉开了六盘山区产业科技扶贫的序幕，他作为兰州综合试验站站长，承担起凝练科技扶贫任务的重担，将玉米体系重点工作与精准扶贫任务有效对接，开展以覆盖集雨种植、密植增产和农艺农机融合的集成示范。每年引进玉米新品种30多个，在镇原、泾川、庄浪、灵台、临夏等县筛选与示范，形成了旱地玉米以水定密、以密定产的玉米增产技术，使陇东地区玉米亩种植密度增加了1000株，增产20%以上，创造了2.5亩旱地玉米1014千克的吨粮田。联合甘肃洮河农机制造企业研发出覆膜精量穴播机，率先在镇原和泾川县推进地膜玉米密植增效全程机械化技术示范，玉米种植密度达到5000株/亩、亩生产成本降低近200元，目前玉米机收率接近8%。考虑到残膜污染问题，与兰州鑫银环等企业合作开发出适宜机械作业和功能期90天的全生物降解地膜，有效减少了农田地膜污染。面对秋季雨水多和连阴雨天气对机械粒收的影响，2019年扶持庆阳辰基种植养殖专业合作社在镇原县郭原乡建立了30吨玉米烘干塔，带动周围2000个农户开展玉米籽粒收获近1万亩，亩增收150元。

■ 樊廷录在甘肃镇原县上肖乡开展玉米全程机械化技术示范与培训

服务经营主体，种养结合扶贫效果明显

按照农业农村部关于科技扶贫的要求，樊廷录带领团队爬山越岭、顶风雪冒严寒，一步一个脚印走出了“试验站+示范基地+经营主体”为主的玉米科技种养结合扶贫路子。

家庭种养结合仍然是贫困地区精准扶贫的主要模式。苟满红1家4口人曾经是镇原上肖乡路岭村有名的贫困户，常为养牛饲草不足而犯愁，樊廷录带领团队帮他设计了种植20亩玉米、9亩甜高粱和10亩小麦、年出栏30头肉牛的“玉米/甜高粱种植+机收青贮+肉牛育肥”家庭种养增收方案，修建了一座100立方米的青贮池，2018—2019年年均收入稳定突破10万元，还清了两名大学生的助学贷款，修建了设施齐全的住房。体系任务落地种养农户，增强了苟满红靠种植玉米养牛增收致富的信心和发展动力，通过养牛有机肥还田替代化肥，每年节省化肥投入一半，成为种养脱贫致富的典型，在庆阳市和相关新闻媒体宣传。

大型养殖场种养结合正在成为产业带动扶贫的重要模式。燎原乳业是“三区三州”甘肃临夏县一个拥有7000头奶牛和6000亩流转土地的上市企业。2018年以来，樊廷录深入企业调研，帮助企业在北塬安家坡村建立了“青贮玉米品种+全程机械化+绿色增效”玉米绿色增效技术模式，每年引进青贮玉米新品种20个、提供控释氮肥3吨、全生物降解地膜1吨和良种600千克，青贮玉米产量提高到

4.5~5.0 吨 / 亩，增施有机肥化肥减量 30% 以上，降低了地膜人工捡拾成本。每年举办现场观摩和技术培训 3 次，发放技术资料 200 余份，支撑了以燎原乳业为主的青贮玉米生产、乳牛投放、产业劳务等农牧产业增收模式，带动农户种植青贮玉米亩收入 2090 元，吸收当地 203 名农民务工，人均收入 3.5 万元，产业带动增收效果明显。2020 年 9 月 20—21 日，来自全国玉米领域的 70 余位专家学者齐聚临夏县安家坡乡，观摩了青贮玉米丰产绿色增效示范基地，召开了科技助力精准扶贫和玉米高质量发展论坛，各大媒体相继宣传报道了樊廷录团队玉米产业科技扶贫的成效。

■ 樊廷录在甘肃临夏县安家坡乡现场讲解青贮玉米全程机械化技术

扶贫感言

产业是贫困地区稳定脱贫致富的核心，科技创新要以产业需求为导向，支撑产业转型升级，助力产业扶贫。长期奔赴贫困山区，深入农户调研，建立示范基地，虽然忙碌但很充实，这一切源于樊廷录同志坚定的理想信念，源于他心系农业、情系农村、爱系农民的“三农”情怀。只有把体系任务培育成成果，把成果提炼成模式，把模式落实到农户和经营主体，把贫困户嵌入种养产业链条中，才能把成果送到千万家、论文写到大地上。实践证明，体系成果与产业扶贫无缝对接，产学研企联动，才能突破科技与产业发展结合不紧密的制约。只有投身脱贫攻坚的伟大实践，才能践行使命担当，实现奉献科技创新与产业扶贫的人生价值追求，不愧为一代人的青春。

实干帮扶结硕果　科技富农谱新篇

——记国家玉米产业技术体系综合试验站站长　王俊河

王俊河，1963年9月生，黑龙江省农业科学院齐齐哈尔分院，研究员。多年来，他始终坚守着一名农业科研人员的初心，深入一线潜心研究农作物耕作栽培技术与品种选育工作，在实践中积累了丰富的经验，取得了一系列成果，特别是在玉米栽培技术方面已成为省内外知名专家。2016年，他承担起玉米产业技术体系大兴安岭南麓甘南县的科技扶贫工作，这也让他的玉米富农梦想进一步找到了得以实现的土壤。5年间，他带领团队在甘南县建立起新型耕作体系，下大力气开展全程机械化栽培技术示范与推广工作，让农民亲眼看到科技的应用使农业生产发生怎样的变化。让老百姓相信农业技术不是最终目的，他通过与当地政府沟通，与当地教育机构联手办起了农技人员和新型职业农民培训培训班，毫无保留地传授实用技术，也因此让更多的农民走上致富路。

甘南县隶属于黑龙江省齐齐哈尔市，县城距齐齐哈尔市87千米，地处大兴安岭南麓，嫩江中游冲积平原右岸，东临诺敏河、嫩江，同内蒙古自治区莫力达瓦达斡尔族旗及黑龙江省讷河市、富裕县相望，南与龙江县、齐齐哈尔市梅里斯达斡尔族区接壤，有耕地297万亩，主栽作物为玉米、水稻、大豆、杂粮。甘南县属半农半牧县份，是国家扶贫开发工作重点县。

科技扶贫是国家扶贫开发战略的重要组成部分

科技扶贫是科技工作者全面贯彻落实习近平总书记扶贫开发战略思想和党中央脱贫攻坚的重大决策部署，要以高度的政治责任感和历史使命感，把精准扶贫与创新驱动发展紧密结合，依靠科技创新助力打赢脱贫攻坚战。国家玉米产业技术体系齐齐哈尔综合试验站自2016年承担大兴安岭南麓扶贫任务以来，王俊河站长多次深入甘南县的乡镇村屯，通过走访调查、农户座谈、深入田间地头等方式，获得甘南县农业生产最基础的详细数据和现实存在问题。调研得知，甘南县农业生产普遍存在品种多、杂、乱问题，农民购种随意性大；越区种植现象严重，造成商品玉米质量差；整地质量差，耕层变浅；播种质量差，无法保全苗；除草剂使用不当造成的药害呈上升趋势；连作年限长造成病虫害难防；防灾减灾能力和意识薄弱等问题。此外，产业方面存在玉米种植面积所占比例过大，玉米占该区农作物播种面积的 80% 左右；生产条件较差，生产技术水平较低；单产水平低、比较效益低；自然条件差，低温和干旱严重。上述问题严重制约甘南县农业产业发展和影响农民收入。

依据甘南县生态类型和农业生产特点，王俊河站长联合国家玉米产业技术体系专家力量，并借助黑龙江省农业科学院科研平台，为甘南县农业精准把脉、按方抓药，实现精准扶贫。针对甘南县玉米生产实际，开展了品种选育或筛选、配套品种适宜播期、适宜密度、病虫害绿色防治、化控、土壤耕作与培肥改良等技术，集成良种良法配套的玉米全程机械化生产技术模式，并建设标准化玉米生产技术示范区。通过集成技术的示范，以点带片、以片促面，推进先进技术的大面积应用，促进甘南县玉米增产增收。

经过 5 年科技扶贫工作，累计推广新品种 4 个，推广新技术 6 项，甘南县亩平均产量提高 20 千克，累计创造经济效益 2.2 亿元，深刻践行“论文写在大地上，成果留在农民家”的科技帮扶承诺。

科技扶贫是扶贫措施的另一重要举措

贫困地区科技教育都比较落后，农民对先进科学技术缺乏认知是贫困的一个重要原因，农民文化素质低是影响脱贫的关键因素，因此提高贫困地区农民的文化素质是扶贫的一项重要工作。2019 年 3 月 27 日，“新型职业农民培训及成果示范技术需求供给对接会”在甘南职教中心学校召开，国家玉米产业技术体系齐齐哈尔综合试验站与甘南职教中心学校联合，在新型职业农民培训中融入新品种、新技术展示、微课录制等内容，面向甘南县全体农民推广近年来审定的新品种，以及耕作栽培、病虫害防治、秸秆全量还田等新技术，为促进新品种、新技术、新模式尽快在甘南县落地生根，将继续为甘南县农民提供智力支持，同时培养甘南县本地农业技术骨干，实现以点带面、多点开花，全面助力科技扶贫。

■ 王俊河在黑龙江甘南县甘南镇科技示范户地块察看玉米收获前长势

■ 王俊河走访农户并现场答疑

扶贫感言

科技扶贫，归根结底是科技贡献率的问题，农民多年养成的靠天、靠经验的农业生产方式已经不适合现代农业的发展。黑龙江是国家重要的粮食生产基地，更是国家粮食安全的“压舱石”，发展现代化大农业必须插上科技的翅膀。为让中国人端牢自己的饭碗，装满自己的粮食，农业科技人员更感责任重大，使命在肩。因此，要积极提高新品种、新技术在农业生产中的科技贡献率，实现“科技成果转化实、辐射带动面广、扶贫精准性好、产业造血功能强”的目标，体现出科技扶贫的精准性、可持续性和有效性，对深入开展科技扶贫精准脱贫将起到良好效果。实干是最好的担当，在科技扶贫的路上要做庄稼的守护神，更要做农民的贴心人，在实现脱贫攻坚和富民强省征程中书写壮丽诗篇。

科技脱贫攻坚　助力脱贫增收

——记国家小麦产业技术体系综合试验站站长　柴守玺

柴守玺，1962年12月生，甘肃农业大学，教授。主要负责六盘山区贫困县通渭县、会宁县等县市的扶贫任务，同时承担甘肃省“三区人才”在重点贫困县通渭县的科技扶贫工作。2017年被评为甘肃省敬业奉献道德模范，2019年获“全国模范教师”称号。新华社、甘肃地方媒体对柴守玺团队对社会做出的科技贡献进行了多次报道。

建立示范样板田，助力精准扶贫

根据甘肃省政府扶贫总体部署，一方面以小麦产业技术精准扶贫为重点，帮助当地解决技术问题，积极宣传绿色高效发展理念和政策、调结构、转方式；另一方面坚持“建基地、做示范、抓培训、强技能”，通过做给农民看、带着农民干，加快农业科技成果的转化应用。同时，柴守玺带领试验站团队与玉米、马铃薯、油料国家产业体系的专家协作，在甘肃旱作区开展旱作节水和绿色循环农业技术的示范推广。建立了秸秆带状覆盖还田轮作技术的示范点，柴守玺教授作为该技术的研发者，负责全省技术培训讲座，经常组织农技干部和农民到示范基地观摩、培训和现场交流，技术服务直观到位，示范引领效果突出。秸秆带状覆盖种植小麦和马铃薯的抗旱增产效果明显，其中小麦较不覆盖大幅度增产20%以上、马铃薯较不覆盖增产15%以上，秸秆带状覆盖产量与地膜覆盖相近，是一项较地膜覆盖更节本高效、生态环保的绿色生产新技术。该技术较地膜覆盖每亩可减少地膜投入130元，并减少了残膜对土壤的污染和秸秆焚烧造成的雾霾污染，为大量富余玉米秸秆资源找到了高效循环再利用途径。秸秆带状覆盖较无覆盖种植小麦每亩可增收90元、马铃薯每亩可增收200元以上。按户均种植小麦5亩、马铃薯2亩计算，采用该项技术，贫困户每年可节本增收至少850元以上。该技术用于青贮玉米生产，在热量条件较好地区（海拔1500米以下），其籽粒和秸秆产量与地膜覆盖持平，在海拔1800米以上的旱寒区，其籽粒和秸秆产量虽较地膜覆盖降低10%左右，但采收期能保持秆青叶绿，可大幅度提高青贮原料的营养价值，综合效益高。

良种良法示范推广，促进农民增产增收

甘肃小麦大部分种植在旱地，采取蓄水保墒的高效用水技术和良种良法结合是旱作小麦稳产保收、增产增收的关键。针对旱作小麦区干旱和施肥过量等问题，柴守玺和国家小麦产业技术体系岗位专家王朝辉教授、高志强教授联合，研发提出了“旱地小麦蓄水保墒与监控施肥技术”，该技术在2017—2018年被列为农业农村部主推技术，为抗旱节肥生产提供了技术支撑，该技术在甘肃六盘山旱作贫困县区得到了大面积示范推广。通过中心示范、辐射推广、技术培训等措施，有效提高了当地良种良法配套、农机农艺结合、水肥高效耦合等综合生产技术水平，大幅度提高了旱地小麦生产水平和经济效益，为脱贫致富、乡村振兴提供了技术保障。2016—2020年，在通渭等县累计推广良种良法产业技术45万亩，增产835万千克，增收1838万元。

积极开展技术培训和服务，推进先进技术的普及应用

针对各县区产业，柴守玺及试验站团队成员常磊、杨德龙、程宏波、黄彩霞等人与当地政府和农技部门积极合作，采用“集中和分散”结合，通过培训、指导和解答等方式，解决种植大户和分散农户生产中遇到的技术问题，并对重点贫困户给予良种和生产资料的特殊扶持。疫情期间，柴守玺及团队成员

■ 柴守玺在甘肃通渭县开展小麦病虫防治培训

专门制作了《冬小麦春季管理和春小麦播种》技术培训视频，方便疫情期间网络培训。柴守玺同时担负农业农村部小麦专家组工作，每年根据气候变化和生产具体情况，定期提出小麦田间管理技术意见，用于指导小麦生产。积极开展各种技术培训，“十三五”期间累计培训农技干部和农民 10600 人次，发放通俗实用的培训材料 9500 多份。同时通过建立微信群和 QQ 群，及时了解农户在生产中存在的各种问题、并通过解答、牵线搭桥、传送技术材料和信息等方式，帮助解决有关技术问题和服务需求，形成了“农民点菜、专家下厨”的技术服务方式，提高了技术扶贫的精准性和时效性。在通渭县建立的专家大院和试验示范田，成为当地农民经常光顾的地方，为“有问题、找专家”提供了随叫随到、现场指导的便捷服务。

扶贫感言

扶贫是每一个农业科技工作者的责任和义务；扶贫先扶志，扶贫必扶智；精准扶贫和乡村振兴，必须技术先行；农业技术的研究和示范推广两手都要硬，技术只有让生产者掌握和应用，才是有价值的；说得好不如做得好，农业专家首先要将论文写在大地上，让农民看得见、主动做、学会做、有效益，技术才能落地生根、开花结果；扶贫既需要技术，也需要情怀和情商；农业科技工作者既要传授技术，也要学会发动群众、组织群众、理解群众、融入群众；农产品是特殊的民生产品，要教育农民树立正确的粮食安全观和效益观。

边远民族贫困地区脱贫以科技为先

——记国家小麦产业技术体系团队成员　赛力汗·赛

赛力汗·赛，1975年3月生，哈萨克族，新疆维吾尔自治区农业科学院粮食作物研究所，研究员。主要从事作物栽培与耕作技术研究。由单位选派到南疆四地州贫困县市连续多年开展科技服务、科技脱贫工作。

解决南疆四地州冬小麦种植管理关键问题

新疆南疆四地州是边远贫困地区、边疆民族地区、国家级深度贫困地区，自然条件和经济条件都较差，农业产业比例大，农村人口占80%，少数民族占90%，人均粮田只有0.8亩。农民受教育程度低，缺乏科学技术和科技人才是南疆四地州社会经济发展的主要限制因素之一。新疆边远贫困农牧业区缺少专业性人才。为打赢脱贫攻坚战，2014年自治区启动了边远贫困县市科技人员专项支持计划。赛力汗·赛从2014年开始积极投身于南疆四地州科技脱贫、科技服务工作。每年近200天在南疆四地州，年入村住户科技服务覆盖12个县、近50个乡、300个村，在科技服务期间平均每天跑200~300千米路。

针对南疆四地州冬小麦种植管理当中田间地头存在的具体问题，赛力汗·赛探索研究南疆小麦产量提高的主要限制因素和关键问题，并在小麦全生育期深入田间地头，以每块问题条田作为典型案例，给农民剖析讲解存在的问题并提出具体解决方案。赛力汗·赛提出南疆四地州冬小麦栽培以栽培耕作相结

■ 赛力汗·赛在新疆喀什地区疏附县萨依巴格乡4村为农民讲解冬小麦管理技术要点

■ 赛力汗·赛在新疆喀什地区疏勒县库木西力克乡7村讲解冬小麦返青期机械条施肥

合、农艺农机相结合的科学指导思路，研究形成以“播前土地准备为前提、获得优质基本苗群体为关键”“水肥管理轻简化”“病虫草害防治要提前”为主的南疆四地州冬小麦高产、高效种植技术模式。在此基础上明确了合理施用化肥和农家肥、病虫草害预防、注重生物防治，以及冬小麦高产栽培措施的关键时期、关键环节、关键技术。写出《南疆四地州冬小麦高产种植管理旬历》，形成“南疆四地州冬小麦高产栽培管理关键技术”。技术集成示范打破了南疆冬小麦高产纪录，提高了冬小麦单产和总产，增加了农民收入。培训当地农业科技骨干和农民。累积为南疆四地州培训基层农业科技骨干 200 余人次，种植户及农民 5 万余人次，制作并发放农业技术资料 1 万余份。得到了当地政府、新闻媒体的高度关注和认可。

研发应用干旱区小麦滴灌高产高效种植集成技术

赛力汗·赛带领团队长期研究干旱区小麦滴灌高产高效种植技术，以小麦增产、增效为主题，以滴灌小麦增产增效关键技术为基础，形成了新疆小麦“1 管 4 行”滴灌带配置模式；创建了“关键时期调配”和“前贮后补”等 2 个最佳灌水调配节水灌溉模式；研究氮肥“前适、中稳、后补”栽培技术，集成了滴灌小麦水肥一体化高产高效栽培技术体系。水分生产效率提高 17% 以上，化肥利用率提高 6.5%，病虫害防效提高 8% 以上，亩节水 50 立方米以上。2018 年该项技术模式冬小麦单产达 724 千克 / 亩，刷新了新疆冬小麦实产验收纪录。对北疆粮食主产区小麦增产、增收，科技脱贫起到了关键推动作用。制定发布地方标准 3 项，授权发明专利 1 项，实用新型专利 3 项，软件著作权 3 项，形成技术模式 3 套。2015—2017 年，被自治区“三区”人才支持计划选派到边远贫困县托里县、裕民县等贫困县市开展科技服务工作。开展现场技术指导和技术培训等 20 余场次，培训少数民族农牧民 1000 余人，培训乡镇少数民族农业技术骨干 3 名，带领基层农业技术人员参加农业科研项目并实现职称晋级 2 人。制作发放少数民族文字《小麦高产栽培技术》等技术手册 1 万份。结合政府扶贫项目示范应用“小麦水肥一体化滴灌种植技术模式”“雨养旱作春小麦 300~350 千克 / 亩轻简化种植技术”等。建立核心示范区 280 亩，小麦品种为新春 26 号，新增单产 28.6 千克，每亩新增效益 78.0 元，氮肥利用效率提高了 7.0% 以上，新增效益 2.0 万元以上。建立示范区 2.0 万亩，小麦品种为新春 26 号，新增单产 24.5 千克，每亩新增效益 67.0 元以上，氮肥利用效率提高了 6.5%，新增效益 134.0 万元以上。对裕民县、托里县贫困农牧民增产、增收，实现脱贫起到了推动作用。

扶贫感言

产业扶贫是打赢脱贫攻坚战的根本之路，更是南疆四地州经济、社会发展的迫切需要和必要做法。近几年，南疆四地州探索出多种农业产业扶贫模式。但还须解决科学规划和管理，引进先进技术和专业人才；农民受教育程度低，思想认识和积极性需要提高；农民对先进农业生产技术的需求很高，遇到问题时往往需要简单易懂的操作方法；轻简化种植管理技术模式对技术的推广应用很重要；为了做好科技扶贫、技术服务工作需要我们的技术过硬、要接地气、能够解决具体问题。这在贫困落后地区农民从被动转为主动接受先进科学技术至关重要。

扎根戈壁系群众　种豆扶贫看丛花

——记国家大豆产业技术体系综合试验站站长　丛　花

丛花，1962年7月生，蒙古族，新疆维吾尔自治区农业科学院农作物品种资源研究所，研究员。丛花长年奔波在南疆四地州，带领团队扎根生产一线，开展大豆新品种新技术试验示范及推广工作。大豆产业技术体系南疆综合试验站面向南疆四地州开展技术服务，助力脱贫攻坚，主要包括喀什地区泽普县、莎车县、叶城县，和田地区墨玉县、洛浦县，其中莎车县、叶城县、墨玉县和洛浦县4个县被列入为新疆维吾尔自治区22个深度贫困县行列，脱贫任务艰巨。

异国学成归乡　投身扶贫一线

1982年大学毕业后，丛花被分配到新疆农业科学院从事农作物种质资源管理工作，一干就是16年。1998年，已经36岁的她争取到了日本留学的机会，忍痛离开刚满1岁的儿子和9岁的女儿出国深造。她忍受着与儿女和家人分别的煎熬，克服了在异国他乡学习生活的种种困难，刻苦钻研，2006年以优异成绩取得东京农业大学的博士学位。放弃国外优厚的待遇，毅然回国，回到新疆。她选择最艰苦的地方——南疆，带领团队坚守在农业生产一线，紧密围绕南疆大豆产业发展开展科技服务与技术培训，助力脱贫攻坚，目前该团队是南疆四地州唯一从事麦茬夏播大豆新品种选育、配套栽培技术研发与示范推广的科研团队。她把大豆事业在南疆地区开展得有声有色，更离不开她的语言优势，她精通维语、哈语、日语等5种语言，尤其是一口流利的维语、哈语使其与少数民族农民交流没有障碍，助力大豆事业在南疆落地生根、开花结果。

南疆四地州贫困人口基数大、人均耕地少，脱贫任务重、难度大，扶贫人口占全疆扶贫人口的84.8%。其中和田地区、喀什地区、克州是新疆扶贫对象最多、贫困发生率最高、贫困程度最深、扶贫工作难度最大的集中连片特殊困难地区，是国家新十年扶贫纲要确定的全国14个集中连片特殊困难地区之一。丛花牢记使命，勇于担当，以坚定必胜的决心，破釜沉舟的勇气、志在必得的信心奋战在脱贫攻坚的第一线。她多年的努力终结硕果，真正做到了把科研论文写在了大地上，把大豆种在了南疆老百姓的心里，夏播大豆成了南疆老百姓脱贫致富的新路子。2018年加入国家大豆产业技术体系，设立南疆综合试验站。

深入田间地头　强化科技培训

脚下有多少泥土，心中就沉淀多少真情。10 年来，丛花带领团队开展科技服务与技术培训，足迹遍布南疆四地州，在喀什、和田、克州、阿克苏、巴州等地 20 多个县开展大豆各类田间现场会、集中培训等科技培训 100 余场次，培训农民超过 1 万余人次，发放技术资料 3 万余份。南疆四地州麦茬夏播大豆已形成一定规模，田间管理配套栽培技术由原来的粗放式管理逐步转向标准化、机械化，大豆单产水平不断提高，农民种植大豆积极性显著提高，经济收入稳步提升，贫困人口数逐年减少。在丛花开展过科技服务的地方，朴实的维吾尔族老乡都认识这位教他们种豆子的女博士，他们虽然不会说汉语但都能清楚喊出她的名字，竖起大拇指说“丛花亚克西”。

丛花在新疆墨玉县萨依巴格乡开展大豆产业扶贫集中培训

潜心探索研究　引进核心技术

面向南疆农业生产需求，以实现农民增收、助力脱贫攻坚为己任，丛花探索南疆夏播大豆科研之路，连续多年开展大豆新品种引种与示范，筛选适宜南疆麦茬后种植的品种，建立适宜南疆冬小麦 / 夏播大豆一年两熟制种植模式，其中所筛选的大豆品种中黄 30，替代了当地老品种“一棵树”，成为南疆地区主栽品种，为实现农民脱贫致富开启新篇章。其团队研发了大豆“平作窄行密植栽培技术”，引进国家大豆产业技术体系研发的“麦茬免耕栽培技术”，成为南疆麦茬夏播大豆的核心技术，2 项栽培技术辐射应用面积占南疆大豆种植总面积的 90% 以上。

整合产业链条　破解供销难题

以“访汇聚”工作队为抓手，南疆综合试验站先后与喀什地区 12 个、和田地区 4 个“访汇聚”工作队对接，集中力量破解供销难题。2019 年夏临近大豆播种季，莎车县恰尔巴格乡“访汇聚”工作队艾力江书记联系到丛花，计划更换全乡 5600 亩夏播大豆品种，她积极与佳木斯综合试验站、喀什农科服务有限公司、洛浦县种子公司联系，解决大豆良种供给问题。同时，协助成立大豆专业合作社、豆制品加工厂等，积极探索基于“互联网+”的大豆销售模式，通过优化大豆产业链，解决大豆销售难题。

全程紧密跟踪　现场精准指导

■ 丛花在新疆英吉沙县色提力乡开展麦茬夏播大豆栽培技术田间现场会

多年来，丛花全程跟踪开展技术服务与指导。每年年初大豆播种期间，召开田间现场观摩会议4场次，全力推广土壤封闭防治杂草技术，提高播种质量；在大豆苗期、开花期、谷粒期召开田间现场会6场次，指导浇水追肥、病虫草害综合防治技术，使得该乡大豆亩增产30千克以上，促进全乡农民增产增收。

传授科技知识　培育致富能手

丛花秉承“授人以鱼，不如授人以渔”的理念，连续参加自治区“访惠聚”巡回服务，利用“民族团结一家亲”活动，深入田间地头给农民传授科技知识，重点培育致富能手。丛花在泽普县定点帮扶波斯喀木乡村民，不但聘用麦麦提·图尔迪夫妇参与试验田管理工作，而且还传授大豆高产栽培技术，麦麦提·图尔迪一家成功脱贫，最终成为村里数一数二的种豆能手和致富带头人。与大豆专业合作社、豆制品加工厂建立联系，鼓励其聘用当地建档立卡贫困户，争取更多就业岗位，助力脱贫攻坚。

扶贫感言

坚决打赢脱贫攻坚战是习近平总书记向全中国、全世界做出的庄严承诺。身为农科人，始终牢记农科人的初心与使命，以致力于脱贫攻坚为己任，为促进农业发展、农民增收而努力。在南疆四地州最贫困地区，十年如一日的坚守，秉承“授人以鱼，不如授人以渔”的理念，不断引进新品种、新技术，给农民传授新技能、新思想，培育致富能手，使科技扶贫深入民心，带领他们一步步走向脱贫致富之路。科技是带动农民增产增收的重要法宝，农民真切感受了科技的力量，同时国家大豆产业技术体系是实现南疆贫困地区农民脱贫致富的重要保障之一，大豆产业扶贫为南疆脱贫攻坚贡献了巨大的力量。依托国家大豆产业技术体系南疆综合试验站，让大豆之花在大美新疆继续绽放，结出更多的硕果，让更多的农民受益，实现脱贫致富，走上奔小康之路。

因地制宜　发挥优势　助力广西脱贫攻坚

——记国家大豆产业技术体系综合试验站站长　陈　渊

陈渊，1971年12月生，广西壮族自治区农业科学院经济作物研究所，研究员。扶贫服务区域为广西河池市的都安瑶族自治县、环江毛南族自治县和金城江区，来宾市的武宣县，南宁市的马山县。其中，除金城江区和武宣县为自治区级贫困县外，其余3个县为国家级贫困县。

筛选良种集成良法　为增产增收打下基础

广西人多地少，人均耕地0.76亩，远低于全国平均水平。全区有29个贫困县处于滇桂黔石漠化区，尤其是桂西石漠化地区少数民族多、山多地少、扶贫难度大。大豆是广西石漠化山区主要旱地作物之一，对于贫困山区的农民来说，大豆更是重要的粮食来源。这些地区大豆分布广、种植分散、大面积连片少；种植模式以与玉米等作物间套种为主，种植的品种仍以当地农家品种为主；大豆种植以人工为主，几乎没有机械，新品种新技术普及程度低。陈渊自任职以来，根据广西大豆生产实际特别是贫困山区气候复杂多变、品种适应差等特点，结合各地的气候条件、种植模式、种植区域、产品需求，制定了新的育种目标，加大了大豆品种的引进和选育力度。自"十三五"以来，共选育出适宜各地种植的"桂春"系列、"桂夏"系列大豆新品种10多个，并向大豆体系各岗站专家引进了50多个育成的品种，与本站育成品种一起，在各示范县进行筛选和鉴定。经过多年的努力，筛选出适合广西各贫困县种植的品

■ 陈渊与相关专家考察指导甘蔗间种春大豆情况

种达十多个，如华春 2 号、华春 8 号，中黄 302、中黄 306、桂春 8 号、桂春 15 号、桂夏 3 号、桂夏 7 号、华夏 10 号等。这些品种适应广，抗性强，增产效果显著，一般比当地品种增产 15%~30%，深受贫困山区群众的好评和欢迎。

此外，在体系育种专家周新安研究员、年海教授，栽培专家杨文钰教授，植保专家史树森教授，机械专家李赫教授，以及银川、延安、昆明等试验站的支持帮助下，研究集成了“良种、农机、农艺”融合的大豆与甘蔗、木薯、幼龄果园、玉米宽窄行等间套作栽培技术 4 项，编制并发布了广西地方标准 2 项，使用该技术增产 10%~15%，为促进农民增产增收，推动大豆生产发展，提供了强有力的技术支撑。

加大培训和示范推广力度　把技术送到贫困群众手中

为了使贫困山区的群众掌握大豆高产实用技术，加快脱贫步伐，陈渊利用体系专家来源广、研究领域多的优势，多次邀请体系专家到广西各贫困县开展科技培训，并深入广西田间地头指导农民及种植大户开展大豆高产示范，解决农民在生产中遇到的问题。同时，在各示范县开展高产创建示范，通过以点带面，示范面积不断扩大。据不完全统计，“十三五”以来，陈渊共开展技术指导及组织观摩培训达 200 余次，培训基层农技人员及种植户达 5000 多人次，发放技术资料 9000 余份，赠送良种 2 万多千克。

引进和筛选先进实用的小型农机具　提升广西贫困山区的劳动生产率

目前，广西农村与全国各地一样，青壮年劳动力大多进城，劳动力以老人和小孩为主。大豆种植以人工为主，劳动强度非常大。针对这一难题，陈渊借助体系力量，一方面经常邀请体系机械专家来广西调研，并针对广西实际研制了两款适合广西应用的小型机械播种机和植保机械；另一方面从东北、华北等地引进了多批小型手推播种机，从中筛选出三款非常适合老人使用的轻便实用的小型播种机，大大减轻了大豆种植劳动强度，并提高了效率，深受贫困山区群众的青睐。

发挥多体系联动作用　打造定点扶贫好样板

除了做好 5 个示范县的大豆产业扶贫工作外，陈渊还负责本所的定点扶贫工作。该所的定点扶贫村——广西兴业县卖酒镇睦村村委，对口帮扶贫困户有 29 户。从 2016 年开始，除了派人担任睦村第一书记开展长期帮扶外，陈渊每年均组织本所花生、木薯、马铃薯和麻类等体系的科技人员到该村开展产业扶贫和技术指导等活动。该村已于 2018 年实现了整村脱贫。

此外，陈渊还受邀为广西有关单位开展产业扶贫提供服务。如从 2018 年起，应邀为广西科学技术厅的定点帮扶县——天峨县开展了“百香果间种春大豆”千亩示范片提供技术指导，并提供了 1 万多千克的大豆良种，亩收获鲜大豆 1500 千克（带秆），亩增收达 3000 多元。2019 年，受广西区高级人民法院驻乐业县扶贫工作队的邀请，陈渊多次实地指导广东深圳帮扶的库区移民扶贫项目——乐业县杧

■ 陈渊在广西百色市隆林各族自治县开展油茶间种大豆技术培训和操作示范

果扶贫产业示范园，开展杧果园间种大豆示范技术培训和操作示范，并捐赠价值5000多元的大豆和玉米良种一批，小型播种机2台。2019年，受广西林业厅的邀请，在广西隆林各族自治县开展了“油茶间种春大豆”大面积示范，大豆平均亩产186.6千克，亩增收1000多元。此外，还接受广西区人大办公厅驻德保县扶贫工作队的邀请，为他们提供了大豆良种和技术等方面支持，以实际行动为广西脱贫攻坚战提供力所能及的服务。

扶贫感言

脱贫攻坚是我国的三大攻坚战之一。到2020年，在我国现行标准下的农村贫困人口实现脱贫，贫困县全部摘帽，是党中央向全国人民做出的郑重承诺，必须如期实现。“十三五”以来，作为国家大豆产业技术体系中的一员，在农业农村部的领导下，陈渊结合自身的优势，带领团队在产业扶贫工作中也贡献了一份力量，取得了一定成效，特别是2020年5月20日，当得知习近平总书记对其服务的示范县——环江毛南族自治县的毛南族实现整族脱贫做出重要指示时，尤其感到高兴！开展扶贫工作以来，我们体会最深的有四点：一是体系的稳定支持是开展大豆产业扶贫的基础；二是体系集体的力量是做好产业扶贫的前提；三是各示范县的支持是做好产业扶贫的重要条件；四是贫困县群众的积极参与是确保产业扶贫取得成效的关键。

以青稞良种繁育为支点　助力产业技术扶贫

——记国家大麦青稞产业技术体系综合试验站站长　安海梅

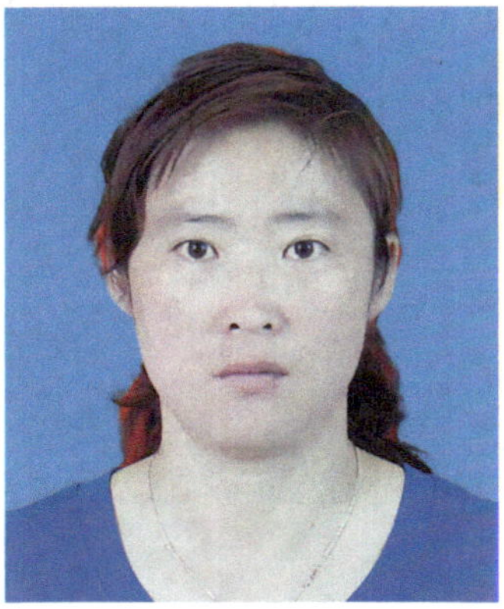

安海梅，1971年9月生，中共党员，青海省海北藏族自治州农业科学研究所，推广研究员。科技助力产业扶贫服务“三区三州”地区为青海省海北藏族自治州门源县、刚察县、海晏县。她一直在高寒藏区从事农作物育种、良种繁育和示范推广工作，始终心系高寒藏区农业生产的难点，参与选育北青8号、北青9号、昆仑14号等，致力于高寒藏区农业生产规模化发展和农业增产增收。

技术服务推动贫困村农业合作社发展

国家大麦青稞产业技术体系海北综合试验站的建设依托单位——海北藏族自治州农业科学研究所是海北高寒藏区主要的科研、良繁和技术推广技术骨干单位，团队成员大多数是当地“科技特派员”和“三区三州”本土科技人才，一直服务在农业科技服务第一线。作为海北综合试验站站长带领试验站团队人员，近年来联点专业合作社10余个，以“新品种＋新技术＋良种”，通过“科研服务平台＋专业合作社＋农户＋基地”的发展模式，带动了土地联营专业合作社的发展。

泉口镇后沟村位于青海省门源县，是国家深度贫困村也是省定建档立卡贫困村。该村不但地处高寒，山大沟深，自然灾害频繁而且产业单一。种植业对当地农户收入影响较大，是主要的增收支柱之一。后沟村土地流转的带头人柳芝福，于2009年4月成立了盛农土地联营专业合作社（简称“盛农”），流转土地200亩，通过经营青稞、油菜种植艰苦奋斗了近三年，到2011年流转村里土地面积达1100亩，虽然土地在合作社伙伴的辛苦操劳下青稞产量比一般农户多收上那么一些，能够给入户的贫困户多分些口粮，但怎么能够在有限的土地上增加收入，成为他们的难题。

为了解决“三区三州”脱贫工作实际问题，安海梅研究员带领海北综合试验站专业技术人员积极走村串户开展实地调查，2011年还把以柳芝福为代表的合作社成员带到海北州农科所试验基地，使社员们不仅见到了青稞那么多的形态，有芒的、无芒的，六棱的、两棱的……也知道了青稞有不同的品种和优点。安海梅和试验站技术人员因地施策为“盛农”拿出了“处方”：后沟村地力肥沃，热量水平偏高，作物生长季长于其他地区，具有优质青稞生产和良种繁育的优势，因此以北青9号、昆仑14号两个品种搭配互补，为后沟村建立了青稞新品种良繁基地和优质商品生产基地。

2012 年安海梅研究员带领的试验站团队人员和门源示范县技术骨干成为“盛农”的常客，首次建立的 400 亩北青 9 号青稞良种田平均亩产 290 千克以上，比当地平均亩产 216 千克足足高出了 74 千克，当年通过外调良种 4 万千克亩增收 760 元，初步奠定了“盛农”种子专业生产和丰产的基础。短短两年，2015 年“盛农”成了门源县的青稞种植样板、海北州的新品种示范基地。试验站研制集成的青稞除草与施肥一体化田间管理技术、机械精量播种等轻简化栽培技术逐步在流转土地上示范、展示。“盛农”流转土地面积快速增加，与海北州某农场签订了 2000 亩的中长期合同，与村里农户签订的 10 年以上的土地流转合同占到村总流转土地的 2/3。从 2009 年最初流转土地 200 亩到现今 6700 亩，2015—2019 年年建立青稞良繁田 1000 亩以上，以北青 9 号、昆仑 14 号新品种和新技术为依托，形成现代化规模种植，成为当地甚至青稞主产区高产创建和专业化生产的技术示范区，为带动提高当地青稞生产水平不断发挥作用。

技术示范推广创新高产纪录　帮助贫困户增收脱贫

2016 年通过青稞生产技术服务联合农业合作社，安海梅研究员带领试验站团队人员帮扶贫困户人均收入达到 3316 元以上，实现了精准扶贫脱贫。

以“盛农”为代表的海晏县金滩乡东达、海云，门源盛农、丰益、尕庄，刚察县成海等专业合作社、家庭小农场等加大“品种 + 良种”良法配套示范和“科研 + 专业合作社 + 农户 + 基地”的发展模式推广示范，不断创新产量。2014 年门源昆仑 14 号高产示范田亩产 351 千克，增产 40% 以上；2015 年门源盛农北青 9 号高产实测产量 357 千克，创造了海北州以及青海省高位山地青稞的高产新纪录，2016 年北青 9 号在海北州西海镇麻秀寺 216 亩高产创建示范田亩产 332.8 千克。2017 年门源昆仑 14 号高产示范田 1040 亩，平均产量 303 千克 / 亩。2019 年海晏昆仑 14 号良种田，专家组进行现场实收测产

■ 安海梅在青海门源县泉口镇后沟村盛农专业合作社新品种示范

平均产量达到 487.65 千克 / 亩，首次突破海晏县青稞产量 450 千克 / 亩大关。这激发了周边群众对“青稞新品种 + 良种种植”的浓厚兴趣。“盛农”带头人柳芝福等成了青稞种植的知名人物，安海梅团队成了当地青稞种植户口中的“贴心人”。安海梅研究员获 2020 年度青海省优秀科技特派员称号，团队的高产优质青稞新品种示范推广及产业化应用成果获 2016—2018 年度全国渔业丰收奖农业技术推广成果奖三等奖。

■ 安海梅在青海海晏县光明村试验示范基地田间品系比较

扶贫感言

青稞“品种 + 良种”助推产业扶贫，一方面为贫困地区农户带去了新技术和新品种增加了收入，同时通过实地指导、技术培训也提高了贫困户的种植水平；另一方面也促进了土地流转的整合效益和青稞生产的规模化种植，提高了以专业合作社、家庭农场为主体对种植户的带动作用，使农民转变了“脑袋”，改变了“口袋”。打破了长期以来形成的小农经济、自给自足、重农轻商、小富即安思想 ，培养和锻炼了一批懂技术、会经营的新型农民，促进了传统农业向现代农业的转变，提升了扶贫效果。这些专业合作社的青稞良种率足以保证 100% 的供给，当地的青稞良种率也达到了 98% 以上，海北登记在册的专业从事青稞生产的专业合作社和家庭农场遍及每个乡村，原料生产品质的稳定性也让青稞加工企业逐渐崭露头角。

十年甘南产业扶贫

——记国家大麦青稞产业技术体系岗位科学家　王化俊

王化俊，1963年1月生，甘肃农业大学，教授。自2011年起，带领本团队成员在甘南藏族自治州农牧结合区，以青稞粮草双高集成技术示范为手段，开展扶贫工作。连续10年的产业扶贫，不仅使扶贫示范点建档立卡贫困农牧民实现了脱贫，同时对甘南州青稞产业的发展起到了重要的推动作用，也在促进民族团结方面取得了良好的成效。

改变贫困地区青稞生产方式推动脱贫攻坚

2011年以来，在国家大麦青稞产业体系首席张京的指导下，王化俊教授带领团队人员以建档立卡贫困户为对象，在碌曲县双岔镇毛日村开展产业技术扶贫，建立青稞粮草双高“百亩示范方”。开始时，碌曲县农牧民依然沿用“朝天一把籽、生长由自然、收获靠人力”原始生产方式。为了改变这种现状，王化俊教授带领团队人员联合大麦青稞体系甘南综合试验站，为建档立卡贫困户免费提供青稞种子、化肥、农药及机耕机播机收经费，并亲自示范拌种、化肥施用、野燕麦防除和机耕机播机收技术。青稞成熟时，组织农牧民以原始播种田块为对照，对“百亩示范方”田块进行实地测产观摩。2011年毛日村“百亩示范方”最高产量达到400千克，最低产量也在300千克以上，而传统播种田块亩产没有超过150千克。百闻不如一见，毛日村农牧民当年就接受了青稞粮草双高栽培技术。2012年，王化俊教授按照毛日村模式，带领团队人员将青稞生产技术示范扩大到二地村，在毛日村和二地村建立了两个“百亩示范方”，收到了同样效果。2015年，在双岔镇建立了青稞粮草双高栽培技术千亩示范片。并在青稞播种、除草和收获等重要环节，邀请周边农技人员和群众观摩，对示范点及周边农牧民科技意识的提升和脱贫致富起到了巨大的推动作用，赢得了当地农牧民的信任和尊敬。碌曲县的产业扶贫一直持续到2020年，扶贫点贫困户于2019年全部实现了脱贫。

为了进一步推动甘南州脱贫攻坚，王化俊教授带领团队人员于2017年在合作市勒秀镇阿木去乎村开辟了新的扶贫点。团队人员以27户贫困户为扶贫对象，继续与大麦青稞产业体系甘南州综合试验站站长刘梅金团队开展体系内合作，同时与国家肉羊产业体系岗位科学家李发弟团队开展跨体系合作，及按照“农牧结合、以农促牧、增粮增收、脱贫致富”的思路开展阿木去乎村的扶贫工作。

推广青稞粮草双高农牧结合生产技术促进农牧民增收脱贫

王化俊教授在扶贫工作中逐步认识到，农牧交错区农牧民因耕地少，农牧兼顾，仅仅依靠提高青稞产量难以脱贫致富，而通过科学发展养殖业能够获得更大的效益。因此，他带领团队人员大力开展粮草双高青稞栽培技术示范推广，除了满足当地农牧民的主粮以外，还能为养殖业提供更多的饲草饲料，促进养殖业的发展，推动当地农牧民的脱贫致富。他们首先在阿木去乎村开展粮草双高青稞栽培技术示范，建立青稞粮草双高百亩示范方，免费向 27 户贫困户提供 100 亩地的种子、化肥、农药和机播机收经费，并开展现代农业技术和养殖技术培训。具体做法：每年播前购置青稞良种、化肥和农药，送到示范点，并示范拌种方法、机播技术；青稞三叶期示范培训野燕麦防除技术；收获期示范培训青稞机收技术，冬季邀请养殖专家培训牛羊养殖技术。通过四年的扶贫工作，当地农牧民目睹了青稞粮草双高集成栽培技术的成效，改变了“朝天一把籽、生长由自然、收获靠人力”的原始生产模式，接受了现代种植技术，实现了该村青稞良种全覆盖，大幅度提升了青稞产草和产种量。示范地青稞单产比非示范地亩增粮、增草各 30% 以上（高者达 150% 以上），只按照当时预定目标计算（亩增产粮、草各 15%），亩增产青稞 30 千克以上，增草 25 千克以上，贫困户平均每年新增收入 1000 元以上。

为了提升当地农牧民养殖技术、增加收入，王化俊团队与国家肉羊养殖体系岗位科学家李发弟团队合作，开展了藏羊和牦牛养殖技术培训。通过培训，使当地农牧民在养殖观念上发生了较大的改变，改

■ 王化俊在甘肃合作市阿木去乎村开展青稞拌种示范

变了以往“重数量、轻质量，重存栏、轻效益”的观念，由传统养殖方式向科学养殖方式迈进，大幅度提高了牛羊出栏率，提高了养殖效益，同时辐射带动了周边农牧民养殖观念的转变。阿木去乎村 27 户建档立卡贫困户于 2019 年全部实现了脱贫。

扶贫感言

甘南州农牧民的贫困源于知识贫乏和农业生产技术落后，上述原因导致产业不兴，但最根本的原因在于教育落后，因此甘南州的扶贫必须扶智、扶产业。十年甘南产业扶贫有 3 个方面的收获：首先，推动了青稞产业发展，给农牧民送去了青稞良种和良种良法栽培技术，实现了青稞粮草双高的扶贫目标；其次，推动了养殖业发展，通过养殖技术培训，使当地农牧民掌握了现代养殖技术，提高了养殖效益，提升了扶贫效果；最后，通过扶贫推动了民族团结，本团队成员和当地藏族同胞打成一片，经常在藏族同胞家做客，盘腿坐在炕上吃糌粑、喝酥油茶、品青稞酒。银碗相碰，能够听到藏族同胞不太地道的“干杯”；临别相送，或拍肩或握手，相互道一声“扎西德勒”！

应用大麦新品种新技术促进山区农户脱贫增收

——记国家大麦青稞产业技术体系综合试验站站长　李国强

李国强，1967 年 1 月生，大理白族自治州农业科学推广研究院粮食作物研究所，研究员。云南省政府特殊津贴专家，大理州首届“苍洱霞光”人才。2013 年以来他带领团队人员，以大麦粮草双高双收种养结合饲用生产技术及核桃林下套种大麦集成技术为主要内容，开展科技扶贫工作，助力滇西边境山区云龙县、弥渡县、永平县、南涧县、祥云县等县如期实现脱贫摘帽目标。

推广大麦新品种示范，实施粮草双高种养结合饲用生产技术，实现贫困山区脱贫增收

检槽乡位于云南省大理白族自治州云龙县境北部，是一个横断山脉中的典型山区乡，乡人民政府所在地距县城 27 千米，这里主要居住着白、汉、傈僳、彝等民族，是典型的革命老区边境山区和少数民族聚居区。辖区内适宜种植水稻、玉米、大麦、蔬菜等农作物及核桃、烤烟、芸豆、花椒、梨等经济林果，其中大麦常年种植面积近 1.0 万亩。2012 年李国强带领大理综合试验站团队人员，调研了解到该乡 1997 年开始引进种植的啤酒大麦品种 S500 和 S-4，因种植年限长品种退化、病害重，产量逐年下降。根据这一生产现状，结合试验示范结果分析，他当即在 2013 年度安排新品种凤大麦 7 号 240 亩进行示范，并举办科技培训，给予经费支持。当年凤大麦 7 号最高亩产 632.2 千克，平均亩产达 522.3 千克，示范表现稳产高产，抗病、早熟，产量和综合性状远优于原种植品种 S500 和 S-4，2014 年度决定在该区域实施凤大麦 7 号千亩示范。

2013 年以来李国强研究员带领大理试验站团队人员，连续 8 年一直在位于贫困山区和半山区的云龙县检槽乡，开展大麦科技产业扶贫工作。通过提供种植优质高产抗逆大麦自育新良种凤大麦 7 号，创新集成先进适用的大麦轻简高效抗逆栽培技术，实施病虫草害绿色防控，在大麦关键农时、关键生育时期，采用田间现场指导与会议培训相结合方式，强化科技培训、科技服务、技术指导，显著提高了大麦籽粒的产量和全株生物产量，实现凤大麦 7 号籽粒秸秆全产物饲喂生猪、肉牛、肉羊等综合利用途径增加贫困山区云龙县检槽乡种植户收入。

贫困山区云龙县检槽乡8年累计种植应用凤大麦7号面积达3.62万亩，平均亩产籽粒472.6千克，产干贮饲草567.12千克（按1∶1.2计算），较原栽培品种S500亩增收大麦粮草246.4千克，亩增收492.8元，贫困山区检槽乡通过科技产业扶贫总计增收达1783.936万元，产业扶贫增收效果极其显著。同时，通过科技培训科技帮扶，当地贫困户应用新技术的实际操作能力得到了提升，树立了应用科技发展产业实现脱贫致富的新思想新理念。

■ 李国强在云南云龙县检槽乡开展技术培训

■ 云龙县大麦种植户开展凤大麦7号全株干贮技术利用

应用核桃林下套种大麦集成技术与大麦全株优质饲草饲料综合利用技术，实现生态效益、经济效益与产业扶贫绿色发展共赢

大麦籽粒和秸秆均为优质饲草饲料，针对大理州弥渡县、永平县、南涧县、云龙县、祥云县、巍山县等大麦种植区域均处在贫困山区和半山区的坡旱地、梯台地的生产实际，他充分利用大麦具有其他作物不可替代的抗旱耐瘠广适，耐粗放耕作的优势，带领团队人员筛选适宜新品种，集成配套轻简栽培技术，在大理州山区和半山区旱地及核桃林下大力示范推广大麦种植。据不完全统计，他们自2013年以来，共在大理州核桃林下套种大麦新品种凤0339、凤大麦6号、凤大麦7号、V43等品种面积62.2万亩，通过示范推广大麦新品种，配套林下大麦种植集成技术，亩均收大麦粮草550千克，亩收入1000元以上，累计收入6.22亿元。

林下大麦产业为贫困山区发展养殖业，提供了优质饲草饲料来源，拓宽了农户增收渠道，为产业脱贫提供了新的发展路径。同时，核桃林下大麦种植兼顾了粮经饲、林果草的合理布局利用，实现粮肥间种，秸秆还地，培肥地力，有效解决了粮经饲、果草畜需求，对促进山区生态建设，绿色发展和社会进步都具有极其深远的现实意义。

扶贫感言

科技扶贫服务工作要优先选派具有一定业务专长，工作经验丰富，责任心强、能做事、做成事的专业技术人才。科技扶贫服务要与承担的项目紧密结合，根据贫困山区半山区技术需求特点出发，加强新品种、新技术示范应用，做实事、出实招、见成效。加强培训引导，促进服务区域贫困群众建立新思维，树立新观念、新理念，推动现代农业农村发展和农业增长方式的转变，农村繁荣稳定，实现乡村产业兴旺。

产业扶贫　小杂粮做成了金色产业

——记国家谷子高粱产业技术体系岗位科学家　程炳文

程炳文，1963 年 6 月生，宁夏农林科学院固原分院，研究员。先后在同心县张家塬乡汪家塬村、西吉县震湖乡张岔村连续 9 年担任科技扶贫指导员。2012 年获固原市“五一劳动奖章”，2018 年被自治区授予“塞上农业专家”，2019 年被固原市授予“六盘英才”称号，2020 年获宁夏“第二届创新争先奖章”。

在六盘山下的“西海固”国家级特困区，有一位将小杂粮研究与推广作为终身事业的科技工作者，扎根在干旱贫瘠的土地，研究小杂粮新品种、新技术，建设小杂粮示范基地，手把手教农民种植小杂粮的新技术、新方法，把小杂粮做成了金色产业，为六盘山集中连片特困区脱贫攻坚做出了突出贡献。他就是宁夏农林科学院固原分院研究员程炳文。

耳濡目染，子承父业传佳话

■ 程炳文在宁夏西吉县震湖乡张岔村讲解地膜穴播谷子技术

程炳文的父亲是我国老一辈知名小杂粮专家，20 世纪 60 年代中期，从“小杂粮之乡”山西来到宁夏南部山区固原市，10 年后又将全家迁往这里。固原地处黄土高原西北边缘，沟壑纵横，干旱少雨，一度被联合国贴上“不适合人类居住”的标签，“西海固”也成为贫穷落后的代名词。贫穷落后，高寒干旱，生产水平低下，恶劣的条件和贫瘠的土地难不倒这个西北汉子，他就像小杂粮一样，向难而生，奋力扎根，把自己有限的青春和岁月都留给了这片土地，一干便是 30 多个春夏秋冬，将人生最好的年华都奉献给了小杂粮事业。

不畏困难，科学严谨得硕果

与大作物相比，小杂粮研究条件更差，更艰辛。程炳文夏天顶着炎炎烈日在田间做杂交，克服交通不便深入贫困地区开展技术培训与推广，全年超过一半时间都在各地调研，“下乡”是他生活中的高频词。在他的记忆里，没有周末的概念，能记起来的是几月几号、什么节气。30余年来，先后主持国家和自治区重点研发任务15项，育成小杂粮新品种14个并在生产上得到大面积应用。在他的带领下，宁夏南部山区每年建设小杂粮示范基地20多个，创造性地采用“同心圆连续扩散”方法推广小杂粮新品种、新技术，把示范基地建成了“品种的擂台，技术的展台，专家的讲台，农民的舞台”。集成了“渗水地膜+波浪式机精量穴播+优质抗旱谷子品种+一次性施肥+化学除草”轻简栽培技术模式并在宁夏中南部干旱区推广应用，糜子、谷子降水利用率较传统种植方法提高了80%，糜子、谷子亩产分别由100千克和150千克增加到200千克和300千克，最高亩产达到430.5千克和646千克。在降雨量不足300毫米的宁夏南部山区，谷子亩纯收入稳定超过1000元，为宁夏南部山区脱贫攻坚提供了强有力的技术支撑。

扶贫帮困，朝夕牵挂为发展

程炳文连续9年担任科技扶贫指导员。在吴忠市同心县张家塬乡汪家塬村服务期间，与村委会一起谋划发展思路，制订了发展中药材、养殖业、特色种植业和劳务输出的脱贫计划并为之东奔西走。至今都被汪家塬人称道的是，他自驾前往山西，垫付25万元购进西门塔尔基础母牛，采取“送母还犊”的方式向建档立卡户发放，帮助村民滚动发展致富。“种糜子、栽林子、送犊子、建棚子”，汪家塬村由过去的深度贫困村变成糜子良种繁殖基地，并获评“田园美、村庄美、风光美”的全国文明村。2017年以来，程炳文又担任了深度贫困村固原市西吉县震湖乡张岔村科技扶贫指导员，通过引进小杂粮新品种、示范推广渗水地膜谷子机穴播技术，实现了旱作谷子亩产400千克以上，亩纯收入超千元的目标。

传播知识，常年奔波在田间

程炳文的大部分时间都奔波在宁夏旱作区生产一线。每年为山区各县举办专业技术培训20多场次，深入田间指导更是随时随地无法统计。通过建设小杂粮示范基地，每年实训小杂粮技术人员和种植大户150余人次，只要有需求，总是第一时间赶往田间地头开展技术指导。经常深入我国

■ 程炳文在宁夏海原县贾塘乡王塘村春季现场培训

小杂粮主产区调研，每年为农业农村部和宁夏农业农村厅提供小杂粮产业发展报告和建议。被陕西省榆林市、山西省岢岚县、内蒙古达拉特旗等地方政府聘为小杂粮产业开发顾问，传授小杂粮种植新技术、新方法，为我国小杂粮产业发展做出了突出贡献。

鞠躬尽瘁，愿为脱贫献终身

为把小杂粮培育成宁夏南部干旱半干旱区新的经济支撑点，程炳文心系建档立卡户，却常常忘记自己。多年的科研和扶贫工作，长期奔波和不规律的生活，让程炳文罹患高血压、糖尿病等各种疾病。他想去医院好好做个检查，却忙得抽不开空，就连单位每年组织的体检，也被他拖成了两年一次。为及时解决农户遇到的技术难题，他几次放弃上级安排的疗养，跑遍了宁夏小杂粮种植的沟壑台塬。

程炳文的事迹多次被学习强国平台、《科技日报》、新华网、人民政协网、中央纪委国家监委网、中国新闻网等媒体报道。他被授予固原市“五一劳动奖章”、宁夏第二批“塞上农业专家”、固原市“六盘英才”、第二届“宁夏创新争先奖章”等多项荣誉。然而，最令他高兴的，却与个人荣誉无关。“看到我们的品种得到了老百姓的认可，我心里才满足。”程炳文说，这种激动，是拿到各种荣誉、成果转化得了钱所不能比的。他经常挂在嘴边的一句话是：“在宁南片区搞农业科研就为脱贫，做科研不能只干‘半截子’活。相比还未脱贫的农民，我们的辛苦根本算不了什么。”而他也正如自己所说的那样，将一生的汗水洒在黄土地里，只为每一份付出都能颗粒归仓，只为每一户农家都能收获丰厚。

扶贫感言

产业扶贫，解决的是“输血”与“造血”，“短暂”与“长久”的矛盾。专家扶贫，要在发挥专家自身技术特色和体系协作优势的同时，结合贫困区地缘和生态条件进行多方位选择。作为谷子高粱体系土壤管理岗位科学家，扶贫工作中，我们结合当地生产条件，将本体系专家最新的研究成果进行集成，引进了渗水地膜、张杂谷系列谷子新品种、研制了覆膜穴播谷子专用肥，推广“缓释肥一次性施肥”技术，使宁夏贫困区谷子产量得到大幅度提升，部分地区谷子产量实现了“翻两番”。同时，充分依靠全体系力量，为贫困村引进中药材、肉牛养殖项目，使扶贫工作收到了单打独斗无法完成的增收效果，实现了一二三全产业链协同发展，贫困村稳定脱贫。

送良种技术下乡　助贫困农民脱贫

——记国家燕麦荞麦产业技术体系综合试验站站长　熊仿秋

熊仿秋，1960年8月生，原凉山州西昌农业科学研究所，高级农艺师。2020年调入凉山州人大常委会。凉山州为深度贫困区“三区三州”其中一州，贫困村和贫困人口大多位于海拔2000米以上高寒山区，只能栽种喜冷凉、耐贫瘠的作物，脱贫任务重、难度大。为配合大凉山的产业扶贫，熊仿秋与试验站全体成员常年奋战在国家督战县的美姑、昭觉和越西县，为苦荞产业发展提供技术支持，稳定苦荞种植面积、扩大加工量、促进农民增收。

倾力苦荞产业，致力扶贫生产第一线

凉山州把苦荞作为脱贫攻坚的农业支柱产业之一，按照“一乡一业，一村一品，一户一招”思路，因地制宜发展特色产业。国家燕麦荞麦产业技术体系在凉山苦荞产业发展上起到了重要的引领和推动作用。2016年以来，体系首席科学家任长忠要求体系全体人员高度重视精准扶贫工作，提出“讲给农民听、做给农户看、教会农民用、增收田地上、助推农家富、增添农村美、带动产业兴”的工作思路，动员全体系力量，把优良品种、先进栽培技术、病虫草害生态防控技术落实在凉山的贫困县试验示范推广，多次和育种、栽培、病虫草害防治、机械、加工、产业经济等岗位专家亲赴美姑、昭觉、越西，深入生产第一线进行指导。

■ 熊仿秋在四川美姑县依果觉乡依德阿门村召开共建产业扶贫示范乡启动及培训会

做好示范引领　带动产业扶贫

美姑县山高坡陡、气候冷凉，苦荞作为当地的传统种植作物，在海拔2200~2700米地区以春苦荞为主，过去主要是撒播，栽培粗放，地方品种混杂退化，影响加工质量，产量低下。试验站开展新品

■ 熊仿秋在四川昭觉县日哈乡古尔村召开春苦荞观摩现场会

种引进试验、地方品种提纯复壮和良种扩繁，在美姑县筛选出KQ2008-07、六苦1501、1707-893、川荞2号、西荞2号等品种，春荞的良种覆盖率提高到90%，熊仿秋站长带领团队成员，亲自指导以人工小窝点播为核心的绿色栽培技术示范和推广，使得美姑高寒山区的春苦荞种植面积稳定在10万亩，亩产170千克。在海拔1800~2200米地区，不与高产作物争地，利用玉米、马铃薯收获后的秋季增种一季苦荞，试验站推广以早熟良种更换为核心的栽培技术，使美姑的秋苦荞稳定种植面积8万亩，亩产150千克。

昭觉县与美姑相似，高海拔地区一年一熟，种植一季春苦荞与马铃薯、燕麦轮作，二半山地区也是在马铃薯、玉米收获后增种一季秋荞，全县春、秋苦荞各5万亩，试验站在昭觉推广KQ2008-07、云荞2号、川荞2号、黑子额提纯种，提高良种覆盖，推广生态绿色栽培技术，平均亩产150~170千克。

越西县的河谷平坝地区，大面积种植烤烟、玉米，利用烟叶或玉米收获后的秋季温光水土条件，在我们的指导下，增种一季秋苦荞，试验站全程指导秋苦荞的品种配套和轻简绿色栽培技术，越西县秋荞种植面积10万亩，平均亩产150千克。

2019年，3县苦荞种植面积38万亩，总产6万吨，按照每吨原粮4000元的价格计算，产值2.4亿元。试验站帮助3县成立苦荞合作社5个，加强良种新技术应用；协调加工企业环太、三匠、航飞、正中、福银、思奇香等到3县建有机或绿色原料基地，试验站在熊仿秋站长的带领下，与加工企业建立密切联系，帮助解决加工原料基地的技术问题，并在加工方向上给予指导。为打造凉山苦荞品牌，建设集种植、收购、加工、销售于一体的产业链做出了积极贡献。

扶贫感言

幸有国家体系的持续支持；庆幸全体系的专家在育种、栽培、病虫草防治、机械栽培、加工以及市场经济等方面的无私支援。近几年的产业扶贫，磨炼了他们顽强的意志。试验示范几乎种植在荒郊野岭之上，交通不便，海拔高，气候恶劣，方才还阳光明媚，瓢泼大雨马上就来。团队的成员，经受住了艰苦的考验，将吃苦耐劳和无私奉献的精神发扬光大。

作为试验站站长，熊仿秋试验示范、技术推广、技术培训、活动组织亲力亲为。凉山试验站又处于大凉山脱贫攻坚战的主战场，把苦荞产业发展带动贫困人口脱贫作为己任，在任务安排计划上与扶贫产业、生产实际、企业加工紧密结合，让农民得到了实惠。

燕麦草助推永寿科技扶贫合作社引领燕荞产业发展

——记国家燕麦荞麦产业技术体系岗位科学家　胡新中

胡新中，1972年12月生，陕西师范大学，教授。2017年，胡新中和永寿县科技局对接，在永寿县开展燕麦饲草种植，解决永寿县畜牧业发展缺乏稳定优质饲草支持这一难题，经过近三年的努力，永寿县燕麦种植从零起步，发展到目前的5000余亩，生产饲草约2000吨，为畜牧业稳定发展、农民增收，永寿县的脱贫攻坚工作提供了有力保证和技术支持。

聚焦燕麦饲草需求引进示范燕麦新品种

永寿总面积889平方千米，总人口20.66万人，总耕地面积46万亩，以农业、果业、畜牧业、中草药业为主要经济来源，是国家扶贫开发工作重点县、六盘山区域集中连片扶贫开发重点县。目前，永寿县肉羊存栏12.6万只、肉牛存栏6.3万头，规模化牛（羊）养殖场30多个，但是永寿县草粉年产量还不足20万吨，每年牧草缺口在1500吨以上，种植燕麦牧草与燕麦产品开发有着广阔市场前景。因此构建一个有竞争力的饲草产业对于贫困地区脱贫致富具有重要意义，发展燕麦饲草产业就是抓住了永寿县养殖脱贫致富的关键。

胡新中在陕西省永寿县渠子镇马究村开展燕麦新品种引进示范

找到了问题关键，胡新中开始引进品种，积极尝试。2017年，胡新中与永寿县科学技术局积极联系，结合县域资源禀赋、产业基础和生态环境，以永寿县鸿运达种养专业合作社联合社为合作单位，2017 年、2018 年在渠子镇马究村建立了“永寿燕麦产业技术体系试验（示范）基地”，由燕麦荞麦体系提供了 24 个燕麦新品种进行了试种，筛选出饲草品种 5 个，亩产鲜草 1500~2600 千克，亩产干草 400~900 千克，亩产燕麦籽实 190~230 千克。胡新中与咸阳市科技局张璞波局长深入渠子镇张贺、咀头两个深度贫困村进行科技扶贫调研和规划燕麦产业，并接受了咸阳电视台《关注咸阳》栏目组的采访，分析了永寿发展燕麦产业的条件及优势，目前燕麦干草亩均产量 500~600 千克，饲草收入 1000~1200 元；如果进行两季种植，效益会更加明显。

科学统筹产业规划构建饲草经济良性循环

走出新品种引进示范的第一步之后，胡新中开始依托合作社，辐射推广。2019 年，全县依托永寿县鸿运达种养专业合社联合社发展百亩以上科技示范基地 2 个，试验田 17 个，辐射带动贫困户 100 余户，400 余人。落实秋播燕麦 1000 余亩，对接牛羊养殖场 30 个，逐步将燕麦草就地转化，形成农牧结合、生态与经济双赢的良性循环。2019 年 7 月 10 日，永寿县人民政府组织举行《燕麦种植现场观摩会暨座谈会》，国家燕麦荞麦产业技术体系岗位专家胡新中、固原综合试验站站长常克勤、定西综合试验站站长刘彦明及团队成员应邀参加，与陕西省饲草产业技术体系首席科学家李海英、国家小麦产业技术体系咸阳综合试验站站长张安静、咸阳市人才办主任侯小兵、咸阳市科技局董晓宇调研员、永寿县委常委杨军荣、县政府有关部门及联合社代表、企业家共商永寿燕麦产业发展大计。胡新中向永寿县提出了燕麦产业发展的三项规划：第一，发展牧草燕麦为重点开发项目，适度开发粮用燕麦产业；第二，开展新优燕麦品质分析，筛选出适宜永寿的牧草燕麦品种，进行适度规模化发展；第三，巩固试验（示范）站科技成果，制定发展规划，建立“产学研用”的长效协作机制。

■ 胡新中在陕西永寿县鸿运达种养合作社指导产品加工

担任科技特派员燕麦荞麦齐发展

2019 年 11 月，胡新中被咸阳市组织部、科技局、人力资源和社会保障局、农业农村局聘为首席农艺师，作为科技特派员，在永寿鸿运达种养合作社服务咸阳脱贫攻坚、乡村振兴。2020 年，合作社负责人董建平也被聘为陕西省肉牛产业技术体系岗位专家，为燕麦饲草产业发展壮大提供了基地、人才保障。2020 年 6 月 3 日，永寿党建网以“三强一优化”振兴乡村人才，报道了国家燕麦荞麦产业技术体系的扶贫工作。在文中，胡新中提出了两项构思，一是当地发展饲草潜力很大，应该继续引进品种，积极开展“一饲两草”“一粮两草”的高效种植模式，解决燕麦种植效益偏低问题，提高永寿荒坡地综合利用率；二是应适当推广夏收秋播，扩大饲草面积，把农业增收同当地就业问题对接，计划年提供就业岗位200个，发展饲草面积5万亩，年加工绿色饲草产品6万吨。顺着这两条思路，永寿云集生态园荞麦醋深加工体验中心扶贫开发项目计划投资1609万元，建设年产1000吨的荞麦醋生产线、农产品深加工产业园和农产品展示及醋文化体验中心，项目的建设和投产运营必将带动永寿县荞麦及其他农产品种植，推动永寿县农业产业结构调整，有力提升农产品附加值，从真正意义上实现了生产、加工、销售、旅游全产业链发展，推动一二三产业融合发展。永寿国家燕麦产业技术体系试验基地的建立，不仅向永寿县域特色经济发展注入了科技“芯片”，也拓宽了产业结构的发展路子，更为带动农民增产、增收、增效发挥了重要作用。

扶贫感言

一是要对症下药，解决实际问题。做给农民看，教会农民干，在永寿发展燕麦饲草产业，要先找到制约发展的瓶颈，找准“病症”，才能解决燕麦草销路问题，农民才会认可，县委县政府也会在项目及对外宣传方面大力支持，实现可持续发展。二是要量体裁衣，找到合适的扶持载体。作为科技工作者，扶贫要在密切交流，耐心指导的基础上“量体裁衣”，找到最合适的帮扶载体。帮助解决栽培技术，及时分享信息，让饲草卖得出、卖得上好价钱，只有让农民看到了实在的经济效益，才是真扶贫、扶真贫。在遇到自然灾害、不可抗拒因素时，作为体系专家、科技特派员，要及时跟进，研判形势，分析舆情，提出解决方案，千方百计减少损失，才能巩固扶贫成效，才会被老百姓信任和接受。

付真情，扶真贫，豆相近，贫相远

——记国家食用豆产业技术体系岗位科学家　万正煌

万正煌，1972年11月生，湖北省农业科学院粮食作物研究所，三级研究员，湖北省科技特派员。带领团队以湖北十堰郧阳区、竹山县为中心，辐射十堰其他区县及贫困地区，为湖北秦巴山区农民脱贫做出了较大贡献。

根据产业基础和优势，开展科技扶贫服务

昨日绿叶满枝头，今日黄花遍地留。老远走来就看到绿豆田里一个忙碌的身影，时而弯腰，时而在本子上记录着什么。虽然头戴草帽，但脸上的汗水还是浸湿了衣襟，他似乎并没有在意这些，他就是国家食用豆产业技术体系岗位科学家万正煌。他根据十堰多山地、多丘陵的地貌特征，因地制宜，把发展食用豆产业作为推动秦巴山区域脱贫攻坚的一条特色之路。

2017年以来，他扎根扶贫一线，足迹踏遍十堰山水，把精心选育的绿豆新品种鄂绿4号、鄂绿5号，新技术“绿豆绿色高效栽培技术”“仓储绿豆象综合防控技术集成与示范”带到十堰市郧阳区柳陂镇，青曲镇周家洼村，城关镇桃花沟村、马场关村，大柳乡余粮村，谭家湾镇，竹山县擂鼓镇等贫困乡村，开展绿豆、小豆绿色高效栽培技术示范，通过田间地头现场培训，电教室授课，电话接受技术咨询，发放书籍、技术资料等多种形式，为农户解决技术问题，指导农户科学种田，有效提升特色食用豆品质与产量，提高产品价值，提升农民收入。累计送去书籍与技术材料100余册，先后培训技术骨干9人以上，农民150余人次，接待处理各种技术咨询50次以上。

万正煌在湖北十堰市郧阳区青曲镇开展扶贫赠书活动

推广体系新品种、新技术，助力山区精准脱贫

开展扶贫工作以来，他扶持郧阳区大柳乡、城关镇及竹山县擂鼓镇等地建设食用豆核心示范区1000亩，引进国家食用豆体系优良小豆品种冀红352，绿豆品种冀绿11，送去新型小型播种机、频振式杀虫灯、生物农药等农资，服务带动核心示范区内20多户贫困户，大力推广小豆和猕猴桃套作等绿色高效栽培模式；联合食用豆体系病虫草害防控研究室、机械化研究室、产业经济研究室开展食用豆全程机械化生产示范和产业经济调研评估，不断扩大和发展食用豆产业，助推精准扶贫产业化、规模化、品牌化。2019年在大柳乡余粮村的示范试验结果显示，采用全程机械化生产的冀红352，产量达到157千克/亩，比传统耕作方式的142千克/亩的产量，提升了10.6%。通过核心示范区对绿豆、蚕豆、小豆等新品种、标准化生产技术的示范与带动，辐射推广蚕豆、绿豆等新品种新技术近5万亩。

探索“科技+企业+农户”新模式，助推食用豆产业发展

服务农户的同时，他还加强与湖北沛丰粮油股份有限公司、湖北向上食品股份有限公司和十堰市郧阳区土疙瘩种植专业合作社等一批农产品加工企业合作，探索“科技+企业+农户”的合作之路，建立良好的产学研合作关系和科技成果转化机制，为企业与农户提供技术支持，连接企业与农户，打通生产与市场渠道，打造山区杂粮系列品牌，提高贫困户的种植效益，保证扶贫活动的可持续发展。2019年以来，湖北向上食品股份有限公司在郧阳区大柳乡等地推行订单农业，在播种季与农户签订收购协议，收获季以高于市场价收购小豆、绿豆等食用豆种子，农户种植食用豆比种植玉米等作物每亩增收200元以上，切实提高了贫困户收入，增强了农户种植的积极性。

■ 万正煌在湖北十堰市郧阳区柳陂镇开展绿豆机械化收获指导

扶贫感言

产业扶贫要以市场为导向，以经济效益为中心，以带动产业发展，促进贫困地区发展和增加农户收入。其中扶贫农业企业、农民合作社、种植大户和其他新型经营主体等参与扶贫的新型农业经营组织，在产业发展中必须拥有和发挥强有力的引领和带动作用。真正做到脱贫，一是要有产业基础，要能充分体现并突出“产业+扶贫”的内涵，能够发挥产业对贫困户脱贫增收的带动作用，确保贫困户有长期稳定的收益，避免扶农不扶贫、产业不带贫。二是扶贫组织要有对市场信息等的科学研判能力，能够遵循市场和产业发展规律，确保产业发展方向、项目引进、品种选择等的正确性。

依托产业技术优势　助推贫困县打赢脱贫攻坚战

——记国家食用豆产业技术体系综合试验站站长　陈国琛

陈国琛，1963 年 9 月生，大理白族自治州农业科学推广研究院，二级研究员。积极投身于大理州脱贫攻坚战略中，挂钩扶贫县为云南省大理州宾川、祥云、弥渡、巍山、洱源、云龙六县，均属滇西边境山区贫困县，主要依托研究领域自身技术产业优势，大力发展蚕豆产业，以产业形式帮助贫困户脱贫致富，成效显著。

扶贫产业的调研工作

陈国琛 2015—2019 年带领团队成员多次深入宾川、祥云、弥渡、巍山、洱源、云龙六县开展产业调查研究，大理州是边疆民族聚集区，属滇西边境山区，加之交通不便，其他产业也较难发展，多数处于山区半山区，贫困面广，深度贫困人口众多。在扶贫产业鲜食蚕豆产业的调研、试验示范、产业发展、产品加工和市场开发的工作中得到了国家食用豆产业体系首席科学家程须珍研究员的大力帮助和指导，并参与了部分具体的工作，帮助制订产业扶贫计划、工作实施方案，多次到大理指导扶贫工作，对扶贫工作起到了极大的推动作用。并且得到了各功能研究室主任、岗位专家和综合实验试验站站长的帮助、指导，很多专家到大理进行了实地指导。

调查研究发现，六县夏秋季节自然气候、雨水、温湿度及地理地貌完全与夏秋鲜食蚕豆生长发育所需的条件相符合，高海拔山区夏秋季节还处在雨季，气候凉爽，山坡地沥水性很好，蚕豆不会糟根，符合蚕豆喜湿、喜凉的特性。通过多年科学试验研究和示范发现，鲜食蚕豆是高产高效的农业产业，是农民脱贫致富的好产业，因此决定走鲜食蚕豆产业脱贫之路，助推六县农民脱贫，打赢大理州脱贫攻坚战。

组织宣传发动

陈国琛带领团队成员从 2015 年开始组织宣传发动，2015—2019 年开展技术培训 151 场次，培训技术人员和农民 14462 人次，发放技术资料 52000 份，共提供补助蚕豆优良种子 6.95 万千克，化肥 11.173 万千克，为夏秋播鲜食蚕豆产业的发展打下了坚实的基础。

为脱贫产业提供支撑

在食用豆体系首席科学家、岗位专家和综合试验站站长的帮助下和指导下，很多专家融入大理综合试验站团队中，互相帮助和支持，同时陈国琛带领团队成员开展多年的鲜食蚕豆产业科研研究，结合大理州实际情况，从品种选育、栽培技术措施、病虫害防治、产品加工和市场销售等方面展开科技攻关，解决了鲜食蚕豆产业中一系列的关键技术，取得了显著成效，为大理州鲜食蚕豆产业提供了以下支撑。

一是品种支撑。大理州夏秋播季鲜食蚕豆生产中种植的品种主要为大理综合试验站和大理州农科院选育的凤豆6号、凤豆11号、凤豆22号，凤豆品种覆盖率98%以上，凤豆品种具有丰产稳产性好，品质优良，抗锈病、抗赤斑病和轮纹斑病。

二是技术支撑。大理州四季鲜食蚕豆生产中使用的栽培技术是大理综合试验站和大理州农科院研究提出的夏秋播鲜食蚕豆、蚕豆在水分管理、施肥管理等多项高产栽培技术措施。

三是市场支撑。大理州四季鲜食蚕豆产品以鲜食豆荚和鲜食豆米两种形式销往国内的北京、上海、武汉、长沙、成都等大中城市的超市和高级酒店，大理州夏秋播鲜食蚕豆上市时，国内市场上没有鲜食蚕豆销售，刚好打了国内的上市时间差，国内市场需求量很大，产品供不应求。

四是加工企业支撑。大理州境内有多家企业进行鲜食蚕豆产品的加工销售，组织引导广大经销收购商到当地的田间地头收购鲜豆荚，省工省力，方便贫困户销售鲜食豆荚。

产业扶贫效果显著

鲜食蚕豆产业扶贫效果显著。2015—2019年5年宾川、祥云等6个县种植鲜食蚕豆157.25万亩，利用高产绿色增产增效技术模式，加权平均亩产鲜豆荚1268.41千克，比对照亩增产215.53千克，增产20.47%。鲜食豆荚以3.0元/千克计算，亩产值3805.23元，总产值598372.42万元，亩新增产值646.59元，新增产值101676.28万元，实现了1亩夏秋播鲜食蚕豆能帮助1位农民脱贫的目的，秸秆亩产值551.22元左右，可够种子、化肥及用工等生产成本，达到了节本增效的目的，通过鲜食蚕豆产业扶贫效果显著。

■ 陈国琛在云南弥渡县高营贫困村冬早食蚕豆田间管理现场指导

建档立卡贫困户脱贫成效显著。通过鲜食蚕豆产业形式帮助农民脱贫摘帽，截至2020年5月，地处滇西边境山区的大理州6个贫困县58个乡镇，575个村委会，建档立卡贫困户10049

户，建档立卡贫困户人口35510人，摘帽出列建档立卡贫困户62816户，摘帽出列建档立卡贫困户人口240210人，6个贫困县均已脱贫摘帽，扶贫效果极显著，为大理州打赢脱贫攻坚战做出重要贡献。

■ 陈国琛在云南乌龙坝贫困村组织技术人员到鲜食蚕豆产业现场观摩

扶贫感言

一是由于高寒贫困山区条件差，贫困度深，贫困面广，适合发展的产业较少，农民脱贫致富难度大，脱贫攻坚任务艰巨。二是要帮助农民永久脱贫致富，完成脱贫攻坚任务，必须开展深入细致的调研研究工作，开展科学的试验示范工作，找准适宜发展的产业，而且产业生产的产品要在国内有较大的市场，以产业形式带动农民脱贫致富才是最好的脱贫之路。三是要为农民找好产品的市场销路，生产的产品销路畅通，不滞销，保障农民增产增收，实现农户脱贫摘帽。四是产业项目必须生态环保，减少高寒山区农业面源污染，保持高寒山区青山绿水风貌。五是体系大家庭的互相帮助、共同助力扶贫也十分重要。

千里走单骑　只为兑现庄严承诺

——记国家马铃薯产业技术体系岗位科学家　文国宏

文国宏，1966年11月生，中共党员，甘肃省农业科学院马铃薯研究所，研究员。2018年至今在庆阳市镇原县方山乡王湾村，任第一书记兼工作队长，开展为期两年多的驻村帮扶工作。

克服重重困难　安心驻村帮扶

2018年8月，文国宏响应党的号召，离家未舍业，到离家和单位近500千米外的庆阳市镇原县方山乡王湾村，开展为期两年的驻村帮扶工作，任第一书记兼工作队队长。从一个只关心本单位科研业务、马铃薯产业技术和品种选育的科研人员，从对科研工作的思考到对老弱病残与五保户的操心，从衣食无忧的城市生活到烧锅燎灶加旱厕的乡村生活，以及每月2~3次9小时的千里奔波，无不是对自己党性和良心的考验，当看到陇东深山特困户生产生活的极度困难，看到他们无助而又渴望救助的眼神时，文国宏把自己一时的困难就不当回事了。不忘对脱贫的承诺，不忘马铃薯人的专业工作，不忘马铃薯是当地贫困地区脱贫致富的主要产业。

支撑产业发展　助推精准脱贫

2019年争取院里4个帮扶单位资助16万元，其中，12万元用于推广农作物良种1760亩，主要是国家玉米体系推广的玉米品种陇单10号和陇单339，国家胡麻体系育成推广的陇亚10号，以及本岗位育成的陇薯7号，实现了该村玉米、胡麻和马铃薯“陇”字号国家体系品种全覆盖；建立农作物良种示范园94亩，示范新品种7个；针对当地马铃薯结薯和膨大期高温影响，开展马铃薯品种筛选和栽培模式试验。目前王湾村耕地面积7866亩，全村现有308户1230人。2013年建档立卡贫困户167户664人，2014—2018年累计脱贫103户462人，2019年脱贫59户183人，实现了整村脱贫。现有贫困户4户18人，贫困面为1.55%，边缘户2户9人，2020年将实现贫困户全部脱贫。

立足自身特长　培育新型产业

驻村帮扶期间，他注重贫困地区的马铃薯产业培育，引进好吃的品种陇薯 7 号和陇薯 10 号，可以早熟栽培的品种冀张薯 12 号，提升马铃薯产品构成及质量，引进脱毒种薯，提高产量水平。2020 年把马铃薯产业作为重点培育的新型扶贫产业，从原来的户均不到半亩，全村不足百亩，发展到现在的全村 350 亩，推广最新最好的品种，还有一些新的栽培模式。7 月下旬至 8 月上旬进入收获季节的早熟马铃薯，产量一般在 2000 千克左右，高的达到 3000 千克，一亩地产值在 3000 元左右，高的达 4000 元，效果非常不错。如今的王湾村，农业是有奔头的产业，村民们在土地里看到了新希望，通过科学合理的技术指导，搭上了脱贫致富奔小康的“快车”。

马铃薯的种植效益让方山乡党委书记高亚丽喜笑颜开，2020 年 8 月 2 日马铃薯产业观摩会上，她说：“方山乡种植马铃薯 1000 亩，依靠甘肃省农科院技术支撑，从选种、技术栽培，机械化播种，到市场上市，产前产中产后全程跟踪服务。在销售方面，方山乡还探索实行订单生产、订单销售模式，降低了群众投资风险，保证种植户收益。截至目前，有近 200 亩马铃薯已经售出，一亩在 2500 千克左右，按最保守的价格 2000 元 / 亩算，1000 亩地就是 200 万元，明年群众的种植积极性也会更高。今后，方山乡将围绕打造‘马铃薯品牌乡’来进行培育，种植面积初步扩展到 5000 亩左右，然后从技术上再完善，再规范，从市场培育上先行一步，提前进行市场对接和拓展，实现种产销一体化，确保群众持续稳定增收。”

王湾村村支书马志广更是信心满满，他说：“今年群众看到了收益，也看到了种植马铃薯的希望和前景，柳湾组村民把传统种植玉米的面积都挤出来种了马铃薯，发展起了两个洋芋种植大户，同时和县上超市签订协议，到地头来拉货，一斤 7 毛钱，亩均 4200 元，解除了外销之忧。”

■ 文国宏在甘肃庆阳市镇原县方山乡王湾村开展良种发放与技术培训

■ 文国宏在示范田指导马铃薯产业带头人姚普田

当好特殊家长　温暖临时家庭

文国宏作为第一书记兼工作队队长，在工作中辛勤耕耘，在生活上更是时刻为他人着想，在他的带领下驻村工作队全体成员工作积极性不断提高，互相团结，发挥出了最大的优势。关键时刻他总会出现在田间地头，开展观摩培训和现场指导，使得帮扶成效不断提高，不仅受到驻村队员的尊敬，同时也受到了广大村民的爱戴与欢迎。

扶贫感言

粮食安全始终是我国经济社会发展中的一个重大战略问题。受新冠疫情的影响，粮食贸易出现问题，人们对粮食安全的担忧日益加重。马铃薯作为世界第四大粮食作物在粮食安全中举足轻重。文国宏与其团队建议在甘肃省陇东旱塬开展马铃薯夏播和冬油菜、冬小麦收获后复种关键技术集成示范，建立陇东旱塬夏播（复种）马铃薯商品薯和脱毒种薯繁育基地，扩大甘肃省马铃薯生产区域，全面提升甘肃省马铃薯产业核心竞争力。

情系马铃薯产业　服务贫困山区　脱贫攻坚显成效

——记国家马铃薯产业技术体系综合试验站站长　刘绍文

刘绍文，1967 年 10 月生，中共党员，凉山州西昌农业科学研究所，推广研究员。长期服务凉山州 11 个贫困县，把促进马铃薯产业提质增效，助推脱贫攻坚作为己任，积极主动作为，以“做给农民看、教会农民干、促进农民富”的工作思路，扎实开展新品种、新技术示范、培训和技术服务工作，取得丰硕的成果，助推凉山及四川脱贫攻坚成效显著。

聚焦马铃薯产业增产增效，倾心助力贫困山区脱贫奔康

马铃薯是凉山州山区彝族群众主要的粮食和经济作物，11 个贫困县种植面积 175 万亩，占粮食作物种植面积的 60% 左右，马铃薯生产如若歉收，将严重影响到山区农户的生活和脱贫摘帽。刘绍文研究员长期带领团队深入一线开展产业扶贫工作，帮助特困县布拖县、昭觉县规划现代农业产业园区、编制种薯基地规划、实施方案，指导种薯基地建设；在 13 个贫困村建立新品种、新技术核心示范片 4120 亩，每年对全州 11 个贫困县农技推广部门的技术负责人、良种繁育企业负责人和技术人员、专业合作社、种植业大户进行新品种、新技术观摩和现场技术讲座培训及网络直播技术培训 4~6 次，累计培训 5000 人次以上；每年总结生产经验，征集来年生产技术需求，及时提供技术服务，通过新品种推荐和示范展示，带动了 11 个贫困县品种更新 130 万亩，平均亩增产 500 千克，近 5 年全州累计应用其主持筛选示范推荐的新品种及配套增产增效技术 650 万亩，增收鲜薯 32.5 亿千克，促进了山

刘绍文在甘肃西昌市开展未脱贫县马铃薯种植技术视频直播培训

区贫困户增产、增收和增效，为马铃薯产业发展促进凉山脱贫奔康发挥了重要的作用。

竭力发挥专家技术优势，服务精准扶贫亮点多多

2011 年，受昭觉县农业局的委托，刘绍文主持制定技术方案，在贫困县昭觉县实施的 101.4 亩“马铃薯增产增效综合栽培集成技术”核心示范片，经省农业厅组织专家现场测产验收，创造了实收亩产 4422.7 千克的凉山州历史最高纪录和当年四川省最高产量，为凉山州马铃薯能够获得 4 吨以上的高产提供了依据，为贫困山区马铃薯产业发展鼓舞了信心。

2010 年，盐源县棉桠乡贫困村志强专业合作社成立后每年种植马铃薯 600 多亩，亩产不足 1000 千克，亩收入 800 元左右，连续亏损了 3 年。2013 年以来，在刘绍文研究员及体系专家的指导下更换了新品种、运用增产增效机械化种植技术，亩产提升到 2000 千克以上，5 年种植 3100 亩，累计收入 775 万元，41 户专合社社员平均每户每年收入 3.78 万元，贫困户通过种植马铃薯实现了脱贫。专业合作社负责人李志强真切地感叹说：“如果没有刘所长提供的品种和技术指导，真不知道如何向专合社的老乡交代。”

2016 年来，受绵阳对口扶贫布拖县前线指挥部邀请，希望帮助其在布拖开展扶贫工作建立布江蜀丰现代农业产业园区马铃薯种薯繁育基地并进行规划和技术指导，刘绍文及时组织技术力量，协调省内外专家帮助其进行设计、规划、论证并指导基地建设。到 2019 年，该基地已建成州级园区，现申报省级园区评估，成为异地对口帮扶的样板工程。2016 年，为助力金阳县脱贫攻坚，提供种薯和技术与金阳县政府联合在依达乡依达村实施了 35 亩的青薯 9 号新品种丰产栽培示范，经测产平均亩产 2684.7 千克，当年马铃薯生长季节雨水多，当地农户种植的老品种晚疫病严重，提早消苗，几乎绝收，亩产只有 990 千克，示范的新品种较农户老品种亩增产 1694.7 千克，增幅 171.2%，11 户贫困户每户增加收益 5000 元以上。该示范片的增产增收效果引起了州县领导的高度关注，为金阳县全县推广种植新品种 6.5 万亩，促进农户近 4 年大幅增收发挥了重要的示范引领作用。

■ 刘绍文在甘肃雷波县三峡新村开展马铃薯播种前技术培训

扶贫感言

作为一名农业科技人员，刘绍文为自己的研究成果示范应用后帮助贫困户增产增收，推动产业提质增效，促进脱贫攻坚取得成效感到无比的自豪，也为能够投身脱贫攻坚伟大工程中并发挥作用、做出贡献感到无上光荣。多年的扶贫工作让他体会到发展好一个产业可以带动一方百姓脱贫致富，同时如果没有新技术的支撑产业也将不可持续，没有产业的持续发展，就很难巩固脱贫成果，因此，农业科技工作者只有保持高度的社会责任感，继续为产业可持续发展提供新技术支撑，才能巩固脱贫成果，并为乡村振兴奠定良好的基础。

脱贫有奇法　甘薯变身“金疙瘩”

——记国家甘薯产业技术体系综合试验站站长　武宗信

武宗信，1958年5月生，中共党员，山西农业大学（山西省农业科学院）棉花研究所，研究员。农业农村部薯类专家指导组成员。自2010年起，他带领团队扎根农村、致力脱贫攻坚，先后在山西吕梁、运城、临汾、晋城和云南泸水、建水、腾冲等地，建立甘薯高效示范展示基地，助推脱贫攻坚成效显著，探索出“输血”与“造血”、“扶贫”与“扶志”有机结合的精准扶贫模式，实现甘薯产业与脱贫攻坚深度融合。

深爱着土地的人，是天生的实干家

“脱贫”这两个字，在武宗信这里与一种农作物紧密相连，那就是——甘薯。武宗信和甘薯，打了几十年的交道，各类甘薯的“脾气性格”他都了然于胸。甘薯耐旱，是一种适应性很强的作物，即使是在贫瘠的土壤里，也能无惧艰苦，向阳而生。这种品质，像极了扎根土地，并为之不懈奋斗的武宗信。

甘薯产业助力吕梁山区精准扶贫

在山西，武宗信的甘薯事业成就了很多农民朋友的“脱贫梦”。在全国集中连片特殊困难地区吕梁山区，武宗信研究员和甘薯体系岗位专家谢逸萍研究员发挥专业优势，深入贫困县市开展产业扶贫调研，形成了7个县产业扶贫调研报告，在认真分析了吕梁山区甘薯产业发展的经验后，提出了推广“优质甘薯垄膜轻简化高产栽培新模式”的产业发展新思路，“对症下药”是脱贫的好方法，他们在石楼、永合等县大面积推广甘薯优良品种脱毒种苗、垄膜水肥一体化栽培技术等，成果好不好，数据会说话：对比传统生产模式每亩增收鲜薯600~800千克、增加收益600~800元，节省投资500元，效益增加

■ 武宗信在山西吕梁山区石楼县甘薯示范基地进行技术指导

1200~1300元。2018年10月7日，在第二届吕梁名特优功能食品展销暨首届农民丰收节特色产品推介会上，石楼县按照有机标准种植、生长在沙滩丘陵地的甘薯，一亮相，订单不断，好评如潮。

这些年在山西，提到黑窑，人们第一个想到的就是“黑窑红薯”，而这家喻户晓的“黑窑红薯”，正是武宗信带领的甘薯研究团队历经7年选育成功的晋甘薯9号，7年磨出来的这个“脱贫利器”，正好适应了黑窑村海拔较高、干旱少雨、地处风口这些地理特点！2016年他们为黑窑村免费提供20万株薯苗，本着农户自愿、贫困户优先的原则，栽种100余亩。当年，甘薯平均亩产2200千克，亩收入4000元左右，有的贫困户仅此一项就超过以往全年种植收入的总和。由于品质好、销售火爆，黑窑村的甘薯种植面积迅速发展到300余亩，带动平陆1000余亩甘薯种植，给薯农带来实实在在的效益，形成了脱贫致富的新产业。

扶贫作物甘薯泸水安新家

在武宗信的“脱贫地图”上，云南怒江傈僳族自治州泸水市也是个重要的地标，这里是典型的老、少、边、穷地区，被列为全国“三区三州”的深度贫困地区，是云南打赢脱贫攻坚战的主战场。哪里难，武宗信就去哪里！作为“三区三州”科技服务团成员，武宗信组织带领甘薯体系专家团队深入云南泸水、腾冲、建水等地开展扶贫调研，确定将甘薯产业作为该区扶贫产业，变“输血”为“造血”，支撑该区全面脱贫！脱贫工作的开展，就像扶贫作物甘薯一样，根扎得深，才能更好地生长，武宗信团队面对当地老乡们的质疑，回应总是相似：话不多说，和贫困老乡们同吃同住同劳动。从基地选点、农资选购、到机械应用、技术培训，所有环节亲手干！通过手把手为薯农提供保姆式指导服务，基地甘薯亩效益达3000余元，薯农第一次从泥土地里刨出了“金疙瘩”，村主任胡国光兴奋地说：“有专家的科技帮扶，有甘薯体系作后盾，我们发展甘薯产业更有信心，如期脱贫也更有底气！”

面朝黄土，扎根基层，没有谁的脱贫致富路是不伴随汗水与付出的，越难，就要拿出攻坚克难的勇气，一片苦心之中，藏着成功的那一滴蜜，引领脱贫的道路上，武宗信的甘薯，比蜜甜！

■ 武宗信在山西泸水老窝开展甘薯示范基地建设

扶贫感言

科研人员的研究方向和成果要与国家经济发展、人民的幸福生活紧密结合才有生命力。在科技扶贫过程中，依托体系的人才和成果优势，发挥甘薯产业投资小、收益高、用途广泛、产业链长、生产条件要求低等特点，将发展甘薯产业确立为贫困地区和贫困农民的短平快扶贫产业，取得了一些成绩。

习近平总书记说过，扶贫要“扶智”和“扶志”。武宗信的团队不但编写了《甘薯及轻简化栽培技术》发给农民，也在“扶智”方面做一些尝试，注重开展多种形式的培训活动，着力培养了一批接地气、带不走、高素质的人才队伍，注重探索激发人民群众脱贫致富的内生动力，探索出“输血”与“造血”、“扶贫”与“扶志”有机结合的精准扶贫模式，对持续稳固脱贫成果意义重大。

甘薯医生　产业扶贫守护者

——记国家甘薯产业技术体系岗位科学家　谢逸萍

谢逸萍，1962年2月生，中共党员，江苏徐淮地区徐州农业科学研究所，研究员。国家甘薯产业技术体系线虫及真菌病防控岗位科学家，农业农村部薯类专家指导组专家。在山西省石楼县，云南省泸水市，河南省清丰县及唐河县参加产业扶贫，与体系专家共同奋斗，为甘薯产业健康发展保驾护航。

让薯农安心的甘薯体系人

谢逸萍，是这样一位“医生”，她的病人很特殊：甘薯。如今已经58岁的她，说话质朴干脆，掷地有声：“对我而言，病情虫情是命令，保证产业健康发展是责任。”“5+2”“白加黑”是她体系工作的常态，她说她的目标很明确：让种植甘薯者致富，食用甘薯者健康，加工甘薯者发财。正如袁隆平老先生2019年5月21日为甘薯体系题的八个大字：“脱贫攻坚、甘薯当先”，这是袁老对甘薯体系人的褒奖，也是甘薯体系人的庄严承诺！为了这个承诺，这位“甘薯医生”可没少费心力。

打开谢逸萍微信20多个甘薯种植群，里面有2000多个薯农朋友，薯农们一有种植上的困难事麻烦事，首先要找谢老师。2019年5月17日20:00，一名贵州薯农找到了谢逸萍，焦急的状态隔着屏幕都能感受到：“谢老师！我种的甘薯都死了！”听到苗死了，谢逸萍忙停下手中活，她知道，死苗对薯农来说意味着什么：“老乡，别急，慢慢说。”薯农说：“我们二十几个贫困户一起流转了200多亩土地，现在种了50亩，可种下去2个星期苗就一直在死，不敢种了，我们当地的试验站老师也来了，不知道究竟怎么回事呢！”谢逸萍一边帮老乡缓解焦虑的情绪，一边指导老乡，让老乡第二天把照片发给她瞧一瞧，老乡这才平静下来，第二天不到6:00，谢逸萍就收到了照片，看到薯苗根部像被开水烫过一样，她判断是苗的问题。在老乡的描述中，她敏锐地找到了问题所在：“等等！薯苗浸了药？送来5天才种下去？”薯农确认：“是的。”她马上告诉薯农是药害，并说：“薯苗一定要浸了药马上栽种，不然很容易出现药害，你告诉供苗商，药直接给你，种的时候用，药用泥浆混匀蘸根，有问题再找我。”

一个星期后，她接到薯农电话：“谢老师，再种的苗都活了，谢谢你帮我们挽回几十万元的损失，薯农们要给你寄腊肉，告诉一个地址吧！”她听到苗活了，也松了口气：“不客气，腊肉就不用了，谢谢你们的信任，记住有问题找体系。”这样的应急故事，谢逸萍有很多很多。

产业扶贫，健康种苗是关键

近年甘薯病毒病 SPVD 暴发成为产业发展的瓶颈，健康种苗关系到种植成败，为保证产业健康发展，她与体系各岗站密切配合，完成了病毒的种类鉴定、检测技术创新与防控技术集成，联合全国农业技术推广服务中心、体系岗站共同完成了病毒检测、脱毒种苗生产等技术规程的行业标准，获得河南省科技进步奖一等奖和农业农村部丰收奖一等奖，为病毒病防控提供技术。为指导各地建立脱毒种苗繁育模式，北到内蒙古赤峰，南到广东湛江，东到浙江宁波，西到山西洪洞，中到河南清丰、唐河，山东泗水，湖北红安，重庆彭水，都留下“甘薯医生”匆匆的脚步。设计脱毒种薯种苗发展模式、提供技术、培训人员、调研成效，她在江苏睢宁省级扶贫村双沟园西建立了脱毒种薯种苗繁育基地，做给他们看，带着他们干，帮着他们销，使种植户亩收益从种玉米的 1300 元增长到 3500 元，亩纯收入达 1500 元以上。同时，探索出北方薯区的脱毒种薯种苗繁育模式，也为睢宁甘薯产业发展提供健康种苗支撑。在甘薯病毒病 SPVD 防控的路上，有说不完的故事，是体系与政府、企业、薯农的共同努力，减缓了甘薯病毒病 SPVD 的扩散速度，才有了甘薯产业的一片繁荣。

■ 谢逸萍在福建连城开展甘薯新发生病害调研

甘薯走进贫困县，定点帮扶见成效

为让甘薯走进吕梁山区石楼县和傈僳州泸水市，甘薯体系专家与当地政府一起，带着种苗、资金、技术，到贫困户地头，手把手地指导他们种出高价位甘薯。谢逸萍说：“在吕梁石楼山顶上有片甘薯田，在云南泸水甘薯是种在云雾里，远看就像挂在墙壁上，这都是武所长带着我们指导农户种的，这里能长

■ 谢逸萍在山西吕梁石楼县开展甘薯种植技术培训

甘薯真是奇迹，是体系扶贫效果的真实写照。”在当地政府的支持下，还策划了甘薯观摩会，将小甘薯卖出了苹果价。

扶贫感言

心系产业：体系工作与做项目最大的区别是体系人把产业的发展作为第一使命，为产业思与行，解决产业发展中的问题。体系、政府、企业合作：发挥体系的技术、品种、人才方面的优势，创新健康种苗的繁育模式，科学有效地防控病虫害的发生，保障产业健康发展。扶贫先扶心、需扶智：从多地的扶贫经历告诉我们，贫困地区的农民产业意识薄弱，帮助他们培育职业经纪人，发挥合作社示范带头作用，形成合理的利益联动机制，才有可能让产业扶贫之路走得更远。

谢逸萍作为一名甘薯体系人，时刻以保证产业健康发展为己任，她带给甘薯产业的是防控技术进步、薯块亮、薯农笑、价格稳、效益高的产业愿景，她守护了那一抹甜，守住了甘薯扶贫主战场。

科技“薯”光照亮蜀乡脱贫之路

——记国家甘薯产业技术体系岗位科学家　谭文芳

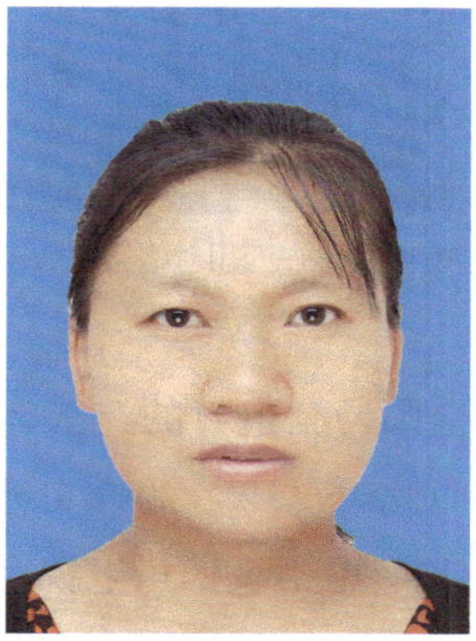

谭文芳，1968年11月生，四川省农业科学院作物研究所，研究员。作为产业技术顾问，在四川省凉山彝族自治州普格县开展定点扶贫工作，扎根深度贫困的“三区三州”，诊断出品种劣、技术缺、意识落后等顽症是制约当地甘薯产业发展的瓶颈，引进自主选育的川薯系列优良甘薯品种和科学种植技术，联合当地农技推广部门建设科技示范基地，培训产业发展带头人等，取得了良好的产业扶贫效果。

饲料薯变成“金疙瘩”

曾经，在四川省凉山彝族自治州普格县的村民来看，甘薯就是普通的饲料，用来喂猪，这是不少人的选择。而如今，提到甘薯，已经成为当地人眼中的“金疙瘩”，成为脱贫致富的法宝。而谭文芳就是让当地村民思想转变的魔法师，她用科技“薯”光照亮蜀乡脱贫之路。

凉山州普格县是“三区三州”尚未脱贫摘帽的深度贫困县，是四川脱贫攻坚和农业农村部定点扶贫的主战场。初到普格县，谭文芳就在调研中发现，当地具有得天独厚的气候条件和悠久的种植甘薯历史，发展甘薯产业前景十分光明，甘薯可以成为普格县人民脱贫攻坚的利器。然而通过和村民的深入交谈，谭文芳却失望地发现，在很多人眼里，甘薯只是一种最普通的饲料，不管是在品种上还是技术上，根本没有人研究或者重视。

扶贫先扶志！在农技干部和农民的培训会上，面对乡亲们渴望脱贫的目光，谭文芳给出了她的答案——普格县“十四五”甘薯产业发展规划，描绘出一幅脱贫奔小康的美好蓝图，从观念的转变上开始扶贫的第一课。谭文芳深入浅出的种植技术讲解和成功的典型案例榜样作用，激发起了广大农技干部和种植户种植优良甘薯品种的浓厚兴趣。村民迫切渴望引进优良的甘薯品种和先进的种植技术，把甘薯从普通廉价饲料农产品转变为带动群众脱贫致富奔小康名优商品。

扶贫必扶智！既要授人以鱼，有的放矢加强致富知识和技能的培训，也要授人以渔，让贫困群众在产业发展实践中长见识、增本领。谭文芳首先在普基镇的顺河村、田坝村、荞窝镇建立科技示范点基地，做给农民看，带着农民干。6月初，谭文芳指导各示范基地先规范起垄。6月11日，谭文芳及其团队成员从成都调运自主选育的适合于当地的优质高效甘薯品种，包括高淀粉品种川薯218、川薯231以

■ 谭文芳在四川普格县农业农村局开展产业扶贫座谈会

及优质食用品种川薯20、川薯224、川薯168、川紫薯6号共6个品种的健康薯苗前往普格，创建了200亩的优质甘薯基地，并在现场手把手指导农民规范的栽种及科学的管理技术，实现亩增产100千克，亩增收260元，合计增收超10万元，取得了突出的经济效益，为助力全面脱贫攻坚，打下了坚实基础。

面对疫情不退缩

一场突如其来的疫情，给全国乃至世界的经济运行带来了诸多影响。而对于普格县的村民来说，也同样带来很多变数和挑战。而此时，52岁的谭文芳却展现出了不同寻常的创新与活力。疫情防控较为严格的时期，她利用微信、QQ、电话及四川电视台《乡村大讲堂》等形式，坚持对农技人员和农民的培训。并通过远程交流的方式，与当地农技干部保持密切联系，随时提供技术指导服务，在甘薯生长过程中的关键节点，主动与当

■ 谭文芳在四川普格县深入田间地头开展技术指导

地联系，就水肥一体化、免耕少耕、免翻提蔓等绿色轻简栽培等进行全方位指导，实现甘薯产业先进技术与脱贫攻坚战略高度集成。此外，她还积极向四川省委、省政府建言献策，撰写了《做好疫情防控期间的甘薯保供生产工作》《常态化疫情防控背景下四川甘薯产业发展对策研究》等报告。

小甘薯做成大产业。在扶贫实践中，谭文芳持之以恒，以热情和担当帮助贫困户传递新观念、找到新思路、学到新技术、看到新希望。昔日的蜀道难为大山里的村民带来诸多发展障碍，而如今，通过这一条助力村民脱贫致富的新“薯”道，带来的则是无限希望，将美好的未来延展向远方。

扶贫感言

通过“三区三州”的产业扶贫，谭文芳深刻感受到从事这份工作意义重大，作为产业顾问，肩负着党和人民的殷切期望和重托，深知只有脚踏实地地干好扶贫工作，不走过场，才是体系人应尽的职责。产业扶贫要因地制宜，深挖资源，趋利避害，充分调研，分析找准阻碍经济发展的突出问题和薄弱环节，狠抓落实贫困群众的真实需求，做群众迫切需要的事。只有产业扶贫专家团结协作，互帮互助，取长补短，种植业与养殖业间形成有机结合的循环农业生态体系，才能保证贫困地区的经济长久持续良性发展，彻底脱贫摘帽。贫困地区的群众普遍文化水平不高，接受新理念和技术比较慢，在培训中要多一分耐心，深入浅出，手把手地教会农民操作技能，授人以渔而非鱼，建立长久的造血功能。

"对症下药"重坚持　科技惠农助脱贫

——记国家中药材产业技术体系综合试验站站长　缪剑华

缪剑华，1961年1月生，广西药用植物园，研究员。国务院政府特殊津贴专家，国家卫生计生委突出贡献中青年专家，广西B类高层次人才；全国专业技术人才先进集体、全国卫生计生系统先进集体领军人，广西"十三五"脱贫攻坚贫困村中药材产业科技服务团团长，主要的扶贫区域为广西南宁市隆安县、桂林市龙胜县、梧州市蒙山县。

坚持精准扶贫、精准脱贫

广西南宁市上孟村20世纪70年代末开始种植本地砂仁，但一直没有管护，产量和质量都不高，销售也不顺畅。2010年，广西药用植物园通过帮助成立特色种养农村合作社、对当地种植户进行技术培训、引进优质砂仁品种、改良林下砂仁种植技术、引进砂仁药材收购商等，对上孟村的砂仁种植进行了持续10年之久的对口科技帮扶。

缪剑华作为隆安县贫困村科技特派员，带领团队联合当地合作社共同申报广西砂仁低产改造技术研究与示范项目，获得南宁科技重大专项立项。首次开展广西砂仁的规范化、规模化种植研究，并制订了《砂仁规范化生产标准操作规程（SOP）》。如今，隆安县上孟村砂仁种植面积超过4000亩。"广西砂仁"的品牌已经打响，其销售单价比周边省区市场价格提高20%~30%。通过坚持种植优质砂仁，上孟村在2018年摘掉了深度贫困村的"帽子"。在上孟村成功案例的带动下，砂仁种植推广到整个隆安县，目前已有8个贫困村主要脱贫产业为砂仁种植，整个县域砂仁种植面积超过2万亩。

同心同行，聚力扶贫

广西梧州市蒙山县夏宜瑶族乡是一个典型的少数民族聚居地，是蒙山县10多个贫困村之一。缪剑华作为广西中药材产业科技服务团团长，率中药材产业服务团赴蒙山县调研中药材产业，并开展中药材产业扶贫系列活动。在夏宜瑶族乡开展中药材产业种植技术培训，为当地中药材种植户及贫困户58人送去中药材种植技术指导。培训会上，缪剑华向当地群众传授有机药材种植的相关知识，鼓励和发动大家利用家乡得天独厚的自然生态优势，种植高品质的有机药材，并向蒙山县科技局及贫困乡镇赠送有关中药材种植技术的光盘、书籍等资料。当地群众纷纷表达了希望通过种植中药材脱贫致富的美好愿望。

缪剑华带领团员深入田间地头，到夏宜瑶族乡能友村、芦山村和新圩镇双垌村等贫困村中药材种植基地进行实地调研，对当地中药材种植发展过程中出现的问题进行一一解答，并为中药材种植农户与企业牵线搭桥，解决当地中药材收购问题。蒙山县科技局表示，中药材产业扶贫行动和实地调研解决了该县中药材产业扶贫工作及如何发展壮大当地中药材产业的关键问题，为该县深入推进中药材产业扶贫行动以及蒙山未来的中药材产业发展增添信心和力量。

带动引领，实现共赢

广西桂林市龙胜县乐江乡位于广西东北部越城岭山脉西南麓湘桂边陲的高寒山区，位置偏僻，距首府南宁市 510 多千米。龙胜县独镜村有贫困户 131 户，贫困人口 463 人，贫困发生率为 28.5%，属国家“十三五”贫困村。广西药用植物园作为卫生系统单位之一，负责独镜村 15 户贫困户的对口帮扶。

缪剑华多次带队到桂林市龙胜各族自治县乐江镇、瓢里乡等地，就巩固中药材产业扶贫成果、发展提升中药材种植基地建设等有关工作进行调研指导。在听取乐江镇党委书记阳庆国、镇长徐小朋对中药材种植发展情况的介绍后，缪剑华就中药材产业扶贫过程中出现的问题和困难和镇领导进行了深入探讨交流，并对提升发展厚朴种植基地作了指导。在听取各驻村第一书记就带领村“两委”开展扶贫帮困、推进脱贫攻坚工作的情况汇报后，缪剑华对委派驻龙胜县的各驻村第一书记克服困难，勇于担当，主动作为，带领帮助村民脱贫攻坚做出的工作表示肯定，对更好开展工作进行了指导，鼓励他们继续扎实工作，创新方法，努力带领村民致富奔小康。截至 2019 年年底，广西药用植物园对口帮扶的 13 户贫困户已全部脱贫。

■ 缪剑华在广西龙胜独镜村慰问看望帮扶贫困户

扶贫感言

距离实现全面建成小康社会的时间越来越近，全国扶贫进入攻坚期，有效地开展精准扶贫，提升区域产业创新能力，帮助贫困地区脱贫致富，是科研工作者义不容辞的责任。如何帮助贫困地区实现产业结构调整，如何让科研成果产生效益达到最大化，是今后努力的方向。在脱贫攻坚战的关键之年，缪剑华团队将继续奔走在脱贫道路的田间地头，以实地技术服务为主，做好科技服务工作，为打赢全区脱贫攻坚战作贡献，把“脱贫种子”播撒在群众心中！

科技帮扶贫困山区　精准扶贫千家万户

——记国家大宗蔬菜产业技术体系综合试验站站长　姚明华

姚明华，1969 年 11 月生，湖北省农业科学院，研究员。长期扎根在示范县贫困乡镇，通过科技帮扶贫困村民走上了脱贫之路，成效显著。2019 年入选国家“百千万人才工程”，国家有突出贡献中青年专家。2017 年获中国科协“科技助力精准扶贫先进个人”，2019 年所在团队获中国科协“科技助力精准扶贫先进团队”，2019 年获农业农村部“全国农业农村系统先进个人”。

“扶贫先扶智，治穷先治愚”，依托科技助推产业脱贫

思想贫困是农民贫困的主要因子，也是制约全面建成小康社会的重要因素。鄂西站示范县南漳县板桥镇晏山村，起初农业生产力水平低下，亩年收入不到 800 元，脱贫困难重重。姚明华研究员建议该村根据当地气候特点和海拔高度调整当地农业种植结构，由传统玉米改种高山番茄，他与该村党支部书记冯祖习达成共识，先走访做村干部工作，然后由村干部做农民工作，再召开村民大会，从市场需求、栽培技术等方面给农民面授知识和技术。同时，村里成立了合作社统一组织生产与销售，解决了千家万户自产自销的烦恼。科技扶贫一定要接地气，着力点要放在“适应发展需要，因地制宜、创新发展”。姚明华下定决心，扎根农村，定点、定户精准指导，指导他们调结构、转方式。山区基地分布较分散，交通又不方便，姚明华徒步走遍了当地一座又一座山。第一年，多数农民开始抱着试种的态度只种了半亩到一亩地，通过他的田间现场指导和集中培训，手把手地教，农民开始掌握了种植高山番茄的技术要点。一茬结束后，年平均亩产值 0.84 万元，有的农户纯收入达到万元以上，比当地种植玉米的经济效益要高出 8~10 倍。由于第一年高山番茄试种成功，晏山村第二年的种植面积由原来的 20 亩迅速扩大到 100 亩。该村高山番茄的年平均亩产值 0.9 万元以上，有的农户纯收入达到 1.3 万元以上。连续两年高山番茄成功种植，该村农业种植结构发生了改变，经济收入得到快速增长，村里还成立了专业合作社。邻近薛坪镇镇政府找到姚明华研究员，希望他能从技术上继续扶持其他 2 个镇 5 个贫困村发展高山番茄、辣椒，姚明华爽快地答应了。南漳高山番茄、辣椒种植面积在 3 年内很快发展到 3000 多亩。姚明华连续 5 年被湖北省南漳县委县政府评为“科技创新与实用技术推广先进个人”。

找准“症结”拔“穷根”，科学制定脱贫攻坚方案

按照农业供给侧结构性改革要求，姚明华立足贫困地区资源禀赋和国内外市场需求，培育差异化比较优势，生产适销对路农产品。他针对建档立卡贫困村（户）实际需要，定点、定户精准指导，建立核心示范基地，示范推广农业新技术、新品种、新模式，组织开展技术培训。如在鄂西站示范县利川市，针对当地缺乏适于高山栽培的专用辣椒品种问题，鄂西站每年从国家大宗蔬菜体系和特色蔬菜体系征集100多个辣椒品种，种在老百姓的家门口，让农民对品种看得见、摸得着。连续几年湖北利川高山辣椒品种的成功展示，推动了当地农业种植结构及品种的调整。如今，1000多亩辣椒已成为该村稳步增收的动力源泉，平均亩产值8200元，农户种植辣椒的收益远高于玉米的收益。

科技助力新型经营主体，培育致富“领头雁”

要发挥新型经营主体引领作用，把着力点放在打造有带动脱贫能力的新型经营主体上，发挥龙头带动作用。通过他们带领、带动农民发展生产增收致富，典型引导，以点带面。如麻城市三河口镇平堵山村是一个高山贫困村，村里常年种植水稻，平均亩产250千克左右，亩收入600元左右。2014年姚明华研究员引进了麻城市兆至蔬菜专业合作社去发展高山辣椒种植，并担任技术支持。第一年先发展100亩辣椒，保底收购价1.6元/千克，手把手教农民怎样种植高山辣椒，现场技术指导，当年村民平均亩产值5000元左右，比水稻亩增收4400元，亩纯收入3500元，该村高山辣椒面积一下子发展到1000亩。目前，兆至蔬菜专业合作社发展蔬菜6800亩，辐射全市10多个乡镇，带动5000户贫困户实现户均增收1.2万元。

6年来，姚明华研究员及其团队跑遍了武陵山区及大别山16个贫困乡镇、86个行政村，累计建立核心示范基地10万亩，辐射150万亩，推广了蔬菜先进实用技术18项，蔬菜新品种126个，开展科技培训300余次，培训农民6万余人，发放技术资料20万余份，实现基地农民增收20.32亿元。

■ 姚明华在湖北麻城市指导大棚辣椒生产

扶贫感言

扶贫之处，农民思想封闭，信息闭塞，为低效传统农业种植模式。概括为一无产业，二缺科技，三少劳动力。做好扶贫工作是一场攻坚战，是一场硬仗。在农业科技扶贫之路上，有些路子虽窄、法子虽土，但只要对贫困村民增收管用，就要正视它们的效应。扶贫要扶真贫，真扶贫，通过科技帮扶，提高贫困户科学种田的水平，提高他们的致富造血能力，还要经常给他们更新知识、引进技术和成果，让他们在致富的道路上越走越宽、越走越远。

推广技术做给农民看　精准扶贫带着农民干

——记国家西甜瓜产业技术体系综合试验站站长　张其安

张其安，1962 年 12 月生，安徽省农业科学院土壤肥料研究所，二级研究员。安徽省杰出专业技术人才、安徽省先进工作者、安徽省学术与技术带头人、安徽省科技厅“三区”科技人才、安徽省农业农村厅特色产业扶贫专家组组长。他长期坚持深入安徽省各贫困地区和边远山区，特别是大别山区的太湖、岳西、潜山、金寨等地，开展产业技术扶贫与指导，为当地农民脱贫致富做出较大贡献。

充分调研论证　西甜瓜产业助农增收

位于大别山腹地的安徽省太湖县是国家级贫困县，徐桥镇桃铺村是该县一个偏远贫困村。桃铺村一水二山七分田地，山清水秀，自然资源得天独厚。勤劳质朴的桃铺人守着这份土地，辛勤劳作，但由于没有发展附加值高的特色产业，缺少先进的种植技术，一直未能摆脱贫困。

“之前我们主要种植水稻、油菜、棉花等传统农作物，亩均收入不足 1000 元，全村贫困人口发生率达 17.15%”，村党支部书记陈正旺介绍。2012 年，国家西甜瓜产业技术体系合肥综合试验站在充分调研、分析、论证的基础上，提出了在不破坏原有生态的前提下，发展设施西甜瓜产业的建议。志愿回村创业发展的王雨红在家乡流转了 300 亩土地，成立了太湖盛鸿农业发展专业合作社。在合肥综合试验站的技术帮扶与指导下，合作社建起了 60 亩标准大棚，引进了中小型西瓜品种，创新了瓜—辣椒轮作和小西瓜吊蔓密植栽培模式等，连续多年实现增产增收，产业迅速发展起来。

“在西甜瓜栽种、管理的关键时期，张其安研究员常带团队来我们这进行技术指导，有时他往田里一蹲就是半天，亲自动手讲解技术，不认识的，还以为他是个地道的农民。”陈正旺说，“大家从心里感激西甜瓜产业技术体系的真帮实扶，是他们让我们桃铺旧貌换新颜。”

桃铺村村民王育贵、唐贵娥等 15 户贫困户，原来住房破旧，无经济来源，生活十分贫困。加入合作社后，他们负责西甜瓜生产和销售，工资加土地流转年收入近 3 万多元。王育贵、唐贵娥的脱贫之路是合作社成员脱贫致富的一个缩影。如今太湖盛鸿农业发展专业合作社不但成为太湖县西甜瓜产业发展的重要推动者，而且是产业扶贫的一面旗帜。该村原有建档立卡贫困户 255 户，贫困人口 800 人，均通过劳务用工、土地流转、持股分红、发展设施西甜瓜等实现脱贫。“全村人均收入从 2014 年的 5100 元快速增长到 2019 年的 18260 元，贫困发生率由最初的 17.5% 降至 0.1%。”徐桥镇党委书记叶剑明说。

加强技术培训　扶贫扶“智”齐心奔小康

扶贫先扶智。为了有效解决合作社技术力量薄弱的问题，张其安站长先后安排王明旺等 2 位社员到合肥综合试验站免费学习，从整地、育苗、定植、肥水管理到病虫害防治，边学习边操作，系统掌握各项技术。如今的王明旺不仅成为西甜瓜田间管理的一把好手，而且还是当地小有名气“土专家”。“我的技术源自省城试验站的专家，他们会定期来到基地，现场示范指导，做给我们看，带着我们干。”王明旺介绍，“在专家的指导下，我们生产的高品质小型西瓜很受市民欢迎，在城里的销售点排队买、论个卖，单季每亩产值可达 1.5 万元以上，贫困户依靠它都脱了贫。”

一花独放不是春，百花齐放春满园。在得知太湖县新仓镇团湖村有发展西甜瓜产业意愿时，合肥试验站主动对接指导，提出了在现有耕地上建设标准化设施大棚，发展西甜瓜订单生产的思路。试验站派专家集中培训乡村技术骨干，试验筛选适宜本地区生产的西甜瓜优良品种，推广病虫草害绿色防控技术，推广土壤连作障碍消减方法等，确保西甜瓜优质稳产。新仓镇团湖村书记郑志斌在专家的指导下，推广新品种新技术，亩产 3000 千克以上，亩产值在 1.5 万元以上。“我们发展设施西甜瓜，只用两年就带动村民全部脱贫。”郑志斌说。

随着太湖县西甜瓜产业的发展，新问题也不断出现，连作障碍，病虫害频发等不利因素阻碍了产业的进一步发展。为解决上述难题，合肥试验站邀请国家西甜瓜体系岗站专家 10 人次来太湖实地指导，将自根栽培改为嫁接栽培，将大果型西瓜改为国家体系自主选育新品种京欣系列、秀丽秀雅系列中小型西瓜，这一系列的技术应用使得桃铺的西瓜产业再创辉煌。“通过推广新品种新技术，现在西瓜的亩产值超过万元，较过去增长近一倍。”说起国家产业体系专家对桃铺村西甜瓜产业发展的贡献，郑志兵竖起了大拇指。

太湖县农业农村局王辉局长说：“通过西甜瓜产业技术体系的指导，瓜菜新品种的改良，有效改变了传统的瓜菜产业模式，促进了我县瓜菜产业的健康可持续发展，简约化栽培技术、肥水一体化技术、集约化嫁接育苗技术等已经成为大别山区西甜瓜主导品种和主推技术。”目前，太湖县蔬菜播种面积达 12 万多亩，西甜瓜发展面积达 3 万 ~4 万亩，畅销周边省市，成为帮助当地农民脱贫致富的主导产业。

■ 张其安在安徽太湖县基地开展田间技术指导

扶贫感言

太湖县通过发展瓜菜产业，带动大批农民脱贫致富，这充分证明，产业扶贫是帮助农民脱贫致富的必由之路。要做好产业扶贫，一是要用心，要在认真调研的基础上找到造成农民长期贫困的症结，找准适合当地产业发展的突破口；二是要用情，要把贫困群众的事当成自家的事去做，这就要求我们扑下身子到田间地头，做给农民看，带着农民干，秉承“技术不会不松手，效益不增不离开”的宗旨真帮实扶；三是要用智，不光要用最先进适用的技术帮助贫困群众发展产业，还要有针对性地加强技术培训，在乡村留下一群不走的技术能人。最后，还要善于利用产业体系的人才资源优势，取众家之长，为产业扶贫献智献策，将一流的技术、品种尽快应用到扶贫一线，致富一方百姓。

心手相牵　助力扶贫地区猪病防控

——记国家生猪产业技术体系岗位科学家　何启盖

何启盖，1966 年 4 月生，华中农业大学，教授。主要扶贫区域是贵州省剑河县、湖北省咸丰县、云南省兰坪县和四川省喜德县，利用本岗位依托的动物疫病诊断实验室为支撑，采用现场调查座谈、线上技术咨询、联合国内特色企业（新南方养殖服务公司）为扶贫地区赠送《猪海拾贝》、推广实用养猪技术等方式，开展科技扶贫活动，取得明显的社会效益。

注重培训当地人才，保障当地养猪业健康发展

贵州省剑河县属于农业农村部定点扶贫地区，该县以剑白香猪为主要饲养猪种，是当地农民就业和脱贫的主要产业之一。在农业农村部科教司巡视员张文带领下，何启盖教授与国家食用菌产业技术体系首席科学家张金霞研究员、国家生猪产业技术体系岗位科学家邓良伟研究员、黔南综合试验站谢永鸿、国家中药材产业技术体系岗位专家和贵阳综合试验站技术专家一起，到剑河县开展实地调研，与县政府开展座谈，了解当地脱贫发展规划、需要的技术支持和资源循环利用情况。提出了非洲猪瘟影响下生猪发展中的关键事项。通过调研和日常电话沟通，何启盖教授了解到保障该县的生猪生产，需要提高该县整体猪病防控能力。为此，他邀请并资助贵州省剑河县动物疫病预防控制中心、动物卫生监督所的领导和技术骨干，以及龙头企业（剑河县明皇生态农业发展有限公司）负责人龙太桥同志到武汉参加“国家重点研发计划课题实施进展”汇报会，全程参加了 2018 年华中农业大学举办的“全国规模化猪场主要疫病控制与净化研讨会”，聆听了国内外专家的学术报告，了解当前猪病防控的实用理念和技术。为了进一步了解猪病技术是否在该县和龙头企业落地，何启盖教授在贵阳市召开的贵州省第一届养猪协会上，与龙太桥同志深入沟通，再一次强调并传授关键技术。为了应对非洲猪瘟疫情的影响，何启盖教授于 2019 年 8 月，邀请黔南州动物疫病预防控制中心的杨先富同志一起，到龙头企业——剑河县明皇生态农业发展有限公司，与该

■ 何启盖在贵州剑河县明皇生态农业发展有限公司交流

公司董事长龙太桥同志深入交谈，并与县级动物疫病预防控制中心技术人员现场勘查，研讨后提出生物安全建设的技术要求，并对剑白香猪作为优秀地方种猪的保种和利用提出了建议。此外，还通过电话和微信等线上交流方式，保持与当地龙头企业的联系，及时开展技术答疑，解决实际问题。

通过个人努力和不同体系的协同创新，使当地养猪业能保持稳定生产，龙头企业有效应对非洲猪瘟的挑战，为当地居民肉食品消费和农村经济健康发展提供了坚实保障。

以疾病诊疗为突破口，提升生猪成活率

湖北省咸丰县是农业农村部定点扶贫地区。当地的恩施黑猪耐粗饲，肉质鲜美，是优势猪种，但由于饲养方式和条件限制，生猪生产情况不尽如人意。为此，在电话了解和微信沟通的基础上，该岗位安排博士研究生和工作人员到咸丰县黑猪保种场现场采样，经实验室分离鉴定，确诊是巴氏杆菌感染后，筛选了敏感药物磺胺，及时指导该场技术人员使用该药，猪群死亡率下降了 15%。2019 年 12 月，何启盖教授团队参加了国家生猪产业技术体系在咸丰县举办的技术讲座，会后再次到该保种场现场剖检了一些病例，发现猪巴氏杆菌与猪肺炎支原体混合感染，结合该场的养猪环境与流程，提出了同时预防这两种传染病的措施。2020 年 5 月，何启盖教授与国家生猪产业技术体系岗位科学家（陈焕春院士、赵书红教授、雷明刚教授和彭健教授）和武汉综合试验站站长梅书棋研究员一起，深入咸丰县中小养殖户和家庭农场，调研当地养猪面临的关键问题。经常利用各种通信工具，为当地规模化猪场和返乡从事养猪业的年轻人提供技术咨询。通过岗位科学家与咸丰县当地农业农村局、养殖从业人员的共同努力，即使在非洲猪瘟疫情的笼罩下，咸丰县养猪也没有受到疫情的影响，保持高质量发展，成为当地农民脱贫的主要途径。

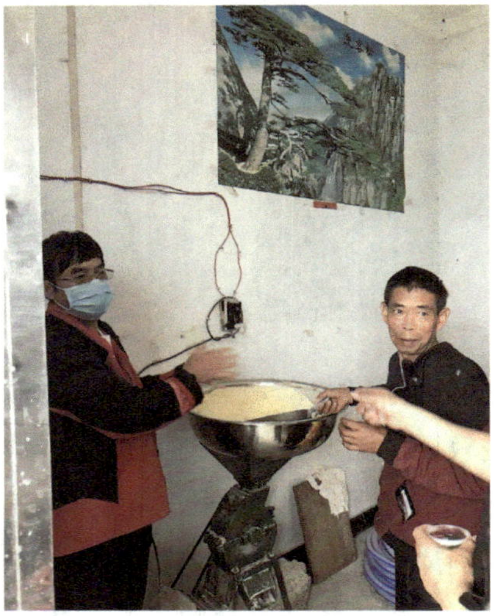

■ 何启盖在湖北咸丰县与养殖户分析饲料质量与猪病防控

扶贫感言

由于地理位置、自然条件和历史原因，我国各个地区发展不平衡，造成了发达与贫困的差异。我国要实现社会和谐、消除可能产生的社会矛盾，就必须高度重视扶贫工作。集中全国优势科研力量，根据不同地区的自然条件特色、社会发展水平、消费习惯，提出不同特色的扶贫计划，培养和依靠本土人才落地实施。

参与科技扶贫活动，是一种耗时耗力的公益活动，必须从思想上加以重视，才能克服困难，全力做好工作。扶贫事业，除了依靠科技，更离不开政府的引导与支持，形成合力，提供推动扶贫事业持续发展。

科技扶贫，是将论文写在大地的真实写照，全社会应该大力鼓励与支持。

携教育与时代并肩　助力农业扶贫脱贫

——记国家奶牛产业技术体系岗位科学家　史远刚

史远刚，1962 年 9 月生，宁夏大学，教授。国家“百千万”人才工程跨世纪学科带头人，中国畜牧业协会理事，中国奶业协会育种委员会理事，中国畜牧兽医学会养牛学会理事，中国兽医产科学会常务理事，“北方育种联盟”顾问，宁夏畜牧兽医学会理事。

史远刚教授带领其团队对宁夏 3 个地区的脱贫工作做出了突出贡献，在以促进农民、合作社增产增收为目的的驱动下，带动宁夏红寺堡区 100 户建档立卡贫困户脱贫致富，并在宁夏同心县予望镇建立了 3 个行政脱贫村，创立了“奶牛合作社、肉牛托管”精准扶贫模式。

奶公犊育肥精准扶贫养殖模式创建

通过与规模奶牛场签订购牛协议稳定奶公犊来源，将较易饲养管理阶段的 3~6 月龄、7~12 月龄奶公牛交由农户或合作社进行饲养，公司协助贷款并提供技术服务，签订回收协议，进行 13~18 月龄育肥，保障农民、合作社增产增收，带动宁夏红寺堡区 100 户建档立卡脱贫户脱贫致富。

由公司将 3~6 月龄和 7~12 月龄荷斯坦奶公牛交付给 100 户贫困户，并在公司牛场进行饲养，每户养殖数量控制在 100 头，50 户饲养 3~6 月龄的牛 500 头，50 户饲养 7~12 月龄的牛 50 头。整个饲养过程中严格按照公司制定的饲养模式和饲料进行饲养，饲养完成后，经过统计 3~6 月龄的犊牛平均日增重在 1.33 千克 / 天，平均饲养成本在 13 元 / 天，人工费用按照 4 个月 20000 元核算，结算利润在 940 元 / 头左右；经过统计 7~12 月龄的犊牛平均日增重在 1.5 千克 / 天，平均饲养成本在 17 元 / 天，人工费用按照 4 个月 30000 元核算，结算利润在 1740 元 / 头左右。

高档牛肉精准扶贫养殖模式创建

建设农户为基础的良种秦川牛母牛养殖牛源基地，以日本和牛为父本制定科学合理的高端牛肉生产技术路线进行高端牛肉生产，开展“整村推进”的模式建设优质秦川牛源基地，以公司提供技术支持和服务为基础，签订犊牛收购协议为保障，公司养殖产出高端产品，保障农民增产增收脱贫致富为目标，现已帮助宁夏同心县予望镇 3 个行政村脱贫。

目前，公司已经和农户建立近10年的合作，收购情况比较良好，严格按照规定的模式执行，收购和牛杂交秦川上收购价格比市场同龄牛的价格高10%~20%，4月龄收购，每户每头牛收入在4000~5000元/头。

“奶牛合作社、肉牛托管”精准扶贫模式创建

通过政府和企业全面拉动农户出资1/4（2000元），生产管理全部由政府监管，企业运营，每年针对参与进入的农户实行年底分红，三年期满后，可将农户本金全部退回，从而在保障农户增收的同时保证了资金的安全性，从本质上体现出肉牛托管的优势，进而形成带动农民增收致富的新模式，现已带动160户增收致富。

■ 史远刚在宁夏中部干旱带开展扶贫技术指导

由于目前奶牛集约化养殖已经成为绝对的奶牛主力军，因此受到奶业冲击的小型奶户，采用牛只合并给大的奶牛场进行日常生产经营管理，然后按照约定进行分红，目前运营的效果良好，每户每年两次分红，每次分红为1500元，到期退还养殖户的本金。

扶贫感言

扶贫脱贫是新中国成立以来，在推动经济社会发展的同时不懈探索的重要课题。坚决打赢脱贫攻坚战，是我们党和国家在新时代的担当，是对所有人民的庄严承诺，是对中华民族及人类发展具有重大意义的伟业。实现扶贫不是一夜的事情，实现贫困人民的小康梦想更不是一朝一夕能实现的。史远刚从最基层的做起，将毕生所学用于帮助贫困户脱贫，与中华民族共同走向小康，感受到了历史的使命感、责任感和光荣感。在党和国家的关心支持下，宁夏所有的扶贫工作者和扶贫对象都满怀着激情与斗志，在这场战役中勇往直前，在历史长河中留下最灿烂的一页。

传授“养羊经” 托起致富梦

——记国家肉羊产业技术体系综合试验站站长　姜仲文

姜仲文，1976年4月生，永昌县肉用种羊繁育技术推广站，研究员。中国畜牧兽医学会养羊学分会理事，主要从事肉羊繁育、营养饲料以及羊场经营管理等方面的科研与推广工作。自2019年以来，按照肉羊体系办公室统一部署，主动深入国家级深度贫困县东乡县开展肉羊产业扶贫工作，积极传播肉羊产业提质增效技术，助力实施乡村振兴战略，坚决打赢脱贫攻坚战，托起了东乡养羊户的致富梦，受到养殖户一致赞扬。

近年来，甘肃省东乡族自治县在部分乡镇试点新的“羊产业”发展模式，通过政府补助和贴息贷款帮助养羊农户完成暖棚改造和扩大养殖规模，使养殖户从传统的家庭散养模式向现代规模经营转型，形成了集山区繁殖、川塬育肥、龙头企业贩运、屠宰、加工、销售为一体的链条化产业发展模式。据了解，目前东乡县200只（羊）以上规模养殖场有64个，羊饲养量达到134万只，全县养羊农户占总农户的92%以上，养羊已成为当地的支柱产业。

产业扶贫真抓实干　扶贫工作打开局面

针对东乡县自然生存条件差、山大沟深、人均耕地少、饲草料资源缺乏、养殖业落后、农牧民观念陈旧、文化水平较低等情况，肉羊体系永昌综合试验站站长姜仲文及团队多次展开调研，并与当地农业农牧局技术人员座谈，走访该县养殖合作社及养殖户询问存在的问题及技术需求。2019年姜仲文与病毒病防控岗位专家尚佑军研究员先后6次驱车前往东乡县开展扶贫工作。

（1）采取物质帮扶，帮助养殖户度过困难期。针对东乡县马文魁养殖场饲草不足的情况，与体系专家积极联系，大大降低饲料成本，从永昌县调运燕麦草20吨、大麦秸秆30吨。针对东乡县饲料资源匮乏，怀孕母羊营养物质摄取单一的问题，向东乡县赠送24吨胡萝卜。

（2）扩大良种覆盖率，辐射带动贫困户增收。2019年姜仲文站长向东乡县养羊户赠送了6只纯种肉用种公羊（杜泊、萨福克、陶赛特各2只），同时帮助并培训羊场技术人员利用同期发情、人工授精等现代繁育技术快速扩繁选育，2019年杂交改良本地母羊120只，目前收获杂种羔羊180余只，根据贫困户反映杂种羔羊4月龄胴体重比本土品种羔羊胴体重多5~7千克，按照76元/千克的市场价格计算，平均每只杂交羔羊可使养殖户增收约 400 元，具有显著的扶贫效益。

（3）合理利用饲草料，从源头保障饲料品质。东乡县饲草料资源匮乏，以往青贮存在着品质差、储存不当变质等问题，姜仲文站长培训并带领羊场技术人员储备了超过 3000 立方米的青贮，解决了养殖户饲料供应的问题。

（4）扶贫先扶智，开展技术培训，解答养殖户疑问。在与当地畜牧管理部门开展座谈，多次走访养殖户，对东乡县的养殖情况有一定了解后，姜仲文站长结合该县在养殖过程中对技术的需求积极与体系专家联系，联合举办培训班，开展技术培训，并多次前往养殖户家中解决养羊生产中存在的实际问题。

经过 2019 年一年的科技扶贫工作，得到了东乡县农业农村局及养羊户的认可，从刚开始的不理不睬，到后来主动邀请，肉羊产业体系在东乡县的扶贫工作取得了初步成效，扶贫工作打开了局面。

乘势而上，巩固扩大扶贫成果

总结 2019 年的扶贫成果，结合东乡县羊产业的发展情况，东乡县的发展仍然存在着品种退化严重养殖规模小且分散的问题。针对东乡县存在的问题，姜仲文站长与体系专家配合在现有的基础上多管齐下共同推进东乡县脱贫攻坚。一是抗“疫”有方，为农户“保驾护航”。新冠肺炎疫情发生以来，姜仲文站长时刻关注着东乡羊业的生产经营情况。与团队成员借助电话、微信、网络等多种手段对多家养殖场（户）的生产经营情况作了全面摸排调查，建立起了稳定的联系制度，精准高效的科技服务模式，确保农牧业生产井然有序。借助甘肃农业大学“陇羊掌中宝”微信公众号平台，从如何做好防疫工作、羊的价格、用工短缺等问题等给养殖户提出建议，及时跟踪养殖户咨询的问题，进行线上指导。同时主动帮助养殖户协调配发饲草料、农兽药等急需物资，努力把疫情对农户的影响降到最低。通过为农户开展线上指导，实现了在特殊时期为农业生产“保驾护航”，也为抗击疫情，稳定农业生产尽一份力。二是以“良种”为核心，快速推进良种覆盖率。姜仲文站长陪同良种扩繁与生产技术岗位专家王建国，体系办公室主任赵启南在首席的委托下前往东乡县，与当地畜牧主管部门商讨良种肉羊胚胎移植和人工授精工作规划，充分发挥体系在科技激发产业方面的优势，提高东乡县良种肉羊的供种能力，提升良种覆盖率。

■ 姜仲文在甘肃东乡县开展技术培训

发展新型合作模式，建立养殖示范基地

为解决东乡县存在的养殖分散规模小的问题，应东乡县畜牧兽医站邀请，与体系病毒病防控岗位专家尚佑军、羊舍设计与设施设备岗位专家崔绪奎多次考察，按照“公司＋合作社＋农户＋产业基地”的运营模式在东乡县大阪乡大湾村规划选址，姜仲文站长在圈舍设计方案、羊舍布局、饲草料运输等多个环节提出建议并参与实施，为东乡县打造规模化示范场，辐射带动周边养殖场（户）。通过定期回访实时关注东乡县养殖状况，根据需求适时调配营养需要，及时发现羊场存在的问题，将疫病扼杀在摇篮，为东乡县羊产业发展保驾护航。

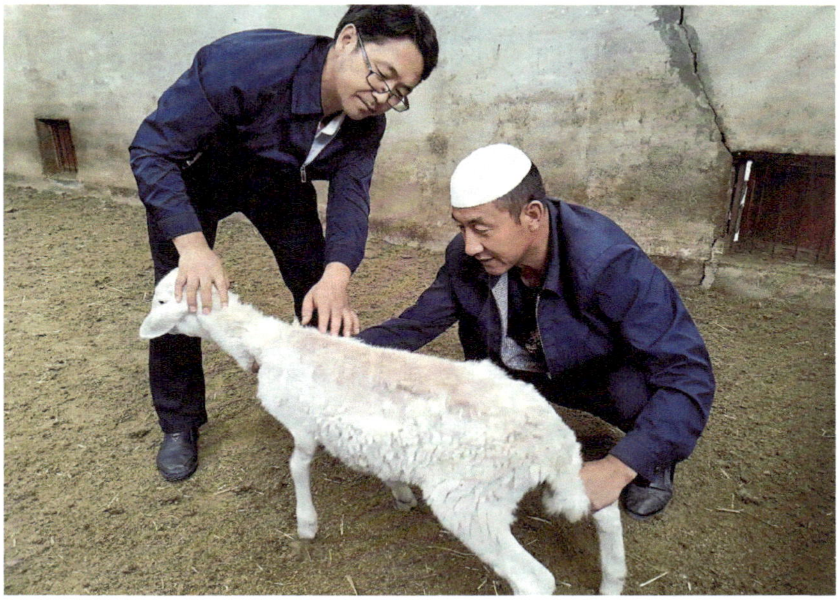

■ 姜仲文在甘肃东乡县开展羊疫病诊治工作

扶贫感言

肉羊产业是东乡县的优势主导产业，素来有“无羊不成家”的习俗，但由于东乡县自然条件差，养羊从业人员受教育程度低，产业发展是农村的大难题，肉羊产业高质量发展遭遇到瓶颈。为此，号准脉，下对药，扶贫先扶智，成了产业帮扶的重中之重。借助体系这个大平台，各位岗站专家齐心聚力，给东乡养殖户送去物质、送去技术、鼓足士气，让养羊插上了科技的翅膀，促进了羊产业提质增效。姜仲文相信，任何困难都是暂时的，尽管现在经济生活条件较差，但大家必须有脱贫致富的勇气和决心，要认真学习致富技能，拓宽增收渠道，提高家庭收入，在党和政府的带领下，通过自己的勤劳双手一定会创造出美好幸福的生活。

贵州省肉羊产业提质增效 助力脱贫攻坚

——记国家肉羊产业技术体系综合试验站站长 毛凤显

毛凤显，1974年10月生，贵州省畜禽遗传资源管理站，研究员。贵州曾经是全国贫困人口最多、贫困面最大、贫困程度最深的省份。养羊区交通落后、山高坡陡，是彝族、回族、苗族、土家族等少数民族聚居区域，也是深度贫困地区。服务区域习水县、盘州市分别于2018年、2019年脱贫，威宁彝族苗族回族自治县、晴隆县、沿河土家族自治县于2020年脱贫。

毛凤显带领团队在多次调研基础上，厘清了贵州省肉羊产业提质增效、助力脱贫攻坚的思路，借助国家肉羊产业体系大平台，在威宁、晴隆、沿河、盘州、习水等贫困地区，以肉羊产业主体的家庭羊场为扶贫对象，以提质增效为目标，构建适应不同生态区的家庭羊场养殖模式和技术体系；通过示范基地科技示范，在贫困区发挥引领示范作用，以点带面，逐步提升广大养殖户，特别是贫困户的生产水平。

因势利导，在贵州山区构建“家庭羊场”扶贫模式

■ 毛凤显在贵州威宁县雪山镇谢家村威宁盛辉养殖专业合作社产业调研

贵州山区多，沟壑纵横，高低落差大，受环保、交通、厂址选择等问题影响难以有大型养殖场，故以家庭牧场养殖形式居多。毛凤显在威宁县二塘镇艾家坪、雪山镇谢家村建立了2个肉羊科技示范基地，在晴隆县忠友种养殖农民专业合作社、贵州卡拉哈生态牧业有限公司示范基地构建了家庭羊场天然草地高效养殖模式、家庭羊场全舍饲高效养殖模式及技术体系；集成应用公母分群、集中配种、口疮免疫、羔羊培育、冬春补饲等5项新技术，推广体系研发的传染性脓包疫苗、代乳粉、开口料、精补料等，示范场羔羊口疮发病由67%下降至6%；羔羊成活率由60%左

右提高到85%，育肥羊出栏周期缩短了2个月以上。二塘示范基地2019年新增产值10万元以上；二塘合作社通过用工以及产业带动，帮扶建档立卡贫困户51户，每户年均增收8000元以上，社会效益十分显著。养殖场信心越来越足，要发展壮大，正朝着种羊场的目标迈进。雪山合作社饲养规模200只左右，年收入8万~10万元，构建的肉羊家庭牧场养殖模式得到行业主管部门认可，被省生态畜牧业羊产业专班作为全省典型材料。贵州卡拉哈生态牧业有限公司利用产业扶贫资金引入架子羊1000只，在晴隆县茶马镇采用公司托管、贫困户直接饲养等方式发展，惠及贫困户150户。

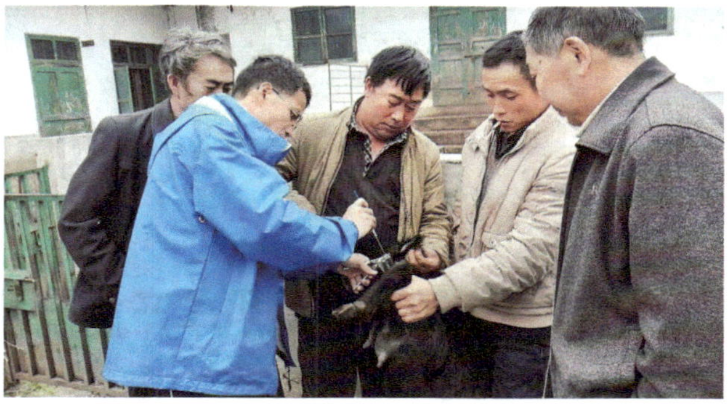

■ 毛凤显在贵州威宁二塘艾家坪种养殖专业合作社开展人工授精示范

在威宁县秀水、大街、石门镇肉羊养殖贫困户发放饲用玉米12吨，帮扶养殖户25户，其中秀水镇秀中、朝阳和秀水村15户（13贫困户），大街和石门乡各5户（均为贫困户），推广冬春缺草期肉羊补饲新技术，解决贫困户肉羊冬春掉膘的难题。

依托体系大平台，开展扶贫示范培训

联合国家现代肉羊产业技术体系加工研究室于2019年11月23日在贵阳召开贵州肉羊产业提质增效培训会，研究室主任、中国农业科学院农产品加工所副所长张德权研究员等20位专家到会，并围绕肉羊产业经济、布病、寄生虫病防控、放牧营养调控、繁殖生产、羊肉加工、副产物利用进行培训，来自遵义、铜仁、毕节、六盘水、习水等8个肉羊产业重点县市羊产业专班负责人，以及全省肉羊龙头企业、规模羊场、合作社和屠宰加工企业等80余位代表参加培训。邀请体系繁殖岗位专家内蒙古大学王建国教授在贵州省铜仁市碧江区举办全省山羊人工授精技术培训，培训养殖场（户）50余人。受习水县组织部邀请，在习水县讲授“羊产业助力脱贫攻坚”，培训各级党政干部100余人。

同时对农村畜牧产业中人畜混居、发展思路不清晰、养殖习惯不科学等现象进行现场分析，深入浅出地给养殖户讲道理，灌输“科学布局、适度规模、专业化发展、健康养殖”的理念，介绍解读国家、省级部门对禁养区、粪污资源化利用、乡村振兴发展趋势等政策，得到县畜牧部门、乡镇、村委领导、养殖户的认同。

扶贫感言

产业扶贫是扶贫的根本出路，没有产业的基础，难以有效巩固脱贫的成效。产业的选择要精准，既要考虑产业布局、形成规模效应的需要，更要考虑从业人员的积极性、配套硬件条件、资金，还要对市场风险有准备。

科技助推产业扶贫

——记国家绒毛用羊产业技术体系综合试验站站长　毛杨毅

毛杨毅，1960年5月生，山西省农业科学院畜牧兽医研究所，研究员。多年来，围绕脱贫攻坚，依托技术优势，组织和带领山西省农业科学院畜牧兽医研究所及试验站团队的科技人员深入山西省贫困县开展科技助推产业扶贫工作，取得明显效果。

“左手一指太行山，右手一指是吕梁”是对山西省地貌的经典写照，在这块土地上有国家级贫困县35个，省级贫困县22个，主要分布在太行—燕山片区和吕梁山片区，这是国家集中连片特殊困难地区。十八大以来，党中央明确提出在2020年实现全面脱贫，这是全党全国的大事和政治任务。太原综合试验站积极响应党的号召，将科技扶贫作为主要工作任务之一，依靠技术优势科技助推产业扶贫。

开展产业扶贫调研工作，编制产业扶贫规划，为贫困县的产业扶贫提供发展思路

在2015—2017年共抽调本单位、本团队的科研人员40多人次，深入全省各个贫困县开展产业调研，为20余个县编制了产业扶贫规划。同时，在体系办公室的统一安排下，安排国家体系岗位科学家和试验站的同志到山西开展产业调研，主要涉及太行山—燕山片区和吕梁山片区的集中连片特殊困难地区，撰写产业调研报告。

开展技术培训和技术服务，解决产业发展中的技术问题，将科研工作做在产业扶贫第一线，将科技成果示范推广与产业扶贫相结合，先后在近40个贫困县进行技术培训和现场技术指导，并根据贫困县的技术需求，邀请体系团队的岗位科学家到山西进行技术培训和现场指导，每年带领试验站所属的贫困县技术人员参加全国性的技术培训和参观，取得了显著效果。

开展科技成果的示范推广，为产业扶贫提供技术支撑

近年来在大同市、朔州市、忻州市、吕梁市、临汾市、长治市等地市建立科技示范点，开展科技成

■ 毛杨毅在国家级贫困县山西岢岚县进行养殖技术培训

果的示范推广，示范推广高效养羊集成技术，将科研项目也落地在贫困县区，为当地区域产业发展和贫困户脱贫发挥了很好的作用。

党的十八大以来，先后帮助岢岚县、神池县申报和完成了科技部富民强县项目，帮助岢岚县完成农业农村部种业提升工程项目，先后 3 次和岢岚县政府与畜牧主管部门的领导、技术人员到辽宁省进行绒山羊的技术考察和挑选种羊，引进绒山羊种羊 60 多只。帮助岢岚县绒山羊育种中心建立了绒山羊实验室和进行技术人员的培训，每年对种羊场的种羊进行鉴定和生产性能测定，使绒山羊生产性能得到了较大的提高，也促进了全县绒山羊产业的健康发展和脱贫工作，2019 年岢岚县实现了全县脱贫。

扶贫感言

脱贫攻坚是全党全国的大事，作为一名党员、科技人员及国家产业技术体系的团队成员，应积极响应党的号召，发挥自己的专业优势，深入贫困山区、深入农户，针对产业扶贫中存在的技术问题进行科研指导和科技成果的示范推广，积极投身到产业扶贫的工作中，为实现 2020 年全面脱贫做出自己的贡献。

十年情系大别山　禽业扶贫永不渝

——记国家蛋鸡产业技术体系岗位科学家　詹　凯

詹凯，1968年12月生，安徽省农业科学院畜牧兽医研究所，研究员。中国畜牧兽医学会理事、安徽省科协十届委员会委员、安徽省畜牧兽医学会副理事长、安徽省学术和技术带头人。2009年开始参与安徽省大别山区国家级贫困县家禽产业技术帮扶，“十三五”负责牵头国家蛋鸡产业技术体系大别山片区的产业扶贫工作。

詹凯研究员2009年开始在国家蛋鸡产业技术体系稳定支持和专家的帮助下，参与到安徽省大别山区国家级贫困县家禽产业技术帮扶工作中。“十二五”以来以提升大别山区特色蛋鸡地方品种产业扶贫竞争力，完善蛋鸡标准化规模养殖产业扶贫带动力为目标，示范转化体系的创新成果，取得了扎实的扶贫成效，助力大别山区打赢脱贫攻坚战。

立足资源，创新皖西大别山特色蛋鸡地方品种产业扶贫新模式

促进皖西麻黄鸡产业扶贫实现新跨越。安徽省六安市霍邱县属大别山区国家级贫困县，蛋肉兼用型麻黄鸡养殖是当地畜牧业的主导产业，詹凯研究员2009年就投身于该县安徽皖西麻黄鸡原种禽业有限公司种鸡保种与利用工作中，“十二五”以来将其纳入体系合肥综合试验站示范企业。在长达12年的帮扶过程中，一方面指导企业在麻黄鸡产品结构上进行战略调整，由生产销售麻黄鸡鸡苗，改为标准化集中育雏，为农户和贫困户提供42日龄的脱温鸡，在全县400个村和河南大别山区固始县等地设立了100多个脱温鸡技术服务网点，提供饲料、鸡群免疫和绿色保健等配套技术服务，大大降低贫困户养殖成本和风险；另一方面以企业为载体开展体系专家和成果走进大别山行动，针对麻黄鸡生长繁殖性能差、白血病阳性率较高、消毒技术落后等问题，先后邀请了美国弗吉尼亚理工大学动物与家禽科学系Paul B. Sigel教授、吴常信院士、王克华研究员、吴艳涛教授、李保明教授等体系内外专家亲临企业现场指导，建立点对点技术帮扶机制，引进了体系研发的微酸性电解水消毒成套装备，以及种鸡本交笼高效繁育、青年鸡培育、种源性疾病净化和粪污无害化轻简处理等产品和技术在企业转化。

在体系专家的帮助下，企业麻黄鸡种鸡高峰存栏达10万套，成为安徽省扶贫龙头企业。近5年来，企业累计为全县贫困户和各类扶贫主体提供脱温鸡苗约1200余万只，增收近2.5亿元，直接或间接带

动 2000 余户贫困户和农户脱贫致富。同时詹凯研究员团队帮扶企业总结扶贫创新成果，2015 年《大别山区地方鸡特色品系繁育与养殖配套技术研究与应用》获得了省级科技成果 1 项，他个人自 2010 年以来先后 5 次荣获六安市科技专家大院优秀首席专家称号。

发掘皖西大别山家禽产业扶贫新资源。詹凯研究员团队 2013 年深入革命老区国家级贫困县六安市金寨县，针对金寨县金林生态养鸡专业合作社依托“三个农民”电商优势，带动当地贫困户开发长三角黑色保健禽产品市场的旺盛需求，帮扶该社开展新发现遗传资源金寨黑鸡优良性状测定和发掘工作。2017 年詹凯研究员指导合肥综合试验站刘伟副研究员联合该社成功申报安徽省科技重大专项《金寨黑鸡遗传资源发掘与新品系选育》（编号 17030701064），为合作社及其带动贫困户提供 40 万元的全价饲料，确保近 500 户贫困户养鸡增收达 50 元 / 只以上。该合作社两次荣获“国家农民专业合作社示范社”称号。目前金寨黑鸡遗传资源已通过省畜禽遗传资源委员会的审定，为持续提升金寨县黑鸡产业扶贫成效奠定基础。

■ 詹凯在安徽霍邱县长集镇七里棚村开展为贫困户免费发放麻黄鸡青年鸡活动

加快转型，推动皖西南大别山蛋鸡产业扶贫迈上新台阶

安徽省宿松县属皖西南大别山区国家级贫困县，近十年来蛋鸡养殖规模化程度不断提高，“十二五”以来先后将该县安徽金安禽业有限公司、安徽乡园农业开发有限公司纳入合肥综合试验站示范企业，帮助两家企业先后获得省科协蛋鸡标准化规模养殖和绿色品牌蛋品创建创新驱动助力工程项目资助，在企业建立了专家工作站，企业均获批安徽省省级产业化龙头企业，并带动了数十家中小规模蛋鸡场实现转型升级，显著提升了全县贫困户土地与扶贫贷款入股分红和进场务工就业的脱贫成效。詹凯研究员还分

■ 邀请育种岗位科学家吴常信院士团队到霍邱县安徽皖西麻黄鸡禽业原种有限公司种鸡场指导麻黄鸡育种

别于 2016 年 7 月 9 日和 2020 年 7 月 23 日亲赴宿松县洪灾现场开展抗洪减灾和灾后生产恢复现场技术指导，提升了企业的抗洪自救能力。

扶贫感言

家禽产业扶贫是大别山区贫困县脱贫致富的重要途径之一，在开展大别山区蛋鸡和特色蛋鸡地方品种产业扶贫工作中，詹凯研究员团队始终牢记并践行习近平总书记提出的“把论文写在大地上”的初心和使命，将国家蛋鸡产业技术体系专家、资金、成果和平台要素向大别山区龙头企业和合作社等扶贫主体聚集，抓创新、强转化、提能力、促脱贫，为打赢大别山集中连片特困区脱贫攻坚战、全面建成小康社会发挥了重要作用。“十四五”是进一步巩固脱贫成效向全面实施乡村振兴过渡的关键期，作为一名国家蛋鸡产业技术体系岗位科学家，必须胸怀两个大局，切实强化科技创新和牢记服务“三农”的使命担当，为实现我国蛋鸡产业跨越式发展贡献力量。

山不转水转　大山里稻渔种养助力广西贫困山区脱贫致富

——记国家虾蟹产业技术体系岗位科学家　陈晓汉

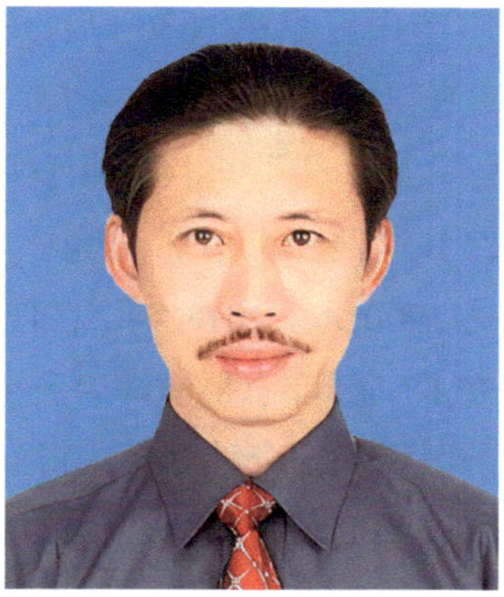

陈晓汉，1962年11月生，广西水产科学研究院，研究员。国务院特殊津贴专家，全国优秀科技工作者，全国农业先进工作者，国家科技计划执行突出贡献奖获得者，八桂学者，广西优秀专家。主要扶贫区域为广西三江、融水和大化县。

绿水青山就是金山银山

广西地处祖国大西南，是全国贫困人口规模超过500万的6个省区之一，扶贫任务艰巨。2014年，按上级部门要求，广西水产科学研究院对口扶贫县划分在了国家级贫困县广西三江和融水县。接到如此艰巨的扶贫任务，陈晓汉作为广西水产科学研究院的负责人，首先想到的是如何利用该院在水产研发方面的优势，通过产业帮扶实现贫困人口的脱贫致富。

农村是扶贫的主战场，农业扶贫是产业扶贫的主要方式，增收增效是农业精准扶贫的核心。广西生态环境好、降水充沛、雨热同季，全区保有水田总面积超过1000万亩，水稻种植条件优越。然而，单种稻谷亩均纯收入300元左右，种植收益低，老百姓的种植热情不高。如果每亩水田能实现新增产值1000元，每户种植10亩稻田，纯收入将超过1万元，也将实现快速脱贫。为了实现这一目标，陈晓汉陷入了深思。

走出去引进来，稻渔种养帮农民一步步富起来

近年来，在湖北、江苏等长江沿岸省份，水稻小龙虾综合种养如火如荼地发展起来，种稻得粮，养虾得钱，稻渔结合是实现农民增收的有效途径。湖北是陈晓汉的故乡，20世纪80年代初，从武汉大学毕业后留校任教的他放弃了更好的平台和发展机会，只身来到广西开展海水养殖与水产遗传育种研究。为了将湖北稻虾综合种养的成功经验带到广西，他组织科技人员多次赴湖北潜江等地进行了实地考察、交流和学习。然而，广西三江、融水等县多为梯田，因小龙虾喜掘洞栖息而破坏梯田，三江、融水的梯

田并不适合小龙虾养殖。

要在贫困县推广稻渔综合种养模式，必须选择适合当地发展的水产养殖品种。不畏山路盘旋颠簸，不顾蚊虫叮咬，他和科技人员一起在三江、融水等县驻村考察、调研，最终综合考虑桂北地区气候、水源条件、生产习惯和饮食消费特点，选择了禾花鲤和螺蛳作为稻渔综合种养的主导品种。禾花鲤和螺蛳都是广西优秀的土著水产品种，禾花鲤在融水、融安、三江一带有悠久的养殖历史，因其在稻田养殖喜欢食禾花而得名。螺蛳在广西各地都有分布，它是广西对田螺、石螺等淡水食用螺的统称，网红食品"柳州螺蛳粉"就是以螺蛳肉为主要原料的广西著名特产。

确定了养殖品种，当务之急是如何对全县传统的稻田养鱼模式进行技术升级创新。通过组建科技团队驻村研发，与当地企业建立项目合作关系，选派科技特派员现场技术示范和指导等一系列措施，最终建立了"优质稻 + 再生稻 + 稻田坑沟式养鱼"稻渔综合种养模式，实现鱼稻共生、一水两用、一田两收。2018 年，该院的项目合作单位融水县金边鲤生态农业有限责任公司带动 5 个水产养殖合作社和 18 个山区乡镇 1836 户农户（贫困户）参与养殖脱贫产业，户均增收 1500 元以上，辐射带动全县稻田养殖 8.2 万亩共 11120 户。公司生产的禾花鲤还辐射到河池、桂林甚至湖南、贵州，开创了企业"产、学、研、带"现代农业发展新格局。2018 年，融水县禾花鲤养殖达到 11 万亩，稻田养螺 8000 亩；三江县种稻养鱼达 7.5 万亩。稻渔综合种养产业已覆盖 70% 以上的贫困户，贫困人口每人每年稻渔增收达 1000 元。2018 年，在他邀请下，桂建芳院士深入三江稻渔综合种养工作一线指导工作，并在该县设立了广西首个稻渔综合种养示范县级院士工作站，2019 年全国稻渔综合种养现场会在该县举办，三江山区稻渔综合种养模式得到了农业农村部于康震副部长的肯定。至今，稻田养殖禾花鲤和田螺成为山区农民脱贫致富、增产增收的主要途径。

■ 陈晓汉在广西三江侗族自治县开展工作

■ 陈晓汉在广西大化瑶族自治县开展工作

2018 年至今，广西水产科学研究院又定点帮扶了河池市大化瑶族自治县乙圩乡巴岩村和果好村，共 118 户困难家庭 481 人。从分析致贫原因，制定扶贫策略和实施方案，到帮扶到村到户，从号召职工捐款，开展教育、政策和科技培训，协助建设安全饮水设施和办理医疗保险，到选派驻村工作队员，在他的组织和带领下均做出了切合实际且行之有效的安排。至今，帮扶村的扶贫养殖场、连片油茶种植、生猪及鹌鹑养殖示范点等村集体经济初具规模，帮扶对象全部实现脱贫。

扶贫感言

广西地处我国西南边陲，三江、融水和大化等更是地处边远山区，山多地少，交通不便，信息闭塞，有些人可能一辈子没有走出过大山，自身并没有掌握一些在外谋生的技术手段，也没有走出大山的勇气，祖辈因循守旧，靠天吃饭，贫困难免。在我们扶贫的过程中，也发现除失去劳力的家庭外，但凡重视教育，有读书人在外工作，甚至在外打工的人家，家庭经济条件也都较好，具有一定文化知识的贫困村民也更容易接受扶贫政策宣传、乐于接受技术培训，更容易脱贫。因此，扶贫先启智，让贫困人员跟外面的世界联系起来，看到山外世界精彩的生活，帮扶人员再授之以渔，让贫困人员亲手创造属于自己的美好生活，心有富余则贫困自消。

科技＋带头人培育

发挥产业技术体系作用　助力西部山区产业脱贫

——记国家花生产业技术体系综合试验站站长　夏友霖

夏友霖，1972年6月生，中共党员，南充市农业科学院花生研究所，研究员。长期从事花生遗传育种与栽培技术研究及示范推广工作，是“三区三州”科技服务团专家成员（四川省甘孜州泸定县），主要扶贫区域为四川省秦巴山区贫困县南充市嘉陵区、广元市苍溪县等。

聚焦花生绿色高产高效技术　开展基层科技扶贫技术服务

夏友霖同志长期扎根基层，积极参与科技扶贫，有效开展了花生绿色高产高效生产技术的示范、指导和推广，为产业脱贫和乡村振兴做出了贡献。2014年至今，他在科技扶贫服务基层一线累计时间近4年，完成了国家花生产业技术体系安排的特困连片地区西藏及四省藏区花生产业调研任务，作为“三区三州”科技服务团成员，深入泸定县花生主产乡镇杵坭乡、加郡乡等实地考察调研，就当地花生产业发展概况和相关技术需求等进行了充分调研。针对土壤瘠薄、种植方式简单、管理粗放、疮痂病和叶斑病发生较重等问题，提出了更换适宜品种、加强水肥管理和病虫害防控等技术措施的建议，免费提供花生新品种2个，通过微信、QQ等方式及时提供技术咨询服务。他对特困连片地区秦巴山区四川15县和乌蒙山区四川13县进行了产业调研，针对各县（市、区）花生种植面积小而分散、土壤坡度大而贫瘠、缺少政策扶持或项目支撑、商品化程度低、品种老化混杂、种植效益不高等问题，提出了推广耐旱耐瘠高产优质品种、适于丘陵山地的小型机械和轻简化栽培技术、高效低毒的病虫草害防治药剂及绿色防控技术等，为苍溪、剑阁和仪陇等县提供了花生相关技术咨询和服务，开展了新品种新技术示范。他还协助南部县两个农民专业合作社成功申请四川省科技扶贫项目2项，到位财政专项资金140万元。

定点帮扶　精准施策　助推产业发展

2014年起，夏友霖作为四川省科技厅选派的边远贫困地区、边疆民族地区和革命老区人才支持计划科技人员（“三区”科技人员）派驻南充市嘉陵区土门乡农业服务中心，以建档贫困户为主，引进种业公司1个，在该乡建立花生试验基地120余亩、原种繁殖及新技术示范基地300余亩，累计发放天

■ 夏友霖在四川南充市嘉陵区土门乡与贫困户交流花生田间管理技术

府22、天府24、天府26等花生原原种3000多千克，通过全程技术指导服务，生产优质花生原种近8万千克，单产水平提高20%左右，销售价格高于当地市场价格10%以上，花生种植农户增收30%以上。还就地解决劳动就业2人/年、临时用工4000余人次·天/年，新增劳务收入24万元/年、土地流转费收入13.5万元/年。

2016年起，夏友霖作为四川省“万名农业科技人员进万村技术扶贫行动”的驻村农业技术人员，派驻南充市嘉陵区吉安镇杜家祠村，协助编制该村产业扶贫规划。走访该村建档贫困户35户，掌握了全部贫困户现状及贫困原因，与第一书记、驻村工作组等一道，为每个贫困户制定了脱贫技术方案；在该村选择了2个建档贫困户作为科技示范户培养，示范带动作用发挥较好；为该村引进粮经作物和畜牧业新品种5个，新技术和新模式5项，向贫困户赠送花生、水稻、玉米和蔬菜等良种1000千克以上；积极开展“送政策、送技术、送资金、送项目”等四送帮扶活动，培育致富带头人4人，带动农户增收50余户；建设市级奔康产业示范园1个，培育种养殖专业合作社1个，开展集中技术培训10余次，关键农时季节技术培训指导50次以上。

组织团队力量　助力产业脱贫和乡村振兴

2016年以来，夏友霖领导的团队在苍溪县河地乡何家梁村和陵江镇龙宝村、简阳市踏水镇大树村、营山县黄渡镇兰武村、资中县渔溪镇长胜村、仪陇县凤仪乡石门村、西充县槐树镇陈氏祠村、南部县三官镇金宝山村等贫困村建立优质高产花生示范基地10个，累计技术示范7781.0亩、辐射面积12.2万亩，增产花生果550.7万千克，增收4239.2万元；召开技术培训会28次，培训种植农户逾1000人次，开展技术指导600多次，发放技术资料6400余份，免费发放花生良种8000多千克，服务加工企业和农民专业合作社及家庭农场20多个，助力派驻村和示范基地贫困户脱贫和产业发展。

夏友霖还积极邀请国家花生体系相关专家对扶贫工作进行指导。花生体系首席科学家张新友院士和岗位科学家廖伯寿研究员、汤丰收研究员、王传堂研究员、姜慧芳研究员、郭巍教授、唐荣华研究员、王铭伦教授，以及综合试验站站长谷建中研究员、王军研究员、高华援研究员、康树立研究员等，先后到苍溪县、泸定县、南充市嘉陵区、南部县、仪陇县等贫困县（区）调研指导扶贫工作，对四川花生产业发展提出了指导性意见和建议，推进了四川花生产区产业脱贫和乡村振兴。

■ 夏友霖在四川梓潼县观义镇开展花生田间技术服务

扶贫感言

产业扶贫一定要因地制宜，一村一策，一定要密切配合基层领导，做好他们的参谋或顾问。当听到老百姓说“你说什么时候播种我们就种、你说怎么种我们就怎么种”之类的话，夏友霖感觉他们的工作还是值得的。在南充市嘉陵区土门乡糖村坝村，鼓励和引导贫困户将土地经营权有序流转，贫困户劳动力返聘到产业基地务工，使贫困户获得土地流转费和工资等稳定性收入，同时通过建立的花生育种繁育基地，又让贫困户通过繁制良种获得更高的收入；在吉安镇杜家祠村，协助编制好产业扶贫规划，引进天府 28 等新品种 5 个，培育鑫金玉种养殖农民专业合作社，带领贫困户发展优质粮油和山羊产业。只要身心健康又不好吃懒做，没有脱不了贫的。

科技扶贫带头人　丰收路上写人生

——记国家花生产业技术体系岗位科学家　汤丰收

汤丰收，1960年10月生，中共党员，河南省农业科学经济作物研究所，二级研究员。从事花生育种与栽培研究30余年，育成花生新品种43个，获省部级以上成果17项，其中国家科技进步奖二等奖3项。与滑县、罗山县、嵩县、光山县、正阳县、兰考县等贫困县紧密结合，通过建立示范基地、进行技术培训、捐赠农资与农用机械等方式有效带动了贫困户，发展了花生产业，提高了经济效益。

"花"为媒，科技扶贫，助力脱贫攻坚

在河南省提起麦套花生以及夏直播花生的高产种植技术，人们立刻就会想起汤丰收提出的麦套花生"1113"种植技术以及夏直播花生"一选四改"种植技术。这是汤丰收在平日科研以及扶贫工作中总结出来的两套花生优质丰产的栽培技术，名字简单易懂，使农民容易记住各项技术要点。依托这两项技术分别在滑县、罗山县、嵩县、正阳县、光山县、兰考县、延津县等十几个贫困县建立了花生高产示范基地。从花生种子准备阶段开始，汤丰收及其团队成员就对合作社社员及周边农户开展技术培训。在花生管理关键期，汤丰收多次走进田间地头对合作社社员和示范区农民进行现场指导和技术培训。针对不同

■ 汤丰收在河南滑县开展花生田间高产技术培训

地区的生态气候条件，引进关键技术，豫北麦套花生地区主推“1113”技术，夏直播花生地区引进“一选四改”技术。在扶贫工作中，根据各地的实际情况编写了《花生高产与防灾减灾技术》《高油、高油酸花生高质高效生产技术》等培训资料，通过讲课、现场指导、发放技术资料等形式，促进了当地群众对技术的掌握。

滑县大柳树村驻村扶贫第一书记滕永忠说：“在2016年之前村里秋季作物以种植玉米为主，2016年河南省农业科学院经济作物研究所的汤丰收在滑县开展了扶贫工作，引进了高油大果高产高抗花生品种豫花9326，推广了麦套花生‘1113’种植技术，在大柳树村建立了高产示范基地，期间多次到大柳树村进行技术培训，解决农民群众急需的技术瓶颈，通过省级专家以及村支部的共同努力，提高了群众种植花生的积极性，助力脱贫攻坚。目前滑县大柳树村的花生面积已经达到了1500亩，成为了主要的秋季作物。”通过专家的指导大柳树村的花生亩产可以达到500千克左右，按照花生果5元/千克计算，除去管理、人工等成本，每亩地花生比玉米净增加收入600~800元，提高了农民收入。

嵩县素有“九山半陵半分川”之称，因为尽是丘陵坡地、土壤肥力较差、无灌溉条件而挣扎在贫困线上，其中坡头村和顶心坡村就是两个典型的贫困村。2018年，河南省农业科学院委派经济作物研究所汤丰收及其团队前往嵩县开展扶贫工作，开始建立旱薄地花生丰产种植技术示范基地，通过引进优质抗旱花生品种远杂9307，在坡头村和顶心坡村各设立200亩旱薄地丰产种植技术核心示范区。示范田产量在每亩300千克左右，较当地常规品种、技术增产显著，辐射带动示范基地周边5000亩花生生产水平的提高，按每亩增产30千克荚果（每千克5元）计算，可增加经济效益75万元，为精准扶贫提供有效的技术支撑。据嵩县闫庄镇农业服务中心主任万少磊介绍，省农科院专家不仅举办培训班，还送来了花生新品种、配套的化肥、保水剂、播种机给当地花生种植提质增效，科技扶贫，助力脱贫攻坚。

“三坡”地种出“金花生”，育出大产业，开辟增收致富新途径

罗山县共有“三坡”（山坡、塘坡、滩坡）30多万亩，在以前几乎没有在“三坡”种植花生的先例，近几年汤丰收及其团队根据当地的生态气候条件，引进了高抗青枯病的品种远杂9102，推广了麦后直播起垄种植技术。2019—2020年汤丰收带领的省专家团在罗山县开展现场技术培训40多次，培训技术骨干3000余人次，发放培训资料1万余册。当地农民按照专家的培训方法进行种植，取得了很好的产量，证明只要有好品种、好技术，“三坡”也能种出高质量的好花生，使“三坡”变成了聚宝盆。罗山“三坡”花生高效种植模式扩大了当地花生面积，罗山县政府领导看到种植花生效益确实比其他作物要好，也出台了相应的奖补政策，贫困户种植花生每亩地奖补400元，极大地促进了农民种植花生的积极性，提高了贫困户的收入，目前罗山县已带动6926户贫困户种植花生。2019年通过新品种新技术的实施，示范田花生产量达到406.1千克/亩，比当地品种及管理措施的花生田块增产荚果60.1千克/亩，每亩地约增加300元收入。2020年罗山县“三坡”花生种植面积达10万亩，同比增长3.3万亩，实现产值1.8亿元，相比种植其他农作物，亩增收350元，产值增加3500万元。

■ 汤丰收在河南正阳县向合作社捐赠新型花生播种机

扶贫感言

古人云：仓廪实而知礼节，衣食足而知荣辱。扶贫是一项持久战，更是一场攻坚战。作为国家花生产业技术体系一员，汤丰收认为在农村开展扶贫工作需要进一步推进产业化扶贫，要积极培育新的经营主体，搭建新的脱贫产业承载平台。要充分利用政府的引领作用，在产业增收上找路子，想办法。除了依靠国家扶持外，更重要的是自食其力，学习先进的生产技术，转变传统的种植观念。另外，要多学科相结合，集现代农业产业技术体系中育种、植保、土肥、栽培、机械、加工、养殖等各方面的专家合力，发挥各自的特长，为花生产业提供全方位的服务。

培育羊肚菌新产业　构建脱贫致富之路

——记国家食用菌产业技术体系综合试验站站长　甘炳成

甘炳成，1968年9月生，四川省农业科学院，研究员。作为项目负责人带领团队攻克了羊肚菌大田商业化栽培的世界性难题，实现了产业化发展，培育了羊肚菌新产业。充分发挥食用菌助推脱贫攻坚的产业优势，深入西南主要少数民族地区扶贫一线，积极开展食用菌技术培训和扶贫基地建设，积极为地方发展食用菌产业建言献策；扶贫足迹涵盖了四川藏区、凉山彝区，还延伸到青海和甘肃藏区，湖北恩施、贵州省铜仁等少数民族地区。“十三五”期间共引领带动四川高原藏区、大小凉山彝区以及四川周边少数民族地区发展羊肚菌等特色食用菌50000亩以上，实现产值10亿元以上，带动农民增收5亿元以上，带动贫困户2000户以上成功脱贫，在促进贫困地区特色产业发展和助推精准扶贫精准脱贫方面做出了突出贡献。

凝心聚力搞创新，培育脱贫新产业

采摘羊肚菌等野生名贵食用菌是西南少数民族地区增收的重要渠道，但由于长期过度采摘造成了资源的严重破坏；人工驯化栽培羊肚菌既是人们梦寐以求的技术，也是国内外食用菌领域的世界性难题。甘炳成带领团队针对羊肚菌人工驯化栽培难题，历时18年科技攻关，发掘了可栽培的羊肚菌资源并建立资源库，发明了羊肚菌外源营养转化袋技术，创建了羊肚菌“分段培养，外源转化”栽培新方法，育成了突破性新品种、首创了菌种扩繁技术体系和高效栽培技术体系并实现产业化，在国内外率先实现了羊肚菌产业从无到有的重大突破，获得原创性强的系列科技成果。该成果获2018年度四川省科技进步奖一等奖，在全国20多个省（区、市）推广应用，已成为西南及周边贫困地区发展特色产业的重要抓手。

以项目为载体，彰显产业精准扶贫作用

在体系和其他科技扶贫项目的支持下，针对高原地区特殊地理气候条件，研究集成了高原羊肚菌高效栽培技术，探索出羊肚菌和香菇轮作新模式，为高原食用菌产业发展提供了技术支撑，也为高原地

区脱贫攻坚探寻出一条产业扶贫新路径。①指导甘孜州康定市三合乡江坝村杨晓波组建了康定金松旺种养殖农民专业合作社，吸引9户贫困户加入合作社，建立食用菌科技示范基地1个，示范种植羊肚菌15亩、香菇2万袋，辐射带动江坝村及周边100余户种植羊肚菌119亩。通过“技能培养+劳务收入+盈利分红”机制带领贫困户发展特色产业，金松旺合作社9户贫困户劳务所得1.83万元、盈利分红7.2万元，贫困户项目户均增收1万元以上，2019年9户贫困户全部脱贫。②在阿坝州茸安乡阿斯玖村建立食用菌科技示范基地1个，示范栽培羊肚菌18亩、香菇1万袋，辐射带动种植羊肚菌50余亩，培养贫困户白金全成为当地食用菌种植技术能手和致富带头人，带领贫困户进行羊肚菌、香菇种植，2019年年底全村实现了脱贫。

以产业为抓手，贡献专家科技扶贫智慧

以甘炳成研究员为首席专家组成的食用菌产业技术服务团，重点围绕高原羊肚菌产业，深入甘孜州康定市、泸定县等7县30余村；阿坝州阿坝县、茂县、理县等7县14村；凉山州昭觉县、木里县等地开展技术指导、栽培示范及推广等工作，相关工作获《四川经济日报》《四川农村日报》等媒体报道20余次。并采用边调研、边指导、边培训的科技帮扶方式，开展食用菌技术集中培训6场次，现场培训15次，现场观摩会1次，培训食用菌种植户和基层农技人员共1000余人次，培养农村实用技术骨干人才9人、科技示范户7户、技术骨干人才4人，指导建立3个生产示范基地，开展食用菌新品种新技术示范推广；2018年3月22日，经省农业厅组织专家现场测产，示范品种川羊肚菌6号亩产达到592.5千克，创造了羊肚菌新的单产最高纪录，现今羊肚菌产业已扎根于川西高原，成为产业扶贫新宠，康定市被授予“中国高原羊肚菌之乡”荣誉称号。

以脱贫为目标，推广特色产业扶贫经验

■ 甘炳成在贵州铜仁市沿河县开展香菇产业扶贫调研

在广泛调研分析的基础上，以羊肚菌大田商业化栽培技术突破为契机，甘炳成研究员带领技术团队分别在甘肃省甘南藏族自治州、贵州省铜仁市等地开展食用菌产业科技扶贫工作，开展产业调研5次、技术指导培训5次，为当地政府部门提供《甘肃省甘南藏族自治州羊肚菌产业发展建议》《贵州省沿河县食用菌产业助推精准脱贫的对策建议》，从产业规划、企业依托、基地建设、合作模式、人才培养、技术培训等方面分享了四川食用菌特色产业在助力脱贫攻坚和乡村振兴方面的成功经验。

■ 甘炳成在甘肃甘南州开展羊肚菌产业调研

■ 甘炳成在四川甘孜州泸定县开展羊肚菌产业扶贫培训

扶贫感言

要圆满实现脱贫攻坚目标，搞好规划选对项目很重要，按照“因地制宜、查漏补缺、群众自愿、精准扶贫”原则，充分开展实地调研，了解当地政府主管部门、技术推广部门、行业协会、龙头企业、农民合作社、贫困户等的各项需求是首要任务。在扶贫工作过程中，要把贫困户当作亲友，倾听他们的诉求和想法，设身处地地谋划产业发展的各项要素，维护他们的人格尊严，激发他们的脱贫愿望和发展产业的积极性。加大“智”与“志”的帮扶力度，建立扶贫造血功能，实现小康才不会是一句空话。只有真心付出、真心帮扶，扶贫工作才会取得实效；扶贫工作虽然艰苦，但更能体现出体系专家的社会担当和自我价值。

“菌丝”牵出的“一家亲”

——记国家食用菌产业技术体系综合试验站站长　魏　鹏

魏鹏，1961 年 11 月生，新疆农业科学院植物保护研究所，高级农艺师。主要扶贫区域包括新疆喀什地区喀什市、疏勒县、英吉沙县、疏附县、莎车县；和田地区和田市、和田县、洛浦县、皮山县、墨玉县；克孜勒苏柯尔克孜自治州阿图什市、阿克陶县；阿克苏地区乌什县和柯坪县。

疏勒县库木西力克乡 15 村概况

2017 年疏勒县库木西力克乡 15 村是国家级深度贫困村，该村远离喧嚣的大城市，信息闭塞，村民文化水平普遍偏低，其中相当一部分还是文盲，加之绝大多数村民不懂汉语，与外界语言沟通十分困难，因此很难接受到外面的新生事物和新的生产技术，常年处于生产技术落后、生活条件艰苦的境地。

“菌”“亲”交融

魏鹏结亲的村民叫亚森·霍吉，是该村 5 组村民，一家五口人，2017 年人均收入 1903 元。魏鹏站长第二次去亚森家时，亚森想要大白菜种子，第三次去时给亚森带去大白菜种子后，亚森满脸笑容并不停地念叨着“谢谢亲戚，谢谢亲戚……”，言语中溢满了对秋收的憧憬。转眼到了 2017 年年底，魏鹏站长再次到达亚森家时，看到的却是一个满眼失落的亚森。原来由于亚森没有种白菜的经验，技术不过关，白菜赔账了。望着一脸愁容的亚森，魏鹏站长心里五味杂陈，顿时心生给亚森帮点忙的念头，于是亲自买来新鲜平菇并下厨炒了几盘菜，同亚森一家共同品尝，并借此机会向亚森讲解了平菇的种植技术、利润空间和种植风险，希望亚森能在村里带头，通过种植蘑菇发家致富。亚森听后当即表示愿意尝试种植蘑菇。

“菌”“亲”结硕果

2018 年 4 月 8 日 300 袋菌包如期送到亚森的家中，连同运输成本合计 2050 元。亚森一家人满心欢喜地将菌包卸入自家院内。魏鹏同志带领团队成员亲自教授如何在菇房码放菌包、码放菌包的高度和行距，随后又亲自示范如何喷水、通风。由于菇房采光不足，又在菇房内加装了几盏电灯以便补光，叮嘱亚森每天白天要开灯 5 小时，避免发生出菇少、畸形菇多的情况。第二天魏鹏同志还亲自为菇房所有门窗钉了纱窗和纱帘，防止飞虫进入菇房为害菌包。此后他每天都来亚森家，指导平菇出菇管理。一周的结亲时间很快就要到了，临行前一天他请来驻村工作队翻译，将管理要点写成文字留给了亚森，并再三交代按时喷水、通风和补光，对成熟的蘑菇要及时采收和销售。在大家的共同努力和关怀下，年底亚森共收益 4000 余元，纯利润达到了 2000 余元。亚森兴奋地说："我已经学会种蘑菇了！"

"菌""亲"在延续

在亚森的示范带动下，2019 年库木西力克乡 15 村又有 15 户贫困户加入了食用菌的种植行业。亚森现在不仅可以独立管理出菇，还经常对其他种植户进行技术指导，同时还帮助大家一起推销蘑菇。在此期间，魏鹏同志带领团队成员在亚森家的出菇现场组织了 2 场培训会，利用夜校学习机会举办培训班 1 次，参加培训的人员共计 77 人次，及时解决了农民在出菇管理过程中遇到的实际问题。

"菌丝"牵出"大家亲"

■ 魏鹏在新疆喀什地区疏勒县库木西力克乡开展平菇出菇管理现场培训会

看到 15 村的食用菌扶贫工作取得了不错的经济效益，7 村驻村工作组于 2019 年申请到食用菌扶贫专项资金，依托该村农民合作社发展食用菌产业。由于 7 村使用的是半地下菜窖种植平菇，通风、光照强度等环境条件难以满足出菇要求，于是魏鹏同志及时向工作组作了如实汇报，并提出了对设施环境的具体改造方案。工作组在经费十分紧张的情况下批准了改造方案，并于 2020 年 5 月底完成了整个设施环境的改造工程，保证了 6 月中旬大量出菇的设施要求。期间魏鹏同志先后 4 次前往该村进行现场指导，及时调整环境条件，保证了出菇工作的顺利进行，并得到驻村工作组的一致认可。

扶贫感言

扶贫工作是个扎扎实实的务实工作。不管贫困户是哪个村的、哪个民族的，只要扶贫干部为他们做出一丁点成绩，他们都会无比感激，因为他们特别渴望技术。新疆情况较为特殊，起初魏鹏同志刚结亲时，面临语言和民族生活习惯等各方面的差异和困难，但通过一段时间的接触和交流，魏鹏同志逐渐融入到他们的生活当中，深层次了解了他们的所思所想，更看到了他们的淳朴，同时实实在在认识到扶贫工作责任的重大。在村民欢庆食用菌栽培成功的时候，魏鹏同志也感到自己的工作和辛苦得到了最好的回报。

瓜田变成聚宝盆　科技助农奔小康

——记国家西甜瓜产业技术体系综合试验站站长　翟文强

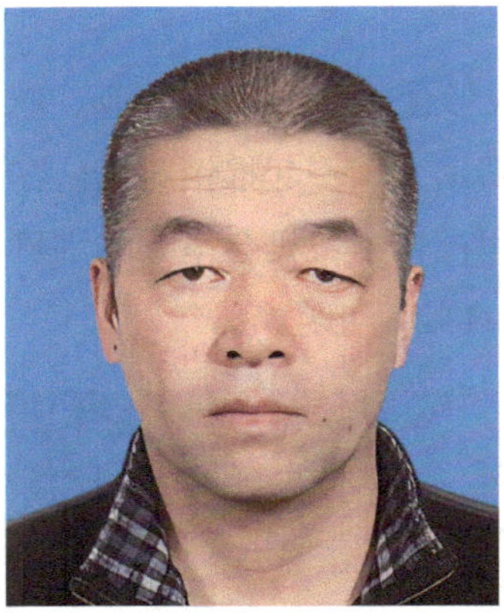

翟文强，1963年12月生，新疆农业科学院哈密瓜研究中心，二级研究员。自1998年起带领团队在新疆喀什地区开展义务扶贫工作以及适用栽培技术示范推广已历20余年，曾获得“十一五”新疆维吾尔自治区全民科学素质工作先进个人、2017年新疆维吾尔自治区民族团结先进个人等荣誉，为喀什地区贫困少数民族脱贫做出了较大的贡献。

现场示范，传授种瓜知识

遵循体系对于“三区三州”脱贫攻坚任务的指示精神，在西甜瓜体系首席办的指导下，翟文强站长和团队成员充分发挥喀什综合试验站的技术优势，结合喀什地区维吾尔族农民喜植西甜瓜的特点，在伽师县、巴楚县、麦盖提县、疏勒县等县域开展了促生产、强担当的科技扶贫工作，让西甜瓜科学种植走进田间地头，走进农民家里，实现精准扶贫，带动农民脱贫致富。

在喀什综合试验站疏勒示范基地试验地里，几个长期务工的塔孜洪乡17村和18村维吾尔族老乡家中每年都种植甜瓜，但缺乏种植管理知识，教会他们科学的种植技术以及在不同时期采取合理的管理方法，使他们种植的甜瓜达到优质丰产丰收就成为喀什综合试验站的重要任务之一。在甜瓜种植的每一个关键节点，总能在地头看到翟文强站长与团队成员对几个维吾尔族老乡进行现场示范和现场讲解。经过连续3~4年的培训和实践，这几个维吾尔族务工老乡都成了当地小有名气的“种瓜能手”，经常给别的乡民讲解种瓜技术，在塔孜洪乡也颇有声望。通过传授务工农民科学种瓜知识并对当地形成技术辐射，提高瓜农植瓜水平和种瓜收入，喀什综合试验站得到了当地维吾尔族老乡的一致好评。

科学种瓜，实现村民脱贫致富

新疆疏勒县是“三区三州”中的深度贫困县，也是国家西甜瓜产业技术体系喀什综合试验站脱贫攻坚重点服务的县域之一。精准扶贫工作开展以来，喀什综合试验站团队受组织委派，在罕南力克镇塔坎村开展科技扶贫工作，帮助当地贫困户利用产业脱贫致富。图拉普·图尔迪是塔坎村的“资深”贫困户，家中有15亩耕地，由于缺乏种植技术，长期以来只会种植小麦、玉米等常规作物，每年种植业收入不到 1 万元，人均收入不足 2000 元。了解了该村的具体情况之后，翟文强与团队成员资助其购买农资，手把手、面对面的对其教授早熟西瓜种植技术，早熟西瓜获得了丰产丰收，图拉普·图尔迪第一次尝到了科学种植带来的甜头，当年种植的 3 亩早熟西瓜，收益达到 8500 元，收到钱的那一刻，图拉普·图尔迪激动不已，说感谢人民政府，感谢科技人员。2019 年图拉普·图尔迪种植 5 亩小拱棚早熟西瓜，收益超过 13000 元，2020 年种植早熟甜瓜 4 亩，早熟西瓜 3 亩，收益 15000 元以上，实现脱贫。图拉普·图尔迪通过种植早熟西瓜脱贫，周围的乡亲纷纷前来讨教种植经验，他毫无保留地将种植体会分享给其他农民。他表示希望越来越多的人能跟他一样，通过科学种瓜实现脱贫致富，他相信在技术专家的支持下瓜会越种越甜，日子会越过越美。

■ 翟文强在新疆伽师县卧里托格拉克镇开展甜瓜种植技术培训

扶贫感言

扶贫是一项艰苦并具有挑战性的工作，科研人员只有深入贫困地区一线，充分了解当地民情和社会状况以及产业发展情况，才能有针对性地运用专业知识和专业技能开展产业扶贫。在扶贫工作过程中一定要有热情，能坚持。喀什是新疆甜瓜优势产区，农民们很有种植积极性，但贫困村村民普遍种植水平不高，对科学管理缺乏基本常识，种植收益很低。在扶贫工作中对深度贫困村瓜农进行全程技术服务，工作中有苦有乐，能亲耳听到瓜农们说感谢人民政府，感谢科学家的指导，说明西甜瓜种植对促进瓜农脱贫致富起到了作用，西甜瓜产业技术体系喀什综合试验站对扶贫做出的努力是值得的。

践行初心使命　助力产业扶贫

——记国家苹果产业技术体系综合试验站站长　刘　君

刘君，1963年12月生，中共党员，伊犁哈萨克自治州林业科学研究院，高级工程师。2017年至2019年连续三年担任阔尔吉勒尕村驻村第一书记。多年来，刘君始终坚守在林果科研生产一线，用实际行动书写扎根基层、服务林果业、扶贫帮困的动人篇章。

“我的专业就是服务群众，我研究的课题就是如何促进农牧民增收致富，力争让困难群众过上幸福美好的生活。”刘君是这样说的，也是这样做的。

因地制宜，制定产业发展规划

伊犁河谷是新疆重要的林果产业带，而其境内察布查尔锡伯自治县和尼勒克县是伊犁州直国定贫困县。刘君同志积极践行林果科技初心和使命，促进脱贫攻坚，在担任阔尔吉勒尕村驻村第一书记期间，他根据该村的立地资源条件，提出人均一亩林果业的产业发展规划，帮助建档立卡贫困户将土地流转出来种植苹果，贫困户的土地收入由土地流转费、收益再分配和劳务三部分组成，土地的收入从以往每年每亩不足500元，提高到现在每亩各项收入超过千元，已超过当地群众种地平均收入，从而改变“种地种成贫困户”的现状。

建档立卡贫困户买买提江·艾买提江23亩土地长期因投入不足而收益很低，从2018年开始，将自己家的土地流转种植果树，土地及在果园务工收入每年近4万元，不仅还清了贷款，还拓展了养殖业，生活欣欣向荣。刘君多方筹措资金，连续3年争取项目资金超过500万元，帮助阔尔吉勒尕村建成伊犁河谷首个直接服务于脱贫攻坚的960亩科技扶贫林果产业园，其中整合集体土地示范种植苹果、西梅250亩，引导支持农户种植710亩，产业园全部应用新优品种秦脆、蜜脆、华硕苹果及法兰西西梅，采用矮化密植栽培技术确保实现高产稳产，盛果期亩产值超万元，不但壮大了村集体经济，还反哺贫困户。刘君积极帮助29户建档立卡贫困户及困难村民70余人从事林果栽培，通过就近就业、产业带动、技术培训，扶智与扶志，使普通困难群众向技术农民转变，从劳务输出向技术输出转变，提高了劳动价值，增加了劳动收入，阔尔吉勒尕村成为伊犁哈萨克自治州脱贫攻坚的典范。

2020年是决战决胜脱贫攻坚的收官之年，刘君担任伊犁州林业和草原局脱贫攻坚挂牌作战指挥部办公室主任，积极倡导成立伊犁州林业和草原系统脱贫攻坚专班，负责108户建档立卡贫困户脱贫攻坚工作，包联督战察布查尔锡伯自治县贫困村玉其吐格曼村，并对43户建档立卡贫困户实行精准扶贫，建立精准脱贫长效增收机制，巩固脱贫攻坚成果。

扶贫要看实效，不仅要看眼前，更要管长远

刘君常说不能守着资源种地却种成贫困户，“扶贫先扶智”。刘君格外看重贫困地区本土科技人才的培育。“扶贫要看实效，不仅要看眼前，更要管长远。”他认为，产业成熟起来后，长效机制还是要靠本地化的人才队伍。因此，科技扶贫更重要的是培养一批“二传手”，目前已培养县级科技特派员12人，自治区“三区”科技人才6人，乡土林果种植能手120余人。“如果我离开当地了，农民还能干起来，那才是真正的好技术。”刘君说。

■ 刘君在新疆阔尔吉勒尕村林果科技扶贫产业园指导贫困户夏季整形修剪

■ 刘君在新疆阔尔吉勒尕村林果科技扶贫产业园开展本土科技人才现场技术培训

刘君带领他的团队不仅把科技培训覆盖到全州，还延伸至博州、昌吉州、石河子、乌鲁木齐、兵团等疆内其他地州。他在伊犁州指导建立40个共计2万亩的标准林果栽培示范园；分别在察布查尔锡伯自治县海努克乡、伊昭公路旁主持建立3900亩林果新品种新技术科技试验示范园区；指导贫困县察布查尔锡伯自治县生态扶贫公司30万亩特色林果产业发展规划，目前已完成5万亩，通过生态扶贫，助力脱贫攻坚，解决350户建档立卡贫困户实现就近就业。

扶贫感言

“科学技术就是吃饭的碗。”要大胆创新、勇于实践，着力精准定位特色林果产业、久久为功谋长效，创新扶持、服务联结机制，为贫困群众大开增收之门。要把科研成果转化到实践中去，继续将林业科技服务融入到脱贫攻坚巩固提升中，在为民服务、办实事的过程中让更多人受益。

助力扶贫　情系胶农

——记国家天然橡胶产业技术体系综合试验站站长　白燕冰

白燕冰，1966年2月生，云南省德宏热带农业科学研究所，研究员。综合试验站科技扶贫定点临沧市耿马县孟定镇芒美村技术负责人；云南省农垦局支援“三区三州”科技扶贫人才选派单位负责人、云南省科技厅认定的科技特派员、“三区”科技人才；瑞丽市政府定点“挂包帮”弄岛镇等秀村委会光明村民小组和贺弄村民小组挂包单位总牵头人。

聚焦天然橡胶产业　依托体系开展科技扶贫

针对橡胶价格低迷，产业效益低的现实问题，白燕冰带领德宏综合试验站团队，深入农场职工家庭调研，摸底普查，依据单位的科技特色优势，推广更新胶园宽行密植（2米 × 16米）橡胶幼林间套种技术，带动农场职工和农户在橡胶幼林行间种植咖啡、甘薯、魔芋、百香果等经济作物，亩产值分别增加0.51万~1.05万元，增加了胶园效益，解决了扶管期农场职工的生活经济来源。2016年，白燕冰带领试验站团队深入在耿马县孟定镇芒美村贫困户家调研，得知贫困户自己家的橡胶树少，割胶收入低，但是割胶技术好的情况，她把电动胶刀赠送给贫困户，并指导培训贫困户采用“省工高效割胶制度”承包附近企业和个体户的橡胶树割胶，割胶效率由原来的人均割胶500株，年产量1.6吨，收入1.6万元，提高到人均割胶900株，产量2.88吨，收入2.8万元。2017年，挂钩的橡胶种植户3户10人，实现科技脱贫致富。为扩大示范和带动，她带领团队在德宏、临沧片区巡回开展橡胶种植技术培训，6年共开展

■ 白燕冰在云南耿马县开展产业扶贫调研

技术培训 24 期，培训胶工胶农 1680 人，技术骨干 30 人，发放技术资料 2450 份。还邀请体系首席科学家、岗位专家到实地培训现场指导，发挥了体系大家庭携手助力脱贫攻坚的强劲作用。

带领团队挂包定点贫困村　帮助建档立卡户精准脱贫

在定点“挂包帮”瑞丽市弄岛镇等秀村委会光明村民小组、贺弄村民小组，白燕冰带领团队走访摸清贫困底数，组建了 2 组干部“挂包帮”工作组，结合挂包村组和贫困户的实际情况，制定“一村一业、一户一策”精准帮扶策略，带头“一对一、结对子、认亲戚”，选派 7 名科技人员轮流驻村工作，发挥单位和团队的热作科技优势，采取产业扶贫，开展技术培训、种苗帮扶，农资捐赠，多种经营项目扶持等，带头捐款给挂钩户购买财产保险、帮助子女就学，过年过节“走亲戚”慰问。指导胶农在橡胶林下和房前屋后种植柚子等水果和林下养鸡。帮助协调养殖合作社解决基地水电引接、肥料无害化处理等问题，帮助村委会编制项目申请书，为村民小组争取到政府转移支付科技项目资金 10 万元，为两村民小组解决了文化室和小型农用设备缺失的问题，为建档立卡户争取每户 4.5 万元资金修缮危房旧房和“贷六补六”建新房，“以奖代补”等，解决“两不愁三保障”等问题，增强了贫困户积极发展生产和脱贫的信心。无偿提供给挂包村百香果、油梨、柚子等果树种苗 3.7 万株，钾肥 5 吨，复合肥 8 吨。组织和发动农户自我管理，整治村容村貌治理环境卫生，防控新冠肺炎疫情，开展禁毒防艾、扫黑除恶、打击走私等专项整治。挂包的贺弄村民小组傣族妇女旺喊一家 2014 年以前仅靠橡胶园收入和农田出租维持生活，生产方式落后，收入单一，被列为建档立卡户，在挂包干部指导下她先后贷款在自家农田上种植 10 亩柚子喜获丰收，2017 年光荣脱贫并建起了新房，旺喊依靠科技脱贫致富的案例在“掌上瑞丽”广泛宣传。

■ 白燕冰在云南耿马县芒美村走访贫困胶农

选派骨干支援“三区三州”决战脱贫攻坚

在完成德宏、临沧片区扶贫工作任务的同时，带领科技人员赴深度贫困地区“三区三州”的怒江州福贡县，帮助福贡县完成全国第四次中药资源普查（福贡县）工作。2017 年年底，她第一次带着青年科技人员前往福贡县时，政府正在建设六库到福贡的公路，看到滚滚怒江和大峡谷路险山陡的情形，为消除队员顾虑，她勇敢地表示有什么困难都会解决。在普查中，曾因人员和配套条件跟不上，普查队员要求取消任务，她坚决不同意，主动与福贡县领导沟通，再次派出科技骨干增援工作，在福贡县政府和县卫计局的关心支持下，参与普查的同志们不怕苦不怕累，克服了重重困难，用双脚踏遍了福贡县的山山水水，圆满完成了任务。2019 年，白燕冰又响应云南省农业农村厅、云南省农垦局的号召支援深度贫困地区决战脱贫攻坚，选派 1 名科技骨干赴福贡县农业农村局挂职 2 年，协助福贡县政府开展扶贫工作，并再次带领科技骨干到福贡县农业局对接技术服务，与福贡县的农业企业签订技术服务协议，赴福贡县指导草果、白芨等南药种植，帮助企业开展扶贫项目实施。

扶贫感言

一是脱贫攻坚应以发展产业优先。“产业是就业之基、增收之本”，“发展思路决定发展出路”，发展产业必须坚持“绿水青山就是金山银山”的理念，提高产业发展的决策科技水平，要依托产业技术体系的技术成果和力量，结合村情、户情稳定原有产业，培植新兴产业，实现增收，以产业发展惠农增收致富。

二是扶贫应激发贫困户的创业激情。扶贫应先扶智，贫困户一方面有“等靠要”的思想，另一方面又有“小富则安”的思想，在脱贫攻坚关键阶段，要紧紧抓住专业合作社这一有效手段，让贫困户和广大干部、群众广泛参与到产业开发上来，激发大家干事创业的激情，继续奋发进取、埋头苦干，打赢脱贫攻坚战。

脱贫攻坚工作千头万绪，涉及“三农”的各个方面，对应的扶贫措施也很繁多，作为一名农业科技人员，要心中有党，心中有民，认真学习掌握党的扶贫政策，不仅当好党的“播种机”，还要把科技成果送到千家万户，深入田间地头，真正为产业扶贫提供支撑，为社会和谐贡献力量。

教育助力培养致富带头人
科技助力产业提质增效

——记国家牧草产业技术体系岗位科学家　师尚礼

师尚礼，1962年10月生，甘肃农业大学，教授。主要产业扶贫工作区域有青藏高原甘南藏族自治州夏河县、陇中干旱区安定区、通渭县及宁夏固原等。

深入前线，不断探索

几千年来，青藏高原的牧民一直延续着传统的草原放牧生活。2011年，国家牧草产业技术体系草田轮作岗位科学家师尚礼教授与泽柏研究员前往甘南夏河县调研，发现当地畜牧业合作社没有明确的发展思路与具体产业，牧民还是进行粗放的草地利用与家畜放牧，导致草地退化、产出效益低。在前期与牧民深入交流和充分调研的基础上，师尚礼教授决定在夏河设点扎营建立研究基地，带领科研团队与牧民一起探讨走出传统草原畜牧业“夏活、秋肥、冬瘦、春乏”困局的对策。

师尚礼教授把试验场选在夏河草原，从培育草种、改良草地、提升草原生产力入手，研究如何让草原多生产牧草。他提出了冬春草场控制鼠害、全生长季禁牧、早期补充灌溉配合少量施肥提高草地生产力的技术模式，改善了草原土壤结构，增加了土壤有效养分，生产性能提高了近2.5倍，优良牧草比例达到60%，每亩草地可多增加育肥3月龄羊羔1只，效果极其显著。与此同时，师教授进行了大量没有前人经验可借鉴的探索性工作，如在牧区培育天然打草场与相邻农牧交错区建植苜蓿草地、研究补给蛋白质饲草的加工，以构建农牧互补模式实现家畜营养平衡供给。

建立学校，普及技术

为了真正把科学理念与研发技术传授给朴实的牧民，转化为真金白银的产出收益，师尚礼教授争取青藏高原社区生态畜牧业项目支持，建立田间学校，进行技术普及。师教授邀请或雇佣当地牧民参与试验工作的全过程，与牧民同吃同住，进行陪伴式工作、交流、培训。他支持开办了畜产品加工厂，协助

■ 师尚礼在甘肃夏河牧区与牧民开展草场改良技术交流

制定了生产标准，办理了生产许可证并通过 QS 质量认证，使牧民学会了培育和管理草原的新方法，学会了种草、加工酸奶和牦牛肉的新技术，实现了合作社的增收。现在牧民还开玩笑地说："第一次见师院长还以为只是个做项目的骗子呢，不会把我们放在心上。"并坦言是师院长把他们"骗"上了一条更宽阔的农牧结合发展之路。

激发激情，延伸产业链

师尚礼教授认为，扶贫既要扶智也要扶志，最重要的是要激发牧民致富的激情和动力，延伸畜牧业产业链，改变仅依靠放牧的单一模式。在师尚礼教授的指导下，夏河县羊吉畜牧业专业合作社创立了"志加玛羊吉"畜产品品牌，法人羊吉才让成为夏河社区致富带头人。2015 年他在草原上建起了旅游服务牧家乐，开辟了新的生财之道。2019 年，羊吉才让联合 6 个村集体联营夏河县公共草场，建立旅游服务牧家乐群，并计划扩大牦牛养殖规模至 3000 头，日产牦牛乳 1 吨以上，作为夏河雪顿乳业公司的奶源基地，长年订单供给，稳定牦牛乳生产和乳品市场。羊吉才让对生产方式转变的大胆尝试已成为当地的典范。羊吉才让成为草原新型牧民能人，在师尚礼教授带领下先后到五省藏区和北京等地参与交流，被夏河县聘为新时代牧民讲习员。在甘南草原牧区，这种专家育人、情感陪伴与科技理念技术传授的"陪伴式"扶贫模式十分成功。师尚礼教授团队助力甘南藏区脱贫开发的事迹，先后被《甘肃农民报》、北京西藏网多次报道。

在定西市安定区，师尚礼教授以定西香草坊生态农牧科技发展有限公司为载体，开展地方带头人发展理念培训和产业发展能力提升培训，成功探索出陇中干旱区尊重自然的农村农业发展和农民增收新途

■ 师尚礼在宁夏固原开展饲用玉米与高丹草间作高产高效技术研发工作

径，构建了市场需求牵引—合作社按照订单种植、养殖—农民连合作社—合作社连企业—企业连市场的杂粮草畜兼顾型生态农业发展模式，产业扶贫取得良好效果。在宁夏固原地区，师尚礼教授与张英俊教授、张蓉研究员等专家，联合开展地方产业技术开发，形成了高水平的牧草产业技术试验区、示范区和推广区，研发的饲用玉米与高丹草间作高产高效技术成为科技助力固原种草养殖肉牛产业发展的新亮点。

扶贫感言

产业扶贫不是简单的送技术，更重要的是扶志，与农牧民一道，通过“陪伴式”扶持自信、激励成长、培养能人、传送理念、传递信心、传播技术，使其发挥好带头和示范作用，才能全方位、系统推进产业的发展与农牧民脱贫致富，最终实现可持续发展。同时，有了“国家牧草技术体系”的支持，依托项目又不局限于项目，通过深入产业一线，开展科技服务与技术研发，科研工作不再是“空中楼阁”，是真正意义上的“产、学、研”一体化，国家产业技术体系工作既是汲取科研和教学灵感的途径，也是奉献社会、实现个人价值的理想舞台。

我们一起努力
奋斗在青藏高原一线的产业扶贫“使者”

——记国家肉牛牦牛产业技术体系综合试验站站长　宋仁德

宋仁德，1966年1月生，玉树藏族自治州动物疫病预防控制中心，推广研究员。青海省“三区”科技人才科技特派员，产业扶贫区域为玉树州6市、县，果洛州6县及海西州的都兰县等。青海省领军人才，荣获“建国七十周年纪念章”，获“优秀青海省自然科学和工程技术带头人”“优秀共产党员”“玉树人才”“玉树好人”称号，入选全国百名“最美科技工作者”名录，2020年荣获“全国创新争先奖状”。

宋仁德博士长期坚守在4000米以上的高原，奋战在一线，以玉树州动物疫病预防控制中心（州畜牧兽医站）为依托，以国家肉牛牦牛产业技术体系玉树综合试验站为载体，以动物疫病防控和高效畜牧业生产技术研发、示范、推广为抓手，开展了脱贫攻坚工作。

严抓动物疫病防控、促技术培训，为脱贫攻坚提供人才支撑

他严抓家畜口蹄疫、小反刍兽疫等重大动物疫病，包虫病、布氏杆菌病等人畜共患病和牛出败等区域性动物疫病的防控工作，创造了玉树州连续7年无重大动物疫情发生的好成绩。根据国家包虫病综合防治工作领导小组包虫病易感区要针对因病致贫、因病返贫为主线的要求，以包虫病防控为主要扶贫任务，开展了多次调研、培训、宣传服务活动，使玉树州人、畜包虫病感染率、犬粪阳性率大幅下降。

在玉树州建设了11个以高原牦牛疫病综合防控技术、牦牛高效养殖技术研发推广为核心技术的国家肉牛牦牛产业技术体系示范基地；研发并推广了牦牛放牧＋补饲高效养殖技术新模式，通过牦牛高效养殖示范，使越冬牦牛平均体重提高23.40千克，母牦牛繁殖率提高48.6%，使牦牛平均出栏时间缩短2年以上。按照农业农村部、青海省农业农村厅科技扶贫工作要求，作为总联络人积极组织中国农业科学院、华中农业大学等机构的专家先后到玉树州6市、县，海西州都兰县，果洛州玛多、玛沁、甘德、达日县开展了以科技培训、方案编制为主要内容的“三区三州”科技扶贫工作。联合体系岗位专家王之盛、孙宝忠、黄必志、郭爱珍、李家奎、阎萍、郭宪等围绕牦牛育种选配技术、牦牛繁殖技术、牦

■ 宋仁德在青海称多县歇武乡下赛巴村开展牦牛寄生虫病防控现场指导

牛补饲技术、牦牛疫病综合防制技术、牦牛高效养殖技术，先后组织了专业技术人员、养殖大户、牧民培训班 48 次，培训牧民及牦牛养殖大户等 4800 余人次，带动牧户开始了由单纯靠天养畜到储草备料，主动购置草料的投入型草地畜牧业的历史性转变。

育良种、推良法、抓品牌，助力脱贫攻坚

他通过多年调查、现场测定、选育，申报了“玉树牦牛”“扎什加羊”两个国家畜禽遗传资源，组织进行并通过国家遗传资源委员会牛、羊两个遗传专业委员会现场鉴定。主持申报登记了“玉树牦牛”等 5 个地理标志产品，对曲麻莱县黄河源良种繁育有限公司、扎什加种羊场繁育基地、治多县国营牧场、玉树市藏霸喇种畜场进行牦牛、藏羊良种生产指导，3 年共鉴定推广 1 级以上合格种公牦牛 4150 头、种公羊 3900 只。

2019 年年初玉树遭遇有记录以来最大的雪灾，他放弃春节休假，从农历腊月二十七开始带领党员突击队深入雪灾一线，进行雪灾调查，紧急编制了《雪灾期间牦牛藏羊饲喂管理技术手册》《灾后动物疫病防控指南》，在各种场合就牲畜灾后饲喂技术和动物尸体无害化处理的意义及要点展开现场培训并及时给果洛州、海北州等其他受灾地区发送宣传。突击队先后在曲麻莱县、治多县、玉树市、杂多县、称多县的各个重灾区都留下了指导技术服务工作的身影，由于雪太大，又是走村串户，一路险情不断，但突击队一次次战胜险情，活跃在抗雪灾保畜的一线上。通过不懈努力创造了大灾之后死亡牲畜总数不

宋仁德在青海杂多县扎青乡重灾区开展牦牛雪灾后补饲现场指导

到正常年景一半的奇迹和无大疫的良好成绩，大量的宣传培训极大地改变了牧户及合作社的养殖习惯，主动储备草料，形成了在2020年初虽有大雪而没成灾的好现象。

在阻击新型冠状肺炎疫情的这场人民战役中，宋仁德带领玉树州畜牧兽医人以“守土有责、守土担责、守土尽责”的精神默默无闻地战斗着。为了使疫情对畜牧业影响降到最低，他凭借与农牧民、养殖场、合作社有着密切联系和具有专业防控知识的优势，利用动物防疫网络广泛宣传并实施个人防护、消毒灭源、疫情报告、无害化处理、动物及动物产品购销等与动物防疫和畜产品质量安全，防灾减灾、恢复生产保障供给……在大敌面前，他又一次用责任和担当诠释了一名共产党员应该有的奉献精神和本色。

扶贫感言

产业扶贫是一种内生发展机制，目的在于促进贫困家庭与贫困区域协同发展，根植发展基因，激活发展动力，阻断贫困发生的动因。结合“三区三州”产业扶贫工作谈点认识。

一是不断加强理论学习，切实领会习近平总书记关于脱贫攻坚系列重要讲话精神。

二是青藏高原地域广、服务半径大，路程远，经费有限，所以在扶贫工作中必须另辟蹊径，想办法。做到勤下牧场、走基层，了解瓶颈，掌握需求，发挥资源优势，针对需求制定产业发展方案，转化成熟技术成果。

三是在培养扎实的工作作风，在畜牧产业上下功夫，制订有效的培训方案，加强农牧区致富能手的技能培训和创业意识培养，实现“培训一人，脱贫一户”的目标，带领带动贫困群众走上自力更生的脱贫道路。

岗站专家共筑扶贫产业体系
携手同创产业振兴乡村

——记国家绒毛用羊产业技术体系岗位科学家　杨博辉

杨博辉，1964 年 10 月生，中国农业科学院兰州畜牧与兽药研究所，研究员。扶贫区域为挂牌督战镇原县、宕昌县和“三区三州”合作市、玛曲县。

扶贫路上抗疫情

突如其来的新冠疫情，肆掠祖国大地。在疫情防控最严峻期间，按照体系办通知，杨博辉和团队成员立即行动起来，第一时间通过电话、微信、视频等手段，对合作市新瑞丰高原牛羊养殖合作社、繁宏牛羊养殖农民合作社、玛曲县畜合隆农牧民专业合作社的疫情防控进展情况和对产业发展的影响进行了详细了解，在得知合作市两家养殖合作社缺少消毒药品后，积极协调中国农业科学院兰州畜牧与兽药研究所药厂和物流公司，向两家合作社赠送消毒液 10 箱，为抗击疫情和助力扶贫提供了支撑，为贫困地区送去了温暖。

岗站专家主动作为，合力助力产业扶贫

打赢脱贫攻坚是历史责任和时代使命，必须坚守扶贫路上一个都不能掉队的坚定信念。作为农业科技工作者，他深深知道在农业产业扶贫中的责任和担当。杨博辉自从承担产业技术顾问专家组镇原县组长和宕昌县成员以来，与相关体系岗站专家始终坚守主动作为、上下联动、互帮互助、合力前行的信念，坚定紧密结合产业实际的原则，坚持目标导向、问题导向和结果导向，保持走熟、走透、走烂基层的思路，组织绒毛用羊、肉羊、苹果、中草药等体系镇原县顾问组专家和协同绒毛用羊、肉牛牦牛、蜂、苹果、中草药、蔬菜等体系宕昌县顾问组专家，并与当地领导、专家一道，多次深入镇原县中盛华美七里河 3 万只湖羊繁育基地、中盛华美常山湖羊养殖基地、屯字镇白马村矮化密植苹果园、甘肃天欣堂医药有限公司种植基地、甘肃天欣堂医药有限公司和宕昌县车拉乡茹树村特色产业农民专业合作社、车拉乡扶贫产业园、兴昌蜂业公司、金鸡产业扶贫园、台乡罗沙村特色产业农民专业合作社等地，

■ 杨博辉在甘肃镇原县开展羊产业扶贫现场技术指导

■ 杨博辉在甘肃宕昌县开展畜牧业调研

通过实地察看、听取汇报、询问情况、座谈会等方式，详细了解产业发展情况及存在的技术问题和困难，分析梳理出产业扶贫技术清单，形成了产业扶贫工作落实方案，研讨了镇原县扶贫羊产业、苹果产业、中药材产业和宕昌县畜牧业扶贫规划。建立了羊良种繁育与杂交技术、粗饲料品质化生产和营养技术、适度规模标准化饲养管理技术、疫病防控与生物安全技术等技术体系，构建了黄芪黄芩秋覆膜、党参露头移栽新模式，引进瑞阳、瑞雪、瑞香红、青砧一号砧木苹果品种和红花新品种及配套技术。开展了多场次培训、交流互动和现场技术指导，砥砺破解技术难题，助力产业扶贫。

工作成效

2020年组织和协同相关体系岗站专家在镇原县、宕昌县共开展产业扶贫调研、交流、现场指导等活动11次，形成扶贫产业方案5份，引进示范新品种新技术新模式10个，对接企业4家、合作社14家、种养大户7家，培训会13场次，赠送合作市两家合作社消毒液10箱，取得了比较显著的经济社会效益，受到当地政府、企业、合作社和种养大户的一致好评。

扶贫感言

兴盛产业是打赢脱贫攻坚和顺利衔接乡村振兴的基石，产业扶贫顾问专家组制度是科技助力产业扶贫的保障，体系岗站专家坚定信心、上下联动、主动作为、互帮互助、合力前行是科技助力产业扶贫的助推器。

“空中农业”助脱贫

——记国家蜂产业技术体系综合试验站站长　刘世东

刘世东，1962 年 8 月生，新疆维吾尔自治区蜂业技术指导站，研究员。在产业体系精准扶贫方面，所在乌鲁木齐综合试验站负责“三区三州”的喀什地区莎车县与和田地区墨玉县两个扶贫重点县的养蜂扶贫工作。

2016 年，乌鲁木齐综合试验站按照《现代农业产业技术体系（蜂）扶贫任务协议书》要求，站长刘世东带领技术人员深入喀什地区、和田地区开展养蜂扶贫调研，最后确定在“三区三州”的喀什地区莎车县、和田地区墨玉县每年各扶持当地有养蜂意愿的 1 户贫困农民为养蜂扶贫户（任务书为 2 县 2 户，5 年共扶持 10 户贫困农民通过养蜂实现脱贫致富）。根据当地推荐和个人意愿，每年一个县确定 1 户贫困农民为当年的养蜂扶贫户。5 年来，试验站共计投入资金 16 万元，用于购置养蜂生产资料，扶持了 3 个县的 12 户维吾尔族贫困农民开展养蜂生产，目前已全部脱贫。

优化帮扶措施，制订工作计划

针对喀什莎车县，和田地区墨玉县的气候特点、蜜源条件及民族特点，刘世东站长一行在多次走访困难户后，经过同当地扶贫干部商议，决定采用选择贫困农民跟随示范蜂场既学技术又创收入的模式，乌鲁木齐综合试验站分别和 3 个县的养蜂农民专业合作社（养蜂场）签订《养蜂扶贫示范工作协议》，委托养蜂农民专业合作社（养蜂场）以“传帮带”的形式帮助确定帮扶的贫困户在蜂场跟班学习养蜂技术，贫困户通过跟班学习，基本掌握周年养蜂技术和常见病虫害预防技术（尤其蜜蜂饲养关键期：春季繁育技术、大流蜜期采蜜技术、秋季繁蜂技术、越冬技术等），并达到独立养蜂的水平。贫困户跟班学习期不少于 6 个月，学中干、干中学，待学有所成后，由贫困户与养蜂农民专业合作社（养蜂场）同时向试验站提出申请，经考评，贫困户达到独立养蜂水平，方可领走当时发放给他的蜜蜂、蜂箱及相关器具。学习期间，养蜂农民专业合作社（养蜂场）付给确定帮扶的贫困户相应跟班劳动报酬。通过示范蜂场技术人员指导贫困户在实际蜜蜂养殖过程中的操作学习，最终通过养蜂帮扶贫困户掌握蜜蜂科学养殖的初步知识，掌握一技之长，为脱贫工作打下扎实基础。

由试验站专门安排团队成员具体负责 3 个县的养蜂扶贫工作，严格落实《养蜂扶贫示范试点工作协议》中甲乙方的权利和义务，按照各重点工作节点，站长及团队成员亲自前往现场加强指导帮助，保证养蜂扶贫工作各项措施顺利进行。

技术支持要及时，脱贫才能成效快

乌鲁木齐综合试验站每年春季分别在莎车县、墨玉县举办科学养蜂技术培训班，刘世东同时邀请了蜂体系首席科学家吴杰研究员、蜂体系岗位科学家石巍研究员、董婕研究员、陈大福教授等前往培训班授课。培训的主要内容为蜜蜂健康养殖技术、秋季繁蜂与越冬管理技术、蜜蜂授粉增产技术和蜜蜂规模化饲养技术等。刘世东站长不仅亲自与贫困户建立联系，还安排专人每月与养蜂贫困户电话联系，接受技术咨询，每年在养蜂生产关键季节，派出技术人员深入帮扶对象蜂场，及时发现技术问题并给予现场指导，随时掌握蜂农学习培训及生产情况，还帮助协调解决了县域内的放蜂场地的问题，保证了养蜂扶贫工作的顺利进行。

■ 刘世东在新疆莎车县开展养蜂现场培训指导

一是经过“传帮带”的方式学习，成效显著。目前扶贫对象都掌握了养蜂的初步知识，尤其掌握了蜜蜂越冬的知识，达到独立养蜂水平。

二是经济效益明显。2016 年以来，乌鲁木齐综合试验站在“三区三州”的喀什地区莎车县、和田地区的墨玉县开展养蜂扶贫工作，所帮扶的维吾尔族贫困农民蜂产品收入在 8000~61000 元，占家庭总收入 17.25%~89.03%，实现当年养蜂当年脱贫的目标。较高的经济效益极大地调动了他们养蜂致富的积极性，同时也拓展了农民增收的渠道。通过开展养蜂扶贫工作，引导当地农民在向土地、畜牧要增收的同时，也向“空中农业”的养蜂生产要收入。实践证明，养蜂也可以成为拓宽农民增收的途径之一。

扶贫感言

习近平总书记指出：“激发内生动力，调动贫困地区和贫困人口积极性。‘只要有信心，黄土变成金。’贫穷不是不可改变的宿命。人穷志不能短，扶贫必先扶志。”贫困农民，在压力面前，他们免不了悲观和态度消极，畏难情绪也很严重。要想让他们脱贫致富，首先必须让他们从思想上站起来。我们要注重引导他们改变陈旧、落后的思想观念，正视眼前面临的困难和存在的问题，鼓励他们树立正确的人生观、世界观和价值观，困难面前不委靡，压力面前不倒下，帮助贫困农民树立信心，鼓足他们克服困难、战胜困难的勇气。做到先从精神上扶贫，然后再想办法解决实际问题。只有思想端正了，观念更新了，能够独立自主，自力更生，才会彻底摆脱贫困，才能打赢脱贫攻坚战。

为产业脱贫注入科技力量

——记国家特色淡水鱼产业技术体系岗位科学家　卢迈新

卢迈新，1962年9月生，中国水产科学研究院珠江水产研究所，研究员。近年来，在习近平总书记的系列讲话精神和精准扶贫政策的指导下，卢迈新研究员积极参与到广西三江侗族自治县的产业扶贫工作中，利用自身三十多年科研一线的专业知识积累以及丰富的养殖经验，为广西三江地区产业脱贫建言献策并提供专业指导，为两地区产业脱贫攻坚战发挥了积极作用。

为广西三江侗族自治县稻渔综合种养产业建言献策

2017—2020年，卢迈新研究员多次前往广西三江侗族自治县和里村、孟寨村和知了村调研当地稻渔综合种养、特色淡水鱼养殖以及苗种繁育过程中存在的问题及需求。基于多次实地调研、考察的结果以及自身的专业知识，解答当地群众提出的各种技术问题及对养殖模式的改进提出了建议。为解决当地鱼苗以及渔用物资短缺的问题，卢迈新研究员多次组织联合中国水产科学研究院珠江水产研究所以及特色淡水鱼体系武汉综合试验站的岗位专家为广西三江侗族自治县赠送鱼苗、益生菌以及渔用药物等，其中，累计赠送鱼苗3000万尾。并且在2017年，联合中国水产科学研究院珠江水产研究所其他三位岗位科学家团队作为研发主体，与玉林综合试验站签订了合作协议，在广西三江县建立"中国水产科学研究院珠江水产研究所稻鱼健康生态养殖研发基地（三江）"技术研发及推广示范基地，根据当地实际情况，深入开展"稻渔综合种养"生态学原理及相关基础理论研究、特色淡水鱼苗种繁育、筛选宜养新品种、产业链研究及人才培养等工作。以"稳粮增效、健康生态"为目标，开展"稻渔综合种养关键技术和模式的集成与创新"，集成适应当地生态条件的典型模式，推进"稻渔综合种养"模式的创新升级、推广与示范，助推三江县特色产业精准脱贫。

为广西三江侗族自治县传统稻渔综合种养插上科技的翅膀

2020年，卢迈新研究员指导团队成员在广西三江"中国水产科学研究院珠江水产研究所稻鱼健康生态研发基地（三江）"开展稻渔生态养殖技术集成与示范，研究在"稻—渔"养殖模式下，养殖产量与稻田水体条件、苗种放养、水质管理、饲料营养与投喂、疾病预防及日常管理模式等相关关系，集成“稻—渔”水产动物标准化养殖技术，主要包括稻田鲤鱼养殖技术等的集成和示范，开展稻渔综合种养技术指导，为促进当地的稻田养殖发展、技术提升、品牌打造和精准脱贫提供技术支撑。

用理论知识和科技武装稻渔综合种养工作者

除了全心投入产业脱贫的科研工作之外，卢迈新研究员积极推动并参与到科技传播的工作当中，将自身及团队多年所掌握的技术以及经验，倾囊传授给当地的科技工作者以及贫困地区的养殖户。2018—

■ 卢迈新在广西三江稻渔综合种养技术培训会上

■ 卢迈新在广西三江特色淡水鱼苗种繁育示范基地考察指导

2020 年，卢迈新研究员曾 3 次亲自或者组织团队成员参加针对广西三江侗族自治县的技术培训工作。通过培训，帮助当地的科技工作者厘清稻渔综合种养发展历程，可借鉴的先进技术和成功经验，未来的发展思路和方向；为养殖户详细讲解稻田综合种养基础设施构建，鱼类苗种投放与养殖管理，鱼类病害防控等关键技术，提高从事稻田综合种养人员的技术水平，为提高养殖产量，增加养殖户收益做出了积极贡献。

扶贫感言

三十多年科研工作积累的成果以及成功经验，只有应用于产业的发展才能真正实现其价值。一直以来，卢迈新研究员秉持服务产业发展的初心，积极投身在科研和水产养殖业的发展工作中。古人云“授人以鱼，不如授之以渔”，扶贫先扶志、扶贫必扶智、“造血式扶贫”，成为中央对扶贫工作的重要要求和人们的共识。作为产业脱贫的重要内容之一，科技扶贫需要科研工作者的积极参与。针对传统的稻渔工作模式缺乏规律性、科学化和规范化的生产技术等问题，卢迈新研究员积极开展稻田综合种养模式创新与技术提升，巩固技术和生产成果，稳定和提高稻渔生产产量，为广西三江地区产业脱贫注入科技力量。

助力我国西部地区延安黄龙等大闸蟹养殖发展——科技支撑，实现产业“无中生有”，致富当地农民

——记国家虾蟹产业技术体系岗位科学家　成永旭

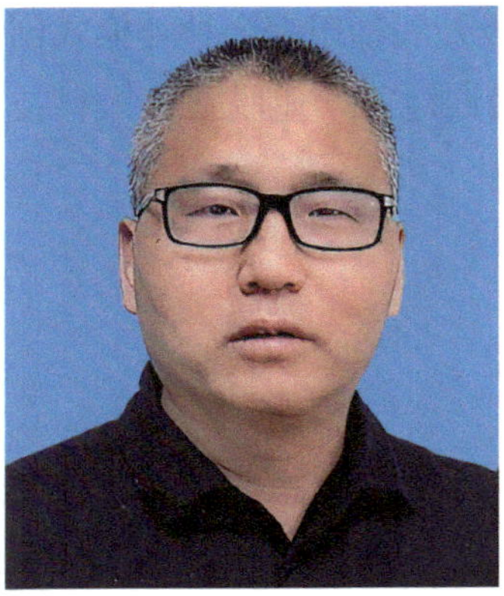

成永旭，1964年5月生，上海海洋大学，教授。依托岗位科学家团队河蟹（大闸蟹）生态养殖的技术优势，对口帮扶我国西部地区如陕西黄龙县，贵州铜仁市和青海海西蒙古族藏族自治州地区，实现了当地河蟹产业的从无到有，并且成为了当地农民增收致富的重要途径之一。

助力延安黄龙河蟹养殖产业发展——科技支撑，实现产业“无中生有”，农民脱贫致富

黄土高原上竟能产出大闸蟹？人们很难将干旱少雨的黄土高原与在水里生长、对环境要求高的“清水大闸蟹”联系到一起，但是在陕西省北部的黄龙县不但将大闸蟹与黄土高原联系到一起，还凭借养殖大闸蟹走上了一条特色养殖促旅游、特色养殖助力脱贫的道路。这些成绩，与虾蟹产业技术体系淡水蟹养殖岗位专家成永旭教授团队的技术帮扶是分不开的。

产业扶贫背景

黄龙县地处于陕西省中北部，森林覆盖率90%以上，被喻为“陕西的一叶肺”“黄土高原上的香格里拉”，但当地广大农民的经济条件并不是很好，为了让广大农民早日走向致富道路，当地政府一直在寻求适合发展的特色农业项目。2013年8月，在上海市委组织部组织之下，成永旭教授团队对黄龙当地气候环境、水质、市场因素等方面进行考察，认为在延安黄龙县完全可以适度发展河蟹养殖产业。同年，政府就决定在黄龙县进行大闸蟹养殖试点。

实施过程

在黄龙县政府的积极支持下，首先发动水利条件较好的白马滩镇、圪台乡等乡镇农民，进行河蟹养殖的试验，由成永旭教授技术团队指导。2014 年 3 月 16 日，首批 150 千克优质蟹种无偿从上海崇明空运至延安，次日在黄龙县新开挖的 16 亩池塘全部投放完毕，同时标志着黄龙县大闸蟹试点养殖工作正式拉开序幕。团队即刻派驻技术人员实地进行养殖技术指导。当年 16 亩河蟹养殖都取得了成功，这大大激发了黄龙农民的养殖河蟹的积极性，同时当地政府、上海市农委也分别在池塘开挖，苗种和饲料费用方面给予了一定的减免扶持，2015 年黄龙河蟹养殖面积迅速发展到 281 亩，经 2016 年专家测产亩产量平均超 50 千克，效益超 5000 元。之后，作为国家虾蟹产业体系淡水蟹养殖岗位科学家团队，更是强化了技术的指导，多次组织当地养殖户到上海崇明实地河蟹养殖地考察学习，也继续多批次派遣研究生驻地指导和教师现场培训，并在当地水产技术部门，特别是冯万能同志的默契配合下（注：冯万能就是当初派驻技术指导的海大学生，2015 年被黄龙县政府特殊政策引进，并正式入职），团队进一步结合黄龙县各乡镇的气候气温、水文水温、生产习惯以及水草生长特点，开展研究，即时调整饲料配方，确定对应投饵方案，提供适合黄龙县养殖的河蟹优良品系的蟹种等，总结出了“早投苗 + 种植伊乐藻 + 全程安全饲料 + 早育肥 + 山泉水流水式囤养”的模式，保障了河蟹生态养殖的品质。全县 2017 年发展 425 亩，养殖户 52 户，养殖池塘 110 个，2018 年和 2019 年主要在原有基础上，进一步调节养殖结构，鼓励养殖户相对规模化和集中养殖，同时以在“支部 + 公司、合作社 + 贫困户”模式运行，日常管理以技术带头人、支部、入股群众和贫困户进行生产和监督管理，增加村集体经济和贫困户的收入，如崾崄乡白城桥村 2015 年试养殖 5 亩到 2019 年将大闸蟹养殖扩建至 130 余亩，年产商品蟹 14000 余只，总收入 66.8 万元，已经成为本村群众致富增收和村集体经济积累的重要产业支撑。所以到 2020 年，全县养殖面积发展到 520 亩，产值 700 万元，精养的养殖户 55 户，大闸蟹养殖产量平均 52 千克 / 亩，蟹雄性 150 克、雌性个体 125 克以上的规格占 50%，成活率为 52%，主要示范户蟹成活率基本达到 60% 左右，产值 14000 元 / 亩。除去投资，亩净利润达 1 万元，一般农户的亩收入都超 7000 元。这为助力精准扶脱贫、乡村振兴发挥了重要的作用。

成永旭在陕西黄龙县开展工作

辐射成效

河蟹产业发展，已然成为黄龙生态旅游的符号，黄龙依托生态，践行生态优先，发展生态经济的典范。延安市及周边市县都有发展大闸蟹养殖的想法，先

成永旭在陕西黄龙县开展工作

后有南泥湾、延川县、富县、韩城、商洛市、安康市等市、县来黄龙学习考察和开展养殖。

大闸蟹在黄龙县养殖的成功，不仅掀起了陕北地区养殖大闸蟹的热情，而且成永旭教授团队近年来还以此把大闸蟹养殖推广到青海海西州、黑龙江大庆、齐齐哈尔、东营黄河口地区，同样取得了良好的效果。如青海海西州鸭湖（28 万亩）生产优质河蟹 25 万千克以上；黄河口大闸蟹后来居上，成为全国十大大闸蟹品牌之一。河蟹养殖技术也在贵州铜仁、云南西双版纳、福建连江等山区丘陵地区，进行了大闸蟹养殖实验探索，都取得了成功，亩利润都超 4000 元以上；在贵州铜仁推广河蟹技术，也已经发展面积达 6825 亩。为此，成永旭教授近两年入选了青海省海西州的“百人计划”“黄河三角洲领军人才计划”，还被黑龙江渔业协会聘请为龙江蟹首席技术专家。

扶贫感言

产业扶贫，除了因地制宜，科学施策，当地政府的积极扶持是产业扶贫能否落地和发挥作用的重要保障；建立示范基地是技术产业扶贫发挥作用的重要手段。产业扶贫须有一个有效和长效的推动机制。农民开始大多会抱着试试看和观望心态，需要首先建立一个有成效的示范基地（龙头企业），进行示范带动。长期派驻科技人员，实地指导，为当地培养技术人才并为当地所用（如本项目中的冯万能同志），吸引年轻人回到农村创业，是产业扶贫成功的重要关键因素；农村扶贫存在的一个重大问题，是缺乏有一定知识和文化的青年主力军，多数从业人员 50 岁以下，对新技术和新模式接受程度不高。产业发展和环境生态保护是产业可持续稳定发展的重要基础。

科技＋培训带动

精准脱贫　在帮扶的道路上大步向前进

——记国家木薯产业技术体系综合试验站站长　田益农

田益农，1961 年 3 月生，广西壮族自治区亚热带作物研究所，高级农艺师。长期从事木薯的育种以及栽培技术的研究和成果推广工作，有很丰富的实践工作经验。主要扶贫区域是广西梧州地区的藤县（原梧州试验站的示范县），木薯是当地农民的主要收入来源之一。2015 年，藤县的贫困发生率为 9.99%。

木薯致富之路——让经典作物焕发新风采

广西藤县古龙镇金凤村位于藤县的东部，该村地少人多，因此青壮年基本上都是到外地打工，村里剩下的不是老年人就是小孩。木薯是该村非常重要的一种经济作物，从 20 世纪 50—60 年代始，直到 21 世纪初，因为时代变迁的缘故，木薯首先是扮演了重要的度饥荒食品这样一个角色，然后再转变成为卖钱的经济作物。因此，当地群众对木薯有一种不愿离弃的念旧情怀。但是，在很长的一段时间里，农民使用的一直是很古老的品种，而且缺乏高产稳产的栽培技术和方法，致使木薯的产量一直没有明显的提高，加之木薯价格长期停留在一个相对较低的水平，导致木薯种植的收益很难跟得上生活发展的需要，一度弃留两难。不少农民为此而发愁，并因此而产生转种其他作物的念头，但是又苦于缺乏投资和管理技术，一度处于等待和观望的境地。田益农同志身为体系试验站的站长，非常清楚自己身上所肩负的责任。作为一名农业科研工作者，几十年的工作所积累的实践经验让田益农深深懂得，只有时刻把农民的生产需要挂在心上，自己所掌握的知识才有可能发挥作用从而转变成生产力，最后为农民创造更多的经济效益。基于这些认识，田益农多次组织团队成员对当地的木薯产业发展情况以及农民对于种植木薯的确切需要开展调研，在了解了当地农民在木薯种植方面的苦衷和困难以及需求之后，立即召集试验站的其他同事，研究解决农民面临的实际问题的对策。与此同时，联合体系相关的岗位科学家，认真梳理体系成立以前及以后的关于木薯品种选育，病虫害防控，高产高效栽培技术，以及综合利用等方面的研究成果，并将有可能在当地发挥作用的成果集合成一套实用的技术方案。方案形成之后，田益农同志即刻带领试验站的其他同事，多次奔赴古龙村，亲自向农户耐心细致地讲解技术方案的来龙去脉，以及实施的具体办法。

■ 田益农在广西梧州市藤县古龙镇古龙村开展木薯栽培技术培训工作

听民心，圆民意

在工作开展过程中，田益农同志认真听当地群众“讲故事”、用夹生的当地方言耐心地和他们“聊家常”，时时刻刻与群众打成一片。他认为只有这样才能听到群众的心里话，了解他们的所思所想，才能有的放矢地开展工作，从而达到理想的效果。

从 2013 年到 2017 年 5 年的时间，田益农同志及其团队在金风村举办了木薯高产栽培技术、木薯食品加工技术等方面的培训班共 5 期，培训农户 230 多人次，发放《木薯高产栽培技术》《木薯间套种技术》等实用小手册 300 多份。此外还通过微信、电话等方式经常与村里的农户交流信息，及时了解他们的生产情况，发现问题即时提供解决办法，不拖泥带水。

金风村的木薯产量从 1.2 吨 / 亩提高到 1.8 吨 / 亩，每亩增加 300 元的产值。最高的产量能够达到 3.3 吨 / 亩，增加 1200 元 / 亩的产值。农民实实在在地从优良品种和高产高效栽培技术的应用中尝到了甜头，也因此在脱贫的道路上大步向前进。

扶贫感言

打赢脱贫攻坚战，让贫困人口和贫困地区同全国一道进入全面小康社会是以习近平同志为核心的党中央对全国人民的重要承诺，是实现习近平总书记提出的“两个一百年中国梦”的重要工作部署。作为农业科研战线的一名老技术人员，几十年的工作经历，知识有点，工作经验也不少，应尽己所能为完成“脱贫攻坚战”这么一个伟大工程贡献一点点力量。农业技术推广成功的关键首先是技术可行，这就要求既要对技术有很深的了解，又要掌握技术使用者的家庭和生产条件的基本情况；其次是与农民交流时要有“平起平坐”的姿态，要主动、热情，要学会有技巧地和农民打交道，这样才能提高工作的效率。

产业扶贫是一项长久的工作，领会要点，掌握技巧才能够获得更快更好的成效。

科技助力油菜产业　决战决胜脱贫攻坚

——记国家油菜产业技术体系综合试验站站长　王浩瀚

王浩瀚，1962年9月生，张掖市农业科学研究院，研究员。承担着甘肃省临夏回族自治州和政县、临夏县，甘肃省甘南藏族自治州临潭县油菜产业扶贫任务。

将科研成果写在“金色”大地上

2007年国家油菜产业技术体系张掖综合试验站成立之初，站长王浩瀚下定决心要把他和团队的研究成果应用在科技助农和实现农业现代化的伟大事业当中。他先后走进甘肃省临夏回族自治州、甘南藏族自治州、武威市、陇南市、天水市、平凉市、庆阳市及张掖市等主要冬油菜和春油菜产区，进行了大量的科技调研，他发现油菜的种植类型、种植时间、栽培措施、产量水平及油菜品质等都存在很大的差异。为此，他带领国家油菜产业技术体系张掖综合试验站的工作人员，先后与首席科学家王汉中院士，以及华中农业大学、中国农业科学院油料作物研究所等专家和科研院所取得联系，通过不断地交流合作，相互借鉴学习，他们团队培育出了具有广泛适应性，符合调研地区生产实际的油菜新品种，由他们团队主导的甘蓝型油菜产区双低油菜种植率达到100%、大田平均产量大幅提高。

“金色”产业助力“三区三州”脱贫

2019年农业农村部启动了科技助力“三区三州”活动，国家油菜产业技术体系张掖综合试验站有幸承担甘肃省临夏回族自治州和政县和甘南藏族自治州临潭县油菜产业科技助力任务。接到任务后，王浩瀚倍感荣幸，他深知责任重大，及时向各级部门汇报并积极投身到该地区油菜产业扶贫工作当中。调研、开会、技术指导、产品销售等成了他每日必修课，他先后为广大种植户举办各类油菜产业培训15场次，培训人员1000多人次，帮助和政县星月商贸有限责任公司将40吨菜饼以每千克高出市场价0.8元的价格销往上海，为企业直接增收3.2万元。同时依托该公司开展油菜新品种示范等多项试验，指导年种植高油酸油菜品种2000多亩，亩均增产30千克以上，增收30余万元。

■ 王浩瀚在甘肃临夏县掌子沟乡白土窑村开展技术培训

■ 王浩瀚在甘肃和政县调研油菜籽深加工

2020年，国家油菜产业技术体系张掖综合试验站在继续做好“三区三州”科技助力活动的同时，再次接受农业农村部给他们下达的甘肃省临夏回族自治州临夏县技术顾问的任务，王浩瀚深知本年度是全面打赢脱贫攻坚战的收官之年，更是全面建成小康社会的决胜之年，这是一项重大的责任使命，他与团队成员多次协商，他们认为，这项任务虽说是技术顾问，但他们要做的事不仅仅是顾问之事，还要做全产业链的技术指导及实地考察，王浩瀚提出在临夏县、和政县等林果业发达的地区开展林下油菜绿肥还田技术，提高林下地有机肥含量，促进啤特果等林果产业发展，同时开展油菜花节、油菜绿肥、油菜青贮等多元化利用；在临潭县开展油菜花节、高原高品质油菜籽生产、充分利用高原降水量优势开展反季节油菜薹生产技术等，有力促进了当地经济发展。同时，在受新冠肺炎疫情影响和试验站经费紧张的情况下，他多方筹措近10万元的农资送到扶贫县，旨在通过农艺措施提高油菜单产和品质，增强油菜种植户的积极性。

2020年，王浩瀚和他的团队协调组织和政县近500多名创业致富带头人先后分4批到张掖市现代农业、畜牧业及农产品深加工进行了多场景、多场次、多元化的参观、学习和培训，让科技培训实现了“倍增式”增长，为当地的产业发展、技术创新及脱贫攻坚做出积极的贡献。

扶贫感言

通过这几年在“三区三州”扶贫工作的实践，王浩瀚深深感觉到产业扶贫是帮助贫困地区和贫困户精准脱贫的突破口和技术支撑，是确保贫困户精准脱贫的重要途径，也是确保贫困户不返贫的最有效方法。通过产业扶贫能最大化发挥资源优势，调动贫困户积极性，发展规模经济，从根本上解决长期以来贫困户等靠要的思想，也是乡村振兴的必由之路。

发挥专业特长　积极服务“三农”　助力脱贫攻坚

——记国家花生产业技术体系综合试验站站长　王　军

王军，1974 年 10 月生，中共党员，贵州省农业科学院油料研究所，研究员。2018—2019 年任贵州省“万名农业专家服务‘三农’行动”沿河土家族自治县服务团技术团长，省级科技特派员，2019 年被评为贵州省农科院脱贫攻坚优秀党务工作者，主要服务于贵州省沿河土家族自治县花生产业发展。

克服困难，深入基层，实施帮扶指导

沿河土家族自治县位于贵州省黔东北，是国家级贫困县，同时也是典型的喀斯特地貌环境，十里不同天，气候差异大；土地破碎，机械化程度低；工程性缺水严重，土壤肥力不均；光热资源不够，农业种植难度大，技术要求多样；山区农户文化素质低，科技接受能力弱。接到沿河县的扶贫任务后，王军同志也曾经犹豫，一方面作为“万名农业专家服务‘三农’行动”沿河土家族自治县服务团技术团长责任重大，担心带头工作做不好会影响整个团的工作，再加上爱人工作繁忙，孩子身体还不太好，全靠岳父岳母照顾，到基层时间长，无法照顾家庭。但是作为一名共产党员，也作为一名从事多年科研工作的一线农业科研工作者，他深知肩负的责任重大，也深知广大的农民

■ 王军在贵州贵阳市花溪区麦坪镇开展花生种植培训

群众多么需要农业技术干部指导，多么渴望早日脱贫致富，所以他坚定决心，做好家人的工作，义无反顾地投入到脱贫攻坚的工作中。在前期工作中他带领团员深入贫困村与村组、园区、农业合作社主要负责人及贫困户，面对面沟通交流、宣讲政策，将精准扶贫相关政策传到千家万户，让群众了解各项惠民政策，了解镇里、村里开展的工作，拉近了干部和群众距离。了解农户和专业合作社科技需求、传授先进技术，在田间地头生产一线进行调研与指导，开展技术服务和技术培训。为镇、贫困村提供产业发展、规划实施、技术攻关等方面咨询，解决农业技术生产难题并提供了技术服务和咨询。

出谋划策，真情帮扶，服务花生产业

王军同志在完成本职工作的同时，多次到当地农业农村局和合作社进行座谈和调研，为沿河花生产业的发展出谋划策，对产业发展提出了一系列规划及建议，并在品种选育、栽培技术、加工研发各个环节均进行对接和技术服务，充分发挥了沿河的资源优势、生态优势和产业优势，大力发展绿色、健康、天然、生态和有机花生种植，并在花生深加工、新产品开发等方面开展研究及示范推广，提高了产品的科技含量，不断提升“铜仁珍珠花生”的知名度和影响力，带动贫困群众增收脱贫。

在帮助农业农村局和合作社做好产业规划的同时，他与农村局通过合作实施国家花生产业技术体系贵州综合试验站项目，继续扩大良种良法推广示范，进一步加强科技成果的转化应用。在官舟镇、黑水镇、土地坳镇、泉坝镇、思渠镇、洪渡镇、塘坝镇、沙子街道、淇滩镇、晓景乡、谯家镇等 11 个镇、街道扩大花生种植面积，示范带动全县花生种植面积 4 万余亩增产增收，惠及贫困户 3756 户，贫困人口 1.45 万人。当看到当地贫困户通过种植花生逐步摆脱贫穷时，整个扶贫团队士气大增，对下一步脱贫工作充满了信心。

王军同志在扶贫过程中深刻意识到，扶贫要先扶志，特别是要从培养“懂农业、爱农村、爱农民”的花生产业人才队伍入手，因此他带领团队自 2017 年以来，接受花生种植农户电话咨询 60 余次，开展培训 30 余次，为沿河培养花生本土专业人才，再通过他们来指导和带动农户，取得了非常好的效果。

牵线搭桥，通力协作，开展科技帮扶

为进一步发挥人才和科技优势服务“三农”、服务地方、服务产业的成效，王军同志充分利用作为科学技术与产业发展的桥梁纽带作用，助推沿河整个农业产业的发展。通过邀请体系及省相关专家与地方科技部门、园区及合作社等对接，积极协助服务园区、合作社和贫困村申报和实施好扶贫资金项目和产业发展项目，就沿河产业扶贫项目申报、实施等提出相关的建议，充分地发挥各专业、各部门农业智囊团的作用。在发挥团队作用方面，作为沿河土家族自治县服务团技术团长，他不仅身先士卒走到一线，也积极帮助团队成员解决困难，主动做好思想工作，调动全体团队成员的积极性，带领团队成员多次深入基层开展产业发展调研、技术培训，协调解决产业发展所遇到的技术难题，通过团队成员之间的通力协作，充分发挥科技服务团成员的各自的专长，共聚力量致力开展科技帮扶，圆满地完成了服务团的科技帮扶工作，取得了显著成效。

■ 王军在贵州铜仁市沿河县官舟镇开展花生病害调查

扶贫感言

脱贫攻坚就是要动员全国全党全社会的力量，坚持精准扶贫、精准脱贫，确保到2020年所有贫困地区和贫困人口一道迈入全面小康社会。这是我国全面建成小康社会最艰巨的任务，同时也是举全国之力才能办成的伟大事业。王军作为脱贫攻坚一线的一名普通党员，为能参加这样的伟大壮举而自豪，但同时也深感身负的责任重大。而从脱贫攻坚的各种方法来看，只有通过产业扶贫，才能快速扩大扶贫范围和加大扶贫力度，提高扶贫效率，所以首先要结合地方的资源和实际情况找准扶贫的产业方向，再通过产业体系团队的力量引入技术、培养人才、加强指导、带动广大的群众参与其中，才能更广泛地实现农户脱贫。

脱贫攻坚路上，我愿做你的领路人

——记国家花生产业技术体系综合试验站站长　李　强

李强，1980 年 4 月生，新疆农业科学院经济作物研究所，研究员。自 2017 年加入国家花生产业技术体系，受体系首席办公室及农科院党委指派分别赴新疆南疆“三区三州”疏勒县、莎车县、叶城县、麦盖提县、墨玉县、和田市等县（市）开展脱贫攻坚技术服务及产业发展技术指导，并于 2018—2019 年连续两年在疏勒县开展“访惠聚”驻村扶贫。

聚焦花生“金豆子”，开展科技助力扶贫

“李强老师，又去花生地视察吗？”“李强老师，我们家的花生叶片有些发黄，怎么办啊？”这位被村民们亲切称为李强老师的人就是新疆农业科学院下派至疏勒县参加“访惠聚”扶贫工作的国家花生产业体系新疆综合试验站站长。自 2018 年开始“访惠聚”驻村以来，一直在替亚克什拉克村脱贫致富寻找门路。库木西力克乡亚克什拉克村长期以来主要以种植小麦—复播玉米、棉花、西甜瓜为主，种植结构单一。全村贫困户基数大，贫困户文化层次偏低，思想观念落后，缺乏谋生的基本技能，经济收入主要靠种田获取。自 2018 年开始，李强研究员和其他同志依托自治区农科院和产业体系优势，通过技术 + 农户 + 企业模式，大力引进推广新品种、新技术，对当地种植结构调整及农民增产增收起到积极推动作用。

现在走在亚克什拉克村里，一提起李强老师这两年多的扶贫之路，村民直竖大拇指“李强老师，亚克西”。两年多来李强老师听民声，访民情，积极为民谋划。10 村 4 组村民阿卜杜喀哈尔 · 艾麦尔以往主要种植小麦、棉花，辛苦一年效益微薄，今年李强老师根据其土地及家庭情况为其免费提供花生、棉花良种，改变其种植观念、为其设计了花生棉花间作配置高产高效种植规划并投入实施。因其存在第一年种植花生，对花生管理经验欠缺、担心产后销售等困惑问题，阿卜杜喀哈尔 · 艾麦尔曾经犹豫过，经过李强老师与其耐心沟通并积极对接花生产业专家和花生订单企业，解决其后顾之忧，使其迅速坚定了信心。在花生与棉花生长主要生育时期，李强老师提前筹划，积极运作，分别邀请国家花生体系相关专家和新疆农科院棉花专家努斯热提博士对花生和棉花生长环节做高产创建技术跟踪培训，并在花生主要荚果期邀请中国农业科学院农产品加工研究所王强所长团队、广西农业科学院经济作物研究所唐荣华所长团队亲临亚克什拉克村花生田开展技术指导。经过相关技术人员测产，花生产量每亩达到 415 千克。

■ 李强在新疆疏勒县库木西力克乡开展花生田间管理措施培训

尤其是当地收购商看过花生荚果外观和饱满度等性状后，当即决定以每千克高出当季市场价 0.5 元的价格全部收购这批花生。听到这个消息阿卜杜喀哈尔·艾麦尔开心地笑了，通过简单测算阿卜杜喀哈尔·艾麦尔一亩地花生收入能达到 2200 多元，比他过去种植常规作物亩产收入提高了整整 500 多元。此时他往日的担心和脸上的愁容都消散了，掩饰不住自己喜悦的表情，对着李强老师直竖大拇指："我的地里种出了金娃娃，明年我更有信心扩大种植面积了，我的脱贫也有望了。"

精准对接产业困境　开展科技扶贫服务

往年村里冬小麦收获后主要复种玉米，但玉米经济效益低，而且果树间套作模式对于果树影响较大。针对这种情况，也为了给当地贫困群众能找到更适宜、更有效的脱贫致富新路子，李强老师通过走访和市场调查，利用自身资源优势，邀请当地农技人员和种植户共同协商，在全村引进早熟花生良种开展麦后复播工作。为了解决种植技术难题和提高生产效率，李强老师还积极联系麦后复种花生播种机械，在全村开展了农业机械化示范，使农民充分认识到先进农业科技在现代农业生产中的巨大作用。"整个库木西力克乡以前没有麦后复种花生种植历史，但是有李强老师支持和相关专家指导，我有信心能够把麦后复种花生种植成功。"村民麦麦提艾力·霍吉笑着说道。李强老师也介绍道："以往我们没有早熟花生品种，也很少有麦后复播花生历史，但通过市场调研，发现这种作物在后期也有广阔的销路，而且市场定价也比较好，最主要的是我们有相关领域专家提供良种和技术，还有部分企业订单和市场销

李强在新疆疏勒县库木西力克乡指导村民开展麦后复种花生机械化作业

路，我们完全没有后顾之忧。相信我们通过推广种植这种复种模式，一定能为全村农民脱贫致富，开拓一条新的门路。”

扶贫感言

经过两年帮扶，李强的扶贫点于2019年顺利通过脱贫验收，所涉及贫困户均实现脱贫。通过两年精准帮扶他受益匪浅、感受颇深。作为一个农科人能够在祖国需要的时候投身全国精准脱贫攻坚的主战场，倍感荣幸。“精准扶贫”就是要在“精准”两字上找准符合当地经济发展的增收路子。找准贫困“症疾”，找准脱贫路子，加强特色产业发展。作为国家花生产业技术体系成员，他能用自己专业服务这场精准脱贫攻坚战，用“小花生”在当地做成大产业，做成农民增收“金豆子”，也体现了国家产业体系专家集体智慧。2020年作为脱贫攻坚关键的一年，各项脱贫成效依然需要巩固，李强依然会秉承“不忘初心、牢记使命”的宗旨，继续服务于脱贫攻坚第一线，为新农村建设继续努力。

科技帮扶　助力脱贫攻坚

——记国家特色油料产业技术体系岗位科学家　李素萍

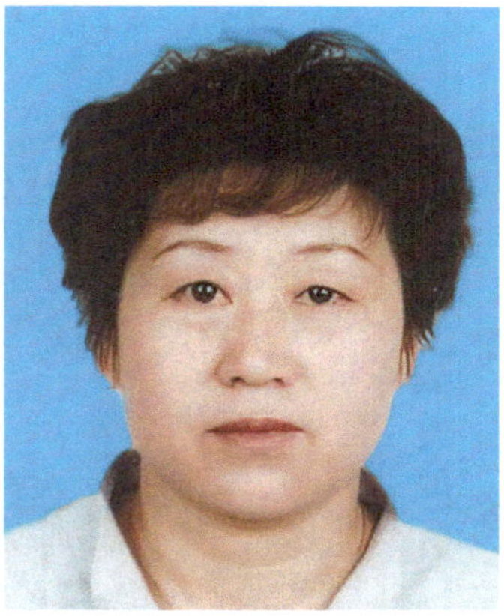

李素萍，1964 年 1 月生，内蒙古自治区农牧业科学院作物科学研究所，研究员。担任岗位科学家以来，积极参与内蒙古自治区产业扶贫工作。呼和浩特市武川县和呼伦贝尔市鄂伦春旗是国家级贫困县。武川县地处高原干旱区，年种植向日葵 30 万亩以上，是当地农民脱贫致富的主要经济作物。鄂伦春族是人口最少的少数民族之一，属狩猎民族，呼伦贝尔市鄂伦春旗是鄂伦春族的聚居地。

李素萍作为岗位专家积极参加内蒙古自治区呼和浩特市武川县和呼伦贝尔市鄂伦春旗扶贫工作。呼和浩特市武川县和呼伦贝尔市鄂伦春旗是国家级贫困县。摆脱贫困首先提高贫困人口的素质，培养贫困群众科学种田的技术，充分认识产业扶贫是贫困群众持续稳定脱贫的治本之策。向日葵是武川县的主要油料作物和经济作物，通过技术培训、新品种、新技术促进向日葵种植的提质增效和油脂加工业的发展，对于带动当地脱贫致富有重要作用。

加强技术培训，推广新品种新技术，带动产业扶贫

李素萍及团队成员近几年每年在武川县可镇、上秃亥乡、耗赖山乡、哈乐镇、乌兰不浪镇开展了各项科技扶贫活动 5 次以上，涉及 210 多个贫困户。在团队帮扶中，技术培训、新品种、机械化播种、田间管理和机械化收获、杂草防除等新技术在节本增效方面发挥重要作用。

以特色油料产业技术体系的技术与专家为依托，为武川县向日葵产业发展出谋划策，积极引进和推广新品种、新技术，主要包括优良新品种、机械化膜下滴灌种植技术和机械化收获、杂草防除技术及产品深加工等新技术。以内蒙古三瑞、三胖蛋、安徽省洽洽食品公司为龙头企业，采取科研 + 企业 + 基地模式，收购价格高于市场价 12%，先后在武川县贫困村建立原料生产基地 2 万亩，涉及贫困户 200 户，贫困人口 410 人，实现户均收入年增收 1420 元，实现脱贫的农户有 60 多户，创造社会经济效益约 120 万元。

2018 年 8 月 20 日特色油料产业技术体系向日葵机械化岗位专家随内蒙古自治区科协组织的“科技助力乡村振兴和精准扶贫专家旗县行”工作组走进武川县，展开为期一周的“科技助力乡村振兴和精准扶贫专家旗县行”实用技术知识讲座。李素萍先后到可镇、上秃亥乡、耗赖山乡、哈乐镇、乌兰不浪镇

为贫困户就向日葵产业发展现状、向日葵现代化种植技术及向日葵常见病虫害防治方法等进行技术培训，并走进田间地头，就当地向日葵、黄萎病、锈病的防治及列当的防除，以及向日葵机械化生产技术进行了重点讲解。

■ 李素萍在内蒙古武川县体系培训贫困户

到人民中间去，把党的温暖和关怀送到贫困户身边

遵照习近平总书记“弘扬乌兰牧骑精神，到人民中间去”的指示，2019 年 11 月 12 日，由内蒙古自治区党委宣传部牵头主办，科技厅、扶贫办等 11 个厅局组成“草原综合服务轻骑兵”小分队走进贫困县，开展文艺演出、政策宣讲、农牧业知识等方面的综合性扶贫服务活动。

李素萍以“乌兰牧骑 +”的方式向贫困户提供综合性扶贫服务，在自治区组建了 5 支“草原综合服务轻骑兵”。11 月的鄂伦春旗天高云淡，一支由 23 人组成的“草原综合服务轻骑兵”鄂伦春小分队，迎着寒气、踏着雪地，奔走在服务基层的路上，开展为期 10 天的精彩惠民活动。在每日上午 10:00 至下午 15:00 走进全旗 10 个乡镇的 10 个贫困村，采取文艺演出、集中宣传、点对点服务等方式开展综合性服务活动。

李素萍研究员在鄂伦春旗毛家铺村进行农业知识的普及和种植技术服务，当地农户主要以种植大豆，小麦为主，种植面积大，造成轮作倒茬困难，存在氮肥施用过量，有机肥使用少，磷钾肥不足，病虫害发生严重，产量品质下降的问题，给农户造成损失。为此，为农户就大豆品种选择，轮作倒茬，肥料选择，施肥技术，病虫害防治方面进行讲解。引导农户引进其他种类的农作物，进行试验种植，调整种植业结构，增加农户收入。

通过以上活动，把党的温暖和关怀送到贫困户身边，提升贫困户获得感和满意度。围绕帮扶户家庭实际，做好人居环境整洁、扶志教育引导等工作，认真倾听贫困群众心声，及时反映他们的诉求。积极为农户提供向日葵、杂粮杂豆等新品种和种植技术，带动农户增产增收，积极反馈农户发展产业需求，目前帮扶的 3 个贫困户依靠向日葵生产实现了脱贫。

■ 李素萍在内蒙古鄂伦春旗毛家铺村进行农业知识的普及

扶贫感言

通过参加“科技助力乡村振兴和精准扶贫专家旗县行”“草原轻骑兵综合服务队活动”等扶贫工作，一路走来，目睹了草原人民的生活状况、他们的精神面貌，李素萍感触很深，经过几年的扶贫工作，贫困地区发生了翻天覆地的变化。所到的乡村，都干净整洁，没有了以前农村的脏乱差。还有老百姓都穿戴整齐，人人都有手机，就是七十岁的鄂伦春老奶奶，也从心灵深处透出自信和幸福，没有了贫穷给人民带来的痛苦和萎靡。更让李素萍感动的是孩子们，他们那么活泼开朗，天真无邪，那么可爱，那么自信，没有看出任何因为偏远地区的闭塞和贫困，给他们造成的怯懦，呈现在大家面前的是阳光，自信，无忧无虑。这些让李素萍感慨万千，深深地体会到在党的十八大以来，一切为了人民的政策得到体现，医保、社保、最低社会保障等政策，让人民生活得安心、放心。到处都能体现出党、政府扶贫工作的成效。

心贴心服务助力扶贫展风采

——记国家棉花产业技术体系综合试验站站长　王西和

王西和，1981 年 7 月生，新疆农业科学院土壤肥料与农业节水研究所，副研究员。“三区三州”科技扶贫专家，主要对口帮扶地区为新疆维吾尔自治区疏勒县和塔什库尔干塔吉克自治县。

扶贫就如做科研，每一步都必须做到细致周全，怀着这份信念，王西和每天往返于试验站与单位之间，努力将科研落到细节处；深入田间地头为棉农解答栽培、施肥等问题，心系农民扎根基层，深入贫困村，切实把科技送到农民手中，把扶贫工作写到大地上。

自 2017 年开始，他就随棉花产业技术体系南疆科技服务团，深入巴楚县、莎车县、英吉沙县，喀什市贫困乡村，针对当地的种植结构布局、水肥管理状况、田间管理水平等方面存在的问题及急需解决的问题，提出帮扶对象、内容及切入点，制订细致的工作方案，力求为农民解决最实际的问题。通过开展棉花施肥、水肥一体化管理等技术讲座，在会场讲，在地头讲，他总能用老百姓能理解的朴实表达方式解答农民的问题。南疆是灌溉农业，但因季节性缺水，有些地区农民常常好久浇不上水，再加上地面覆有地膜，因此，棉花无法追肥。有位农民心急，打算把用于追肥的尿素全都用打药桶喷到棉花上，刚好碰到前去讲座的王西和，他马上劝阻这位农民，并耐心地为他讲解叶面用肥的技术，这位农民听完恍然大悟，通过这次及时纠正错误，避免了因施肥不当导致的烧苗损失，这位农民感激地说“热合买提（谢谢）！”

不忘扶贫初心，牢记脱贫使命，王西和在脱贫攻坚路上的每一步都走得扎实，走得卓有成效。2019 年王西和被选派为农业农村部棉花产业技术体系“三区三州”科技扶贫专家，对他来说这既是一份荣耀也是一种鞭策。他通过发挥团队的力量，以棉花产业技术体系乌鲁木齐综合试验站为工作平台，以农户为重点，带动整村发展。在疏勒县库木西力克乡吾其村，优化种植结构，为农户制定高收益作物种植计划，提出了从田间到庭院一体化提升服务与参与模式，选择相对贫困的农户作为重点帮扶示范户，指导其早春通过拱膜种植西瓜，为了能将栽培措施落实到位，他与示范农户同吃同住同劳动，白天下地察看苗情，刮风了要压膜，天热了要通风，晚上还要加班处理其他工作，从来没有懈怠过。最终，西瓜上市提早了半个月，每亩地直接增收 700 多元，庭院内种植葡萄、养殖畜禽，庭院后的菜地种植大棚果蔬，不但补贴了自家的吃菜问题，还增加了 2000 多元的经济收入。通过示范，带动了全村 50 多户农民利用自家的庭院及院后的菜地，着力发展庭院经济，发展特色养殖和种植，房前屋后种上了葡萄、蔬菜，走出一条具有新疆特色、喀什特点的脱贫攻坚之路。

同时他还克服高海拔可能带来的不适，多次赴塔什库尔干塔吉克自治县与当地科技局共同谋划当地产业发展方向，以特色旅游业为主导，建议发展观赏油菜特色种植和畜牧业，为当地高海拔区适种作物建言献策，并对农民进行种植技术及水培牧草培养技术等方面的培训。作为一名扶贫党员，他递交了一份满是诚意和温度的答卷，展现了青春风采！

■ 王西和在新疆乌鲁木齐试验站开展邀请扶贫村农民进站参观及现场培训活动

扶贫感言

产业扶贫是一项长期历史任务，贫困区基本经济社会发展总体水平不高，而扶贫对象规模相对较大，只有将产业化扶贫与整村推进、连片开发、科技扶贫相结合，通过多种产业经营模式，带动贫困农户增收致富，增强内源式可持续发展模式，因地制宜，因户施策才能更有利于保持发展和地区特色。通过建立示范户推进整村发展，可进一步带动县域范围内资源的有效整合和连片开发，吸引相关涉农资金整体投入产业开发与配套项目。通过定期组织农民参与示范户经验交流，现场指导，有奖竞答等活动，使科技示范户所学的知识能够准确及时地传达到身边农户，充分发挥了科技示范户的“传、帮、带”作用，有效解决了科技服务群众“最后一公里”的问题。

凝心聚力做好甜菜产业扶贫的科技担当

——记国家糖料产业技术体系综合试验站站长 林 明

林明，1982年8月生，新疆农业科学院经济作物研究所，副研究员。主持和参加科研项目10余项，发表论文10余篇，获得专利8项、软件著作权7项，编写地方标准7项，获省级科技进步奖二等奖1项、地区科技进步奖一等奖1项，2016年开始担任国家糖料产业技术体系玛纳斯综合试验站站长，主要从事甜菜新品种及栽培技术的示范和推广工作。

聚全力凝成果做支撑

新疆喀什是国家“三区三州”深度贫困地区中南疆四地州的一个地区，也是脱贫攻坚的主战场。从2016年开始，国家糖料产业体系针对喀什地区农产品加工产业薄弱，在伽师县与奥都糖企（当时正在筹建）一道积极推进甜菜种植与制糖产业。体系研发中心根据各岗站研发任务的实际情况，将南疆新糖区的甜菜科研和示范推广任务的具体实施交由玛纳斯综合试验站负责。在首席科学家白晨研究员的统筹和指导下，东北的甜菜养分管理与土壤肥料岗位专家周建朝研究员、北京的甜菜病害防控岗位专家韩成贵教授、内蒙古的甜菜抗病品种改良岗位专家张惠忠研究员，以及新疆的甜菜种子扩繁与生产技术岗位专家王维成研究员、甜菜高产高糖品种改良岗位专家张立明研究员、甜菜水分管理与节水栽培岗位专家杨洪泽研究员、甜菜虫害防控岗位专家王锁牢研究员在各专项技术的支持下，针对喀什新糖区（没有甜菜的种植历史）的气候特点、土壤环境以及当地的农业生产水平，通过两年的科研研究形成了南疆甜菜高产高糖机械化综合栽培技术模式。当地制糖企业喀什奥都糖业经过3年的项目论证以及体系在原料种植方面的技术成果支撑下，于2018年1月在伽师县建成投产。

■ 林明在新疆伽师县村民克里木·卡德尔家的丰收现场

由于甜菜产业在当地是新事物，在没有看到经济效益之前，无论是政府还是农民都还不愿意接受甜菜。于是他们以新建的喀什奥都糖企为切入点，采取了“企业+农户+科技服务团”的产业订单模式，通过冬春季农闲时节进行甜菜种植技术集中培训，对各个生产环节进行技术培训，手把手地教农民怎样种甜菜、怎样管理好甜菜。

精准帮扶，推动甜菜产业之树扎根、开花、结果

在 2018 年甜菜收获季时，“一炮打响”，甜菜喜获丰收。其中，伽师县江巴孜乡色日克托克拉克村村民克里木·卡德尔就尝到了“甜头”。克里木·卡德尔家当年 3 月划出 1 亩地开始种植甜菜，没想到仅 1 亩地就产出 8.6 吨，毛收益为 3440 元，纯收入达到 2540 元。克里木·卡德尔刚开始并不太愿意种植，但是有专业的科技人员给提供技术指导，既省心又方便，还没有什么风险，明年他打算把自家耕地全部种上甜菜，加上家里的养殖收入，还有务工收入，他们家脱贫不成问题。色日克托克拉克村村民吐洪·阿西木也是一名贫困人员，他也尝到了种植甜菜的“甜头”。吐洪·阿西木把土地流转给了制糖企业，每亩土地有 800 元流转费，还可以到甜菜产业示范基地打工，一年最少能收入 3.5 万元。2019 年该村党支部书记阿不都日西提·阿力孜介绍，2018 年以前村民没有种过甜菜，2018 年通过大力宣传，全村才种了 220 亩，通过甜菜种植专家们手把手的指导，秋天甜菜都丰收了，种植户都挣上了钱，村民们看到种植甜菜机械化程度高、收益好，还有甜菜专家进行全程技术指导，2019 年村民自发种了 430 亩，面积约比前一年翻了一番。艾尔斯拉尼·买合是喀什奥都糖业有限公司维修工，已经工作 3 年了，月工资在 3000 元以上，是阿亚格乔拉克村村民眼中“有出息的年轻人”。现在，艾尔斯拉尼·买合有了新的想法——出去学习，学习更多维修技能，成为厂里的技术骨干。甜菜产业的发展，为当地乡村脱贫带来更多的选择性，也为当地的发展注入了更多的可能性。

为了能做好技术服务和示范工作，2018 年在伽师县英买里乡及江巴孜乡 4 个贫困村、2019 年在江巴孜乡 2 个贫困村以及 2020 年在和夏阿瓦提镇 2 个贫困村三年累计打造科技扶贫示范点 20 个，形成 220 户科技示范户，建立示范田 13000 亩。目前喀什糖区甜菜种植面积已从 2018 年的 4 万亩发展到了 2020 年的 11 万亩，种植区域已从伽师县辐射到麦盖提县、疏勒县、疏附县、英吉沙县、莎车县及阿克陶县，直接服务农户数量 2.5 万户，其中建档立卡贫困户 3859 户，同时糖厂提供产业工人岗位 623 个。甜菜产业的发展已为当地农业产业结构的调整、新型产业的发展和脱贫攻坚起到了推动作用。

扶贫感言

在南疆喀什地区开展甜菜科研和示范推广工作已经 5 年了，见证了当地甜菜产业从无到有，再到发展壮大；也见证了甜菜产业在当地脱贫攻坚中作用由小变大，再到成为当地脱贫致富的重要抓手；甜菜产业发展了，增强了当地农村发展的活力，产业兴旺了，也为乡村振兴增添了活力。虽然近几年在首席科学家的统筹下，在相关专家的共同努力下，体系专家在喀什新区开展的各项甜菜科研及技术服务工作取得了许多成效，但是如何进一步提升甜菜的产量和质量，降低种植和生产成本，仍然有许多的工作要做。就像首席科学家白晨研究员说的那样，只有把甜菜产业打造成“三满意”产业增加税收，政府满意；增加效益，企业满意；增加收入，农民满意，甜菜产业才能逐步发展壮大。

聚焦重点贫困蔗区　助推蔗糖产业逆势上行

——记国家糖料产业技术体系岗位科学家　吴才文

吴才文，1963年9月生，云南省农业科学院甘蔗研究所，研究员。带领团队以云南省普洱市的澜沧县和文山州的富宁县为中心，辐射普洱市和文山州及其县市及周边贫困蔗区，以科技、产业和精准扶贫为抓手，在履职好扶贫任务的同时，还开展了其他相关的科技创新和成果转化工作。

聚焦甘蔗产业开展科技扶贫成效显著

云南全省88个贫困县，有38个县种植甘蔗，占贫困县总数43.18%，2013年38个贫困县共种植甘蔗398.45万亩，占全省甘蔗种植面积73.7%；年均甘蔗总产1300余万吨，占全省甘蔗总产量的81.3%，为贫困地区蔗农创造种蔗收入约60亿元，全省600万蔗农人均种蔗收入达1000元。2019年全省甘蔗面积较2013年下降了105万亩，而38个贫困县植蔗面积仍达393.81万亩，占全省甘蔗种植面积的比例大幅上升到了90.5%，发展蔗糖产业助推脱贫攻坚成效显著。

为提高甘蔗生产的效益，吴才文同志每年深入云南主产蔗区举办各种培训会、现场指导时间长达60天以上，指导蔗农数百人，发放技术资料上万份。2019年榨季面对干旱、霜冻和新冠肺炎疫情的三重影响，吴才文同志深入蔗区、深入制糖企业68天，开展科技抗旱、抗寒以及新品种新技术推广，全省甘蔗面积虽下降了105.3万亩，蔗糖产量却逆势上扬，在南方主产区蔗糖产量较上榨季减产超过52万吨，云南甘蔗平均出糖率达12.91%，蔗糖产量216.9万吨（较上榨季增加8.3万吨），再创“十三五”以来的最高水平。

创新驱动“甜蜜事业”助力澜沧脱贫攻坚成效显著

澜沧是云南甘蔗种植大县，也是云南省2020年16个脱贫攻坚挂牌督战县。2016年吴才文研究员深入澜沧蔗区的勐朗镇和上允镇了解自然情况和蔗农种蔗习惯，针对当地实际制订帮扶计划，2017年引进甘蔗新品种58吨到当地蔗区进行试验示范取得了成功，2018年云南甘蔗研究所与中云投资有限公司签订了战略合作协议，吴才文同志亲自负责把510吨适宜澜沧种植的甘蔗新品种引进澜沧大规模推广，2019年2个新品种推广面积就快速增长到5万亩以上。2019年上半年澜沧蔗区降水量持续偏少、气温异常偏高，旱情不断扩大，吴才文同志针对澜沧蔗区实际，提出了5条抗旱建议，减轻了干旱对甘蔗生产影响；2019年年底，澜沧蔗区出现强寒潮天气，为了减轻雨雪霜冻灾害对甘蔗产业的影响，吴才文同志及团队骨干及时深入蔗区调研后，提出了6条科技抗寒建议，降低了寒害对甘蔗产业的损失。2019年年底云蔗08-1609在澜沧蔗区作为种苗实际收获亩产普遍达10吨以上，云蔗05-51亩产高的达到14.1吨/亩。2018—2019年榨季澜沧全县甘蔗平均出糖率仅11.90%，位列全省倒数第二；2019—2020年榨季全县甘蔗平均出糖率提高到了13.02%，较上榨季净增1.12个百分点，较全省平均12.91%高0.11个百分点，取得了历史性突破。全县甘蔗总产从上年度的100万吨增加到110万吨，农业产值达5.00亿元以上，其中5万余种蔗贫困蔗农人均收入达1000元，甘蔗产业的发展为澜沧乃至普洱市完成脱贫攻坚任务、实现历史性跨越做出了积极贡献。

■ 吴才文在云南澜沧县上允蔗区开展甘蔗新品种机械化种植技术现场培训会

革命老区显特色，科技支撑产业兴

富宁县既是革命老区，也是国家级贫困县。为了促进富宁蔗糖产业的发展，2014年吴才文研究员就直接把“三区”服务站和云南省基层专家工作站建在富宁蔗区，帮助富宁争取到了产业强镇等项目3个，争取财政资金超过1000万元，把一批甘蔗新品种、新技术引进到富宁。每到甘蔗栽种、管理和收获的关键时期，总能见到吴才文的身影。从2015年开始吴才文分3次直接引进云蔗系列新品种30余个到富宁蔗区进行试验，试验分别安排在洞波乡百京村，通过努力已筛选出产量高于对照种的早熟高糖抗逆新品种云蔗05-51、云蔗08-1609和云蔗03-332。2018年年底通过测产云蔗05-51亩产为8.42吨；云蔗03-332亩产为8.13吨，云蔗08-1609亩产为6.72吨，较对照种增产15%~20%。据富宁兴华镇坡油村种植大户黄德敏介绍，其2016年种植的云蔗08-1609，不仅新植产量高，第一年宿根蔗（2017年）实收亩产达10.5吨，第二年和第三年宿根分别达10吨和9.8吨。

通过多年努力，据统计富宁甘蔗种植面积已从2008年3万亩快速增至2020年的18.5万亩，12年的时间就使富宁县的甘蔗总产量从不足10万吨一跃发展到目前的70万吨以上，2019年全县蔗农17736户70944人，人均甘蔗种植收入达4975元，占农民人均可支配收入47.4%，科技支撑助力为把富宁蔗糖产业打造成特色产业、支柱产业、富民产业做出了重要贡献。

■ 吴才文在云南省富宁县指导蔗农种植甘蔗

扶贫感言

作为一个长期从事甜蜜事业的普通甘蔗科技工作者，看到一个个依靠种蔗脱贫致富的美丽小山村，看着村边一片片茂密碧绿的甘蔗地和家家户户拔地而起的漂亮“甘蔗楼”、一辆辆来来往往的“甘蔗车”，从草房到砖房，再到楼房，单车变摩托，摩托变小车……还有整洁、干净、漂亮的村容村貌，作为甜蜜事业战线中的一员，倍感骄傲和自豪。看到蔗农脱贫致富是蔗糖事业人最开心和最幸福的时刻！为蔗农增收尽力是甜蜜事业人永远不变的初心和使命！

青春，在贫瘠的土地上闪光

——记国家蚕桑产业技术体系综合试验站站长　罗　平

罗平，1974 年 5 月生，广西壮族自治区来宾市农业科学院，高级农艺师。出身于农民，生长在农村，对农业有着一种特殊的浓厚感情。农村的生活锤炼了他敢做敢当、坚韧不拔的性格。多年来，他的足迹踏遍了整个蚕区，特别是国家级贫困县忻城县的贫困山区。他把青春献给了这片贫瘠的土地，用自己的青春热血唱响了一首首脱贫之歌。

发挥蚕桑体系优势　科技助力精准扶贫

近年来，罗平同志身为国家“三区”科技人员、贫困县科技特派员、来宾市“人才助脱贫”农业技术支队队长，坚持深入贫困地区农业生产第一线，扎实有效地开展科技扶贫工作。在与蚕农的朝夕相处中，他发现蚕农都是用传统方法种桑养蚕，蚕桑病虫害防治技术落后。为了最高效的蚕桑生产技术推广传授给农户，罗平同志主动向体系专家请教学习，特别是 2016 年接任综合试验站站长以后，他更是快马加鞭、脚踏实地地对接体系专家，开展科研与试验示范，经常把课堂搬到田间地头、养蚕室，手把手教农户。10 年来，以罗平为主讲的蚕桑技术培训班达 100 多期，培训蚕农 8000 多人次，技术咨询与指导 30000 多人次，提交意见与建议 20 多份。

“忻城要脱贫摘帽，必须要把蚕桑产业作为脱贫攻坚的重要产业来抓，必须走蚕桑高质量发展之路……”这是 2018 年 12 月罗平代表体系参加“忻城县脱贫攻坚大会战研讨会”上提出的观点。会后，由罗平持笔起草《忻城县蚕桑产业高质量发展实施方案》。2019 年，忻城县按照实施方案有序进行，并于 2020 年 5 月，退出贫困县序列。

■ 罗平在广西忻城县红渡镇马安村田间地头现场开展桑树病虫害绿色防控技术指导

忻城县是广西来宾市蚕桑重点县，桑园面积 25.82 万亩，在广西排名第二，产值达 15.32 亿元，蚕桑产业覆盖贫困户 96.54%，2016 年有贫困人口 83495 人，目前全县已经脱贫 81389 人，脱贫率 97.48%。为促进全县蚕桑产业高质量发展，走标准化、企业化的发展之路，在罗平同志的建议与指导下，忻城县立足实际，充分整合各方资源，大胆创新，引进新技术、新品种，以“智慧云”平台为技术支撑，建成红渡六纳、古蓬上浪两个标准化桑蚕生产示范基地建立高质量桑园、为贫困户培育质量四龄蚕，打造了“两基地二平台”的忻城蚕桑产业高质量发展模式。“一平台”是建立了标准化养蚕“智慧云”平台。“二平台”是在红渡镇马安村建立“互联网+”现代蚕业示范基地。通过“互联网+”远程监控和分析各时期桑园病虫害发生情况，指导当地群众以绿色防控方法，有效地控制桑园害虫的发生。

“非常感谢罗站长的帮扶！罗站长带给我们摘茧机、自动上簇技术、电动伐机、家蚕传染病害防治技术、桑树绿色防控技术等现代先进高效省力化技术，我家过去只种植2亩桑，2个劳动力管不过来，现在省工省力了，我们扩种了20亩，年收入超过10万元，我家5口人，人均超过2万元，于2019年实现脱贫。”忻城县红渡镇马安村板江屯贫困户罗葵花对罗平的感激之情溢于言表。农户一点点的进步、一个期待的眼神、一声感谢的话语，都让他备受鼓舞，为产业发展献计献策、为农户传播科技养蚕的信心和决心也更足了。

“现在农村劳动力缺乏，蚕业要发展，必须走规模化、标准化、集约化，大力开展机械化和省力化。”罗平同志深知推行省力化产业发展是解决农村劳动力缺乏的一个重要途径。2016年，罗平带着体系试验站团队与广西忻城县高盛养蚕设备研发有限公司联合攻关省力化养蚕相关技术。4年来，他成功研发多项省力化设备，获得多项授权专利。目前，罗平正致力于小蚕人工饲养技术研究以及饲料切喂机械设备研发，已成功研发形成喂切一体化设备的主机及其配套省力养蚕方法，正指导小蚕共育户利用现代科技，改变传统养殖方法，为实现省力化、规模化、标准化养蚕目标做出贡献。

■ 罗平在广西忻城县红渡镇三合村贫困户开展家蚕饲养技术指导

罗平同志经过多年的产业扶贫服务，解决了蚕桑生产上的关键技术，集成了多套高效生产的桑蚕配套技术，如杂交桑高产栽培与配套蚕技术、桑断梢病防控技术、蚕沙无害化处理、省力化采茧及喂叶技术、商品小蚕饲育技术和桑园机械管理、蚕桑绿色防控等。他的产业扶贫服务工作，得到广大农民群众的一致称赞和普遍认可。

扶贫感言

贫困地区发展要靠内生动力，而科技扶贫正是“授人以渔”，现代农业产业技术体系专家是一支科技扶贫主力军，正是扮演其中“授人以渔”的重要角色。国家蚕桑产业技术体系坚持以习近平新时代中国特色社会主义思想为指引，狠抓扶贫工作机制落实，聚焦低收入村和体系专家对接，对口帮扶，组织体系科技力量，以蚕桑产业优势推进“一县一业”发展，着力在“输血式”扶贫向“造血式”扶贫转向，不断实现协作推动。2020年是脱贫攻坚的决胜之年，脱贫攻坚之路虽然艰难，但也是对体系人的考验，需要加倍努力，推动桑蚕产业高质量发展及其转型升级，利用现代科技指导贫困地区桑蚕全产业链转型升级等新模式，让贫困地区变得更加美好！

科技助力会泽县“小辣椒”变“大产业”

——记国家特色蔬菜产业技术体系综合试验站站长　龙洪进

龙洪进，1965 年 2 月生，云南省农业科学院园艺作物研究所，研究员。带领团队成员一直从事辣椒育种和栽培技术研究，推动了云南省辣椒产业的发展。近年来，团队成员在国家级深度贫困县会泽县开展辣椒示范推广工作，为该县的脱贫攻坚和乡村振兴战略做出了贡献。

坚持到村推广，传授新辣椒致富经

会泽县是贫困大县，贫困人口居云南省第一位，贫困发生率 15.35%。辣椒是会泽县的主要产业之一，种植历史悠久，是全县经济作物第一大支柱产业。但是存在很多问题，品种单一且以地方品种为主，多年种植种性分离退化，抗病性差、产量低，品质下降；辣椒育苗及栽培技术落后；辣椒加工企业少且加工技术落后，以粗加工为主，加工产品单一。针对这些存在的问题，龙洪进研究员带领辣椒团队成员，一直在该县坚持到村进行辣椒新品种和新技术的示范推广，并联合体系内栽培技术、育种、病虫害防控以及加工等岗位的专家到现场进行调研和指导。通过集中培训，组织现场观摩，深入田间地头指导，改变当地传统的栽培技术。特别是在决战决胜脱贫攻坚的关键时期，与特色蔬菜产业技术体系一起加快推广力度。2019 年，首次采用集成技术“辣椒新品种云干椒 7 号 + 吸湿回干种子处理 + 穴盘育苗技术 + 旱覆膜集雨栽培 + 双株宽窄行合理密植技术 + 病虫害综合防控”，2020 年进行大面积推广，经测产云干椒 7 号亩产干椒达 300 多千克，较对照本地乐业二角椒亩产 189 千克增产干椒 111 千克，增幅 58.7%；按现行干椒价格 24 元 / 千克计算，亩产值 7200 元，较对照本地乐业二角椒 4536 元增加 2664 元。增产增收成效显著，椒农的收益也大大增加，并得到了农户的一致好评。近年来，累计在该县开展辣椒新品种、新技术培训 10 期，培训农户 1000 余人次，建立辣椒核心示范区 5000 余亩。

“小辣椒”成就“大产业”，助力会泽县实现脱贫攻坚和乡村振兴

通过多年的努力，会泽县的辣椒种植水平得到了较大提高，逐步实行标准化栽培，市场体系逐步健全，加工企业有了一定的发展，并形成了一定品牌。已建成一个以乐业镇为中心，金钟、迤车、矿山等

乡（镇）为辐射区的乐业辣椒生产基地。通过各项措施，也为会泽县辣椒产业提质增效、发展壮大奠定了坚实基础，同时也为脱贫攻坚提供了产业支撑，使“小辣椒”红透大市场、带动大发展、撑起大产业。龙洪进研究员带领团队成员充分发挥科技作为产业发展的助推器作用，让“小辣椒”变成如今的“大产业”，助力会泽县实现脱贫攻坚和乡村振兴。

■ 龙洪进在云南会泽县乐业镇开展现场指导

■ 龙洪进在云南会泽县开展辣椒栽培技术培训

扶贫感言

通过这几年的扶贫工作，龙洪进研究员及团队成员感受到扶贫要结合产业，产业扶贫的核心，是产业的可持续发展能力，而产业的可持续发展能力，要依靠持续的科技服务支撑，没有科技支撑的传统耕作方式是很难产生高附加值的经济价值。扶贫要坚持扶智和扶志相结合，既授人以鱼更授人以渔。作为农业科技人员，扶贫工作责任重大，义不容辞。但更需要有耐心，有诚心，有爱心，更要有初心，才能把工作做好，同时，还要真懂，确实要有真才实学，才不会误了农业，害了农民，毁了农村。总之，做一个懂农业、爱农民、爱农村的科技人员很不容易，但是这份情怀，让人很享受。

筑起扶贫之路的甜蜜事业

——记国家西甜瓜产业技术体系岗位科学家　伊鸿平

伊鸿平，1962年10月生，新疆农业科学院哈密瓜研究中心，二级研究员。心系南疆的脱贫攻坚事业，伊鸿平研究员组建扶贫团队，深入田间地头，因地制宜，精准定位，科学指导，大力发展，为英吉沙县农民甜蜜事业和脱贫致富贡献了强大的力量。

深入基层了解甜瓜产业问题，为农民赠良种

近几年，在科技扶贫的道路上，他心系南疆的脱贫攻坚，不忘初心，勇于担当，深入基层，全面了解英吉沙县甜瓜产业问题，为农民筛选品种，馈赠良种。2020年，伊鸿平研究员4次下乡，亲自调研英吉沙县西甜瓜种植情况。英吉沙县甜瓜种植面积约1万亩，其中萨罕乡和英也尔乡种植面积最大，分别约3000亩和2300亩；甜瓜品种主要为“吾然以力”，市场以本地内销为主。针对本地品种退化，导致果实大小、网纹、成熟度等一致性差，致使甜瓜商品率低的重大问题，提纯复壮“吾然以力”甜瓜种子，并联合英吉沙县农业农村局分别在萨罕乡和英也尔乡为瓜农免费发放50千克种子。

■ 伊鸿平在新疆英吉沙县英也尔乡免费发放“吾然以力”种子

定点帮扶，科学培训，助力农民致富

鉴于当地甜瓜种植管理中，株距和行距过小、密度过大、水肥管理措施不到位、种

植模式不科学及病虫害防治不及时等问题，伊鸿平研究员以现场讲解和多媒体讲座等形式开展科技培训。在英吉沙县进行了“甜瓜优质高效栽培技术”“新疆露地哈密瓜主要病虫害防治”等技术培训活动3次，详细讲解了播前准备工作，包括选地、整地、开沟、施肥及铺膜技术要点；田间管理措施，包括间苗和定苗、中耕除草、整蔓、留瓜、浇水、追肥、翻瓜盖瓜及病虫害防治等技术规程，发放技术手册300余份，培训瓜农150余名，受到了现场农民的由衷感谢。在萨罕乡和英也尔乡示范种植面积200亩，每亩产值由原来的1000元增加到1500元，带动50户农民直接脱贫。

■ 伊鸿平在新疆萨汗乡现场指导甜瓜栽培技术

扶贫感言

产业扶贫是促进贫困地区发展、增加贫困农户收入的最有效途径。主要是以当地党委政府为核心，以市场为导向，以经济效益为目的。只有政府在尊重市场规律的前提下，引导各类新型农业经营主体根据产业特点和市场情况自主决定产业发展，才能达到产业扶贫的目的。英吉沙县西甜瓜种植面积较小，未形成规模，短期内很难形成产业，产品主要是本地销售。因此根据当地实际情况，以新疆地方品种为主体，在种子质量和栽培技术把关，通过提供优质哈密瓜种子，配套适合当地的栽培技术及病虫害防治方案，在英吉沙县萨罕乡和英也尔乡取得了很好的效益。最终实现产业扶贫需要实施“企业＋农户＋专家”的方式，应用良种，配套技术，订单农业，走出一条规模化、品牌化、专业化的扶贫之路。

论文写在大地上　科技助力甜蜜事业发展

——记国家西甜瓜产业技术体系岗位科学家　冯炯鑫

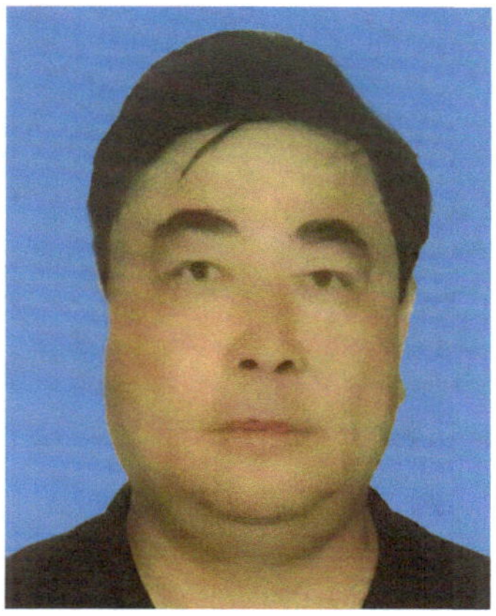

冯炯鑫，1960年7月生，新疆农业科学院哈密瓜研究中心，副研究员。主要从事露地甜瓜栽培技术研究，主持和参加国家及自治区项目10余项，制定地方标准5项，发表论文20余篇，授权专利6项，定点扶贫区域为喀什地区莎车县。

走进群众，传授科学栽培知识

根据农业农村部脱贫攻坚工作有关部署和《农业农村部办公厅关于印发“三区三州”和定点扶贫县科技服务团及联络员名单的通知》（农办科〔2019〕15号）有关要求，本岗位西甜瓜露地栽培岗位专家及团队成员于2019—2020年在定点科技扶贫县喀什地区莎车县开展科技扶贫工作，与当地县政府及农业部门进行了座谈交流，并进行了现场调研和技术培训。2020年6月15日至7月初，在甜瓜生长关键时期，应莎车县荒地镇驻村工作组的邀请，分多次对种瓜农户进行现场讲解甜瓜整枝、施肥、病虫害防治等栽培技术，相关培训情况，在新疆电视台七套《致富田园》栏目进行了报道。

坚守第一线，为广大种植户解决生产中出现的问题

老骥伏枥，志在千里。虽然他已经年近六十岁，但给人感觉充满了活力，精气神很足，他经常说的一句话就是：“要做好科技扶贫，只有亲力亲为，才能去要求别人，才能打赢脱贫攻坚战。”2019年5月，冯炯鑫作为莎车县定点科技扶贫专家，积极联系当地农业部门，并进行实地调研，了解种瓜主要乡镇发展情况，到田间地头实地考察、听取当地农业部门的汇报、与专业技术人员等座谈交流，了解到当地甜瓜种植水平和存在的问题，就甜瓜种植规模、品种、栽培模式等方面提出一些建议，并对露地甜瓜种植技术进行了指导。在这5天的调研时间里，冯炯鑫和团队成员下地干实事，样样尽心尽力，为广大种植户解决生产中出现的问题。

在前一年调研工作的基础上，2020年冯炯鑫针对莎车县甜瓜生产情况制订了甜瓜科技扶贫实施方案，并被莎车县荒地镇4村驻村工作队聘为特聘专家，在甜瓜整个生长季，通过组织培训、现场指导，

实实在在地把技术送到种植户手里。因语言不通，与当地种植户的交流十分困难，常常需要借助肢体语言才能让他们明白我们的意思。好在当地老乡热情真诚，对科学技术的求知欲望强烈，冯炯鑫及团队成员们与瓜农们的互动很顺利。通过冯炯鑫的指导，提高了4村甜瓜种植水平，受到驻村工作队和农户的认可，相关科技扶贫事迹在新疆电视台七套《致富田园》栏目进行了报道。

■ 冯炯鑫在新疆莎车县荒地镇开展技术培训

■ 冯炯鑫向新疆莎车县荒地镇赠送甜瓜栽培书籍

2020年，脱贫攻坚战取得最后胜利之际，冯炯鑫到了退休年龄，他说：“在脱贫攻坚关键时期，我作为莎车县科技扶贫专家，一定要坚守在扶贫第一线，直到取得最后全面胜利。离岗不离心，退休不褪色，用真心、带真情、扶真贫。我们要将热情全部倾注到莎车县的扶贫工作上，同时也要践行对党的忠诚和对扶贫事业的奉献！”

扶贫感言

人民的需要和呼唤，是科技进步和创新的时代声音。“穷理以致其知，反躬以践其实。”科学研究既要追求知识和真理，也要服务于经济社会发展和广大人民群众。作为一名农业科技工作者，把“论文写在大地上，成果送到农户家，形象树在民心中”才有真正的获得感，只有“不忘初心、牢记使命”，到农村、农民需要的地方去，服务农业、助推科技扶贫，才能真正体现自身的责任和价值，为社会发展贡献自己的力量。

精准产业扶贫　为脱贫攻坚插上科技翅膀

——记国家西甜瓜产业技术体系综合试验站站长　洪日新

洪日新，1964年11月生，广西壮族自治区农业科学院园艺研究所，二级研究员。广西贫困村科技特派员，滇黔桂石漠化片区的扶贫工作西甜瓜体系牵头人，多年来，带领团队在广西崇左市宁明县明江镇利江村，北海市银海区福成镇山梓村，来宾市武宣县桐岭镇和律村，南宁市上林县三里镇云姚村及澄泰乡漫桥村和白圩镇玉峰村，玉林市兴业县卖酒镇卖酒村等贫困村开展西甜瓜产业精准扶贫服务工作，为广西石漠化区贫困县脱贫攻坚做出了应有的贡献。

因地制宜，实行“一村一策”

地处我国南疆的广西，素有“八山一水一分田一片海”之说，广大贫困村人多地少，普遍缺乏优良品种和先进技术，龙头企业少，产业支撑能力弱。针对广大贫困户收入门路少，增收渠道不稳定的现状，洪日新同志带领团队，深入贫困村屯开展产业调研，了解掌握包括劳动力、耕地、产业结构和规模、主栽品种、种植技术和模式、龙头企业、产品销售等情况，与贫困村委领导班子、驻村第一书记和龙头企业共商对策，结合自己熟悉领域和专业特长，根据不同村情，因地制宜制订产业扶贫方案，实行“一村一策”。

科学种植，助力产业精准扶贫

崇左市是广西甘蔗主产区，而宁明县明江镇利江村又属典型的甘蔗种植大村，甘蔗年种植面积8000多亩，但主栽品种一直以20世纪90年代的新台糖22号为主，产业品种结构单一，种植管理粗放，产量较低，农户收入渠道少，增收难度大，尤其缺乏能够带动增收的经济作物。根据利江村村情，洪日新同志与利江村委班子、驻村第一书记、宁明县驻村科技特派员等一起多次实地勘察、走访和座谈，选择示范推广甘蔗—西瓜间套种稀植免整枝栽培技术作为增收项目，选择积极性高的种植大户为种植示范户，同时，筛选了27户家庭经济困难的贫困户为精准帮扶对象，合计免费赠送西瓜嫁接苗19320株、种植肥料1.2吨。先后引种示范国凤2号和8K02等体系专家西瓜品种8个、广西农业科学院甘蔗研究所育成的抗风抗倒伏、耐旱、宿根性好、高产、高糖、适合机收桂糖42号、桂糖36号甘蔗新品种 2 个，通过引种甘蔗新优品种提高甘蔗产量和发展甘蔗间套种西瓜提高土地复种指数增加收入。同时，按照不同季节的农事需求，先后组织西甜瓜、甘蔗等有关专家 5 批次 12 人次现场指导，特别是 2020 年新冠疫情发生后，采取灵活多样的服务指导方式，建立了利江村工作微信群，通过电话、短信、微信、QQ 等方式及时指导服务。2018—2019 年，累计现场指导 29 期次，举办不同专题技术培训 2 期，合计培训指导 245 人次，发放相关技术资料 310 份。通过抓典型，树样板，辐射带动利江村周边村屯发展甘蔗间套种西瓜稀植免整枝栽培 6470 亩，示范推广桂糖 42 等甘蔗新品种 3800 亩。2019 年，利江村种植示范户户均增收 4600 元以上，取得较好的扶贫效果。

福成镇山梓村是北海市银海区最后脱贫摘帽的贫困村，针对该村地处广西西甜瓜优势产区北海市银海区，发展西甜瓜产业优势条件明显，洪日新同志和北海市示范县骨干联合产区龙头北海市银海区兴友瓜果农民专业合作社，在位于山梓村的银海区现代果蔬扶贫产业园基地引种示范黄梦脆和北甜 5 号甜瓜、京玲 -3 西瓜等新品种，推广西甜瓜体系专家专利配方长效缓释专用肥和蜜蜂授粉技术，收到了显著的节本增收效果，2018 年年底，山梓村集体经济收入 7.5 万元，33 户贫困户实现精准脱贫，整村成功脱贫摘帽。

武宣县桐岭镇和律村有多年大棚甜瓜种植的历史，但长期以北甜 1 号等老品种为主栽品种，缺乏先进栽培管理技术。洪日新同志通过实地调研掌握情况后，及时安排示范种植黄梦脆和北甜 5 号等新品种，同时联合广西养蜂指导站和产区龙头武宣县嘉农果蔬农民专业合作社，从 2018 年开始，连续开展小蜂群蜜蜂授粉技术示范推广，通过示范带动，黄梦脆和北甜 5 号等新品种以及蜜蜂授粉技术已成为当地主推品种技术，带动示范推广 2850 亩。

除了重点服务指导好以上广西西甜瓜产业优势产区的贫困村以外，洪日新同志带领团队成员，根据其他不同县区贫困村的实际情况和需求，因地制宜开展西甜瓜新品种、新技术示范推广。2017—2020 年先后在广西宁明县、北海市银海区、武宣县、上林县等贫困村指导建设西甜瓜产业示范基地 6 个，累计示范面积 6632 亩，辐射带动累计面积 43732 亩，培训指导 1735 人次，直接服务贫困村企业、协会、合作社、种养大户和贫困户共 82 个（户），受益人数 870 人，取得较好的产业精准扶贫效果，2019 年被评为广西优秀科技特派员。

■ 洪日新向广西宁明县赠送西瓜嫁接苗

■ 洪日新在广西宁明县开展甘蔗—西瓜间套种技术培训

扶贫感言

扶贫工作是全面建成小康社会、实现中华民族伟大复兴梦想的伟大系统工程，不仅是各级党委政府的头等大事，也是广大农业科技工作者义不容辞的责任和义务，更是每一位农业科技人员践行“把论文写在大地上、把成果留在农民家”的广阔舞台。做好扶贫工作，实施产业精准扶贫是广大贫困村实现脱贫的有效途径，需要深入贫困村屯实地开展调研，针对不同贫困村的产业基础，因地制宜制定产业扶贫方案，建立指导好扶贫样板示范基地，开展专题培训和现场帮扶指导，重点培养种养能手和龙头合作社，点面结合，以点带面，通过扶贫样板示范基地、种养能手和龙头合作社辐射带动贫困村产业发展，真正实现产业精准扶贫。

一颗“玉露香” 富了穷山庄

——记国家梨产业技术体系综合试验站站长 郭黄萍

郭黄萍，1959年11月生，山西农业大学，研究员。主要从事梨育种、栽培、病虫害防治研究及示范推广工作，先后承担科技部、农业农村部等国家和省级项目30余项。选育以玉露香梨为代表的新品种3个，把山西省隰县、汾西、寿阳等地作为玉露香梨的重点试验示范区，为农民精准脱贫打造一项特色主导产业，实现了玉露香梨早期丰产和持续优质生产。全省多地依托玉露香梨梨产业实现脱贫致富、乡村振兴。

“一颗梨”托起了全县农民的小康梦，为贫困山区农民开辟了一条脱贫致富的光明路

山西省地处黄土高原，山地和丘陵坡地居多，土层深厚，昼夜温差大，光照充足，种梨条件得天独厚。进入20世纪末，果品市场逐渐进入品质时代，但梨农们思想保守，种植传统品种，经济效益连年下降。作为一名果业科研人员，郭黄萍想农民所想，急农民所急，一心想着通过自己的努力，为梨农找到出路。自2000年起，她带领新一代科研团队，以自主选育的优良品种玉露香梨为重点，开展了深入细致的玉露香梨优质栽培和贮藏保鲜技术研发配套工作，建基地做示范，爬山岗、上荒坡、蹲田野，不厌其烦地为梨农们讲述玉露香梨的品种特点和优势、栽培管理和贮藏保鲜技术、国内外梨果市场的新形势等，逐步提高果农的优质生产意识和栽培技术水平。为产业脱贫打下了良好的基础。

特别是2008年以来，隰县这个国定贫困县被国家梨产业技术体系太谷综合试验站列为示范基地县，重点示范推广玉露香梨。十多年来，集体系专家团队强有力的技术力量予该基地建设，玉露香梨产业技术水平大幅度提升，2014年，隰县县委县政府正式提出“主攻玉露香，率先达小康”的脱贫攻坚战略思路。2020年，隰县种植玉露香梨达到23万亩，面积和产量均创全国第一，梨生产效益提高2~3倍。

目前，玉露香梨产业成为隰县群众脱贫致富奔小康的第一主导产业。全县建档立卡的7205户贫困户，依托梨产业直接或间接脱贫的有5800户、16293人，占到贫困户总数的80%，2019年全县脱贫，用“一颗梨”托起了全县农民的小康梦。这是玉露香梨带给隰县的变化，也充分展示了科技成果对生产力的促进作用。“隰县模式”已成为山西省“一县一业”的成功典范。经历了从不认知、不了解，到主

动、自觉发展的过程，为贫困山区农民开辟了一条脱贫致富的光明路。近年来，又将“隰县模式”向山西省和省外其他梨适栽区大力推广。玉露香梨产业发展被列为省级战略。

技术支撑国家级贫困县临汾市汾西县，集中连片发展山区旱地玉露香梨，建成了全省一流的玉露香梨优质生产示范园，2020 年被列为国家农业科技示范展示基地；省级贫困县晋中市寿阳县上湖乡常村发展旱地玉露香梨 2000 亩，亩效益达到玉米的 10 倍还多，且供不应求；阳曲县果农高接换优发展玉露香梨生产，果品售价达到 32 元 / 千克；原平市东南贾村高接换优发展玉露香梨，实现品种更新早期见效，生产效益提高两倍。

攻克五大难题，提升玉露香梨产业化水平

为了加快玉露香梨的推广应用，郭黄萍带领太谷综合试验站团队，充分利用梨体系优质资源，与体系专家紧密联系共同攻关，以优质生产为主攻方向，狠抓玉露香梨标准化生产、示范园建设、技术培训指导、防灾减灾、品牌营销五大重要环节，使玉露香梨产业化水平得到显著提升。在产业发展中，以示范园建设为中心，开展技术示范和指导培训。哪里有问题，郭黄萍带领团队成员会同体系专家迅速赶往哪里，同心协力，共渡难关。为政府献计献策，为果农解决生产实际问题。

20 年来，郭黄萍和她的团队先后在山西的隰县、代县、原平、祁县、汾西等 20 多个市（县），以及陕西、河北、北京等十几个省（市）试验示范，生产效益显著提高。累计举办各类培训 800 多场，培训梨农近 3.5 万人次，累计带动 1.7 万户农民增收致富，带动 5100 户 2.65 万名果农依靠梨产业脱贫。立足“输血”到“造血”，最后到“换血”，他们为贫困山区带出了 1000 多名带不走的“科技二传手”。

不忘初心，使命担当。郭黄萍团队成员始终坚持科研服务生产，坚持在一线摸爬滚打，探索出一条科技支撑、产业脱贫的成功之路。

郭黄萍在山西汾西县开展玉露香梨夏季修剪培训

扶贫感言

要让科研成果生根落地，转化为生产力，必须持之以恒，全身心投入，百折不挠，要吃得了苦，耐得住寂寞，经得住时间的考验。论文写在大地上，才能促进产业发展，实现产业脱贫。打造一个好产业，要有高质量的科研成果做依托，全方位的产业技术支撑服务，以及当地政府和果农的全力配合。实现产业脱贫，巩固脱贫成果。

玉露香梨产业提质增效稳定发展任重道远，要从管理上抓规范、技术上抓标准、环节上抓精细，创新梨果发展机制，打造玉露香梨品牌。强化示范园引领带动作用，扩大技术普及范围，不断提高梨园整体管理水平和单位面积生产效能，为全国玉露香梨产业的健康可持续发展做出应有的贡献。

黎享人生 “梨”不开你

——记国家梨产业技术体系岗位科学家 王文辉

王文辉，1969年2月生，中国农业科学院果树研究所，研究员。从事果品贮藏保鲜技术研究与示范推广工作30年，他充分发挥自身专业优势，重点针对山西隰县、河南宁陵、安徽砀山、河北威县及宁夏海原等国家级贫困县，从贮藏保鲜技术示范应用推广、冷藏设施升级改造以及梨果品牌建设、果品市场销售等采后各环节进行精准帮扶，解决采后“卡脖子”的技术难题，在脱贫攻坚中做出了突出贡献。

共克时艰，互联网上大展身手

“我们这里的砂梨怎么保鲜啊？”“玉露香梨果面泛糖、果实褐变了咋办啊？”“鸭梨有黑心病了，什么原因啊？”因为疫情，各地梨农丰收的梨卖不出去，他们最着急了！

“大家不要着急！有些问题我现在没有证据不好判断。”王文辉耐心地说，“大家拍好照片，把资料整理一下发到咱们的‘梨采后技术与营销研讨’微信群，我们都会为大家解答的！”王文辉的这个微信群里不仅有一大批行业专家，还有农业农村部、主产区的各级领导、国家及省市级龙头企业老总、果业部门技术人员、一线生产合作社、行业协会、果农大户，等等。

疫情期间，王文辉实时分享国内外梨果产业的各类信息，鼓励企业向一线医护工作者捐赠梨果，宣传梨果的营养价值与食疗作用，及时沟通用工、运输及销售等各类问题。还积极开展“新冠病毒疫情对梨产业影响的调查”“防疫期梨消费调查”，参加撰写《新冠肺炎疫情对水果产业的影响及对策建议》等报告。整理上报受疫情影响的滞销企业信息，帮助山西洪洞、河南宁陵、河北承德、宽城等水果规划设计冷藏保鲜库，协助多地撰写《农产品仓储保鲜冷链物流设施建设工程》项目可行性报告等相关材料。

潜心钻研，攻克优新梨品种贮藏保鲜关键技术

王文辉带领团队潜心钻研贮藏保鲜技术，发表论文200余篇，主编或参编科技著作18部。与梨产

业技术体系太谷试验站郭黄萍站长联合攻关，共同起草制定了山西省地方标准《玉露香梨贮藏保鲜技术规程》，有力促进和保障了隰县玉露香梨产业快速发展，近10年来隰县发展玉露香梨23万亩，挂果面积10万亩，产量逐年上升，80%的果农依靠种植玉露香梨实现了脱贫。

■ 王文辉在四川盐源果园现场开展苹果和梨贮藏保鲜技术培训

正是这种不懈的努力与坚持，王文辉团队研发的“梨采后品质控制关键技术研发及其集成应用”在2018年获得“华耐园艺科技奖”。

行走阡陌，投身一线成果转化

作为一名果业科技人员，王文辉每年有一半以上的时间活跃在梨园、冷库和各级批发与零售市场。每年在生产一线指导采后技术、开展培训180天以上。他的足迹遍及全国23个省市的梨主产县区，很多是14个集中连片贫困地区及“三区三州”所在果区。

“2016年以来技术指导大概有120多场，培训人次应该在1.2万人左右，教学相长，这些工作也给了我们很多启发。”谈到自己走过的贫困地区，王文辉如数家珍，足迹遍布辽宁西部、河南宁陵、安徽砀山、湖北恩施、河北威县、内蒙古宁城、山西隰县、浙江云和、广东阳山、宁夏海原等地。

■ 王文辉在宁夏海原县方堡村开展软儿梨贮藏保鲜技术培训

■ 王文辉在山西吕梁山区隰县开展玉露香梨贮藏保鲜技术培训指导

王文辉在传授水果贮藏保鲜技术的同时，也通过微信群、公众号以及朋友圈等共享销售动态，传播梨文化，除了自己搭建的“梨采后技术与营销研讨”政产学研企微信平台，他还为“宁陵酥梨”“隰县玉露香梨”“承德苹果贮藏保鲜”“广东梨产业”“盐源苹果生产技术”等微信平台提供技术指导，为产业一线提供“全天候，全方位”技术服务，在梨核心产区连续多年举办“全国梨贮运加工与品牌营销研讨培训会”，推动梨产业不断发展壮大。

许党报国，为地方发展出谋划策

作为果树研究所科研第六党支部书记，王文辉始终把国家利益放在第一位，他带领支部党员先后与国家级贫困县山西隰县午城镇阳德村和习礼村两个党支部进行共建，捐赠图书，提供技术指导。

果业是贫困山区脱贫的主要产业之一，王文辉积极为地方政府出谋划策，多次联合梨产业技术体系其他岗位科学家，从资源育种、栽培技术、植物保护等全产业链对山西隰县、云南巍山、安徽砀山、河南宁陵、宁夏海原、四川金川等贫困地区进行果树产业研讨和咨询，组织撰写产业发展报告和召开研讨会等。

1991 年参加工作至今，王文辉用自己的实干赢得了大家的信任，很多地方政府聘他做顾问。2019 年，王文辉被评为中国农业科学院脱贫攻坚与乡村振兴先进个人。

扶贫感言

扶贫先扶智，没有过硬的技术作支撑，就无法从根本上解决贫困地区果农的问题，无法从根本上实现脱贫。他更深深地懂得脱贫摘帽不是终点，而是新生活、新奋斗的起点。打赢脱贫攻坚战靠单打独斗还远远不够，需要团队共同努力，需要产学研结合，需要产前、产中和产后各环节联合攻关。产业技术体系的管理模式恰恰提供了一个很好的合作平台，有效衔接、各自发挥所长，才能做好脱贫攻坚工作中“扶上马送一程”，巩固脱贫攻坚成果同乡村振兴有效衔接。

凝聚体系集体智慧　助力乡村振兴

——记国家葡萄产业技术体系综合试验站站长　王咏梅

王咏梅，1963年5月生，山东省葡萄研究院，研究员。主要在临沂市平邑县开展扶贫工作。临沂市平邑县是山东省级贫困县，葡萄在当地有一定的种植面积，但生产中普遍存在着品种单一，架式老化，标准化、机械化程度普遍较低，农药化肥盲目使用、片面追求产量导致产品品质难以提升、商品化程度低等问题。如何让葡萄在当地脱贫攻坚、产业转型升级上发挥积极作用，成为济南试验站遇到的头等问题。针对当地面临的问题，王咏梅站长带领团队一行结合体系的试验示范成果，在各位岗位科学家的帮助下，结合当地实际有针对性地开展工作。

充分发挥好下派干部的桥梁纽带作用

2018年，济南试验站团队成员王显苏参加山东省组织的“千名干部下基层”活动，选派到山东省贫困县临沂市平邑县武台镇。通过下派干部的桥梁纽带作用，王咏梅站长充分发挥试验站的专业优势，积极帮助地方发展葡萄产业，着眼葡萄产业模式提档升级。帮助南武沟、西武沟等村按照“党支部+合作社+农户”模式组建平邑县武台葡萄种植专业合作社，建设阳光玫瑰新葡萄品种示范园1处共计20亩、新式葡萄种植大棚21个，推进武台葡萄品种更新。两年来，王咏梅站长带领团队成员多次到当地进行技术指导，实地解决广大农户在生产中遇到的问题，耐心讲解阳光玫瑰种植技术、树形改造简化修剪等技术，全年共到当地指导7次，培训人员370多人次。

积极进行新品种的引进、适栽，配套栽培技术

针对当地葡萄品种单一、成熟期集中的问题，王咏梅站长帮助当地引进了阳光玫瑰、玉波一号、玉波二号等优质葡萄新品种，并针对阳光玫瑰品种特点，为当地制订了详细的种植技术方案，平邑县地方镇下坡村2018年新种植的阳光玫瑰在王咏梅站长的悉心指导下，2019年已全面见产，亩产达到600余千克，销售价达到30元/千克，极大地带动了当地农民对葡萄新品种、新技术生产的积极性，对当地葡萄产业的发展起到引领重要作用。

针对当地制约葡萄发展的关键技术问题，通过选择一些有代表性、面积较大的园区作为试验示范园的形式，将新的种植理念和种植模式，以及新品种新技术集中在示范园进行试验示范与技术推广，通过对示范园进行技术集成和改造升级，以点带面，形成广大种植户看得见、摸得着、学得会、用得了的实用技术，消除农民的顾虑，提升试验示范与技术推广的速度和效果。以示范园为载体，进行技术的集成更新，增加试验示范的效果和可信度，起到事半功倍的作用。

针对老产区架式老化、病害较重的问题，在平邑县南武沟村开展了架形改造简化修剪技术，将之前通风透光差、病害较重的多主蔓扇形，改造为操作简便、通风透光性好的倾斜式单杆单臂架式，病害发生率明显下降，果实品质明显提升。改造示范面积800余亩，亩增产500元，节省人工成本160元/亩。

开展灵活多样的技术服务与推广形式

除了通过技术讲座、科技讲坛的形式为农民讲解理论知识外，王咏梅站长还走进田间地头，走到农民中去，与广大农民朋友面对面，进行零距离互动，了解农民在生产中遇到的问题，并针对农民关心的问题，用农民听得懂的语言，实地为广大农民排忧解难。根据葡萄主产区病虫害发生规律，制定适宜当地的病虫害防治规范，以及发放明白纸等技术材料，及时将新品种、新技术、新模式传授给广大种植户。截至2019年年底，自主组织或联合组织技术培训8次，培训技术骨干168人次、果农1178人次，发放技术手册700份以上。

■ 王咏梅在山东泰安开展技术指导

扶贫感言

多年的扶贫工作，让王咏梅深刻地体会到：以科技支撑产业扶贫，才能让群众实实在在受益。首先，扶贫要精准，因地制宜是关键，要结合当地实际需求，量体裁衣，精准定位，有步骤、有针对性地开展产业扶贫工作；其次，要凝聚全体系的技术成果优势和技术优势，形成强大的科技力量，充分发挥体系的科技支撑力量，将产业扶贫作为脱贫攻坚的有力抓手，以科技创新助力乡村振兴；最后，还要紧跟时代步伐，利用多种渠道开展灵活多样的技术服务和推广形式。虽然目前扶贫工作取得了一些成效，但产业转型升级、乡村经济振兴仍然任务艰巨，不可松懈。

培育特色优势产业　助推峨边彝区脱贫

——记国家桃产业技术体系综合试验站站长　江国良

江国良，1962年10月生，四川省农业科学院园艺研究所，研究员。2018年以来，在峨边彝族自治县认真扎实地开展扶贫工作，取得了明显效果，得到了当地政府和农民的肯定。峨边彝族自治县位于川西南小凉山区，彝区、山区、深度贫困地区"三重叠加"，是四川省88个扶贫重点县之一。2018年以来，江国良同志带领国家桃产业技术体系综合试验站团队成员扎根峨边，以培育特色优势产业为切入点，积极助推峨边彝区脱贫奔小康。

深入调查，选准特色优势产业

2018年年初，江国良同志与四川省政协、四川省农业农村厅和峨边县政府的主要领导和专家多次深入峨边各乡镇开展产业调研，细致分析峨边资源禀赋、社会经济条件和市场前景，认真商讨农业产业选择、产业发展方向等关键问题，最终确定沿峨边"三河流域"（峨边大渡河、白沙河和官料河）科学布局特色水果产业和高山蔬菜产业，确定了以发展山区立体农业促进贫困户增收的方向，突出了峨边昼夜温差大、气候垂直分布差异明显的优势，避免了与周边地区同质化发展的问题。

制定产业发展规划，引领产业科学发展

根据峨边现代农业产业发展需要，江国良同志带领团队成员与峨边彝族自治县农业农村局共同编制了《峨边彝族自治县现代农业园区县域总体规划》，提出了扶贫产业"三河三带"布局，根据峨边海拔、地势不同，由低到高分别建设低山河谷地区花果带、中层山地区生态果蔬产业带、高山地区林果药椒产业带。目前，"三带"布局已成功发展为峨边大渡河百里桃花产业经济带、白沙河流域现代果蔬产业园（带）和官料河流域"果、竹、药、椒"产业带3个百里产业经济带。

精心编制实施方案，引导标准化发展

根据"三河三带"产业发展规划，江国良和团队成员与峨边县农业农村局的技术部门一起编制了

《峨边彝族自治县农业产业精准脱贫实施方案2018—2020》《峨边农业产业脱贫六大核心园区实施方案》《大渡河桃花经济带及九家村产业园建设实施方案》等8个产业园区的实施方案，都得到了峨边地方政府的采纳，为当地建立标准化的特色产业基地提供了技术支撑。

建立产业扶贫科技示范园，解决技术推广“最后一公里”问题

针对当地缺人才、缺技术的问题，在江国良同志的带领下，在峨边县新林镇黄泥村建立了幼龄桃园+辣椒高效复合种植技术示范园，在五渡镇田村建成了300亩的果树标准化建园与高效立体栽培技术示范园，在新林镇楠木村建成400亩的山地果园聚土起堆建园及轻简栽培技术示范园，在沙坪镇河沟村建成近600亩的乾池桃博园（桃新品种新技术示范园）等示范园区，让农民足不出县就能获得新品种，学到新技术和新模式。

强化技术培训，提高贫困区果农的种植技术

为使技术落实到位，江国良同志带头到田间地头进行技术指导，实地指导改土建园、苗木定植、整形修剪等技术。在果园管理关键时期提前到位指导工作并形成工作记录。在不到三年的时间内，成都站累计派出科技人员90余人次到峨边县开展扶贫工作。在峨边县举办多场次新型职业农民培训，累计培训新型经营主体和农户3145人次，培养了一批技术骨干。

■ 江国良在四川峨边彝族自治县开展产业扶贫技术培训

建立平台，不断提高技术支撑能力

为进一步促进峨边桃产业发展，发挥产学研联动的优势，与峨边彝族自治县人民政府联合建立了乾池桃博园和驻峨边博士工作站。博士工作站由江国良同志成都站的其他 5 名博士组成，着力推广果蔬新品种新技术与新模式，重点打造大渡河百里蜜桃产业带和桃花旅游观光带，以发展优势特色产业助推脱贫增收和乡村振兴。

3 年来，在江国良同志与成都站成员的帮助下，峨边县建成了大渡河沿线的“蜜桃产业带”，建立果蔬产业基地 25000 亩，2020 年大部分果园已开始投产见效。“峨边白沙河流域果蔬现代农业产业园”被评为乐山市现代农业产业示范园区，新林镇得到四川省产业强镇示范项目支撑。成都站的工作得到了峨边县委的表彰。四川多家新闻媒体也进行了相关报道。

扶贫感言

选择适宜发展的特色产业，做强特色产业对助推脱贫意义重大。贫困区农业生产自然环境恶劣，土壤肥力不均衡，果树生产基础设施条件较差。贫困农户尤其是少数民族农户文化水平普遍偏低，对新品种新技术的认识不够，果树栽培后管理粗放，植株病虫害严重。贫困地区多数交通不便，生产物质配套落后，尤其是高品质有机肥严重缺乏，农药、化肥等采购成本高。贫困县严重缺乏一线技术人员，新品种新技术推广难度大。为巩固脱贫成果，应继续加强与体系内相关岗位专家的合作，加强与贫困地区政府和农业主管部门的对接，加大果树新品种新技术的宣传力度，研究推广省力高效配套栽培技术和防灾减灾技术体系，为贫困地区产业发展提供科技支撑。

“妃子笑”荔枝让农户笑起来 石漠化地区屏边县实现荔枝产业脱贫

——记国家荔枝龙眼产业技术体系综合试验站站长 罗心平

罗心平，1975 年 8 月生，云南省农业科学院热带亚热带经济作物研究所，研究员。2015 年以来，在地处滇桂黔石漠化区的云南省红河哈尼族彝族自治州屏边苗族自治县，开展荔枝产业链科技支撑与服务工作，助力屏边县通过发展荔枝产业实现产业脱贫。

云南是一个集边疆、民族、山区、贫困为一体的省份，是全国脱贫攻坚的主战场之一。截至 2014 年年底，云南仍有贫困人口 574 万，贫困片区县 91 个、重点县 73 个，贫困人口数量居全国第二位，贫困片区县和重点县数量居全国第一位，仍然是全国农村贫困面较大，贫困人口较多，贫困程度较深的省份之一。2015 年，农业部科技教育司为了落实中央扶贫开发工作会议精神，确定“十三五”期间将在中央确定的特困连片地区，以现代农业产业技术体系专家团队为核心，联合全国农业科教优势力量，开展特色农业产业链科技支撑与服务工作，举全国农业科教之力打一场产业脱贫攻坚战。按国家荔枝龙眼产业技术体系的安排，保山综合试验站站长罗心平研究员在地处滇桂黔石漠化区的云南省红河哈尼族彝族自治州屏边苗族自治县，开展荔枝产业链科技支撑与服务工作，助力屏边县通过发展荔枝产业实现产业脱贫。

3 个发展思路助力科技支持屏边县荔枝产业

为摸清滇桂黔石漠化区和滇西边境地区的产业情况，2015 年年底罗心平站长组织团队成员完成了云南省所属的滇桂黔石漠化区和滇西边境地区的荔枝龙眼产业调研工作。通过调研进一步掌握荔枝龙眼产业发展现状、存在的主要问题，提出将地处石漠化地区屏边苗族自治县列为体系产业精准扶贫示范县，动员体系力量支撑屏边荔枝产业发展。保山综合试验站团队及体系专家重点针对屏边县荔枝产业发展现状，提出了科技支撑屏边县荔枝产业发展思路：一是进一步完善屏边荔枝产业链发展规划，充分利用屏边特殊气候与高原立体栽培荔枝优势，因地制宜布局一二三产业发展区；二是扩大荔枝品种区域性试验试种规模，通过荔枝种植的海拔区域范围，延长产期和上市期；三是组织专家建设技术研究与试验示范基地，围绕产业链关键环节，加大早结丰产稳产和防灾减灾技术应用研发和应用，尤其是优质品种成花调控、水肥平衡管理、春季雹灾防控、采后处理与保鲜、加工等技术。协助企业、合作社培育和品牌打造，推动发展荔枝文旅活动。加强对技术创新的支持，加强对屏边产区技术人员及种植户培训，提高当地技术水平。

3 个方法解决屏边县妃子笑荔枝生产中的技术问题

2015 年以来，罗心平针对屏边县妃子笑荔枝生产中存在的只开花不结果和大小年结果突出的技术问题，提出了 3 个解决办法。一是建设科技示范基地，做给果农看。积极争取支持，促成体系在屏边县热区办建立了“陈厚彬专家工作站”，依托体系力量在玉屏镇卡口村建立了 915 亩荔枝优质高产示范园，通过秋梢培养、控梢促花、花穗处理和保花保果等技术的应用，示范园平均亩产达到 1.2 吨，最高产量超过 2 吨。通过示范带动，农户看到种植荔枝有较高的经济效益，进一步增强了种植荔枝的信心。二是引进优良品种，延长鲜果供应期，增强抗市场风险能力。为改变屏边县荔枝品种单一、产量低、品质差、效益低等不利局面，罗心平研究团队为屏边县引进了体系选育的井岗红糯、冰荔、红绣球等优质荔枝品种 15 个在当地进行试验，并进行优良品种推广工作，以提高良种覆盖率，延长鲜果供应期，增

■ 罗心平在云南屏边县新现镇开展技术培训

强抗风险能力。三是通过技术培训，推广一批实用技术，提高种植技术水平，5 年来，累计举办培训 27 期，培训人员 2680 余人次，通过培训引导贫困村、贫困户种植荔枝，推广花穗处理、环割（剥）、高接换种、控梢促花技术、保花保果技术、采后处理与简易保鲜技术和病虫害防控等实用技术，为产区培养了当地农技部门的荔枝技术能手 3 人、乡土人才 166 人，实现了荔枝产业技术人才和乡土人才的本土化，通过本土人才的“传、帮、带”进一步推进了荔枝技术的推广应用，促进了荔枝种植技术水平的提升。

通过保山综合试验站及全体系专家的技术支撑，屏边县荔枝种植面积从 2013 年不足 8000 亩，发展到 2019 年的 6.7 万亩，投产面积 1.4 万亩，产量 3000 吨，产值 6000 万元，2019 年 1500 户贫困户通过种植荔枝实现产业脱贫。湾塘乡沿溪村家家种荔枝，旧貌换新颜，五家村通过种植荔枝富起来的乡亲们骑上了“荔枝摩托”，开上了“荔枝车”。玉屏镇卡口村村民罗福文种植的 6 亩妃子笑荔枝 2018 年有 2 亩挂果，产量 500 千克左右，收入 1 万元，2019 年产量约 3 吨，收入达到 5 万余元；湾塘乡阿卡村村民褚林，以前种植 13 亩玉米，年收入仅 4000 余元，2014 年种植妃子笑荔枝 15 亩，2019 年开始投产，产量 1 吨，收入 2 万元，2020 年产量 2 吨，收入达 3.2 万元，预计 2021 年产量将突破 8 吨。通过发展荔枝产业，屏边县越来越多的贫困户实现了脱贫致富。

扶贫感言

党的十八大以来，在习近平总书记扶贫思想的指引下，中国的扶贫进入了一个崭新的阶段。打赢脱贫攻坚战，将历史性地解决中华民族千百年来存在的绝对贫困问题，精准扶贫是一个前无古人后无来者的壮举。罗心平作为一名试验站站长参与到这一伟大壮举中而深感光荣。在科技助力屏边县荔枝产业脱贫中，他深刻感受到体系具有集中全国优势专家团队技术优势，能为产业脱贫提供全产业链的科技支撑，诠释了体系是中国农业最接地气的创新科研机制。

行走于宁夏六盘山脱贫攻坚中

——记国家牧草产业技术体系综合试验站站长　张　蓉

张蓉，1966年8月生，宁夏农林科学院植物保护研究所，研究员。扶贫区域为宁夏固原市。

固原市位于国家六盘山集中连片特困地区的核心区域，以“苦甲天下”而闻名。牧草产业是六盘山连片特困区的优势主导产业，但由于牧草产业基础薄弱和技术滞后，长期以来牧草产业效益低迷，难以支撑草畜产业的高质量发展。为此，张蓉站长心系扶贫工作，带领团队通过牧草科技创新助推固原市脱贫攻坚。

“十三五”以来，张蓉站长带领试验站团队围绕宁夏六盘山区贫困区牧草产业区域特点和技术需求，在固原市建立了现代人工草地高效生产及利用技术核心试验示范区6个，系统开展了旱地牧草品种筛选评价技术、优质苜蓿标准化生产技术、放牧型混播草地利用技术应用等工作，积极与地方产业部门和企业合作，探索扶贫新模式，服务宁夏六盘山贫困区牧草产业发展，取得了显著成效。

解决了宁夏六盘山贫困区缺乏牧草主推品种的问题

张蓉站长深刻认识到牧草种类单一、品种退化是制约固原市牧草产业高质量发展的瓶颈，于是组织团队想方设法多途径引进近百个牧草品种，带领团队与产业部门合作一起多点布置试验示范。历经攻关，筛选出了适宜该地种植的苜蓿、燕麦、高粱、小黑麦、青贮玉米5大类主推品种21个。多元化优质牧草品种成为了固原市实施“四个一”林草示范工程顺利推进的引擎。同时，张蓉站长着力加强站企对接，在固原市原州区荟峰农副产品公司、彭阳县荣发草业公司、隆德县腾发牧草专业合作社的示范引领下，在全市推广高产优质牧草新品种10万余亩，牧草产量增加20%以上。

精细种草意识和技术在固原市落地生根

长期以来固原市牧民精细种草意识薄弱，特别是缺乏土地平整和施肥的意识。针对这种现状，张蓉站长加强技术培训，并通过建立示范区发挥示范带动作用。2020年试验站依托草业龙头企业在原州区

■ 张蓉在宁夏彭阳县孟源乡草滩村开展优质苜蓿科技示范区建设规划工作

炭山乡和彭阳县孟源乡建立了优质苜蓿标准化生产技术示范区 3 个，共 1.5 万亩，张蓉站长多次赴基地与产业推广部门、种植企业进行沟通，从基地规划、土地平整耕作、品种选择、合理施肥、病虫草害安全防治、苜蓿收获加工等环节进行技术指导和把关，保证每项技术到位。在上半年气候干旱的情况下，3 个示范区全部一次性建植成功，为固原市发展优质苜蓿商品草基地提供了可复制、可推广的技术模式。

创新草畜一体化模式助推脱贫富民工程

在六盘山半阴湿区，苜蓿大多种植在坡耕地，受降雨多和机械短缺的影响，牧草难以及时收获加工，种草效益低下，难以支撑区域草畜对优质饲草的需求。为此，张蓉站长为解决技术和人才瓶颈，举牧草体系之力积极推动固原市脱贫攻坚。2019 年体系与固原市人民政府签订《国家牧草产业技术体系专家团队助力宁夏回族自治区固原市脱贫攻坚框架协议》，在首席科学家张英俊教授等的帮助下，对传统肉牛养殖企业军盛草畜专业合作社进行技术帮扶，指导企业按照“人工混播草地建植—夏秋季季节性放牧—冬春季圈舍补饲”的模式，实现了较传统舍饲养殖利润提升 50% 以上的目标。军盛草畜专业合作社在短短一年的时间内，从一个传统的肉牛养殖场华丽转变为六盘山贫困区草畜一体化生产模式的示范样板。2020 年，这项技术模式列入了自治区“十四五”优质饲草发展实施方案，规划发展 30 万亩。通过做强畜牧生态产品品牌体现种草效益，减轻六盘山贫困区群众饲养成本，提高草畜转化能力，推进脱贫富民工程，促进草畜产业的高质量发展。

创新机制支撑龙头企业带动农户脱贫

张蓉站长也在不断探索科技扶贫机制，实施了技术支撑龙头企业带动农户脱贫新模式。她在固原草业龙头企业荟峰农副产品有限公司基地建立了高标准优质牧草技术核心试验区 300 亩，指导企业主动加强牧草科技创新，积极投身于脱贫攻坚战中。2020 年在张蓉站长指导下，公司建立了优质苜蓿标准化生产技术示范区 7000 亩和中苜 3 号苜蓿专业化种子生产示范区 1000 亩，带动贫困户种植牧草，同时在贫困村设立牧草收购点，给贫困村养殖户配送草产品每吨让利 100 元，降低农户养殖成本。公司成为了宁夏六盘山贫困区牧草产业发展的排头兵，助推了六盘山区科技精准脱贫致富。

由于张蓉站长在固原市脱贫攻坚的突出表现和贡献，2018 年宁夏固原市委市政府实施“四个一”示范工程，张蓉被评为“先进个人”，2020 年被授予自治区“塞上英才”、自治区“先进工作者”等荣誉称号。

扶贫感言

在扶贫工作中，面对企业对技术的迫切需求和农户的期望，张蓉深感靠一己之力是不行的，需要探索科技与牧草产业有效对接的新模式和扶贫新机制，通过科技支撑，做产业政策推动者、扶贫机制创新者、农户技能培养者、传统观念的改变者，举各方力量共同推进科技扶贫工作。为了取得扶贫工作的胜利，需要通过多方努力：一是加强站企合作，技术支撑企业发展带动农户脱贫致富；二是积极推动岗站对接，引进体系专家智力和技术成果，加强技术培训和示范，引领提升区域牧草产业技术水平；三是依托政府和产业部门的支持，出台牧草产业扶持政策，推进技术成果在脱贫攻坚战中发挥作用。

帮扶合作社脱贫　力促草畜一体化

——记国家牧草产业技术体系岗位科学家　沈禹颖

沈禹颖，1965年6月生，兰州大学，教授。带领团队积极响应国家“精准扶贫”的战略布局、秉承主动服务地方经济发展的理念、发挥草牧业在脱贫攻坚战中的作用，立足甘肃省定西市安定区、甘肃武威天祝藏族自治县、临夏州和政县开展扶贫帮扶工作。以开展种植业结构调整，牧草栽培技术和健康养殖等技术培训为抓手，为当地脱贫贡献了技术和智力，取得了一定的成效。

沟、卯、梁、峰、岘、墩……这里地貌复杂，多地形交错；干旱、少雨、蒸发快……这里水资源贫乏，气候干燥。这里就是因生态环境破坏，素有“陇中苦，甲天下”的甘肃省定西市。这里也是一般人眼中的苦地方、穷地方，但却是沈禹颖眼中草畜产业发展的新地方、好地方。

授农以渔

这天，村委会的屋里挤满了村里的男女老少，他们一会儿埋头记着笔记，一会儿抬头看着正在台上讲课的她。她个子不高，留着精干的短发，富有激情地讲解着PPT，幻灯片上写着“半干旱区优质牧草栽培生产和管理技术”。

她是兰州大学草地农业科技学院教授，也是国家牧草产业技术体系岗位科学家——沈禹颖。

“讲解结束，农户们就把沈老师给围起来了，有的说沈老师讲解得通俗易懂，有的就自家种草养羊的问题咨询沈老师。”沈禹颖的学生倪红说。

近年来，沈禹颖带领团队多次赴甘肃定西进行优良牧草种植培训，在定西发放牧草栽培技术培训手册1200册，培训农民1500人。为广大农户关于种草养畜，增产增收方面的问题答疑解惑。

通过科技开放日的形式，沈禹颖带领团队把先进的草地农业理论、技术和模式推广到广大农村中去。

给农以网

除了进入合作社、养殖场，面对面教授农户种草养畜的技术外，沈禹颖还带领团队为草畜产业在定西的发展构建了一张更加系统的网络。

拿甘肃省定西市内官营镇崖湾村鸿德畜牧专业合作社来说，沈禹颖是如何带领团队，从2016年至今，从0到1，让草畜产业成为村子的主导产业呢？

定思路。“生态优先、以草带畜、以畜促草、循环发展”是沈禹颖团队始终坚持的草畜产业发展思路。在这一思路的指导下，深入推进农业结构调整，加快转变农业发展模式，使草畜产业成为全市经济发展的战略性主导产业和脱贫攻坚、全面奔小康的首位产业。

改模式。“红豆草＋无芒雀麦混播”“人工草地种植”“草地划区轮牧”“引进小尾寒羊与湖羊进行全放牧管理”……这是沈禹颖团队，针对鸿德畜牧合作社条件和资源状况进行考察，经过分析讨论，在兼顾健康养殖和经济效益的前提下，为鸿德畜牧专业合作社转变农业发展模式，开出的一个个具体的“药方”。

科技扶贫

羊更多了。从最初的50只小尾寒羊起步，发展到现在的存栏基础母羊1000只，出栏商品羊3000只的规模。

羊肉更优质了。羊只日增重达到150克，屠宰率提高6%，羊肉滴水损失降低了2%，羊肉更好吃也更健康了。

社员更多了。合作社社员由当初的6户，发展到现在的110户，经济效益辐射到全村300户人家。

村民更富了。合作社年纯收入在50万元左右，当地群众每年还能从合作社领到土地流转费5万元。60多户社员户均养羊都在10只以上，大部分社员靠种草养羊成了名副其实的“万元户”。

这一个个数字，都是沈禹颖团队用科技助力脱贫攻坚，为崖湾村鸿德畜牧专业合作社带来的看得见、摸得着的变化。

通过科技扶贫，帮助该地区产业的发展与升级，发挥了产学研结合的优点，促进养殖业的规范化，扩大了当地种养规模，形成草畜结合，发挥“农户＋企业＋科研单位”三重结合优势，为该地区科学规模化养殖提供科学指导。

沈禹颖说：“作为一名党员和国家牧草技术体系岗位科

■ 沈禹颖在甘肃定西市鸿德畜牧专业合作社开展工作

学家，我要把草学基础研究成果转化为实实在在的收益。用草地农业知识进行扶贫，既能增进农民收入，还能保护生态环境，真正实现了科技扶贫。”

把草业科技带到需要的地方一直是沈禹颖的目标，不只是她本人，她培养的一些学生已经在省、市农业农村厅的工作岗位就职，也在为乡村振兴、脱贫攻坚继续发挥专业人才作用。

扶贫感言

贫困地区大部地处偏远地区，具有生产优质草食畜产品的自然条件和传统，但由于经济基础薄弱，交通不便，往往缺少技术、资金，草畜一体化建设是贫困地区充分利用自然资源、种养结合、提高系统生产力、促进物质循环实现乡村振兴的有力抓手。沈禹颖带领团队开展的脱贫工作中秉承了主动服务地方经济发展的宗旨，发挥了专业技术优势，有助于当地理顺草地畜牧业发展的思路和途径，落实成果转化。能够为草畜一体化的脱贫致富模式添砖加瓦，为打赢脱贫攻坚战贡献团队力量，他们心中无比甜美，也愿意为此事业乐此不疲地继续努力。

科学技术解决牛病防控难题助力扶贫

——记国家奶牛产业技术体系岗位科学家　杨宏军

杨宏军，1976年7月生，中共党员，山东省农业科学院奶牛研究中心，研究员。近年来，积极响应农业农村部号召，大力推进科技助力产业扶贫，带领团队主要开展了以下几个方面工作：参与西藏自治区拉萨市城关区的奶牛疾病防控方面的扶贫工作；参与宁夏固原市西吉县扶贫工作；配合李建喜主任参加甘肃临夏的扶贫工作。

聚焦奶牛疾病防控　开展西藏自治区扶贫工作

杨宏军团队全年对接西藏拉萨综合试验站城关区奶牛场，跟踪牛场疫病防控，协调诊疗用品，持续提供技术帮助。2018年，奶牛体系接到西藏拉萨试验站求助，犊牛出生死亡率高。为尽快解决问题，指导拉萨试验站技术人员解剖病牛，取样紧急送到济南。杨宏军团队经全面的实验室化验，发现病因为贫血，且有病毒感染。杨宏军研究员指导其科学合理用药，很快控制病情，犊牛成活率快速提高。

杨宏军带领团队以拉萨市城关区奶牛场为重点调研对象，向西藏周边养殖户辐射，通过详细询问，帮助贫困县制定合理的奶牛疾病防控规程，解决贫困县产业技术难题。降低犊牛死亡率，帮助牧场制定疾病防控规程，实现增产增收。

帮助宁夏固原市西吉县建立疫病防控技术体系，为“肉牛养殖扶贫项目”保驾护航

为落实习近平总书记“科技扶贫”的指示精神，受农业农村部和宁夏科技厅委派和牵线，杨宏军团队与宁夏农科院对接参与《宁夏深度贫困区肉牛产业提质增效技术集成示范项目》，开展肉牛疫病防制技术示范工作。杨宏军团队远赴宁夏固原市西吉县的两个贫困村开展调查与技术帮扶工作。根据贫困地区牛主要疫病流行情况和牧民实际需求，结合杨宏军对团诊治技术与经验优势，针对口蹄疫、布鲁氏菌病和犊牛腹泻，开展相关技术服务，帮助贫困地区解决实际生产问题。通过开展养殖技术培训和现场指导帮助养殖户进行规范的口蹄疫免疫和布鲁氏菌病防控；通过走访养殖户，现场进行诊疗和解答问题，帮助养殖户即时解决问题；同时选择马沟养殖场作为牛病综合防治技术示范场，加强技术推广与应用。

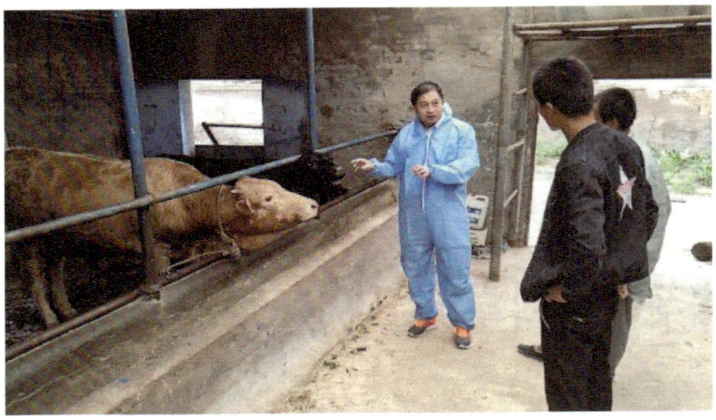

■ 杨宏军在宁夏西吉县开展技术指导

2018 年累计为农户免费检测样本 1113 份，免费为农户进行疾病防控培训 10 多次，避免直接经济损失 70 余万元。2019 年，团队成员先后 5 次赴宁夏参与扶贫工作，采集各类样品 200 余份，检测项目逾 1200 个，一方面实现精准治疗减少犊牛落地死淘率，另一方面确保马沟示范场口蹄疫抗体水平高于 90%，全年无口蹄疫疫情发生，切实保障扶贫投入的有效性，实现贫困户增收；加强养殖户及合作社对布病等人畜共患病的认识，提升自我防护意识，自觉控制牛只流转和养殖风险，保障贫困地区公共卫生安全，现已顺利通过验收，效果显著。

积极响应农业农村部召集的“三区三州”扶贫奶牛项目，参加在甘肃临夏举办的“甘肃省规模化奶牛场饲养管理技术培训班”，提升临夏州及省内其他地区奶牛养殖竞争力，发挥奶牛养殖业在脱贫攻坚中的带动作用，助推当地精准脱贫工作。

■ 杨宏军在甘肃临夏州开展技术培训

扶贫感言

产业扶贫既是促进贫困人口较快增收达标的有效途径，也是巩固长期脱贫成果的根本举措。立足宁夏、西藏等贫困地区资源禀赋发展奶牛养殖业、实施产业扶贫、科技扶贫，能够有效提高贫困地区自我发展能力，实现由“输血式”扶贫向“造血式”扶贫转变，达到最终脱贫。

参与扶贫工作以来，杨宏军深刻体会到助推精准脱贫工作，一定要深入群众中去，了解贫困户养殖过程中遇到的困难及技术难题，点对点指导，增强实用性。另外，授之以鱼，不如授之以渔，注重培养本土技术人才力量，解决技术力量薄弱的问题。总之，提升贫困地区奶牛养殖竞争力，发挥奶牛养殖业在脱贫攻坚中的带动作用具有非常深远的意义。

六盘山深度贫困区　有位专家“牛气”冲天

——记国家肉牛牦牛产业技术体系岗位科学家　梁小军

梁小军，1971年7月生，宁夏农林科学院动物科学研究所，研究员，所长。主要从事反刍动物繁殖与健康养殖领域技术研发工作。宁夏“新世纪313人才”“科技创新领军人才”“塞上农业专家”，主要在六盘山片区宁夏“西海固”深度贫困区扶贫。

家家种草户户养畜，“马沟模式”为脱贫提供科技支撑

“西海固”地区素有“苦甲天下”之称，是我国深度贫困区的典型代表，也是宁夏脱贫攻坚的主战场。这里虽有肉牛养殖的自然条件和传统，但以前的养殖状况却不乐观。

老乡养牛，最初主要是作为畜力，后来随着农业机械化水平的提高，其肉用属性慢慢凸显。但很多人还是老思想、老办法，有啥喂啥，只要活着就行，产肉的效率非常低，养牛未能发挥助农增收的作用和实现产业脱贫的目标。

2018年，在科技部、宁夏科技厅支持下，国家肉牛牦牛产业技术体系岗位科学家梁小军研究员联合体系首席科学家曹兵海教授、区畜牧工作站吴彦虎研究员等组成专家团队，共同实施国家“科技支宁”科技扶贫东西部协作行动“宁夏深度贫困区肉牛产业提质增效技术集成示范”项目，构建可复制推广的科技扶贫示范样板。

梁小军选择具有代表性的马沟村作为扶贫工作的示范点。马沟村位于西吉县什字乡，项目实施前全村近一半农户养牛，但饲养量不到1000头，以传统的秸秆加精料方式喂牛，养殖效果并不理想。

他觉得肩上的担子很重，跑了好多村落，从产业链条的多个环节着手，细分关键技术点位，再通过物化补助渗透下去，让老乡精准掌握技术要领。

比如，粗饲料季节性不平衡，总体性短缺，这是很大的问题。梁小军让老乡压缩其他作物种植面积，给每头牛种一亩专用青贮，再通过项目补贴、建青贮窖、配铡草机、专门指导等措施，调整种植结构。

“农业综合效益一下提高了。而草的问题一解决，养就简单了，推荐日粮配方即可。”在梁小军的指导下，山区肉牛育肥期大大缩短，日增重显著提高。

就这样，梁小军和扶贫工作团队精准针对“西海固”地区肉牛养殖中存在的突出问题，打造的“家家种草、户户养畜”的“马沟模式”更是为西吉县决胜脱贫攻坚提供了科技支撑。

从养殖户到示范区，先进技术和模式推广成效显著

主持扶贫工作3年来，梁小军和专家组在示范区推广先进技术和模式取得了显著成效。

两个核心示范村，养殖户由340户增加到478户，增长40.59%；肉牛存栏数由2100头增加到5360头，增加155.24%。新建青贮池437个，种植青贮玉米2.86万亩，青贮覆盖率由不足15%提高到90%以上。示范基础母牛高效繁育6200头次，胎间距缩短了近50天；示范肉母牛代育奶公犊850头，成活率达到92.9%；示范犊牛培育5890头，标准化育肥出栏4100头，育肥日增重由1.2千克左右提高到1.5千克以上；示范肉牛疾病综合防治技术，发病率降低30%、死亡率降低50%以上。

授人以鱼更要授人以渔，技术培训让老乡致富志气更足

授人以鱼，不如授人以渔。针对扶贫区共性技术问题，梁小军联合国家肉牛牦牛产业技术体系10余名专家站长，举办技术培训班86期，培训基层技术骨干、养殖户10884人次，发放技术资料28500余份。示范区仅种养结合农业综合效益就提高了25.58%，精准帮扶329户建档立卡户1666人成功脱贫。

如今，该模式已成为产业科技扶贫的样板，对国内同类型生态区具有重要借鉴意义，主要体现在3

■ 梁小军赴宁夏“西海固”调研

个方面。一是创新机制夯实基础。突出“引智东部、先进适用、科技引领、政产学研用推”协作机制，聚集众智，为项目示范提供智力和技术基础。二是创新模式提高效益。构建“为养而种、为种而养，种养结合”适合区域发展水平和特点的循环农业技术体系，从养殖全产业链关键环节寻求突破，淘汰经验式粗放饲养，实现生态与产业协调发展。三是创新技术突破发展。以先进、适用、有效为根本目的，集成“一母育双犊”、优质犊牛培育、肉牛疾病综合防治等技术，研发推广复合预混料、营养舔砖、犊牛免疫增效颗粒料等新产品，强化技术物化率和到位率。

“在扶贫专家的帮助下，老百姓养牛实实在在赚钱了，更有志气闯致富路！”什字乡乡长赵君郁高度评价。

群众和基层组织的认可，是扶贫工作取得成效的重要标志，更是对扶贫专家工作的肯定！在科技助力脱贫攻坚这条路上，梁小军称自己还有很长的路要走。他将继续踏踏实实，步履铿锵！

扶贫感言

产业扶贫的目标是实现产业兴旺。因地制宜、因势利导是关键。

结合区域自然资源禀赋和农业生产传统习俗，选定并重点培育优势特色产业，使贫困户主观发展产业的意愿与产业技术帮扶形成共振，成就产业扶贫的目标。

为了绘就乡村振兴的大蓝图，必须瞄准深度贫困区产业发展中存在的关键共性问题，将先进适用的技术通过物化渗透，这样就会达到事半功倍的效果。要“输血”，更要“造血”。产业扶贫的帮扶对象是贫困户，如何扶智与扶志并重，激发他们依靠科技脱贫致富的内生动力与追求美好生活的信心，这是根本。

唯此，才能构建种养结合的生态循环技术体系，提升现代农业综合效益。

发展肉羊产业　科技助力地区脱贫

——记国家肉羊产业技术体系岗位科学家　王　锋

王锋，1963 年 8 月生，南京农业大学，二级教授。国家重点研发计划“山羊规模化高效安全养殖关键技术集成与示范”项目首席专家。主要扶贫区域为广西河池都安县等地区。王锋教授 20 余年来一直致力于肉羊科学研究与应用，积极构建肉羊产业与二三产业交叉融合的现代产业体系，致力用科技助力产业扶贫。

以国家肉羊产业技术体系为支撑，利用科技和产业进行精准扶贫

2020 年 9 月 10 日，在国家肉羊产业技术体系支持下，王锋教授在前期充分调研的基础上，发起并组织有关地方团队共同举办了“中国都安肉羊产业发展研讨会暨扶贫培训会”，邀请国家肉羊体系首席科学家金海研究员等多位专家进行专题报告和讨论，就科技助力都安县肉羊产业扶贫建言献策。王锋、周汉林和易显凤等三位专家，分别围绕“肉羊标准化养殖场建设及粪污资源化利用”“热带地区山羊养殖新技术应用”“广西牧草及农作物秸秆开发利用”等为广大养羊户和技术人员做了专题授课培训，回答了有关问题。在王锋教授的积极联系和推动下，部分饲料企业和地方团队向都安县捐赠了肉羊全价颗粒料 20 吨、精料浓缩料 5 吨、肉羊 10 只以及部分书籍等，定向资助了 32

■ 王锋在广西都安县组织捐献扶贫物资

个养羊困难户，并亲临羊场指导其养羊生产，以“科技培训＋物资捐赠”等实际行动助力其发展肉羊产业，取得了良好效果。后续的跟踪服务工作还在继续中。

2020 年 9 月，经过科技部推荐，王锋教授又受邀担任陕西“佳县羊产业创新发展科技助力团”专家，为依靠科技创新推动佳县羊产业提质增效提供指导和帮助。

对接江苏省肉羊地方团队，赴江苏淮阴渔沟镇举办“科技帮扶”活动

2020 年 6 月 18 日，在前期精准备调研的基础上，王锋教授动员并组织江苏省肉羊团队启东、太仓、泗阳和淮安等示范推广基地，赴淮安市淮阴区渔沟镇举办“科技帮扶　富民强县”及帮扶物资发放活动。王锋教授深入养殖户中，就养羊生产中存在的问题进行了调研和交流，耐心回答了大家生产中遇到的问题，并发放了肉羊养殖相关的 TMR 颗粒饲料、技术资料、兽药、添加剂和消毒剂等物资。

以技术培训为支撑，助力养殖户科学养羊

2019 年 11 月 22 日，王锋教授组织江苏省 12 个重点帮扶县肉羊产业富民对接会暨肉羊养殖技术培训班在泗阳县成功举办，肉羊养殖户及相关技术人员等 200 多人参加了本次培训。培训专家进行授课，并发放培训材料。参会人员就肉羊发展形势、分段饲养、饲料配制、常见羊病防治等方面与专家进行了交流探讨，现场气氛活跃，培训收到预期效果。参会人员前往泗阳县恒源山羊养殖专业合作社参观，与

■ 王锋在江苏宿迁市泗阳县开展肉羊标准化养殖场建设规范培训

合作社负责人交流肉羊养殖技术要点。专家组就养殖户提出的技术问题进行现场解答、指导和交流。

王锋教授表示，本次活动旨在摸清江苏省肉羊产业技术需求，以问题为导向，充分发挥科技在农业产业富民中的支撑作用，助力推进产业富民工作，提升县（区）农技推广人员技术水平。下一步将继续围绕科技助力农业产业富民工作，加强与地区对接，为肉羊高效健康养殖提供科技支撑，为提升江苏省畜牧业高质量发展贡献肉羊产业技术体系智慧。

扶贫感言

扶贫是一项重要的民生工程，也是一项良心工程，产业扶贫能保障居民稳定就业和持续增收，农业产业扶贫是打赢脱贫攻坚战的核心内容，也是实现乡村振兴的关键所在，其中肉羊产业在扶贫中起着领头羊的作用。开展产业扶贫要尊重群众，站在他们的角度思考问题，应充分调研，结合生产实际，了解群众需求，做到精准扶贫，尤其是要充分调动地方团队与相关企业的积极性，将扶贫与成果示范推广结合起来，采取技术培训结合物资捐赠的方式，确保帮扶效果和科技成果的推广应用。

科技引领善作善成　脱贫攻坚喜获丰硕成果

——记国家绒毛用羊产业技术体系岗位科学家　郑文新

郑文新，1972年2月生，新疆畜牧科学院，研究员。主要的扶贫区域是“三区三州”的喀什地区、和田地区和克州地区，是“三区三州”中贫困人口较多、稳定形势较为复杂的地区。

科技扶志扶智取得硕果，持续激发全村内生动力

拜什吐普村是“三区三州”巴楚县色力布亚镇最大的贫困村。人均1.85亩地，本地务农收入微薄，但外出务工的比例不到1%，懂普通话的人不到1%，贫困户“等靠要”是常态。郑文新紧抓扶智扶志，结合培训成立青年科技兴趣小组，培养致富带头人，点燃星星之火，并通过他们带动更多村民依靠勤劳双手致富。

初中毕业的青年农民阿布都沙拉木在他的帮助下，开发了瓜开沟平整覆膜多功能一体机，获得了

■ 郑文新在新疆巴楚县色力布亚镇拜什吐普村开展机械挤奶技术培训

专利，学习抖音等现代媒体营销技术，实现贫困区加工的产品依靠市场的力量销往全国。目前已销售了164台，收入近50万元。现在他开起了上千平方米的门面，买了车，向183位农民提供农机服务，种瓜季节一天可收入1500~2000元。此后又相继开发了清洁厕所、自动核桃采摘机等，科技致富路越走越宽。农民克里木·阿布都伟力通过学习养牛和酸奶技术、艾买提·阿布都热依木通过学习养蜂技术、纳斯尔·吾术尔通过学习烹饪技术、马木提·于素因通过学习水暖维修等技术，已经从年收入4000~6000元，提高到20万~40万元。

身边一个又一个学习科技实现创新创业村民的成功，激发了全村学习普通话和科技知识的积极性，郑文新因势利导，建立7个实训基地，创建了微创业园/扶贫巴扎，让学习的技术有转化平台，并亲自担任创业导师悉心指导。先后有50多位村民在本村实现创业就业，月收入超过2000元；现在月收入5000元以上的20余人，月收入2万元以上有3人。目前微创业园的房租已经涨到2000元/间门面，村民通过出租门面实现脱贫，为脱贫增加了新的渠道。

科技助力产业扶贫实现“一村一品”，培养全村长效脱贫致富新动能

过去村里农业生产规模小效益低，抗市场风险能力差。

郑文新亲自指导组建合作社，组织赛羊赛牛会普及良种，推广优质种羊126头，引进新技术使饲草料单产从4.5吨提高到14吨，推广机械挤奶技术，推广颗粒饲料及青贮2000余吨，奶单产从5.5千克增加到15~23千克；注册了色利比亚老酸奶品牌，目前标准化传统手工酸奶的工艺获得专利，产品也已占领全镇80%的市场，良好的效益带动全村牛的数量大幅增加，带动周边3个乡镇10个村农民奶送售15村，实现了“一村一品”，促进了“一乡一业”。

在他的指导下，拜什吐普村评为喀什地区九大特色村。争取了拼多多全国第一家多多农园，蜂蜜品牌扬帆起航；电商也在阿里巴巴等的支持下不断发展，入选了国家级电商进农村优秀示范村；中央媒体帮扶脱贫的示范村。在县委的支持下，全村30%的土地改造成高标准农田，193户农民收益。

目前，全村1078位劳动力，100%实现就业。村部分困难群众因各种原因难以外出务工，现全部实现了就地就近就业，补齐了脱贫攻坚最大的短板。村集体收入实现跨越式发展，村里也有能力对未能纳入贫困户管理体系的困难户提供兜底保障，形成了防返贫的村级机制。郑文新团队获喀什地区脱贫攻坚先进单位，自治区访惠聚“五个一百”脱贫攻坚典型范例。自治区访惠聚“五个一百”访惠聚之星、自治区优秀工作队和自治区民族团结一家亲和民族团结联谊先进单位。

在他的帮助下，这个“三区三州”深度贫困县重点扶贫乡镇最大的贫困村，2019年全村农民人均纯收入达到9824元，比2014年增加4倍；实现了扶贫帮困路上不落下一个人，群众满意度100%。“一村一品”已经形成可持续增收的发展格局，顺利通过第三方验收和普查验收。他的先进事迹不仅入选喀什地委组织部宣传部宣讲材料，获评自治区访惠聚“五个一百”脱贫攻坚典型范例，还入选中国组织人事报扶贫典型案例，并上了《中国组织人事报》的头版。在这个历史节点，该村2020年8月7日已通过国家扶贫办的公示，成为新疆（含兵团）唯一入选全国脱贫攻坚创新奖的代表。

在绒毛用羊产业体系科学家郑文新的帮助下，拜什吐普村的贫困青年农民阿布都沙拉木成为农民科技发明达人，靠开发的新设备收入近50万元，帮助100多人就业，荣获“全国农村青年致富带头人”

光荣称号，获得“全国脱贫攻坚贡献奖”。

扶贫感言

产业扶贫培养致富带头人让技术落地很重要。过去扶贫，发过羊牛，过几年没有了就又返贫了。让一部分村民通过学习技术，脱贫致富。用身边人身边事激励更多人的内生动力。产业扶贫，培养和扶持集体经济，强化组织化很重要。火车跑得快，全凭车头带。没有组织化的扶贫，仍然缺少可持续性，要使其感受到精神的力量，坚持的力量。过去觉得扶贫的过程中项目很重要，但是扑下身子到基层，发现精神力量更重要。上甘岭的英雄，孤立无援，没有水、没有子弹、没有休息。英雄们不是靠资金战胜敌人。面对强敌，是使命感和精神最终支撑英雄们取得胜利。在基层，不能有只有钱才能脱贫的想法，重要的是要激发干部和群众的内生动力。

拓建脱贫“羊关道” 帮扶农户“发羊财”

——记国家绒毛用羊产业技术体系综合试验站站长 宋德荣

宋德荣，1967年10月生，毕节市畜牧兽医科学研究所，研究员。农业农村部赫章县生态畜牧产业技术顾问组成员。自国家吹响脱贫攻坚号角起，就一直奔赴基层开展帮扶工作，主要扶贫区域是贵州省毕节市的赫章县、威宁县、纳雍县，3个县均为国家未脱贫摘帽挂牌督战县。为打赢毕节市脱贫攻坚战，根据农业农村部的要求，在国家绒毛用羊产业技术体系的指导下，在体系岗站专家的共同努力下，科技助力脱贫攻坚取得显著成效。

建立示范基地，增加劳动就业，帮助农民增收194.17万元

宋德荣带领团队2015年在赫章县威奢乡创办种羊场1个、2018年在该县兴发乡接管种羊场1个，流转天然草地3万余亩，建立覆盖4个村的肉羊养殖科研示范基地1个，种羊场饲养贵州半细毛羊、威宁绵羊等种羊500余只，辐射带动基地养羊4000余只。结合实施国家退牧还草、美利奴羊良种场建设及南方草地项目，改良天然草地2.22万亩，建草地围栏15.7千米，新建羊舍2198平方米、高位水池150立方米、青贮窖池800立方米、草料棚600平方米等。2015—2020年基地提供长期劳动就业岗位3~6人，其中贫困户2户3人，帮助贫困户打工增收55.2万元；提供短期劳动用工9476个，帮助农民打工增收105.57万元。推广粮改饲700余亩，帮助农民增收33.4万元。威奢乡大寨村贫困户何小芬笑着对记者说：“多亏他们羊场来帮扶我们，否则我们外出打工既照顾不了老的，又照顾不了小的，现在收入提高了，自家住房也重新翻修了。”

科技项目带动，以产业扶贫为切入点，结对帮扶贫困户59户

2016—2020年，宋德荣组织实施国家、省、地科技计划项目，带领团队帮扶赫章、威宁、纳雍三县9乡镇养殖户477户，其中贫困户59户，服务养殖场、养殖企业6家，推广种羊241只，发放扶贫

■ 宋德荣在贵州威宁县龙场镇红光村走访贫困户并了解养殖存在的问题和困难

种羊 129 只、铡草机 35 台、兽医器械 477 套，每年到户面对面指导 10 次以上，集中培训 2 次以上，解决种养关键技术问题 120 余个次，先后解决农资、种羊、种草及仔猪补栏资金 59.72 万元。

充分发挥体系平台作用，岗站专家共同助力赫章县生态畜牧产业发展

岗站对接，毕节半细毛羊综合试验站邀请体系岗位科学家青岛农业大学柳楠教授、青海省畜牧兽医科学院马利青研究员、中国农业大学李国学和侯健教授共同助力毕节脱贫攻坚，2018 年 11 月 10 日、2019 年 8 月 22 日和 11 月 14 日，先后在毕节市牧垦场、威宁县种羊场、贵州新乌蒙公司种羊场、威宁县板底芦虹养殖场等指导疾病防控、粪污无害化处理、同期发情试验示范。特别是新冠疫情期间，作为农业农村部派出的赫章县生态畜牧产业技术顾问组成员，柳楠教授、马利青研究员、侯健教授于 2020 年 3 月 29—31 日坚持到赫章县开展为期 3 天的“把脉问诊”扶贫工作，深入赫章县养殖企业、养殖专业合作社及贫困户开展技术指导，解决技术问题 10 余个。赫章县农业农村局负责人表示，通过专家们的把脉问诊，找出了产业发展的顽固症结，稳步推进落实，通过产业发展带动脱贫，与全国同步进入小康新时代。

■ 宋德荣在贵州赫章县兴发乡小海村开展产业扶贫指导工作

大力开展技术培训和服务，增强造血功能

2016 年以来，带领团队先后深入赫章县的罗州、威奢、古达、兴发、河镇、可乐，威宁县的盐仓、雪山、板底，纳雍县的昆寨、羊场等乡镇，共培训农民 1404 人次，发放技术资料 415 份。2017—2020 年服务毕节市牧垦场、威宁县种羊场、贵州威宁高原草地试验站、贵州新乌蒙生态牧业发展有限公司、威宁县板底芦虹养殖场，帮助注射疫苗 2350 头份，布病采血检测 3470 头份。每年鉴定种羊 200 余只，以指导选种和推进产业扶贫。

■ 宋德荣在贵州赫章县威奢乡营盘村开展科技扶贫养羊技术培训

扶贫感言

长期深入一线扶贫，对产业扶贫有着深刻的认识。一是扶贫先扶智和志，提高贫困户的思想认识、掌握技术的本领，增强造血功能，贫困户脱贫致富就不远了；二是选好产业，认真分析市场潜力和疏通流通渠道，让产品能产能销、能销能赚，增强贫困户脱贫致富的信心和决心；三是扩大农业保险险种，解决农业险种的缺失问题，降低贫困户种植、养殖风险，让贫困户无后顾之忧。

推进产业技术应用　科技助力精准扶贫

——记国家绒毛用羊产业技术体系综合试验站站长　乔海生

乔海生，1961年12月生，青海大学，教授。主要在青海省海北藏族自治州开展技术扶贫。

探索切合实际的扶贫模式

乔海生作为一名综合试验站站长，自“十三五”以来，以藏区扶贫为己任，把试验站产业技术试验示范与科技扶贫紧密结合，在海北藏族自治州的祁连县、刚察县、海晏县等地深入生产一线走村串户，详细了解牧民、合作社、规模化养殖场的生产状况和技术需求，详细调查当地精准扶贫的具体情况，认真思考产业技术介入藏区扶贫工作的途径和方式，逐步摸索形成了符合生产实际的联合扶贫模式，即“试验站＋示范基地＋贫困户模式，试验站＋示范县技术骨干＋联点村模式，试验站＋示范县联合培训模式”。

示范解决问题的实用技术

乔海生以问题和需求为导向，扶贫工作中采取了物资帮扶、技术指导、技术培训、生产奖励等牧民喜闻乐见的多种扶贫形式，把新型实用技术手把手地传授给了农牧民，带动牧民转变思想观念，转变生产方式，收到了增产增收的良好效果。比如与刚察县青青草牛羊养殖合作社开展扶贫联点帮扶工作，以合作社受托分红、试验站帮扶的形式对青海藏区刚察县沙柳河镇尕渠村进行精准扶贫。尕渠村共390户，总人口1540人，其中贫困户49户，贫困人口136人，另有边缘贫困户50户。为了帮助合作社完成帮扶任务，试验站指导推广藏羊两年三胎繁育体系等生产技术，年繁活率由90%提高到了150%；给合作社配备了改进型多功能专利羊圈，实现了产后母羊同群放牧，分栏补饲，羔羊成活率达到了99%，减轻了羔羊断奶的应激反应，实现了羔羊早期断奶；羔羊早期培育出栏，6月龄出栏体重达到了35千克，比传统养殖提高了110%；后备母羊10月龄配种，初配年龄提早了8个月。通过各项技术的应用，加快了生产周转，提升了经济效益，贫困户分红得到了保障。2016—2019年累计分红30余万元，贫困人口年均分红530~640元。在产业技术推动和市场带动的双重作用下，合作社生产快速发展，生产规模从最初的500只羊发展到了4000只，自身发展的同时先进的生产方式发挥了积极的示范作用，引领了区域养殖业发展的方向。

开展符合需求的扶贫活动

祁连县是乔海生被农业农村部统一安排的扶贫帮扶县，根据祁连县藏羊品种选育的需要，2016—2020年共举办5届藏羊种羊鉴定评比和现场观摩培训，示范鉴定种羊400余只，为500多名牧民现场培训讲解了藏羊选育鉴定的技术和方法，提高了牧民对藏羊品种选育重要性的认识，使藏羊选育更加科学规范，显著提高了选育群藏羊个体生产性能，显著改善了羊毛品质，显著增强了产业发展后劲。

加强科技服务的联合协作

为了更广范围示范产业技术，乔海生与产业技术体系专家相互协作，在青海省祁连县、刚察县、海晏县、天峻县、玛多县、四川省昭觉县等地联合开展技术服务，以走访牧区现场解答牧民的疑问，发现生产中的不合理现象及时提出改进意见，集中培训农技人员和农牧民，将繁殖技术、动物营养、半细毛羊养殖、羊传染病和寄生虫病防治、养殖设施等方面的知识送到生产一线，直接服务农牧民达到1000多人（次），这种联合协作的方式受到了基层农技人员和农牧民的欢迎，起到了综合型技术的示范作用。

■ 乔海生在青海祁连县举办脱贫帮扶藏羊种羊鉴定评比观摩会

■ 乔海生在青海祁连县现场培训会上讲解藏羊选育技术

扶贫感言

产业技术示范与扶贫都是为了提高农牧民生产增收的能力，目标是一致的，把产业技术试验示范与扶贫紧密结合既能够增加当前的农牧民收入，更能够增强产业可持续发展后劲。扶贫离不开产业发展，高效生产离不开科技支撑，特别是藏区生产条件和生活条件艰苦，生产水平较低，对于科学技术和实用技术的需求更加迫切。在党中央统一领导下，青海藏区已经实现了脱贫目标，但是脱贫后的生产发展仍然离不开先进实用的技术服务，由于藏区牧民文化程度差异大，掌握先进生产技术还需要一个循序渐进的过程。因此，产业技术研发步伐不能放慢，产业技术示范和推广普及不能停滞，农业技术人员的责任不能减轻，农业产业技术工作者任重道远，还须努力。

技术扶持让尼格藏鸡成为农牧民致富的“凤头”

——记国家蛋鸡产业技术体系岗位科学家　马秋刚

马秋刚，1973 年 8 月生，中国农业大学，教授。农业农村部“三区三州”科技服务团成员，对接扶贫区域为云南省迪庆藏族自治州香格里拉市。

调研当地产业现状，提出脱贫新方案

2019 年 4 月入选“三区三州”科技服务团后，马秋刚教授第一时间认真学习了《农业农村部办公厅关于加强农业科技工作助力产业扶贫工作的指导意见》，接着主动向云南省“三区三州”科技服务团扶贫工作总牵头人张跃彬研究员、地方政府联络员请缨，保证一有需求随时到位。认真学习了廖西元司长在科技助力“三区三州”产业扶贫工作会议上的讲话，领会到云南省迪庆州产业扶贫应该立足特色资源，发展特色产业，建立特色平台，形成特色品牌。接着向国家蛋鸡产业技术体系杨宁首席和遗传育种岗位科学家咨询了适宜高海拔地区的特色家禽品种，向饲养管理方面的岗位科学家和平谷综合试验站在云南的分公司了解对接服务的云南省迪庆州家禽产业发展的区位特点和优势，形成了种植业—养殖业—加工业全产业链合作推动产业扶贫的工作设想，提出了要因地制宜发展高产蛋鸡品种、地方肉蛋兼用型品种的工作思路。

联合当地龙头企业，体系合力助力脱贫

在云南省农业科学院张跃彬研究员、严洪斌研究员，迪庆州农业农村局张漾斌科长等帮助下，马秋刚教授与迪庆州养殖龙头企业——香格里拉市森吉尼达公司顺利完成了对接。对于企业咨询的专业问题，涉及饲料营养方面的绝不吝啬、倾囊相授。因为他知道，地方企业能够接触到的专家有限，把问题推出去，不如自己去查、去学，请教相关专家力争给出满意答复，体系内张浩教授、马雪英站长、郑长山站长、李保明教授、徐桂云教授都多次接到他的求援电话。凭着这样的精神，他从一个饲料营养专家逐渐成了可以提供全方面技术支撑的藏鸡养殖专家。特别是新冠疫情期间，交通不便，不能出差亲临现场，就通过微信、电话、视频等为当地发展家禽养殖带动农民脱贫致富提供技术支撑。

疫情好转后，马秋刚教授积极请示所在单位、迪庆州主管部门，得到允许到云南省迪庆州出差的许可后，2020 年 8 月 10—12 日，他和团队成员张建云教授立即飞赴迪庆州调研尼格藏鸡健康养殖和产业扶贫，并就饲料原料质量保障、饲料加工设备保养调试、种鸡上笼高效繁育、优质鸡肉鸡蛋散养等方面进行了现场指导，赠送了其主编的专著《饲料霉菌毒素污染控制与生物降解技术》，还和迪庆州农业农村局张漾彬科长、森吉尼达公司技术人员座谈通过标准体系建设保护和发展“尼格藏鸡”这一地方优质品牌资源推动产业扶贫。马秋刚教授多次表示：“我们是来技术扶贫的，不是来旅游的，住宿差一点没有关系，只要离工作地点近就行；来一趟不容易，我们应该把更多时间留给工作。”他们一行不仅坚持自己付差旅费，而且饲料营养成分分析、有毒有害因子风险排查、蛋品质量检测的所有这些检测分析项目也全都免费。

马秋刚教授和对接企业在产业扶贫方面卓有成效的工作得到了有关部门的认可，列入农业农村部“三区三州”云南专家技术服务团 2020 年主要工作。马秋刚教授相信，地方优质资源插上现代科学技术的翅膀，尼格藏鸡必将成为带动农牧民致富的“凤头”！

■ 马秋刚在云南迪庆州现场指导饲料配制和藏鸡养殖

扶贫感言

产业扶贫的关键在于充分发挥当地区位优势，立足特色资源，发展特色产业，建立特色平台，形成特色品牌。尼格藏鸡是大自然馈赠的地方优质品种资源，鸡肉香味浓郁、鸡蛋品质优良。森吉尼达公司培育和保护这一地方蛋肉兼用品种，并将繁育的鸡雏推广给当地农牧民养殖，已经初步形成了“地方龙头企业 + 农户”的产业扶贫模式。这种模式具有强大的内生动力，能够将科学技术快速转化为改变产业的生产力、扶贫工作的新动能。

多措并举谋发展　精准扶贫促增收

——记国家蛋鸡产业技术体系岗位科学家　朱　庆

朱庆，1959年10月生，四川农业大学，二级教授。中国畜牧兽医学会家禽学分会名誉理事长，四川省学术与技术带头人。多年来，朱庆聚焦贫困地区家禽产业中存在的问题，围绕地方鸡遗传改良以及生态养殖技术示范推广等方面，在四川、贵州、重庆、西藏等省（区、市）多个贫困地区开展技术培训、现场指导等大量科技扶贫工作，对推动贫困地区蛋鸡产业发展，助力农民脱贫致富以及乡村振兴战略实施做出了积极贡献。

引进选育新品种，提高优良品种覆盖率

优质鸡养殖周期短、见效快，绝大多数贫困地区拥有良好的自然条件，生态养殖成为贫困地区老百姓手中的增收法宝。四川省拥有丰富的地方鸡资源，但由于长期缺乏系统的选育，生产性能差，无法满足市场需求。朱庆带领四川农业大学家禽育种团队瞄准这一产业发展的瓶颈，以四川地方鸡血缘为基础，历经12年选育出“天府肉鸡”配套系，于2018年通过国家审定，在四川德阳、绵阳、广元、巴中等地推广，深受养殖户喜爱，进入多个地方扶贫定点采购名录。同时，朱庆团队以旧院黑鸡、绿壳蛋鸡等地方鸡资源为素材，培育出了特色绿壳蛋鸡配套系，经过近两年的示范，得到了养殖户一致好评。“不仅绿壳蛋价高，而且淘汰鸡价格也明显高于普通蛋鸡”，有望成为贫困地区发展特色产业的主推品种。此外，朱庆教授团队与多个地方政府和企业建立了良好的合作关系，进行地方鸡遗传资源挖掘与利用。尤其是与广元市共同开展秦巴山脉及周边地方鸡资源普查，对挖掘到的“广元灰鸡”进行抢救性保种和资源开发，于2016年通过国家畜禽遗传资源委员会审定，目前已成为广元地区打造百亿土鸡产业的主导品种。不仅如此，该团队还指导体系拉萨试验站选育“拉萨白鸡”，技术合作“乡城藏鸡”“兴文山地乌骨鸡”“剑门关土鸡”等地方鸡品种选育，均取得了良好效果，生产性能得到明显改善，对贫困地区依托优质鸡产业脱贫起到了积极的推动作用。

示范推广新技术，提升标准化生产水平

良种是最重要的农业生产资料，是体现现代农业科学技术的载体，而良种只有和良法合理配套才能充分发挥其增产潜力。针对蛋鸡产业发展中存在的养殖配套技术问题，朱庆带领团队与蛋鸡产业技术体系绵阳试验站深度合作，围绕蛋鸡全产业关键环节开展创新研究，建立蛋鸡高效健康生产技术体系，以四川圣迪乐村生态食品有限公司旗下多个养殖场为示范，大力开展先进适用技术推广工作，带动四川绵阳、广元，贵州毕节、黔西南等贫困地区蛋鸡养殖水平快速提高，培养壮大了以蛋鸡养殖为主的农业主导产业。朱庆团队承担汶川特大地震灾后产业恢复重建任务，指导绵阳安县圣康蛋鸡养殖合作社，从修建鸡舍到整个生产流程重新设计，并多次进行配套技术指导和培训，合作社生产水平大幅提升，产蛋量由 16 千克 / 只提高至 19 千克 / 只，达到国内先进水平，2015 年被评为国家级农民示范合作社。目前，合作社已拥有 2 个标准化示范区、存栏蛋鸡 30 万余只，吸收数十户贫困户参与、人均增收 3000 元以上，带贫脱贫效果显著。

朱庆在贵州现场指导生产技术

探索实践新模式，建立不走的扶贫队伍

脱贫攻坚要“富口袋”，更要“富脑袋”，引导贫困群众提升内生动力，为贫困地区培养懂技术、会经营、善管理的新型职业农民，才是脱贫的有效保障。朱庆与地方畜牧管理部门建立了紧密的合作关系，与基层技术人员、乡土技术骨干探讨新形势下农业技术推广新模式、新方法；与龙头企业和合作社对接，探索现代农业发展的新路子，为企业、合作社帮扶贫困户发展产业上提供有力的技术支持，发挥重要的参谋作用。他发现已有养殖指导书籍文字生硬、技术讲解不到位，便组织了全国 17 个省、50 余家单位、200 余人原创了一套《畜禽标准化规模养殖图册》，技术指导人数超过 100 万，惠及大小凉山、四省藏区等多个连片贫困地区。朱庆每次开展扶贫，均带上几十本蛋鸡图册免费发放给当地贫困户，起到了良好的科普效果。国家深度贫困县凉山州昭觉县的贫困户学习了该图册后反馈：“尽管文化水平不高，但图册图文并茂，一看就会，一用就灵，相当于请了个专家到身边指导。”近年来，朱庆带领开展技术培训、技术咨询、现场技术指导、远程技术服务数百次，培训了技术人员、养殖户数千人，培养了一批优秀的基层技术人员和农民技术骨干，为贫困地区打造了一支不走的扶贫队伍。

扶贫感言

产业扶贫要坚持因地制宜。要抓好产业规划引导，结合当地自然优势和群众传统种养习惯，宜养则养、宜种则种，有针对性地引导和帮扶贫困群众规模发展适合当地实际、周期短、效益高的产业。产业扶贫要发挥主体带动作用。要培育壮大贫困地区种养大户、农民合作社、龙头企业等新型经营主体，积极引导、支持和激励新型经营主体发挥资金、技术、市场、管理等优势，更好地带动贫困人口脱贫增收。产业扶贫要插上科技的翅膀。要把扶志与扶智相结合，要从贫困人群实际需求和能力出发，针对性地开展科技培训，使培训内容真正入脑，提高农民的种养技术水平，为产业注入科技硬核，实现增产增质增收。

促进宁都黄鸡产业发展　服务老区人民脱贫致富

——记国家肉鸡产业技术体系综合试验站站长　谢金防

谢金防，1962 年 7 月生，江西省农业科学院，研究员。主要的扶贫区域为原中央苏区核心县、国家扶贫开发工作重点县和罗霄山区连片特困地区脱贫攻坚县——江西省宁都县。

调研产业现状，找准扶贫模式

宁都县为体系南昌综合试验站示范县，带领团队成员深入生产一线，走访养殖户和合作社，走乡村钻鸡棚，调研现状，了解问题。虽然存在品种混杂、生产性能较低、饲养方式落后、产业链不全、缺乏龙头企业带动等问题，但宁都黄鸡养殖有一定产业基础，可以确定为产业

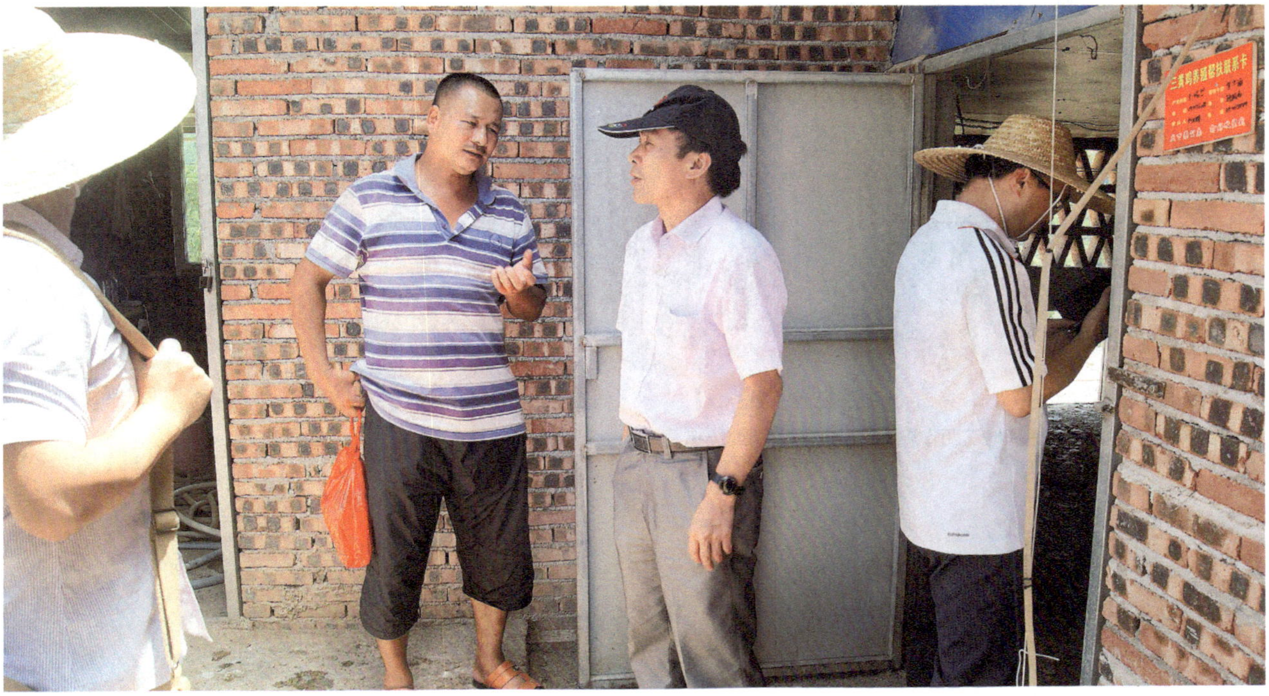

■ 谢金防在江西宁都对黄鸡养殖贫困户进行技术指导

扶贫主导产业。然后对接县政府及主管部门，分析宁都黄鸡产业存在的问题，提出促进产业发展和产业扶贫及依托国家肉鸡产业体系技术优势的建议，得到了县委县政府认可。

培育龙头企业，增强产业扶贫带动能力

2012 年，积极动员从事饲料生产为主业的省级龙头企业——江西省惠大实业有限公司进入宁都黄鸡产业，南昌综合试验站给予技术上的大力支持。谢金防站长直接指导公司按照标准化设计布局，建设了两个 10 万套以上的种鸡扩繁场和一个核心育种场及两个年出栏 300 万只商品鸡养殖基地；在配套系育种、饲料营养、疫病控制、标准化养殖等方面给予技术服务，宁都黄鸡配套系育种取得了良好的遗传进展，新品系 15 周龄体重和 300 日龄产蛋量及配套系 15 周龄体重和饲料转化率均有较大提高。公司经过几年发展壮大，已成为宁都黄鸡育种、良种繁育推广、饲料生产、商品鸡养殖、屠宰加工等全产业链的国家级龙头企业，也是国家肉鸡体系的产业扶贫示范基地，已成为体系着力培育的产业扶贫新型经营主体典范。同时，还经常性到宁都县山凤凰禽业、麒麟禽业和春茂专业合作社等龙头企业开展技术指导。

谢金防在产业扶贫示范基地江西省惠大实业有限公司现场指导

依托体系优势，促进产业发展，服务产业扶贫

国家肉鸡体系将宁都县列入产业脱贫攻坚战的主战场之一，提供遗传育种、饲料营养、疾病控制、

环境控制、产品加工等全产业链技术支撑，举体系全力，开展肉鸡产业扶贫工作。首席科学家文杰聘为宁都县委县政府产业技术顾问，多次带领专家到宁都开展产业扶贫调研和现场技术指导，与江西省惠大实业有限公司签订科技扶贫协议，作为体系对接企业和产业扶贫示范基地，采用“公司 + 贫困户”“公司 + 基地 + 贫困户”等模式开展产业扶贫。体系 20 多位专家在宁都开展了技术指导和培训，在宁都黄鸡资源保护和配套系育种、疫病控制、标准化养殖、粪污处理与利用、饲料配制、屠宰加工等方面提供了强有力的技术支撑，培训技术人员及养殖户 1000 多人次，2018 年在宁都召开了“国家肉鸡体系精准扶贫经验交流现场会暨宁都黄鸡产业发展研讨会”。依托国家肉鸡体系的科技支撑，宁都黄鸡产业不断发展壮大，在产业扶贫和乡村振兴中发挥了重要作用。宁都黄鸡产业扶贫成为肉鸡体系产业扶贫的亮点，并提炼出“宁都经验”在全体系推广。2018 年宁都县委县政府致信感谢国家肉鸡体系对宁都黄鸡产业发展和产业扶贫所做出的贡献。

争取政府支持，推动产业发展

为使宁都黄鸡产业真正成为富民产业和扶贫产业，2016 年宁都黄鸡被列入江西省地方鸡产业发展和品牌建设的主要品种之一，谢金防站长出任该项工作省协调推进小组成员和技术专家组长，重点针对宁都黄鸡生产存在的不足，提供技术支撑。同年，江西省地方鸡品牌建设启动会暨现场会在宁都召开，为推动宁都黄鸡产业发展和扩大品牌影响力发挥了积极作用。宁都县委县政府也出台了一系列促进宁都黄鸡产业发展和产业精准扶贫的政策措施。

产业扶贫取得的成效。近年来，通过宁都黄鸡产业扶贫，带动贫困户 5680 户（其中万羽规模以上贫困户 3160 户），户均年增收 1.2 万元以上，并带动于都、瑞金等贫困县 1000 多户贫困户脱贫致富。宁都黄鸡产业扶贫，采取“公司（合作社）+ 基地 + 贫困户”“公司（合作社）+ 贫困户”等产业扶贫模式。如江西省惠大公司，通过“公司 + 贫困户”“公司 + 基地 + 贫困户”及安排就业等产业扶贫模式，带动帮扶 300 多户贫困户脱贫致富，户年均收入 5 万 ~12 万元。如固厚乡蜀田村贫困户游林生一直在外打工，2018 年辞职回家加盟公司开展宁都黄鸡养殖，承包 12 个栏舍出栏 10 多万羽，获纯利 20 多万元。宁都黄鸡产业扶贫，为宁都县 2020 年整县脱贫摘帽做出了积极贡献。

扶贫感言

产业扶贫意义重大，脱贫攻坚是党和国家的重大战略决策，是中国共产党“人民至上”执政理念的具体体现。企业带动是核心，肉鸡养殖受政策、市场、公共卫生安全等影响的风险很大，为了降低贫困户从事肉鸡养殖的经济风险，必须依托龙头企业带动，解决贫困户缺乏资金和承担市场风险的问题；政府支持是保障，出台产业发展扶持政策，培育龙头企业，在资金、土地、税收、保险、人才等方面都要依靠政府的支持；技术支撑是关键，企业发展壮大和肉鸡养殖，必须依靠科技支撑，通过技术指导和培训，提高贫困户的养殖技能。产业扶贫任务艰巨，但使命光荣；走乡村，爬山坡，钻鸡棚，但乐在其中。

科技扶贫兴产业　精准扶贫强基础

——记国家肉鸡产业技术体系综合试验站站长　申　杰

申杰，1965年12月生，湖北省农业科学院畜牧兽医研究所，副研究员。武汉综合试验站把精准扶贫与示范推广、技术服务紧密结合，先后对湖北区域内的武陵山区来凤县、秦巴山区丹江口市、大别山区英山县考察调研，通过"试验站团队＋企业（合作社）＋农户"的方式，为肉鸡养殖户提供技术支撑。

科技扶贫兴产业，精准扶贫强基础

通过对武陵山区来凤县调研发现贫困户的问题，主要是没有产业、没有技术、没有市场。对肉鸡养殖业来说，因为适应当地消费习惯的肉鸡品种生长速度慢、成活率低，养殖模式、饲养管理技术相当落后，导致效益低下。因此将品种选育、禽J亚型白血病和鸡白痢净化等技术在生产中广泛应用与示范推广，帮助贫困户开展肉鸡养殖并实现脱贫致富，变"输血式"扶贫为"造血式"扶贫，是作为国家肉鸡体系武汉综合试验站站长在肉鸡产业扶贫中高度统一的使命担当。

在武陵山区来凤县大岩板村，申杰带领团队协助金硒生态农牧科技发展有限公司实施恩施州科技精准扶贫计划项目"阿塔峡鸡遗传资源挖掘与高效扩繁技术集成示范"（项目资助50万元）提供技术支撑，对公司养殖的地方种鸡"阿塔峡鸡"选育提高。体系疫病防控岗位专家邵华斌研究员团队指导"二白"疫病净化，使禽J亚型白血病阳性率下降10%、白痢阳性率下降2%，提高种鸡和商品鸡的成活率，降低药费开支。疫病防控岗位专家邵华斌研究员团队与试验站团队联合共同对当地养殖户进行现场指导、技术培训，提高了养殖户的养殖效益，每只鸡平均增收20元以上，带动200余户脱贫致富。

现场指导与技术培训相结合，助力脱贫攻坚

申杰带领团队在秦巴山区丹江口市六里坪镇蒿口村肉鸡养殖企业十堰康达禽业有限公司开展郧阳大鸡保种、创新利用和技术示范推广工作，并协助企业申报、实施湖北省畜禽遗传资源"郧阳大鸡"保种项目（项目经费20万元）。肉鸡养殖能否成功，育雏是关键，针对这一问题，申杰将"集中育雏技术"在企业示范推广，派出一名团队成员在现场指导育雏工作，根据季节育雏至30~42日龄脱温（成活率达98%以上）发放给贫困户饲养，向贫困户提供脱温鸡148万只，试验站团队先后28人次到企业、养

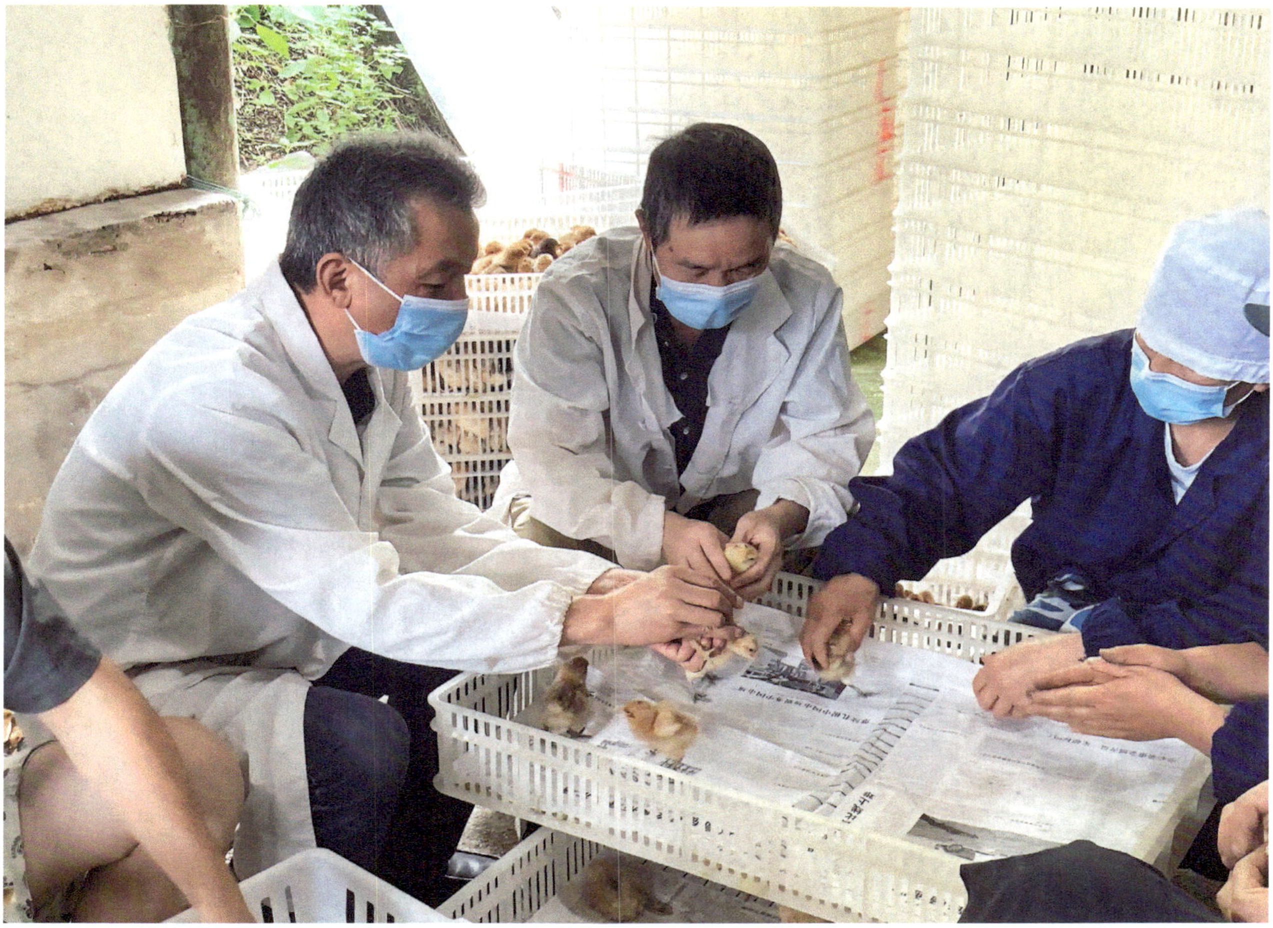

■ 申杰在湖北十堰康达禽业有限公司指导郧阳大鸡保种

殖户进行技术服务，为 120 多名养殖人员提供现场指导，开展培训 2 次，培训养殖户 216 人次，发放《肉鸡养殖轻简化技术》《南方生态养鸡实用技术》图书 220 册，农户养殖郧阳大鸡成活率提高 6.5%，体重增加 0.45 千克，用药减少 0.4 元 / 只，带动 67 户贫困户脱贫。

精准服务产业，助力脱贫致富奔小康

为扩大产业扶贫带动力度，申杰带领团队与大别山区英山县孔方乡林坦生态养殖合作社进行扶贫合作，推荐适合山地养殖的湖北地方鸡品种江汉鸡，指导合作社进行集中育雏 280 万只，然后将脱温鸡发放给社员养殖户和贫困户，对鸡舍布局，茶园、林地生态鸡品种选择、饲养密度、疫病防控等技术及“553”生态养鸡模式进行现场指导，生态养殖成活率提高 6%。细菌病防控岗位专家邵华斌研究员团队指导细菌病药敏试验，减少用药 0.45 元 / 只，开展技术培训 2 期，培训农民 284 人次，发放《规模化高效生态养殖技术手册》《规模化高效生态养鸡“553”模式》宣传画册等技术培训资料 300 册，贫困户养殖的江汉鸡可以自行销售，也可以由企业统一回收，带动 225 户贫困户脱贫。

试验站多年扶贫工作证明，技术是产业发展之基、致富之源，产业扶贫是脱贫的必由之路，也是全面建成小康社会的根本路径。

■ 申杰在湖北英山县孔方乡林坦生态养殖合作社指导集中育雏

扶贫感言

利用“试验站团队 + 企业（合作社）+ 农户”的扶贫模式，选择有一定经济基础、市场销售能力、带动性强的企业作为扶贫带头人，由试验站为企业提供技术支撑（品种选育提高、疫病净化、疫病防控），再以企业为基础，带动有意愿、有积极性的贫困户作为合作户，变“输血式”扶贫为“造血式”扶贫。

依托水禽产业体系　助力凉山脱贫攻坚

——记国家水禽产业技术体系岗位科学家　王继文

王继文，1964年1月生，四川农业大学，教授。自“精准扶贫”政策实施以来，作为国家脱贫攻坚主战场四川地区的岗位专家，依托水禽产业体系积极投身到四川省内大小凉山彝区、乌蒙山区、秦巴山区、高原藏区四大集中连片贫困区的产业技术扶贫工作。

2016年1月，根据水禽产业体系统一安排，三继文教授团队与省内其他团队联合，对乌蒙山区、大小凉山彝区、秦巴山区等主要贫困县的水禽发展现状与技术需求开展了调研。以此为基础，确定了以凉山彝族自治州作为水禽产业技术扶贫重点区域，关键解决贫困户水禽养殖缺乏基础、良种与养殖技术缺乏、产品销路不畅等问题。

开展技术培训和技术服务　提升贫困户养殖技术水平

自2016年起，王继文教授以水禽体系大家庭为依托，先后组织四川省全省范围水禽产业扶贫养殖技术培训会7次、市县级技术培训会9次，水禽体系岗位专家60余人次参与授课，培训水禽养殖技术人员及贫困户1000余人次。作为四川省农业厅牵头的“农业产业扶贫专项计划”专家和省人才办牵头的“科技扶贫万里行”行动家禽养殖技术服务团首席专家，王继文教授带领相关科技人员服务于深度贫困县，每年到各贫困县现场调研2~3次，累计行程5000余千米，为60余个贫困村开展了现场技术服务和技术培

■ 王继文为四川凉山州昭觉县水禽养殖户排忧解难

训 80 余次，组织 80 余户贫困户到家禽养殖示范企业考察，通过电话、微信等为贫困户排忧解难近百次，有效提振贫困户脱贫意愿，对于贫困户认识水禽产业、掌握水禽养殖关键技术提供了有效的技术支撑。

依托科技扶贫项目　促进贫困地区水禽产业发展

2016 年以来，王继文教授先后依托凉山彝区的西昌华宁农牧科技有限公司、西昌华农禽业有限公司等企业承担了“优质特色水禽全产业链生产关键技术集成研究与产业化示范”等省级、市级科技扶贫项目 4 项，在昭觉县、布拖县、金阳县、盐源县、越西县等贫困县实施。依托所培育的天府肉鹅、农华麻鸭等配套系的推广应用及地方特色水禽遗传资源的发掘利用，建立优质水禽生态养殖示范基地，开展优质水禽林下、坡地健康养殖配套技术集成示范，累计向贫困户免费发放水禽脱温苗近 20 万只，在贫困县示范养殖农华麻鸭父母代种鸭等 6.5 万只。通过企业回收加工“建昌风干发酵板鸭”“建昌板鹅”等系列产品，直接带动了 220 余户建档立卡贫困户脱贫，示范带动凉山州 600 户以上农户年饲养出栏优质水禽 40 万只以上。构建了“龙头企业 + 贫困户”的水禽产业扶贫模式，突破了贫困地区水禽良种不足、市场不畅的制约，有效带动了当地贫困户通过从事水禽养殖实现脱贫。

■ 王继文在四川凉山州布拖县现场指导肉鹅养殖

扶贫感言

不是所有贫困地区都适合发展水禽养殖，也不是发展水禽养殖就能够实现脱贫。多年来，王继文教授团队在数个贫困县开展的水禽产业扶贫工作，在一定程度上增加了贫困户的收入。与此同时，王继文教授也发现，很少有贫困户仅仅依靠水禽养殖就实现了脱贫致富。作为水禽体系的科技人员，应该清醒地认识到，水禽产业扶贫，是脱贫攻坚的有益补充，需要因地制宜、因人而异、长期坚持，也需要龙头企业的有力支撑，更需要贫困户愿意撸起袖子加油干！

不畏艰险　翻山越岭

——记国家蜂产业技术体系综合试验站站长　王顺海

王顺海，1963 年 1 月生，四川省蜂业技术开发研究所，推广研究员。作为农业农村部和国家蜂产业技术体系专家对口技术扶贫乌蒙山区雷波县、秦巴山区万源市、川西北高原藏区马尔康市和大凉山普格县、甘洛县等四川深度贫困地区 20 多个县市区。

深入调研，弄清蜂业发展和扶贫现状

“十三五”前，根据农业农村部和国家蜂产业技术体系安排部署，成都综合试验站深入乌蒙山区、秦巴山区和川西北高原藏区深度贫困县（市），详细调研蜂业发展现状。

乌蒙山区、秦巴山区和川西北高原藏区地处四川省老、少、边、穷深度贫困地区，蜂业发展严重滞后，养蜂方式原始，技术水平很低，基本上处于“自生自灭、靠天吃饭”状态。但由于山区无污染、野生中药材蜜粉源多，蜂群基础较好，适合开发生产原生态高价值蜂产品，市场利润空间大。乌蒙山区主要以饲养中蜂为主，饲养蜜蜂 8 万群左右，以小散户为主，多数还是以传统箱桶“棒棒巢”饲养，缺乏现代养蜂技术，产品量小、品种单一、卖相差，销售渠道单一、销量非常小。

严谨研究商讨，选点定策

王顺海站长一行到乌蒙山区调研时，有的贫困户说：“王老师，我年龄大了，你讲的新式养蜂技术学不会啊！”有的贫困户说：“王老师，我不会人工养王和人工分蜂，蜂群发展不快，大流蜜期蜂群老分家，蜂蜜产量不高。”当教会贫困户养蜂技术，贫困户蜂蜜产量较高，贫困户反映：“王老师，我们的蜂蜜销不完了，怎么办？”

针对乌蒙山区、秦巴山区和四川藏区贫困户养蜂技术差，年龄大，不会汉语，没有时间和精力养蜂，王顺海站长在咨询岗位科学家董坤教授、苏松坤教授、李熠研究员等专家后，针对雷波、万源和马尔康蜂业发展情况和贫困户情况，分别制定了有特色的各县市体系技术扶贫规划和实施方案。

一是改良传统“棒棒巢”饲养方式，试验示范推广改进型传统“棒棒巢”蜂箱和格子蜂箱，在不增加技术难度和时间的情况下，大幅提高蜂蜜数质量，增加收入，助农牧民脱贫奔小康。

二是针对老年贫困户不会人工育王，蜂群大流蜜期分家，影响蜂蜜产量的情况，推广免移虫育王、无王割脾造自然王台，提出老王组建小群繁殖，大群采取王台无子产蜜的方法，实现蜂群分群增群和产蜜双丰收。

三是针对蜂蜜产量增加后卖蜜难的问题，通过引进企业、组建养蜂合作社、电商和蜂旅融合等方式，不但解决了卖蜜难问题，还提升了蜂蜜销价和贫困户经济收益。

进村入户，现场技术扶贫

单独或配合国家蜂产业技术体系扶贫对接岗位科学家深入四川秦巴山区、乌蒙山区和川西高原藏区务实开展技术扶贫工作。翻山越岭、进村入户，王顺海站长及其团队成员十年来现场开展中蜂饲养扶贫技术培训 300 多场次，培训指导贫困蜂农 4500 多人次。

务实担当，技术扶贫成效显著

雷波县蜂农以前蜜蜂养殖数量少，蜂产品少。2019 年通过多次集中培训和现场指导，提高了蜂产品产量，促进了贫困户收入的增长，使得贫困户对养蜂产业信心倍增。目前，由原来仅有 5 户蜂农、30 多群蜂，发展成为蜂业专业合作社，现在建有一个标准化养蜂场，蜂群达到 240 余群，蜂产品年产值达到 15.36 万元。蜂产业技术扶贫效果得到雷波县委县政府的高度重视，表示要借助国家蜂产业技术体系

■ 王顺海在四川雷波县开展中蜂夏季饲养技术扶贫培训指导

的大力支持，努力帮助贫困户通过养蜂脱贫奔小康。

通过对马尔康市马尔康镇查北村现场技术培训和技术指导，该村贫困户三郎彭措及周边 8 户贫困户养蜂脱贫致富奔小康成效明显。2019 年，贫困户三郎彭措说：“王老师，你教我们无王割脾养王、人工分蜂，大流蜜期老王小群繁殖，大群王台无子取蜜，今年蜂群数大增，蜂蜜大丰收！”经过一年的技术帮扶，三郎彭措当年卖蜂收入 5 万元，蜂蜜销售 10 万元，养蜂总收入 15 万元，带动周边其他 8 户贫困户养蜂收入 1.5 万 ~4 万元，帮扶成效显著。

扶贫感言

产业扶贫是脱贫攻坚战最重要、最核心、最可持续和最经济的手段。政府和社会扶贫靠发钱发物只能解决一时贫困，钱用完了，东西用光了，贫困户人口又恢复贫困状态。帮助贫困户发展一种或多种产业，可以使贫困户持续从这个或多个产业中获得经济收益，解决贫困户本人甚至其子孙源源不断的经济收益，从而实现永久脱贫和致富奔小康。

产业扶贫是最经济的方法，比如发展养蜂产业扶贫，一个蜂箱投入 100~200 元，可以反复使用 10~20 年，投入 500~1000 元购买一群蜂，不但可以持续产生经济收益，每年每群蜂还可以增殖 2~5 群蜂。产业基础设施投入后可以多年反复使用，贫困户在掌握养蜂饲养技术后，不仅在生产实践中不断熟练，而且在熟悉当地气候变化蜜粉源流蜜规律后，能够将蜂养得更好，产出更多更优质的蜂蜜，从而获得更大经济收益。

养蜂技术扶贫　扶出甜蜜产业

——记国家蜂产业技术体系综合试验站站长　王　彪

王彪，1962 年 2 月生，固原市养蜂试验站，研究员。主要扶贫区域为六盘山区集中连片贫困地区的固原市泾源县和隆德县。

“十三五”初，根据《蜂体系“十三五”产业需求调研方案》《蜂体系特困地区调研方案》的要求，在岗位科学家李建科教授的支持指导下，固原综合试验站王彪站长立即行动，组织团队成员深入固原市各县区，亲自走访了政府蜂业主管部门、技术推广部门、龙头企业、合作社、养蜂大户等 6 大类技术用户，通过面对面地进行沟通交流、实地察看、召开座谈会等形式，详细分析总结了当地蜂业的优势、技术需求、存在的突出问题以及养蜂扶贫的难点等情况，起草了《国家蜂体系固原站养蜂扶贫调研报告》。同时，在岗位科学家李建科教授的协调下，联合天水综合试验站共同起草制定了《六盘山地区蜂产业扶贫工作方案》。

帮扶带动，建档立卡，开展养蜂脱贫

从 2016 年开始，固原综合试验站根据国家蜂产业技术体系总体目标任务和《六盘山地区蜂产业扶贫工作方案》要求，确定泾源和隆德两个扶贫示范县，每县建立 3 家扶贫示范蜂场，由扶贫示范蜂场选定帮扶带动建档立卡贫困户养蜂扶贫。要求每个示范蜂场手把手地帮扶带动 3 户建档立卡贫困户开展养蜂脱贫；扶贫示范蜂场和建档立卡贫困户确定之后，2017 年要求每个扶贫示范蜂场从自己蜂场支持每户建档立卡贫困户 10 群蜜蜂（支持蜂群资金由固原站补贴给扶贫示范蜂场），并要求扶贫示范蜂场手把手地帮扶指导建档立卡贫困户学习养蜂技术，直至学会脱贫。如果建档立卡贫困户扶持的 10 群蜜蜂出现死亡现象，扶贫示范蜂场应从自己蜂场无偿提供蜂群予以补充，否则试验站将取消对扶贫示范蜂场的支持。另外，从 2017 年起，每年支持每户扶贫示范蜂场 30 套中蜂蜂箱，支持每户建档立卡贫困户 10 套蜂箱。两个扶贫示范县每年共计支持 6 家扶贫示范蜂场 180 套蜂箱，18 户建档立卡贫困户 180 套蜂箱。同时针对建档立卡贫困户技术需要，王彪站长每年在蜂群春繁、夏季生产、秋季越冬前准备阶段和冬季越冬等关键时期，都要组织团队成员并亲自深入建档立卡贫困户蜂场，协助扶贫示范蜂场因户、因人、因技进行精准指导、精准施策；同时还经常深入各乡镇或村进行集中理论培训，每年邀请体系相关岗位科学家及试验站站长来固原对宁夏全区示范蜂场和建档立卡贫困户蜂场进行高层次的集中理论培训

和现场指导，每年举办各类养蜂技术培训班 30~50 场次，培训蜂农及贫困户 2000 多人次。

通过大家相互支持共同努力，扶贫示范蜂场户均收入由 2016 年刚开始建设的 2.2 万元增加到 2020 年的 12.34 万元，增长 460.9%；建档立卡贫困户户均收入由 2017 年刚开始养蜂的 0.3 万元增加到 2020 年的 2.81 万元，增长 836.7%。其中，截至 2020 年 8 月底，泾源县新民乡笪志红扶贫示范蜂场，饲养中蜂 150 群，收入 23.5 万元，帮扶蒙兴子、禹亚兵、马五四 3 户建档立卡贫困户户均收入 5.6 万元，收入最高的蒙兴子达 11 万元。

■ 王彪在宁夏泾源县扶贫示范蜂场开展技术指导

扶贫模式，示范辐射带动

固原综合试验站在泾源和隆德两县扶贫所取得的成绩和扶贫模式及示范辐射带动作用，得到固原市各县区广大群众的普遍认可和各级政府及业务主管部门领导的高度重视，各县区均把发展蜜蜂产业作为地方特色优势产业和助推脱贫攻坚的重要抓手，并制定出台了许多扶持养蜂业发展和带动建档立卡贫困户脱贫致富的优惠政策，尤其泾源县已把发展中蜂产业作为全县脱贫富民的支柱产业。固原市农业农村局根据该模式支持固原市养蜂试验站在全市四县一区，已建立市级示范蜂场 68 家，带动帮扶近 200 家建档立卡贫困户养蜂扶贫，贫困户户均养蜂 18.5 群，户均收入 1.2 万元。同时各县区也相应建立了县级养蜂扶贫示范蜂场，并按此模式带动帮扶建档立卡贫困户养蜂脱贫。养蜂业已成为六盘山区农民群众脱贫致富的甜蜜产业。

■ 王彪在宁夏隆德县指导使用浅继箱生产优质封盖成熟蜜

扶贫感言

产业扶贫是解决农村贫困人口致富增收最根本的方式，是贫困户走上脱贫致富的必由之路。蜜蜂产业技术性较强，加之蜜蜂属于昆虫，生物学习性不被大部分群众所了解，所以养蜂扶贫相对其他养殖业的难度则更大。养蜂扶贫需要处理好以下问题：一是当地要有丰富的蜜源植物资源，否则好不容易帮助贫困户掌握了养蜂技术而采不到蜂蜜，最终还是以失败而告终；二是必须首先帮助贫困户学习掌握科学养蜂技术，尤其对贫困户要有耐心，要坚持手把手不厌其烦地反复指导和培训，直至让其真正掌握技术要领；三是要坚持市场导向，要指导蜂农生产优质蜂产品，否则在市场上没有竞争力；四是扶贫要精准，要因户、因人进行精准帮扶，精准施策，精准指导、精准发力，做到真扶贫，扶真贫。

渔业科技点亮扶贫之路

——记国家大宗淡水鱼产业技术体系综合试验站站长　李海洋

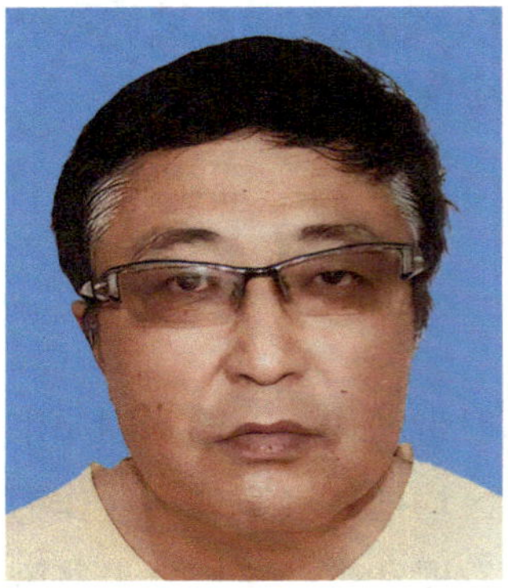

李海洋，1965年2月生，安徽省农业科学院水产研究所，研究员。“十三五”以来，李海洋积极率领团队成员参加体系首席科学家戈贤平研究员领导的渔业科技产业扶贫小组，开展安徽省大别山区贫困县渔业科技扶贫工作。通过产业引导、科技帮扶、人才培养等多种方式，以体系新品种、新技术、新成果为帮扶抓手，实实在在、坚定不移地推进渔业科技助力产业脱贫工作。

安徽省颍上县、金寨县、太湖县等国家级贫困县位于大别山集中连片特困地区，属于国家脱贫攻坚主战场。自体系“十三五”确定扶贫工作任务以来，在体系首席科学家戈贤平研究员领导下，李海洋站长多次组织团队成员深入大别山区贫困三县开展产业技术需求调研，对扶贫地区渔业基本情况、存在主要问题与技术需求、地方政府或相关部门的配套政策与措施等方面进行深度调研、系统总结。在此基础上，确定了“公司＋合作社＋农户（贫困户）”的产业扶贫模式，重点解决帮扶企业的技术需求，充分发挥企业及专业合作社的示范带动作用，通过企业及合作社提供贫困户就业岗位、免费提供渔用生产物资、举办技术培训班、印发养殖资料和赠送专业书籍等多种形式，实现贫困户脱贫增收。

多次前往新品种选育单位，助力“长丰鲢”落户颍上县

为解决贫困地区示范企业对大宗淡水鱼新品种养殖的迫切需求，李海洋站长亲自带队贫困县苗种繁育企业，多次前往新品种“长丰鲢”选育单位长江水产研究所洽谈授权挂牌事宜。功夫不负有心人，经多方努力，“长丰鲢”这一国审品种如愿落户颍上县，重点帮扶企业颍上县八里河四大家鱼苗种繁育有限公司也成为安徽省唯一获授权挂牌的新品种繁育基地。此外，积极为贫困县引进体系选育新品种“长丰鲫”水花440万尾、芙蓉鲤鲫水花100万尾、福瑞鲤水花100万尾，开展新品种池塘苗种培育和商品鱼生态健康养殖技术示范。在合肥站科技扶贫小组的技术帮扶下，示范户养殖的新品种长势良好，成活率较高，池塘苗种培育生长速度平均提高22%以上，池塘商品鱼生态养殖生长速度提高15%以上，经济效益增加200元/亩以上。通过新品种的引进及配套繁殖、养殖关键技术的示范，为推动大别山区贫困县大宗淡水鱼产业扶贫、脱贫攻坚注入强大力量。

建立鱼病防控示范点，提高贫困县示范企业鱼病防控技术

针对贫困县示范企业鱼病防控技术需求，李海洋站长在示范企业颍上县第三湖农场建立“大宗淡水鱼池塘养殖鱼病防控示范点”200亩，示范应用体系岗位专家研发的草鱼“四联疫苗”“血停”“霉灵”等新型渔药，形成较好的示范效应。同时组织团队成员在鱼病高发季节积极深入贫困县，调研大宗淡水鱼病害发生情况，对示范点养殖技术人员开展常见病害防控详细技术培训及指导。

牵线搭桥，与生态渔业专家携手，促进贫困县大水面生态渔业绿色高质量发展

为破解贫困县大水面生态渔业发展难题，李海洋站长多次为当地渔业主管部门牵线搭桥，联系中国科学院水生生物研究所、中国水产科学研究院淡水渔业研究中心大水面生态渔业方面的专家，共同为金寨县梅山水库、响洪甸水库及太湖县华亭湖等大水面生态渔业发展献计献策。协助当地主管部门聘请国内及省内知名专家团队，开展贫困县大水面定期水质监测和生物资源调查，编制渔业发展规划，提出了大水面保护水质、适度开发、永续利用、三产融合的生态渔业绿色高质量发展新路子。

总之，“十三五”以来，李海洋站长领导的合肥站科技扶贫小组在对口帮扶过程中，真正做到想帮扶企业之所想，急帮扶企业之所急，想方设法切实解决生产一线中迫切需要解决的问题。期间，扶贫小组多次前往三县养殖企业现场指导池塘工程化循环水养殖，示范生态基、生物浮床等水质调控技术，开展池塘养殖尾水治理和稻渔综合种养技术服务。

■ 李海洋在安徽金寨县开展产业扶贫调研

李海洋在安徽颍上县开展技术服务

同时，李海洋站长在帮扶过程中还特别注重“授人以渔”。“十三五”以来，李海洋站长先后选派团队成员 80 人次，深入贫困地区提供一对一精准帮扶、技术指导养殖户 200 人次，将体系最新的研发成果第一时间推介给扶贫区域的养殖户；举办、参加贫困县水产养殖技术培训班 5 期，邀请体系岗位专家 8 人次，针对大宗淡水鱼新品种选育、健康养殖、病害防控、尾水治理等关键技术难题，培训贫困地区从业人员 508 人次；发放《大宗淡水鱼高效养殖 320 问》《现代高效大宗淡水鱼养殖实战方案》《大宗淡水鱼高效养殖模式攻略》等体系首席科学家编著的水产养殖技术书籍 200 余册，向贫困户发放相关生产技术资料 1500 多份。通过科技下乡、技术服务及技术培训等方式，帮助提升贫困地区基层农业技术人员和广大养殖户的科技素质，提高渔业生产技术水平，培训了一大批渔业生产技术骨干。

扶贫感言

“十三五”以来，通过全面实施“渔业科技精准扶贫”战略，极大地改善了安徽大别山区贫困县渔业水域的生态环境，激活了渔业产业后劲，增加了渔民收入。

体系研发的良种、良法已在贫困县得到了大范围的示范、推广，受到了当地养殖户的青睐。直接从事渔业生产的贫困户水产养殖技术水平得到有效提升，接受新品种、新技术、新模式能力不断增强，从事水产养殖生产的贫困户每户增效增收均超 3000 元。

目前，颍上县、金寨县及太湖县已全面实现脱贫摘帽，不过脱贫摘帽不是终点，而是新生活、新奋斗的起点。李海洋站长将带领合肥综合试验站团队成员，继续巩固扶贫成果，持续用力，务求实效，把渔业扶贫打造成产业扶贫的亮点和品牌；开展技术帮扶与乡村振兴有效衔接，推动渔业成为贫困地区脱贫致富的增长点；充分发挥科技支撑作用，确保渔业绿色高质量发展，助力全面建成小康社会。

产业扶贫谋发展　特色种养献良方

——记国家特色淡水鱼产业技术体系综合试验站站长　张秋明

张秋明，1965年10月生，广西壮族自治区水产技术推广站，研究员。多年来，张秋明同团队成员把渔业扶贫作为推进广西贫困地区产业扶贫的重要抓手，带动以三江侗族自治县为首的贫困县发展特色稻渔综合种养，将水产养殖与贫困农户脱贫致富有机结合起来，为全区水产技术推广与产业扶贫开发做出了较大贡献。

产业扶贫谋发展　特色种养献良方

三江侗族自治县位于广西壮族自治区北部，是湘、桂、黔三省（区）交界地，是以侗族为主的少数民族自治县，同时也因为山高路遥、产业稀少而成为了国家级贫困县。

1996年，张秋明来到三江县开展“冬闲田养鱼”的扶贫开发工作，发现三江人民自古以来就有种稻养鱼的传统，他深感于三江人民的智慧与力量，通过数年探索试验，成功攻破了“冬闲田养鱼”技术难题，在三江县推广了“坑沟式养鱼”“垄稻沟养鱼”“冬闲田养鱼”等稻田综合种养模式，为三江县留下了科学稻田种养的精神传统。2020年三江县种稻养鱼面积达7.5万亩，稻鱼年产量3122吨，年产值1.3亿元，鱼稻年产值1500万元。他在程村乡大树寨开展“稻＋鳖＋罗非鱼＋鲤鱼”综合种养试验，2019年经现场测产年亩产值达到21356.8元，与当地前三年平均亩产值3617.8元相比较，每亩可增加年产值17739元，效益非常显著，为三江县找到一条产业脱贫新道路。

2018年，张秋明协助三江县制定了稻田综合种养产业发展的《2018—2020年推广稻田综合种养项目工作实施方案》，推动稻田综合种养产业成为三江县特色扶贫产业。目前三江县养鱼稻田面积占全县稻田面积一半以上，稻田养鱼产量占全县渔业产量一半以上，稻田养鱼产业覆盖近一半的贫困户——这三个“一半”，成了三江县被人津津乐道的话题。

三江县因其具有特色侗族风情成为旅游名县，张秋明不断思索如何才能将旅游资源优势转化为惠及广大贫困户实惠。通过多年实践与观察，他发现旅游名胜皆有自己独特的名片，“那贫困户养殖的稻田鲤鱼可不可以作为名片？”通过思考，他决定把“三江稻田鲤鱼”打造成三江县的“生物名片”，通过精心帮助指导申报“三江稻田鲤鱼”农产品地理标志登记保护工作。2017年“三江稻田鲤鱼”被列入国家农产品地理标志保护产品；2019年全国稻渔综合种养产业扶贫现场观摩活动在三江举行；2020年张秋明带队参加2020年全国地理标志农产品保护工程培训班，“三江稻田鲤鱼”成功作为典型案例作典型经验交流发言，获全国各地代表一致好评。

结对帮扶助脱贫　技术培训授以渔

张秋明与团队成员在自治区的安排下与三江县八江镇布代屯、塘水村等地贫困户进行结对成为亲戚，进行一对一精准扶贫。张秋明没有嫌弃这些“穷亲戚”，反而经常到贫困户家中拉家常，与贫困户有了密切的联系。但他并不一味给予金钱进行帮扶，而是讲究扶贫先扶智，与村委召开党支部联合活动对本村现状进行分析，对有劳动能力的贫困户进行心理指导，他与团队共筹集帮扶经费30000元与申请帮扶经费80000元在村中建设了食用菌菌包厂集体经济项目，让产业真正在村子里扎根。塘水村原有建档立卡贫困户224户955人，目前依靠村集体经济通过发展食用菌等特色产业，户均增收1500元，通过三江县认定，目前已全部实现脱贫摘帽。

为了让养殖户少走弯路，张秋明将多年来养殖心得的每一个细节都向养殖户倾囊相授。他结合自身职业技能和地方特色，开展农民技能培训活动，为贫困户送去稻田养鱼、生猪养殖、凤鸡养殖、土鸭养殖等技术资料，组织开展各类专业技术培训班共19期，培训人员1200多人，为推进当地乡村振兴打下了坚实基础，深深地获得了三江县农业农村局领导干部的肯定和当地群众的好评。

张秋明精心指导当地村民杨丽能、李志略等开展稻田养殖泥鳅产业脱贫示范，并带他们到珠江水产研究所参观学习泥鳅繁育、养殖技术，增强了他们通过发展稻田养殖泥鳅达到产业脱贫目标的信心和决心。2017—2020年，他们开展的稻田养殖泥鳅喜获丰收，经当地农业部门测产，亩均综合产值约6750元，辐射带动整村开始进行稻田泥鳅养殖。2020年8月张秋明到三江县八江汾水村举办黄鳝、龟鳖特

■ 张秋明在广西三江县大树寨开展稻田养鳖试验投苗仪式

科技+培训带动

色养殖扶贫项目技术培训授课后，当地干部莫善康有感于多年来他在三江县开展的农技培训，为当地产业扶贫谋出路的精神，现场赠诗道：“情牵侗寨系苗乡，初心使命两不忘。走村串户传暖意，田间地头播芬芳。产业扶贫谋发展，特色种养献良方。只要村民摘穷帽，光头披霜又何妨！”

■ 张秋明在广西三江县汾水村开展扶贫养殖技术培训班

扶贫感言

习近平总书记指出：“产业扶贫是最直接、最有效的办法，也是增强贫困地区造血功能、帮助群众就地就业的长远之计。”这一重要论述，深刻阐述了产业扶贫在打赢脱贫攻坚战中的重要作用。产业脱贫工作是否有效，关键在于能否实现好广西贫困地区农业产业脱贫，有效的产业脱贫必须是符合客观规律、科学原理和人民的意愿的。扶贫措施重形式轻结果，重销量轻长效是不可取的，要积极将水产养殖与扶贫产业发展实际相结合，做好因地制宜地推进产业扶贫，巩固脱贫攻坚成果，防止一边脱贫一边返贫。

渔业装备助力我国西部水产养殖

——记国家海水鱼产业技术体系岗位科学家　倪　琦

倪琦，1968年12月生，中国水产科学研究院渔业机械仪器研究所，研究员。长期从事水产养殖工程系统模式与关键装备技术研究，针对新疆、西藏等西部贫困地区环境特点，为当地开发一系列养殖模式及养殖装备，极大地提升了渔业设施化水平，解除了养殖环境对水产养殖的制约，使渔民收入得到保障和提高。

深入一线调研，谋划渔业科技精准扶贫蓝图

2012年以来，倪琦及其团队成员多次赴新疆、西藏、武陵山区等地实地考察，详细调研当地水产养殖现状和渔业装备需求，提出科技扶贫发展路径和工作内容，为精准扶贫工作的全面开展出谋划策。他带着队员逐日伴星、走村串户，深入急需转变渔业生产方式、提升渔业科技能力的新疆阿勒泰、阿克苏、喀什、伊犁自治州等地区实地考察，注重掌握当地渔业发展现状的第一手资料，研究分析渔业可利用资源，并与属地渔业管理部门及科研单位共同探讨发展策略，将科技成果选择性地嫁接，因地制宜，逐步推进渔业发展，为当地创造就业机会，实现渔民收入的逐步提高。与此同时，倪琦和团队与新疆水产研究所、新疆畜牧科学院、新疆巴楚县人民政府、新疆天蕴有机农业有限公司等5家单位成功签订战略合作协议，从项目支持、资源保护、渔业设施研发、人才培养及技术交流等方面开展进一步合作，为新疆渔业可持续发展提供资金、技术、人才的支持。

在积极贯彻中央第五次西藏工作座谈会和全国农业援藏工作座谈会精神的基础上，倪琦针对西藏渔业设施落后、渔业资源日益萎缩的情况，带领团队进藏开展实地考察调研，与西藏自治区农牧科学院就渔业人员培训、项目支持、养殖装备研发、养殖技术等多方面开展了深入研究探讨，确定以循环水养殖等作为援藏工作重点，支持西藏特色渔业发展，为西藏渔业可持续发展提供了宝贵的指导性建议，科技援藏工作的序幕就此拉开。

■ 倪琦在西藏拉萨开展工厂化循环水繁育技术扶贫

发挥技术优势，提升贫困地区渔业装备水平

通过实地调研考察，倪琦和他的团队了解到，新疆、西藏很多地区其实具备良好的鱼类养殖前景，但气候环境及装备不足制约了苗种繁育工作的开展，严重阻碍了当地渔业经济的发展。针对这一情况，倪琦提出以苗种繁育为重点，结合原有的工厂化循环水养殖成果开展研发，成功研制出操作简便、不受气候影响的成套工厂化苗种繁育系统，首创了高精度筛滤技术与聚苯乙烯发泡粒子过滤技术相结合的组合生物过滤器，破解了高原地区高效增氧问题及恶劣环境下设备可靠性弱等难题，实现全年多批次出鱼苗，保证了苗种的大批量供应，提升了生产效率，提高了苗种生产的产业化、规模化程度，实现了良好的经济效益。

持续 7 年多的装备技术输出，倪琦和他的团队为新疆水产研究所、新疆下板地水利枢纽工程鱼类增殖站、新疆小石峡水利枢纽工程鱼类增殖站、新疆哈巴河吉勒布拉克水电站工程鱼类增殖放流站等十多个单位构建了 10000 多平方米、20 多套现代化循环水鱼苗孵化、培育与亲鱼生产系统，有效解决了当地苗种孵化的系统技术和设施装备问题，为我国高原珍稀鱼类保护和增殖放流奠定了基础，有力推动了新疆渔业资源的可持续发展。

倪琦团队在西藏现代农业示范区建设了室内工厂化循环水养殖系统和 5000 平方米的室外冷水鱼养殖系统，为解决苗种资源匮乏问题提供了可靠的硬件设施保障，成功实现西藏罗非鱼循环水养殖、拉萨裂腹鱼等土著鱼类设施化高效繁育，并首次实现虹鳟鱼苗在西藏地区的孵化，对西藏的渔业养殖的发展、生物资源保护及渔业绿色发展起到了积极的推动作用。

各类项目建设期间，倪琦团队发扬“务实、高效”的渔机精神，艰苦奋战，克服了高原反应、极端

■ 倪琦在南疆扶贫示范点介绍扶贫项目建设进展

天气、施工条件差、生活环境差等诸多不利因素影响，保质保量完成每个任务，得到了当地建设及管理部门的充分肯定。据不完全统计，这些系统已繁育出白斑狗鱼、赤鲈、新疆大头鱼、虹鳟等鱼苗近10亿尾，对新疆、西藏养殖业、休闲渔业等的发展起了决定性的支撑作用。

注重授人以渔，积极组织开展技术指导和培训

为了让渔民能够掌握渔业养殖的先进技术，倪琦带领团队积极组织开展技术指导和培训，通过“培训—使用—再培训”的方式为新疆、西藏等地渔民提供工厂化养殖及繁育技术培训，共开展现场培训及专题讲座近30多次，培训人员1000人次。培训中，倪琦和队员们对新技术进行了细致讲解，手把手教会渔民如何使用增氧装置、掌握合理投喂时间、把握水温与鱼类摄食的关系、判别物理过滤网及生物膜堵塞等，使渔民充分掌握新技术知识和装备使用方法，有效提高了生产效率，更为当地渔业经济发展奠定了人才基础。

扶贫感言

倪琦从多年的扶贫工作经验中充分感受到，要帮助困难地区脱贫，不应仅仅依靠“送米”，“依靠外力”不如“自力更生”来得长久。在乡村全面振兴路上，离不开科技的力量。科技扶贫就是把科技成果与地区自然资源、发展需求和群众诉求有机结合起来，由单纯救济式扶贫向依靠科学技术开发式扶贫转变。科技扶贫是从根本上打开困难群众致富之门的钥匙，但这种方式很难立竿见影，是一项需要长期坚持的系统工程，需要广大科技工作人员以“绣花”般的耐心、细心，沉心静气地坚持下去。只有这样，才能让科技之花在贫困地区常开不败，才能让被帮扶的贫困群众真正掌握安身立命的一技之长，真正实现脱贫攻坚与实施乡村振兴战略的有效衔接。

科技 + 品牌培育

抓“三色”木薯　架起脱贫桥

——记国家木薯产业技术体系团队成员　李华丽

李华丽，1986年5月生，中共党员，福建省大田县农业科学研究所，农艺师。10余年来坚守基层一线，围绕木薯“五化”目标，开展木薯新品种试验、示范及粮饲化关键技术推广应用，筛选出当家种8个，集成木薯间套种技术4项、木薯发酵料技术2项、木薯秆（渣）栽培食用菌品种7个配方10余组、木薯全粉食品3个。与20余家新型主体对接，加快木薯“五新”技术成果转化，为100多名贫困户架起脱贫桥。

“三分天注定，七分靠打拼”，在闽南山区长大的李华丽，从小坚信“爱拼才会赢，有梦就会红”。2011年从福建农林大学硕士研究生毕业，作为紧缺人才引进至大田县农科所，长期致力农技推广工作。大田县“九山半水半分田”，木薯作为传统作物，家家户户都有种植，但种植分散，效益低。在她的带领下，全县大力推广良种良法高效种植技术，不断延伸采后加工产业链，让小小木薯，成为带动贫困户致富的“金薯”。

抓“绿色”，带动增收致富

大田县山地占79.4%，李华丽立足山地特点，先后引进木薯新品种200多个，筛选出高产品种5个、食用型品种3个。结合示范片推广木薯间套种生姜、玉米、大豆、西瓜宽窄行高效栽培模式，亩种植效益提高1000元以上。2019年干旱，在她的技术指导下，大田县周氏农场引导贫困户木薯间套种生姜30亩，显著减轻生姜病害，又遇到生姜价格好，每亩收成可达2万元，比往年增收3000多元，3户建档立卡家庭因此脱了贫。

在传统古村落“灵动济阳”3A景区，她巧妙进行田间布局，利用木薯“开枝散叶”的层次感和立体感，将彩灯环绕在木薯身上，木薯在灯光投影下摇曳生姿，为景区增色。采挖的食用木薯又变成一道道美食，让游客留住舌尖的记忆。这种创意不仅为景区带来客源，又为3户贫困户增加一倍的收入。

抓“特色”，增强产业后劲

大田县文江镇是传统木薯种植区，2015年由于市场竞争导致淀粉厂资金链断裂，木薯销售成了难题。经过调研，大田县文江村山之灵家庭农场，以玉米、稻谷、甘薯皮等为饲料，饲养山地土鸡销往厦门社区生鲜店，饲料成本占66%。经过与木薯体系秸秆与副产物综合利用岗位科学家对接，李华丽就地取材，充分利用木薯块根高淀粉特点，以木薯为主，配以豆渣、甘薯皮等下脚料混合厌氧发酵，当年就为该农场省下6万元饲料成本。近几年，她在消除毒素、降低饲料成本、延长饲料保质期、调高肉质水平等方面不断试验摸索，研发出木薯发酵料养殖技术，该技术简单，劳动强度小，成本投入少，非常适合中、小规模家庭农场，饲养的畜禽适合打造“土特产”品牌，比饲料养殖价格增加2倍以上。在她的带领下，2019年发展专业养殖户20户，带动贫困户60多人就业，增加收入30万元。

■ 李华丽在福建大田县山之灵家庭农场开展木薯发酵料喂鸡试验

近几年，人们对食品安全越来越重视，食用型木薯满足大众对绿色食品、健康优质杂粮的需求。2015年起，她与三明市瑞雪智慧农业发展有限公司对接，利用木薯高支链淀粉特性，替代面粉开发木薯全粉糕点，创新性地用三氯蔗糖替代白砂糖，加工的饼干有甜度但糖分不被吸收，口感上更硬更脆，满足了个性化要求，填补了福建省内木薯产品的空白。依托大田县高山茶之乡的区域优势，开发木薯全粉茶点伴手礼，以乡愁为切入口，打造“意犹未尽”品牌，产品价值提高6倍以上，在天津、广州、高山茶文化节等博览会参展，多次获奖，《食用木薯食品化利用技术研究与示范推广》列入2019年大田县科技计划项目，目前已作为茶点、当地特色伴手礼推广使用，大大提高了贫困户种植木薯的信心。

抓“本色”，筑牢扶贫梦想

作为一名农业技术骨干，助农增收是她多年来不变的坚守，她创新服务理念，爱岗敬业，热情为“三农”服务。每年，她在闽西南、闽中地区建立5个高产示范片，以点带面推广高产栽培技术，辐射带动种植面积达15万亩；与养殖户对接发酵技术，节约成本；与食品加工企业开展线上线下推广，扩宽销售渠道；与菌农综合利用木薯秆（渣）栽培食用菌，变废为宝；与科技特派员、谢华安院士工作站对接整合人才资源，“捆绑”科技力量，为脱贫攻坚注入科技流。

不忘初心，方得始终。李华丽实打实地把农业“五新”技术推广到贫困户手中，用坚定的责任心和耐心，筑起木薯“五化”梦，托起贫困户的致富梦。

■ 李华丽在福建大田县种子公司门口开展木薯新品种现场推介

扶贫感言

做产业扶贫，要立足当地，在现有基础上转型升级，贫困户接受程度高，更易带动发展。大田作为山区县，发展山地种植养殖是一个很好的出路。木薯易种好管理，做好发酵技术，转变传统喂养方式，做“实”、做“细”，让成果落地，确实让贫困户收到科技成果带来的效益。

“Happy Cassava”，这不仅是一句口号，更是对木薯体系大家庭的写照，木薯体系18岗12站，分布9省，在首席带领下，李华丽感受到浓浓的师生情、兄弟情、木薯情，为自己能加入体系感到无比荣幸。选择农业，就要“马上就干，真抓实干”。“一枝一叶总关情，一点一滴践初心”，她要努力将这份木薯情送到贫困户手中，让他们也获得木薯产业致富带来的幸福感。

甘作火种为燎原

——记国家油菜产业技术体系综合试验站站长　徐洪志

徐洪志，1965年2月生，重庆三峡农业科学院，研究员。长期在重庆市秀山土家族苗族自治县、丰都县、万州区等国家级、市级贫困区县开展油菜产业扶贫工作。积累了重点突破，典型示范，以点带面的成功经验，形成了贫困户增收与油菜产业发展共赢的良好局面。

一份坚持　收获朋友支持信任

龙驹镇是重庆市深度贫困镇。龙驹镇灯塔社区5组，是一个住着43户人的村落，几乎家家户户都种油菜。徐洪志是这里的常客了。“徐老弟这么多年，一直很关照我们村，我们都是老朋友了！”说话的是5组的闫本学，他是村里的科技示范户。因为比徐洪志大一周岁，所以他亲切地唤徐洪志为“老弟”。

两人的缘分，还得从十年前说起。

■ 徐洪志在重庆龙驹镇灯塔社区指导闫本学播种

2009年，徐洪志第一次来到灯塔，便对这里的油菜田产生了浓厚兴趣。但他发现，这里的油菜生产成本高，油菜籽出油率低，品质不达标，经济效益差。要想脱贫增收，非得引进新品种，走轻简化、机械化和多元化开发相结合的路子。

闫本学至今记得，那一年，秋收过后，徐洪志天蒙蒙亮就站在村口等他。“要不要试试我带来的新品种。我们不用老办法，采用免耕种植、成本低、见效好的新办法。我教你。”

“一个外来人说我们几代人种的东西不好，怎么接受得了。”闫本学说，当时大家打心底里抗拒。

于是，徐洪志自己掏钱包车，组织农户到位于甘宁的三峡综合试验站参观。眼见为实，有的农户心动了，可又怕种不好亏钱，没人敢出头。

“这样，我先在你们这里选一块田，做免耕试验，你们也继续用自己的办法，咱们比比？”徐洪志的诚意打动了几位村民。闫本学二话没说，腾出了自家的2亩地，交给徐洪志。两人慢慢熟络起来。

从那以后，徐洪志就常往村里跑。他挽起裤脚踩进田里，亲手种下油菜。怎么播种，怎么施肥，全程手把手地传授。“那一年，雨水太多，我怕示范田出现问题，给他打电话，他第二天就出现在地里了。”闫本学至今回想起来，仍满是感激。

2010年春，油菜免耕试验田试种成功：每亩油菜田节约生产成本200元左右，产量不减反增，综合效益达每亩500元左右。消息传开了，许多农户主动要求种植新品种，应用新技术。

一日千里　只为奔向那片熟悉的油菜花海

重庆市秀山土家族苗族自治县（简称秀山县）地处武陵山区，是国家级贫困县。徐洪志从万州到秀山县朝发夕至，每年要去五六次开展油菜技术指导，成功培育出天人农业股份合作社、忠云专业合作社、安忠农场等油菜种植业主，油菜全程机械化技术使业主能稳定并扩大油菜生产规模，贫困户的土地流转收入有保障，还可外出打工，年人均收入2万元以上，轻松实现脱贫。参与打造的“龙凤花海”已成为秀山响亮的名片。“每年油菜花节，这里游客好多！有来自邻近的湖南省的，也有来自贵州的，还有来自重庆市主城区的。”家住龙凤居委会的张婆婆说。她靠着自己炸油粑粑和做米豆腐等当地特色小吃的手艺，在油菜花节期间，她每天纯收入300元左右。

一份热情　花香山绿引客来

丰都县三建乡是重庆市18个深度贫困乡镇之一，这里地理位置偏远、道路奇险、交通不便。2007年徐洪志听说三建乡在寻找扶贫产业，当即与县、乡农技人员一道开展调研，发现有油菜种植基础，建议开展油菜产业扶贫，该建议得到相关部门和领导的认可。三峡试验站大力推广体系的新品种新技术，2018年在夜力坪村种植渝油28等品种面积达1000亩，平均亩产油菜籽160千克，产值达80万元。由于三建乡地貌奇特，兼具农旅融合的自然优势，目前油菜的种植带动了该乡交通和农田基础设施建设，油菜成为该乡支柱产业之一。

徐洪志在重庆秀山县安忠家庭农场取土壤和油菜秸秆样品

扶贫感言

国家油菜产业技术体系是一个很好的机制，从一项生产技术研发到产业竞争力的打造，分工负责，上下联动，无坚不摧。从体系成立之日起，首席科学家王汉中院士就指出，试验站人员应该扮演好试验者、示范者、调查者、培训者、服务者等角色，把生产第一线的最真实情况反映上去，把体系的最新科技成果推广到生产一线。实际上就是将试验站人员作为科技服务的“火种”撒向祖国各地 。精准脱贫是报效祖国的百年难遇的重大机遇，试验站有担当，很多业主因油菜而兴，很多贫困户因油菜脱贫，油菜这个老产业在新时代正在焕发蓬勃的生机，星星之火，已成燎原之势。

只为金花遍地香

——记国家油菜产业技术体系综合试验站站长　谢国强

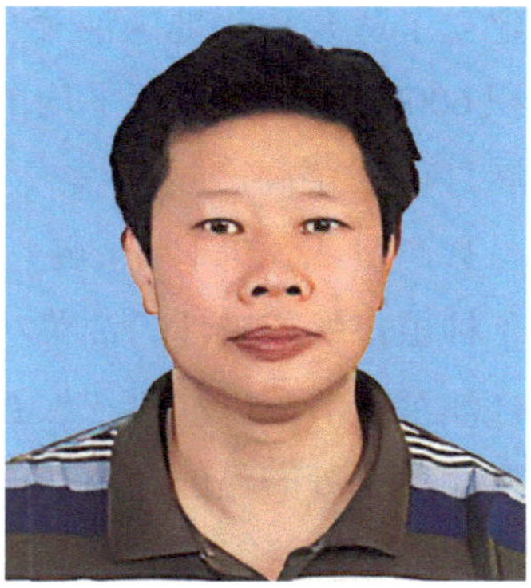

谢国强，1969年10月生，九江农业科学院，推广研究员。他充分利用现代农业产业技术体系平台优势，结合九江油菜产业种植习惯，引进新品种新技术新成果转化运用于生产实践，积极探索创新油菜全程机械化生产模式，扩大油菜种植面积，降低生产成本，增加农民收益。通过在贫困县开展技术培训、田间指导，推进油菜轻简化规模化生产，助推产业扶贫，取得良好效果，并先后得到省市表彰。

示范推广良种和高效生产技术，实现油菜生产节本增效

多年来，谢国强和他的团队积极开展油菜新品种选育、比较和展示试验，积极开展地方油菜品种的选育、提纯和新品种引进，筛选和推广了一批高产、优质、高抗油菜浔油8号、浔油9号、浔油10号等新品种，积极开展油菜种植新技术的研究，如油—稻、稻—鸭—油技术示范等多种生产技术新模式试验示范工作在全省领先，先后与多位农户、农业种养殖合作社、农业种植公司建立油菜示范基地几十个，示范面积几万亩，如瑞昌市的九江众鑫农业发展有限公司、柴桑区乡音农业合作社、庐山市绿游生态农业开发有限公司等，通过示范户的建立带动帮扶，有效促进了赣北地区油菜轻简化、机械化、高效化生产技术的推广和普及，同时也带动了周边农户积极参与油菜种植，有的直接进入公司或者合作社劳动，用最新的油菜生产技术培训当地的农村致富带头人、基层技术人员、贫困户、农业合作社、种植大户，通过他们带动农民走上致富之路。

积极开展技术培训，支撑政府决策

通过技术培训普及高效种植技术，他带领团队以优良品种、缓控释肥、油菜机械直播等影响油菜种植的几项关键措施为抓手，开展培训。先后举办相关油菜生产技术培训班和现场观摩活动50次以上，开展应急性技术指导100余次，发放培训材料12000余份，累计培训基层农技人员、种植大户、农机能手、技术骨干、新型农民等8000多人次，有效地提高了广大农民的种植水平，推动了高效生产技术在

赣北地区的普及推广利用。结合江西省科技厅“江西省科技特派团富民强县工程”项目，在国家级贫困县修水、鄱阳和省级贫困县都昌举办“油菜全程机械化生产技术培训暨农业产业精准扶贫带头人培训班”，利用市、区两级新型农民教育培训等方式传授农民种植管理新技术，与气象、农技等部门联合针对天气变化情况，及时发布油菜生产应对天气变化的措施，制定冬种技术措施，为政府决策提供依据。

确保实效，助力产业扶贫

经过努力，近五年来九江市油菜种植面积稳中有升，双低油菜品种覆盖率达 100%，2019 年油菜冬播面积 185 万亩。油菜产量不断提高，通过对油菜产前、产中、产后的 11 项关键技术进行集成示范，建立了适合赣北地区油菜全产业链绿色高产高效生产模式，在核心示范区推广实施 1520 亩、辐射了面积 60000 亩，示范区平均单产 151.8 千克 / 亩，比全市平均单产增产 23.7%。2019 年都昌和瑞昌继续开展百亩油菜高产技术模式示范，专家测产实际产量分别为 207.2 千克 / 亩、205.9 千克 / 亩，2020 年都昌县产量 223.7 千克 / 亩，成为全省“稻油轮作”高产纪录，达到亩油菜籽纯收益 700 元的目标，激发了种植户的积极性。油菜功能逐渐扩大，全市的彭泽棉船、柴桑区江洲、瑞昌武蛟、湖口武山等镇都举办油菜花节，以油菜花旅游节搭台，配套以油菜多功能的科普宣传和产品展示，使功能型菜籽油和功能型油菜薹等产品的高附加值能够充分体现在产品的价格、产业的效益和市场竞争力上，走出一条油菜产业功能型、效益性、融合型的差异化发展之路。年接待游客 20 多万人次，带动农家乐近千家，旅游总收入 4000 万元，油菜之外的经济效益逐步显现。

典型引领，提升辐射能力

在他带领下，九江因油菜衍生出来的“产业链条”遍地开花，不仅有花开时节带来的油菜花观赏经济，还有菜薹销售、菜籽油加工，带动了下游产业发展壮大。九江试验站积极参与编写《产业扶贫服务指南》，已由江西省科学技术出版社出版，并荣获第 32 届华东地区科技出版社优秀科技图书二等奖。从中国农业科学院油料作物研究所引进的高品质浓香菜籽油产地加工设备，利用“7D 功能型菜籽油绿色高效加工技术”生产的“尝福香”牌菜籽油，得到市场认可，每亩产出优质菜籽油收入可达 1800 元，加上亩收菜薹约 250 千克，一季油菜亩纯收入 3000 余元。促进了菜籽油从初级产品变成优质商品。九江

■ 谢国强在江西修水县开展省科技特派团富民强县工程油菜技术培训

■ 谢国强在江西吉安市吉水县开展油菜播种机械技术培训

各县市均主办了油菜花节，以花为媒，带动了扶贫产业的发展，油菜产业已成为乡村振兴的重要支撑；瑞昌市横港镇素材“稻油蜜闲”模式被收录进《江西省绿色生态十大产业——典型案例汇编》油菜产业体系案例。

扶贫感言

扶贫关键在于产业精准选择和产业发展。当下农村劳动力紧缺，青壮劳力外出，冬闲田抛荒较为普遍，油菜全程机械化生产技术和“双低”高品质油菜新品种的推广能有效降低劳动成本，增加农民收益。相信在国家油菜产业技术体系的带领下，通过科技助力，赣北油菜产业发展步伐将会进一步加快，为产业扶贫、助推乡村振兴做出更大贡献。

花生科技润大地　产业扶贫结金果

——记国家花生产业技术体系综合试验站站长　刘登望

刘登望，1969 年 9 月生，中国农工民主党党员，湖南农业大学，教授。从事花生科技研发 30 年，国家花生工程技术研究中心长沙分中心暨湖南省花生工程技术研究中心副主任，国家“三区”科技特派员。近十年来，她奔波在国家花生试验站的 5 个示范县（含 2 个国贫县、1 个省贫县），同时辐射麻阳、新晃、凤凰、花垣等多个国家级贫困县，充分施展科技本领，奋战在扶贫第一线，为科技扶贫、产业振兴做出了突出贡献。

依托体系科技之光，奏响优美扶贫乐章

安化，这个湘中偏北、资水河畔的深山大县，国家级贫困县，依托刘登望教授领衔的试验站科技团队，让贫瘠的红土地亮了，古老的农产品火了，静寂的小乡村活了！近年成功申报国家级地理标志产品“安化小籽花生”及绿色食品品牌，花生售价 6~8 元 / 千克，是普通花生的 3 倍多，线上线下一片红火；为全国人大代表肖又香、花生行业协会、十余个种植合作社、企业及 5 个乡镇的农民提供常年免费技术指导，全县花生面积 9 万亩，年产值近 4 亿元，1 万多贫困人口受益，耕地再无抛荒，甚至开荒种花生，培植壮大了特色产业，使小花生成了脱贫致富的“金果果”。县里以花生科技扶贫为题材原创的音乐童话剧《金果果与老山猫》获得湖南省委宣传部庆祝中华人民共和国成立 70 周年“欢乐潇湘”大型文艺汇演特等奖。如今，安化小籽花生产品不仅乐享寻常百姓家，还进入了人民大会堂，“绿水 · 青山 · 红花生”已成为安化县一张亮丽的新名片。

精准定位产业方向，科学谋划扶贫对策

一个产业兴旺的背后，得益于系统的谋篇布局和久久为功的科技创新。近十年来，刘登望带领团队遵循习近平总书记提出的“精准扶贫”战略，以供给侧结构性改革为指导，开展科技扶贫工作。

湖南贫困县多分布在丘陵山区，旱土多，但土壤贫瘠易旱，花生单产低，与华北、华南油用大花生比较处于单产劣势，效益低。刘登望根据自然条件及湖南小籽花生香甜可口、食用品质优良、抗逆、早熟、节本等特点，按照差异化、特色化的市场导向，精准提出贫困区大力发展优质食用小籽花生的

设想。并制定产业化、机械化、科技化、绿色化的“四化”发展思路，把该省花生产业发展方向定位于食用小籽为主的营养保健、高效经济作物，而油料作物为次，重点布局在湘南、湘西两个贫困片区，并制定“五良”技术策略和“五品”开发战略。

一是良种。挖掘古老的地方小籽良种，辅以独特地理优势、深厚文化内涵包装，打造“三品一标”品牌产品，如安化、麻阳小籽已成为舌尖上的极品；同时培育了一批食用良种，如湘黑小果单产比地方品种增加三成以上，保健功能强，适合机械生产，在三湘大地的多个贫困县落地开花结果。

■ 刘登望在湖南省安化县开展花生品种提纯复壮工作

二是良法。在贫困县重点推荐单粒精播、起垄栽培、增钙减氮、根瘤菌拌种等节本高效栽培技术，成本降低 10% 以上，单产提高 20%，亩增效 500 元以上。

三是良药。大力推广拌种替代喷药技术、生物农药替代化学农药技术，绿色化水平大幅提高。

四是良制。针对花生不耐重茬、易发“地火”（发病）问题，刘登望奔赴各示范县，一边总结传统经验，一边研究创新技术，集成了“中稻—油菜—花生”“春花生—秋甜糯玉米”等新轮作模式，在多县推广，大幅提高复种指数，减轻病虫，增加效益。

五是良机。针对贫困县花生农机化水平低、人工成本高的问题，刘登望从湖南省农业农村厅争取机械化示范资金数百万元，引进剥壳、播种、挖掘、摘果、烘干等全程多种机械，并集成了省级机械化技术规程，深受当地农民及领导肯定。

“五品”配套开发战略：即品种、品质、品牌、品位、“一地一品”紧密结合，鼓励企业及种植大户开发高端产品，打造产业链及绿色品牌，提升产品单价和效益。老百姓从以前的少种花生，变成如今的开荒种花生！

创新多种扶贫路径，促进产业融合发展

一是资源调配利用。刘登望充分发挥自身及团队成员担任国家“三区”人才、湖南省委组织部“湘西特聘专家”、湖南省农业农村厅“特色粮油专家指导组”组长的契机，联合农学、植保、农机、食品、营销专家组建“花生产业链科技扶贫团队”，活跃在扶贫第一线。

二是呼吁政府支持。先后向湖南省政协提交重点提案“关于湘南干旱区大力发展花生产业的建议”，向永州市政府提议建设“中国小花生之乡”，向江永县政府建议“发展江永小花生，成就瑶乡大产业”，

得到了高度重视。

三是培植新型主体。通过建设科技示范基地、技术培训，服务多个食品企业、合作社、家庭农场，打造又香、义华、蚩尤故里、正鑫等系列品牌。重点扶持义华花生、湖南吻野、蚩尤故里等龙头企业，促进一二三产业的融合发展。

四是加强宣传报道。试验站的扶贫工作受到湖南省委、省政府，湖南省农业农村厅领导及群众的广泛好评，被湖南卫视，以及《湖南日报》《湖南科技报》等媒体多次报道。

■ 刘登望在湖南邵阳县开展花生科技培训

扶贫感言

精准扶贫是一项造福百姓的伟大壮举，科技兴农是产业扶贫的精准抓手。体系的工作一直以来与国家精准扶贫紧密结合。刘登望站长深切体会到，国家设立体系的初衷就是要让科技滋润大地、造富一方百姓。产业不兴旺，农民不脱贫，科技谈何用武之地！

湖南邵阳花生试验站牢牢树立了“产业是科技的根据地、创新是产业的提振器”初心思想。根据湖南贫困山区的气候与土壤特点，扬长避短、因势利导、巧妙布局，走产品差异化、特色化发展道路。以产业化为目标，以机械化为抓手，组织新型经营主体开展现代化生产，开创“科技创新、产业振兴”的双新局面，助力地方经济发展，助力精准扶贫，实现“小花生、大作为”。

助力贫困地区农产品加工企业增强核心竞争能力

——记国家特色油料产业技术体系岗位科学家　汪学德

汪学德，1962年4月生，河南工业大学，教授。中国粮油学会油脂分会常务理事；中国农产品加工标准委员会委员。大别山连片贫困山区是全国主要贫困地区之一，地域面积涉及湖北省、安徽省和河南省的30多个县；根据现代农业产业技术体系的规划及油脂加工岗位的技术特点，扶贫主要采用技术扶贫的工作方式。

大别山贫困地区的安徽、湖北、河南三省都有种植芝麻的传统，且该地区的芝麻质量闻名中外。在特色油料产业技术体系的技术支持下，在芝麻育种、栽培到病虫害防控上取得了很大进展，芝麻的种植在稳步发展。由于历史原因，食用芝麻产品还保持原始的小作坊生产，产品质量得不到有效保证，企业发展受限。汪学德与团队成员结合油脂加工岗位技术特征，选择阜阳市临泉县宝鼎粮油有限公司、驻马店市新蔡县恒大贸易公司、合肥市肥东县燕庄油脂有限公司作为技术扶贫与扶智企业。开展的科技扶贫和扶智主要包括以下几个方面。

提高企业职工技术能力

油脂加工岗位团队先后有12人次进入贫困地区芝麻加工企业的生产车间，了解生产现状，找生产技术问题，针对企业实际情况提出扶贫的工作方案。首先对上述企业技术人员和生产操作工人进行技术实战化技术培训，在企业培训职工5批次160余人；同时将企业核心技术人员安排到河南工业大学免费进行高级别技术能力培养，先后有12人次的技术人员在河南工业大学进行检验、风味油脂感官评价、技术创新等方面能力培训，全面提升企业职工的技术技能，为企业提高竞争力奠定基础。

提高企业产品质量

针对贫困地区上述企业的生产现状和产品质量等级标准现状，提出技术改进的建议方案，帮助企业全面提高生产能力和产品质量。先后为上述企业提供20多批次的产品质量分析检测报告，主要涉及的技术指标有：苯并芘、黄曲霉毒素、塑化剂，反式酸等微量有害物质。由于企业的分析检

■ 汪学德深入生产车间指导生产

测条件有限，这些指标平时需要外部检测，既费时，又费钱，利用学校科研条件优越的特点，帮助解决了企业内控指标生产的快速化调控的急需，提高了产品质量。在油脂加工岗位的帮助下，燕庄油脂有限公司的产品生产、销售两旺，2018 年名列芝麻加工十强企业之首；宝鼎粮油有限公司产品质量在国内具有很高的威望，其生产的芝麻油定为国宴专用食材原料；恒大贸易公司产品质量稳定，近年来一直保持在芝麻出口第一的位置。

提高企业核心竞争力

在科技扶贫过程中，油脂岗位坚持以提升企业发展信心，稳定产品质量，提高自主创新能力为目标的扶智理念。这些企业在油脂加工岗位团队的帮助和影响下，积极参加国家标准的制修订计划，参加科技创新，获得良好的效果。燕庄油脂有限公司和宝鼎粮油有限公司参加了 GB/T 8233—2018《芝麻油》修订工作，该标准现已公布实施，对产品质量的理解高于其他企业，增加了企业在行业的影响力。燕庄油脂有限公司参与的项目“芝麻油适度加工与副产物高效利用创新技术研发应用”获得中国粮油学会科学技术进步奖一等奖，参与的“油脂热加工过程经典危害物的脱除及控制研究”获得中国长城食品安全科学技术特等奖，提高企业自主创新能力，增强了企业的核心竞争力。

■ 油脂加工岗位帮助企业研发的新产品（“燕庄”牌冷榨芝麻油）

扶贫感言

中国是一个大国，人口众多，由于历史原因，社会发展不平衡，要实现社会综合发展的现代化，一个地区也能不少。对发展相对落后、边远落后的地区，国家统一进行扶贫和扶智，提高这些地区的综合发展能力是非常必要的，对现阶段建设中国特色社会主义具有划时代历史意义，对解决社会平稳、快速、和谐发展起着决定性的作用。汪学德作为现代科学技术人员能够参与到国家扶贫工作这一战略决策中，感受到了这既是一种荣誉，也是历史责任，更是对社会的奉献。

从“加工专家”到“扶贫专家”

——记国家麻类产业技术体系岗位科学家　彭源德

彭源德，1965 年 3 月生，民进会员，中国农业科学院麻类研究所，研究员。全国农业科研杰出人才，中国农业科学院“农科英才”入选者，兼任湖南省第十二届政协委员，民进中央科技医卫委员会委员，民进湖南省委常委、农业与农村委员会主任，湖南统一战线智库专家，湖南省高级人民法院第二届特约监督员。“十三五”以来，在武陵山区连片贫困区点涟源市开展麻类副产物梯次利用及相关产品深加工科技服务和科技咨询工作。

企业联姻，蘑菇为媒，科技帮扶结硕果

作为国家麻类产业技术体系副产品综合利用岗位科学家，彭源德是个不折不扣的加工专家。长期以来，麻类副产物利用率低是阻碍麻类产业整体提升的重要问题。在国家麻类产业技术体系的支持下，彭源德及其团队结合食用菌栽培原料短缺的问题，创造性地进行技术攻关，将麻骨、麻叶等麻类副产物加以利用，形成了以麻类副产品为主原料的珍稀食用菌高效栽培技术体系，开辟出珍稀食用菌栽培新原料。

实践出真知。长期奋战在农业科技一线，彭源德深知，成果转化是检验科技创新的重要标准。为了将技术应用推广到最需要的地方，最大化发挥其效应，彭源德及其团队联合沅江麻类综合试验站，在湘中、湘西等地广泛开展调研，最后选择了与湖南忠食农业生物科技有限公司开展合作，以帮扶企业的形式解决当地贫困户的就业问题，走出了一条精彩的蘑菇扶贫道路。

湖南忠食农业生物科技有限公司位于湘中娄底涟源市，是一家经营秀珍菇、灵芝等食药用菌的工厂化生产与深加工的综合性现代农业企业。彭源德深知，要想做好帮扶工作，光靠他一个团队的力量是远远不够的。他联合麻类体系苎麻品种改良、红麻品种改良、育种技术与方法和沅江麻类综合试验站等团队，不仅为企业提供了充足的麻类副产品，还多次到企业就副产品的收获方式、保存方法及预处理技术进行指导。

在技术推广过程中，彭源德发现，食用菌菌株的品质决定了麻类副产品的利用效率、抗逆性及成品菇的产量。针对公司缺乏优良菌种，菌种退化快的问题，彭源德及其团队充分利用长期以来积累的菌种资源，进行了研究和对比筛选，为企业提供了生物学效率较高的菌株，并且开展了食药用菌菌种的资源搜集、组织分离、农艺性状鉴定、优良菌种的保存等相关知识的讲座。

授人以鱼，不如授人以渔。为了解决企业技术人员不足的问题，彭源德一边通过“请进来”的方式为企业培训核心技术人员，将他们安排到中国农业科学院麻类研究所进行系统的理论和相关实验技能学习，使其专业能力得到提升。同时，积极开展“走出去”行动，将团队的专家源源不断输送到企业，针对食用菌生产过程中染菌率较高，产品质量不稳定等问题，通过驻点的方式帮助企业制定了工厂化生产标准，规范了生产过程中的操作与管理，显著降低了生产过程中的染菌率。此外，就麻类副产品相关栽培配方、液体菌种发酵优化、产品分级与加工进行了技术支持，并帮助企业搭建了工程技术研究中心，主要进行食药用菌菌种选育、保存以及产品的质量检测。

不懈地努力取得了丰硕的成果。在成果与项目方面，团队与湖南忠食农业生物科技有限公司就生产配方、生产工艺及相关深加工产品共同申报了10余项国家专利，其中“一种秀珍菇栽培基质及其制备方法与应用”“一种茶树菇栽培基质及其制备方法与应用”“杏鲍菇酵素及其制备方法”3项发明专利获得授权。作为企业的技术团队带头人，在彭源德及其团队的支持下，湖南忠食农业生物科技有限公司获得湖南省生物医药领域企业科技创新创业团队项目，取得100万元的经费资助。有了这些技术和资金作为支持，企业开发出10多种产品，每年销售收入在5000万元以上，解决贫困户就业100余人，贫困户的年收入达到3万元。依托企业开展帮扶，“加工专家”彭源德走出了一条不一样的扶贫路，成为了名副其实的“扶贫专家”。

团队协作，有的放矢，科技培训常态化

作为一支农业科研战线的创新团队，彭源德及其团队成员始终将乡村振兴视为己任，近年来，团队有3人连续4年被选为涟源市“三区”科技服务人员。通过团队合作，形成科技服务小组开展对口扶贫，一坚持就是4年。

4年来，团队成员的足迹覆盖了涟源市桥头河镇、伏口镇、荷塘镇、白马镇、杨市镇、渡头塘镇、安平镇7个乡镇16个贫困村，为当地贫困户开展了30余次科技扶贫工作。对贫困村的基本情况、主要农业生产现状、农业资源、贫困户家庭情况、生产收益和收入情况进行了细致的调研。随后针对贫困村产业发展情况，结合群众需求，制订了科技扶贫计划，先后开展了麻类副产品栽培珍稀食用菌相关技术培训。充分发挥团队成员的知识优势，系统地从高产种植技术、管理过程、病虫害防治、产品加工与销售等关键环节进行现场培训和答疑。多年来累计开展相关培训30余次，培训人员300余人次，取得了良好的反响。

尽职履责，深入调研，建言献策获肯定

作为民主党派和湖南省政协委员，彭源德研究员结合自己农业科研领域的专业优势以及经常深入农业生产一线的经验，积极尽职履责。其主持完成的“关于规范人才引进工作的提案”，被评为民进中央2019年度参政议政成果三等奖；主持完成的民进湖南省委重点调研课题《大力发展经济作物，打造

■ 彭源德在湖南涟源市大伯村开展技术培训与咨询

湖南富民产业（2015）》，《加快湖南农业社会化服务体系建设（2018）》《加强乡村振兴战略中的政府服务体系建设（2019）》先后得到湖南省张硕辅、戴道晋和隋忠诚3位副省长及许达哲省长的肯定性批示；牵头联名提交的《关于拯救湖南传统苎麻产业的建议》，得到了省政府的高度重视，并被列入2019年度湖南省重点研发项目资助；2019年被民进中央评为民进全国组织建设先进个人。

扶贫感言

产业扶贫需要龙头企业的参与，鼓励龙头企业到贫困地区建设产业示范基地，培养致富带头人，根据当地实际情况，发展“一村一品”特色产业。立足贫困县主导农业产业，支持农产品产地进行初加工，指导企业发展农产品精深加工，延长产业链，提高产品的附加值，带动农民就近就地就业增收，同时，在销售渠道方面，重视电商平台及网红带来的推广效应，帮助企业尽快将产品销售出去。

科技助力贫困县　蚕桑产业真扶贫

——记国家蚕桑产业技术体系综合试验站站长　廖先谋

廖先谋，1964年3月生，广西壮族自治区河池市农业农村局，高级农艺师。主要负责广西河池市环江毛南族自治县、罗城仫佬族自治县（极度贫困县）、东兰县、凤山县、巴马瑶族自治县、都安瑶族自治县（极度贫困县）、大化瑶族自治县（极度贫困县）及广西百色市隆林各族自治县（极度贫困县）蚕桑产业技术扶贫工作。

狠抓蚕桑产业扶贫示范基地建设

近年来，廖先谋站长带领河池综合试验站团队成员及示范基地技术骨干先后狠抓了环江毛南族自治县的平治、三美、里腊、琳琅，东兰县的纳怀、永磨，凤山县的山脚，巴马瑶族自治县的弄拥，罗城仫

■ 廖先谋在广西大化瑶族自治县共和乡共和村开展繁殖桑树新品种苗木技术指导

佬族自治县的木寨，都安瑶族自治县的林垌，大化瑶族自治县的共和，隆林各族自治县的猴场等 12 个蚕桑产业扶贫示范基地建设，有力地辐射带动了河池市（及百色隆林）蚕桑产业扶贫工作的开展。

创新蚕桑产业扶贫新模式

廖先谋站长带领河池综合试验站配合国家蚕桑产业技术体系岗位科学家，积极研发、引进、试验、示范、推广蚕桑新品种、新技术、新机械投入蚕桑产业扶贫工作中，先后在河池贫困山区引进、试验、示范了“桂桑系列”“云桑系列”“嘉陵桑系列”等桑树新品种 18 个；“华康系列”“抗脓系列”“彩茧系列”等蚕新品种 13 个；“条桑育桑树高密度种植管理技术”“蚕沙肥料化应用技术”“桑枝叶畜牧（家禽）饲料化青贮发酵技术”等新技术 14 项；“电动省力蚕沙收集机械”“桑嫩枝叶饲料化应用青贮发酵粉碎机械”“电动省力轨道喂叶机械”等新机械 6 种，累计给建档立卡的贫困户发放桑树新品种苗木 160 多万株、安装电动省力蚕台 237 台（套）。省工、省力、省投资蚕桑产业扶贫模式，为河池和百色隆林 1.83 万户种桑养蚕贫困户产业扶贫添砖加瓦。

廖先谋在广西环江毛南族自治县水源镇三美村发放扶贫物资

廖先谋站长带领河池综合试验站团队成员及示范基地技术骨干根据贫困县、贫困户文化水平和种桑养蚕生产操作技能，先后组织开展了各种形式的蚕桑技术培训班 315 期，培养蚕桑产业脱贫致富领头人 76 人（次），培训蚕桑种养大户 584 人（次），培训贫困户及蚕桑新型农民 15034 人（次）。使每户从事种桑养蚕的贫困户至少有 1 个懂得蚕桑生产技术明白人。在河池 7 个国家级贫困县研发、引进、试验、示范、推广蚕桑新品种、新技术、新机械等应用面积累计达到 99.42 万亩，养蚕 106.29 万张，增产蚕茧 4.43 万吨，增收 10.22 亿元，节约成本 2.93 亿元，减少贫困户经济损失 0.69 万元，为河池和百色隆林 8 个国家级贫困县从事蚕桑产业 5.57 万人脱贫做出了重要贡献。

扶贫感言

要充分发挥蚕桑产业扶贫优势：一是机制创新，由政府协调扶持壮大领头羊，实施蚕桑产业扶贫的适度规模经营生产，提高蚕桑产业扶贫的聚集水平；二是技术创新，在国家蚕桑产业技术体系岗位科学家的大力支持下，结合生产实际推广使用桑蚕良种、良法及轻便化省力化的器具和先进实用生产技术，有效运用国家体系科研成果和技术集成；三是模式创新，运行的是“公司 + 基地 + 合作社 + 扶贫车间 + 农户”或“商品小共育室 + 贫困户”的蚕桑产业扶贫模式和技术服务体系，形成利益共享、风险共担的紧密利益联盟；四是途径创新，不换思路、不换镜头，坚定不移地组织实施由整村推进变为整乡推进蚕桑产业扶贫开发战略。

科技支撑产业升级　助力茶区精准脱贫

——记国家茶叶产业技术体系岗位科学家　刘仲华

刘仲华，1965年3月生，湖南农业大学，教授，中国工程院院士。主要从事茶叶深加工与资源利用、茶叶加工理论与技术、茶与健康研究。

湖南省是我国茶叶主产省市之一，茶园面积280多万亩，年产茶叶23万多吨，茶叶是湖南省的农业特色优势产业。湖南有70多个产茶县，主要分布在武陵山脉、罗霄山脉、南岭山脉等贫困山区，茶叶在湖南省山区经济发展和精准扶贫中起着十分重要的作用。

体系联动助力古丈茶业技术升级，县域精准脱贫成效显著

古丈县地处武陵山脉腹地，是国家级深度贫困县。全县有茶园总面积达17.5万亩，人均突破1亩茶，人均茶园面积位居湖南省第一。湖南省委省政府决定以茶业作为精准扶贫的抓手，推进大湘西地区农民增收致富，成立了湖南省大湘西茶业发展促进会，首期涵盖湖南45个产茶县，古丈县属于大湘西潇湘茶产区的重点县。刘仲华担任大湘西茶业发展促进会会长，针对古丈县茶叶产业发展存在的瓶颈，确定以国家茶叶产业技术体系专家团队为技术依托，推进古丈县茶产业提质增效，在茶叶体系首席科学家杨亚军研究员的领导和指导下，重点推广岗位专家陈宗懋院士团队的茶园病虫害绿色防控新技术、刘仲华团队的优质红绿茶加工新技术，在体系湘西试验站刘翠红 / 沈仁春团队和长沙试验站郑红发团队协同努力下，在湘西古丈县直接推广示范茶园绿色防控新技术1万亩，辐射面积2万亩，使古丈县生态有机栽培茶园面积达4.5万亩，8家企业通过有机茶认证，41家企业处于有机茶认证转换期，茶园基地有机化率达27%，位居全国前列。刘仲华团队把高香绿茶加工新技术和花果香红茶加工新技术在古丈县春秋有机茶公司、古洋河茶业公司、英妹子茶业公司、青竹山茶业公司等10余家企业中推广应用，把黑茶加工新技术在天下武陵茶业公司推广应用，使这些企业的产品品质显著提升，产品均价提高25%以上，取得了显著的经济效益。目前，古丈县已经形成了全县近70%的农业人口直接或间接从事茶产业、80%的农业收入来自茶叶、90%的村寨种植茶叶的良好格局。过去3年中，全县茶叶产量、产值、单价分别实现了连续保持15%、20%、20%以上的增长率。通过茶产业发展直接或间接带动了70%的贫困农户增收，直接带动贫困户10500余户，36800余人，年户均增收5000多元，茶叶产业成为推动古丈县整体脱贫的第一产业。为此，古丈县成为湖南省依托科技驱动产业发展实现精准脱贫的示范典型。

依托体系技术成果转化，黑茶产业引领安化农民脱贫致富

湖南省安化县地处雪峰山脉，是国家级深度贫困县，产茶历史悠久，是中国黑茶之乡。茶业是安化县的农业支柱产业与特色优势产业，随着安化黑茶的不断崛起，安化县委县政府把发展黑茶产业作为全县脱贫攻坚的第一产业。岗位专家刘仲华团队自2009年茶叶体系成立以来，一直研究创新黑茶加工技术与深加工技术、创制黑茶各类新产品30多个、揭示了黑茶保健养生功效及作用机理。研究成果在湖南黑茶主产区（安化、桃江、赫山、资阳、桃源等县区）的茶叶生产加工中全面推广应用，使安化黑茶加工从传统作业向清洁化、机械化、规模化、标准化的现代加工跨越，多元化的黑茶产品实现了方便化、高档化、功能化、时尚化，强力推进了黑茶产业提质增效与跨越发展。安化县的黑茶产业规模从不足1亿元发展到220多亿元，过去三年的茶叶税收达到2.5亿~3.2亿元，成为中国茶叶税收第一县，2017年安化黑茶入选中国茶叶十大区域公共品牌，2019年安化成为全国茶叶百强县第一名。安化县茶叶产业的从业人员达36万人，9.6万人因茶脱贫，安化农民因茶脱贫致富，成功摘掉贫困帽，安化全县因茶而兴、因茶而闻名全国，并成为全国产业扶贫、精准脱贫先进示范县。

■ 刘仲华在指导湖南古丈茶业绿色防控

■ 刘仲华在湖南安化县指导茶农应用黑茶初制加工新技术

扶贫感言

茶树是经济效益比较高的经济作物，种茶不仅有利于保护生态环境，而且茶是全球最安全的健康饮料，具有日益增长的市场消费空间。茶叶产业已成为我国贫困山区茶农精准脱贫的优势特色产业，扶贫实践表明，从全产业链提供技术支持，岗位专家和试验站站长及团队成员协力合作，才能有效解决全产业链的技术问题，显著提升茶叶的产量、品质、安全性及产品综合效益，从而有效助力茶农增收、企业增效，取得较好的产业扶贫效果。同时，茶产业扶贫中，单有技术投入是远远不够的，只有把新技术应用、新产品开发、品牌建设、营销体系构建、龙头企业培育、技术与营销人才培养等全面融通，才能实现科技支撑茶产业健康发展，产业才能助力茶区整体脱贫致富。

立足科技服务　助力脱贫攻坚

——记国家茶叶产业技术体系综合试验站站长　韦静峰

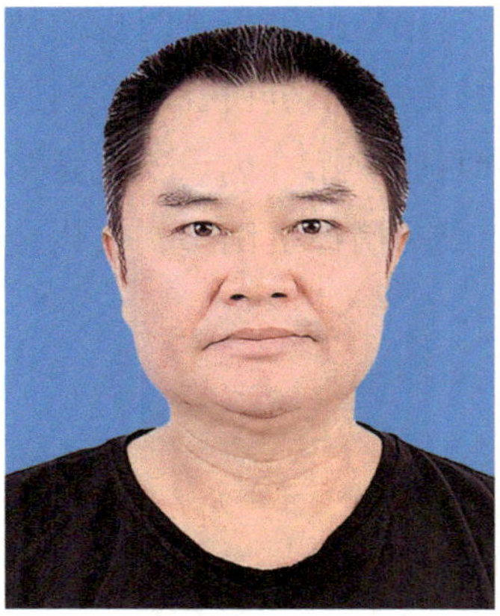

韦静峰，1961 年 7 月生，广西壮族自治区茶叶科学研究所，研究员。先后担任广西贫困村科技特派员茶叶产业科技服务团团长，广西茶叶产业科技先锋队队长，组织科技扶贫团队在广西贫困地区开展茶产业科技扶贫技术服务，个人重点服务三江县、昭平县、融水县、金秀县等广西主要产茶地区。2015—2019 年连续五年被自治区党委组织部、自治区科技厅评为优秀科技特派员。

组织技术团队，开展科技扶贫服务

近年来，韦静峰立足科技服务，一直致力于茶产业扶贫工作，解决产业技术难题，为茶产业发展建言献策，助力脱贫攻坚。韦静峰组织茶叶产业技术服务团队，研究解决广西贫困村茶产业发展中的茶苗繁育、茶树栽培、茶园管理、病虫害防治、茶叶加工、“三产”融合等关键技术问题，并组织茶叶产业科技服务团、茶叶产业科技先锋队等科技扶贫团队到昭平、三江、凌云、融水、金秀、平桂等 54 个县区贫困村，进村入户驻企开展技术服务，近 3 年共计开展实地技术服务 900 多人次，培训技术骨干和茶农 1 万多人次，指导示范基地 30 多个，推广应用优新品种 28 个、实用新技术 31 项，编印《广西茶产业扶贫技术手册》，制定《广西桂林茶叶科学研究所因村施策年度帮扶计划及帮扶措施》。依托国家茶产业技术体系平台，在茶叶体系首席科学家、岗位专家的帮助下，组织开展绿色防控、茶园“双减”等工作，集成新技术 4 项，辐射示范 10000 亩；开展粘虫色板、灰茶尺蠖性信息素诱芯的示范推广，累计示范面积 1200 亩；推广示范信息素诱捕器 400 套、窄波 LED 杀虫灯 40 台；开展新品种桂绿 1 号、桂红 3 号，新品系桂红 2 号等栽培、加工技术示范推广工作。

创新服务模式，带动当地茶产业综合发展

韦静峰创新服务模式，与当地村委紧密协作，发起建立科技服务工作站，带动当地茶产业综合发展。在三江县布央村发起建立了茶叶产业转型升级科技服务工作站，推广实用新技术，带动当地茶产业综合发展。布央村茶园面积从最初的 280 亩发展到如今的 3700 多亩，全村有 603 户 2851 人，户户

种茶，茶叶成为农民收入主要来源。全村有市农业龙头企业 2 家，自治区农民专业合作社示范社 2 家。布央村先后被评为“广西侗茶村”“全国一村一品示范村”、柳州市“十大美丽乡村”、柳州市“现代农业核心示范区”、广西“现代特色农业（核心）示范区”、国家旅游 4A 景区。为打造三江县布央村乡村振兴产业发展先进典型，组织撰写的《一片树叶，振兴一个乡村——三江布央村发展茶产业启示》在《广西日报》农业版头条发表，引起广泛关注，为加快全区乡村振兴战略实施提供有效借鉴。

当好政府参谋助手，提供产业发展决策依据

当好政府参谋助手，开展茶产业发展专项调研，为当地政府做大做强茶产业助推脱贫攻坚提供决策依据。2018 年 9—10 月，根据自治区领导指示精神，组织茶叶产业科技服务团与广西农业农村厅联合组成 4 个调研小组对广西茶产业发展情况进行调研，主持编写《广西茶产业发展调研报告》上报给农业农村厅，主要内容被农业农村厅采纳，形成《促进广西茶产业高质量发展助推脱贫攻坚调研情况的报告》，自治区人民政府以该调研报告作为决策依据，在 2019 年 12 月 28 日出台了《广西壮族自治区人民政府办公厅关于促进广西茶产业高质量发展的若干意见》（桂政办发〔2019〕117 号），明确了下一步广西茶产业发展定位、目标任务及政策措施，这将对全区茶产业持续发展、助力脱贫攻坚、实现产业振兴具有重要的指导作用和现实意义。

当好产业技术顾问，提升科技扶贫实效

担任融水县茶产业技术顾问，切实提高科技助力产业扶贫的实效。2020 年 6 月，韦静峰组织技术专家对融水县茶产业发展和产业扶贫开展专项调研和指导，通过座谈、听取情况介绍、查阅资料、实地

■ 韦静峰在广西融水县芝东村茶叶基地开展技术服务，并发放茶叶扶贫技术宣传资料

调研的方式，全面了解融水县茶产业发展的现状，查找制约融水茶产业发展的主要问题，撰写调研报告，制定《科技助力融水县茶产业扶贫工作实施方案》，从提高良种覆盖率，开展科技示范合作，推广茶叶实用新技术、新设备，加强技术服务与培训，助力发展特色茶产业，为当地茶产业发展提供决策咨询等方面切实提高科技助力产业扶贫的实效，推动融水县茶产业高质量发展。调研期间韦静峰还率领专家组深入水源茶业公司芝东村茶叶基地、水融香茶业公司新安村茶叶基地开展实地调研和技术服务，培训茶农和基层技术人员 40 多人，发放茶产业技术扶贫手册 80 份。

扶贫感言

2013 年，科技部、广西壮族自治区党委组织部以及广西科技厅号召各领域的科技人才到基层去，到科技的第一线去开展科技扶贫工作。作为茶叶科研科技人员，要发挥所学所用，积极服务于茶产业，必须到第一线去，到贫困村去，把新品种、新技术带到下面去示范推广，才能使农民的技能提高，农民才能通过种茶制茶卖茶获得收益，让自己富裕起来。

集成食用菌体系技术成果　积极开展科技扶贫

——记国家食用菌产业技术体系综合试验站站长　王晓巍

王晓巍，1968年8月生，中共党员，甘肃省农业科学院蔬菜研究所，三级研究员。“十三五”期间，王晓巍率领团队成员一直奔波于甘肃贫困地区的武威市天祝藏族自治县，甘南藏族自治州舟曲县，甘肃中南部地区的渭源县、陇西县、宕昌县等县区。依托食用菌产业技术体系科技成果，开展科技服务，助力精准扶贫，为甘肃藏区农户增收做出了积极贡献。

顶风冒雪、深入藏区，心系移民助力脱贫

武威市天祝藏族自治县和甘南藏族自治州舟曲县是典型的少数民族县，尤其是舟曲县地处青藏高原和黄土高原交汇地带，山大沟深，交通不便，90%耕地挂在山间。当地以发展经济林果业为主，产业单一，增收空间窄，为了拓展扶贫产业空间，王晓巍站长带领团队成员多年来顶风冒雨、走村入户，深入该县7个乡镇，开展生产调研，根据群众意愿和地方政府扶持政策，结合区域气候特点，引导舟曲县发展羊肚菌种植，增加农户收入。在天祝藏族自治县松山镇德吉新村依托南阳山片区移民区农户实际，进行香菇示范种植，帮助农户脱贫致富。

多年来，他一心为贫困县区农户谋发展，为了藏区农户尽快脱贫，掌握种植技术、引进适宜新品种而忙碌。带领天祝县松山镇德吉新村藏区移民搬迁区农户代表及企业技术人员跑上海、下成都，联系引进食用菌新品种。科技扶贫期间，引进香菇品种808、申215、申238、申1513等6个，总结提出了日光温室越冬栽培技术模式，废弃羊圈越夏栽培技术模式适宜在德吉新村、土沟村示范种植。集成日光温室层架越冬标准化栽培技术、废弃羊圈越夏规范化栽培技术，年度示范种植360多座，示范菌棒320万棒。每个菌棒香菇产量平均达0.9千克，较农户栽培的每棒0.7千克增产达28.6%，增产增收效益显著。新技术的采用使废弃羊圈每棚增产800千克，增加收入7200元，日光温室每棚增产3000千克，增收27000元。新品种覆盖率达100%，累计示范规模达960棚，700多万棒，年度产值达5600多万元。德吉新村的农户尝到了科技带来的甜头。天祝县2020年2月通过脱贫验收，退出了贫困县序列。

在舟曲县，通过企业合作的方式，采取企业引进菌种，扩繁培养，农户以订单方式生产。引进羊肚菌品种七妹、推广高山冷凉区羊肚菌栽培技术，在小面积试验示范获得400千克/亩的产量的基础上，

■ 王晓巍在甘肃舟曲指导羊肚菌种植

总结技术规范，指导 7 个乡镇农户开展羊肚菌示范种植，使羊肚菌从发展之初 2017 年的 60 亩，发展到 2019 年的 1100 亩，农户平均种植 2~3 亩，也出现了种植 40 多亩的种植大户。示范田亩产达 308 千克，增产 108 千克，亩均产值 2.8 万元。3 年来，累计推广规模达 3500 亩，产值达 9800 万元。带动农户 300 户，户均年收入 3.2 万元。

实地现场指导，帮助农户掌握食用菌栽培技术

2017 年以来，王晓巍站长多次深入两个贫困县，率领团队 3 名成员在天祝藏族自治县开展香菇生产指导和技术服务，在舟曲县开展羊肚菌生产技术服务。结合县域实际，制定了香菇和羊肚菌年度技术扶贫工作方案，主要开展优良新菌种引进与试验示范，菌种扩繁、菌袋制作与培养。采取“科技 + 企业 + 合作社 + 农户”的模式开展扶贫对接，企业将扩繁的菌种、培养好的菌袋以订单的方式投给农户进行出菇管理，技术人员通过技术培训、现场实地讲解、答疑的方式开展技术服务。

在农户菌棚菌棒出菇季节，王晓巍站长在科研工作忙碌之余，时常牵挂贫困区农户的大棚出菇情况，召集团队成员讨论确定技术服务方案，为了使农户尽快掌握栽培技术，尽快脱贫致富。每当关键时期，他都带领成员走村入户，走进田间地头、温室大棚指导农户，就农户关心的技术问题现场培训、现场讲解、答疑解惑。为了便于农户面对面学习、现场了解和掌握关键技术。近年来，王晓巍带领团队成员在天祝县、舟曲县 10 多个乡镇开展技术服务与培训，培训农户 2600 多人次，技术骨干 30 多人，发

放技术资料3000份。每年入企、入户、入棚技术服务100天以上，行程1万千米以上。

为了使基地农户更好地掌握新品种特性，2020年7月邀请国家食用菌产业技术体系育种岗位、栽培岗位科学家，在短短3天行程，一行人员往返甘肃天祝县、宕昌县、舟曲县、陇西县，行程2300千米，采用了4种交通工具，往往到达基地县就到了凌晨。他们克服乘坐几种交通工具的不适与疲劳，每天一大早就赶往种植基地示范，现场察看出菇棚长势，与种植农户和企业人员交流座谈，3天指导示范基地9个，深入企业3家，召开技术培训与座谈12场。德吉新村香菇种植户郑龙荣高兴地说："能和香菇品种的育成专家探讨新品种的特性及管理注意事项，是我们做梦也想不到的，感谢王站长，感谢宋专家。我们一定好好管理，使你们育成的好品种在我们的棚里表现得更好。"

■ 王晓巍在甘肃天祝县松山镇德吉新村指导香菇生产

扶贫感言

甘肃省贫困地区受自然气候、地貌类型的制约，贫困程度较深，农户科技意识淡薄。在政府的扶持，龙头企业的带动下，产业脱贫取得了显著成绩，但存在产业链条不完善、基层技术人才匮乏等问题，下一阶段要紧紧抓住乡村振兴的历史机遇，壮大龙头企业实力，延伸产业链条，通过企业自身实力提升来引领特色产业健康发展。尤其是刚刚脱贫的地区，还需要各级政府持续支持，整合项目、筹集资金及人力，加强与科研院校的对接，建立省市县联动机制，培养县域技术人才，加大对食用菌企业、基层技术人员和种植户的技术培训，加强对食用菌规范化生产技术的指导，提高农户以及合作社种植效益，使食用菌真正发展成为区域特色支柱产业。体系人一定不负众望，砥砺前行，为科技扶贫及乡村振兴做出更大贡献。

“莲”心暖千家：一位岗位专家的扶贫纪实

——记国家特色蔬菜产业技术体系岗位科学家　朱红莲

朱红莲，1978 年 10 月生，中共党员，武汉市农业科学院蔬菜研究所，高级农艺师。在农业农村部定点扶贫县——湖北省咸丰县开展科技扶贫，并在湖北、四川、河南等地进行产业扶贫。

也许是命中注定，父母给她取“红莲”之名，没想到此生真的与“莲”结下情缘，从事莲育种及资源研究 15 年，并通过莲新品种的推广，走扶贫之路，在湖北、四川、河南等地扶贫工作中取得了骄人成绩。

扶贫：从一户开始

2015 年 3 月，一位叫马修友的 60 多岁武汉江夏莲农来单位求购“满天星”子莲种苗，但却苦于资金不足而打算离开。站在一旁的朱红莲看出了他的难处，询问得知马修友家境贫困，想通过种植子莲摆脱贫困。农村出身的朱红莲感同身受，便向领导汇报了这一情况，商量后决定免费赠送种苗 1300 枝。马修友得到赠种后，当年种植 8.2 亩，获得纯利润 3 万多元，当年脱贫。脱贫后的马修友不忘旧恩，将繁殖的 6000 多枝“满天星”子莲种苗回赠给单位。

扶贫：从一户到一个村

2016 年，朱红莲及其研究团队又以扶持马修友同样的方式，向武汉市江夏区和尚桥村赠送莲藕优质种苗 4000 千克、子莲种苗 1600 枝，帮助陈国益、李炳生等 5 户贫困户种植莲藕、子莲 30 亩，当年获利 7.3 万元，助力贫困户全部脱贫。2018 年，朱红莲向云南曲靖市会泽县古城街道 6 户贫困户免费提供鄂莲 9 号微型种苗 1050 枝，并进行技术指导，农户当年每亩莲藕产值 9000 元。经过几年的扶贫，6 个贫困户全部实现脱贫。

扶贫：从一村到一个产业

2017 年，成为特色蔬菜体系岗位科学家的朱红莲，更是不忘初心、牢记使命，坚持把论文写在大地上，把成果推向百姓家。几年来，她的足迹遍及湖北、湖南、河南、四川、云南等地贫困村，用真心，用真情，把新品种新技术送到农民手中，成功帮助当地发展莲产业，为当地农民脱贫找到致富之路。

武汉金水祺良农副产品有限公司位于武汉江夏区金口街武当村，为湖北省武当山移民村且多为贫困户。几年来，朱红莲带领团队成员常年深入公司基地，向该公司推广莲藕品种近 10 个及配套栽培技术，建立莲藕生产基地 6000 多亩，年产值 6000 多万元，带动 20 多户贫困户全部脱贫。

河南镇平县霖锋绿色农产品开发有限公司是长江以北旱作地区规模最大的莲藕生产基地。几年来，朱红莲带领团队成员积极参与当地莲产业发展规划和实施，已向该公司提供莲藕和子莲新品种 10 个及优异资源 130 份，帮助公司建成 1500 亩中原荷花博览园及莲藕综合示范种植基地 1 万亩，年创综合经济效益 1 亿元，帮助 300 多户贫困户脱贫致富。

为在我国西部搞好莲藕生态农业示范，近几年，朱红莲带领团队成员积极参与重庆市永川区重庆华辰生态农业发展有限公司莲藕产业发展规划，向公司提供莲藕和子莲新品种 10 余个及配套种植技术，建立莲藕核心示范基地 1.5 万亩，使之成为西南地区规模最大莲藕生产基地，并打造“十里荷香”农业观光旅游基地，年创综合经济效益 1.35 亿元，带动当地 200 多户贫困户脱贫。

2019 年，朱红莲响应党中央号召，作为特色蔬菜体系科技服务团成员，多次前往农业农村部定点扶贫县——湖北省咸丰县开展科技扶贫。通过深入调研，确定莼菜、莲藕作为咸丰县发展高山特色水

■ 朱红莲在湖北咸丰县高乐山镇官田坝村指导莲藕生产

朱红莲在湖北咸丰县黄金洞乡五谷坪村指导莼菜种植

生蔬菜的突破口。2020年，向该县免费提供高产粉质莲藕种苗以及莼菜种苗，并积极开展栽培技术指导，邀请保鲜加工专家与合作社、企业对接，开展技术提档升级，为咸丰县水生蔬菜快速发展做出了贡献。

几年来，朱红莲通过多种形式开展科技扶贫，共组织科技人员下乡扶贫40人次，提供水生蔬菜种质资源利用500份次，推广莲藕、子莲等新品种10余个、新技术多项，向贫困户赠送莲藕、子莲种苗共计10万千克，子莲等各类种苗近万株，帮助近千户贫困户脱贫。

扶贫感言

扶贫要用心用情，只有拥有一颗关爱民众疾苦的大爱之心，与他们建立真正的感情，才能把扶贫工作做实做细做好；同时，扶贫的关键是产业扶贫，只有通过因地制宜的发展对路的产业，才能建立扶贫的长效机制，稳定扶贫，高效扶贫。

“藕遇小龙虾”助力“穷三角”脱贫奔小康

——记国家特色蔬菜产业技术体系岗位科学家　李良俊

李良俊，1969年7月生，扬州大学，教授。在江苏扶贫开发六大重点片区之一的成子湖片区的宿迁市宿城区和苏北地区的睢宁县、宝应县等开展科技扶贫工作。

发展新型种、养模式，实现藕虾双赢

江苏省宿迁市宿城区中扬镇曾被称为宿城区的“穷三角”，位于江苏省扶贫开发六大重点片区之一的成子湖片区，地处偏远，交通闭塞，过去村民种植稻麦一年下来纯收入仅数百元。

2017年，国家特色蔬菜产业技术体系水生蔬菜栽培岗位科学家李良俊教授团队通过实地考察后，发现该地位于洪泽湖畔，水源充足、水质优良，且村民都有一定的淡水养殖基础，非常适宜发展莲藕套养小龙虾产业。于是，在当地政府的支持下，在中扬镇唐莫村土地股份合作社、永周家庭农场分别流转150余亩和230亩土地发展莲藕套养小龙虾。李良俊教授团队从田块设置、莲藕品种种苗选择、小龙虾种苗投放、莲藕栽培管理、小龙虾养殖管理、病虫害防控、莲藕采收和小龙虾捕捞等方面进行了全过程指导，在莲藕栽培管理和小龙虾养殖的关键节点，李良俊教授团队专家都会驱车3个多小时，来到田间地头组织种、养管理的现场会，手把手地教会种植户各项管理技术要点，同时，交代清楚下一阶段的管理要点，并留下记录有管理要点的“明白纸”，确保种植户掌握每个栽培管理要点并能及时落实实施到位，期间还通过电话、微信等信息交流手段，全程监控和指导莲藕、小龙虾种养管理。

夯实养殖基础，组织村民集中学习

李良俊教授科研团队还利用体系的全产业链的人才优势，先后邀请体系首席科学家邹学校院士等30余名体系专家来种养基地现场指导。2018年7月特色蔬菜体系在江苏宿迁市宿城区中扬镇组织召开全国“莲藕、小龙虾高效种养现场观摩暨学术交流会”，体系产业经济岗位科学家赵邦宏教授、病虫害绿色防控岗位科学家罗晨等分别就产业发展、病虫害绿色防控等进行集中培训，相关培训内容制作成视频通过微信群等供农户反复学习。

■ 李良俊在江苏宿迁市宿城区中扬镇开展莲藕管理技术指导

通过3年来的扶贫工作，莲藕—小龙虾绿色高效种养技术的示范推广取得了显著的经济、社会和生态效益，仅中扬镇藕—虾种养面积就从2017年的不足400亩，快速发展至目前的15000余亩，平均每亩生产莲藕2000千克、小龙虾100千克左右，实现产值1.5亿元以上，带动了600余人在家门口就业，农民每年人均增收4800元以上。培育了江苏省宿迁市莲丰源莲藕种植专业合作社、宿迁市中扬镇永周莲藕种植家庭农场等农民合作组织11家。基地成为莲藕套养小龙虾江苏省级农业标准化示范园和国家特色蔬菜产业技术体系示范基地。基地生产的小龙虾因食用富有营养的莲藕叶和根，且生长的水土环境优越，小龙虾清洁、品质好，被称为“白腹美”，已热销上海、南京等地。而莲藕生长过程中，因小龙虾的套养减少了肥料、农药的使用，提升了莲藕的品质，“中扬莲藕”正在申报国家地理标志产品。目前莲藕—小龙虾绿色高效种养技术已经编制成技术标准，《一藕三虾”绿色高效生态种养模式图》已出版发行，并在江苏宿迁、宝应县、睢宁县等更大范围推广应用，对应用地区的富民增收、精准扶贫起到了重要促进作用。

扶贫感言

在长期的扶贫工作和农业技术推广服务工作中，李良俊深切感受到广大农民都十分渴望脱贫致富，但苦于缺乏农业新品种、新技术，因此，贫困地区农民的生产方式老旧，生产水平低下，急需要农业科技人员深入最基层，把脱贫致富的“金点子”、新技术送到农户家。同时，基于国家现代农业技术体系的全产业链专家团队力量整合，能系统解决农业产业发展过程中的难题，持续稳定促进贫困地区产业发展，有效帮助农民脱贫。此外，对偏远、贫困地区农民脱贫起重要作用的地方特色蔬菜等经济作物普遍研究不够，急需引起高度重视，给予政策、资金、人才等方面的倾斜和支持，以提升地方特色蔬菜等经济作物的产业发展水平，使农民高质量致富奔小康。

让品种成为橘农致富的翅膀

——记国家柑橘产业技术体系岗位科学家　伊华林

伊华林，1969年5月生，华中农业大学，教授。自工作以来，参与选育了15个柑橘新品种，曾获国家科技进步奖二等奖（序2）及多项省部级奖项。自体系成立以来，在首席的领导下，足迹遍及我国主要柑橘产区，并辐射到海南、西藏等偏远地区，是云南怒江泸水县（“三区三州”重点扶贫县）柑橘体系扶贫专家组和“一县（秭归县）一业”行动执行组长。他长期深入柑橘产业重点县，从品种选择、基地建设、树体管理等方面进行多方面交流与指导；基于稳边致富，克服千难万险，远赴西藏墨脱、下察隅地区指导当地发展柑橘产业。

深入调查，为宾川县柑橘产业发展科学布局

云南大理州宾川县是一个多民族及海外归侨聚居县，干旱少雨，光照充足，年积温接近7000℃，昼夜温差大，非常适宜优质柑橘种植。该县自20世纪50年代开始发展柑橘，主要以椪柑为主，品质优异，但特色、效益不明显。进入21世纪后，由于黄龙病、溃疡病等的影响及柑橘消费市场的变化，加之管理不善果实浮皮严重，柑橘产业遭受重创，产业萎缩明显，严重影响橘农效益和柑橘业发展。为挽救这一当地农民致富、乡村振兴的“黄金”产业，在首席科学家邓秀新院士的带领下，伊华林联合遗传改良研究室其他专家对宾川的柑橘品种、气候做了系统调研，结合当时国内外柑橘产销形势，在宾川举行了“晚熟柑橘论坛”，并邀请农业农村部水果专家组成员莅临。经过充分讨论，得出宾川是我国最优晚熟柑橘生产基地县，晚熟柑橘是未来发展的重中之重，特别是带有橙类血统的晚熟杂柑是重点发展方向。此后，宾川县委县政府及职能部门和技术人员坚持这一方向不动摇，为更好提高产品质量，伊华林作为华中农业大学代表，与宾川县签了县校合作协议。自2013年始，他每年多次到宾川，与技术人员交流，为果农举行讲座（共计8次），并现场提供咨询，取样分析，使宾川柑橘栽培技术得到了提升。针对当地黄龙病、溃疡病严重发生的问题，为使柑橘产业健康发展，他建议当地建设无病苗圃，得到了宾川党委政府及职能部门的响应与支持。为使苗圃基地建设规范科学，他与当地职能部门及技术人员合作，从选址、苗圃建设方案等进行充分讨论，积极参与建设协调，同时邀请体系无病苗圃建设经验丰富的岗位科学家如华中农业大学工学院张衍林教授及三峡脐橙综合试验站站长谭勇研究员深入当地建言，

比较圆满、成功、科学地完成了苗圃建设。为保证建设好的苗圃规范运行，他建议“采取政府督导指导，企业运营”的方式，这一建议也得到了落实。除此之外，他还多次亲自到现场交流指导。现在可以说，宾川无病柑橘苗良繁基地成了我国为数不多的运营最规范、技术最合理的苗圃基地之一，繁育提供给果农的苗木深受生产者欢迎，也成为云南省柑橘业健康发展的重要种源基地。为使该基地辐射能力更广，他还选择了比较适宜当地种植的品种输入该基地，如金块。同时，为推广该基地的管理与技术，他于 2017 年在宾川牵头召开了“我国柑橘无病种苗繁育技术研讨会”，组织遗传改良研究室同行、部分综合试验站及重点产区县现场考察参观，对当地的技术及现在国内外进展进行了交流，效果很好。

让马家柚成为广丰县的“富民柚”

江西省广丰县是一个 100 多万人口的大县，人均只有三分地，当地百姓主要靠在外打工来养家糊口。为发展带不走的致富产业，在邓首席的指导下，广丰县政府与华中农业大学联合，在当地发掘出一个果肉红色（番茄红素着色）、汁液丰富（柚类少见）的特色柚良种资源“马家柚”，建议把马家柚作为当地农业发展、农民致富、农村振兴的支柱产业发展。在邓首席的安排下，伊华林作为当地产业发展的主要专家，连续 7 年对接该县“马家柚指挥部”，每年深入该县 6 次以上，最多的超过 10 次，驻县时间最长一次超过 10 天。为使马家柚产业健康发展，他与当地主管部门结合，指导建设育苗基地，并对苗木的纯度进行鉴定。在发展之初，首先组织有发展意向的种植大户到华中农业大学培训，到湖北秭归等发展较好的产业县参观，然后在当地现场指导，再培训，使果业标准化发展，实现了高起点起步。果园建好后，在树形、水肥管理等方面，结合专题讲座、现场讲解等

■ 伊华林在西藏墨脱县为藏民开展柚树体管理、土壤管理现场技术指导及示范

■ 伊华林在湖北鄂州市汀祖镇为果农开展树体春季管理现场技术指导及示范

方式为果农服务，在农闲时节，还邀请体系病虫、栽培及经济岗位专家开展集中培训。通过产业体系服务与广丰县马家柚产业发展的结合，马家柚现已成为广丰县农业支柱产业，同时，已辐射至周边县（区），成为江西上饶地区农业重点扶持项目。

扶贫感言

参加体系 10 余年，特别是近几年将体系工作与脱贫攻坚、乡村振兴结合，何华林深感工作大有可为，产区、产业是一个广阔的天地，那里需要体系的技术与人员帮助。柑橘产业主要分布在偏远地区，这些地方工业很难发展，农业成为农民致富、乡村振兴的支柱产业，而山区发展果业是一个重要选择，但缺人才、缺技术，缺乏对当代农业发展方向的了解，如果体系专家不参与进去，他们是茫然的。不知道发展什么品种，不知道该什么时候施肥、施什么肥，农民就容易被那些坑农、害农的人欺骗。同时，在扶贫、助农过程中，必须发挥团队的力量，要系统地参与进去，要与当地政府、职能部门结合，不能一次、两次就完事。同时，要培养一支不走的技术力量。并且经常参与产区产业扶贫，也在实践中得到了锻炼，增强了寻找问题、分析问题及处理问题的能力。

把科技论文写在边疆的大地上

——记国家柑橘产业技术体系综合试验站站长　岳建强

岳建强，1967 年 9 月生，云南省农业科学院热带亚热带经济作物研究所，研究员。主要围绕云南柑橘（柠檬）产业的发展，在云南怒江“三区三州”深度贫困地区；德宏、保山、澜沧等滇西边境山区和师宗、罗平、红河、文山等滇桂黔石漠化区开展产业扶贫工作，为产业发展提供技术支撑，开展技术服务和培训，重点培训和帮扶傣族、景颇族、傈僳族、拉祜族、哈尼族等边境少数民族。

迎难而上，一项项成果开始在云岭大地上开花结果

柠檬，是云南德宏州富民兴边、禁毒替代种植的重要产业。由于缺乏技术、人才等多方面的原因，当地柠檬产业一度严重亏损，严重影响了经济社会发展和边疆和谐稳定。当时，云南省农业科学院没有人做过柠檬的研究，院领导把这个任务交给了岳建强。刚刚担任省瑞丽试验站站长的岳建强，面对无资料、无技术、无专业人才、无经费等困难和一些人怀疑的眼光，迎难而上。为了学习掌握柠檬生产技术，他与同事跑遍了全国各地的柠檬产地，积极争取各类平台与专家的指导。

2007 年 12 月，在邓秀新院士的关心和指导下，依托云南省农业科学院，农业部设立国家柑橘产业技术体系柠檬综合试验站。作为站长的岳建强带领成员不懈努力，一项项成果开始在云岭大地上开花结果：建成了国内第一个柠檬专用种质资源圃，选育出云柠 1 号柠檬品种，并被列为我国“十二五”期间第一批热带南亚热带作物主导品种，在云南柠檬产区品种应用覆盖率达 97% 以上；研发形成了一套适合本地的柠檬早结优质丰产栽培技术体系，实现了定植第一年试花，第二年结果，第三年亩产可达 1500~2000 千克的早结丰产目标；建立了一套柠檬病虫害综合防控技术体系，实现了优质果率由 30% 提高到 80% 以上的目标；首次在云南柠檬产区推广无病毒柠檬健康种苗；构建了柠檬产品及加工技术研发体系建设，开发的柠檬系列产品，填补了柠檬产品的市场空白。这些成果在中国云南、福建、海南以及缅甸等地推广应用，在德宏及云南柠檬产区成果应用覆盖率达 95% 以上，成为云南产区的主导品种和主导技术。

■ 岳建强在云南德宏陇川开展柠檬优质丰产栽培技术培训

岳建强立下一句誓言："做给农民看，带着农民干，把科技论文写在边疆的大地上。"为了这句话，自全国打响精准脱贫攻坚战以来，岳建强带领试验站成员不辞辛劳地奔走在科技脱贫攻坚第一线，搞调研、送技术，解民忧、帮民富。

全程帮扶乡亲，热果产业助力贫困村脱贫

在瑞丽市勐秀乡芒帽村，一个有着49户景颇族群众聚居的贫困村，为帮助该村脱贫，岳建强将柠檬作为芒帽村整村推进、脱贫致富的特色产业来发展。他引入1家企业，投入建设资金300余万元，整地铺路，成功将原已荒废的元宝山建设成为500亩的柠檬丰产核心示范园，年产柠檬近1000吨，新建道路2.8千米，500立方米蓄水池5座、渠系3000米、提灌站1个。成立了柠檬种植专业合作社，向贫困户提供种苗、肥料、农膜、农药等物资，并提供全程技术服务，签订柠檬收购协议，确保49户贫困户持续受益，2016年，农民人均纯收入6258元。

在澜沧拉祜族自治县糯福乡，一个拉祜族群众占人口总数72.65%的贫困乡，柠檬是当地重点扶贫产业。岳建强在产业发展之初，主动带领试验站成员从基地规划、种苗提供、技术服务全程开展帮扶。每年到示范基地指导、培训6~8次，带动172户拉祜族群众种植柠檬，种植户年人均收入从原来的1200元提高至5953元，部分种植户人均纯收入破万元"大关"。

在省委书记陈豪挂钩扶贫点——陇川县勐约乡，岳建强7次带领试验站成员深入实地调研走访贫困户现状、产业发展情况，反复研究，提出了发展柑橘、柠檬等热果产业的扶贫思路。经过多方努力，为勐约乡牵线搭桥，成功引入"褚橙"公司并整合三峡集团联合致力于产业扶贫，为173户贫困户提供就业岗位，拓宽增收渠道，带动贫困户参与产业发展。

在体系"三区三州"挂钩扶贫点——泸水县，岳建强作为邓院士工作站团队成员之一，积极带领

试验站成员开展产业扶贫工作。先后参与并派出60余人次到怒江州开展产业调研与规划，最终确立了以当地特色枸橼（香橼、沃柑）为产业扶贫和乡村振兴切入点。积极引进上海寻梦信息技术有限公司，以柠檬综合试验站为技术支撑团队，建设多多农园怒江“泸水橘橼”项目，使建档立卡户农民变身股民。创建的“老窝模式”在帮助贫困户全部脱贫的过程中，不断壮大了村集体经济。同时在这个分配框架体系下，分配模式考核机制延伸到新时代的社会治理。针对村民社会公益事业、人居环境卫生、子女教育等方面，引导全村走向特色农业发展的乡村振兴之路，从而实现精准扶贫与乡村振兴的有机衔接。

岳建强始终坚持农业产业扶贫是贫困地区群众脱贫致富的根本渠道，立足云南边疆，坚持把科技成果转化服务于国家精准扶贫。近年来，柠檬综合试验站派出驻点扶贫人员8人，遍及德宏、保山、怒江、澜沧、师宗、罗平、文山、红河等地，帮扶民族涵盖傣族、景颇族、傈僳族、拉祜族、哈尼族、白族等。从2016年至今，岳建强和试验站成员累计培训专职技术人员4500人次，基层技术推广人员4200人次，科技示范户300户，培训种植户29600人次，将先进科学技术送到千家万户，为产业扶贫贡献着自己的力量。

扶贫感言

个人的进步离不开试验站的推动，试验站的发展离不开国家柑橘产业技术体系这个大舞台，昨天的成绩再大，都是今天的起点。岳建强将带领柠檬综合试验站，在“科技兴农”“科技扶贫”的道路上迈出更加坚实的步伐，继续为边疆稳定、民族脱贫致富贡献自己的力量！

科研成果在助推产业扶贫中彰显价值

——记国家梨产业技术体系岗位科学家　张玉星

张玉星，1961年4月生，河北农业大学，教授。扶贫区域为国家燕山—太行山片区贫困县——阜平。阜平县为习近平总书记曾调研视察的贫困县。果树产业是阜平农民增收、产业扶贫的主导产业，原来主要以枣、核桃等干果为主，近些年经济效益大幅下滑，因此，果树产业结构调整势在必行。

科技强产业，产业促增收

河北农业大学梨科研团队按照梨体系的统一部署和任务分工，对接阜平县开展了为期4年的科技扶贫工作。首先对阜平县气候、土壤条件进行了系统调研，和县政府共同研究决定把发展梨产业作为当地脱贫致富主要果树之一，并于2017年组织果树、植保、产业经济等多学科专家进驻阜平。专家们本着科技强产业、产业促增收的理念，从阜平县梨产业发展规划做起，重点转化推广了河北农业大学张玉星教授主持完成的“梨省力化栽培模式与技术”科研成果（该成果2013年获得农业部科技成果一等奖），从创建梨“三高”（高科技，高标准，高效益）科技扶贫示范园入手，示范带动全县梨产业的发展。示范园建设立足“三新”（新品种，新模式，新技术）高起点定位，引进玉露香、秋月、新梨7号等新品种，采用“四化”（矮密化，省力化，机械化，标准化）种植模式，革新了梨园传统生产方式，节本增效显著；推广应用了培肥地力、节水灌溉、叶分析精准施肥等新技术，解决了阜平土壤瘠薄、干旱缺水等生产实际问题。新研究成果的转化在实现科技扶贫的同时，还起到了引领河北省乃至全国梨树生产转型升级、高效可持续发展的作用。

省力化栽培模式与新型盈利模式，助力果农脱贫

2018年春季采用梨省力化栽培模式与技术成果，利用大苗建立梨科技扶贫示范园500亩，成活率93.6%。2019年多数梨树结果，高产者达4千克/株，示范效果显著。2019年扩大示范园种植面280亩，成活率94.3%。实现了当年栽树、翌年结果的生产效果，比我国常规梨园提早1~2年结果，提早2~3年进入盛果期，经济效益、社会效益和产业扶贫成效显著。4年来，阜平县新建梨园万余亩全部采

张玉星在河北阜平县固镇村开展梨园夏季管理现场指导

用该技术成果。梨扶贫科技示范园所在的固镇村共 258 户 765 人，其中建档立卡贫困户 184 户 545 人。通过梨科技扶贫示范园的建设与经营，农户可从土地流转得租金、园区务工挣薪金和园区利润分股金三方面获得收益。其中土地流转覆盖建档立卡贫困户 163 户 512 人，每亩每年收益 1000 元，园区每年吸收劳动力约 300 人。果树达到盛果期后，纯利润由公司与农户 5：5 分红，预计每亩年产值达 1.5 万元，农户每年每亩可获得分红 2500 元。梨科技扶贫示范园的建立在产业扶贫中的引领和示范作用得到了政府和农民的高度称赞。2018 年 9 月 14—15 日，河北省委书记、省人大常委会主任王东峰同志到梨示范园进行了实地调研指导，2019 年 5 月 8 日国务院扶贫办主任刘永富在河北省委副书记赵一德陪同下莅临阜平梨科技扶贫示范园进行了实地调研，对科技扶贫的效果给予了高度评价。2019 年 7 月 31 日河北省科技扶贫现场会在保定市阜平县召开，期间省委副书记赵一德、副省长徐建培到梨科技扶贫示范园现场调研。上述活动，体系岗位专家张玉星教授均应邀到现场进行了科技扶贫工作汇报。

扶贫感言

河北省是全国梨生产第一大省，其产量、面积和出口量均居全国首位，因此，梨产业在农民增收和产业扶贫中发挥着重要作用，且科技在加快梨产业转型升级中的突出作用不可替代。张玉星作为一名从事梨研究的科技工作者，河北农业大学开创太行山道路的第三代传承人，获得“李保国式河北省高校科技服务团队”荣誉称号的团队负责人，国家梨产业技术体系岗位科学家，肩负着新时代科技扶贫赋予的使命，深感责任的重大和光荣。研发更多产业需要的科技成果应用于生产，在科技扶贫、产业扶贫中见成效是他的科研追求，更是为实现科技强国尽一份力量的义务。展望未来，让梨产业插上科技的翅膀而腾飞，把论文写在产业扶贫和乡村振兴的大地上，他将为此矢志不移，勤奋工作。

强化技术支撑　助力产业扶贫

——记国家梨产业技术体系综合试验站站长　藕继旺

藕继旺，1967 年 10 月生，中共党员，贵阳小河区金海农业科技开发有限公司，农艺师。贵州省威宁县与台江县都是国家级贫困县，梨产业都是两个县的主要农业产业之一，为更好地发展两县梨产业，带动贫困农户走上脱贫致富道路，贵阳综合试验站承担了两个县的梨产业技术扶贫工作，为两个县的梨产业发展提供全方位产业技术服务。

定位产业关键问题　精准突破产业发展瓶颈

2016 年藕继旺带领试验站团队围绕威宁县与台江县的梨产业梨品种单一、老化、结构不合理、品质下降与病虫害防治不力等产业难题，采用引种、实地指导、培训、示范、电话与微信等方式，在梨体系首席科学家张绍铃教授指导与各位岗位专家及试验站站长的帮助下，以点带面，逐一解决两县梨产业面临的问题。针对台江县以金秋梨为主栽品种成熟迟的特点，先后通过高接换种技术为台江县引进了 11 个早中熟优良梨品种，筛选出 5 个适栽品种，并在该县十多个梨生产基地推广种植；针对威宁县主栽品种威宁大黄梨成熟迟与适宜加工的特点，藕继旺根据气候条件，通过高接为威宁县引种了含 6 个西洋梨在内的 13 个梨新品种，开展试验示范与推广，筛选出 5 个适栽品种，并建立了 4 个梨新品种优质高效生产示范基地，示范效果显著，加速了梨新品种推广应用。针对为害两县梨产业的病虫害，藕继旺在国家梨产业技术体系岗位专家的支持与帮助下，带领试验站团队首先筛选了主要病虫害防治药剂，再根据两个县气候特点与病害发生规律及特点，掌握防治关键点，结合其他病虫害防治，为台江金秋梨与威宁大黄梨制定了周年病虫害防治方案，主推台江金秋梨“五次药”轻简化技术与威宁大黄梨“七次药”技术，通过线上线下指导，开展技术培训，建立示范基地，有效控制了梨园各种病虫害发生，提高了梨园优果率与梨果级别，增加了梨园经济效益。针对金秋梨果品质下降问题，通过调研与检测发现梨园土壤有机质与微量元素缺乏严重，修剪不当

■ 藕继旺在贵州威宁县哈喇河镇马店村威宁大黄梨基地指导梨黑星病综合防治

造成树势偏弱，为提高果农梨园管理水平，藕继旺推广梨园自然生草覆盖、增施有机肥与微肥，为台江县苗疆金秋梨农民合作社制定了金秋梨提质增效整体方案，开展了一系列金秋梨优质安全高效栽培技术培训与实地指导，现梨农已掌握梨树科学修剪技术，梨园土壤得到有效改善，提高了梨果内在品质。

全方位技术支撑　助力山区产业扶贫

为做大做强威宁大黄梨地方特色产业，藕继旺还带领试验站团队指导示范园周边3000多亩威宁大黄梨的复壮改造，为两家合作社制定了《威宁大黄梨示范基地三年发展规划》，从鲜食梨品种配置、休闲观光旅游开发以及威宁大黄梨精深加工方面提出了指导性建议与方案，注重品牌宣传，并为威宁县哈喇河镇大黄梨专业合作社建立电商、微商销售渠道以及争取相关项目提供指导；同时根据梨园易发生早春寒害特点，引进梨园早春防寒、蜜蜂授粉与人工液体授粉技术，确保了威宁大黄梨优产稳产，辐射带动周边村寨村民零星种植大黄梨2万余亩，带动周边40余户贫困户实现了脱贫致富。

■ 藕继旺在贵州台江县台盘乡大营顶基地指导梨黑星病综合防治

2020年，台江金秋梨亩均产达到2650千克，增加了10.4%，梨园病虫害综合防控“五次药”技术的推广应用，不仅病虫害得到了控制，农药使用量也减少了12.5%，加上梨园生草覆盖与增施有机肥，提高了梨果品质，金秋梨优果率达到90.8%，增加了25%，金秋梨一级果出园批发价达到3.8元/千克，亩产值近7000余元，实现了梨园提质增效目的；威宁示范基地大黄梨亩产量达到1000千克，增加了15.8%，优果率达到90.4%，威宁大黄梨一级果终端价格已持续3年维持在20元/千克，亩产值近8000余元，计划生产梨膏40万瓶左右，年产值预计达1000万元以上，明显增加了梨园经济效益。通过以上以点带面发展梨产业，极大地推动了两县的扶贫工作，为两县农户脱贫致富奠定了基础。

扶贫感言

人才是产业扶贫的关键，要实现产业扶贫，先要培养产业技术带头人，带动农户参与产业的发展，走上脱贫致富道路。注重思想脱贫，重视文化扶贫和技能培训，改变观念，激发贫困群众脱贫致富的内生动力，用产业技能实现脱贫。对已有的优势或特色产业，出台系列引导政策，通过项目与补助，激活产业发展动力，引导贫困户参与，将产业做大做强。完善基础设施与信息化建设，良好的交通是产业发展的基础，信息化建设会使现代农业产业发展得更快、做得更大、走得更远。

农业科技工作者只有致力于科技扶贫、服务于“三农”，所学技术才能结出硕果，实现自身社会价值。

十年筑梦渐有成　金沙藏地扎根深
——甘孜州得荣县酿酒葡萄产业扶贫之路

——记国家葡萄产业技术体系综合试验站站长　刘　晓

刘晓，1964年8月生，四川省农业科学院园艺研究所，研究员。重点负责四川甘孜藏族自治州得荣县和广安华蓥市产业扶贫与产业振兴工作。10年前体系刚成立不久，四川省委省政府就发出了“科技进藏区”的号召，刘晓站长作为葡萄专家跟随院主要领导来到得荣县开展技术调研，当时县里提出要求发展壮大酿酒葡萄产业，解决广大农牧民稳产增收问题，并要求为其提供技术支撑与服务；随后，国家和省里进一步提出加大藏区扶贫力度，国家现代农业产业技术体系开展了挂牌督战行动，指定并要求成都试验站积极投身科技扶贫，助力当地实现全面脱贫摘帽的目标。

因地制宜的五个手段，使酿酒葡萄产业发展逐步走上了康庄大道

10年前，得荣酿酒葡萄集中在瓦卡镇一带发展，种植面积约400亩，产量低、品质差，大部分产品转卖到云南的企业加工成葡萄酒。由于云南方面企业经营不善，得荣当地酿酒葡萄种植户收益难以保证，一些年份葡萄成熟后企业还拒绝收购，导致产业岌岌可危，部分农户甚至砍树毁园，改种其他作物。

刘晓站长根据得荣产业实际情况和发展困难现状，指导当地技术部门陆续开展了以下工作。

（1）优化种植结构和方式。改单篱架为“V”形架，由此提高产量品质，同时将50%的优质酿酒葡萄转为鲜果销售，销售价格从1~1.5元/千克迅速提高到4~5元/千克，既解除了藏区缺乏新鲜水果的困境，也显著提升了农户的收入水平，产业发展出现了重大转机。

（2）提升酿酒葡萄产量品质。在体系栽培与植保专家团队的帮助下，鉴定识别田间病毒植株，并逐年挂牌淘汰，进一步提升了酿酒葡萄的产量品质，解决了困扰当地酿酒葡萄产业发展最大的技术障碍问题。

（3）打造自主葡萄酒品牌，拉动葡萄产业发展。指导当地专业合作社示范性建立小型酒庄，从最初的1个合作社酿酒作坊，逐步建立起了4个专业化生产品牌葡萄酒的酒庄，将得荣从被动售卖原料之地

刘晓在四川得荣因都坝基地开展技术指导

在四川得荣太阳魂酒业公司开展葡萄酒品鉴活动

一举建设成为具有6个葡萄酒自主品牌的产业基地县。2020年8月，在体系酿酒葡萄岗位专家团队、质量检测控制岗位专家团队指导帮助下，得荣神川红酒庄的“甘露”干红葡萄酒获得了第11届亚洲葡萄酒质量大赛金奖。

（4）为政府出谋划策，制定扶贫发展规划。2017年，刘晓站长针对得荣实际，应当地政府邀请主持制定了《得荣县酿酒葡萄产业扶贫发展规划》，详细制定了当地下一个十年发展蓝图。

（5）利用先进信息传播平台，打通专家技术服务通道。针对藏区人才匮乏的现状，刘晓及团队利用微信、QQ等信息平台，组织建立起了得荣酿酒葡萄专家技术服务团队，从此实现了随时随地联系田间农户，帮助解决技术问题的目标。

10年来，在刘晓孜孜不懈的努力下，得荣酿酒葡萄产业发展逐步走上了康庄大道，发展面积从最初的不到400亩发展到3000余亩，2019年，全县终于实现全面了脱贫摘帽的目标。

扶贫感言

得荣位于金沙江河谷地带，这里光照充足，气候干燥，十分适合酿酒葡萄的生长，而土地稀缺、土壤瘠薄却又极大限制了当地扶贫产业做大做强，因此刘晓一直强调并要求当地发挥气候优势生产、酿制国内最优质的干红葡萄酒，在竞争激烈的国内市场打出一片天地，目前来看取得了初步成功。

产业扶贫离不开人才，十年来刘晓一直坚持与当地技术部门年轻一代交心、交朋友，通过感情留人、事业留人，留下了一批难得的技术骨干和一些感人事迹。金沙江边那些坚韧扎根于瘠薄土地、饱经风霜的矮小葡萄植株仍然结出了乌黑透亮、品质一流的累累硕果，这不正是当地诸位葡萄人与好兄弟们杰出品格的写照吗？

“三个举措”助力脱贫攻坚
——葡萄果实病害防控岗位团队的产业扶贫纪实

——记国家葡萄产业技术体系岗位科学家　王　琦

王琦，1967年10月生，中国农业大学，教授。在葡萄体系产业扶贫的专项工作中，围绕“果实病害防控”这一核心目标，主要在滇桂黔三省、河南省开展扶贫工作。葡萄果实病害具有种类多、发生快、难防治的特点，因此不仅影响葡萄果实品质、降低产量，防控病害的支出还大大增加了生产者的生产成本，最终对生产者造成严重的经济损失，制约葡萄产业的发展。尤其是贫困地区，由于科学知识与防控能力的不足，缺乏对葡萄果实病害发生与防控的系统认知，出现“不知如何防治”“乱用药、乱防治”的问题。因此王琦团队针对扶贫区域，从国家葡萄产业技术体系的大平台“借力”，采用病害基础研究、绿色防控技术推广、企业创新助力三项循序渐进的举措，明确当地病害特征，制定科学有效的防控策略，推动当地葡萄产业良性发展。

病害基础研究奠定扶贫“基石”

2016—2020年，王琦团队与体系各个试验站协作，对全国27个省级行政区进行了葡萄果实病害的发病调查及病原物分离，基本明确了全国各地区的主要病害及其对应病原物。其中，对云南省宾川县、贵州省三都县等在内的15个贫困县展开调查，将分离到的约200个病原物进行了系统发育分析、致病力测定，以及对常规化学药剂的耐药性检测。正所谓“知己知彼，百战不殆”，这些研究虽基础却重要，掌握病原物的基本特性，不仅能弥补对当地果实病害的认知空白，还能有针对性地制定防控策略。贵州省三都县近年来发现三唑类药物对于防控炭疽病不胜其任，经过团队在实验室研究发现，

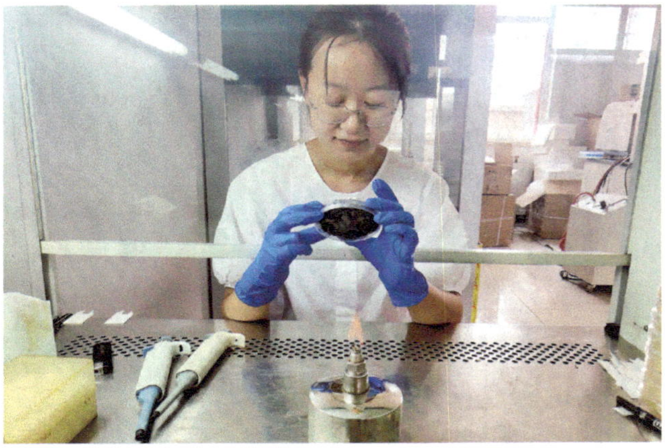

■ 王琦团队成员在实验室开展病害分离物研究

三都县的炭疽病分离物对三唑类药物已产生严重耐药性，对应到田间，应减少该类药物的使用。

绿色防控技术推广作为扶贫“利器”

“果实病害”关键在于“如何防”，这也是贫困县生产者亟须的技术支持。在了解病害基本特性后，王琦教授带领团队成员经过多年研究积累，凝汇出了一套将微生态制剂与化学药剂相结合的葡萄果实绿色防控技术，该技术可以有效防病，并且减少化学药剂的使用。2016 年起至今，王琦团队在滇桂黔石漠化区、大别山区、原中央苏区的 22 个贫困县开展了绿色防控技术的推广，共举办 20 场技术培训会，培训人员约 3000 名。同时，在各省农科院及体系试验站的帮助下，在 14 个贫困县建立了绿色防控技术示范基地，面积共计约 1000 亩。

除此之外，根据不同地区的发病特征的不同特点，对一些贫困县进行“专地专治”，滇桂黔三省在果实收获前期气候为多雨，病害发生较为严重，因此在贵州省三都县的示范基地，团队不仅进行绿色防控技术的试验，同时开展了化学药剂的田间筛选，双管齐下，有力遏制了当地病害的发生。另外，通过对河南省兰考县的多年追踪试验发现，其主要病害由灰霉病转为了白腐病，因此在制定绿色防控措施时，将防治对象改为白腐病进行技术调整，有效地控制了该病的发生。

技术是否“靠谱”，最重要的是要看能不能帮生产者“省钱”“赚钱”。王琦教授团队在贫困地区推广的绿色防控技术，在各示范基地田间防效为 30%~90%，每亩地可节约农药成本 300~350 元，可使生产者每亩地再增加 1500~2000 元的收入，不仅切实地帮助生产者解决了果实病害防控问题，同时还增加了产业收入。

■ 王琦在河南杰美庄园开展田间技术指导

企业创新助力赋予扶贫“新动能”

农业的绿色发展是未来的大势所趋，王琦教授团队在贫困地区推广的绿色防控技术有效减少了化学农药的使用，科学、环保地防控了果实病害。因此，在团队扶贫的许多试验基地及其所在贫困县，一些种植者开始将“绿色”作为自己葡萄产品的亮点，创新产品定位，从过去简单的“种葡萄”，变成“种高品质的葡萄”，以满足现代社会对高品质产品的追求。其中，最具代表性的是河南杰美庄园，王琦教授团队与西北农林科技大学、河南省农业科学院两个单位的专家合作，在杰美庄园打造出了一个优质葡萄品牌，实现了打造优质果品和助力脱贫攻坚的“双丰收”，同时，该项目得到了驻马店市政府的高度肯定和当地媒体的广泛报道。

扶贫感言

作为国家葡萄产业技术体系的一名岗位科学家，助力产业扶贫是一项光荣而伟大的使命，它关系着贫困地区每一位种植者的利益，更关系着我国葡萄产业的区域平衡发展。在实验室里产出的一切最终都是为了解决生产问题，而贫困地区的问题应作为首要问题。我们带着科学技术从实验室走出来，如何让这些技术用到实处，去真正帮助到这些贫困地区的葡萄种植户，需要国家政策的支持，需要体系平台的协作，更需要我们和贫困县多沟通、多实践，因地制宜，利用自身所长为他们的葡萄产业发展发挥推动作用。

回顾过去，王琦及所在团队在扶贫工作上取得了一些成就，但仍未停止前进的步伐，仍孜孜矻矻地继续耕耘。展望未来，以“解民生之多艰”为理想，并作为一名岗位科学家的终生奋斗目标。

科技助力地方桃产业扶贫成效显著

——记国家桃产业技术体系综合试验站站长　王发林

王发林，1964年11月生，甘肃省农业科学院林果花卉研究所，研究员。依托国家桃产业技术体系，主要在六盘山片区的甘肃省秦安县开展科技助力产业扶贫工作。甘肃省秦安县是国家扶贫开发工作重点县，也是西北最大旱地桃集中栽培区，被誉为“中国桃之乡”。2008年，国家桃产业技术体系成立后，国家桃产业技术体系兰州综合试验站就把秦安县列为5个示范县之一。通过调研，明确了秦安县桃产业存在的主要问题如下：90%以上为中熟白肉普通桃品种，熟期过于集中，品种类型单一；对主要病虫害发生规律掌握不足，盲目用药且用药量大、成本高，存在安全隐患；旱地桃园面积90%以上，集雨高效利用技术缺乏，是影响产量和改善品质的瓶颈；桃园主要分布在丘陵山地、高山坡地、沟壑改造地、荒坡梯田地，土壤基础条件较差，加上长期清耕管理，土壤有机质含量低、保水保肥能力差，未建立起科学高效的土壤管理与培肥技术体系；桃园标准化建设滞后，引领发展能力不强。

良种良法配套，支撑和引领秦安县桃产业持续健康发展

针对秦安县桃产业存在的问题和实际需求，“十二五”期间依托国家桃产业技术体系引进、区试了桃新品种（系）52个，通过系统观察筛选出适宜当地发展的华玉、陇蜜9号、北京48、霞脆、瑞光35、瑞光39、36-3、中桃5号等12个普通桃、油桃和蟠桃优良品种；同时，围绕雨养农业区旱地桃园的生态、气候条件，试验、示范了旱地桃园垄膜保墒集雨技术，该项技术应用使桃园缺水的3—6月20~60厘米土壤的含水量由11%提高到16%，水分利用效率均值为每立方米8.1千克，较传统清耕提高了44.0%，产量提高8.2%~14.9%，单项技术的应用亩增加收入600~800元；建立了桃园生草（自然生草、人工种草模式）制度，从第四年起0~40厘米土壤有机质每年提高0.1个百分点，培肥地力效果明显；以土壤养分测定为基础的“有机肥+配方肥料微孔袋控缓释”技术，节约施肥用工50%、节约氮肥施用量16.9%；2014年鉴定明确了甘肃秦安县桃产区发生的桃黑斑病病原为无性型真菌链格孢属杏链格孢（*Alternaria armeniacae*），明确了其发生发展规律，筛选出了有效防控药剂：25%咪鲜胺500倍液或用25%咪鲜胺1000倍液+5%已矬醇1000倍液，建立综合防控技术体系，累计防治面积3.3万亩，减少损失1.32亿元。良种良法配套，支撑和引领秦安县桃产业持续健康发展。

10多年来，在国家桃产业技术体系首席科学家姜全研究员的大力支持和带领下，国家桃产业技术体系岗位科学家、试验站站长50多人次来秦安县开展桃产业调研、技术培训、技术服务；从2014年开始，支持和帮助地方政府每两年举办一届“国家桃产业技术体系秦安蜜桃鉴评会暨技术培训会”；2018年，在秦安县打赢脱贫攻坚的关键之年，在国家桃产业技术体系的鼎力支持下，“全国桃产业发展交流会”在秦安县隆重举办，时任天水市委副书记赵卫东指出：“在全国上下为打赢脱贫攻坚、实施乡村振兴战略如火如荼的形势下，2018年全国桃产业发展交流会在羲里娲乡——秦安县隆重举办，这既是桃产业发展的一次研讨交流大会，也是果品产业中高规格、大规模的博览盛会，更是一次借势谋划产业发展和产业扶贫的难得机会。”

王发林调研甘肃秦安县桃树花期冻害情况

宣传秦安桃产业，推动产业优化升级

2020年，国家桃产业技术体系各位专家带着对贫困地区的特殊厚爱，将甘肃省秦安县推荐为国家桃产业技术体系“一县一业”科技引领示范样板县。2020年8月12—13日，在秦安县成功举办了“国家桃产业技术体系秦安县第四届蜜桃鉴评会暨‘一县一业’发展研讨会”，对进一步提升秦安桃产业的知名度和影响力，推动产业优化升级起到了积极作用。国家桃产业技术体系所做的工作为“秦安蜜桃”品牌的建设及宣传推广起到了很大的推动作用，让羲里娲乡——秦安县的名气因为蜜桃而更加响亮。

秦安县始终把产业发展作为脱贫攻坚的主要抓手，围绕打造全国果品产业重点县，立足县域优势，坚持扩规模、提品质、创品牌，持续做大做强蜜桃产业。目前，秦安县蜜桃栽培面积10.25万亩，年产值4.45亿元，为整县脱贫摘帽和推动乡村振兴做出了重要贡献。

扶贫感言

产业既是脱贫攻坚取得成效的有力抓手，也是稳固脱贫成果和推动乡村振兴的基石。选择产业是前提，稳定、发展产业是关键，要使产业能够做大做强，发挥产业效益，就离不开产业技术。2008年国家桃产业技术体系把秦安县确定为示范县后，秦安县政府就与桃体系建立了长期友好的合作关系，十多年来依靠桃体系各方面专家的力量在全产业链关键环节得到科技的支撑，秦安蜜桃产业因此走得更稳，也会因此走得更远。

深入边寨山村　科技助力脱贫攻坚

——记国家香蕉产业技术体系综合试验站站长　李迅东

李迅东，1966年11月生，云南省农业科学院农业环境资源研究所，研究员。带领团队在云南省金平、元阳，屏边、河口、马关和江城等县开展产业科技扶贫工作，2名团队成员被选聘为云南省“三区服务”科技特派员。自2009年开始，国家香蕉产业技术体系就把红河综合试验站服务区域——“滇西边境山区”的金平县、元阳县和江城县，以及滇桂黔石漠化地区的马关县、屏边县等列为产业科技扶贫重点县。多年来，在先后两任首席科学家的牵头和组织下，体系专家长期深入云南边远贫困山区开展产业科技扶贫工作，使曾经排在全国末位的云南香蕉产业，从小而散发展到种植面积全国第一，产量和质量得到大幅提升，培训了大批基层人员和农户，培育了一批香蕉企业、专业合作社和区域品牌。香蕉产业已成为当地少数民族脱贫致富和边疆稳定的支柱产业，为贫困县脱贫摘帽做出了突出贡献。

科技融入生产，开创小城养蕉新模式

云南省边陲小城江城县，毗邻越南和老挝，属于少数民族聚集的山区贫困县。许多村寨山高、坡陡、路远，经济发展十分落后。当地政府为促进山区少数民族群众脱贫致富，有意与科研单位合作，引进技术，拓展香蕉产业，打造“致富果”，但苦于缺乏产业技术，方向性不明确，产业发展缓慢。2010年，江城县与国家香蕉产业技术体系建立合作关系，红河综合试验站作为排头兵，在前任首席张锡炎和现任首席谢江辉的带领下，通过深入调研和比较，认为江城县海拔高，温差大，植被丰富，“山有多高水有多高”，生态环境好，非常适合发展高质量的绿色甚至有机香蕉。把江城胜龙现代农业园列为合作企业，在嘉禾乡平掌村建立了“高原超甜香蕉”示范基地，长期开展种养结合、水肥一体化、生草覆盖、增施生物菌肥、林下套种（砂仁、小黄姜和魔芋）和无伤采收等提质增效技术的应用与示范，并推动绿色食品品牌打造。在基地刚发现香蕉枯萎病时，马上采取病株隔离和土壤处理措施，长期使用栽培生理岗位研发的复合生物菌肥，指导企业利用生猪养殖粪污和香蕉废弃物自沤生物有机肥，建立了副产物综合利用与生态循环农业模式，降低成本10%，发病率控制在1%以下，平均产量提升10%，优质商品率达80%以上。在香蕉体系的支持下，基地香蕉通过了国家绿色食品检验，受到“佳农”“百果

园”等水果巨头青睐，打开了销路。有了香蕉体系做后盾，示范企业总经理何维泽信心大增，通过“企业＋农户”模式，与平掌村农户签订了利益联结协议，流转了平掌村土地1万多亩，香蕉种植面积扩大到5000亩，成了远近闻名的“山地香蕉种植大户”。平掌村98户建档立卡户每年可从地租和就地务工获取稳定收益，2019年户均收入从5年前的1000多元提高到5万元，已全面实现脱贫。何维泽感叹道：“没有香蕉体系张锡炎、谢江辉首席和李迅东站长的支持，基地早被枯萎病毁了，企业自身都难保，更别说老乡们赚钱和脱贫了。”目前全县香蕉种植面积达到12万亩，香蕉产业为山区脱贫摘帽发挥了重要作用。

■ 李迅东在云南江城县指导香蕉苗期管理技术

山地香蕉绿色产业助力村民脱贫致富

2020年5月17日，地处滇桂黔石漠化区的马关县正式退出贫困县序列。目前，马关县香蕉种植面积达15.2万亩，年产香蕉32万吨，惠及贫困户2300多户，香蕉产业在脱贫攻坚中发挥了重要作用。红河综合试验站自建站以来，发挥香蕉体系科技支撑作用，支持当地立足山地生态优势，以“合作社＋基地＋农户”模式发展山地香蕉绿色产业，其中以马关县健康农场香蕉专业合作社为典型，红河站在此建立了香蕉绿色标准化生产核心示范园，开展了改善山地脆弱生态和发展香蕉产业的技术试验与示范，如坡改梯、抗病品种引种、水肥一体化、生物有机肥替代化肥、病虫害绿色防控和无伤采收等，建立了马关县第一条香蕉水肥一体化

■ 李迅东在云南马关县开展枯萎病防控技术现场培训

滴灌系统，推动了该县第一个绿色香蕉品牌认证，直接辐射带动了整个合作社及周边约4万多亩香蕉产业的发展。以合作社社长陈翠平为例，李迅东站长多次带他和社员到广西、广东看抗病新品种，学习配套栽培技术，并联系体系专家如易干军、陆旺金、王芳等多次到合作社调研、指导和开展技术培训。在红河站的扶持下，陈翠平种植新品种300亩，聘请了茅草寨村李文明等3户（6人）建档立卡户作为长期工人，这些贫困户过去从未外出远门打过工，以种玉米等勉强度日，年收入不足2000元，3年前被聘为工人后，每户管理香蕉50亩，户均年增收4万元，实现了脱贫。

扶贫感言

产业是脱贫攻坚的重要抓手，精准定位和选对适合的产业尤为重要。在云南低纬高原山区流行着这样一句话“要想富，栽蕉树”，但对缺少技能的贫困群众来说，想把香蕉变成“脱贫果”“致富果”绝非易事。授之以鱼不如授之以渔，良种良法、现场培训和示范推广等，一样不能省。目前，云南省正全力打造世界一流“绿色食品品牌”，创建“一县一业”“一村一品”，脱贫攻坚之后将踏上乡村振兴之路。科技工作者任重道远，更要发挥科技引领和示范带动作用。科技人员只要勿忘“脱贫攻坚永远在路上”的初心，有担当，下得去，蹲得住，把科技带到村村寨寨，不落死角，定能巩固脱贫攻坚成果。坚信发展好产业，乡村兴旺、边疆稳定和人民幸福之路会越走越宽。

产业体系科学家携手
恩施黑猪养殖助力脱贫攻坚

——记国家生猪产业技术体系岗位科学家　赵书红

赵书红，1967年11月生，华中农业大学，教授。牵头咸丰县国家生猪产业技术体系服务县域经济支撑“一县一业”发展，通过恩施黑猪的保护与开发利用服务武陵山深度连片贫困地区扶贫工作。

赵书红教授及其团队深入贯彻党中央“一鼓作气全面打赢脱贫攻坚战”的政治定位，以恩施黑猪地方资源的保护与利用为抓手，认真落实科技扶贫、精准扶贫系列工作。考虑到贫困地区基层技术力量薄弱，缺乏农业推广人员，技术难以执行到位等问题，组建起以马云龙副教授、李新云教授等青年骨干为主及多名研究生为辅的专业技术团队，持续关注地方猪核心群的保护与管理，开展了针对系谱管理、血统保存、选种选配与杂交利用等关键技术环节的培训指导工作，为恩施黑猪的遗传保种工作提供了强有力的技术支撑。

赵书红教授团队发现恩施黑猪肉质性状优良，但群体内变异较大的特点，积极开展肉质性状测定，发掘群体肉质性状关联位点，并进行选种，致力于恩施黑猪肉质性状的遗传改良。通过不同的杂交组合，解决了后代毛色变异大、不整齐的问题；通过选育纯种亲本，解决了纯种在繁殖等性状方面的退化问题。积极同咸丰地大农牧有限责任公司和湖北省思乐牧业集团有限公司开展合作，同相关部门一同努力尝试打通恩施黑猪养殖、屠宰加工、销售全产业链。通过盘活恩施黑猪肉品销售，带动产业扶贫，目前已经带动500多户农户养殖致富，显著拉动经济增长与农民增收，同时为火腿、熏肉等加工产品提供优质的原材料。

赵书红教授带头起草了《湖北恩施地区发展特色黑猪产业链实现一二三产业融合和加快乡村扶贫、振兴的合作建议书》。积极配合开展乡村振兴战略，与恩施咸丰畜牧局、恩施咸丰地大农牧公司共同推进恩施黑猪养殖扶贫计划，2018年以来，新增“161”模式养殖户100户，与恩施咸丰地大农牧公司合作，开展并启动了地方纯种猪肉质性状评估，进一步提高了恩施黑猪的生产效益。针对恩施黑猪喘气病严重、育成过程中死亡率高的问题，邀请岗位科学家何启盖教授开展兽医诊断，菌株分离鉴定，目前已有效地降低了恩施黑猪喘气病发病率。

2020年，在脱贫攻坚的收官之年，赵书红教授牵头湖北省恩施土家族苗族自治州咸丰县国家生猪

■ 赵书红在湖北咸丰县开展产业扶贫座谈

产业技术体系服务县域经济支撑“一县一业”发展，会同岗位专家陈焕春院士、彭健教授、何启盖教授、雷明刚教授、武汉试验站站长梅书棋研究员及黄陂综合试验站成员等体系专家组成调研小组，通过实地走访调研，发挥各自的专业特长，进一步对咸丰县生猪扶贫工作问诊把脉，对症下药。调研组建议咸丰县生猪产业应当聚焦特色产业，推广先进技术的理念，立足生物安全，做好“非瘟”防控，强化人才培训与培养，建立长效工作机制。2020 年 5 月，赵书红教授牵头的调研组实地走访调研 6 户贫困户，与 20 多户生猪养殖大户座谈，开展技术培训 5 场次，针对恩施州特殊的地理环境、资源优势，为恩施畜牧业发展支招布局，并提出科政推企紧密合作，共同建立先进技术与成果落地生根的高效协作推广模式，从品种、疫病防控、营养饲养、设施设备等方面做好技术推广，推进温饱型农业向效益型农业转变。在非洲猪瘟和新冠肺炎疫情双重影响的背景下，这些工作有效推动了咸丰县生猪养殖的恢复与扶贫工作的发展。

扶贫感言

“三区三州”是国家深度贫困区，科技扶贫任重道远，作为产业体系岗位科学家应该聚焦产业问题，动员一切可以动员的力量，义无反顾，勇于担当，推动贫困地区如期脱贫。畜牧业科技扶贫需要尊重畜牧业，特别是畜禽种业，其自身的特定规律导致培育周期较长，要注重长期选育和支持。科技扶贫需要和产业扶贫牢牢结合，通过打通产业链上中下游的协调发展，促进产业提质增效，保证老百姓脱贫不返贫，保证扶贫产业能够形成发展，并最终具备竞争力，真正实现人民群体生活奔向小康。

科技助力“奶业”振兴　帮扶牧民脱贫致富

——记国家奶牛产业技术体系岗位科学家　张和平

张和平，1965年2月生，内蒙古农业大学，教授。乳品生物技术与工程教育部重点实验室主任、农业农村部奶制品加工重点实验室主任。多年来，张和平及其团队成员基于我国传统乳制品产业现状和发展趋势，在内蒙古、西藏、新疆、四川、甘肃等偏远牧区开展了传统乳制品现代化生产技术研究与示范、制（修）订食品安全标准、规范操作流程等相关工作，推动和促进了我国传统乳制品行业的产业升级，为广大牧民脱贫奔小康做出了较大贡献。

突破技术瓶颈，促进科技扶贫

斯布牧场位于西藏自治区拉萨市墨竹工卡县扎西岗乡斯布村境内，平均海拔4300米以上，这里水草丰美，有牦牛2000多头，是当地最大的牧场之一。当地藏民使用原始方式饲养牦牛，牦牛吃的是无污染的优质牧草，喝的是天然山泉水，牦牛酸奶更是优质的营养饮品，营养成分和口味都极佳，但是却卖不出好的价格，一斤酸奶只能卖不到10元，当地藏民生活依然贫困。如何使用科技手段，既能保持传统牦牛酸奶的风味营养，又能提升牦牛酸奶品质，把好产品卖出好价钱，让当地百姓真正受益，是张和平和团队一直亟须解决的问题。

2012年以来，张和平带领团队成员，克服高原反应和其他各种困难，多次深入偏远牧场开展探访与调研，与牧民交谈以了解当地面临的困难，并进行牦牛酸奶的取样、分析，最终攻克高密度发酵、冷冻干燥保护技术等技术难题，探索出传统乳制品生产工艺与现代化乳品加工工艺有机结合的成熟生产体系，开发牦牛乳酸奶、牦牛乳奶酪、曲拉等传统乳制品现代化生产的相关设备，并在当地建厂推广，培训大批从业人员，与当地合作社建立合作推广模式。成功推出了“斯布酸奶”品牌，开发出了牦牛乳软质干酪、牦牛乳半硬质干酪、益生菌牦牛乳酸奶等新型传统乳制品系列产品，带领斯布村藏族群众科技脱贫。

这只是张和平团队运用传统乳制品与现代科技结合，助力奶业发展，助力脱贫攻坚的一个事例。2012年至今，张和平带领团队在内蒙古、新疆、西藏、青海、四川等地建立传统乳制品现代化生产技术示范点23个，制定修订食品安全地方标准12个，开展技术革新、规范操作流程等相关工作，积极开展技术培训和服务推广，让更多贫困牧区群众熟练掌握乳品生产加工技能，为推动和促进当地奶业发展，提高牧民的生活水平做出较大贡献。

特别是张和平团队多年来研究积累建成了我国最大的乳酸菌（双歧杆菌）菌种资源库，保藏了大量正在消失的乳酸菌资源，抢救性保护了乳酸菌及其微生物的多样性，为相关产业提供了丰富的菌株资源，并在科技助力脱贫攻坚方面发挥了重要作用。

大力培养人才，助力脱贫攻坚

科技助力脱贫攻坚，人才是关键。张和平说：“要扶持当地青年掌握奶业科技，让乡村牧区有留得住的人才传承奶业科技。”2012年至今，张和平开展常态化牧区技术服务、示范推广和培训活动，共开展4个项目，培训牧民500多人（次），科技扶贫300余户。

■ 张和平在藏北草原采集牦牛酸奶样品

■ 张和平在内蒙古呼和浩特给牧民和牧区科技推广人员培训乳制品加工技术

西藏墨竹工卡社区藏族青年次旺就是参加技术培训的受益者，他已经熟练掌握了牦牛酸奶、酥油、曲拉的现代化生产技术，在社区上班，每月收入5000元左右。次旺每天很早就来到示范社区，为一天紧张忙碌的工作做好准备。他说：“原来我靠进城打工为生，一个月最多挣3000多元，一家人生活得很困难。现在，日子越来越有盼头，更主要的是我掌握了技能，有了安身立命的根本。”

“授人以鱼，不如授人以渔，这才是科技助力脱贫攻坚的根本。”谈及下一步科技助力扶贫的打算，张和平介绍，乳业是重要的民生产业，提升乳品品质，落实和践行国家奶业振兴战略，是乳业科技工作者的使命和责任。奶业发展也是“三农”问题的关键，关系国计民生。在乡村振兴战略推进过程中，培养一支留得住、用得上、干得好、带得动的人才队伍尤为重要。经过多年的技术培训，大部分接受培训的人员已经成为当地乳品企业的技术骨干，不仅实现了脱贫，还促进了当地乳品产业的技术升级和可持续发展。

扶贫感言

奶业科技助力脱贫攻坚，要有过硬的科技产品，运用科技手段提升产品品质，解决产业发展中的难题，同时要为贫困群众提供实实在在的技术指导和服务。对产业扶贫的认识理解有如下几点：一要发扬吃苦精神，读万卷书行万里路，广泛采集标本，综合分析；二要以严谨的科学态度对待科研工作，沉下心不浮躁，脚踏实地、实事求是；三要发挥团队协同作战精神，分工合作，求同存异，提出问题解决问题；四要把实验室搬到田间地头，真理是不怕检验的，实践出真知；五要尽快转化科研成果，做好科技培训和人才培养工作，让广大人民群众真正享受到科技成果带来的福利。

倾心扶贫“干牛事” 助力贫困地区“发牛财”

——记国家肉牛牦牛产业技术体系岗位科学家 王之盛

王之盛，1967 年 4 月生，四川农业大学，二级教授。享受国务院政府津贴专家，四川省有突出贡献的优秀专家。多年来，王之盛带领团队以发展肉牛牦牛产业为抓手，深入凉山州布拖县、昭觉县、木里县，乌蒙山区的叙永县、古蔺县、筠连县等，以及西藏和四省藏区的稻城县、红原县、玉树州等 10 余个贫困县州开展养牛科技扶贫以及扶志和扶智工作，2020 年被评为四川省科技特派员先进个人。

联合地方政府谋规划 因地制宜强产业

习近平总书记指出：“发展产业是实现脱贫的根本之策。要因地制宜，把培育产业作为推动脱贫攻坚的根本出路。”凉山州等“三区三州”及乌蒙山片区贫困程度深、面积广，是全国脱贫攻坚主战场中的“硬骨头”。这些地区养牛历史悠久、资源优势明显，却囿于科技缺乏和本地饲草料资源开发与利用率低制约了其肉牛产业发展，生产水平低，养殖效益不高。

王之盛组织团队以科学规划为先导，以技术帮扶为抓手，因地制宜发展肉牛产业。牵头完成《四川科技扶贫肉牛牦牛宏观（特色）产业发展报告》《筠连县肉牛产业精准扶贫、提质增效的措施》等 5 个规划建议报告，推广肉牛养殖新技术成果 10 余项，开展技术培训 80 多期，培训人员 1 万余人（次），有效支撑了肉牛产业扶贫，叙永县、古蔺县、筠连县等以肉牛养殖为抓手先后成功脱贫摘帽。先后受邀作为云南、宁夏以及四川的决策咨询专家联合开展工作扶贫。

开展科技攻关与成果推广 破解贫困山区养牛缺料的瓶颈

受自然环境条件限制，季节性饲草料缺乏和饲养不科学导致肉牛牦牛出栏周期长，养殖效益不高，资源不能变资产是贫困地区发展养牛扶贫的“卡脖子”问题。为此，王之盛带领团队开展本土技术研制和成果推广应用。一是建立了地方肉牛饲草料营养价值数据库，研发糟渣类饲料贮藏技术（全国农业主推技术）和白酒糟生物发酵技术。二是助推千亿企业牵手百亿肉牛产业。协助引进古蔺路德生物环保技术公司落户古蔺县发展酒糟发酵，协助牛郎牧业有限公司（政府平台公司）开展安格斯牛引种和利用酒糟养牛，编制《利用五粮液酒糟促进筠连县肉牛全产业链发展可行性研究报告》，助推筠连县与五粮液集团合作，极大提高了茅台、郎酒、五粮液等集团的酒糟利用率，有效解决白酒金三角地区尤其是古蔺、筠连等县养牛缺料的“卡脖子”问题。三是在邻近白酒金三角地区的乌蒙山区，推广酒糟、秸秆科学贮藏技术，因地制宜集成“玉米、杂粕、酒糟＋本地秸秆”的低成本日粮模式，日粮成本每吨可节约 100 元左右，缩短肉牛出栏周期，提高养殖效率。

养牛扶贫与扶志扶智相结合　激发群众脱贫内生动力

为增强贫困户脱贫信心，王之盛将养牛扶贫与扶志扶智相结合。积极组织专家为贫困地区开展技术培训。先后多次为四川省组织的乌蒙山片区肉牛养殖高级培训班做技术培训，并联合国家肉牛牦牛、奶牛、肉羊、绒毛羊和牧草体系的多位专家、站长在四川宜宾市举办乌蒙山片区产业扶贫培训会。联合中国科普作家协会开展“全国农业科普专家乡村行——走进筠连”活动。邀请国家肉牛牦牛技术体系专家在凉山州昭觉县庆恒村、三河村、尔打火村等开展技术培训指导，为当地培训了多位肉牛养殖致富能手。另外，为开阔视野，帮助贫困地区学习先进肉牛养殖技术，王之盛多次帮助古蔺县、筠连县等地的肉牛养殖企业、合作社和养殖户等赴恒都、秦宝等肉牛养殖龙头企业学习交流考察。目前凉山州布拖县伟子坡村通过村合作社养牛示范带动肉牛养殖，已从 2018 年养殖 16 头牛发展到现在近 700 头牛，促进养牛脱贫。

■ 王之盛在四川凉山州昭觉县开展种草养牛技术培训

打造全产业链　构建贫困山区肉牛适度规模养殖模式

依托国家肉牛牦牛产业技术体系平台，技术支撑了叙永县以泸州东牛牧场科技有限公司为龙头企业带动村集体养牛脱贫。协助筠连县成功申报“筠连黄牛”国家地理保护标志性产品，这是四川第一个肉牛国家地理标志产品保护品牌。培育了本地企业古蔺牛郎牧业公司、筠连牛犇食品公司、筠牛集团等肉牛养殖、屠宰加工及餐饮企业，形成了“好牛道”等肉牛全产业链区域性品牌，技术支撑了以筠连县为代表的乌蒙山区“山繁川育、藏牛于户”的肉牛适度规模养殖模式，受到高度评价，被《人民日报》报道《四川省筠连县：家有扶贫牛　脱贫不再愁》。

■ 王之盛在四川凉山州昭觉县开展种草养牛技术培训

扶贫感言

肉牛产业作为贫困地区增收脱贫的重要产业，对于满足差异化市场需求和人们对美好生活的向往具有重要意义。王之盛作为国家肉牛牦牛产业体系一员，特别是身处在凉山州和乌蒙山区贫困县，深感责任重大。在扶贫工作中，他深切体会到贫困山区工作的艰辛，也感受到地方政府和贫困群众的脱贫决心，以及体系大家庭互帮互助的温馨，深刻认识到产业扶贫对实用技术的迫切需求和把论文写在大地上的必要性。他将继续发挥自身技术和专业优势，用心用情结合因地制宜的科学技术，积极投身于脱贫攻坚和乡村振兴工作。

汇聚体系技术力量　催化产业脱贫内生动力

——记国家肉鸡产业技术体系岗位科学家　张宏福

张宏福，1965 年 3 月生，中国农业科学院北京畜牧兽医研究所，研究员。动物营养与饲料学科主任、动物营养学国家重点实验室常务副主任，中国农业科学院“家畜营养与调控创新团队”首席科学家。承担体系产业重大关键问题技术攻关项目“肉鸡养殖提质增效关键技术集成与示范”，负责“三区三州”新疆维吾尔自治区和田地区墨玉和策勒两县的肉鸡产业扶贫工作。

聚焦肉鸡产业，推动精准扶贫

新疆和田地区深度贫困的墨玉县和策勒县地处南疆，位于塔里木沙漠南缘，居民以维吾尔族为主。为切实深入一线减轻帮扶县接待负担，2019 年 9 月 10 日肉鸡产业体系岗位科学家张宏福研究员率领团队成员赶赴和田地区，不辞辛苦，租车自驾，穿行在昆仑山脚下的漫天黄沙中，开启了科技扶贫的征程。扶贫团队分别与两县农业农村局进行工作对接，充分了解当地肉鸡产业发展情况，并与相关科技人员进行座谈培训并提出帮扶思路。即借助龙头企业的技术和规模优势帮助和田地区肉鸡产业的发展；引进适合当地环境和市场需求的优质黄羽肉鸡品种；突出地方特有品种的优势，在达到一定规模的情况下，尝试走特色精品路线等。在现场调研考察后，张宏福研究员针对两县肉鸡产业规模均很小，无大型规模化养殖，主要由农村合作社带动，以家庭养殖户为主的特点，就种苗、圈舍、设备和养殖管理等问题进行了答疑和指导，并针对发现的问题给出解决方案，还向当地畜牧站维吾尔族基层技术人员赠送了饲养管理和疫病防控方面的书籍，建立良好的民族友谊。张宏福研究员还专门深入硝尔哈纳村新疆民航驻村工作队，与驻村工作队同吃同住，走访多户维吾尔族家庭，了解南

■ 张宏福在新疆墨玉县兴业畜牧养殖合作社开展技术指导

疆民族地区存在的深层次矛盾和国家、自治区开展的“访惠聚”工程实效，增强了对“三区三州”扶贫工作的认识。

汇聚体系力量，催化内生动力

针对南疆“三区三州”地区生态脆弱、承载力低，牛羊肉生产环境压力大、价格高等特点，肉鸡产业体系宣传倡导大力发展生产效率高、适合民族地区消费特点的鸡肉产业，助力民族地区产业优化和增收脱贫，通过提高合作社经济效益的方式提高当地脱贫内生动力，激发当地产业持续“造血”机制。张宏福研究员深入走访阔依其乡、恰哈乡和达玛沟乡的肉鸡饲养合作社，对肉鸡养殖的品种、模式和技术等方面提出帮扶思路，以市场为导向，利用当地林下养殖的特色，集合体系专家的力量共同着力扶持和指导恰哈乡兰贵村的集中养殖合作社——娜孜古丽商贸有限公司养殖场。经实地考察生产经营状况后，生产环境控制研究室专家分别从孵化、育雏、饲料配制等环节给予指导，优化了该养殖社的育雏技术和饲料配制技术。体系大兴和南宁试验站分别针对当地偏爱大体型肉鸡的消费习惯推荐了金陵黄鸡、北京油鸡等优质品种以及配套的相关技术。现场还将《肉鸡养殖主推技术》《肉鸡健康养殖技术 100 问》等多套书籍资料赠送给养殖户和当地畜牧站技术人员，获得一致好评。

通过线上的交流和培训的方式，向养殖户和合作社推广基地圈舍标准化建设、产地标识制度、活禽免疫制度等，提高生产效率和产品品质的理念。多次邀请当地养殖户观看“绿色养殖、产业发展、科技扶贫”“家禽无抗养殖经验”等网络公益直播课，加强了当地养殖户对现代肉鸡产业的了解和认识。在线下，2019 年邀请了重点帮扶的合作社负责人奥布力艾散·库尔班尼亚孜参加肉鸡产业体系四川乐山现场会学习培训，与多位专家和企业负责人交流，既学习了养殖技术又拓宽了引种来源，通过当地养殖户的“现身说法”将产业体系的信息和技术更深入地带入“三区三州”贫困地区。

■ 张宏福在新疆策勒县达玛沟乡探访当地贫困户

扶贫感言

习近平总书记指出，打赢脱贫攻坚战，对全面建成小康社会、实现“两个一百年”奋斗目标具有十分重要的意义。党的十九大明确把精准脱贫作为决胜全面建成小康社会必须打好的三大攻坚战之一，做出了新的部署，国家农业产业体系责无旁贷。专家团以科技扶贫为手段帮助、促进地方发展，着力提升深度贫困地区的脱贫内生动力，加快推进“三区三州”深度贫困地区的精准脱贫工作。通过瞄准市场需求，推荐适宜品种、利用好当地资源、引进龙头企业、建立产销机制、打造地方品牌，培训农村技术带头人推动当地养殖致富。下一步，肉鸡产业体系生产与环境控制研究室将继续推进为贫困县量身打造的肉鸡产业发展策略，贯彻总书记重要讲话精神，助力脱贫攻坚工作。

“种、料、病、管”一站式科技助力湘西崛起芷江鸭亿元扶贫产业

——记国家水禽产业技术体系岗位科学家　戴求仲

戴求仲，1969年3月生，湖南省畜牧兽医研究所，研究员。多年来，戴求仲联合水禽体系岗位专家带领团队成员主要在武陵山片区湖南怀化芷江县、麻阳县、会同县和湘西永顺县等4个县开展科技扶贫工作，为当地通过发展特色水禽产业带动贫困户脱贫致富做出了实效。

响应中央精准扶贫号召　结缘侗乡特色芷江鸭

芷江侗族自治县是中国抗日战争最后一战——芷江战役发生地，因作为抗战受降地而声名远播。芷江县是连片特困地区武陵山片区脱贫攻坚重点县，2014年年底有建档立卡贫困人口63685名，贫困发生率为14.9%，2015年贫困人口人均纯收入仅为2638元，贫困面大、贫困人口多、贫困程度深。

戴求仲与芷江鸭的结缘，始于2016年1月底水禽体系为响应农业部落实中央精准扶贫战略组织的武陵山片区产业扶贫调研活动。调研中他了解到，芷江鸭虽在当地养殖面广、消费量大，但受体型小、生长速度慢、养殖方式落后和饲养成本高等因素制约，正逐渐被其他外地引进的大型肉鸭品种所取代，芷江鸭虽美名远扬，却更多是名菜美食的代名词。芷江鸭有名无实的尴尬现状引发了戴求仲的思考，也敏锐地察觉到产业扶贫大有潜力可挖。此后，他多次邀请体系育种、疾病防控、营养等领域的专家（何大乾研究员、张大丙教授和王志跃教授）前往芷江实地走访、座谈交流，问诊把脉，经过反复论证，确定以科技提升芷江麻鸭特色产业发展水平，带动贫困农户脱贫致富作为扶贫工作抓手。在当地政府的推动下，专家团队与民丰农牧有限公司于2016年年底签订产学研合作框架协议，并挂牌成立推广示范基地，科技助力产业升级之路正式开启。

脱贫攻坚时不我待，戴求仲主动联合当地主管部门和企业各司其职、紧锣密鼓地开展各项工作。芷江鸭研究会启动了芷江麻鸭品种溯源及其与侗乡民俗文化、地理环境关联等方面的资料挖掘和考证；戴求仲团队解析了芷江鸭线粒体DNA序列，找到了芷江鸭的起源，为保种选育和杂交利用指引了方向；芷江麻鸭品种资源收集整理和提纯复壮工作也在民丰农牧有限公司有条不紊地开展，根据体系专家建议

■ 戴求仲在湖南芷江县异地搬迁芷江鸭养殖就业基地讲解麻鸭育肥管理

他们还先后引进临武鸭、金定鸭和天府肉鸭等品种，开始了芷江鸭优质系、快长系等专门化品系的选育工作，逐步培育出了适应市场需求的分割型和优质型麻羽肉鸭配套系；戴求仲还带领团队大力推广芷江鸭发酵床养殖技术，研发出采用当地食用菌菌渣制作发酵床垫料的低成本配方，优化了发酵床微生物菌种组方、垫料管护与场舍消毒等技术，解决了垫料在夏季温度过高而冬季易死床的难题。并摸索出利用发酵床垫料作为有机肥种植黑麦草、菊苣和空心菜等青饲料部分替代芷江鸭育肥期全价饲料的循环养殖模式，降低了鸭饲养成本，改善了鸭肉品质。

辛勤付出终有回报。2018 年，“芷江鸭”获评国家地理标志产品，制定的《HN 怀化 Y001—2018 芷江麻鸭饲养管理技术规范》《HN 怀化 Y002—2018 芷江麻鸭屠宰加工技术规范》2 个地方标准得到发布实施。“发酵床养鸭→垫料制作有机肥→种植牧草、蔬菜→替代部分饲料”的种养生态循环模式不断发展完善，民丰农牧有限公司已在全县建成 40 多个标准化养殖基地，年出栏 400 多万羽芷江鸭，产值过亿元，成为湘、贵、渝三省市交界地区养鸭企业的典范，发挥了积极的示范带动作用。

创新扶贫模式　保障长效脱贫

5 年来，戴求仲联合体系专家积极引导民丰农牧有限公司探索适合当地的扶贫模式，总结形成了以“公司 + 合作社 + 农户 / 贫困户”的经营模式，带动村企合股建场养殖、就业养殖和合作养殖，成效显著。共吸纳 2000 名贫困人员入股，年人均分红 2500 多元；直接帮扶 300 多名、辐射带动 350 余名残障人员，人均年收入达5500元以上。

距离芷江约200千米的湘西永顺县是农业农村部对口扶贫的重点贫困县。2018年来，戴求仲联合张大丙、何大乾两位专家与湖南省农业科学院扶贫工作队在永顺县颗砂乡合作开展科技扶贫。指导在“颗砂贡米”种植基地推广实施“稻—鸭共生”种养结合模式，3年累计出栏优质芷江麻鸭1.85万羽，养鸭户年均增收2905元；牵线建立年出栏10万羽商品优质肉鸭发酵床养殖基地，已累计出栏芷江麻鸭共6.5万羽，带动全乡105户贫困农户入股，新增产值163万元。优质麻鸭与颗砂贡米已成为颗砂乡精准扶贫的两大主力驱动轮，3年累计带动165户建档立卡户760人脱贫，2019年被评为湖南省乡村振兴研究示范基地。

扶贫感言

产业持续健康发展才能长效带动农户脱贫致富。只有摸清贫困地区特色资源，瞄准产业发展瓶颈和技术需求，以龙头企业带动，充分利用国家产业技术体系人才优势，与体系相关领域专家联合建立“岗—岗”“岗—站”多学科常态合作机制，持续有针对性地开展适应贫困地区特色产业发展的新技术研发、集成和示范，才能突破制约产业发展的瓶颈，扎扎实实推动产业发展，实实在在创造经济效益，带动贫困农民脱贫致富奔小康。

发展水禽养殖　助力脱贫攻坚

——记国家水禽产业技术体系岗位科学家　汪　超

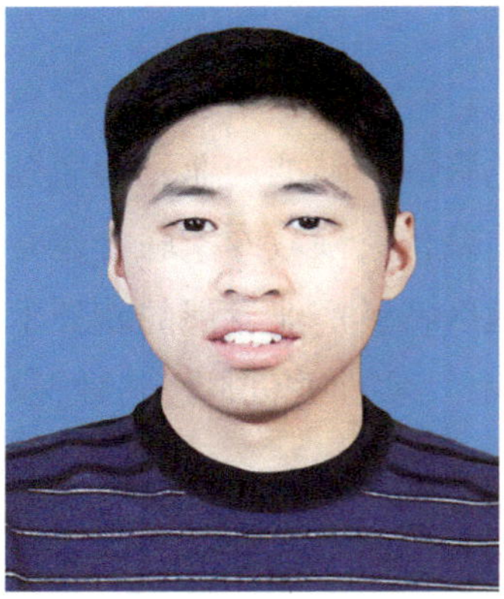

汪超，1982年3月生，重庆市畜牧科学院家禽研究所，研究员。多年来，汪超带领团队成员在重庆市酉阳县及周边地区，通过“扶持壮大龙头企业，发展特色鸭鹅产业”等方式，积极参与脱贫攻坚，为当地农民脱贫致富做出了贡献。

聚焦麻旺鸭产业　开展科技扶贫服务

麻旺鸭是产于该县麻旺镇的国家级水禽遗传资源，但该品种保护与产业化工作较为滞后，没能在脱贫攻坚中发挥出应有的作用。为此，汪超会同国家水禽产业技术体系重庆综合试验站王阳铭研究员和王启贵教授等，积极协助有关部门开展麻旺鸭良繁体系建设并提供保种和选育技术帮扶，先后建成麻旺鸭保种区2个，麻旺鸭资源保种场1个、种鸭场1个，选择确定麻旺鸭保种农户3户，有效推动了麻旺鸭的保种与选育工作，为麻旺鸭产业发展提供了种源保证。

成立于2015年的重庆柏岁农业发展有限公司，是当地麻旺鸭养殖和蛋品（皮蛋、咸蛋）生产的主要企业。在水禽体系首席科学家侯水生研究员的指导下，团队制定了针对该公司鸭场建设与饲养管理等的技术方案并指导实施，协助企业解决养殖技术问题。针对公司皮蛋等蛋品生产的技术需求，邀请水禽体系岗位科学家杜金平研究员前来实地指导，有效地提升了蛋品生产效率和产品质量。此外，团队还与企业联合开展科研项目申报与实

■ 汪超在重庆酉阳县走访养殖农户

施，不断提升企业科技创新能力和生产技术水平。根据麻旺鸭宜于稻田饲养等特点，将麻旺鸭养殖与优质稻生产相结合，在该县大力推广“稻鸭共作”生态养殖技术，显著降低了养殖成本，提升了鸭和稻米的品质，酉阳县电视台对此进行了专题报道。此外，团队还积极优化“公司＋农户”和“公司＋合作社”等生产经营模式，协助企业在确保农户收益的情况下大力发展农户养鸭，扩大产业规模。发展带动全县及周边地区养鸭户 270 户，年养殖肉鸭 18 万余只，产值达 990 万元，有效地推动了当地脱贫致富工作，并为后续“产业兴旺”奠定了良好的产业基础。

发展白鹅产业　培育脱贫新动能

酉阳县浪坪乡为深度贫困乡，其下辖官楠村贫困情况尤为严重。自 2019 年起，汪超及团队与重庆市应急管理局（该村对口帮扶单位）等合作，以酉阳县惠利农业发展有限公司为抓手，在该村发展白鹅养殖。指导建成规范化鹅育雏基地 1 个，解决了农户育雏效果较差等问题；结合当地饲料资源，研发形成高效鹅饲料配方并推广应用，进一步降低养殖成本；联合王宝维教授等水禽体系专家，大力开展养鹅技术培训；积极协助村委会，引进相关企业投放鹅苗、回收成鹅，做大白鹅产业。通过近两年的工作，该村白鹅养殖实现零的突破，白鹅产业初具规模，2020 年出栏量达 1.6 万余只，产值达 100 万余元，8 户贫困户实现脱贫摘帽，有效带动了该村脱贫攻坚工作。

■ 汪超在重庆酉阳县发放扶贫禽苗

扶贫感言

产业扶贫对于当前脱贫攻坚和今后的乡村振兴都具有十分重要的意义。各地在选择扶贫产业时，应以市场需求为导向，立足当地实际，着眼长远，突出特色，注重产业的可持续性。在当前的产业脱贫过程中，大量的产业扶贫资金注入和对接采购推动了产业的发展。被帮扶方应以此为契机，主动适应市场竞争，从生产成本和产品品质方面下功夫，持续向市场提供具有市场竞争力价格和质量的产品，不断巩固和扩大市场份额，减少销售环节对帮扶的依赖。

助力产业扶贫的科技服务者

——记国家贝类产业技术体系岗位科学家　洪一江

洪一江，1963 年 8 月生，南昌大学，教授。科技部国家科技重点研发计划蓝色粮仓项目首席专家，江西省特种水产产业技术体系首席专家；江西省科技特派团（余干县和东乡区水产团）团长；江西省动物学会副理事长，江西省水产学会副理事长，中国水产学会理事，中国动物学会理事等，中国遗传学会理事等。

顶天立地，科学研究与服务社会并行

2016 年 5 月，由首批国家卓越农林计划水产养殖专业师生为主体的“稻渔工程”团队成立。四年来，团队攻关核心技术，通过“政府 + 项目团队（公司）+ 合作企业 + 专业合作社 + 贫困户”的运作模式，促进研究成果转化，打通了从高校实验室到田间地头再到市场的学研产用渠道。2020 年 4 月 28 日，共青团中央、全国青联共同授予南昌大学“稻渔工程”团队第 24 届“中国青年五四奖章集体”荣誉称号。这是江西省历史上首个获此殊荣的集体。

“稻渔工程”团队背后沉积了数十年的科研成果。稻田里养鱼，鱼的个头不能太大，种类也不能太多，团队经过筛选，确定了鲤鱼、鲫鱼、黄丫头，但这些鱼的附加值都不高，经济效益也不明显。经过多次研究、实验，团队集成、创新、示范和推广了国内领先的“稻虾”“稻蟹”“稻鳖”“稻蛙”“稻鱼”“稻鳅”等 6 类 12 种典型模式，自主选育 13 个水产养殖新品种，成功获得 5 项发明专利，4 项实用新型专利和 10 项申请专利，实现亩产百斤鱼、千斤粮、万元钱，让水稻与水产、农机与农艺有机结合，构建起稻渔生态循环系统。

2020 年“中国青年五四奖章集体”

科技创新，永不止步。不仅要开展“稻渔工

程”，还要解决绿色生态的问题。“水稻不能打农药、不能乱用化肥，否则水产会被毒死。”洪一江说。团队与江西省农科院水稻研究所专家合作，分析水稻病虫害的主要种类，摸索出一套生物防治虫害的好办法，实现了亩均减少化肥和农药使用量50%以上。

2017年“稻渔工程”团队依托国家贝类产业技术体系，采取了稻—鱼—蚌混合养殖模式，实现“一水两治，一蚌两用”，目前该成果在江西抚州市、万年县等地已应用超2万亩，2019年获得江西省科技进步一等奖。

产教融合，乡村振兴与创新创业并行

扶贫先扶智，扶贫必扶技。通过多年努力，洪一江教授带领的“稻渔工程”团队因地制宜实践探索出4种扶贫模式，即：产业升级式造血扶贫、育种联合保障式扶贫、联合生产带动式扶贫和土地流转聘农为公式扶贫，团队通过技术服务使龙头企业效益提高，让企业更有能力帮助贫困户。

■ 洪一江在江西南城县池蝶蚌繁育基地察看池蝶蚌生长情况

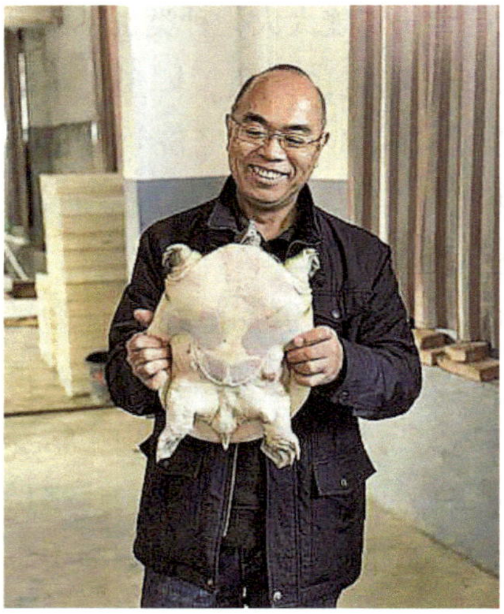

■ 洪一江在江西南丰县添鹏甲鱼生态农业有限公司指导甲鱼选种工作

目前，已带动南城县、南丰县、井冈山市和永新县农户1000余人，其中建档立卡贫困户300余人，受到了当地企业和贫困户的称赞。团队直接技术服务的面积达10万多亩，辐射推广面积超过30万亩，服务足迹遍布江西革命老区20多个县（区），帮助30余家省内龙头企业实现经济效益3倍至5倍的提升，合作企业年产总值超10亿元。

通过洪一江教授带领的团队的帮扶，江西还有不少农业企业做大做强，成为全国的“排头兵”。国家贝类产业技术设立的专项扶贫点位于江西省南丰县的江西添鹏生态农业有限公司成为“江西省南丰县龟甲特色小镇”核心示范区，成为中国甲鱼种苗的最大企业。九江凯瑞生态开发有限公司成功申报首批国家级稻渔综合种养示范区；江西神农氏生态农业开发有限公司成立全国首个稻渔综合种养院士工作站，并已成功申报第二批国家级稻渔综合种养示范区。

3年来，团队积极致力于开展科技知识宣教及推广工作，切实帮助当地农民掌握先进技术，先后主办“鄱阳湖系列产业技术论坛”3次，在田间地头开展技术培训达50多次，每年服务基层时间达180余天，帮助5000余人实现脱贫。鉴于此，在2019年度，科技部发布《关于通报表扬一批科技特派员及组织实施单位的通知》，对全国92名科技特派员和43个科技特派员组织实施单位进行了通报表扬，洪一江教授作为科技特派员获通报表扬。

正是凭着这股实干劲儿，洪一江教授指导的团队学生们在2018年第4届中国大学生“互联网+”创新创业大赛中获得比赛银奖和公益影响力单项奖；参与研发专利20余项，获得全国大学生生命科学创新创业大赛一等奖，宝钢教育优秀学生特等奖等在内的各类奖励20余项。洪一江教授本人获得2019年江西省职工职业道德建设标兵个人荣誉称号。

扶贫感言

“让千千万万大学生创新创业活力竞相迸发、充分释放！”这也是洪一江教授坚持的理念。广阔的田野是最好的授业课堂，也是最广的成才舞台。走上田间地头的大学生们绝不仅仅只是跟着专家把技术知识传授给农民，除了接受广大农民艰苦奋斗、真诚朴实的精神教育，他们还通过不定期开展的主题教育活动，让身上的红色基因与创新创业基因融合得更加紧密。团队探索出的德智体美劳全面发展的育人模式，为培育时代新人丰富了实践路径，孵化出“富甲天下”“珍蚌珍美”“菌益农”等创新创业团队，各团队与30余家农业龙头企业签订共建基地协议，大力推进产教融合。依托龙头企业资源平台，师生深入田间地头开展调研、实习实训、科研训练、科学研究、创新创业等，帮助龙头企业解决农业生产中急需的关键技术难题和技术应用问题。为助力打通科研转化“最后一公里”，师生勤于钻研、勇于探索，践行把论文写在祖国大地上！